중국문화요의

중국문화요의 중국근현대사상총서 008

초판 1쇄 발행 2020년 3월 27일

지은이 량수밍
옮긴이 강중기
펴낸이 강수걸
편집장 권경옥
편집 박정은 윤은미 이은주 강나래
디자인 권문경 조은비
펴낸곳 산지니
등록 2005년 2월 7일 제333-3370000251002005000001호
주소 부산광역시 해운대구 수영강변대로140 부산문화콘텐츠콤플렉스 613호
전화 051-504-7070 | 팩스 051-507-7543
홈페이지 www.sanzinibook.com
전자우편 sanzini@sanzinibook.com
블로그 sanzinibook.tistory.com

ISBN 978-89-6545-647-6 94100
978-89-6545-329-1(세트)

* 책값은 뒤표지에 있습니다.
* 이 도서의 국립중앙도서관 출판예정도서목록(CIP)은 서지정보유통지원시스템 홈페이지(http://seoji.nl.go.kr)와 국가자료공동목록시스템(http://www.nl.go.kr/kolisnet)에서 이용하실 수 있습니다.(CIP제어번호: CIP2020009940)

중국근현대사상총서
008

중국문화 요의

中國文化要義

량수밍 지음 • 강중기 옮김

산지니

일러두기

1. 번역 저본은 『中國文化要義』(『梁漱溟全集』 제3권, 濟南: 山東人民出版社, 1990, 1-316쪽)이며, 『中國文化要義』(홍콩: 三聯書店(重訂新版本), 1987)를 참조하였다. 원저의 초판은 1949년 上海 路明書店에서 간행되었다.
2. 각주 가운데 저자의 원래 주석은 특별한 표시를 하지 않고, 옮긴이의 주석은 말미에 '—옮긴이'로 표시하였다.
3. 한글전용을 원칙으로 하되, 필요한 경우 원어를 '( )' 안에 병기했다. 특히 한자의 경우, 독음이 다르거나 옮긴이의 번역인 경우에는 '[ ]' 안에 표기했다. 하지만 불가피하다고 판단되는 경우에는 원어를 노출했다.

자서(自序)

이 책 『중국문화요의』는 『동서 문화와 철학』(1920-1921년 사이에 저술), 『중국민족 자구운동의 마지막 깨달음』(1929-1931년 사이에 저술), 『향촌건설이론』(1932-1936년 사이에 저술)에 이은 나의 네 번째 저술이다. 일찍이 1941년 봄에 광시(廣西)대학에서 2개월에 걸쳐 이 제목으로 강연하고, 이듬해 봄 귀린(桂林)에서 집필에 착수했다. 1944년에 이르러 제6장까지 집필하여 약 8만 자에 달했는데, 일본의 귀린 침략으로 중단되었다. 항전 승리 후 국내 평화 문제로 바빠서 집필할 틈이 없었다. 1946년 11월 난징(南京)에서 베이베이(北碚)로 돌아와서 이전 작업을 정리하고 집필과 강의를 병행했다. 귀린에서 집필한 옛 원고는 단지 참고자료로 삼고 체계를 새롭게 했다. 이제—1949년 6월—완성하고 보니, 9년이 걸린 셈이다.

전후의 네 저술은 내용상 적잖이 중복되는 곳이 있다. 이는 대개 그 사이에 문제가 본래 서로 관련되어 있기 때문이거나 혹은 바로 하나의 문제를 다루었기 때문이다. 나의 사상역정은 일맥상통하여 앞뒤로 깊이와 수준의 차이는 있지만 근본 견지는 대체로 변하지 않았다. 특히 네 번째 저술은 세 번째를 이어서 지은 것으로, 그 사이에 관련이 더욱 많다. 그래서 거슬러 올라가 세 번째 저술을 읽어보는 것이 네 번째 저술을 명확하게 이해하는 열쇠가 될 것이다. 세 번째 저술은 일명『중국민족의 앞길』이라고 한다. 내용은 상하 두 부분으로 구성된다. 상반부는 중국문제를 인식하는 부분이고, 하반부는 중국문제를 해결하는 부분이다.—왜냐하면 문제를 해결하기 위해서는 먼저 문제를 인식해야 하기 때문이다. 중국문제는 대개 근 100년 동안의 세계적 대교류 이래 서양인의 세력과 서양 문화가 동양에 만연하여 발생한 것이다. 중국문제를 인식하기 위해서는 중국사회에서 근 100년 동안에 일어난 변화와 내외의 형세를 분명히 이해해야 한다. 그리고 변화가 일어나기 전의 원래 중국사회를 이해하고 또한 그 변화의 전제를 명확히 이해해야 한다.『중국문화요의』는 앞에서 원래 중국사회의 특징에 대해 설명한 것을 확대하거나 혹은 상세히 한 것이다.

여기서 내가 "학문을 위해 학문을 하지 않음"을 알 수 있다. 중국문제의 자극을 받고 중국문제의 해결을 절실히 원하여 그 역사 · 문화의 근본을 탐구하는 데 힘쓰고 명확한 이해를 추구하지 않을 수 없었다. "사회발전사" · "문화철학"은 당초 내가 생각지도 않았다. 이 점에서 그 동기는 실용(이것이 바로 중국인의 단점이다)에 매우 접근하고, 학문을 낳는 근원이 되기에 부족하다. 다른 점에서 보면, 그것은 서책상의 지식이 아니라 밤낮으로 추구하여 마음으로 얻은 이해이다. 거기에는 전체 생명이 있고, 결코 두뇌에 치우친 활동이 아니다. 거기에는 40년의 생활체험 전체가 들어 있고, 공허한 용어와 헛된 개념이 아니다.

나는 중국인으로 태어나 마침 근 수십 년 동안 중국문제가 지극히 엄중한 때를 만났으니, 중국문제로 고뇌한 것은 당연하다. 나의 가정과 주위 환경도 나로 하여금 어릴 때부터 이 문제에 유의하게 했다.[1] 내가 매

1) 『我的自學小史』 제4, 5절을 참조하라.

우 일찍이 문제에 전심하고 큰 국면과 시사(時事)에 유의했으니 마치 천성에서 나온 듯하다. 반백 년이 넘은 오늘 "나는 결국 생각하는 사람이고 행동하는 사람이 아니며, 나는 생각에 진력하고 행동은 다른 사람에게 양보했구나!" 하고 자탄한다. 그러나 나는 어릴 때부터 행동에 참가하였다.[2] 나는 줄곧 행동을 좋아하고, 좌담을 좋아하지 않았다. 출세사상을 가지면 출세의 생활을 하고, 혁명사상을 가지면 혁명의 실천을 실행했다. 특히 중국문제를 위한 출로가 보이면 뒤처질까 염려하며 나아갔다. 이로부터 일생 동안 힘쓴 것을 볼 수 있을 것이다.[3]

중국문제로 인한 고심과 분주함이 조금 지나자 나에게는 주체적인 견해와 마음속의 깨달음이 있었다. 원래 이 현실문제에 대해 중국인 중에 누가 관여하지 않았겠는가? 그러나 혹은 분명하지 않거나 살피지 않거나 혹은 많이 느끼고 많이 반성한다. 많이 느끼고 많이 반성한 후에는 사상과 행동이 다른 사람과 같을 수 없다. 겉으로 드러나지 않더라도 마음속에 있는 것은 똑같다고 볼 수 없다. 이것을 주체적인 견해가 있다고 하며, 마음속의 깨달음이 있다고 한다. 나는 많이 느끼고서 행동으로 나아가고, 행동으로부터 마음속의 깨달음을 얻고, 마음속의 깨달음을 쌓아 주체적인 견해를 세우고, 주체적인 견해로부터 다시 행동으로 나아가는 사람이다. 이와 같은 전환을 축적하고 중단없이 진보했다. 그 사이에 독서를 하지 않은 적이 없다. 그렇지만 독서는 오직 그런 과정에서의 독서였고, 배움도 그런 과정에서의 배움이었다. 얄팍하게 읽고 배우

---

2) 이는 여덟 살 때 베이징에서 전단을 배포한 것을 말한다. 이 일은 『我的自學小史』에 보인다.

3) 소년시절에는 우선 군주입헌운동에 열심이었고, 다음에는 1911년의 혁명에 참여했으며, 1927년 이후에는 향촌운동을 시작했다. 1937년 이후 항전에 분주했고, 그 사이에 국내 단결운동과 후방의 시찰이 포함된다. 승리 후에는 또 국내평화에 분주했다.

는 것이 아니었다. 오늘에 이르러 견해와 사상에서 더욱 심화되고 체계가 더욱 방대해졌으니, 내가 스스로 아는 것을 감추고 남을 따르려 해도 가능하겠는가!

오늘날 나의 견해와 사상이 모두 문제의 자극과 행동반응에서 생겨났다고 하면 틀리지 않다. 그러나 반드시 알아야 할 점은, 현실문제의 압박을 받고 현실문제 안에서 분투했지만 그것이 어떤 심각한 견해와 사상을 낳지는 않았다는 것이다. 그것은 문제의 밖으로 나와서 고요한 마음으로 관찰해야 가능하다.

여기서 내가 소년시절, 중국문제에 자극을 받은 조금 후에 인생문제에 깊이 감촉되어 반복해서 궁구하고 스스로 그칠 수 없었음을 서술할 필요가 있다.[4] 인생문제는 당면한 중국문제보다 훨씬 광범하고 근본적이며 심오하다. 이는 현실문제에 국한되지 않는다. 과거 40여 년을 회고해보면, 결국 이 두 문제 가운데서 사색하여 때로 여기에 치중하고 때로 저기에 치중하면서 기복이 있어 일정하지 않지만 서로 견인하면서 도움을 받았다. 또한 나는 활동을 좋아하면서도 고요할 수 있는 사람이다. 일생동안 때로 애쓰고 분주하며 때로 물러나 고요히 사색했는데, 활동하다가 고요한 사이에 거듭거듭 중단하지 않았다.[5] 그래서 활동할 때에는 맹목적으로 활동하지 않고 생각을 해도 공허한 생각이 아니었다. 다행히 세속에 따르는 천박함을 면할 수 있었던 것은 이 때문이다.

인생문제의 번민이 해결되지 않아서 나는 부지불식중에 철학으로 향

---

4) 인생문제에 대한 번민은 대략 17세에 시작되었고, 20세에 이르러 마음이 출세(出世)로 기울어 불교를 탐구했다.

5) 과거에 완전히 정(靜)에 치우쳐 사색에 몰두한 시기는 세 번 있었다. (1) 1912년 후반에서 1916년 전반까지. (2) 1925년 봄부터 1928년 봄까지. (3) 1946년 국내화담에서 물러난 후 지금까지.

하고 동서양의 여러 학파를 드나들었다. 그러나 일단 인생도리에 깨우친 바가 있은 후에는 다시 많은 데서 찾지 않았다. 철학은 사람들이 마땅히 어느 정도는 알아야 할 학문이라고 본다면 나는 그만큼 알았을 뿐이다. 이것이 전문적으로 철학을 연구하는 사람과 다른 점이다. 또 인생문제에 침잠할 때 출세와 입세를 반복했는데, 거기서 힘쓴 것은 단지 견문과 사변에서가 아니다. 견문과 사변 외에 큰 일이 있었다. 이것이 일반철학자와 다른 점이다. 그 같고 다름과 얻고 잃음은 차치하고 논하지 않겠다. 결국 인생문제에 대해 나의 사상견해를 가지게 되고 나아가 오늘의 나와 행위가 있게 되었다. 마찬가지로 중국문제가 수십 년 동안 절박한데 해결되지 않아서 나는 행동하지 않을 수 없었고 또한 정치 · 경제 · 역사 · 사회문화의 제반 학문을 탐구하지 않을 수 없었다. 그러나 중국이 나아갈 길에 소견이 생긴 뒤로는 다시 학문을 일삼지 않았다. 결국 어떤 것을 학문으로 보고 어떤 것을 학문으로 보지 않을 것인가는 차치하고 논하지 않겠다. 마침내 중국문제에 대해 나의 견해와 사상이 있게 되고, 더 나아가 오늘날 나의 주장과 행동이 있게 되었다.

그래서 "나는 학문에 뜻이 없다.", "나는 학자가 아니다.", "나를 철학자로 보는 사람은 나를 모르는 사람이다." 등과 같은 누차의 고백(앞서 출판한 책들에 보인다)은 나로서는 결코 무미건조한 말이 아니다. 나는 나의 붕우가 다른 사람을 만나 "량 아무개는 결국 어떤 사람인가?"라고 물으면 나를 위해 다음과 같이 대답해주기를 희망한다.

"그는 사상이 있는 사람이다."

혹은 "그는 사상이 있고 또 그의 사상에 근본하여 행동하는 사람이다."

이러면 꼭 합당하며 지나치지 않고 가장 좋다. 가령 "그는 사상가이자 사회개혁운동가다."라고 하면 그것은 대단히 아첨하는 말이다.

이 책은 주로 중국 역사와 문화에 대한 나의 견해를 서술하는 것이고, 내용상 각 분과학문에 미친다. 애초에 학자와 전문가를 위해 저술하지 않았지만, 학자와 전문가도 여기서 참고하고 취하는 점이 많을 것이다. 나는 독자들이 먼저 이 점을 이해하고 나서 나의 책을 읽기를 바란다. 그러면 아마 과대평가하거나 과소평가하지 않을 것이다.

"과거의 중국을 인식하여 새로운 중국을 건설하자[認識老中國, 建設新中國]." 이것이 나의 구호이다. 이 책에 이어서 나는 장차 『현대 중국 정치 문제 연구』라는 책을 쓸 예정이다. 대개 근 수십 년 동안 정치상 어지럽고 결국 궤도에 오르지 못한 것이 실로 중국문제에 대한 고민의 초점이다. 새로운 중국의 건설은 반드시 정치상 방법을 찾는 데로부터 시작해야 한다. 이는 의심의 여지가 없다. 그러나 일단 과거의 중국에 대한 인식이 있은 후에는 근 수십 년 동안 중국에 혼란이 그치지 않는 데 대해 반드시 홀연히 깨달음이 생기고 분명하게 이해하는 점이 있을 것이다. 이후로 정치상 어떻게 해야 하고 어떻게 해서는 안 되는지에 대해서도 소견이 있게 될 것이다. 그래서 나는 이것을 이어서 독자에게 가르침을 청하고자 한다.

1949년 10월 수밍(漱溟) 씀

신판 자서

나는 전에 "과거의 중국을 인식하여 새로운 중국을 건설하자[認識老中國, 建設新中國]"고 호소했는데, 『중국문화요의』를 저술하여 국인에게 가르침을 구하는 바이다. 초판은 청두(成都) 루밍서점(路明書店)에서 출판되었는데 몇 차례 간행되지 않았고 탈자와 오자가 많았다. 이에 상하이(上海)에서 개정판을 다시 인쇄하여 널리 읽히는 가운데 국인의 가르침을 많이 받고자 하니, 이것이 어찌 단지 저자 개인의 행복이겠는가!

1986년 2월 량수밍(梁漱溟)

차례

1장

서론

1. 중국문화의 범위

문화는 우리의 생활이 의지하는 모든 것이다. 가령 우리의 생활이 반드시 의지해야 하는 농업과 공업의 생산물이 그것이다. 농업과 공업에서 생산의 방법, 모든 도구와 기술 및 관련된 사회제도 등등이 모두 문화의 중요한 부분이다. 또 우리의 생활은 반드시 사회의 치안에 의지해야 하고, 사회에 조리와 질서가 있어야 한다. 그렇다면 이런 치안 · 조리 · 질서를 산생시키고 그것을 유지시키는 것들, 가령 국가정치 · 법률제도 · 종교신앙 · 도덕관습 · 법원 · 경찰 · 군대 등도 모두 문화의 중요한 부분이다. 또한 우리는 태어나서는 아무 능력도 없고, 모든 것을 다 후천적으로 학습해야 할 수 있다. 이에 모든 교육시설도 중요하지 않을 수 없다. 그리고 문화의 전파와 부단한 진보도 여기에 달려 있다. 따라서 문자 · 서적 · 학술 · 학교 및 그와 관련된 일들도 당연히 문화이다.

세속에서는 문자 · 문학 · 사상 · 학술 · 교육 · 출판 등을 문화로 여기는데, 이는 좁은 의미이다. 내가 지금 말하는 문화는 우리의 생활이 의지하는 일체의 것으로, 사람들에게 문화가 극히 실제적인 것임을 가리키고자

하는 것이다. 문화의 본래 의미에는 경제 · 정치 내지 일체가 모두 포함된다.

그렇다면 음악, 희극 및 일체의 예술은 우리 생활이 의지하는 바에 속하는가? 이는 참으로 우리가 향유하는 바로서, “의지하는 것”이라고 하기 어려운 듯하다. 그러나 인생에 필요한 것이 어찌 먹고 입는 것에 그치겠는가? 그러므로 “정신식량”이라는 말이 유행하는 것이다. 그것을 좇아 우리의 정신을 함영하고 우리의 정력을 배양하고 증대시키는 것으로 말하면 의지하는 것의 일종이라고 해도 될 것이다.

여기서 말하는 중국문화는 우리 자신의 문화이고 외래의 문화와는 구별해서 하는 말이다. 이것은 특히 우리 중국인이 과거의 생활에서 의지해온 모든 것을 가리킨다. 문화는 본래 전파와 교류에 의해 존재하고, 그래서 ‘고유’와 ‘외래’의 구분이 거의 불가능하다. 그러나 근 100년 동안 세계의 대교류에서 중국이 서양에 의해 변화된 바가 너무 많아 거의 옛 모습을 잃었다. 그래서 대략 근 100년 동안 영향받고 변화되기 이전의 고유한 것을 가리켜 중국문화라고 할 뿐이다.

문화는 포괄하지 않는 바가 없으나, 이 책이 모든 것을 다룰 수는 없다. 중국은 과거에 인간사회의 일[人事]에 상세하고 자연계의 원리[物理]에는 소홀했다. 여기에서 특히 사회인생에 대해 논하는 것도 그 때문이다.

2. 중국문화의 강한 개성

문화 비교의 관점에서 보면 중국문화는 극히 강한 개성을 갖고 있다. 그것은 아래와 같다.

(1) 중국문화는 독자적으로 발생하여 서서히 형성되었고 다른 데서 수

용한 것이 아니다. 반대로 가령 일본문화 · 미국문화 등은 다른 데서 받은 것이 많다.

(2) 중국문화는 특징을 가지고 있으며(가령 특유의 문자구조가 있고, 법학상에서 특유의 법계에 속하는 등) 스스로 체계를 갖추고 있어서 여타의 문화와 차이가 비교적 크다. 애당초 문화 사이에는 차이점이 있고 또 유사점이 있다. 본래 중국 · 인도 · 서양을 세계 3대 문화계통으로 꼽는데, 실로 차이가 매우 크고 각자 체계를 이루고 있기 때문이다.

(3) 역사상 중국문화와 비슷한 시대의 고대문화, 가령 이집트 · 바빌로니아 · 인도 · 페르시아 · 그리스 등의 문화는 이미 요절했거나 혹은 전이 · 변화되었거나 혹은 독립적이고 자주적인 민족생명을 상실했다. 오직 중국만이 그들이 창조한 문화의 독립적인 민족생명을 연면히 유지할 수 있어서 지금까지 의연히 독립적으로 존재하고 있다.

(4) 중국의 과거 역사를 들여다보면, 중국문화는 다른 사람을 동화시키는 힘이 매우 탁월하다. 외래문화를 포용 · 흡수하고 애초에 그것에 의해 동요되거나 변경되지 않는다.

(5) 그 위대한 동화력으로 인해 인접한 외족을 흡수하여 후래의 광대한 중화민족을 형성할 수 있었다. 이는 중국문화가 시간적으로 가장 유구하게 유지되었을 뿐 아니라 공간적으로도 비할 바 없이 광대하게 개척했음을 말한다. (중국문화는 대단위 사회를 형성했기 때문에 세계 인구의 많은 수를 점하고 있다.)

(6) 중국문화는 오랜 수명 가운데 후반부(후반의 2,000여 년)에는 거의 변화와 진보가 없으며, 그 자체 내에 고도의 타당성과 조화성을 갖추고 이미 성숙의 경지에 이른 듯하다.

(7) 중국문화가 사방에 미친 영향은 원대하다. 북으로 시베리아, 남으로 남양군도, 동으로 조선과 일본, 서로 파미르고원 서쪽이 모두 그 문

화적 영향권 내에 있다. 월남과 조선 같은 인접국가는 말할 것도 없고, 다소 먼 일본·태국·미안마 등도 대부분 중국문화에 의지해서 살아왔다. 멀리 유럽도 근대문명의 유래를 따져보면 역시 중국문화의 심대한 영향을 받았다. 근대문명은 14, 5세기의 문예부흥에서 시작된다. 문예부흥은 실로 중국의 물질적 발명(가령 종이를 만들고 인쇄하는 기술 등)이 전해진 데 힘입어 물질적 기초로 삼았다. 17, 8세기 이른바 계몽시대·이성시대라는 것도 실로 중국사상(특히 유가)의 계발에서 힘입어 그 정신적 연원으로 삼았다.[1)]

중국문화가 다른 문화에 비해 부족함을 드러내고 중국문화가 외래문화의 영향을 받아 변화가 일어나고 근본적으로 동요된 것은 다 최근 100여 년의 일일 뿐이다.

3. 중국문화의 특징

우리는 여기서 "중국문화가 무엇인가?"라고 묻지 않을 수 없다. 그것은 지리상의 어떤 공간, 역사상의 어떤 기간을 가리킬 뿐인가? 아니면 어떤 의의 혹은 정신을 가리키는가? 상술한 것처럼 중국문화의 개성이 강하다는 면에서 말하면, 그 뿌리가 깊어서 이처럼 탁월하고 위대한 문화를 창출해낼 수 있었다. 그 사이에 근본에서 지엽, 표면에서 이면에 이르기까지 반드시 일종의 의의 혹은 정신이 존재한다. 있다면 그것을 지적해내어 사람들로 하여금 어떤 것인지 분명하게 알게 하고 그 의의 혹은 정신을 마음에 생생하게 보여줄 수 있는가? 이 『중국문화요의』는 바로 그런 작업을 하려고 한다.

---

1) 朱謙之, 『中國思想對於歐洲文化之影響』(商務印書館) 참조.

우리는 두 단계로 나누어 작업을 진행한다. 첫 단계, 외면적으로 쉽게 볼 수 있는 것에서 항상 사람들에 의해 중국문화의 특이한 점으로 지적되는 것을 하나하나 탐구하여 나열한다. 이런 나열은 가장 뚜렷한 것에서 그다지 중요하지 않은 것까지 무수히 나열할 수 있을 것이다. 그 다소에 구애받을 필요는 없다. 그러나 그렇게 나열한 후에는, 자연히 어떤 점과 어떤 점이 서로 관련되어 합병할 수 있고, 어떤 점과 어떤 점은 결국 하나라는 것을 알 수 있다. 이와 같이 하면 [중국문화의 특이점은] 그다지 많지 않을 것이다. 둘째 단계, 그 가운데 어떤 특징으로부터 연구에 착수하여 그 유래를 해석할 수 있다. 전후좌우로 해석을 추구하고 증거를 구하여 더욱 심화시킨다. 다른 특징에 대해서도 그것을 통해 해답을 구하고 더욱 나아가 여타의 특징을 해명한다. 결국 마지막에는 이 많은 특징이 실로 한 곳에서 유래했음을 발견할 수 있다. 많은 특징을 관통해서 보면 원래 모두 유일한 특징에 근원하는 것이다. 이에 탐구가 절정에 달하게 된다. 중국문화가 전체적으로 명료해지고 그 핵심적인 의미가 파악될 수 있다.

이상은 대략적인 계획일 뿐이고, 나머지 자세한 내용은 이후 서술에서 상세하게 드러낼 것이다.

이 책은 항전 5년차(1941년)에 집필에 착수했다. 나중의 유럽전쟁에서 많은 국가들이 하나하나 소멸되는 것을 보고서 참으로 경악했다. 그런데 중국은 의연히 우뚝 서 있었다. 군비와 국방 · 경제 · 정치 · 문화 등 각종 역량으로 말하자면 우리가 그들 국가보다 무엇이 나을 게 있겠는가? 그러나 그 국가들은 며칠 만에 망하기도 하고 몇 주 혹은 몇 개월 만에 망하기도 했다. 오직 중국만이 5년을 버티면서 아직 끝나지 않고 있다. 분명히 대조되는 것은 다름 아니라 오직 중국만이 국가가 너무 크고 여타 국가는 작다는 것이다. 국가가 작으면 물러날 길이 없고 뒤를 받쳐줄

세력이 없어서 곧 끝장난다. 나라가 크면 적군이 싸우는 족족 이겨 어쩔 수 없이 누차 물러난 뒤에도 토지는 여전히 매우 광대하고 인구도 여전히 매우 많으며 자원도 여전히 매우 풍부하다. 우리는 아직 버틸 수 있는데 비해 적은 전선이 너무 길고 시간이 너무 오래 걸린다고 하면서 장탄식을 금하지 못한다. 평소에 우리는 나라가 크다는 것을 스스로 느끼지 못했으나, 이제 절실히 느끼고 깨닫게 되었다.

이는 조상의 유산이요 문화의 성과인데, 후인이 그 복을 누리는 것이다. 그러나 자세히 따져보면 복을 누리는 자는 그 폐해도 받지 않은 적이 없다. 중국이 쉽게 망하지 않는 것도 이 때문이며, 중국이 쉽게 흥하지 못하는 것도 이 때문이다. 예를 들면 수년 동안 중국의 최대 문제는 통일되지 않는 것이다. 가령 중국이 광시성(廣西省)만 하다면 일찍이 통일되지 않았겠는가? 국면이 너무 크므로 영도자가 나오기 힘들다. 작은 국면을 영도할 수 있는 자가 큰 국면에서도 반드시 잘할 수는 없다. 인물 자체로는 잘할 수 있더라도 근기와 인연을 합쳐서 자질과 명망을 기르는 데는 시간이 필요하니, 결코 쉬운 일이 아니다. 더욱이 사람이 많으면 문제가 많고, 국면이 크면 문제도 크다. 한 곳에 문제가 있으면 전체가 영향을 받는다. 핵심에 질서가 없으면 각 부분이 진행되기 어렵다. 더욱 유의할 점은 작은 단체에서는 각 구성원이 자기의 책임을 알기 쉽지만, 단체가 커질수록 구성원의 책임감이 가벼워지고 단체가 너무 크면 무감각하게 된다는 점이다. 대가족에서는 나태하고 흩어지기 쉽고 대가족의 일이 황폐해지기 쉬운 것은 이 때문이다. 반대로 작은 가정에서는 매우 쉽게 진작할 수 있다. 분석해보면 두 가지를 지적할 수 있을 것이다. 감각력의 둔화와 활동력의 감퇴가 그것이다. 이전에 광시성에 2년간 전란이 일어나 성을 휩쓸었는데, 베이징에서는 단지 광시와 관련이 있는 우리만이 알았고 대다수는 알지 못했다. 동북 4성이 적군에 침탈되어 인근 각성이 위협을 받아 수시로 위협을 느꼈는데, 멀리 남방의 각 성에서는 날로 희미해지고 잊혀 무감각하게 되었다. 이는 모두 나라가 너무 커서 사람들의 감각이 둔해진 예이다. 때로 문제를 느껴도 문제를 해결할 용기와 관심이 없고, 혹 한때 흥분하여 분주히 움직여도 지속할 수 없는 것은 활동력이 빈약한 증거이다. 힘이 약한 사람은 1,000균[2]의 무거움을 보면 팔을 뻗을 엄두를 내지 못하며, 혹 팔을 뻗어 한번 들어보려 해도 결국 해내지 못한다. 분주히 활동해야 한다는 것을 알지만, 남의 반대를 두려워하지 않으면 어떤 반응도 얻지 못할까 염려한다. 반응을 얻지 못하면 다시는 하려고 생각하지 않는다. 중국 같은 너무 큰 나라에서는 매사가 모두 이러하다.

나라가 크면 축복이기도 하고 재앙이기도 하다는 것을 홀시해서는 안 된다. 그렇게 되는 것은 우연이 아니다. 이것을 들어 중국문화의 특징으로 삼아 연구할 수 있을 것이다. 예전에 류이정[3]은 『중국문화사』를 지어 세 가지 질문을 던졌다.

(1) 중국은 인구가 많고 땅이 넓어 세상에 필적할 나라가 드물다. 과거 중국인은 어떻게 이와 같이 개척하고 이런 결과를 낳을 수 있었는

---

2) 균(鈞)은 고대 중국의 중량 단위로, 한 균은 30근이다. —옮긴이

3) 류이정(柳詒征, 1880-1956)은 근대 중국의 역사학자 · 고전문학자 · 도서관학자 · 서예가로, 중국 근대사학의 선구자이자 중국문화학의 기초를 닦은 인물이다. 17세에 수재가 되고 三江師範學堂을 졸업한 뒤 江南高等商業學堂 · 江南高等實業學堂 · 寧屬師範學堂 · 兩江師範學堂 · 北京明德大學에서 교편을 잡았다. 1914년 이후에는 南京高等師範學校 · 清華大學 · 北京女子大學 · 東北大學 · 中央大學 등의 교수를 지내고, 江蘇省立國學國學圖書館館長 · 南京圖書館館長을 역임했다. 중화인민공화국 건립 후에는 复旦大學에서 교편을 잡고 上海市文物管理委員會 위원을 지냈다. 저서에 『中國文化史』, 『國史要義』, 『東亞各國史』, 『印度史』, 『南洋群島史』, 『中國教育史』, 『中國商業史』, 『中國財政史』, 『中國版本概論』, 『國學圖書館小史』 등이 있다. —옮긴이

가?

(2) 중국은 종족이 경이로울 만치 복잡하다. 한족으로 말하면 무려 백여 종족을 흡수하고 동화시켰는데, 오늘날 종족의 경계가 사라져 잊고 산다. 어떻게 이와 같이 포용하고 소통할 수 있었는가?

(3) 중국은 매우 일찍 [문명이] 개화되었다. 그것이 오랫동안 계승되어 오늘날까지 유지되는 것은 과연 무엇 때문인가?

이 세 가지 문제는 바로 [중국문화의] 3대 특징이다.

(1) 광대한 토지와 많은 인구[4)]
(2) 많은 종족의 동화와 융합
(3) 세계에 유례가 없는 장구한 역사

이상의 세 특징을 보면 분명히 거기에 위대한 힘이 함축되어 있다. 그러나 그 위대한 힘이 과연 무엇인지는 지적하지 못하고 있다.

우리가 아는 바에 따르면, 실로 인류의 문화역량은 지식에 달려 있다. "지식이 힘이다.(Knowledge is power.)"라는 서양인의 말은 이것을 가리킨다. 중국문화가 과거에 뛰어난 것은 틀림없이 지식역량을 갖고 있었기 때문일 것이다. 그러나 중국인은 지식이 뛰어난 민족은 아닌 듯하다. 이는 [중국문화가] 일찍이 개화되고 문화 수명이 극히 긴데도 결국 과학을 낳지 못한 데서 알 수 있다. 과학은 지식의 정도[正軌] 혹은 전범이다.

---

4) 중국의 영토는 430만 마일 혹는 1,110만 평방미터로서, 유럽 전체보다 크다. 2차 대전 이전 일본제국의 면적은 우리의 6/100이었고, 동북 4성만으로도 거의 배가 된다. 중국의 인구는 중앙연구원 사회과학연구소의 22년 통계에 따르면 4억 3,000만 명으로, 전 세계 인구의 1/5이다.

과학만이 확실하고 체계적인 지식이다. 과학만이 지식이 발달할 수 있는 길이다. 중국인은 시종 과학의 길로 나아가지 않았으니, 그 뛰어난 점이 거기[지식의 면]에 있지 않음을 알 수 있다.

널리 알려진 것처럼 [중국의] 경제력은 매우 크다. 오늘날도 그렇고 과거에도 그러했다. 그러나 [중국문화의 뛰어남이] 여기에 있는가? 중국이 과거에 인접국가와 외족보다 우월했음에는 의심의 여지없이 경제적 요소가 작용했을 것이다. 그러나 경제를 말하면 상공업이 우선인데, 중국은 시종 고래의 소박한 농업사회를 묵수하여 변화가 없었고 평소 재산을 모으려 하지 않았다. 어떻게 경제력에 귀결시키겠는가?

그렇다면 군사와 정치에 있는가? 당연히 군사력과 정치력이 없으면 중국이 존재할 수 없고 발전할 수 없었을 것이다. 그러나 누구나 아는 것처럼 중국문화는 화평정신이 가장 풍부하고 더욱이 중국인은 문약(文弱)에 빠졌다. 중국의 정치는 소극적인 무위(無爲)를 주로 했고, 더욱이 중국인은 조직력이 결핍되었다. 중국문화의 힘이 군사와 정치에 있다고 하면 타당하지 않은 듯하다.

반대로 지식 · 경제 · 군사 · 정치를 하나하나 열거해보면 장점이 아니라 오히려 단점이라고 할 수 있다. 반드시 그 이외의 것을 생각해내야 한다. 그러나 이 네 가지 외에 강대한 역량이라고 할 수 있는 것이 무엇인가? 사실 생각해낼 수 없다. 한편으로 분명히 비할 수 없는 강대한 힘이 있고, 한편으로는 분명히 그 힘이 과연 어디에 있는지 지적해낼 수 없으니, 참으로 괴이한 일이다. 한편으로 분명하게 그 힘을 지적해낼 수 없고, 다른 한편으로는 분명히 비할 바 없이 위대한 힘을 볼 수 있으니, 참으로 괴이하다!

이것이 중국문화의 한 특징, 즉 네 번째 특징에 해당한다. 언젠가 이 문제에 대해 답하게 되면, 대체로 중국문화의 요의가 저절로 분명하게 이해될 것이다.

전해 들은 바에 의하면, 세계 사람들은 중국을 이해할 수 없는 신비한 나라로 본다고 한다. 이는 옛날부터 그러했는데, 이번 항전이 더욱 그러한 생각을 불러 일으켰다. 특히 배우기 좋아하고 깊이 생각하는 학자들 사이에서 줄곧 그러했다. 애석하게도 중국인은 스스로 처해 있으므로 자연히 그것을 깨닫지 못하고 천박한 젊은이들은 중국문화의 특수성을 말살하려고 한다. 저자는 과거(1930년)에 두 가지 괴이한 점을 지적하여, 생각하지 않으려는 사람들로 하여금 생각하게 하려고 했다. 두 가지 괴이한 점은 다음과 같다.

(1) 오랫동안 변화없는 사회, 정체되어 진보하지 않는 문화
(2) 종교가 거의 없는 인생

이제 이것을 제5, 제6의 특징으로 삼는다. 아래에서 설명하겠다.

먼저, 종교에 관하여 논해보자. 중국문화에 종교가 결핍되고 중국인이 종교와 거리가 멀다는 점은 원래 많은 학자들이 공인하는 것이다. 17, 8세기부터 중국사상과 사회적 상황이 점차 서양에 전해지기 시작했는데, 일반의 인상이 그와 같았다. 최근 영국의 러셀(B. Russell)은 중국 전통문화에 세 가지 특징이 있다고 하면서, 중국에서는 "공자윤리를 준칙으로 삼고 종교가 없다."는 것을 그중의 하나로 꼽았다. 중국은 다종교라고 말하는 이들도 많다. 이는 [상술한 것과] 상반되는 듯하지만 실은 서로 잘 설명해준다. 왜냐하면 중국문화는 통일적인데 그 종교가 여럿이고(다종교) 하나가 아니라면 중국문화가 한 종교에 의해 통일된 것이 아님을 증명해주지 않는가? 종교가 중국문화에서 중요치 않음을 증명해주지 않는가? 더욱이 종교신앙은 유일성을 중시하여, 한 사회가 같은 종교

를 신앙하지 않으면 가장 충돌을 일으키기 쉽다. 그러나 유럽과 세계 각지의 역사에 보이는 종교 갈등과 그로 인한 무수한 참극과 장기 전쟁이 중국에서는 보이지 않는다. 중국에서는 종교가 많지만 서로 평안하고, 심지어 한 가정이나 개인 안에서도 서로 평안하다. 그렇다면 종교의 의미가 대단히 박약한 것이 아닌가?

서양문화가 동으로 밀려온 이후 중국인들은 서양의 군사기술로 중국의 군사기술을 대체하고 서양정치로 중국정치를 대체하고 서양경제로 중국경제를 대체하고 서양교육으로 중국교육을 대체하려고 했다. 각종 운동이 흥기하여 그치지 않았다. 유독 서양종교로 중국종교를 대체하려는 운동은 적었다. 이는 중국인이 종교에 대한 흥미가 결여되었기 때문이며 또한 종교가 서양에서 이미 세력을 잃고 있었기 때문이다. 그렇지만 이로부터 비교와 토론이 일어나지 않고 중국에 종교가 없다는 특이점을 사람들이 언급하지 않은 것은 애석한 일이다. 이 문제에 관해서는 여기서 다루지 않고 제6장에서 논하겠다.

다음, 중국문화가 정체되고 사회에 오랫동안 변화가 없었다는 점에 대해 논해보자. 여기에는 두 가지 문제가 포함되어 있다. 하나는 후반 2,000년 동안의 중국에 결국 진보가 없었다는 이상한 점이고, 또 하나는 사회사에서 볼 때 중국이 결국 어떤 사회인지 판단하기 어렵다는 이상한 점이다. 왜냐하면 사회사를 연구하는 사람들은 모두 인류사회를 옛날부터 지금까지 한 걸음 한 걸음 진보해온 사회로 보고 대체로 몇 단계로 나눈다. 그런데 중국만은 그 2,000여 년 동안 어느 단계에 속하는지 판단하기 어렵다는 것이다. 두 문제는 서로 구별되지만, 하나의 사실에 대한 것이다. 아래에서 나누어 설명하겠다.

가령 펑유란(馮友蘭, 1895-1990)의 『중국철학사』에서는 주진(周秦)에서 청말까지를 단지 양대 단계로 구분한다. 공자에서 회남왕(淮南王)까지를

"자학시대(子學時代)"로 보는데 기간은 불과 400여 년이고, 동중서로부터 강유위까지를 "경학시대(經學時代)"로 보는데 장장 2,000여 년에 달한다. 즉 중국에는 단지 고대철학[上古哲學]과 중세철학[中古哲學]만 있고 근대철학[近古哲學]은 없다는 것이다. 왜냐하면 근대에 생겨난 철학이 중세와 큰 차이가 없다고 보기 때문이다. 2,000여 년의 긴 기간을 단지 한 단계로 보는 것이다. 서양은 다르다. 근대철학과 중세철학은 산생된 시대가 다를 뿐만 아니라 정신도 다르다. 중국은 그렇지 않다. 펑유란은 이렇게 주장한다. 중국은 최근에 이르기까지 모든 분야에서 여전히 중세 시대에 속한다. 중국은 여러 분야에서 서양에 미치지 못한다. 중국역사에는 근대가 결여되었는데, 철학 분야는 특히 그 일부일 뿐이다.[5] 이는 바로 전자의 문제[중국사회의 정체성 문제]이다. 이른바 중국역사에 근대가 결여되었다는 것은 역사시기는 이미 근대에 진입했지만 중국문화의 각 분야는 여전히 중세의 모습이고 새로운 단계로 들어가지 못했다는 것이다. 이러한 정체는 멀리 서한에서 청말까지 2,000여 년에 이른다.

전에 옌푸(嚴復, 1853-1921)가 번역한 서양서적 중에 영국인 젠크스(Edward Jenks)[6]의 『사회통전』이 있는데, 사회발전사를 설명하는 책이다.[7] 대체로 인류는 토템사회에서 종교사회로, 종법사회에서 군국사회

5) 馮友蘭,『中國哲學史』(商務印書館), 495면을 보라.

6) 젠크스(Edward Jenks, 1861-1939)는 영국의 법학자이자 저명한 저술가이다. Jesus College, University of Melbourne, University College, Victoria University, University of Oxford, University of London 등의 교수를 지냈다. 저술로 *A History of Politics*(1903) 외에 *A Short History Of The English Law*(1912), *Law and Politics in the Middle Ages*(1913), *An Outline of English Local Government*(1921), *The State and the Nation*(1935), *The Book of English Law*(1936), *The Government of the British Empire*(1937) 등이 있다. —옮긴이

7) 『사회통전(社會通詮)』은 옌푸(嚴復)가 1903년에 번역했는데, 젠크스의 원서는 *A History of Politics*(1903)이다. 이 책에서 옌푸는 "totem"을 "圖騰"이라고 번역했는데,

로 나아가는데, 봉건사회에 이르러 종법과 군국이 대체된다고 보았다. 옌푸는 이 학설에 근거하여 중국을 고찰할 때 가장 먼저 장기간의 정체를 보았다. 그는 역자 서문에서 이렇게 말했다.

> 당우(요순)로부터 주나라에 이르기까지 2,000여 년 동안이 모두 봉건시대다. 이른바 종법은 이 시기에 가장 잘 구비되었다. 그 성인은 종법사회의 성인이고, 그 제도전적은 종법사회의 제도전적이다. 사물이 극에 달하면 돌아온다. 상군 · 진시황 · 이사가 나타나 군현을 설치하고 토지를 개간하고 시서를 불태우고 유자를 묻어 죽여, 그 법이 군주 외에는 여지가 없는 형세가 되었다. 이것은 종법사회이기 때문이 아니라 군국사회이기 때문이다. 진(秦)으로부터 지금에 이르기까지 또 2,000여 년이다. 중국을 통치한 자가 일가가 아니고 일치일란이 상례였다. 이제 그 정치와 법과 풍속을 고찰하면서 논의하고 생각하는 대상인 그 우수한 인민이 여전히 종법의 인민일 뿐이다. 그렇다면 한 시기의 변천이 부단히 연속되어 이 땅에서는 4천 수백여 년이나 된다!

다음, 그는 중국이 도대체 사회사에서 어떤 단계에 속하는지 판단하기 어렵다고 보았다. 그는 단지 이렇게 말할 수 있을 뿐이었다.

> 중국은 원래 종법사회인데 점차 군국사회로 진입했다. 전체적으로 보자면, 종법이 7할이고 군국이 3할이다.

이는 후자의 문제[중국사회의 성질 문제, 역사단계 문제]를 제기한 것

이것이 중국 학계에서 통용되는 번역어가 되었다. ―옮긴이

이다.

이 문제의 제기는 실로 민국 17년에서 22년 사이에 가장 성했다. 유명한 "중국사회사논전"이 바로 이 시기에 있었고, 논전에 참여한 논문을 편집한 간행물은 큰 책으로 네 권이 되고, 여타의 전문적인 저술과 산발적인 글도 많다. 이는 사회사를 설명하는 데 유력한 일파, 즉 마르크스주의파가 주로 수행했다. 국민당군의 북벌 후에 혁명이론에 대한 논쟁이 일어나 중국사회가 어떤 사회인지에 대해 탐구하여 중국혁명이 어떤 혁명이어야 하는지를 결정하려 했다. 왜냐하면 마르크스파의 주장에 따르면, 봉건사회이면 자산계급혁명을 수행하고 자본주의사회이면 무산계급혁명을 수행해야 하기 때문이다. 전자에 따르면 자산계급이 혁명의 주력이 되고, 후자에 따르면 자산계급이 혁명의 대상이 된다. 관점의 차이로 상반된 주장이 되는 것이다. 더욱이 단지 역사학 문제에 대한 연구가 아니라 당면한 실제 현실에 적용하려 하므로 큰 문제가 되었다. 그러나 중국은 결국 어떤 사회에 속하는가? 논의가 분분하지만 아무도 명쾌하지 않다. 멀리 모스크바에서 중국혁명을 지도하는 제3국제(코민테른)로부터 국내의 공산당 · 국민당 등 모든 혁명가에 이르기까지 모두 쟁론이 그치지 않고 이로 인해 나뉘어 요새를 쌓고 파별을 이룬다. 이에 『중국사회사논전』 편집자 왕리시[8]는 다음과 같이 말하고 있다.

---

8) 왕리시(王禮錫, 1901-1939)는 江西 安福 사람으로, 원명은 王庶三이다. 1929년 上海에서 神州國光社를 조직하고, 이듬해 일본에 가서 『讀書雜志』를 간행하기 시작했다. 1931년 귀국하여 神州國光社에서 중국사회사에 관한 논쟁을 전개하여 일세를 풍미했다.(논쟁은 후에 『中國社會史論戰』이라는 논문집으로 출간되었다.) 항일전쟁 기간에는 영국에서 全英援華會를 조직하여 부회장을 맡았다. 1938년 귀국하였고, 이듬해 重慶 文協이 戰場에 방문단을 파견할 때 단장을 맡았고, 방문단의 상황을 일기 형식으로 보도하여 나중에 『作家戰地訪問團史料選編』에 수록되었다. 저서에 『李長吉評傳』, 『讀書生活文選』, 『市聲草』, 『海外雜筆』, 『海外二筆』, 『去國草』, 『戰時日記』 등이 있

진(秦)나라부터 아편전쟁 이전까지의 역사시기는 중국사회형태발전사에서 수수께끼 시대다. 이 수수께끼 시대는 또한 가장 중요한 시기다. 그것이 중요한 이유는 이 시기에 대해서는 비교적 믿을 만한 사료가 있고 그에 의거하여 진나라 이전의 역사를 해명할 수 있기 때문이다. 더욱이 이 시기는 현대에 근접한 시기다. 이 시기를 명확히 알지 못하면 현대사회의 연원을 해명할 수 없다. 이 역사시기가 중국역사를 파악하는 관건이다. 이 시기가 2,000여 년 동안 지속되는데, 어떻게 2, 3천 년 동안 변화 없는 사회가 있을 수 있는가? 이는 사람을 당혹하게 하는 문제다. 적지 않은 국내외의 역사연구자들이 이 역사의 진흙탕에서 헤매고 있다![9]

논자들은 중국이 어떤 사회인지 판단하기 어려우므로 "변질된 봉건사회", "반(半)봉건", "전(前)자본주의시대", "봉건제도가 존재하지 않지만 봉건세력은 여전히 존재하는" 등의 궤변을 펴고 억지해석을 한다. 더욱이 (소련과 중국의) 어떤 학자들(가령 마르제(Madjer), 코킨(Kokin) 등)은 마르크스의 "아시아적 생산양식"을 원용하여 동양사회(중국, 인도 등)를 특수한 예로 본다. 중국이 근 100년 전에 서양 자본주의의 영향을 받지 않았던 시기 전체가 여기에 속한다.[10] 그리고 이른바 동양사회는 장기간 정체된 것이 본래 그 특색 중의 하나다.

중국의 가족제도는 전체 문화에서 차지하는 지위가 중요하고 뿌리가 깊다는 것은 세상에 잘 알려진 일이다. 중국 옛말에 "국가의 근본이 가정이다.", "가정이 모여 국가가 된다."라는 것이 있다. 법제상에서도 가정이

다. —옮긴이

9) 王禮錫, 「中國社會形態發展之謎的時代」, 『中國社會史論戰』(上海 神州國光社) 참조.

10) Kokin, 岑紀 譯, 『中國古代社會』(黎明書局) 참조.

분명한 조직단위이다.[11] 중국이 현재에 이르러서까지 종법사회로 불리는 이유가 바로 여기에 있다. 중국법제사를 연구하는 사람은 이렇게 말한다.

종래의 중국사회조직은 개인을 경시하고 가족을 중시했으며, 가족을 우선하고 국가를 뒤로 돌렸다. 개인을 경시하므로 서구의 자유주의가 발달할 수 없었고, 국가를 뒤로 돌리므로 근대의 국가주의가 결국 익숙해질 수 없었다. …… 그래서 가족본위가 중국사회의 특색 가운데 하나다.(陳顧遠, 『中國法制史』, 63면)

중국민족성을 연구하는 사람은 이렇게 말한다.

중국과 서양은 근본적으로 다른 점이 있다. 서양은 개인과 사회를 대립하는 본체로 보는데, 중국에서는 가족을 사회활동의 중심으로 보고 양자의 대립하는 형세를 용해시켜 버린다.(莊澤宣, 『民族性與教育』, 560면)

이런 견해들은 대체로 다 옳다. 루쭤푸[12]가 더욱 절실하고 심오한 언급을 했다.

---

11) 陳顧遠, 『中國法制史』(商務印書館), 74면 참조.

12) 루쭤푸(盧作孚, 1893-1952)는 저명한 실업가, 교육가, 사회활동가이다. 革命救國 · 教育救國 · 實業救國의 三大領域을 제시하고, 많은 학교 · 기업 · 신문사를 세웠다. 루쭤푸가 1925년 설립한 民生公司는 근대 중국 최대의 민영기업집단이다. 중화인민공화국이 건립된 후 마오쩌둥은 근대 중국사에서 잊을 수 없는 네 사람 가운데 한 사람으로 루쭤푸를 꼽았다. —옮긴이

가정생활이 중국인에게 가장 중요한 사회생활이다. 친척 · 이웃 · 붕우 등과의 관계가 중국인에게 두 번째 중요한 사회생활이다. 이 두 가지 사회생활에 중국인의 요구가 집중되고 이것이 중국인의 활동을 범위지으며 사회의 도덕조건과 정치상 법률제도를 규정한다. …… 사람들은 항상 중국인은 가정만 알고 사회를 모른다고 비판하는데, 사실 중국인에게는 가정 이외에는 사회가 없다. 농업에서 가정이 경영의 주체이다. 상업에서 외면상으로는 상점이지만 내면적으로는 가정이다. 공업에서 가정에 몇 대의 기계가 있으면 바로 공장이다. 교육에서도 과거의 교산관(教散館)은 자신의 가정에 있고 교전관(教專館)은 남의 가정에 있다. 정치에서 한 아문은 흔히 하나의 가정이고 관리는 바로 가장이다. …… 사람은 태어나서 늙어 죽을 때까지 가정생활에서 벗어나지 못하고 더욱이 가정에 의존하는 데서 벗어나지 못한다. 직업은 없을 수 있지만 가정이 없을 수는 없다. 의식주가 모두 가정에서 공급된다. 병이 들면 가정이 의원이 되고 가족이 간호한다. 가정에서 양육되며, 늙으면 가정만이 보살펴주고, 죽으면 가정만이 상사를 치러준다. 가정은 가족의 성공에 의존하고, 가족의 성공을 돕는다. 당신은 있는 힘을 다해 당신의 가정을 유지, 경영해야 한다. 가정을 위해 재산을 증식시키고 지위를 높여야 한다. 당신의 가정이 당신에게 그렇게 하기를 기대할 뿐만 아니라, 사회의 여러 사람들도 가정의 흥패로 당신을 평가한다. 가장 좋은 것은 가정을 번영시키는 일이고, 다음은 가정을 관리하는 일이고, 가장 탄식할 일은 불행히 가정을 망치는 일이다. 가정은 이처럼 전적으로 당신을 포위하고 있어서 당신은 결코 거기서 벗어나지 못한다. …… 가정생활의 의존관계는 이처럼 강력하고 흔히 여타의 사회관계를 파괴할 수 있고 적어도 장애가 된다.(盧作孚, 『中國的建設問題與人的訓練』, 生活書店)

우리가 보고 들은 바에 따르면, 일반적으로 중국문화에 대해 이상하다고 지목되는 것은 아직도 매우 많다. 가령 중국이 일찍이 개화되어 멀리 한당대에 문화가 이미 높은 수준에 이르고 학술이 매우 풍부했는데도, 결국 과학이 생겨나지 않은 것이 하나의 예다.

중국인은 예로부터 물질방면의 발명과 발견이 원래 매우 많다. 16세기 이전에 서양은 중국의 이러한 발명이 전해져서 큰 도움을 받았다. 주요한 것으로는 (1)나침반, (2)화약, (3)지폐, (4)활판인쇄술, (5)주판 등이 있고, (6)종이 만드는 기술이 특히 중요하다. 웰스(H. G. Wells)는 『역사대강(歷史大綱)』 제34장 제4절 "어떻게 종이가 인간의 마음을 해방시켰는가?(How Paper Liberated the Human Mind?)"[13]에서 유럽의 문예부흥은 완전히 중국 제지술의 전래에 힘입었다고 말할 수 있다고 했다. 또한 전하는 바에 의하면 철의 제련도 중국에서 먼저 발명되었다고 한다. 이런 예들로부터 보면 물질과학이 중국에서 생겨났어야 하는데 결국 그렇지 않은 것은 무엇 때문인가?

『사기(史記)』 「편작창공전(扁鵲倉公傳)」에서는 유부(兪跗)의 인체 해부술에 대해 언급하고 있다. 『후한서(後漢書)』 「화타전(華陀傳)」에서는 다음과 같이 분명하게 얘기하고 있다.

> 침이나 약으로 고칠 수 없는 병은 먼저 술을 먹여 취해서 감각이 없게 한 뒤에 배와 등을 가르고 환부를 잘라낸다. 장과 위를 잘라 씻고 아픈 곳, 썩은 곳을 제거하고 나서 봉합하고 고약을 붙이면 4, 5일이면 새 살

13) 『歷史大綱』의 원제와 부제는 *The Outline of History: A Plain History of Life and Mankind*(1919)이다. 웰스(H. G. Wells, 1866-1946)는 과학소설 100여 편을 쓴 영국의 소설가이자 문명비평가이다. '과학소설의 아버지'로 불린다. —옮긴이

이 돋아 치유되고 한 달이면 평소와 같이 회복된다.

이는 분명히 실제에서 검증하는 과학자의 행위다. 과학이라고 하기에는 부족하다면 과학이 나올 수 있는 연원이다. 왜 후세의 의사들은 이러한 것들을 전수받지 않고 완전히 현학 관념의 운용에 빠졌는가?

논리와 수리는 과학의 기초다. 이 학문의 발달과 진보는 모두 여타의 자연과학, 사회과학의 진보발달과 불가분의 관계에 있다. 중국에서 논리에 대한 연구는 주진교체기 백가쟁명의 시기에는 오히려 어느 정도 있었으나, 나중에는 연구하는 사람이 없었다. 산술도 사람들이 부단히 연구하여 일찍이 매우 높은 수준에 도달했지만, 결국 발달하지 못하고 나중에는 진보가 드물고 심지어는 전승이 단절되었다. 가령 남북조시대에 남조 사람 조충지(祖沖之)[14]의 원주율은 일설에 의하면 "5세기에 세계에서 가장 정밀한 것이었다. 당시 인도와 유럽은 모두 그에 미치지 못했으니, 충분히 천하를 업신여길 만하다."(茅以昇, 「中國圓週率略史」, 『科學』 제3권 제4기 참조) 그의 창견은 일설에 의하면 "서양에서 1573년 독일인 발렌틴 오토(Valentin Otto)가 처음 언급한 것에 비교할 때 1,000여 년 앞선다." (李儼, 『中國算學史』 참조) 이처럼 고명했지만 공간적으로 확대 · 발전하지 못하고 시간적으로 계속 진보하지 못했으니, 또한 끝나버린 것이다. 이처럼 진보하지 못하고 쇠퇴한 현상이 당연히 중국에서 과학이 성공하지

---

14) 조충지(祖沖之, 429-500)는 남북조시대의 수학자 · 과학자이다. 주된 공헌은 수학 · 천문역법 · 기계 세 방면에 걸쳐 있다. 수학 방면에서는 『綴術』을 지었는데, 『算經十書』에 포함되고 唐나라 國子監에서 算學 교재로 사용되었으나 일실되었다. 원주율이 3.1415926과 3.1415927 사이라고 했는데, 이는 당시 세계에서 가장 정확한 계산이었다. 천문역법 방면에서는 大明曆을 만들어 曆法에 歲差를 가장 먼저 도입했다. 指南車 · 千里船 등의 기계를 만든 외에, 음률 · 문학 · 考據 방면에도 조예가 깊었으며 『述異記』라는 소설도 썼다. ―옮긴이

못한 원인이다. 그러나 왜 이런 현상이 생겨났는지 우리는 의아하게 여기고 묻지 않을 수 없다.

이상의 서술을 종합하면, 중국 학술이 과학으로 발전하지 않았다는 문제가 여덟 번째 특징이다.

이어서 민주·자유·평등 등의 관념·요구와 그것이 유럽에서와 같이 법제로 나타나는 일이 처음부터 끝까지 중국에서는 발생하지 않은 것도 이상한 일에 속한다. 자유라는 말은 유럽인에게는 그처럼 명백하고 확실한 말이고 그처럼 귀중하며, 더욱이 말하고 글쓰는 데서 늘상 사용하여 일상생활에서 떠나지 않는다. 그런데 중국에는 결국 [자유를] 번역할 수 있는 그에 해당하는 용어가 없다. 처음 중국에 전해질 때에는 옌푸에 의해 "자요(自繇)"로 번역되다가 나중에 "자유"로 통용되었다. 장둥쑨[15]은 『이성과 민주(理性與民主)』 제5장에서 "자유와 민주"에 대해 이렇게 말했다. "중국에는 예로부터 서양과 같은 그런 자유관념이 없었다고 나는 감히 주장하는 바다." 그는 많은 연구를 통해 단지 "자득하지 않는 사람이 없다."[16]의 "자득"이 대략 그에 상응하는 것 같고 그밖에는 없다고 했다. 만일 중국과 서양의 사회구조가 전혀 다르지 않다면 왜 서로의 두뇌심

15) 장둥쑨(張東蓀, 1886-1973)은 현대 중국의 철학자이자 정치가이다. 일본 동경제국대학을 졸업했다. 정치적으로는 研究系에 속하며, 中國國家社會黨과 中國民主社會黨의 영수 가운데 한 사람이다. 民盟 중앙상임위원과 비서장을 역임했다. 주요 저술에는 『新哲學論叢』, 『認識論』, 『價値哲學』 등이 있다. 『理性與民主』는 『知識與文化』, 『思想與社會』와 더불어 3부작을 이루며, 혹은 『民主主義與社會主義』와 함께 4부작으로 불린다. 중서문화의 비교를 통해 중국의 출로를 모색한 저술로, 1946년 3월 "後序"를 쓰고 1946년 5월 商務印書館에서 출판되었다. —옮긴이

16) 원문은 "無人而不自得"이다. 이 구절은 『中庸』에서 유래하는데, "無人而不自得"은 "無入而不自得"의 착오이다. 군자는 어디에 가든(즉 어느 상황에 처하든) 자득한다는 의미이다. —옮긴이

리가 이처럼 상응하지 않게 되었겠는가? 이것은 중국이 과거에 봉건사회였음을 증명해준다. 봉건문화에는 당연히 근대의 자유관념이 없다고 말할 수는 없다. 서양 자유관념의 고대적 연원에 대해서는 논하지 않겠다. 중세 사람들은 귀족영주에 대해 자유를 무력으로 쟁취하거나 혹은 평화적으로 구매했다. 즉 수많은 헌장 및 계약이 성립되어 얻은 것이고, 홀연히 근대에 나타난 것이 아니다.

하물며 중국이 봉건사회에 속한다면, 봉건사회의 사람들은 자유를 목마르게 갈구하므로 청말 서양 근대사조가 전래되었을 때 해방의 도래에 기뻐 날뛰었어야 하는데, 왜 중국인의 반응은 그렇지 않았는가? 옌푸는 당시 중국인이 "서양철학의 평등 · 자유의 설을 듣고 늘상 입으로 떠들었지만 결국 그 의미를 이해하지 못했다."[17)]라고 서술했다. 『동서 문화와 철학』에서 나는 이렇게 말한 바 있다.

> 권리, 자유 관념은 중국인의 사유에 원래 없는 것이고 또한 지금까지 보고도 이해하지 못하는 것이다. …… 그들은 서양인이 자유를 요구하는 것에 대해 결국 두 가지 태도를 보인다. 하나는 매우 냉담하여 그것이 무엇을 하려는 건지 모르는 것이고, 다른 하나는 매우 놀라서 천하를 어지럽히리라고 생각하는 것이다.

당시 일반인들이 그러했을 뿐 아니라, 더욱 유의할 점은 자유주의를 번역한 옌푸도(옌푸는 밀(J. S. Mill)의 『자유론(On Liberty)』을 『羣己權界論』으로 번역했다.) 결국 "개인의 자유는 아직 급한 일이 아니다."라고 했다는 것이다. 유신파가 이러할 뿐 아니라, 중국혁명의 유일한 선구자인 쑨중

---

17) 몽테스키외(孟德斯鳩), 嚴復 譯, 『法意』(商務印書館), 제19권 제17장.

산의 견해도 결국 그와 같았다. 그는 중국인에게 자유가 너무 많다고 싫어했고, 개인의 자유를 타파하고 견고한 단체를 결성하려고 했다.[18] 이런 견해들이 정확한지 여부는 여기서 논하려는 바가 아니다. 그러나 적어도 자유의 요구가 역사상 시종 제기되지 않았음을 증명해줄 수 있으며, 이는 중국사회의 특이한 점을 입증하기에 충분하다.

평등과 민주도 중국인에게 익숙한 용어가 아니다. 그러나 평등정신과 민주정신은 중국에서 생소하게 느껴지지 않는다. 그 증거는 매우 많다. 량치차오(梁啓超, 1873-1929)의 『선진정치사상사』를 참조하면 대략적인 것을 알 수 있을 것이다. 여기서는 번거롭게 나열하지 않겠다. 대략 고대에는 맹자가 설명한 것이 가장 명철하다. 가령 "인민이 귀하고, 사직이 그 다음이며, 군주는 가볍다."[19], "군주가 신하를 지푸라기처럼 보면 신하는 군주를 원수처럼 여긴다."[20], "한 사내 주를 죽였다는 말은 들었지만 군주를 시해하였다는 말은 듣지 못했습니다."[21] 등이 그러하다. 근세에는 황종희(黃宗羲, 1610-1695)의 『명이대방록(明夷待訪錄)』에서 말한 것이 더욱 통쾌하고 투철하다. 그래서 맹자는 제사를 폐지당하기도 했고, 『명이대방록』은 청말 혁명당 사람들에 의해 대량으로 영인해서 보급함으로써 혁명사조를 궐기시켰다. 그렇지만 반드시 알아야 할 점은 그들의 주장이 단지 민유(民有, of the people)와 민향(民享, for the people)의 의미에 그칠 뿐 민치(民治, by the people)의 제도와 방법은 시종 제기되지 않았다는 점이다. 더 정확하게 말해서, 중국인도 민유와 민향을 실현하기 위해 방법을 추구하고 제도를 건립했지만, 그 방법과 제도는 결국, 가령 투표

---

18) 孫中山이 三民主義 가운데 民權主義를 설명하는 대목을 보라.

19) 民爲貴, 社稷次之, 君爲輕.(『孟子』「盡心下」) —옮긴이

20) 君之視臣如草芥, 則臣視君如仇讐.(『孟子』「離婁下」) —옮긴이

21) 聞誅一夫紂矣, 未聞弑君也.(『孟子』「梁惠王下」) —옮긴이

의 시행이나 대의제도 등 인민 자신이 지배의 주인이 되는 면에는 생각이 미치지 않았다. 한때 생각이 미치지 못했다면 모르겠으나, 왜 시종 생각이 거기에 미치지 못했는가? 이것이 가장 이상한 점이다. 또한 민유·민향의 의미가 없었다면 근본적으로 다르므로 말할 것도 없지만, 매우 일찍이 이미 접근했으면서 시종 합치되지 않았다. 중국과 서양의 사회구조가 전혀 다르지 않다면 서로의 심리두뇌가 어떻게 이처럼 상응하지 않을 수 있겠는가? 어떤 사람은 "중국사회·중국정치가 반민주적이거나 민주적이지 않은 적은 없다. 단지 다른 방식의 민주일 뿐이다. 서양의 것은 '더모커라시(德謨克拉西)'라 부르고 이것은 '더모커라둥(德謨克拉東)'이라 부른다." 이는 10여 년 전에 린리루[22]가 내게 한 말이다. 우스갯소리이지만, 중국사회의 특수성을 엿볼 수 있다. 식자들은 대체로 그렇게 느낀다.

우리는 민주·자유·평등 등의 요구가 제기되지 않고 그런 제도가 형성되지 않은 것을 중국문화의 아홉 번째 특징으로 꼽는다. 그러나 여덟 번째와 아홉 번째 특징을 합쳐보면, 즉 과학과 민주가 나타나지 않은 것은 위에서 말한 다섯 번째 특징인 이른바 중국에는 중세사만 있고 근대사가 없으며 문화가 정체되었다는 문제에서 벗어나지 않는다. 그래서 이런 특징들은 나누어 보아도 되고 합쳐 보아도 된다. 이와 같이 나눌 수도 있고 합칠 수도 있는 예들은 매우 많은데, 나중에 서술하겠다.

1944년 미국 루즈벨트 대통령은 중국 청두(成都)를 방문했을 때 「중

22) 린리루(林礪儒, 1889-1977)는 廣東信宜市 사람으로, 원명은 繩直이다. 北京高師附中 주임과 中山大學 교수, 廣州師範學校 교장, 廣東省立教育學院 원장, 廣東省立文理學院 원장 등을 지냈다. 중화인민공화국 건립 후에는 베이징사범대학 교장을 역임했다. 『文化教育學』, 『倫理學要領』, 『教育哲學』 등의 저술이 있다. —옮긴이

국 민족의 전도[中國民主之前途]」라는 글을 발표했는데 6월 26일자 청두의 각 신문에 번역 게재되었다. 그 글에서는 중국이 원래 서양 민주정치의 주요한 고취자이고 간접적인 창조자라고 했다. 최초로 혁명을 영도하고 입헌정부를 건립한 미국인은 그 사상과 행동의 기초가 서양 정치사상가에 의해 기초가 놓인 것이었다. 그런데 서양 정치사상은 중국으로부터 깊은 계발을 받았다. 애석한 것은 보통 사람들이 이 부분의 서양사에 유의하지 않아서 당시 그[미국 대통령]의 발언에 대해 막연하게 느꼈다는 사실이다. 이는 서구의 17세기 사정에 비추어보면 당시 서구인들이 중국문화에 경도되었음을 말해준다. 독자들은 주젠즈(朱謙之)[23]의 『서구문화에 대한 중국문화의 영향(中國思想對於西歐文化之影響)』이란 책에서 "계몽운동과 중국문화", "중국철학과 프랑스혁명", "중국철학과 독일혁명" 등의 장을 보면 대략을 알 수 있을 것이다.

이제 우리는 당시 유럽인들의 눈에 비친 중국문화의 특징이 무엇이었는가에 대해 살펴보자. 당시 유럽인이 중국에 심취한 것은 한 분야에 국한된 것이 아니었지만, 그중에서 중국의 사회와 정치에 가장 큰 자극을 받았다. 사회와 정치 면에서 가장 그들의 주의를 끈 것은 대략 다음과 같은 몇 가지 점이다.

(1) 정치의 근본법칙과 윤리도덕의 상호결합. 양자는 일치되고 분리될 수 없으며, 윤리학과 정치학은 결국 동일한 학문이다. 이는 세계에서 [중국이] 유일한 국가다.

---

23) 주젠즈(朱謙之, 1899-1972)는 현대 중국의 철학자 · 철학사가 · 문화학자 · 종교학자이다. 福建省立第一中學을 졸업하고, 1929년 일본에 유학하여 역사철학을 공부했다. 귀국 후 1932년부터 中山大學 교수 겸 文學院長을 역임하고, 1950부터 北京大學 哲學系에서 가르쳤다. 1964년부터는 中國科學院 哲學社會科學部 世界宗教硏究所에서 연구원으로 재직했다. 저술에는 『中國哲學對歐洲的影響』, 『老子校釋』, 『中國音樂文學史』, 『中國景教』 등이 있다. —옮긴이

(2) 이 윤리와 정치의 공통적 기초는 중국인이 말하는 "천리천칙(天理天則)"에 달려 있다. 그래서 이성이 군주의 권력에 대해 불가사의한 효과를 발휘한다.

(3) 그들은 중국의 이른바 천리천칙을 그들이 말하는 "자연법"으로 보았고, 그래서 중국의 문물제도도 자연처럼 유구하고 변하지 않는다고 믿었다.

국가를 사회 인륜에 융해시키고 정치를 예속교화에 흡수하고 도덕으로써 문화를 포괄하거나 심지어 전체 문화에서 도덕적 기풍이 특히 중시되는 것은 확실히 중국적인 사실이다. "윤리학과 정치학이 결국 동일한 학문이다."라는 것은 한마디로 유가관념의 정곡을 찌른 것이다. 몽테스키외는 『법의 정신[法意]』에서 중국 문물제도에 대해 언급했는데, 번역자 옌푸가 "머리를 숙이고 그 위대한 식견에 심복했다."라고 한 것은 바로 이것을 말한 것이다. 량치차오가 『선진정치사상사』에서 제시한 "덕치주의"·"예치주의" 등의 용어도 마찬가지다. 그에 대한 글이 매우 많아 인증하지는 않겠다. 우리는 단지 하나의 사건을 예거하고자 한다.

법학자들이 세계의 법계를 논할 때 16계·9계·8계 적어도 3계·4계를 열거하는데, 통상 세계에는 5대 법계가 있다고 한다. 많든 적든 결국 중국 법계가 하나를 차지한다. 이는 중국 법계의 세력이 광대하고, 더욱이 중국 법계가 특색을 갖고 있기 때문이다. 그 특색은 다음과 같다.

(1) 건국의 기초가 도덕·예교·윤상(倫常)에 있고, 권리에 있지 않다. 그래서 법률은 단지 보조적인 위치만 차지한다.

(2) 입법의 근거가 도덕·예교·윤상이고 권리가 아니다. 각국의 법률은 인권을 보호한다. 민법은 물권채권을 우선하며, 친족계승을 다음으로 한다. 이 법률구조는 권리 위에 건립된다. 우리는 그 반대다(의무로서

하며, 권리에 의거하지 않는다).

(3) 법률이 도덕 · 예교 · 윤상의 보조적 위치에 처하므로, 그 법은 통상 매우 간단하고 시간이 흘러도 오랫동안 변하지 않는다.(한대 이후 청말까지 변하지 않았다.)[24)]

여기서 우리는 도덕을 특히 중시하는 것이 중국문화의 한 특징이라고 확언할 수 있다. 우리는 이것을 열 번째 특징으로 꼽는다.

우리가 여섯 번째 특징—중국에는 종교가 결여되었다—을 기억한다면, 그것과 열 번째 특징이 사실 하나라는 것을 깨닫게 된다. 단지 어떤 것은 앞면이고 다른 것은 뒷면일 뿐이다. 종교의 결여인 뒷면과 도덕의 중시인 앞면은 하나로 합칠 수 있다. 그러나 연구의 진행상 나눠보면 좋은 점이 있다.

아홉 번째 특징과 열 번째 특징은 내용이 다 정치와 관련되어 있다. 그래서 우리는 중국인의 국가를 연상할 수 있다. 종래에 중국인은 천하관념으로 국가관념을 대체했다. 그들은 생각마다 "천하태평"을 축원했을 뿐 "국가부강"은 생각하지 않았다. 이는 유럽인과 전혀 다른 점이다. 고인의 위대한 이상이 작용하기는 했지만, 2,000년 동안의 사실을 반영한다. 이런 사실이 형성된 것은 지리상 대일통 국면을 조성하기 쉬웠던 데서 유래하기도 하고, 또한 역사상 단기간을 제외하고 국제간의 경쟁이 없었던 등등의 이유가 있다. 여기서 그 원인은 밝히기는 어렵다. 결국 사실 중국은 일반적인 국가유형에 속하지 않고, 국가유형을 초월한다는 것이다. 앞서 구미와 일본의 학자들이 이 점을 간파했고, 국내에도 이를

24) 楊鴻烈, 『中國法律思想史』(商務印書館), 제1장 導言 참조.

지적한 사람이 있다.

독일 오펜하이머(Feranz Oppenheimer)의 명저 『국가론』은 사회학의 입장에서 국가의 발생과 발전 및 그 장래에 대해 설명한 책이다. 그는 장래의 추세에 대해 일종의 "자유시민단체"를 형성할 것이라고 보았다. 그때에는 국가가 없고 오직 사회만이 있게 된다. 중국은 그가 보기에는 일찍이 그가 말하는 자유시민단체에 접근했다.[25)]

나의 친구 천쟈이(陳嘉異)는 민국 19년에 나에게 편지를 썼는데, 거기에는 이런 내용이 있다.

> 러셀(B. Russell)이 처음 중국을 방문하여 상하이에서 강연할 때 "중국은 실로 하나의 문화체이지 국가가 아니다."라는 냉철하면서도 듣기 좋은 말을 했다. 나는 이 놀라운 말을 듣고 러셀의 안목이 매우 예리하다고 생각했다. 그 후 서구 학자들이 중국문화에 대해 논한 책들을 널리 보고서 러셀에 앞서 이 말을 한 자가 있음을 알게 되었다.(『村治月刊』, 제1권 제1기)

그 후 대략 민국 23년 미국의 사회학자 파크(Robert E. Park)가 옌징대학에서 1년간 강의하고 떠날 무렵에 집간(集刊)을 발행했는데 거기에서도 이와 유사한 말을 발견할 수 있다. 요지는 중국은 하나의 국가가 아니고, 가령 유럽이 하나의 문화사회인 것처럼 실로 하나의 커다란 문화사회라는 것이다.

일본의 대학자 하세가와(長谷川)는 이런 말을 했다.

25) Feranz Oppenheimer, 陶希聖 譯, 『國家論』(新生命書局), 92, 208면 참조.

근대 영국인은 국가를 '필요악(necessary evil)'이라고 보았다. 중국인은 2,000년 전 옛날에 이미 국가를 '불필요한 악'으로 보았다.(『東西學者之中國革命論』(新生命書局), 152면)

칭화대학의 역사학자 레이하이쭝[26]은 그의 저술에서 이렇게 말했다.

2,000년 동안 중국은 단지 하나의 방대한 사회, 느슨한 정치형태를 갖춘 대문화구역이라고 할 수 있을 뿐이다. 전국칠웅 혹은 근대 서양의 제국과는 절대로 다르다.

그는 대가족제도가 참으로 중국사회를 강고하게 안정시키는 힘으로 무수한 크고 작은 변화에도 불구하고 해체되지 않게 했다고 보았다. 그러나 국가와는 근본적으로 병립할 수 없다고 한다. 중국은 춘추시대 이래로 종법이 쇠락하고 국가가 점차 형성되었다. 전국칠웅은 진정 최초로 통일되고 완비된 국가이다. 한대에 이르러 가족이 다시 흥성하여 [중국이] 하나의 국가가 되지 못했다.[27]

근래에 뤄멍처(羅夢冊)[28]의 『중국론』이라는 저술에서, 중국을 "천하국

26) 레이하이쭝(雷海宗, 1902-1962)은 근대 중국의 역사학자이다. 1922년 清華大學을 졸업하고 미국 시카고대학에 유학하여 역사와 철학을 공부했다. 1927년 철학박사학위를 취득하고, 귀국하여 南京中央大學 · 武漢大學 · 清華大學 · 西南聯合大學 등에서 교편을 잡았다. 저술에는 『中國通史』, 『西洋通史』, 『世界上古史交流講義』 등이 있다. —옮긴이

27) 雷海宗, 「中國之家族」, 『中國文化與中國的兵』(商務印書館) 참조.

28) 뤄멍처(羅夢冊, 1906-1991)는 현대 중국의 법학자 · 교육자이다. 1927년 國立開封第五中山大學에 입학했다. 1931년 河南大學 법학원을 졸업하고, 河南大學附屬高中 주임으로 근무했다. 1932년 國立北平師範大學에 진학하여 1935년 교육학 석사학위를 취득하고, 영국에 유학하여 법학과 법제사를 공부했다. 1939년 귀국하여 國立政治大

(天下國)"이라고 강조했다. 그는 중국이 한편으로는 천하성을 갖고 있고 다른 한편으로는 국가성을 갖고 있어서 "천하국"이라고 했다. 한 민족이 자기 민족을 자치하는 것이 민족국가[族國]이다. 한 민족이 다른 민족을 통치하는 것이 제국이다. 한 민족이 다른 민족을 영도하여 함께 통치하는 것이 천하국이다. 천하국은 민족국가를 초월하고 제국에 반대하는데, 이는 국가의 진보한 형식 혹은 가장 진보한 형식이다. (그는 소련이 이에 속한다고 보았다.) 중국을 "하나의 국가가 아니다."라고 보는 것은 큰 착오이다. 그것은 너무 멀리 나가고 너무 지나친 것이다.[29]

이 문제에 관해서는 나중에 논하고 여기서는 길게 다루지 않겠다. 이상 여러 사람의 주장은 각기 소견이 있겠지만, 중국을 하나의 특수한 사례로 다루고 보통의 국가유형에 속하지 않는다고 보는 것은 공통적이다. 우리는 이것을 중국문화의 열한 번째 특징으로 꼽는다.

위에서 언급한 레이하이쭝은『중국 문화와 중국의 군인』[30]을 출간했다. 그는 역사에 근거하여 중국이 동한 이래로 군인 없는 문화에 속한다고 주장했다. 그가 말하는 군인이 없다는 것은 단지 유랑민을 군인으로 삼아 군인과 비적이 구분되지 않고 군인과 민간인이 서로 적대시하거나 혹은 군인으로 삼을 사람이 없어 이민족의 용병을 이용하는 각종의 변태적 국면을 가리킨다. 군인이 있는 정상적 국면은 대체로 두 가지로 나뉜다. 하나는 군인과 민간인이 구분되며 군인이 사회의 상급직업인데, 이는 고대 봉건사회이다. 또 하나는 군인과 민간인이 합치되는 것으로

學 · 重慶中央大學 · 國立河南大學 교수를 역임했다. 1942년 參政會 參政院을 지내고, 1948년 입법원 입법위원에 당선되었다. 저술에『現時代的意義』,『福利宣言』,『孔子未王而王論』등이 있다. —옮긴이

29) 羅夢冊,『中國論』(商務印書館) 참조.

30) 레이하이쭝의『중국문화와 중국의 군대(中國文化與中國的兵)』는 1940년 商務印書館에서 간행되었다. —옮긴이

전 국민이 다 군인인데, 근대국가는 대개 이런 부류다. 중국 역사에는 이 두 가지 국면이 모두 있었으나 후세에는 없어졌고, 중국이 약화된 원인이 여기에 있다. 이런 주장을 부인하는 사람이 상당히 많지만, 우리는 유의하여 연구할 가치가 있다고 생각한다. 우리는 이것을 열두 번째 특징으로 꼽는다.

과거에 역사학자 첸무(錢穆)[31]는 한 논문에서 중국문화를 "효의 문화"라고 했다.[32] 근래에는 철학 교수 셰여우웨이(謝幼偉)[33]가 『효와 중국문화(孝與中國文化)』라는 책을 출간했다. 그는 다음과 같이 강조했다.

> 중국문화는 어떤 의미에서 '효의 문화'라고 부를 수 있다. 효는 중국문화에서 지대한 작용을 하고 지위가 지극히 높다. 중국문화를 논하면

---

31) 첸무(錢穆, 1895-1990)는 현대 중국의 역사학자이다. 燕京大學 · 北京大學 · 淸華大學 · 四川大學 · 齊魯大學 · 西南聯合大學 교수를 역임하고, 無錫江南大學 文學院 원장을 지냈다. 1949년 홍콩으로 이주하여 新亞書院을 창립했다. 1967년 타이베이로 이주하여 中國文化學院 歷史所 교수와 中央研究院 원사를 지냈다. 저서에 『中國思想史』, 『宋明理學概述』, 『莊老通辨』, 『兩漢經學今古文評議』, 『孔子與春秋』, 『論語新解』, 『朱子新學案』, 『先秦諸子系年』 등이 있고, 전집으로 『錢賓四先生全集』 甲 · 乙 · 丙三編(56종 54책)이 있다. —옮긴이

32) 민국 30년 11월 重慶大公報 星期論文이다.

33) 셰여우웨이(謝幼偉, 1905-1976)는 현대 중국의 철학자이다. 東吳大學을 졸업하고 미국 하버드대학에 유학하여 철학석사학위를 취득했다. 귀국 후 廣州國民日報 · 華南一步 주필을 역임하고, 浙江大學 교수를 지냈다. 1949년 인도네시아로 건너가 八華中學 교장, 自由日報 총편집을 역임했다. 1953년 타이베이로 가서 中央日報 총주필, 國民黨 中央黨部 設計考核委員, 國民黨 중앙집행위원회 僑務委員會 고문 등을 지냈다. 臺灣政治大學 · 臺灣師範大學 · 輔仁大學 교수를 역임하고, 中國文化學院 哲學研究所 소장을 지냈다. 저서는 『倫理學大綱』, 『當代倫理學說』, 『人生哲學』, 『西洋哲學史』, 『現代哲學名著述評』, 『中西哲學論文集』, 『中國哲學論文集』, 『哲學講話』 등이 있다. —옮긴이

서 효를 홀시하면 중국문화에 대해 참으로 아는 것이 아니다.(謝幼偉, 『孝與中國文化』, 青年軍出版社)

그는 도덕 · 종교 · 정치 등 각 방면에서 그의 설을 논증하고 있는데, 여기서 인용하지는 않겠다. 이 책과 앞에서 언급한 레이하이쫑의 책은 다 단편 논문의 모음집인데, 애석하게도 체계적인 저작이 아니라서 이 양대 논제를 충분히 설명하지 못하고 있다. 그러나 문제의 제기는 결국 유의미하다. 우리는 이것을 중국문화의 열세 번째 특징으로 꼽는다.

또 장싱황(蔣星煜)은 『중국 은사와 중국문화(中國隱士與中國文化)』라는 책을 출간했다. 그는 "은사"라는 용어와 그것을 대표하는 부류의 인물이 중국사회의 고유한 산물이라고 주장했다. 중국 은사의 풍격과 정취는 결코 서구인들이 이해할 수 있는 바가 아니다. 수적인 면에서는 극소수를 차지하지만, 중국의 은사와 중국문화는 상당한 관계가 있다. 이 주장은 다 맞지만, 애석하게도 원서에서는 이에 대해 진지하게 논증 · 해명하지 못했다. 우리는 그것을 열네 번째 특징으로 삼아 연구하고자 한다.

위와 같은 특징은 더 예를 들 수도 있겠지만, 여기서 그치고자 한다.

4. 참고와 입증의 자료

연구의 진행과정에서 우리는 민족성의 장점과 단점을 참고와 증거의 자료로 삼는다. 장점과 단점은 때로 나누기 어렵다. 우리도 그 우열에 주목하지는 않는다. 그러나 보통사람들에게 말할 때는 결국 특별히 우수하거나 특별히 열등하기 때문에 거론한다. 정확하게 말하면 특수한 점인 것이다. 민족성에서 이 특징들은 대부분 민족문화에 의해 형성된다. 그래서 그것을 원용하여 문화의 연구를 돕는데, 원인과 결과에 따라 입증하면 이치가 더욱 분명해진다. 현재 국내에서 민족성에 유의하여 연구하는 사람은 둘이다. 한 사람은 우생학적인 면에서 연구하는 판광단(潘光旦)[34]인데 『민족특성과 민족위생(民族特性與民族衛生)』, 『인문사관(人文史觀)』 등의 저술이 있다. 또 한 사람은 교육학적 측면에서 연구하는 주앙저쉬안(莊澤宣)[35]인데, 『민족성과 교육(民族性與教育)』이라는 대저가 있다. 두 사람은 중국인에 대한 외국인의 각종 관점(체질로부터 심리에 이르기까지)을 수집하여 사람들에게 적지 않은 자료를 제공하고 있다. 특히 장저쉬안은 매우 열심히 수집하여 많은 서양인 · 일본인 · 중국인의 각종 저작과 논의 외에 중국 희극 · 소설 · 신화 · 미어(謎語) · 언어 · 격언 · 연어(聯語) · 가요 등을 채취하여 분석했다. 이 책 외에도 많은 저술이 있다. 또 일본군이 화북을 침략하여 점령하고 중국을 계속 정복하려 했을 때 『지나인 심리의 연구(支那人心理之硏究)』를 지어 소책자로 인쇄하여 중국에 온 병사들과 교민들에게 나눠주었다. 그중의 서술이 수년간의 경험에서 체회한 것에 근거하여 우리에게 거울로 삼게 하는 바가 매우 많다.

---

34) 판광단(潘光旦, 1899-1967)은 근대 중국의 사회학자 · 우생학자 · 민족학자로, 清華大學 100년 역사에서 4대 哲人의 한 사람으로 꼽힌다. 본명은 光亶이고 光旦은 필명이며 서양식 이름은 Quentin Pan이다. 1922년 미국에 유학하고 1926년 귀국하여 上海 · 長沙 · 昆明 · 北京 등지에서 대학교수를 역임했다. 1957년 反右派鬪爭에서 우파분자로 낙인찍혀 인류학 · 민족학계의 5대 우파 가운데 한 사람으로 꼽혔다. 저서에 『優生學』, 『人文生物學論叢』, 『中國之家庭問題』 등이 있다. —옮긴이

35) 주앙저쉬안(莊澤宣, 1895-1976)은 근대 중국의 학자 · 교육가이다. 1916년 清華大學을 졸업하고, 미국에 유학하여 컬럼비아대학과 프린스턴대학에서 교육학 · 심리학 박사학위를 받았다. 1922년 귀국하여 清華大學 · 廈門大學 · 中山大學 · 浙江大學 · 嶺南大學 · 廣西大學 등의 교수를 역임했다. 저서에 『職業教育通論』, 『教育概論』, 『西洋教育制度的演進及其背景』, 『各國教育新趨勢』, 『鄕村建設與鄕村教育』, 『戰爭受害國的文化與教育』 등이 있다. —옮긴이

이 외에도 우치야마 간조(內山完造)[36], 오사케 진자(原惣兵衛, 1891-1950), 와타나베 히데카타(渡邊秀方)[37] 등의 저술에 대한 번역본이 있다.[38] 그 주장들은 장저쉬안의 저서와 적군의 소책자에서 발췌한 것이지만, 원서는 일독할 가치가 있다.

이제 각각의 견해를 종합하여 비교적 공인된 특징은 대략 다음과 같다.

(1) 이기심[自私自利]. 이는 자신과 가정에 대한 관심이 많고 공덕(公德)을 말하지 않으며, 흩어진 모래처럼 단결력이 없어 합작할 수 없고, 조직능력이 결핍되어 국가 및 공공단체에 대한 책임감이 결여되고, 개인을 위해 공적인 것을 무시하고 사욕을 탐하는 것들을 가리킨다.

(2) 근검. 이는 습성이 근검하고 각고하며 힘쓰고 부지런하여 게으르지 않고, 절약을 좋아하여 인색에 이르기까지 하며, 실리주의 · 실용주의의 정신이 강한 것 등을 가리킨다.

(3) 예절의 중시. 이는 한편으로 번문욕례, 알맹이 없는 허례, 형식을 중시하고 체면을 중히 여겨 거짓에까지 이르는 것을 말하고, 다른 한편으로는 실제 이익을 희생하고서라도 체면을 세우려 하고 체면을 위해 가산을 탕진하는 것 등을 가리킨다.

---

36) 우치야마 간조(內山完造, 1885-1959)는 근대 일본의 서점 경영자이자 중일우호운동가로, 1916년부터 1947년까지 중국에 살았다. 특히 上海에서 內山書店을 운영하면서 루쉰(魯迅)과 깊은 친교를 맺은 것으로 유명하다. 중국에 관한 저술로 『活中國的姿態』가 있으며, 여기서 서술하는 내용도 아마 이 책에서 인용한 듯하다. —옮긴이

37) 와타나베 히데카타(渡邊秀方, ?-1940)는 근대 일본의 학자로, 아래에서 인용하는 중국민족성론 외에 『支那哲學史 概論』(東京: 早稻田大學出版部, 1924)을 지었다. 『支那哲學史 概論』은 黃侃元에 의해 『中國哲學史 概論』(上海: 上海商務印書館, 1926)이라는 이름으로 번역되었다. —옮긴이

38) 內山完造는 『一個日本人的中國觀』을 지었는데, 尤炳圻의 번역본이 있다. 渡邊秀方은 『中國國民性論』을 지었는데, 高明의 번역본이 北新書局에서 출판되었다. 原惣兵衛는 『中國民族性之解剖』를 지었는데, 吳藻溪의 번역본이 있다.

(4) 화평문약(和平文弱). 이는 온순하고 평화스러워 폭력의 사용을 부끄럽게 여기고, 문을 중시하고 무를 경시하며 문아하여 섬약함을 면치 못하고, 특히 조화와 타협을 좋아하며, 중용 및 균형을 취하고 너무 심하게 하지 않으며 적당한 데서 그치는 것 등을 가리킨다.

(5) 지족자득(知足自得). 이는 자신의 운명을 편안하게 여기고 만족하며, 자득의 맛이 있어 가난하되 즐기고 가난하되 원망하지 않으며, 분수를 지키고 사람의 할 일을 다하고서 천명을 기다리며[盡人事待天命], 염담하게 자연풍경을 애호하고, 권력을 숭배하려 하지 않고, 사람의 힘으로 하늘을 이기려는 생각이 적은 것 등을 가리킨다.

(6) 수구(守舊). 이는 옛날을 좋아하고 현재를 경시하며, 과거를 좇아 구차하게 편안하려 하며, 진취적 모험적 정신이 극히 적고, 땅을 중시하여 잘 옮기려 하지 않고, 움직이는 것을 가만히 있는 것만 같지 않게 생각하는 것 등을 가리킨다.

(7) 모호함[馬虎, 模糊]. 이는 모호하여 정확함을 추구하지 않고, 시간을 중시하지 않고 [정확한] 숫자를 얘기하려 하지 않으며, 부연 · 인순하고 철저하지 않으며, 피차를 나누지 않고, 일정한 규칙이 없는 것 등을 가리킨다.

(8) 견인(堅忍)과 잔인(殘忍). 잔인은 상대하는 사람 혹은 사물에 대한 동정심이 결핍된 것을 가리킨다. 이는 서양인이 가장 비난하는 바이다. 견인은 스스로 지극한 데까지 참는 것을 가리킨다. 자신을 이기고 스스로 힘쓰고 굴욕을 견디며 손해를 보는 것 등이 이에 속한다. 내외 양면에 대해 서로 관련된 일이다.

(9) 강인성[韌性]과 탄성(彈性). 강인성은 강인한 데 그치고, 탄성은 탄력을 겸유하는 것이다. 이는 개인의 생명에서 볼 수 있을 뿐 아니라 전체 민족, 전체 역사에서도 이것을 입증할 수 있다. 이는 심리정신 면에서 그

러할 뿐 아니라 체질 및 생리현상에서도 입증할 수 있다. 그래서 "미지근한 탕(溫燉湯)", "끈적끈적한 사탕(牛皮糖)" 등의 비유가 있다.

(10) 원숙함[圓熟老到]. 이것이 중국민족성의 총괄적 특징이다. 그래서 맨 마지막에 둔다. 거기에는 다음과 같은 함의가 있다. 여유가 있고 황망해하지 않으며, 침착하고 노숙하고 신중하며 식견이 많고 분별력이 있으며, 정리(情理)에 가깝고 치우치지 않으며 모나지 않고, 풍부한 적응성과 잠재력을 가지고 있다.

이상 열 가지는 대략 그 요점을 말한 것이다. 이는 중국문화가 낳은 결과이다. 우리는 중국문화의 요의를 연구할 때, 당연히 그 본원을 모두 골라내어 본말과 인과 사이에서 일관되어야 하고 적절하지 않은 것이 없어야 한다.

우리의 연구는 대체로 사회인생을 주로 한다. 외면적인 고찰은 보편적이지 못하다. 가령 중국 언어문자의 특수성은 세계에서 중시하고 중국문화의 중요한 성분임이 분명하다. 그러나 저자가 문외한이어서 감히 논하지 않는다. 그 밖에 가령 문학 · 논리 · 철학 · 음악 · 회화 · 조각 · 도자기 · 궁실건축 · 정원구조 · 의약 · 체육권술 · 농업공업 내지 각종 방면에 대해 중국은 각기 특수한 점이 있다. 이들 상이한 방면의 많은 특징들에 대해 여기서 논한 사회인생의 특징과 요점 내에서 상통하는 곳이 있을 것이다. 말하자면 이들이 다 참고와 입증의 자료다. 그것들을 모두 합쳐서 입증하고 해명하게 한다면 반드시 더욱 크게 깨닫는 바가 있고 중국문화 요의에 대해 더 진정한 이해에 도달할 것이다. 애석하게도 이와 같이 박학하여 두루 통하는 사람은 얻기 어려워, 대개 여러 사람의 힘에 의지하여 집체적 연구에 의해 완성해야 할 것이다.

결론적으로, 우리는 전체 중국문화가 하나의 총체(적어도 각 부문, 각 방면이 서로 관련되며 관통한다)라고 믿는다. 중국문화는 중국인이 향유하고,

또한 중국인에 의해 창조되고, 다시 중국인을 주조해낸 것이다. 그것에는 많은 특징이 있어 세상 사람들이 여러 가지로 지목한다. 이들 특징은 그 연원을 연구하자면 하나하나가 다 난제다. 그러나 우리는 이들 난제에 대해 대답하려고 한다. 모든 난제에 대해 나는 대답하려고 한다. 뿐만 아니라 나는 그 총 근원을 탐구하여 하나의 근본 이유에 의해 대답하려고 한다. 이 책은 그 초보적인 실험이다.

2장

중국인의 가정

1. 펑유란의 해석

우리는 앞에서 논한 중국문화의 열네 가지 특징 가운데 하나로부터 연구를 진행할 수 있을 것이다. 이제 중국인의 가정이 사회조직과 실제 생활에서 특히 중시된다는 점(일곱 번째 특징)에서부터 시작해보자.

가정이 중국인의 생활에서 특히 중시된다는 것은 모두가 아는 바이다. 서양인과 대조해보면 더욱 두드러진다. 이제 그 원인을 탐구해보자. 펑유란은 근저 『신세론(新世論)』의 "국가론[說國家]", "자녀론[談兒女]" 등의 편에서 이 문제에 대해 해답하고 있는 듯하다. 그는 대체로 유물사관에 근본하여 한쪽은 산업혁명 이전에 속하고 다른 한쪽은 산업혁명 이후에 속한다고 하며, 피차의 생산방식이 다른 데 따른 것이라고 해명한다. 그는 이렇게 설명한다. 산업혁명을 거치지 않은 지역은 동양이든 서양이든 생산양식이 어느 단계에 속하든 모두 가정을 본위로 한다. 이것을 생산가정화라고 부른다. 산업혁명을 거친 지역에서는 주로 기계를 사용하여 생산하며 가정을 본위로 하는 생산방식을 타파하고 사회를 본위로 생산한다. 이것을 생산사회화라 부른다. 그래서 그는 다음과 같이 말한다.

생산가정화의 사회에서는 사람들이 사회에 대한 의존이 간접적이다. 생존에 직접적으로 의존하는 것은 가정이다. 그러나 생산사회화의 사회에서는 사회화된 생산방식이 가정의 범위를 타파해버린다. 사람이 생존에 직접 의존하는 것은 가정이 아니고 사회다.

그는 이어서 이들이 서로 다른 문화임을 강조한다.

모종의 생산방법 아래에는 사회에 반드시 모종의 조직이 있고 사람에게 반드시 모종의 행위가 있다. 사람들에게 이런 행위를 규정하는 것은 도덕이다. …… 생산방법은 사람이 임의로 채용할 수 있는 게 아니다. 왜냐하면 모종의 생산방법은 반드시 모종의 생산도구를 채용해야 한다. 모종의 생산도구가 아직 발명되지 않으면 모종의 생산방법을 채용할 수 없고, 사람들도 모종의 생산방법이 있음을 알 수 없다. 그래서 생산방법은 생산도구에 따라 정해지고, 사회조직은 생산방법에 따라 정해지며, 도덕은 사회조직에 따라 정해진다. 생산방법은 사람들이 임의로 채용할 수 있는 것이 아니다. 그래서 사회조직과 도덕도 사람이 임의로 채용할 수 있는 게 아니다.

가정본위의 생산방법이 있으면 가정본위의 생산제도가 있다. 가정본위의 생산제도가 있으면 가정본위의 사회제도가 있다. 가정본위의 사회제도에서는 모든 사회조직이 다 가정을 중심으로 한다. 사람들 사이의 관계가 다 가족관계에 달려 있다. 과거의 이른바 오륜 가운데 가정에 관한 것이 셋을 차지한다. 나머지 둘은 가정에 관한 것은 아니지만, 그 내용도 가정에 관한 것으로 유추할 수 있다. 가령 군주는 아버지에, 붕우는 형제에 견줄 수 있다.

…… 이른바 산업혁명은 사회본위의 생산방법으로 가정본위의 생산방법을 대체하고, 사회본위의 생산제도로 가정본위의 생산제도를 대체한 것이라고 할 수 있다. …… 따라서 산업혁명을 거친 사회에서는 개인이 가정에서 생존을 도모할 수 없고, 반드시 가정을 떠나서 생존을 도모해야 한다. 그래서 그의 행동은 가정본위일 수 없고 또 반드시 가정본위여야 하는 것이 아니다. 민국 초에 사람들은 이에 대해 전혀 이해하지 못하고, 사람은 바라는 바에 따라 어떤 사회제도를 원하면 그런 사회제도를 행할 수 있다고 보았다. 중국인이 가정을 모든 것의 출발점, 집중점으로 삼는 데 대해 특히 공격을 가하고, 그것이 중국인의 큰 단점이고 나쁜 점이라고 보았다. 그들은 생산가정화의 사회에 사는 사람들이 모두 그러함을 알지 못했다. 그것은 단점도, 나쁜 점도 아니다. 그것은 생산가정화의 사회에 필요한 것이다. 그것은 생산가정화의 사회제도이다. 민국 초의 사람들은 하나의 제도를 전체로서 보지 못하고 단지 지엽적인 면에서 그들의 선입견에 합치되지 않음을 보고 적합하지 않다고 주장했던 것이다.

당연히 그는 두 문화가 하나는 옛것이고 하나는 오늘의 것이며 결코 중국과 서양의 다른 점이 아니라고 보았다. 오늘날 중국은 바로 어떻게 현대화로 들어갈 수 있는가 하는 과도기에 처해 있다. 이는 앞장에서 인용한 루쒀푸의 저술에 나타난 견해와 별 차이 없다. 단지 루쒀푸는 '생산가정화', '생산사회화' 등의 용어를 사용하지 않았을 뿐이다. 뤄쒀푸는 이렇게 설명한다.

농업민족의 경제단위는 대단히 간단하다. 경제단위가 간단하여 단지 하나의 가정을 필요로 한다. 그래서 농업민족의 사회생활은 가정생활이다. 때로 가정의 범위를 넘어서지만, 역시 가정관계의 확대이다.

이른바 농업이란 공업화를 거치지 않고 현대화를 거치지 않은 과거의 농업을 가리킨다. 그래서 의미하는 바는 모두 다 별 차이가 없다.

2. 펑유란의 설에 대한 반증

펑유란과 루쮜푸의 견해는 일부 맞는 데가 있고, 또한 당시 일반인의 견해를 대표한다. 우리는 하나하나 검토해 보아야 한다.

중국인이 가정윤리를 특별히 중시하고 가족제도가 특히 성한 것은 옛부터 전승된 것이지만 시기와 지역에 따라 다르다. 가령 전국시기, 특히 상앙변법을 실시한 진(秦)나라에서는 상당한 변화가 있었다. 역사서에는 다음과 같이 기록되어 있다.

> 상군은 예의와 인은(仁恩)을 버리고 진취에 힘썼다. 2년을 시행하자 진(秦)의 풍속이 날로 퇴폐해졌다. 그래서 진나라에서는 아들이 장성하면, 집이 부자일 때는 분가하고 집이 가난할 때는 데릴사위가 되었다. 아버지가 농기구를 빌릴 때는 만족해하는 기색이 있을까 염려했다. 어머니가 키를 빌릴 때는 서서 구차한 말을 했다. 사람들과 함께 앉아서 자식을 안고 젖을 먹였다. 고부간에 서로 좋아하지 않으면 입을 삐죽이며 고개를 숙였다. 자식을 사랑하고 이익을 좇는 것이 금수와 다를 바가 거의 없게 되었다. 그러나 시세를 좇는 데 힘써서 오히려 여섯 나라를 굴복시키고 천하를 겸병하여 성과를 거두었다.(『漢書』, 「賈誼傳」)

> 백성에게 아들이 둘 이상 있으면 다 부세를 배로 했다.(『史記』, 「商君

列傳」)

백성들에게 부자형제가 한 집에 거주하는 것을 금지했다.(같은 곳)

당시 상군의 의도는 국가의 입장에서 군국주의를 행하여 농업과 전쟁을 권장함으로써 외국에 대처하려 한 것이다. 그래서 가족을 타파하고 개인을 국가에 직접 연결시킬 필요가 있었다. 이 점에 대해서는 증거가 매우 많다. 가령 그는 일종의 호적법을 시행했다.[1)]

영토 내에 있는 사내와 여자의 이름을 신고하게 하여, 살았을 때는 등록시키고 죽으면 삭제한다.(『商君書』,「境內篇」)

민중의 가족 수를 신고하게 하여, 살아 있는 자는 등록하고 죽으면 삭제한다.(「去疆篇」)

상인의 식구 수대로 부역을 시켜 그 집안의 장작 패는 자, 수레 모는 자, 부역하는 자, 종노릇 하는 자를 반드시 관청에 이름을 올리게 한다.(「墾令篇」)

그 밖에 후세의 보갑법과 유사한 것이 있고 후세의 병역법과 유사한 것도 있다. 민중을 조직하는 각종 방법은 여기서 다 인용하지 않겠다. 이른바 상군이 제 무덤을 팠다는 방법인 "숙박하려는 사람이 증빙서류가

1) 陳啓天의 『商鞅評傳』(商務印書館)에 따르면 세계사에서 가장 먼저 호적법을 행한 국가는 중국이다. 중국에서 가장 먼저 호적법을 시행한 사람은 상군이다. 이 주장이 사실인지 여부를 알 수 없어 인용하지 않는다.

없으면 연좌시키는"[2] 것은 국민의 신분증과 유사하다. 「농전편」에서는 이렇게 말했다. "국가를 다스리는 사람은 백성이 흩어지는 것을 걱정하지만 뭉치게 할 수 없다. 그래서 성인은 하나를 만들어 뭉치게 한다." 또 "뭉치게[摶]" 해야 "강하게[强]" 할 수 있다고 했다. 결국 국가가 직접 인민을 장악하려는 것이다. 그 형세는 가정, 가족이 중간에서 장애가 되어 조직관계를 이완시키지 못하게 하는 것이다. 밝게 인식하는 사람은 유럽에는 이런 상황이 없음을 혹은 이런 상황은 유럽의 상황이 아님을 볼 수 있을 것이다. 생산도구와 생산방법의 진보가 결코 가정, 가족 해체의 유일한 요소가 될 수 없다. 당시 진의 생산도구, 생산방법에 진보가 있었는지는 현재 상세히 고찰할 수 없고 누구도 분명히 말할 수 없다. 나는 평유란이 당시 반드시 진보가 있었다고 고집할 수는 없으리라고 생각한다! 경제는 참으로 모든 상부구조(도덕법제 등)의 토대다. 그러나 모든 상부구조가 다 [토대에 의해] 결정된다고 할 수는 없을 것이다. 즉 진은 당시에 오히려 상부구조(新法)에 의해 경제에 커다란 변화를 촉진시켰다.

두 번째 예를 들어보자. 유럽의 스위스는 1905년 가정제도를 상당히 중시하는 민법을 새로 반포했다.[3] 그 제331조 이하에 특별히 가권을 설정하여 가산의 공유를 특히 중시하고 친권 외에 가장권을 규정했다. 그러나 스위스가 20세기에 이르기까지 산업혁명을 거쳤는지 혹은 아직 산업혁명을 거치지 않았는지는 모르겠다.

---

2) 원문은 "舍人無驗者坐之"로 『史記』「商君列傳」에 나온다. "秦惠王發吏捕商君. 商君亡至關下, 欲舍客舍. 客人不知其是商君也, 曰： 商君之法, 舍人無驗者坐之. 商君喟然歎曰：'嗟乎! 爲法之敝, 一至此哉!'" —옮긴이

3) 스위스가 가정제도를 상당히 중시한 데는 반드시 적극적인 이유가 있을 것이나, 우리는 그것을 분명하게 알지 못한다. 소극적인 이유로는 아마 스위스가 영세중립국이어서 진에서 상앙이 했던 것처럼 국군주의를 행하여 외세에 대해 준비할 필요가 없었다는 점일 것이다.

세 번째 예는 소련이다. 평소 소련에 애정과 관심을 가져왔기 때문에 근래 소련에서 부녀문제, 혼인문제, 가정문제에 큰 변화가 있음을 알게 되었다. 내 수책에 기록된 바에 의하면, 아래의 자료가 증거다.

(1) 1939년 2월 24일 『대륙보(大陸報)』에 "모스크바의 변화[莫斯科的轉變]"(西風節 번역)라는 글이 실렸는데, 막 소련 수도를 다녀온 사람의 보도이다. 그 제4조에서는 "가정생활의 중요성이 회복되었다."고 했다. 10년 전의 구호는 "국가가 아동의 가장 좋은 보호자이다."였는데, 이제 모스크바 공립학교 교장은 사람들에게 "아동의 교도하는 것은 실로 가장이고 학교가 아니다."라고 했다는 것이다.

(2) 1943년 2월 22일 『계림대공보』에 소련에 관한 장편 보도가 실려 있다. 사람들에게 깊은 인상을 주는 것은 청교도적 혼인관념이 회복되고 있다는 것이다. 이혼이 가능하기는 하지만 결코 쉽지 않게 되었다. 노동자와 농민 가운데 이혼하는 사람은 더욱 적다. 가정이 강고하게 조직되어 민족생명의 기초로 인식된다.

(3) 1944년 3월 5일, 뉴욕 『전봉논단보(前鋒論壇報)』(*Herald Tribune*)에 소련 중앙위원 아오뤄쟈 미시커와(奧羅加 米希可娃)의 방문기를 실었는데, 그것을 장쥔마이(張君勱)[4]의 부인 왕시인(王釋因) 여사의 번역으로 충칭(重慶) 『민헌(民憲)』 제1권 제2기에 게재하고 부록을 붙였다. 거기에 다음과 같은 구절이 있다. "1932년 내가 독일에서 돌아올 때, 부모를 생

4) 장쥔마이(張君勱)는 근대 중국의 철학자, 정치가이다. 江蘇省 嘉定縣 출신으로, 원명은 嘉森이고 자는 士林이며 호는 立齋, 世界室主人이고, 君房이라는 필명을 사용했다. 일본과 독일에 유학하여 철학과 경제학을 배우고 돌아와 유심주의 철학을 추종하여 "玄學鬼"라 불렸다. 초기 현대신유가의 한 사람이다. 일찍이 中國民主同盟에 참여하였고, 신중국 건립 후에는 해외에서 "中國自由民主戰鬪同盟"을 조직하여 "제3세력"을 자처했다. 저술에 『中西印哲學文集』, 『新儒家哲學發展史』, 『思想與社會序』 등이 있다. —옮긴이

각하고 자식을 염려하는 마음이 있었다. 모스크바를 경유할 때 최신의 전형적인 러시아 부녀를 보고 또한 탁아소, 공공식당 등과 같은 가정사회화 기관을 보았는데, 내 마음에 새로운 자극을 주어 말할 수 없이 참담한 감정을 일으켰다. 나는 인류의 이상이 단지 사회주의와 개인주의의 양극단으로 발전한다면 소련사회제도의 완전한 실현은 바로 인류생활의 극단적 집체화와 기계화일 거라고 느꼈다. 가정제도의 폐지로 인해 인류의 천성적인 사랑, 부부와 부모자식 간의 정이 다시는 존재하지 않게 되고 사회생활의 냉혹함이 상상할 수 없는 지경에 이르게 될 것이다." 그러나 사실은 왕 여사가 염려하는 것처럼 되지 않고 소련이 마침내 변화했다. 소련 여성 중앙위원의 방문기는 주로 소련이 여자교육과 남자교육을 소학에서 대학에 이르기까지 철저히 분리하는 것에 대해 서술하고 있다. 이는 2차대전 이전에 결정된 것으로, 독일인이 소련을 침공했을 때 전쟁 중에도 실행하려고 했다. 미시커와는 이렇게 말했다. "여자는 결국 여자다. 우리는 이전에 여자가 받아야 할 특별교육, 즉 여성들이 현모양처가 되는 데 필요한 교육에 대해 소홀히 했다."

소련의 이러한 변화가—처음에는 가정을 거의 폐지하려 했다가 나중에는 가정제도가 더 중시되고 공고화된—펑 선생의 말처럼 장차 생산도구, 생산방법에 따라 어떻게 다르게 바뀔 것인가? 말할 것도 없이 그렇지 않을 것임을 알 수 있다.

이상 세 가지 사례(진, 스위스, 소련)로부터 보면 펑유란의 설이 옳지 않음은 매우 명백하다. 중국인의 생활에서 가정을 특히 중시하는 것이 단지 "생산가정화"라는 말로 해석할 수는 없다. 이 밖에 펑유란과 뤄쭤푸에게 착오가 있다. 뤄쭤푸는 농업의 경제단위가 대단히 간단하며 하나의 단위로 단순화되어 단지 하나의 가정만이 필요하다고 했다. 펑유란은 생산가정화의 사회에서는 가정이 경제단위라고 했다. 그것[생산가정화

사회]은 다른 경제단위[가정]를 떠나 존재할 수 없고 피차 각종의 관계가 있지만, 하나로 융합될 수는 없다. 뤄쭤푸와 펑유란 두 사람인은 중국 가정단위의 소농, 소공, 소상이 중세경제의 일반적 방식이라고 오해하고 있다. 사실은 그와 반대로 중국의 그런 정황은 세계의 다른 지역에는 드문 일이라는 것을 모르고 있다. 이에 대해서는 뒤의 몇 장을 보면 명백해질 것이다.

3. 문화의 형성과 그 개성

중국은 줄곧 산업혁명을 거치지 않은 농업국가였다. 중국의 전통적 풍교와 예속은 분명히 농업사회에 적응하려는 것이었다. 더욱이 2,000년의 문화에 변혁이 적은 것은 그 사이에(경제적 토대와 그 상부구조 사이에) 고도의 상호적응성이 있어서 상하좌우가 긴밀하게 결합되어 있었음을 어렵지 않게 추정할 수 있다. 그러나 중국의 모든 풍교와 예속이 이런 경제에 의해 결정되고 형성되었다고 추단할 수 있는 이유는 없다. 반대로 중국의 생산도구와 생산방법이 2,000여 년 동안 산업혁명으로 나아가지 못한 것이 그 풍교와 예속의 영향을 받았기 때문이라고 단정할 수도 없다.

경제는 사람살이의 기본으로서 누구도 벗어날 수 없다. 그래서 전체 문화 중에서 영향력이 크리라는 것은 어렵지 않게 생각할 수 있다. 사회경제의 변화에 따라 가정제도도 변하지 않을 수 없다는 것은 사람들이 공인하는 사실이다. 그러나 그것이 문화에 일방적으로 결정력을 갖고 있다고 말할 수는 없다. 홉하우스(L. T. Hobhouse)[5]는 『단순한 민족의 물질

5) 홉하우스(Leonard Trelawny Hobhouse, 1864-1929)는 영국의 자유주의 사회학자이

문화와 사회제도(簡單民族中的物質文化與社會制度)』에서 사회제도와 물질문화 간의 상관계수를 탐구했는데, 결국 상관계수는 결코 크지 않았다. 민족학의 자료는 문화의 각 부문 간에 갖가지 서로 다른 배합이 가능하다는 것을 보여준다. 그 예는 헤아릴 수 없이 많다.[6] 황원산(黃文山)[7]은 그의 문화학(culturology) 건설론에서 우징차오(吳景超)의 말을 이렇게 인용했다.[8]

(1) 같은 생산방식이 다른 시간과 공간에 다른 제도 및 사상과 공존한다.

(2) 문화의 다른 부분에 변동이 있을 때, 그에 앞서 생산방식에 어떤 변동이 있었음을 찾을 수 없다.

(3) 상이한 생산방식에서 같은 제도와 사상을 찾아낼 수 있다.

황원산은 또 권위 있는 인류학자 보아스(Franz Boas)[9]의 말을 인용하여

자 철학자이다. 옥스퍼드대학을 졸업하고 〈맨체스터 가디언〉 기자를 거쳐 런던대학 교수를 역임했다. 스펜서 진화론의 영향을 받아 인간 의지에 따른 진보 가능성을 인정하고, 그린의 사회철학의 영향으로 경험주의적 합리주의에 경도되었다. 그의 *Liberalism*(1911)은 신자유주의의 고전으로 꼽힌다. ―옮긴이

6) 이는 오그번(W. F. Ogburn), 費孝通 譯, 『社會變遷』(商務印書館)에 근거한 말이다

7) 황원산(黃文山, 1901-1988)은 현대 중국의 학자로, 1921년 北京大學을 졸업하고 이듬해 미국에 유학하여 컬럼비아대학에서 문학석사학위를 받았다. 1927년 귀국하여 上海國立勞動大學 교수, 建設大學 교장, 廣東法商學院 원장, 中央大學 교수, 中山文化教育館 연구부주임을 지냈다. 1949년 미국으로 건너간 뒤 台灣大學과 홍콩 中文大學 客座教授를 역임했다. 인류학, 역사학, 사회학 등의 지식을 응용하여 문화현상을 종합적으로 연구해야 한다고 주장하였다. 저서에 『社會進化』, 『黃文山學術論叢』, 『文化學體系』, 『當代文化論叢』, 『文化學及其在科學體系中的位置』, 『中國古代社會史方法論』 등이 있다. ―옮긴이

8) 黃文山, 『文化學論文集』, 中國文化學學會의 廣州印行版.

9) 프란츠 보아스(Franz Boas, 1858-1942)는 미국의 문화인류학자로, 북아메리카 인디언에 관한 집약적 실지조사를 하여 많은 업적을 남겨 미국 인류학의 시조로 평가받는다. 독일에서 태어나 물리학과 지리학을 공부하였으나, 에스키모 조사를 계기로

다음과 같이 지적하고 있다. "경제조건은 틀림없이 지리조건보다 문화와의 관계가 비교적 더 밀접하다. 경제는 문화를 구성하는 일부분이기 때문이다. 그러나 그것이 유일한 결정요소는 아니다. 그것[경제조건]은 한편으로는 [문화를] 결정하고 다른 한편으로는 [문화에 의해] 결정된다." 마르크스와 엥겔스가 유물사관을 창시했지만, 그 주장은 세속에 전해지는 것과 다르다. 엥겔스가 블로흐[10]에게 보낸 편지(1890년 9월)에 따르면, 경제가 유일한 결정요소라는 주장은 터무니없는 것이라고 명백히 배척하고, 경제가 토대라고 인정하기는 하지만 정치 · 종교 등과 같은 상부구조가 역사과정에서 마찬가지로 일정한 역할을 하며 또한 경제에 영향을 미쳐 상호작용을 한다고 보았다. 그렇다면 보아스와 엥겔스의 주장 사이에는 큰 차이가 없다.

경제가 일방적인 결정력을 가지지 않을 뿐 아니라 그 힘도 역사발전에 따라 점차 감소한다. 투간 (Tugan Bananousk)[11]의 말을 인용할 수 있다.

인류학으로 전향하여 컬럼비아대학에서 인류학을 강의하였다. 역사주의적인 입장을 중시하면서 문화를 통합적 전체로 고찰하였고, 문화영역 · 주변영역 · 부족유형 등의 개념을 창안하여 훗날 기능주의적 연구의 선구적 역할을 하였다. 저서에 『원시인의 마음』(1911), 『인종 · 언어 · 문화』(1940) 등이 있다. —옮긴이

10) 에른스트 블로흐(Ernst Bloch, 1885-1977)는 파시즘을 비판한 독일의 철학자이다. 하이델베르크대학에서 막스 베버에게 배우고 야스퍼스 · 루카치와 사귀었다. 나치정권 수립 후 망명하여 스위스에서 『유토피아 정신』(1918)을 간행하였다. 1920년 독일로 돌아와 『토마스 뮌처』(1922)를 출간하였으나, 이 때문에 나치의 박해를 받아 1933년 다시 스위스로 망명하였다. 이 동안에 『이 시대의 유산(遺産)』(1935)을 집필하였다. 1938년 미국으로 이주하였고, 모스크바로 망명한 루카치와 '표현주의 논쟁'을 전개하였다. 그 뒤 동독의 라이프치히대학, 서독의 튀빙겐대학에서 강의하며 『자연권과 인간의 존엄』(1961), 『소외』(1962), 『그리스도교 안의 무신론』(1968), 『유물론의 문제』(1972) 등의 저술을 남겼다. —옮긴이

11) 투간 바라노프스키(Tugan Baranovsky, 1865-1919)는 우크라이나 출신의 러시아 정치경제학자 · 사회이론가이다. 우크라이나 카르코브대학에서 수학했으며, 합법적인 마르크스주의자 그룹의 지도자 가운데 한 사람이다. 신칸트학파 윤리학과 영국 고

사회진화의 초기에는 사회의 모든 생활이 경제와 완전히 결합되어 있다. …… 사회진화가 점차 고도화되면 사회행동이 점차 독립적으로 발달하고 방사선이 점차 중심에서 멀리 벗어난다. 요컨대 사회생활이 조성한 사회행동이 사다리와 마찬가지로 최하급에서는 완전히 직접 생활의 생산에 의해 이뤄진다. 고급으로 올라가면 경제적 노동이 각종 사회행동 전체에 대해 그 임무가 점차 감소·약화된다. 고등의 욕망을 만족시키는 것은 경제적 노동에 크게 의존하지 않기 때문이다. 그래서 고등사회의 행동은 경제에서 벗어나 독립적인 의의가 있고, 경제의 지배를 받는 산물 혹은 경제의 단순한 반영으로 볼 수 없다. 역사의 진보는 바로 인류의 정신화의 진보에 의의가 있고, 인류생활의 중심점이 하등생활을 유지하려는 욕망으로부터 고등정신의 욕망으로 옮아가는 데 있다.

페이샤오퉁(費孝通)이 번역한 오그번(W. F. Ogburn)[12]의 『사회변천』

전경제학 및 독일 역사학파를 원용하여 러시아 정통 마르크스주의를 개혁하고자 했다. 경제학 분야에서 가장 중요한 책은 *Industrial Crises in Contemporary England*이며, 『러시아의 공장에 관한 역사(*The Russian Factory in the Nineteenth Century*)』를 저술하기도 했다. 사회이론, 화폐경제학, 사회주의 계획 개념, 경제학사 등의 분야에서 주목할 만한 기여를 하였다. 1917년 우크라이나 재정부장관을 역임했다. —옮긴이

12) 오그번(William Fielding Ogburn, 1886-1959)은 미국의 사회학자로, 컬럼비아대학에서 박사학위를 받고 컬럼비아대학과 시카고대학 교수를 거쳤다. 1920-26년 *Journal of the American Statistical Association* 편집인을 지내고, 1929년에는 미국사회학회 회장을 역임했다. 사회변동의 요인을 문화에서 구하고, 그것을 발명·축적·전파·적응의 네 측면에서 고찰하였다. 특히 사회가 변화에 적응하는 문제에 관하여 "문화지체(culture lag)" 개념을 도입한 것으로 유명하다. 『사회변동론(*Social Change with Respect to Culture and Original Nature*)』(1922) 등의 저서가 있다. —옮긴이

에 다음과 같은 말이 있다. 문화에는 서로 밀접한 관련이 있는 부분이 있고, 비교적 독립적인 부분이 있다. '비물질문화'에서 물질문화와 비교적 긴밀하게 적합한 부분을 추려내어 '적응문화(Adaptive Culture)'라 부를 수 있다. 물질문화가 변화하면 '적응문화'도 따라서 변화한다. 그러나 변화가 반드시 동시에 일어나지는 않고, 때로는 매우 오래 뒤떨어진다. 이렇게 뒤떨어진 것이 바로 현대문제라고 할 수 있다. 이는 또한 다른 면에서 말한 것이다. 그러나 기계적으로 이해하지 말아야 한다는 것은 마찬가지다.

라이어(F. Müller Lyer)의 『사회진화사』에서는 "문화의 원동력은 분명 인간 자신에게 있다."라고 했다. 이는 문화의 모든 것이 다 사람의 발명과 창조에서 나오기 때문이다. 그리고 발명에 대해서 허다한 사례를 열거한 후 이렇게 결론짓고 있다.

> 우리가 어떤 측면에서 발명의 역사를 고찰하든 다 발명이 분명 필요에 의한 것은 아님을 알 수 있다. 필요가 사람에게 근로하도록 강박할 수는 있지만, 한가해야 발명을 끌어낼 수 있다. 발명은 화물(貨物)처럼 예정할 수 있는 것이 아니다.[13]

그는 또 "사람의 발명능력은 유희본능에 불과하다."라고 했다. 일찍이 『동서 문화와 철학』에서 나는 "문화라는 것은 천재의 창조요 우연한 기상이다. 단지 전후좌우의 조건[緣]이 있을 뿐이고 원인[因]은 없다."라고 했다. 그러나 우리는 필요가 사람의 발명 · 창조와 큰 관계가 있음을 부인하지 않는다. 필요가 사람의 주의력을 끌고 여기에 비교적 많은 발

13) 米勒利爾, 『社會進化史』, 陶孟和 譯, 商務印書館, 제4권 제2장.

명 · 창조의 기회를 제공할 수 있다. 그것은 또한 상관없는 듯한 발명 · 창조를 다른 곳에 원용하여 발휘케 하여 인멸되어버리지 않게 할 수 있다. 이는 다 많은 발명 · 창조가 필요에 의해 나온 원인이다.

그렇지만 첫째, 우리는 문화가 생활의 필요에 부응하여 나왔다고 볼 필요는 없다. 둘째, 필요는 객관적이지 않다. 셋째, 더욱이 필요를 경제의 범위에 국한할 수 없다. 모든 기계적 관점이 범하는 착오는 대체로 이 세 가지에서 벗어나지 않는다. 이 부정적인 세 주장에 대해 이해한 연후에야 그 긍정적인 면에 있는 관계를 이해하고 기계적 관점에 빠지지 않을 수 있다.

문화의 형성은 일원적이지 않고 기계적이지 않다. 따라서 각 문화에 각기 개성이 있다. 일본인 세키 에이키치(關榮吉)의 『문화사회학』이 취하는 전체 주장과 입장은 국민성 · 계급성 · 시대성으로 각 유형의 문화를 이해한 후에 인류문화에 대해 정확하게 이해할 수 있다는 것이다. 내가 여기서 말하는 개성은 대개 세키 에이키치가 말하는 국민성이다. 그 책에서는 근대문화의 데모크라시에 의해 영국인 · 독일인 · 프랑스인 · 러시아인이 어떻게 다른지 설명하고 있다.[14] 이것이 그가 말하는 이른바 국민성이고, 내가 말하는 이른바 개성의 표현이다. 오늘날 전후 세계에 어느 국가가 전쟁을 혐오하지 않고 어떤 민족이 민주를 믿지 않는가? 그런데 결국 화합하지 못하고 심한 갈등을 느끼는 것은 피차간의 문화가 다른 때문이다. 이 문화의 차이는 정도의 문제가 아니고 문화개성상의 문제이다. 세키 에이키치는 또 문화국민성의 형성이 자연환경에 근원하는 것이 있지만 중시하기에는 부족하다고 지적했다. 가령 사면

14) 關榮吉, 張資平 譯, 『文化社會學』, 上海: 樂群書店, 16면. (이 책은 關榮吉의 『文化社會學概論』(東京: 東京堂, 1929.10)의 번역본인 듯하다. —옮긴이)

이 바다로 둘러싸여 있음은 일본과 중국이 같지만, 영국은 일찍이 해상에서 패권을 잡고 일본은 19세기 중엽에 이르러서도 아직 해안봉쇄를 풀지 못했다.

어떤 문화에도 다 개성이 있다. 단지 개성의 강도에 차이가 있을 뿐이다. 중국문화는 개성이 특히 강함은 제1장에서 이미 서술했다. 중국인이 가정을 특히 중시하는 것은 중국문화의 특히 강한 개성의 표현이고, 단지 생산가정화의 결과가 아니며 또한 평유란이 말하는 이른바 "공상(共相)"과 같은 생산가정화의 일반적인 사례가 아니다.

일본의 이나바 쿤잔(稲葉君山)은 이렇게 말했다.

> 중국민족을 보호하는 유일한 장벽은 가족제도다. 가족제도의 지지력은 매우 견고하여 아마 만리장성에 뒤지지 않을 것이다. 일반 학자들은 모두 고대 로마의 가족제도 정신의 소멸이 기독교가 로마에 침입한 결과라고 한다. 그러나 중국은 당나라 때 네스토리우스파(景教)가 전래된 이래 명청대의 전교를 거쳐 오늘에 이르기까지 기독교의 영향을 받은 지 오래되었지만, 그 가족제도는 의연히 변하지 않고 있다. 도리어 기독교도가 가족화되는 경향이 있다. 불교는 중국에서 더욱 장구한 역사를 갖고 있지만, 불교가 이 가족제도에 굴복했다고 해서 흠이 되지 않는다. 이는 참으로 세계의 일대 기적이다! 우리가 중국과 구미사회 사이를 크게 구별한다면, 전적으로 이 사실에서 벗어날 수 없을 것이다![15]

15) 稲葉의 원저는 아마 日文 잡지에 게재된 듯한데, 『東方雜誌』에 「中國社會文化之特質」이라는 제목으로 개재되었다. 여기서는 雙流 劉鑑泉 선생의 『外書』 제2책에서 재인용했다.

또 태허법사[16]의 글[17]에서 상술한 불교에 관한 논의를 입증할 수 있다.

> 불교의 승가제도는 본래 평등한 개인이 화합한 맑은 대중 집단이다. 그러나 중국에 이르러서는 중층가족의 대사원과 하층가족인 소암당으로 구성된다. 단지 가족의 전파만이 있을 뿐 화합의 청중은 없다. 여기서 가족제도의 보급과 심화를 볼 수 있다.

또 사학자 레이하이쭝은 이렇게 말했다.

> 불교는 본래 반가족적 혹은 비가족적이다. 그러나 중국에 전래된 후 매우 빨리 중국화되었다. …… 과거와 현재의 7세 부모를 제도하기 위한 우란분회는 일반인의 의식에서는 불교의 가장 큰 전례다. 가족제도와 무관한 불교의 심오한 교리는 일반 신앙의 대상이 아니다. 일종의 반가족적인 외래종교가 가족의 유지를 돕는 힘이 되었다.(『智慧週刊』, 제4기, 「時代的悲哀」)

우리가 아는 바로는 불교와 기독교가 다 가족제도의 적이고 본래 서

16) 太虛(1890-1947)는 근대 중국의 승려로, 중국 근대 불교개혁운동의 이론가이자 실천가이다. 俗姓은 呂이고, 法名은 唯心이다. 1913년 『佛敎月刊』 總編輯을 지냈다. 1918년 上海에서 陳元白 · 章太炎 · 王一亭 등과 함께 覺社를 창설하고 『覺社叢書』를 편집을 주관했는데, 이듬해 『海潮音』으로 개명하여 30여 년 동안 주편했다. 1923년 湖南大潙山寺 주지가 되어 武昌佛學院을 건립했다. 1927년 閩南佛學院 원장에 취임하고, 1929년에는 구미를 여행하고 돌아왔다. 주요 저술에 『整理僧伽制度論』, 『釋新僧』, 『新的唯識論』, 『法理唯識學』, 『眞現實論』 등이 있다. 후에 제자들이 『太虛大師全書』를 편집 간행했다. —옮긴이

17) 黃文山 선생의 『文化學論文集』 180쪽에서 재인용하였다.

로 용납하지 않는다(뒤에서 자세히 논하겠다)는 것은 결국 위와 같다. 여기서 중국의 가족제도가 얼마나 강고한지 알 수 있다. 그래서 황원산(黃文山)은 「문화학의 입장에서 본 중국문화 및 그 개조」에서 다음과 같이 정중하게 말했다.

> 나는 중국의 가족윤리가 실로 중국인으로 하여금 농업 생산에 머물고 자본주의 생산으로 신속하게 진입할 수 없게 만든 유일한 관건이라고 믿는다.(黃文山, 『文化學論文集』, 181면)

황원산의 말에 따르면 중국이 산업혁명을 일으키지 못하고 생산을 사회화하지 못한 이유가 바로 여기에 있다. 이는 바로 중국 가족제도가 실로 중국 사회경제의 운명을 결정했다 혹은 전체 중국문화의 운명을 결정했다는 말이다. 이 주장이 맞는지 여부는 여기서 논하지 않겠다. 결국 중국인의 가정이 극히 특수함은 위에 인용한 언급들에서 알 수 있을 것이다. 평유란이 그것을 평상적인 일로 보고 산업혁명 이전의 각 지역에 일반적인 사례로 본 것은, 한편으로 중국문화에 어둡기 때문이고 다른 한편으로는 외국역사를 잘못 이해했기 때문이다.

4. 단계관과 유파관

옌푸는 젠크스의 『사회통전』을 번역하고 그 학설을 믿어 이른바 토템사회 · 종법사회 · 군국사회의 3단계 발전에서 중국의 위치를 찾으려 했다. 적당한 위치를 찾지 못하자, 중국사회사에 대해 괴이하게 여기는 마음을 이기지 못했지만 끝내 그의 소신이 믿을 만한지에 대해 의심하지 않았다. 근자에는 사람들이 중국을 봉건사회와 자본주의사회 사이에 위치지우려 한다. 이는 모두 인류진화에 대해 "단선적 진화론"으로 오해한 것이고 일종의 "단계론"의 오류다. 현재 펑유란의 『신사론(新事論)』에 보이는 사상이 이런 단순한 사상을 함부로 믿은 것이다.

단선적 진화론(Unilinean Development)은 문화의 진화가 각 지역에서 모두 하나의 노선을 따르며 다르게 나타나는 것은 이 노선의 각 단계를 표시한다고 주장한다. 각 단계는 고정적이며, 시간적으로 어떤 민족은 빠르게 나아가고 어떤 민족은 천천히 나아간다. 그러나 모두 단계에 따라 나아가고 그것을 뛰어넘을 수 없다. 단계의 구분은 학자에 따라 다르다. 전체 문화에 대해 단계를 나누기도 하고, 문화의 일부분에 대해 단계를 나누기도 한다. 대체로 말해서 이는 오늘날 보면 40년 내지 50년 전의 낡은 관념이다. 근 2, 30년 동안 민족학과 인류학의 연구에 의하여 그들의 가설은 거의 전부 부정되었다. 전체 문화를 단계로 나누기 어려울 뿐만 아니라 문화의 어떤 부분도 일정한 단계로 나눌 수 없다. 가령 모계씨족이 부계씨족보다 반드시 앞서는 것은 아니고, 난혼(亂婚)도 최초의 사회현상이 아니며, 군혼(群婚)이 이전의 보편적 제도인 것이 아니고, 가족이 씨족 이후의 산물인 것은 아니다. 종교의 변천단계는 라북[18]의 6단계설은 물론이고, 스펜서의 귀신숭배, 투얼간원더[19]의 토템단계설도 다 성립하지 않는다. 예술 면에서는 기하체와 사실체에 결코 선후가 없다. 경제 면에서는 수렵 · 목축 · 농업의 세 가지 생산방법과 석기 · 청동기 · 철기의 세 가지 도구가 순서에 예외가 없는 것은 아니다.[20]

이런 사회변천 관념은 실로 19세기 인류문명의 비약적인 발전과 다윈의 진화론의 영향으로 일부 학자들이 흥분하여 근원을 망각하고, 보편

18) 중국명은 "拉卜克"인데, 미상이다. —옮긴이
19) 중국명은 "涂爾幹溫德"인데, 미상이다. —옮긴이
20) 林惠祥, 『文化人類學』, 商務印書館, 42면.

적 법칙을 추구하여 인류가 어떻게 저급하고 조야한 원시생활에서 찬란한 19세기 문명의 정점으로 진보해왔는가 해석하기에 급급했다. 한편으로는 미혹에 빠지고 한편으로는 무단히 천착하여 성급하게 법칙화했다. 조금 뒤의 학자들은 그 옳지 못함을 깨닫고 그렇게 하는 것을 줄곧 반대하고 단지 작은 단위의 진상의 이해만을 추구하며 각각의 특수한 상황에 주의하고 신중하게 탐구하여 감히 보편적인 원칙과 이론을 건립하려 하지 않았다. 이들이 이른바 비평파 혹은 역사파(Critical or Historical School)이다. (이 책은 대체로 이런 사실에 나아가 논하는 태도를 취하여, 내가 본 바를 설명하는 데 그친다.)

몇 가지 그릇된 견해를 여기서 깨우쳐주어야 하겠다.

하나, 모든 인류가 종족과 지역을 막론하고 다 똑같다고 보는 것이다. 가령 "인체의 발전은 피부색을 막론하고 대체로 같다. 그래서 사람이 만든 사회도 마찬가지다. 중국인에게는 '우리 국정은 다르다'라고 하는 구두선이 있다. 이런 민족적 편견은 거의 모든 민족에게 다 있다. 중국인은 신이 아니고 원숭이도 아니다. 중국인이 형성한 사회도 무슨 차이가 있을 수 없다."[21] 이는 완전히 눈을 감고 사실을 보지 않고서 하는 말이다. 사실은 그렇지 않음을 증명해준다.

첫째, 각 사회문화의 상이함을 부인할 수 없으므로 대동소이하다고 주장하면서 중시할 가치가 없다고 보는 것이다. 문제는 바로 그 작은 차이에 있음을 알아야 한다. 유기적인 조직에서 조금 다르면 전반적으로 달라진다. 움직이는 추세에서 이른바 "터럭만큼의 차이가 천리의 차이로

21) 이 말은 郭沫若의 『중국고대사회연구』 自序에 나온다. 呂振羽의 『중국고대사』도 그 설을 취했다.

나타난다."는 것이 그것이다. 가령 생물계에서 식물, 동물도 대동소이하이다. 생리해부로부터 보면 고양이나 개와 사람이 대동소이하다. 그러나 이렇게 뒤섞으면 어떤 학문도 할 필요가 없게 된다.

둘째, 부단한 진보론으로, 역사는 결국 전진한다고 보는 것이다. 하루하루가 다 전진하는 중에 있으며 걸핏하면 "역사의 수레바퀴"가 이러저러하다고 말한다. 참으로 우스운 말이다.[22] 전체 인류역사를 하나의 전체로 보아 논하는 경우를 제외하고는, 각 시기 각 지역의 역사가 어찌 그럴 수 있겠는가? 진보하기도 하지만 퇴보도 늘상 있는 일이고, 선회하면서 진보도 퇴보도 하지 않는 경우도 있다. 갖가지 양태를 단순히 진보라고 규정할 수는 없다. 사례는 도처에서 볼 수 있으므로 번거롭게 열거하지 않겠다. 가령 제1장에서 말한바, 중국고대에는 과학의 맹아가 있었으나 후래에 퇴화하여 보이지 않는 것이 그 예이다. 나의 논증에 따르면, 중국의 근래 2,000년 역사는 선회하면서 진보하지 않는 중에 있다. 어떤 민족, 어떤 시기에도 날마다 끊임없이 진보하는 일은 없었다.

셋째, 순서점진관이다. 순서를 뛰어넘는 일을 인식하지 못하여, 돌변하거나 다른 길로 나아가는 것은 생각하기도 어렵다. 이것이 아무 근거 없이 스스로 구성해낸 것임은 앞의 경우처럼 이미 자명하다. 생명의 창의와 진보는 어떤 제한도 받지 않지만 그 추세상 비교적 순리적인 순서가 있을 수 있다. 그러나 결코 일정불변의 규칙은 없다.

우리의 견해에 따르면 어떠한가?

인류사회의 진화는 생물진화에서 벗어나지 않는다. 양자는 똑같이 우주 대생명의 표현이다. 전자는 실로 후자의 연속이다. 근본원리에서 적

---

22) 潘光旦의 『人文史觀』에 성씨, 혼인, 가정의 존폐 문제를 논하는 편이 있다. 거기서는 고대에 사람들이 운명과 귀신을 믿는 것과, 18세기 후반 이후의 유럽인, 미국인과 오늘날의 중국인이 여전히 진보한 귀신을 믿는 것을 비웃고 있다. 참조하기 바란다.

지 않게 서로 같거나 서로 통하는 곳이 있다. 생물계에 진보만 있고 퇴보는 없는 것이 결코 아니다. 인류사회도 그러하다. 생물계에 고하의 순서가 있다고 해도 되지만, 반드시 나아가야 하는 단계가 있는 것은 아니다. 가령 동물에는 고등동물이 있고, 고등동물에는 영장류가 있고, 인류가 그 정점을 차지한다. 그 사이의 고하는 본래 다르다. 그러나 모든 유(類)와 종(種)이 진화 중에 있으므로 나무에서 가지가 뻗어가는 것처럼 한 노선상의 단계인 것은 아니다. 진화론에서는 인류와 원숭이가 같은 조상에서 나왔다, 즉 하나의 줄기에서 나온 두 가지라고 한다. 원숭이가 더 진화하면 인류가 된다고 주장한다면, 이는 무식한 사람의 말이다. 원숭이는 스스로 다른 길을 걷는데, 어찌 진화하여 사람이 될 수 있겠는가? 세계 인류의 각 종족을 보면 여러 문화가 형형색색 상이하고 높고 낮음과 깊고 얕음이 다른 것도 그와 마찬가지다. 유파를 단계로 오해해서는 안 된다.

그러나 문화계와 생물계는 크게 다른 점이 있다. 생물이 오늘날까지 변천해온 것은 선천적인 유전적인 일로서, 창조의 계기는 찾아볼 수 없다. 이를테면 인공육종에서도 개량에 한계가 있다. 그런데 인류문화는 본능에 근본하기도 하지만 대체로 후천적인 제작에서 나온다. 언제나 창조가 있고 늘상 변동이 있다. 더욱이 상호 간의 교환과 전승을 막을 수 없다. 따라서 생물계에서 종과 종 사이에는 벽이 있지만, 문화계에서 나라와 나라 사이는 통한다. 소가 말로 변할 수는 없지만, 동방의 일본이 수십 년 사이에 마침내 서양화되었다. 과거에 교통이 빈번하지 않았을 때에는 각처에 상이한 계기가 있어서 역사가 진보하기도 하고 퇴보하기도 하고 혹은 선회하면서 진보도 퇴보도 하지 않아서 일괄적으로 논할 수 없었다. 대체로 진보하지 않는 것이 비교적 다수였다. 근래 백년 동안 세계적 대교류 이래 피차 자극을 받고 서로 견인하여 각처의 문화가 더욱 근접하게 되어 최후에는 하나가 되는 것도 가능하게 되었다. 그간에 현격하게 높낮이의 차이가 나서 점차 소멸되어 버리는 것을 제외하고는, 대체로 전진하지 않을 수 없는 추세에 있다.

그래서 우리가 전체 인류역사를 하나로 보고, 각 지역, 각 시기의 소소한 상이함을 차치한다면, 전진하는 대추세는 감출 수 없는 사실이다. 그렇다면 진화론이 수정을 거친 후에는 여전히 주장될 수 있을 것이다. 인류학계의 주장에 따르면 근래에 "새로운 진화론[新演進論]"이 나왔다고 한다.[23] 그들에 따르면, 피할 수 없는 고정된 법칙은 없고, 모종의 발전 법칙 혹은 추세를 지적할 수 있을 뿐이다. 그들이 주장하는 것은 개략적 형식으로서 특수한 변태를 허용한다. 그들은 또한 "경로는 다르지만 귀결점은 같다."는 원리를 발견했다. 과거의 이론에 따르면, 종류가 같은 사물은 다 같은 과정을 거쳐 나온다. 이제는 그런 일이 매우 드물다는 것을 알았다. 세계에 종류가 같은 사물이 다른 과정을 거쳐 나온 것이 상당히 있다. 사실 내가 보기에 인류문화의 전도는 옛 진화론의 "경로가 같고 귀결점도 같다."는 관념을 "경로는 다르지만 귀결점은 같다."는 원리로 수정해야 옳을 것이다.

나의 판단에 의하면, 인류문화사의 전체 과정이 아마 그러할 것이다. 최초의 단계에서는 자연(신체의 생리, 심리와 신체 밖의 환경을 가리킨다)의 제한이 지극히 커서 각처가 의도하지 않아도 유사했고, 나중에 일부 같은 부류에서 개성이 점차로 나타나 각자의 길로 나아갔다. 그 사이에 접촉·융합하고 날카로운 진보가 이끌어 몇 가지 큰 줄기가 나타났다. 세계가 대교류함에 이르러 융회하고 관통하는 추세가 형성되어, 금후에

23) 林惠祥, 『文化人類學』, 商務印書館, 58면.

는 점차 이른바 세계문화가 출현할 것이다. 세계문화에서 각 지역은 저절로 정조와 풍격이 다르다. 그리고 이 세계문화는 한번 형성된 다음에 불변하는 것이 아니다. 그것은 도리어 순서에 따라 몇 단계를 출현해낼 것이다.

5. 이전의 견해를 서술하고 이제까지의 논의를 마무리함

상술한 대의는 일찍이 나의 예전 저술에 나타난다. 이른바 단계관과 유파관은 17년 전 출판된『중국민족 자구운동의 마지막 깨달음』[24]에서 제기한 바 있다. 그리고 그 견해의 뿌리는 27년 전 출판된『동서 문화와 철학』[25]이다. 2, 30년 동안 중국문화에 대한 견해에 적지 않은 수정과 보완이 있었지만, 단지 보완과 수정일 뿐 근본적인 변화는 없었다.

이하 네 가지 점은 모두 과거의 저술에 나타나는 것인데, 이제 이상의 논의를 마무리하기 위해 여기서 다시 한 번 일깨우려 한다.

첫째, 중국은 대단히 지연되고 낙후되었다.—세간에서는 중국이 서양에 미치지 못하는 점이 많음을 보고(가령 서양은 이미 산업혁명을 거쳤는데

---

24)『중국민족 자구운동의 마지막 깨달음(中國民族自救運動之最後覺悟)』은 1932년 北平村治月刊社에서 출판된 저술로, 사회개혁과 향촌건설운동 방면의 대표작으로 꼽힌다. —옮긴이

25)『동서 문화와 철학(東西文化及其哲學)』은 베이징대학과 산둥에서의 강연원고를 정리하여 1922년 商務印書館에서 출판된 책으로, 중국에서 가장 일찍 동서문화 비교연구를 수행하여 문화삼로향설 등 현대 신유학의 기본이론을 마련한 것으로 평가된다. 이 책은 거대한 반향을 불러일으켜 4년 동안에 7차에 걸쳐 重印되었다. 자세한 사항은 梁漱溟 지음, 강중기 옮김,『동서 문화와 철학』(서울: 솔출판사, 2005) 해제 참조. —옮긴이

중국은 아직 없다), 서양은 진보가 빨라서 먼저 수준에 오르고 중국은 진보가 느려서 마침내 낙오했다고 생각한다. 사실은 그렇지 않다. 길을 천천히 가는 사람은 천천히 걸어서 마침내 어느 날엔가 그 지점에 도달할 수 있다. 만일 다른 길을 간다면 그 지점에는 영영 도달할 수 없다. 중국은 후자의 예다. 그래서 나는 일찍이 이렇게 말한 적이 있다. 서양문화가 우리와 접촉하지 않고 중국이 완전히 문을 닫고 외부와 교류하지 않았다면 삼백 년, 오백 년, 천년이 지나도 결코 이들 윤선, 화차, 비행정, 과학방법과 데모크라시가 생성되지 않았을 것이다.[26] 중국은 아직 과학으로 나아가지 못한 것이 아니라 이미 과학으로 나아갈 수 없고, 자본주의로 아직 나아가지 못한 것이 아니라 이미 자본주의로 나아갈 수 없으며, 아직 데모크라시로 나아가지 못한 것이 아니라 이미 데모크라시로 나아갈 수 없다.[27]

둘째, 중국은 제자리를 빙빙 맴돌며 나아가지 못했다.—중국은 서양과 다른 길을 걸어왔다. 중국은 그 길에서 앞으로 나아가지 못하고, 제자리를 맴돌았다. 중국역사에는 일치일란의 순환만 있을 뿐 혁명이 없는 것은, 바로 이 순환하고 진보가 없다는 사실의 표출이다. 나는 일찍이 중국에 "아프지도 않고 가렵지도 않아 뭐라 이름붙일 수 없는 큰 병이 있다." 고 했는데, 외부세력의 유입이 없고 환경이 변하지 않는다면 영원히 이러할 것이다. 또 "상하가 서로 억제하여 절망에 빠졌다."라고 했다. 이렇게 된 원인은 과거 두 저술에서 이미 설명했는데[28] 이 책에서 장차 상세히 논구하겠다.

셋째, 중국은 서양에 비해 앞섰다가 나중에는 뒤떨어졌다. 가령 과

---

26) 『동서 문화와 철학』, 商務印書館 小字本, 65면.
27) 『중국민족 자구운동의 마지막 깨달음』, 中華書局, 97면.
28) 『동서 문화와 철학』, 203면; 『중국민족 자구운동의 마지막 깨달음』, 97면.

학과 민주는 중국에서 이미 맹아가 나타나고 그것도 매우 일찍이 나타났다. 나중에 보이지 않는 것은 위축되고 황폐화되었기 때문이다. 위축된 것은 원인이 없이 홀연히 그리된 것이 아니고, 다른 길로 발전해나간 결과이다. 그래서 중국문화는 서양에 미치지 못하는 점이 있고 또한 서양보다 훨씬 뛰어난 점이 있다. 바로 이 서양을 초월하는 뛰어난 점이 있기 때문에 나중에 미치지 못하는 점이 있게 된다. 이는 과거 저술에서 다 언급한 것인데, 이 책에서 다시 그 의미를 설명하는 것이다.

넷째, 중국문화는 인류문화의 조숙이다. 이는 2, 30년 동안 변치 않는 나의 근본관념이다. 과거 저술에서 이미 단서를 열었는데, 이 책에서 그 주장을 완성하고자 한다.

3장

집단생활의 서양인

1. 중서사회의 비교

이제 우리는 계속해서 "중국인의 가정"이라는 문제의 연구를 통해 중서사회를 대조해본다.

한 시기, 한 지역의 사회구조는 실로 그 시기, 그 지역 전체 문화의 골간이다. 그 외에는 다 골간에 붙어 있는 살과 가죽에 불과하다. 사회구조에서 별 차이가 없다면 반드시 그 문화는 대체로 근사하고, 반대로 사회구조가 다르면 여타의 것도 다를 수밖에 없다. 그렇다고 여타의 것이 다 [사회구조에 의해] 결정된다는 것이 아니고, 다만 문화의 핵심이 사회구조에 있다는 것을 가리키는 말이다. 우리가 "중국인의 가정"이라는 문제에서 연구를 시작하는 것은 바로 이 때문이다. 그러나 "여산의 진면목을 알지 못하고 단지 몸이 이 산중에 있을 뿐이다."[1]라고 옛사람이 잘 말한 바 있듯, 중국인은 중국 사회구조 안에 있지만 도리어 그 핵심을 잘 모른

1) 이 구절은 蘇軾의 시 「題西林壁」 후반부에 나오는 구절로, 시 전문은 다음과 같다. "橫看成嶺側成峰, 遠近高低各不同. 不識廬山眞面目, 只緣身在此山中." —옮긴이

다. 이제 먼저 다른 사람들을 살펴보고 다시 자신을 보면 곧바로 확연해질 것이다.

우리가 눈을 크게 뜨고 외부세계를 한번 보면, 영미와 소련의 대립 문제를 보게 된다. 그들의 건국원리와 사회구조는 아주 다르다. 각자가 한편에 치우쳐 있어서 피차 서로 비난한다. 조금만 탐구해보면 그것이 서양인의 오래된 문제임을 알게 된다. 서양은 중세에서 근대에 이르기까지, 근대에서 최근에 이르기까지, 시종 단체와 개인 두 극단 사이에서 고저와 경중이 뒤집혀왔다. 이는 그들의 생활과 사상에서 설왕설래한 최대 문제 가운데 하나다. (심지어 유일한 대문제라고 할 수 있다.) 이른바 개인주의, 자유주의, 사회주의, 극권주의, 전체주의 등 끊임없이 싸움을 그치지 않아 대단히 시끄러웠다. 그러나 중국역사에서는 들어본 적이 없다. 만일 과거 중국인에게 "개인주의"라는 말을 하면 하루 종일 설명해도 이해하지 못할 것이다. 왜냐하면 생활경험상 원래 그런 문제가 존재하지 않아서 의식에서 상상할 수 없기 때문이다. 수십 년 동안 서양 근대사조가 유입되었지만 오늘날 중국인 중의 99%가 아직도 그것을 자사자리의 대명사로 여기고 그 원리를 알지 못한다. 이는 중국과 서양의 사회구조가 확연히 다르다는 명백한 증거다.

위에서 서술한 고저경중이 끊임없이 뒤집혀왔다는 말은 설명할 필요가 있을 것이다. 이는 민주주의로부터 논하는 것이 가장 좋겠다.

데모크라시는 멀리 그리스에서 이미 그 정치체제를 찾아볼 수 있지만, 필경 근대의 특색이라고 해야 한다. 서양의 사회인생은 중세에서 근대에 이르러 일대 전환을 거쳤다. 그 사이에 이른바 "종교개혁", "문예부흥", "인문주의", "계몽운동", "인권선언" 등을 겪었는데, 외관상 가지각색이지만 일관된 골자가 있어 원래 다 상통한다. 데모크라시의 기풍이 여기서 형성되었다. 각종 운동을 겪고 유혈혁명에까지 이르는 많은 투쟁을 거친 후에 비로소 원칙이 정립되고 제도가 실현되었다. 이는 당연히 과거에는 없었고 다른 지역에는 없는 것이다.

근대의 이 전환이 실로 중세 사회인생에 대한 반동임을 알아야 한다. 이른바 "종교개혁"에서 "인권선언"이 일관되어 상통하는 것은 "자아(我)"의 각성[2]에 다름 아니고 직접간접으로 다 개인주의와 자유주의의 대두이다. 개인주의와 자유주의는 근대문화의 주조이다. 사상에서 실제 생활에 이르기까지, 생활의 이 측면에서 사상의 저 측면에 이르기까지, 처음에 싹트고 이어서 만개하여 마침내 일체를 개변시켰다. 그것은 다름 아니라 지나친 집단생활에서 격발된 반항이고 일종의 이탈경향으로 해방을 요구하는 것이었다. 그래서 이 경향을 따라 위로 탐구해보고 아래로 관망하면 전후의 변화를 저절로 알게 된다. 사회변천상 중서사회의 차이도 이로부터 대조해볼 수 있다.

데모크라시의 기풍은 실로 인류 사회생활의 일대 진보이다. 이른바 민주제도는 일종의 진보된 단체생활에 불과하다. 진보했다는 것은 진보하지 않은 것에 대한 말이다. 그 특징은 다음과 같다. 단체 내에서 각 구성원이 자각하지 못한 데서 점차 자각하게 되고 피동으로부터 점차 주동으로 전환하며, 단체가 이에 개인의 자유를 존중하지 않을 수 없게 되고 단체의 공적인 일은 공적인 결정에 부치게 된다. 대개 사회계약설(Doctrine of Social Contract)이 인류사의 실상에 부합되지 않음은 학자들이 이미 분명하게 논증했다. 인류의 집단생활은 자각적인 결합에서 출발하지 않으며, 거기서 다수인이 피동적임은 옛날부터 이미 그러하다. 반드시 경제의 진보, 문화의 고도화를 거친 연후에 점차 변화된다. 이 변화를 비교적 높은 수준의 문화는 예외 없이 거쳐야 한다. 그러나 서양 중세

---

2) 蔣方震 譯, 『近世我之自覺史』(商務印書館), 전반부 참조.

사회는 집단성이 너무 강하고 개인에 대한 압제간섭이 너무 심하여 그에 대한 반동도 특히 현저하였다. 사회생활로부터의 이탈경향이 좋은 징조는 아니지만, 이 경우에는 치우친 것을 바로잡아 균형을 이루게 했다. 균형은 가장 좋은 일이다. 집단생활은 구성원의 자각적 주동적 참여를 통해 더욱 생동감 있고 유력하게 되었다. 일이백 년 사이에 서양사회가 고도의 활발성을 드러내고 빠르게 진보하여 근래의 찬란한 문명을 이룬 것은 여기에 힘입은 것이다.

같은 이치로 일본은 동방의 작은 나라이지만 불과 4, 5십 년 사이에 맹렬하게 진보하고 문화수준을 크게 제고시켜 서양과 어깨를 나란히 하고 동아시아의 패자라 불리게 된 것도 메이지유신으로 서양의 근대 조류를 받아들여 국민에게 자유권과 공민권을 부여하고 사회생활을 크게 변화시켰기 때문이다.

그러나 서양 근대 조류는 오늘날 이미 퇴락하여 과거의 일이 되어버렸다. 전환은 1차 유럽전쟁에서 시작되었고, 그 전쟁으로부터 현재에 이르러 완전히 다른 조류로 대체되었다. 그것은 개인본위와 상반된 사회본위의 사상이고, 자유권의 숭상과 상반되는 통제를 강구하고 사람들의 일체를 간섭하여 마지않는 것이다.

이 신사조가 구미를 석권하여 가장 일찍이 그리고 오랫동안 개인을 존중하고 자유를 숭상해왔던 영국과 미국이나 개성이 매우 강한 프랑스도 시세의 추세에서 예외일 수 없었다. 매사에 서양을 따라갔던 일본이나 항상 피동적이었던 중국은 말할 것도 없다. 2차대전 후 독일, 이탈리아, 일본이 패망했지만 조류는 변하지 않았다. 대개 그것은 한때의 기풍에 불과하지만, 그 방침은 실로 인류사회의 신국면(사회본위의 사회)을 개척할 것이다.

이런 상반된 변화를 백여 년 전의 사람들은 왜 꿈에도 생각할 수 없었을까?[3] 변화의 이유를 찾아보면 대개 개인해방의 초기에 경제상 개인영리, 자유경쟁의 좋은 점을 깊이 얻었지만, 후에 사회상에서 크게 폐해를 입은 때문이다. 특히 맹목적 생산, 경제상의 무정부 상태, 주기적인 공황, 국내의 계급투쟁과 국제적 민족투쟁으로 전 세계가 고통받고 평안하지 않아 인류문명이 자멸하리라는 우려가 있게 된 때문이다. 이익과 폐해를 모두 보고 대조해볼 수 있을 때 일찍이 반대이론이 있고 반대운동에 이르게 되었다. 그러나 극단에 이르기 전에는 사실 전환할 수 없다. 각자 배경조건이 다르고 표현양태가 다르지만 경향은 분명히 일치한다. 요컨대 집단이 개인을 압도하여 보호간섭이 자유방임을 대체한 것은 근대 조류에 대한 반동으로서 최근 조류이다.

30년 동안(1919-1947) 이 상반된 양면이 각자 허다한 곡절을 거쳐, 오늘에 이르러 일면 의연히 쇠약해지지 않고—영미가 이 경우다—, 일면 참신해지고 점차 강고해졌다—소련이 이 경우에 해당한다—. 각자 겪은 곡절은 말로 다할 수 없지만, 그래도 한마디로 다할 수 있다. 그것은 각자 일정한 핵심주장을 지켜 단체와 개인의 양단 사이에서 누르거나 앙양하거나 혹은 펼치거나 제거한 것이다. 곡절이라 한 것은 비교적 소소한 번복에 불과하다.

최근 30년 동안 각자의 곡절 어린 변화는 문제가 여기에 있음을 증명하는 데 불과하다. 이제 문제는 서양인은 어떻게 그 문제로 들어갔고, 중국인은 왜 그런 문제 밖에 있는가라는 것이다.

---

3) 영국의 전 수상인 자유당 당수 勞合喬治가 일찍이 이런 탄식을 했다. 1934년 2월의 신문을 보라.(1934년의 영국 수상은 James Ramsay MacDonald이다. —옮긴이)

2. 중서문화의 분수령

내 견해에 따르면 종교문제가 실로 중서문화의 분수령이다. 중국 고대사회와 그리스로마의 고대사회는 피차 그리 멀지 않았다. 그러나 서양은 계속된 문화발전이 있어서 기독교와 같은 종교가 중심이 되었다. 중국은 비종교적인 주공교화(周孔教化)가 중심이 되었다. 후대에 두 사회가 다른 방향으로 변천한 것은 다 여기서 비롯된다. 주공교화는 "고명을 극진히 하되 중용을 실천하여[極高明而道中庸]" 종법사회의 생활에 급격한 변화가 없었고(변화가 급격하지 않았다) 예의문식으로 윤택하게 하고 정신을 제고시켰다. 중국은 마침내 점차 윤리본위로 나아가 가족가정생활이 후대에까지 지속되었다. 서양은 기독교에서 집단생활로 전환하여 가정이 경시되고 가족이 갈라져, 크게 비교된다.

그것은 역사에서 하나하나 증명할 수 있다. 서양인이 어떻게 이 문제로 나아갔는지는 이해하기 어렵지 않다. 아래에서 먼저 그리스로마의 고대사회에 대해 서술하겠다.

그리스로마의 고대사회는 근대 유럽사회와 다를 뿐 아니라 여타의 중세사회와도 다르지만, 오히려 중국과는 상당히 유사하다. 이는 프랑스의 꾸랑(Fustel De Coulange)이 지은 『그리스로마 고대사회 연구』를 보면 알 수 있다. 꾸랑의 저술은 극히 정치하며, 이 분야를 연구한 명저이다. 리쉬앤바이[4] 선생의 번역본이 상무인서관에서 출간되었다. 역자가 자못 노력하여 상당 부분 중국 고대의 예속에 부합됨을 서술하면서 다 전거

4) 리쉬앤바이(李玄白, 1895-1974)는 본명이 李宗侗으로 청조 말기의 명신 李鴻藻의 손자이다. 당숙 李石曾과 함께 프랑스 파리대학에 유학하고 돌아와 北京大學·中法大學에서 가르쳤다. 1948년부터 國立台灣大學에서 가르치면서 許倬運, 李敖 등의 제자를 길러냈다. 주로 중국 고대사를 연구했다. ―옮긴이

를 인용하여 밝히고 있다. 리쉬앤바이의 주석이 다 맞는 것은 아니지만, 독자가 서양 고대사회가 중국과 상당히 유사함을 이해하는 데에는 참으로 도움이 된다.

그 책에서 서술하는 내용을 한마디로 총괄하면 다음과 같다. 조상을 숭배하여 가족체계로 구성된 사회가 이른바 종법사회다. 사회의 구성원리가 한결같이 종교에 의지한다. 그들도 법률이 있고 정치가 있고 전쟁이 있고 사교와 오락이 있지만, 모두가 다 종교에 근원하고 종교의 일이다. 거기서는 신에 대한 사람들의 경외가 지극하지만, 각자의 신이 있어 상통할 수 없다. 상통할 수 없을 뿐 아니라, 각기의 밀의를 지켜 은연중 배척한다. 그래서 옌푸가 번역한 젠크스의 『사회통전』에서 종법사회의 종교를 논할 때에도, ①공적이지 않고 사적이다, ②인간에 근본을 두지만 하늘에서 벗어나지 않는다, ③은밀해야 하고 드러내서는 안 된다라는 것을 3대 특징이라고 했다. 몇몇 가정이 모여 "마을을 이루고", 약간의 마을이 모여 부락을 이루고, 몇 개의 부락이 모여 국가를 이룬다. 사회조직의 확대가 종교관념, 신앙 대상의 전개와 반드시 서로 의존한다. 사회조직의 확대는 국가에 이르러 그치고, 신앙도 국가신에 이르러 그친다. 그러나 각각의 작은 범위(가족, 마을, 부락)가 각기 제사, 의식, 집회와 수령을 가지고 있으니, 이는 다신교이다. 후대에 로마가 그리스, 이탈리아의 여러 나라 가운데 하나로서 마침내 나머지를 정복할 수 있었던 것은 상상할 수 없었던 일이다. 이는 인류 사회단위의 확대 추세를 저절로 막을 수 없고 로마가 특수한 조건을 갖추고 있었으며 또한 교묘한 길을 걸었기 때문이다. 대개 인류생활을 수세기를 거치며 변화하지 않을 수 없었고 의식면에서 진보가 있고 정조도 가족신, 국가신의 신앙숭배를 고수할 수 없었다. 형세상 국가를 타파하고 더욱 큰 조직으로 나아가지 않을 수 없었다. 이때 로마인은 마침 단순히 한 종족, 한 종교가 아니고 뒤섞인 형국이었다. 심지어 "로마"라는 것이 어느 언어에 속하는지 단정하기 어렵다. 고대 인도의 구자라트어라는 사람도 있고 그리스어라는 사람도 있으며 라틴어라는 사람도 있고 또한 에트루리아어[5)]라고 믿는 사람도 있다. 고대인은 종교에 의해 결합된다. 두 도시국가가 공동의 신앙이 있으면 친척으로 간주되었다. 로마의 종교는 혼합적이다. 그래서 여타의 도시국가와 많은 관계가 있다. 이는 로마가 이들 친척관계를 유지하는 데 유의했다는 증거이다. 예를 들면 로마는 "아이눠"[6)]의 기념물을 보존했는데, 그것은 이탈리아, 시칠리아, 그리스, 트라키아,[7)] 소아시아 각지의 13개 도시국가와 친척관계를 유지하기 위한 것이었다. 이상이 [로마가 갖고 있던] 특수한 조건이다. 그 정책 가운데 가장 교묘한 점은 피정복자들에게 그들의 신을 신봉하도록 강요하지 않고 도리어 피정복자들의 신을 로마에 이주시키고 증가시킨 것이다. 그래서 로마는 다른 국가에 비해 많은 신이 있게 되었고, 흡사 종교의 총집결지와 같았다. 그것은 종교의 흡인력을 통치에 도움이 되도록 이용한 것이다.

로마는 당시 사람들의 심리습관을 어기지 않는 교묘한 정책을 각 국가를 실력으로 정복하는 것과 배합하여 로마제국의 위대한 국면이 마침내 조성되었다. 그러나 또한 당시 가신, 국가신의 종교정신이 실추하

---

5) 에트루리아(Etruria)는 고대 이탈리아의 지명으로, 에트루리아인이 거주하여 나라를 세운 곳이다. 현재 이탈리아 토스카나주에 해당한다. 로마인은 이 지역 사람들을 투스키(Tusci)라 부르고 그들이 살던 지방을 투스키아라고 불렀기 때문에 오늘날 토스카나라는 지명이 생겼다. —옮긴이

6) 중국명은 "愛納"인데, 미상이다. —옮긴이

7) 트라키아(Thracia)는 발칸반도 동부 일원에 걸쳐 있는 지역이다. 트라케(Thrake)라고도 한다. BC 2000년경부터 도나우강 · 흑해 · 에게해로 둘러싸인 지역에 정착한 트라키아인은 인도유럽어족에 속하고, 호전적이며, 문신(文身) · 화장(火葬)의 풍습을 가지고 있었다. 디오니소스 신앙이 성하여 무덤이 많이 축조되어 고고학 자료의 보고로 여겨진다. —옮긴이

여 단지 습관만 남아 있어서 국가의 조직이 점차 유지되는 근거를 상실하게 되었기 때문이기도 하다. 이제 그 위대한 국면이 조성되었지만, 그 자신은 그 위대한 국면에 상응하는 위대한 종교가 없었다. 단지 구종교가 쇠락하자 로마가 흥했고, 로마가 흥성하자 구종교는 더욱 쇠락했다. 종교가 황폐해지자 사람들의 정신이 의지처가 없어져서 로마도 쇠락하지 않을 수 없었다. 여기서 꾸랑의 몇 마디 말을 인용하여 소개할 가치가 있다.

> "고대인[初民]은 피차 아주 다르고 그처럼 얽매이지 않고 잘 변해서 사회의 연계와 통일이 쉽게 건립되지 않았다. …… 실력보다 위대하고 이익보다 존중받고 철학학설보다 구체적이고 확실하며 계약보다 더욱 고정적인 것이 자연히 필요하게 되었다. 그것은 사람들의 마음에 존재하고 사람들에 대해 권위를 가지는 것이었다. 그것이 바로 종교신앙이다. 신앙은 우리 두뇌의 산물이지만, 우리가 임의로 바꿀 수 없다. 그것이 우리 인간의 산물이지만, 우리는 그것을 자각하지 못한다. 그것은 '인적(人的)'이지만, 우리는 그것을 '신(神)'이라고 여긴다. 그것은 우리 힘의 결과물이지만, 그것보다 우리에게 힘 있는 것은 없다. …… 인간은 자연을 인간에게 굴복시킬 수 있었지만, 영원히 자기 사상의 노예이다."

로마는 당시 이 중요한 점에 좋은 방법이 없어 마침내 사회의 부패와 타락을 면할 수 없었다. 동방에서 기독교가 전해와 그 빈 자리를 메우게 되어서야, 서양 고대문명이 비로소 의외의 속명탕[8]을 얻게 되어 마침내

8) 속명탕(續命湯)은 뇌졸중으로 몸을 가누지 못하고 말을 못하며 정신이 혼미하여 아픈 곳을 잘 알지 못하는 증세를 치료하는 처방을 말한다. —옮긴이

근대문명을 배출해내었다. 이는 한참 뒤의 일이다.

3. 기독교와 집단생활

기록에 따르면, "스파르타인은 백주에는 노천에 거주하고 밤에는 막사에서 숙영하며 음식을 함께 먹어, 사람이 혼자 거하는 일이 없고 가정생활도 드물다."[9] 이는 집단생활의 극단적인 예로, 그들이 무예를 숭상하고 전투를 잘하는 것과 연관되며, 당시 사회생활의 일반적인 예가 아니다. 그러나 우리는 그리스로마의 고대사회가 다 같이 집단생활임을 알아야 한다. 그것은 가정이 핵심이지만 ①부속인의 수가 많고, ②계층이 분화되고, ③가장이 권위를 지니고, ④산업을 공유하는 등의 각종 정황으로 볼 때 그 생활이 집단적이라고 하지 않을 수 없다. 생활이 집단적이지만, 정신이 낮고 의식이 협애하면 대집단을 이룰 수 없다. 대집단은 한 가족이나 한 성씨가 핵심이 되지 않고, 반드시 기독교·이슬람교 등의 종교가 나타난 연후에 구성된다. 옌푸가 번역한 젠크스의 『사회통전』에서 "종족 간에 배타성이 심하지 않고 이족 간에 화합할 수 있어서 큰 국가의 건립을 기대할 수 있는 것은 참으로 경교[10]의 힘이다."라고 한 것은 바로 이것을 가리킨다. 종법제도가 파괴되면 집단이 가족을 넘어서게 된다. 가족을 넘어선 집단이라야 비로소 집단이라고 부를 만하다.

아래에서 기독교가 어떻게 가족을 넘어서는 집단조직을 창출해냈는지

---

9) 桑戴克 著, 馮雄 譯, 『世界文化史』, 商務印書館, 117면.

10) 경교(景教)는 기독교 종파 가운데 하나인 네스토리우스교(Nestorianism)가 동양에 전래된 이후 붙여진 명칭이다. 대진경교(大秦景教)라고도 한다. 네스토리우스가 그리스도나 마리아의 신성을 약화시키는 설을 주장했다는 이유로 431년 에베소공의회에서 이단으로 결정되어 추방되자, 동방으로 진출하여 이란 땅에서 상당히 번성하고 7세기경에는 중국에 이르렀다. —옮긴이

살펴보자. 기독교정신은 구종교와 완전히 상반된다. 그것은 대략 세 가지다.

첫째, 절대 유일신. 이는 이전에 여러 가문과 여러 나라에 여러 신들이 있던 것과 완전히 상반된다. 신이 세계 안에 있지 않고, 그것을 초월하여 주재한다. 종교의 의의와 형식이 이에 이르러 완전히 바뀌었다. 신을 경외하는 것(신의 진노와 재앙을 두려워하는 것)이 신을 사랑하는 것으로 바뀌었다. 신에 대해 음식과 희생을 바칠 필요가 없게 되고, 기도도 부적이나 주술과 전혀 다르게 되었다.

둘째, 차별없이 두루 사랑하여 상제를 아버지로 삼고 사람들을 다 형제처럼 친히 여긴다. 이는 과거에 종족의 범위를 기준으로 안팎을 구별하고 범위 내는 이기적이고 범위 밖은 적대시하던 것과 완전히 상반된다. 교의를 공개하고 선전하며 열심히 세상을 구제하려고 하여, 각기 비밀스럽게 지키던 것과 상반된다.

셋째, 세속의 초탈. 이는 구종교가 현세생활을 영위하는 데 급급하던 것과 완전히 다르다. 영혼과 육체를 구분하고, 육체생활은 현세사회에 속하고 영혼의 자유는 상제에게 연결시켰다. 종교가 구하는 바가 현세에 있지 않으므로, 세상사에 적게 참여할수록 좋다고 여긴다. 그래서 예수는 "가이사의 것은 가이사에게, 하느님의 것은 하느님에게"라고 했다. 고대의 정교일치 혹은 종교와 정치의 혼합이 이에 이르러 나뉘어 국가정부가 독립하게 되었다. 또 종교가 사람들에게 의무를 부여하지만, 인간세상의 일체 권리와 이익에 관한 일에는 관여하지 않았다. 권리와 이익에 관한 일은 법률로 규정했다. 기독교는 법률에 자신을 예속시키지 않은 최초의 종교이다. (로마법전의 진보는 여기에 크게 힘입었다.)

앞에 인용한 꾸랑의 책 말미에서 이렇게 말하고 있다. "신앙이 처음 생겨났을 때에는 인류사회가 처음 조직활동을 시행하던 시기다. 신앙이 변화하자 사회도 누차 개혁을 겪었다. 신앙이 소멸하자 사회도 붕괴와 변형을 겪었다." 한마디 보충하자면, 하나의 새로운 신앙이 나타나면 하나의 새로운 사회조직이 그에 따라 생겨난다. 종법제도가 파멸되고 초가족적 조직이 창출된 것은, 실로 이 새로운 정신이 먼저 나타났기 때문이다.

그러나 우리는 대집단생활이 종교가의 의식과 요구에서 조성된 것이라고 오해해서는 안 된다. 서양인의 집단생활을 조성한 것은 사실이지 이상이 아니다. 그러나 이 사실은 특별히 기독교와 관련이 있다. 그것은 기독교가 일으킨 피의 투쟁에서 나왔다.

기독교의 흥기는 실로 당시 사회에 대단한 혁명성을 갖고 있다. 첫째, 그것은 각 가족, 각 국가의 신을 뒤엎고 일체의 우상숭배에 반대하고 어떤 이교도 적대시하기를 서슴지 않았다. 이른바 "기독교는 자기의 제단을 세우는 데 만족하지 않고 반드시 이교의 제단을 훼멸시키려 한다." 둘째, 그것은 가족 소집단과 계급제도를 타파하고 사람들을 형제처럼 다 초가족적인 단체, 즉 교회로 조직하려 한다. 교회라는 조직은 예수가 그의 신도들에게 견결하게 부탁하고 초기 교도들도 다 믿은 것으로, 그들의 신앙을 순결하고 전일하게 보지하기 위해 그러한 결합은 대단히 필요한 것이었다. 설명에 따르면 그 최초의 조직은 기독이 다시 와서 천국을 실현하기를 희망하여 교도가 의식을 공동으로 하고 경계를 나누지 않았다. 또한 산업을 공동의 제도에 귀결시켰다. 이런 면에서 그 내부결합이 극히 견실해지고 다른 한편 대외행동이 극히 격렬해져서, 단체정신이 이로부터 고도로 발달했다. 배타성이 강했으므로 배척당하는 것도 매우 격렬했다. 도처에서 사람들에게 용납되지 않고 살해당하는 결과를 초래했으므로, 그들 자신의 단결이 더욱 강고해졌다.

더욱이 기독교가 정교분리를 원했지만 사실상 그럴 수 없어서 매우 신속하게 하나로 혼합되었다. (서기 325년 기독교가 로마제국의 국교로 결정되었다.) 기독교가 강제력으로 이교도를 살해하려고 하지는 않았지만, 사실상 그런 데로 귀결되었다. 그때에 이르러 문화에서 종교가 중심이 되지 않을 수 없게 되었다. 특히 그것이 통합과 단결의 작용을 갖고 있어서 어떤 조직생활도 그로부터 떠날 수 없었다. 가령 당시 종교가 정치를 떠나 독립적으로 존재하려 했지만 불가능했다. 정치가 종교를 떠나려 했지만 그럴 수 없었다. 중세의 봉건적 통치는 종교에 의지했고, 종교 자신도 다시 정치화되었다.—가령 교황이 정무를 두루 감시하고 혹은 자신이 정무를 겸임하고 주교, 교사가 제후의 정무를 자문한 것이 그렇다. 더욱이 교회의 대주교, 주교, 수도원 주지 등도 봉건계급의 일부를 형성했다. 그 결과 두 가지 점이 나타났다.

하나, 단체생활 내부의 통제가 지나치게 강화되었다. 대개 종교신앙은 인심을 단결시키는 데 그치지만, 국가권력은 더욱 인신(人身)을 제한한다. 양자가 서로 결합되어 통제를 행하자 사람들은 참으로 그와 같은 통제가 지나치게 강한 집단생활에서 벗어날 수 없게 되었다. 이것은 후래에 반동을 일으킨 근본으로서, 대단히 중요하다.

둘, 집단 간의 투쟁이 빈번하고 격렬했다. 대개 권력의 소재는 가장 쉽게 투쟁의 발단이 될 수 있다. 종교가 권력을 갖고 있지 않으면 투쟁의 발단이 많지 않을 수 있다. 종교 간의 경계는 집단적 대항을 일으키기 가장 쉽다. 권력의 투쟁은 종교조직에 의지하지 않으면 그 투쟁이 반드시 집단적이 아닐 수 있다. 이제 양자가 결합되어 마침내 당시의 종교 문제, 정치 문제, 종족 문제, 사적인 은원 등은 경계가 분명하지 않아서 그치지 않게 되었다. 그 사이의 대소 참극과 길고 짧은 전쟁이 천여 년 년간 계속되어 해결하기 어렵고 그치게 하기 어려웠다. 이 천여 년간의 빈번하고 격렬한 투쟁은 서양인의 집단생활을 단련시킨 근본으로 대단히 중요하다.

상술한 "종교 문제"는 처음에는 기독교와 이교도 사이의 투쟁이었으나, 나중에는 기독교가 확대되어 대외투쟁은 점차 감소하고 내부 종파 간의 투쟁이 일어났고 신교가 생겨난 후에는 더욱 치열해졌다. 또 상술한 바 "권력투쟁이 종교조직에 의지하지 않으면 그 투쟁이 반드시 집단적일 필요는 없다."라는 것은 가령 중국 역사상의 왕조 교체가 왕위와 황제 자리를 쟁취함으로써 이뤄진 것이 그렇다. 그 투쟁은 두세 명의 영수 간의 투쟁이고, 나머지 다수의 사람들은 도구에 불과하며, 또한 심각한 구별이 있어 집단적 대항을 야기하지 않았다. 그래서 한신(韓信)이 초나라를 섬기다가 또 한나라에 귀의할 수 있었다. 항백(項伯)은 초나라 사람이지만 결국 유방을 보호했다. 제갈 형제들은 오 · 촉 · 위의 세 나라에 흩어져 살았다. 이런 투쟁은 그다지 격렬하지 않다.

모든 단체는 내외의 구별이 필요하다. 만일 일정한 경계가 없으면 단체를 형성하기 어렵다. 반대로 경계가 엄격할수록 단체는 더욱 강고하다. 이것이 하나다. 또 단체는 반드시 대항자 혹은 경쟁자가 있은 연후에 생활이 분발되고 조직이 긴장된다. 반대로 그러한 대상이 결여되면 반드시 날로 해이해지고 심지어 단체가 소멸되기에 이른다. 이것이 둘이다. 또 단체가 순조롭지 못해서 고통을 당하면 그 구성원의 구심력이 강화된다. 반대로 순조로우면 그 구성원이 안으로 향하지 않고 심지어는 마음이 이탈하는 경향이 생겨나 내분이 일어나기도 한다. 이것이 셋이다. 이 세 가지를 살펴보면, 집단생활을 단련시키는 가장 좋은 기회는 기독교가 유럽에서 야기한 피의 투쟁만 한 것이 없음을 알게 된다. 사람들은 투쟁할 때에는 단체에 모이기를 생각하고, 단체가 있은 후에는 더욱 투쟁을 일으키기 쉽게 된다. 단체와 투쟁은 거의 떨어질 수 없이 관련되어 있다. 몽테스키외가 『법의 정신』에서 "투쟁과 사회는 동시에 나타나는 두 가지 것이다."라고 한 것은 바로 이것을 가리킨다. 반대로 산만은 평화와 서로 연관되어 있다. 산만할수록 평화롭고, 평화로울수록 산만하다. 서양은 기독교가 존재한 이래로 결국 집단적 투쟁의 생활이었다.—기독교는 평화를 주장하지만. 중국은 주공교화 이래 대체로 산만하고 평화로운 생활이었다.—공자는 "군사적 대비를 해야 한다."[11]라고 했지만. 중국에 대해서는 달리 논하기로 하자. 서양의 그러한 측면은 기독교가 서양문화에 유입된 이후 사회가 이런 길로 나아갈 조건과 부합되었기 때문이다.

자연히 서양인의 집단생활이 완전히 기독교의 공으로 돌릴 수는 없다. 우선 그리스로마에서 전해진 것은 제외하더라도, 후진적인 야만생활도 한 요소였다. 그들은 원래 집단행동을 했고(유목침략은 다 단체행동을 하여 농업의 평화롭고 분산적인 것과 다르다), 또 만족문화는 천박하고 충동이 강하여 기독교를 받아들인 후에는 매우 집착했다. 모든 허다한 혈투와 참극이 대부분 여기서 유래한다. (이는 Religious intolerance를 가리킨다.)

4. 중세 유럽사회

집단생활은 생사의 위기에서 잘 단련될 수 있지만, 일상생활에서 그것을 양성할 필요가 있다. 전자에서 강인한 구심력과 기율습관을 얻을 수 있고, 조직능력과 법치정신 및 일반적 사회윤리는 후자에 의지한다. 여기서 우리는 중세 유럽의 사회생활에 대해 서술해야 한다.

유럽 중세사회는 정치, 경제 각 방면의 도처에서 사람들의 일상생활이 이런저런 집단에 의지하고 있음을 발견할 수 있다. 봉건제도 안의 크고

11) 기원전 500년 노(魯)나라 정공이 제(齊)나라 경공과 협곡(夾谷)에서 회맹을 가지러 떠날 때 공자가 정공에게 한 말이다. 원문은 "有文事者 必有武備. 文武之事 不可相離."이다. 『십팔사략(十八史略)』에 나온다. —옮긴이

작은 단위들, 가령 각지의 길드(Guild), 각각의 자유도시들이 그러하다.

역사에 비춰보면, 이 봉건사회는 결코 이전 시대로부터 변천되어 나온 결과가 아니고, 오히려 되돌아간 것이다. 정치상에서 그것은 대제국이 세력을 잃고 해체되어 각지의 패자들에게 기회를 제공함으로써 모든 약자들이 그에 의존하여 생존을 도모하지 않을 수 없게 한 것이다. 그리하여 허다한 봉건집단을 형성했다. 위로부터 아래에 이르기까지 약간의 계급이 있어 강대한 것이 약소한 것을 통솔하고 약소한 것이 강대한 것을 섬겨서 차등이 매우 엄격했지만, [그것은] 조리정연한 체계가 아니고 오히려 난잡하게 건립되어 대치하는 세력단체들이었다. 경제상에서 그것은 이슬람교도가 역사무대에 돌연히 나타나 지중해의 동서남 세 방면을 정복하여 과거 각지 문명과 상업교통의 대동맥을 신월기[12]와 십자가의 적대로 인해 돌연히 단절시킨 데서 비롯되었다. 고대경제가 만족의 침입에도 아직 보존되어 있던 것이 이에 궤멸되었다. 8세기 이래 상업이 쇠락하고 상인이 소멸되어 도시생활도 몰락했다. 로마 화폐를 이어 새로운 화폐가 제조되었는데, 이는 고대경제 혹은 지중해경제 단절의 증거이다. 동시에 다뉴브강, 엘베강, 자르강[13]으로 가능했던 교통에 장애가 생겨 정상적인 무역이 불가능하게 되었다. 전체 서구가 8세기 말에 자연경제의 농업사회로 되돌아왔다. 사회생존이 완전히 토지의 점유 위에 건립되었다. 국가의 군사제도, 행정제도가 이에 따라 이완되고 해체되어 최고주권을 보장할 수 없게 되었다. 정치상 봉건제도의 형성은 대개 이런 경제적 사실에 기초했다.[14] 이때에 봉건제도 하에서 경제적으로 자급자족하던 대소 단위가 뜻하지 않게 집단적 생활을 형성했다.

---

12) 신월기(新月旗)는 터키의 국기인데, 여기서는 이슬람교를 상징한다. —옮긴이

13) 중국명은 "紮勒河"인데, 미상이다. —옮긴이

14) Henri Pirenne, 『中古歐洲社會經濟史』(胡伊默 譯, 商務印書館)를 보라.

그래서 이러한 퇴보 혹은 좌절은 마침 유럽인에게 집단생활을 배양할 양호한 기회를 제공했다. 그 후에 상업이 부흥하고 도시가 재건되자 이미 배양된 집단생활이 더욱 진보할 기회를 맞이했다.—이는 뒤의 일이지만, 상술한 “진보한 집단생활”의 유래이다. 처음부터 끝까지 전 과정이 완연히 눈에 들어온다.

당시 봉건제도 하의 농업사회는 천여 년간 스스로 많은 변화가 있어서 각지가 완전히 같지는 않았다. 그러나 일반적으로 말해서 대영지와 장원제도였다. 이에 각 서적을 참고하여 다음과 같이 대략 서술하는 바다.

설에 따르면, 대토지는 평균 약 300개의 농장(田舍) 혹은 1만 에이커 내지 더 많은 영지로 이뤄진다. 그것들은 다 교회, 수도원 혹은 귀족의 소유다. 이처럼 광대한 경지가 하나로 연결되어 있기가 쉽지 않아서 때로는 매우 멀리 분산되어 있었다. 분산되어 있다고 해도 하나의 강력한 조직이 있었다. 과거 상업이 그 생산품을 판매할 수 있어서 도시가 일용품을 제공할 수 있었던 때에는, 그것이 생산과 소비의 이중적 자격으로 일반적 경제활동에 참가할 수 있었다. 이때에는 상업이 중단되어 각 대영지가 이른바 “폐쇄된 대영지 경제”를 형성했다. 경작에 필요한 도구와 가정에 필요한 의류를 다 수공업공장을 건립하여 스스로 생산했다.

전체 영지가 보통 몇 개의 부분으로 나뉘어 있고, 각 부분은 때로 한 촌장(村莊)에 그치지 않아서 한 장원(Manor)의 관할 하에 있었다. 장원은 일종의 경제조직일 뿐만 아니라 하나의 단체사회이기도 했다. 그것은 거주민의 생활 전체를 지배하여 하나의 작은 세계를 이루었고, 그 지주가 수령이었다. 거주민은 지주의 전호였을 뿐 아니라 그 신민이기도 했다. 농업에서 말하면 일종의 “합자경제(Share Holding Arrangement)”라고 간주할 수 있었다. 대부분의 농민이—귀족을 포함하여—다 주주와 같았다. 그들의 계급은 달랐지만 다 기독교도였다. 그래서 사람들 사이의 관계가 서로 권리와 의무로 연결되었다. 자유민이든 농노이든 각자 공공사무에 대해 발언권이 있었다. 이 외에 적지 않은 각양각색의 공장(工匠) 및 양 치고 돼지 기르고 양봉하는 이들이 참가했다. 그들도 각기 신분이 있어, 의무와 그에 상응하는 권리가 있었다.

농민은 크게 자유민과 농노로 대별되었다. 자유민은 극소수였고, 이들은 처음 신복(臣服)할 때 계약을 맺었다. 그들은 자신의 토지를 소유하고, 단체에서 이탈할 권리가 있었다. 그들은 또한 국왕의 법정에 제소할 수 있었다. 대다수는 농노였다. 이들은 관례적으로 전호(Customary Tenant)라고 불릴 뿐, 토지에 긴박되어 자유로이 떠날 수 없었다. 전체 장원의 토지는 지주가 보유한 것을 제외하고 나머지는 공동소유였다. 공동소유한 토지에서 전호는 각기 세습적으로 사용하는 부분이 있어서 작은 가족을 먹여 살리고 지주에게 공납을 바쳤다. 초원, 목장, 삼림, 소택 등은 공동소유로서 피차 구분되지 않았다. 경작과 수확에서 지주의 소유지를 전호들이 공동으로 했을 뿐만 아니라, 전호 각자가 사용하는 부분도 모두가 힘을 합쳐 공동으로 했다. 방앗간, 양조장, 포도즙 짜는 기구 내지 부엌의 불도 통상 공동으로 이용하는 설비였다.

지주귀족 아래 그를 대신해서 전체 행정사무를 관리하고 겸하여 법정을 담당하는 관리(Bailiff)가 있고, 농노를 대표하고 또 그들의 작업을 나눠주는 독공(Provost)이 있었으며, 또한 여타 관리들이 있었다. 장원은 또한 하나의 사법단위였다. 그 재판권의 대소는 왕권의 침식에 따라 달랐다. 그것은 일반적 관습과 해당 장원에서 내려오는 관례에 의거하고 또한 지주의 동의를 얻어 안건을 처결하였으며, 내부의 모든 문제를 처리했다.

장원은 사회의 기반이었고 또한 종교생활의 단위로서 교회조직의 기층이었다. 거기에 교당이 있고 교구목사가 있었다. 목사는 통상 지주와 전체 거주민의 친구였고 전도하고 일체를 가르쳤다. 그는 세례, 견신례, 혼례, 장례 등의 각종 의식과 일요일 기도, 절일의 축제 혹은 금식 등의 습관으로 그들의 일생과 1년의 사회생활을 지도했다. 교당 앞의 초지는 통상 그들의 유희장이었다. 향촌의 무도대회가 통상 거기서 거행되었다. 교당의 종소리가 그들의 전체 정신을 유지시켰다.

전반적인 생활이 지주와 교당을 중심으로 이루어졌으므로, 그런 집단성이 있었다. 그래서 일체의 건축, 보루, 저택, 예배당, 재판정, 주방, 농노의 초가집, 각종의 작방과 기방, 창고 내지 마구간, 소우리 등이 다 기재된 것처럼 혹은 그림으로 보여주는 것처럼 내외전후로 배합하여 배치되었다.[15)]

이상 번쇄함을 무릅쓰고 서술한 것은, 서양인이 중세 농업생활에서 실로 집단적이었음을 입증하려는 의도였다. 가령 뤄쥐푸가 "농업민족의 경제단위는 대단히 간단하다. 오직 가정만 있으면 된다."라고 한 것이나 펑유란이 "산업혁명을 거치지 않은 지역은 동양이든 서양이든 다 생산의 가정화이다. 가정이 경제단위이다."라고 한 것이 전혀 옳지 않음을 여기서 입증할 수 있다. 그들은 다 중국에서 본 것으로 일반적 중세사회를 억측하고, 또한 억지로 상상해낸 중세문화로 중국의 실상을 해

---

15) 胡伊默 譯의 『중고구주사회경제사』, 何炳松 편역의 『중고구주사』, 馮雄 역의 『세계문화사』와 『각국사회경제사총서』(이상 상무인서관 간행)을 참고하라. Hayes and Moon의 『중고세계사』(伍蠡甫 역, 世界書局版)도 참고하라. 민국 18년 필자는 하남촌치학원 旨趣書에서 이렇게 말한 바 있다. "중국사회는 촌락사회다. 중국사회를 탐구하면서 30만 촌락이 아니면 어디서 찾을 것인가?" 혹자는 유럽의 국가는 촌락이 아니냐고 한다. 고대에 있던 촌락이 중세사회조직의 기층이고, 지금의 촌락은 근대 자본주의 사회조직의 점선이며, 사회에 촌락이 있지만 촌락이 사회인 것은 아니므로 촌락사회라고 할 수 없다는 것은 바로 그런 의미이다.

석한 것이다. 그리고 중국처럼 각 가정이 생활해가는 것이 중세사회에서는 드문 일임을 알지 못한 것이다. 근본적으로 그들은 "공개경지제도(The Open Field System)" 하에서 농민의 일거수일투족이 거의 다 협동적이고 제약을 면하지 못하니, 더욱이 어떻게 한 가족이 경제단위가 될 수 있겠는가? 젠크스의 『사회통전』에서는 "고대의 토지제도는 가문 · 향리가 단위였다. 오늘날의 토지제도는 각 국민이 단위이다."라고 했다. 영어의 Unit는 단위라는 의미다. 근대사회에 이르러서야 "향리의 국면이 해체되고 지주제도가 성립되었고", "사람들이 자유를 얻어 토지가 진정한 산업이 되었다."

다음 중세의 공상업을 살펴보자. 상술한 향촌의 각종 수공업공장 이외에 11세기 하반기에 집중적인 공상업이 생겨나 각 도시에서 점차 발달했다. 이들 공상업자도 다 집단생활을 했고, 17, 8세기에 이르러서야 선후로 해체되어 근대의 자유제도로 대체되었다. 이는 영어로 "길드(Guild)"라고 하는데, 중국어로는 "동업공회(同業公會)" 혹은 "행회(行會)"로 번역한다. 그것은 한편으로는 자발적 조직이었고, 다른 한편으로는 합법적 권력을 갖고 있었다. 그것은 한편으로는 소비자의 공공이익을 돌보는 것이었고, 다른 한편으로는 생산자 자신의 요구에 기초했다. 상세한 정황은 각지에 따라 다르지만, 여기서는 서술하지 않겠다. 알아야 할 점은, 그들의 단결이 강고하고 간섭이 강해져 일종의 힘을 형성하여 지방정치에 개입하고 지방정치를 조종한 것은, 중국 상인과 공인이 꿈에도 상상할 수 없는 일이라는 것이다. 대체로 한 지역, 한 업종의 길드는 해당 지역 산업의 독점적인 단체였고 다른 사람이 참가할 기회를 쉽게 주지 않았다. 도제의 선발도 매우 엄격했고 연한도 길었으며 각 선생에게 극소수로 제한되어 있어서, 동업이익을 배타적으로 보호했다. 내부의 자유행동을 배제하지 않을 수 없었고, 상호경쟁은 엄격히 감시되고 강한 간섭을 받았다. 더욱이 독점으로 소비자의 공공이익을 방해하여 불평을 일으키지 않도록 했다. 그래서 상품의 참된 가격과 공평한 교역을 동시에 추구하여 품질 기만과 과도한 이익을 불허했다. 그러므로 감시와 간섭이 더욱 많이 요구되었고, 따라서 극히 번쇄하고 제약적인 무수한 규정이 점차 발달하여 극히 주밀한 관리기술이 이뤄졌다. 그리고 그러한 관리를 집행하기 위해 길드 자체가 엄연히 하나의 정부가 되었다. 그것은 영수 직원을 선거했고, 행정조직과 각종 회의가 있었으며, 자치적 규약이 있었고, 재정 및 금고가 있었으며, 법정에서 쟁의를 재판했다. 그 조직은 본래 경제적 의미에서 유래했지만, 당시 어떤 조직도 종교에서 떠날 수 없었다. 그래서 길드는 경제적 기능 외에 또한 각종 사회적 기능도 있었다. 각 업종에 각기 수호신과 기념일의 축제, 여행대회, 공동 오락과 각종 사교가 있었다. 빈곤과 질병, 사망에 대해 서로 구휼했다. 그들 각자의 기치가 있었고, 심지어 특수한 복장을 착용했다.[16)]

이에 대한 더욱 명백한 증거가 있다.

> 목수 병이 정을 위해 집을 지었는데 견고하지 않아서 갑자기 무너졌다. 병이 보상했을 뿐 아니라, 병의 길드가 공동으로 보상했다. 고용인 경이 신에게 체포되었는데, 경뿐만 아니라 경의 동종업체 모두가 신을 찾았다. 고대 인민이 서로 연대책임을 지는 것은 이와 같았다. 가장 기괴한 일은 고대 상인단체가 모든 집행권리를 중엽에 행했다는 것이다. 가령 런던의 상인이 버밍햄의 상인에게 부채가 있었는데 제때에 갚지 못했다. [갚을] 때가 이르자 버밍햄에 있던 다른 런던 상인이 상품으로

16) 이상은 胡伊默 譯의 『중고구주사회경제사』, 何炳松 편역의 『중고구주사』, 馮雄 역의 『세계문화사』, 『각국사회경제사총서』(이상 상무인서관 간행)와 伍蠡甫 역의 『중고세계사』(世界書局版)를 참고하라.

부채의 담보로 잡아주었다. 이는 같은 단체이기 때문이다.(옌푸 역, 『사회통전』, 국가형법권분 제11)

가령 당신과 나 양자가 함께 천진에서 동업공회에 속하는데 내가 상해에서 다른 이에게 부채를 졌고 당신의 화물이 상해에 도착했다면 그것을 팔아서 갚는다. 당신과 내가 안 집안과 같이 보는 것이다. 그렇다면 당시 동업공회조직의 긴밀하고 강고함이 매우 분명하지 않은가!

그렇다면 묻건대 이는 펑유란이 거론한 한 가정은 석판인쇄소[石印館]이고 한 가정은 철공소[鐵匠舖]인 경우의 예와 유사한 점이 있는가?

5. 근대사회의 맹아

당시 함께 흥기한 것이 도시자치체로서, 통상 "자유도시"라고 불린다. 길드는 직업조직이고, 도시자치체는 지방조직이다. 길드는 경제조직이고 자유도시는 그 위에 있는 정치조직이라고 할 수도 있다.

고대 그리스로마문화는 다 도시를 중심으로 했다. 근대문명은 유명한 "도시문명"이다. 오직 중세만 그렇지 않다. 그러나 중세 후반기, 즉 11세기 말에서 12세기 초에는 공상업과 도시가 점차 부흥하여 이로부터 점차 근대로 나아갔다. 공상업과 도시의 부흥은 특질상 그리고 사실상 일종의 중세 봉건문화에 대한 반격이고 그것을 전복시키고 말았다. 그러한 반격의 세력 자체는 "자유 분위기"였다. 역사가들이 말하는 것처럼, 공상업인은 대부분 봉토에서 도망치거나 혹은 해방된 자들이고, 도시의 흥기는 다 봉건제후에 대한 평화적이거나 무력적인 반항이었다. 그들(공상업인)은 다 "자유인"이라는 참신한 계급이었다. 그 의미는 바로 개인이 승려가 되거나 기사가 되는 것과 유사했다. 즉 이른바 "부르

주아”가 그것이다. 그러나 그들은 유력한 단체를 결성해야 스스로를 보존하고 반격을 행하고 멀리 그 역사적 임무를 수행할 수 있었다. 그 단체는 상술한 두 가지 조직이다. 두 가지 조직은 서로 조장하는 작용을 행했고, 똑같이 그들이 의지하는 바였다. 단체의 기능으로 말하면, 길드는 대내적 간섭이 비교적 강했고 자유도시는 대외적 저항이 비교적 강했다. 양자는 함께 집단생활의 좋은 예이고, 후자가 더욱 진보한 집단생활의 도원이었다.

도시부흥의 초기에 각지가 다 자주를 지향했지만(대체로 다 먼저 도시방어 능력을 갖추고, 특히 사법을 건립했다), 이후의 성취는 천차만별이었다. 극성기에 일부 대도시는 하나의 독립국가와 같아서 주권이 있고 해군과 육군이 있으며 대내적으로 통치를 행하고 대외적으로 선전포고와 강화를 행했다. 그들은 시정을 강구했을 뿐만 아니라 외교도 강구했다. 설에 의하면, 오늘날 국제간의 일부 외교방식과 기술이 당시에서 연원한다고 한다. 근대사회로 진입이 임박하자 각 민족국가가 하나하나 성립되어 많은 도시가 선후로 병합되고 일종의 지방자치를 행했다. 가령 게르만의 영토 내에 함부르크 등의 3대 도시가 19세기 초에 이르러 독일에 병합되었다. 초기와 말기를 논외로 하면, 중간에 적어도 4백 년은 수를 헤아리기 어려운 그들 도시국가와 봉건제후가 서로 다투고 피차간에 날카롭게 대립하던 시기였다. 중세 유럽 천여 년간의 소란은 후반기에 이것이 유력한 요소였다. 근대 서양인의 국가의식과 애국심은 우선 이런 작은 범위의 친밀하고 확실한 지방에서 배양되었고, 후에 민족국가로 확대되었다. 특히 그들의 정치능력(국가를 조직하는 능력)은 다 여기서 배양되었다.

앞에서는 다만 기독교가 어떻게 투쟁을 야기하여 집단생활에 피의 단련을 제공했는가에 대해서 논했고, 기독교 자체의 단체조직에 대해서는 설명하지 않았다. 그러나 여기에 서양인이 단체조직을 배우는 근본이 있다. 첫째, 여기서 개인이 단체에 예속되고 단체가 개인을 직할함을 확실히 인식했다. 둘째, 여기서 단체 내의 개개인이 다 동등함을 공인했다. 이는 대단히 중요하다고 말할 수 있다. 중국인이 결여한 것이 바로 이것이다.—이것을 인식할 기회가 없었다. 교회 내의 조직이 대단위에서 소단위에 이르기까지 체계를 이루었음은 말할 나위도 없다. 여기서는 단지 허빙송[17]의 『중세유럽사』 제16장의 한 단락을 인용하는 데 그치겠다.

> "로마 제국의 서부가 와해된 이후 서부유럽의 제도 가운데 가장 영구하고 가장 유력한 것은 기독교의 교회만한 것이 없다. …… 중세사에 교회가 없다면 아무것도 없는 셈이 된다."[18]

중세교회와 근대교회(신교, 구교를 막론하고)는 결코 같지 않다. 현저한 점은 다음 네 가지다.

첫째, 중세에는 마치 오늘날 누구나 국가에 속하는 것과 마찬가지로, 누구든지 교회에 예속되었다. 누구도 이반할 수 없었고, 교회에 불충하면 처형할 수 있었다.

둘째, 중세교회는 광대한 토지를 소유할 뿐 아니라, 교세를 거두었다. 모든 신자가 마치 오늘날 우리가 국세를 내야 하는 것과 같이 다 납세의 의무가 있었다.

셋째, 중세교회는 실로 국가와 다름없었다. 법률과 법정이 있을 뿐 아

---

17) 허빙송(何炳松, 1890-1946)은 근현대 중국의 저명한 역사학자이자 교육자이다. 고금을 융회하고 중서를 관통하는 저술로 인해 "중국 新史學派의 영수"로 꼽힌다. 저서에 『歷史研究法』, 『通史新義』, 『程朱辯異』, 『浙東派溯源』, 『新史學』, 『西洋史學』 등이 있고, 『中古歐洲史』, 『近世歐洲史』 등을 편역했다. —옮긴이

18) 何炳松, 『中古歐洲史』, 商務印書館. 인용문의 앞부분은 25면에서 인용하고, 이하는 127-129면을 보라.

니라 감옥이 있고 종신형을 처할 권한이 있었다.

넷째, 중세교회는 국가의 직무를 행했을 뿐 아니라, 국가조직이 있었다. 교황이 최고 입법자였고 또한 최고 사법기관이었다. 서부유럽 일대를 통치하는 교회는 정무가 대단히 방대하였다. 교황의 내각 각료와 여타 관리를 모두 합쳐 "교황의 조정(Buria)"이라고 불렀다. 각 지역 교회 간의 문서 왕래는 라틴어로 통일되었다.

이 단락을 인용하는 의도는 당시 교회의 강대함을 상상하여 거기서 서양인이 어떤 교훈과 단련을 받았는지 생각해내게 하기 위함이다.

4장

중국인의 집단생활 결핍

1. 서양인의 장점과 중국인의 단점

단체와 개인은 서양인의 오래된 문제다. 전체 서양사가 거의 모두 이 문제에서 나왔다. 그들은 이 문제에서 많은 교훈을 얻고 단련을 받아, 자연히 많은 장점이 있다. 많은 장점은 두 가지로 나눠볼 수 있다. 개인에 관한 측면은 나중에 따로 논하겠다. 단체에 관한 측면은 네 가지로 요약할 수 있다.

첫째, 공공 관념.

둘째, 기율 습관.

셋째, 조직 능력.

넷째, 법치 정신.

이 네 가지는 또한 "사회윤리[公德]"라는 말로 총괄할 수 있다. 사회윤리는 인류가 단체생활을 영위하는 데 필요한 덕목이다. 이는 중국인이 결여한 것으로, 과거에는 크게 깨닫지 못했으나 서양인과 부딪친 이후 심각하게 느끼게 되었다. 지금부터 45년 전 량치차오가 "신민설(新民說)"을 제창하여 사회개조를 중국의 구원하는 근본으로 보았다. 그는 먼저

"공덕(公德)"을 내세워 지적했다. 이제 이 책의 탐구작업에서 하나하나 설명하기로 한다.

먼저, 마지막 네 번째 것부터 논하기로 하자. 여기서 말하는 법치 정신은 대개 서양인이 법에 의지하고 중국인은 정을 따르는 것을 대조하여 말한 것이다. 큰 단체에서 행정기관은 마땅히 여러 사람에 맡겨 모든 일을 처리하는데, 단지 법률 조문에 구애될 뿐이고 누가 와도 똑같이 대해야 한다. 그런 연후에 쓸데없는 말이 적고 분규를 면할 수 있으며 공무가 빠르게 진행되고 질서가 세워지고 여러 사람의 마음이 편안할 수 있다. 그 가운데 개별적인 사정을 홀시함을 면할 수는 없지만, 똑같지 않은 것을 억지로 같게 하면 결국 실정에 맞지 않고 사리에도 어긋나게 된다. 그렇지 않으면 대소사가 다 처리되지 않는다. 법치의 필요성이 바로 여기에 있다. 그러나 가족 사이, 친족 사이에는 그렇지 않다. 가족 안에 노소, 남녀, 존비, 장유 등 개별적 정황이 확연히 눈에 들어오므로, 여러 사람에게 맡기는 번거로움 없이 일에 따라 논하여 마땅한 바를 따른다. 더욱이 은밀하고 상세한 곡절을 피차가 훤히 알고 있으므로 무시해버리기 어렵다. 그리고 골육처럼 친하고 수족처럼 서로 필요로 하므로, 반드시 세심하고 친밀하기를 추구해야 관계가 원만하고 생활이 순조로울 수 있다. 이때에는 법치를 쓸 필요가 없고, 더욱이 법으로 다스릴 수 있는 것이 아니다. 이른바 정에 따르는 것이 없다고 하더라도, 모든 고려가 다 정에 따라 다르게 된다.

정에 따르는 문제는 비교적 큰 범위 내에서 발생한다. 이는 한편 범위가 점차 커지고 사람 수가 점차 많아지면 임의로 처리할 수 없고 점차 법을 사용할 필요가 있게 되기 때문이고, 다른 한편 [정의] 친소후박에 따라 저절로 차등이 있어서 인정을 다 무시하고 완전히 법에 맡기기 어렵기 때문이다. 중국인의 생활은 줄곧 가족친족 사이에 치우쳤고, 최근에 이르러 가정을 넘어서는 대집단으로 전환하기 시작했다. "친한 이를 통해 친해지고 친구를 통해 친구를 만드는" 방식에 친숙하여, 일에 부딪치면 결국 인정에 맡기기를 좋아한다. 당신이 만약 "공적인 일은 공적으로 처리해야 한다."라고 하면, 듣는 사람이 당신에게 "관방어[打官話]"라고 할 것이다. 법치가 정립되지 않아서, 각자 요행을 바라고 질서가 문란되어 사람들의 마음이 불안하다. 마땅히 민족성의 일대 결점을 통감하고 시론이 심각하게 문제삼아야 할 것이다.

다음, 조직 능력의 문제를 논해보자. 여기서 말하는 조직 능력은 단체와 구성원을 만드는 능력을 가리키며, 그 요소는 단체에 대한 구심력과 번거로운 협상을 참고 진행하는 정신이다. 어떤 사람은 이렇게 말한다. "중국인은 자포자기하는 것이 아니라 자신을 존중하고 크게 생각한다. 때로 발언권 · 감독권을 요구하지 않으며, 나아가 자유권을 요구하지 않고 순종하는 인민이 되면 그만이다. 때로는 황제가 되려 하고 황제가 되라고 해도 하지 않는다."[1] 이런 정황은 도처에서 볼 수 있다. 가령 근 수십 년 동안 "유한책임주식회사"라는 조직이 있었지만, 극소수의 몇 사람만 회사일을 파악하고 대다수 주주는 관여하지 않고 지배를 받았다. 배당금을 받으면 만족하고, 손해를 보면 스스로 잘못했다고 여긴다. 가령 민국 7, 8년 이래 각 학생회에서 열성분자는 침식을 잊고 모든 것을 희생했는데, 모든 일이 그의 주장에 따라야 했다. 그의 주장이 통용되지 않고 그의 의견을 다른 사람이 따르지 않으면, 곧장 의욕을 잃고 나태해져 전혀 관여하지 않는다. 또 향진 지방의 일은 지방관이 명령하고 모두가 따르며 아무 말도 하지 않는다. 때로 한두 영수가 주인이 되어 행해져도 좋다. 일단 지방관이 호의로 대중을 모아서 문제를 공론으로 해결하려 하

1) 傅大齡, 「眞正中國人及其炳源」, 『國聞週報』 제9권 17기.

면 왕왕 의견이 분분하여 결론에 이르지 못해서 일이 도리어 실행되지 못한다. 이때 다시 명령을 내리면 따르려 하지 않는다. 결국 남의 지배를 받아 순종하는 인민이 되거나 누군가 주인이 되게 하여 대중이 그에 의존한다. 피차 상의하여 모두가 합작하는 것은 하지 못한다. 이런 예는 허다하다. '쟁반 위의 모래알', '3인 이상의 단체가 없고, 5분 지속되는 열의가 없다.'라는 시중의 조롱은 대체로 이것을 가리킨다.

사실 이것은 이상한 일이 아니다. 중국인은 원래 다 순종하는 인민이고 동시에 각자가 다 황제이다. 집안에서는 아내와 아이들에 대해 황제다. 문 밖을 나서면 순종하고 화평한 제2의 천성과 독단적인 "거지철학"(뒤를 보라)으로 인해 일이 닥치면 조화를 꾀하여 순종하는 인민이 된다. 단체에 참가한 대중 가운데 비굴하지도 않고 오만하지도 않으려는 생각과 매몰되지도 않고 이탈하지도 않는 합작은 중국인의 생활에서 일찍이 훈련받은 바가 적었다. (특히 사인(士人) 생활과 농민 생활이 그러하다.)

과거에 스칭(石淸, 汝麟)이 민국 초년에 세계 각지를 여행한 일이 있다. 특히 북미, 남미, 남태평양 등 화교가 많은 지역을 다 다녀보았다. 그는 항상 자신이 목도한 화교의 일에 대해 말하기를 좋아했는데, 결론은 이러하다. 화교의 재주에는 다른 이주민(가령 일본인)이 미치지 못하고 해당 지역민들도 미치지 못한다. 어떤 일을 해도 스스로 드러난다. 심지어 강도를 하고 거지노릇을 해도 뛰어나다. 그러나 한 가지 그들의 핵심이 있는데, 그것은 단체의 방책과 단체의 힘의 조직을 이루지 못하는 것이다. 단체조직에서 남만 못하고 국가의 보호를 받지 못하므로, 결국 일본인에게 지고 해당 지역민에게 속임을 당한다.—이는 참으로 좋은 예이다. 이 경쟁세계에 처하여 중국인이 열등하고 패배한 가장 큰 원인이 바로 여기에 있다.

조직 능력의 결핍은 바로 정치 능력의 결핍이다. 국가는 하나의 큰 단체에 다름 아니다. 4, 50년 전 량치차오는 중국인의 정치 능력 결여에 대해 그것이 전제정치체제에서 비롯되는 것이 아니라고 논했다. 그는 반대로 이렇게 결론지었다. 만일 전제정치체제 때문이라고 한다면, 어떻게 왕조 교체기처럼 전제정체가 미칠 수 없는 때와 공상업과 교육 등 전제정체가 미칠 수 없는 일, 해외식민처럼 전제정체가 미칠 수 없는 지역, 특히 백년 전의 샌프란시스코 같은 것이 있을 수 있겠는가?[2] 또 『신대륙유기』에서 대략 그 이유를 지적하여, 중국에는 "유민(族民)"이 있을 뿐 서양의 "시민"이 없고 종족자치 혹은 향촌자치만 있으며 서양의 도시자치가 없기 때문이라고 했다. 서양의 도시자치는 정치 능력의 효시이고, 중국의 종족자치 · 향촌자치는 그 정치 능력이 배양되는 곳이다. 중국과 서양 사회가 변천해온 두 노선을 심각하고 분명하게 지적하지는 않았지만, 견해는 틀리지 않다.

그다음, 기율 습관을 보자. 이른바 기율 습관이란 다수가 집회장에 모여 한 조목씩 선포하는 것이 아니라, 대중이 일찍이 저절로 습성화된 것을 가리킨다. 소극적으로는 가령 회의장에서는 말하지 않고 기침하지 않고 길을 가면서는 큰소리로 떠들지 않으며 출입할 때 멋대로 하지 않고 일거일동에 전후좌우를 고려하여 주위 사람을 방해하지 않는 것 등이다. 적극적으로는 순서에 따라 앉고 대열을 지어 나아가며 발언권을 얻어 말하고 피차 배려하고 조응하여 행동하는 것 등인데, 각종 세세한 행동거지는 다 열거하기 어렵다. 적극적인 것이든 소극적인 것이든 한마디로 요약하면, 집체행동을 추구하여 민첩하고 순조로우며 효율을 제고하여 사람이 많다고 해서 소란하고 시간을 낭비하지 않는 것이다. 정류장

---

2) 梁啓超의 『新民說』을 보라. 중국인이 샌프란시스코에 범선을 타고 이주한 것은 1851년에서 1874년 사이로, 미국이 독립한지 불과 수십 년밖에 되지 않았을 때이다.

이나 극장의 매표소를 보면, 서양인은 스스로 줄을 서서 순서대로 들어가는데 중국인은 서로 앞을 다투어 경찰이 있어도 질서를 유지하기 어렵다. 순서를 지켜야 모두가 상대적으로 빨리 목적을 달성할 수 있다. 서양인은 사실적 교훈에서 그 이치를 깊이 이해하고, 중국인은 사실이 부족하여 아직 분명히 알지 못한다. 회의장에서 중국인은 자기 집에서처럼 이목과 사지를 개인적으로 사용하고 단체의 요구를 의식하지 못하여, 공무를 방해하고도 알지 못하고 습관화된 경우가 드물지 않다.

이것들은 다 교육을 받았느냐 여부의 문제가 아니다. 서양은 교육이 보급되고 중국인은 너무 교육을 받지 않아서 그처럼 상이한 결과가 있게 되었다고 생각하면 옳지 않다. 이것들은 대부분 의식이 아니고 습관의 문제임을 알아야 한다. 습관은 신체와 환경 사이의 산물이고, 실제 생활에서 배양된다. 사람이 중국처럼 가정생활을 중시하는 사회에서 성장하면 대학교육을 받아도 여전히 그런 병폐를 범한다. 서양인의 기율습관은 그 문화(文化)에서 나온 것이 아니라 오히려 그 무화(武化)에서 나왔다.—즉 단체투쟁에서 배양되었다. 마치 오늘날의 학교에서처럼 또한 각종 운동경기를 통해 집체행동을 훈련하는 것처럼, 그 이치는 같다.

사람들의 품성은 본래 다 부지불식중에 배양된다. 그러나 동시에 공공 관념을 잃지 않는 것이 모든 사회윤리[公德]의 근본임을 인정해야 한다. 이른바 공공 관념이란 국민이 국가에 대해, 지역민이 지역에 대해, 신자가 자기 종교에 대해, 당원이 자기 당에 대해, 합작회사의 사원이 자기 회사에 대해 …… 갖는 관념을 가리킨다. 중국인은 자신과 가정 이외에 관심이 없어서, 평소 그것을 결여하고 있다. 특히 국가 관념이 박약하여 외국인을 놀라게 한다. 1932년 상하이 "1 · 28"전쟁 중에 파리 신보(晨報) 기자가 상하이에서 멀지 않은 지역을 지나는데 전혀 아무 일도 없는 것처럼 태평한 것을 보고 대단히 당혹하여 이해할 수 없었다. 나중에 마쥔우[3]가 글을 써서, 1934년 3월 16일 독일이 징병제를 부활시킨다는 소식이 발포되자 베를린의 60세가 넘은 주부가 그 소식을 듣고 너무 기뻐하여 쓰러져 죽은 것을 예로 들어, [중국인과] 대비시켰다. 사실 이런 차이는 선천적으로 타고난 것이 아니며, 학설 혹은 (협의의) 교육의 결과가 아니다. 사회구조가 다르고 생활환경이 다르므로, 정조와 습관이 저절로 다르게 형성되었기 때문이다.

2. 중국인의 집단생활 결핍

서양인이 가장 중시하는 문제가 중국인에게는 없고 서양인의 장점이 중국인의 단점이라는 사실로부터 중국인은 단체생활이 결핍되어 있음을 증명했다. 이제 종교·정치·경제 각 측면으로부터 구별하여 고찰해 보자.

고찰하기 전에 우선 집단생활이 무엇인지 확정해야 한다. 이른바 집단생활이란 상술한 것처럼 참으로 가지각색이지만, 일치되는 점이 있다.

하나, 일종의 조직이 있어야 하고, 관계만 존재해서는 안 된다. 조직의 특징은 범위(경계가 없어서는 안 된다)와 핵심(중추기관이 있어야 한다)에 있다.

둘, 그 범위가 가족을 초월해야 하며 또한 가족을 조직의 출발점으로 삼아서는 안 된다.—대부분 지역·직업·종교신앙 혹은 기타에 의

3) 마쥔우(馬君武, 1881-1940)는 근대 중국의 정치가·교육가이며, 최초로 독일에서 공학박사학위를 받은 인물이다. 廣西大學을 창립하고 초대 교장을 지냈으며, 孫中山革命政府의 비서장과 廣西省 성장, 北洋政府 사법총장·교육총장을 역임했다. 사상의 자유와 관용을 주장하여 北京大學 교장 蔡元培와 어깨를 나란히 하여 "北蔡南馬"라고 불렸다. 저술에 『馬君武詩稿』, 『法蘭西革命史』, 『物種原始』, 『德華辭典』 등이 있다. —옮긴이

존한다.

셋, 그 범위 내에서 개개인이 모두 일정한 구속을 받고, 더욱이 항상 자신과 절실한 이해관계가 있다.

이 세 가지 조건에 부합하면 집단생활이라 할 수 있다. 그렇지 않으면 집단생활이 아니다. 이로써 보면, 중국인은 집단생활이 결핍되어 있다.

첫째, 중국인의 90% 이상이 다 종교조직에 속해 있지 않은 것 같다. 한 중국 청년이 인도에 갔는데, 누군가 어떤 종교를 믿느냐고 물었다. 그는 어느 종교도 믿지 않는다고 대답했다. 현지인이 그것을 듣고 다 의아하게 생각하고 이해하지 못했다. 이런 대답은 중세 유럽에서도 이해될 수 없었을 것이다. 그것은 중국 청년계에 지극히 일반적인 상황이다. 그러나 90%의 중국인이 다 그렇다고 하는 것은 아니다. 대다수의 중국인은 그와 상반된다. 그들은 성현과 신선, 부처 등 각종 우상에 대해 일률적으로 숭배한다. 일본인이 갑묘에 들어가면 을묘에 들어가지 않고 갑신을 숭배하면 을신을 숭배하지 않는 것과 다르다. 전혀 구별하지 않고 어떤 조직이라도 가능하다.

둘째, 국가조직의 문제는 중국인도 크게 문제삼는다. 가령 이 책 제1장에서 열거한 중국문화의 열한 번째 특징이 바로 이 문제의 제기이다. 이렇게 문제삼으면서, 중국인이 집단생활이 결핍된 것은 예사 일이 아니다. 이에 대해서는 뒤에서 특별히 논하겠다.

국가가 느슨하다는 것으로부터 지방자치단체와 직업자치단체가 매우 발달했으리라고 추측할 수 있다. 맞다. 중국 사회질서의 유지와 사회생활의 진행은 사회 자체에 의지하고 국가에 의존하지 않는다. 지방자치와 직업자치가 상당히 존재한다. 애석하게도 현존하는 역사서에서는 고찰하기 쉽지 않아 단정하기 어렵다. 지방자치에 대해 말하자면 두 가지 유의할 점이 있다.

하나, 중국에는 향촌자치만 있고 도시자치는 없어서, 서양에서 지방자치가 도시에서 시작된 것과 상반된다. 둘, 지방자치단체가 명확성과 견실성이 결여되어 때로 관치(官治)와 혼합되어 있다.

전자에 관하여, 량치차오는 일찍이 『신대륙유기(新大陸游記)』에서 다음과 같이 지적했다.

> "중국사회의 조직은 단위가 가족이지 개인이 아니다. 그래서 가정이 다스려진 연후에 국가가 다스려진다고 한다. 서양인의 자치능력은 본래 일찍이 발달했는데, 중국인의 지방자치도 그에 못지않다. 그런데 왜 그들은 국가를 조직하고 중국인을 그럴 수 없었는가? 그들이 발달시킨 것은 도시의 자치이고, 중국이 발달시킨 것은 종족의 자치이다. 중국의 향촌을 살펴보면, 자치규모가 아주 확실하다. 항상 이삼천 명의 구역민이 있고, 입법행정기관이 정연하게 구비되어 있다. 이와 같은 것이 국가건설의 제일의 기초가 되어야 한다. 도회지를 보면 불가사의할 만큼 혼란상태이다. 이것들은 다 민족은 될 수 있지만 시민은 될 수 없다는 분명한 증거다. 구미의 화교를 보면 더욱 확신할 수 있다. 그들은 이미 고향을 떠나 개인 자격으로 가장 자유로운 대도시에 거주하지만, 그들이 의지하고 건설하는 것은 여전히 가족제도이고 사회질서를 유지하는 것도 일정 부분 가족제도이다."

량치차오는 만년 저술 『중국문화사』 사회조직편 제7장에서 향촌자치를 논하고 제8장에서 도시를 논했다. 여러 해에 걸친 연구의 최종적 결과가 여전히 "중국에는 향촌자치가 있고 도시자치는 없다."는 것이었다. 향촌자치를 논한 장에서, 자기 고향(廣東 新會縣 茶坑鄕)의 자치조직을

개략적으로 서술하고 다음과 같은 결론을 내렸다.[4)]

> "이러한 향촌자치는 화폐와 곡식을 받는 외에 송사가 매우 적어서 지방관청과 거의 전혀 교섭이 없다. 중국 내에 이런 규모의 현은 아주 많을 것이다. 제대로 된 사람을 얻느냐에 따라 항상 성과의 차이가 있지만, 대체로 그리 다르지 않을 것이다. 이는 대개 종법사회의 잔재로서, 극히 자연스런 상호부조의 정신으로 간단하고 합리적인 조직을 만들어서, 중국사회의 생존과 발달에 극히 중대한 관계가 있다."

적확하게도, 이는 중국사회의 생존과 발달에 중대한 관계가 있다. 혹은 바로 이렇게 말할 수 있다. 이는 중국사회가 수천 년간 생존 · 발달해 온 기초이다. 이것을 이해해야 중국문화를 인식할 수 있다. 그러나 이는 서양의 집단생활과 구별된다.

후자, 즉 지방자치단체가 명확성과 견실성이 결여되어 때로 관치와 혼합되어 있다는 것에 관하여 논해보자. 이는 때로 자치에 속하고 때로는 관치에 속하여 시대에 따라 성쇠하므로 하나로 확정할 수 없음을 말한다. 더욱이 그 조직, 권한과 구획이 일정하지 않고 변화한다. 즉 민국 이후로 말하면, 현 이하의 기층조직이 홀연히 커지고 홀연히 작아졌다. 제도가 변화하여 조령모개했다. 단지 이름만 몇 차례나 변했는지 알 수 없다. 우리가 논하려는 것은 과거의 중국이지만, 오늘에 비추어 과거를 논증하면 그 근본이 고정적이지 않음을 분명하게 볼 수 있다. 반면 서양을 보면 그렇지 않다. 1789년 프랑스대혁명 때 봉건특권 · 농노제도 · 행회제도 등이 일거에 소멸되었다. 교회토지가 몰수되고 성직자가 시민에

4) 梁啓超, 『中國文化史』, 『飮氷室合集』 專集 18책, 중화서국.

의해 선출되었다. 각종 개혁이 이르지 않는 데가 없었다. 유독 지방제도의 정리에서 과거의 4만 4천 성향자치구는 그것이 12~14세기의 자치제도 및 지방정부가 의지하여 생기를 유지하던 개체였으므로 변경되지 않고 보존되었다.[5] 1921년에 이르러 또 1백수십 년이 경과하여 사회교류가 진보하여 단위가 자연히 감소했지만 여전히 37,963개의 구가 보존되었다. 영국은 9세기부터 지방의 대소 각 구획이 변경되지 않고, 그 사이에 단지 'Hundred'라 불리는 것들만이 소멸되었다.[6] 여기서 서양인의 지방자치체가 얼마나 뿌리깊고 견실한지 볼 수 있다. 솔직히 말하면, 그들은 당연히 참으로 하나의 단위, 하나의 단체이고, 우리는 향당 사이의 관계가 비록 친밀하지만 개체성은 여전히 박약하여 거의 없는 것 같다.—이상으로 지방단체에 대해 논했다.

다시 직업단체에 대해 논해보자. 첫째, 중국 농민에게는 '청묘회'라는 조직을 제외하고는 오늘날의 소위 농회라는 것이 없었다. 그들은 직업 때문이 아니라 저절로 모여서 자연히 향리 · 향당에 의지하여 조직되었고 지방단체를 그들의 단체로 삼았다. 그리고 이미 상술한 바와 같이 지방단체는 통상 가정관계 위에 건립되었다. 또한 향촌에 산재하여 농민을 중심으로 하고 공인과 상인을 아우르는 것들도 당연히 이에 귀속되었다. 둘째, 단지 소수의, 도시에 모이거나 혹은 비교적 한 곳에 모인 공인 · 상인이 처음으로 중국의 직업단체를 형성했지만, 여전히 오늘날의 소위 공회 · 상회는 없었다. 농회 · 공회 · 상회는 다 새로운 법령에 기초하여 나온 것이다. 과거에는 없던 것들이다. 과거 공인 · 상인의 직업자치조직이 어떠했는지에 대해서는 오늘날 상세한 것을 살펴

5) 桑代克, 『世界文化史』, 馮譯本, 商務版, 568면.
6) 海烈斯, 王檢 譯, 『各國地方自治要綱』, 大東書局, 225면.

보기 어렵다. 그러나 '행' · '방' · '공소' · '회관' 사이에 다음과 같은 결점들은 지적할 수 있다. 하나, 대체로 오늘날의 '전국상회연합회'와 같은 전국적인 조직은 없었다. 이는 그 동업자라는 자각에 한계가 있음을 보여준다. 둘, 동업조직에서 여전히 다시 향토 혹은 족성관계에 따라 구별하여 스스로 조직을 형성함으로써 그 동업조직이 대단히 느슨하였다. 이는 향당의식 · 종족의식이 직업의식보다 강했음을 보여준다. 셋, "같은 직종의 업자가 원수다."라는 속말로부터, 동종 직업인들 간에 서로 질시 · 경쟁하여, 서양 중세기의 길드와 같은 긴밀한 단체정신이 결여되었음을 알 수 있다.

사농공상의 사민 가운데 사인은 원래 일종의 직업이었다. 그들은 서로 연계되어 있지 않아서 단체라고 할 수 없다. 그들은 한편으로 개성이 가장 풍부하고 다른 한편으로 또한 공동의 이해를 결여한 사람들이었기 때문이다. 중국인이 분산적이라고 한다면 그 첫 번째는 그들로부터 비롯되고 두 번째는 농민에서 유래했다. 사인과 농민이 중국사회를 구성하는 가장 중요한 부분이다. 그들이 분산적이므로 중국이 분산적일 수밖에 없었다.

과거에 류이정[7] 선생이 「술사(述社)」라는 글을 『학형(學衡)』 제54기에 발표했는데, 역사 문헌에서 중국 민간에 각종 단체조직을 고증하는 증거의 수집에 큰 노력을 기울였다. 자취 면에서 우리는 그런 일이 있음을

7) 류이정(柳詒徵, 1880-1956)은 중국 근현대 사학자 · 고전문학 · 도서관학자 · 서예가이다. 젊어서는 南京編譯局에서 일하고, 1916-1925년 南京高等師範學校와 東南大學에서 가르쳤다. 1927-1948년 江蘇省國學圖書館 館長을 역임하고, 이후 浙江大學 · 貴州大學 · 中央大學에서 교편을 잡았으며 中央硏究院 院士를 지냈다. 乾嘉學派를 계승하고 신사조의 영향을 받아 경세치용의 학문에 힘썼다. 저술에 『歷代史略』, 『國史要義』, 『中國文化史』, 『東亞各國史』, 『國學圖書館小史』, 『中國版本概論』 등이 있다. —옮긴이

부인하지 않는다. 그러나 그것이 빈약함은 엄중한 사실이다. 오늘날 우리가 보는 집회결사와 같은 것들은 30여 년을 거슬러 올라가 신해혁명 이전에는 매우 적었고, 5, 60년 전에는 찾아볼 수 없었다. 가령 큰 학교, 큰 공장, 큰 주식회사와 같은 것들은 다 외래 사조와 함께 수입된 것들이다. 당초에는 순전히 흩어져 있는 사숙, 흩어져 있는 소농 · 소공 · 소상만 있었다. 정치활동에서 조직을 결성하는 것은 아예 허용되지 않았다. 당사 · 송사에 보이는 당파는 기껏해야 조금 연계되어 있을 뿐이고, 오늘날의 당파조직은 없었다.

3. 단체와 가족의 상호 배타성

중국에 집단생활이 없었다고 할 수는 없고, 다만 매우 결핍되었을 따름이다. 중국과 서양의 차이는 단지 상대적인 것이지, 절대적인 것이 아니다. 그러나 우리가 일찍이 말한 것처럼, 인류사회의 진화는 실로 생물진화의 연속이다. 생물계에 절대적으로 다른 일은 없다. 식물과 동물도 상대적인 다름에 불과하므로, 나머지는 말할 것도 없다. 대개 모든 생물이 보여주는 것은 다 일종의 활동 추세 혹은 방향이다. 다만 상대적인 편향이 있을 뿐 절대적인 것은 없다. 경계를 획정할 수 없다. 경계를 획정할 수는 없지만, 상이한 방향으로의 발전으로 인해 서로 반대되어 극히 엄중한 문제를 형성할 수는 있다. 서양인은 집단생활이 뛰어나고 중국인은 가족생활이 뛰어난 것은 바로 두 방향으로 나뉜 것이고, 이로 인해 두 가지 상반된 문화를 낳았다.

집단생활과 가정생활, 양자는 서로 용납할 수 없다. 그리고 기독교는 마침 전자를 위해 길을 열고 후자를 억압했다. 이 점에 관해서는 이미 장인린[8] 교수가 한 논문에서 지적했다.

기독교 세력 하에서 개인이 지고 있는 종교적 의무는 가족의 요구를 멀리 넘어선다. 교회의 응집력은 가족의 응집력을 희생물로 삼는다. 『신약성서』에 있는 두 대목에 표현된 윤리관념은 중국의 전통적 윤리관념과 매우 달라서, 현대 통용되는 한역본을 크게 수정하지 않으면 안 된다. 그 한 대목은 예수가 "만약 어떤 사람이 내게 왔는데 그의 부모 · 처자 · 자녀 · 형제 · 자매, 심지어 자신의 생명까지 미워하지 않는다면, 그는 나의 제자가 될 수 없다."라고 한 말을 기록하고 있다. 또 한 대목은 예수가 "내가 온 것은 세상을 평안하게 하려는 것이 아니고 소란케 하려는 것이다. 왜냐하면 나는 장차 아들이 그 아버지와 불화하고 딸이 그 어머니와 불화하고 며느리가 그 시어머니와 불화하게 하려 왔기 때문이다."(이상 두 대목은 다 한이치(韓亦琦)[9]의 신역본에 보인다.) …… 1천수백 년 동안 기독교의 훈련은 가족이라는 소집단을 희생하여 가족을 넘

8) 장인린(張蔭麟, 1905-1942)은 근대 중국의 사학자이다. 清華學堂에서 7년간 공부하며 錢鍾書 · 吳晗 · 夏鼐와 더불어 "文學院四才子"로 불렸다. 『學衡』, 『清華學報』, 『東方雜志』, 『燕京學報』, 『文史雜志』, 『國聞周報』 등에 40여 편의 논문을 발표하여 당시 사학계의 칭송을 받았다. 1929년 미국에 유학하여 철학사와 사회학을 공부했다. 1934년 귀국하여 清華大學에서 역사와 철학을 가르쳤다. 이후 浙江大學 · 長沙臨時大學 · 西南聯合大學 · 浙江大學 등에서 교편을 잡았다. 1941년 時代與思想社를 설립하여 월간 『時代與思想』을 발간했다. 저서에 고교 역사교재 『中國史綱』(上古篇)이 있다. — 옮긴이

9) 한이치(韓亦琦, 1910-2000)는 현대 중국의 역사학자로, 세계사 전공이다. 江蘇 南京 사람이며, 金陵大學 역사학과를 졸업하고 金陵大學 · 湖北教育學院 · 重慶國立女子師範學院 · 蕪湖安徽學院 · 金陵女子大學 교수를 역임했다. 신중국 건립 후에는 山東師範大學 · 南京大學 역사학과 교수를 지냈다. 영어 · 러시아어와 동유럽 여러 나라의 언어에 능통했다. 『歐洲早期中古史』, 『世界中世紀史』, 『兩漢時期的中國和中亞諸國』 등의 논저가 있다.

어서는 대집단에 충성을 다하라는 요구를 서양의 일반 사람들이 일상에서 호흡하는 도덕으로 만들려는 것이다. 나중에 (근대) 기독교 세력이 가족을 초월하는 다른 대집단(민족국가)에 의해 대체되었지만, 가족을 초월하는 대집단에 충성을 다하라는 도덕은 여전하다.(張蔭麟, 「論東西文化的差異」, 『思想與時代』, 제11기)

서양인에게 집단생활의 길을 개척한 것은 기독교이다. 동시에 주공교화가 중국인에게 가족생활의 길을 열었음은 말할 나위가 없다. 엄격하게 말하면, 가족생활과 집단생활은 모두 가장 초기의 인간사회에 고유한 것이고 결코 그들로부터 시작된 것이 아니다. 그러나 이는 본능생활과 이지생활이 모두 동물계에 고유한 것이지만, 절지동물 · 척추동물의 출현 이후 본능과 이지가 분기하기 시작한 것과 똑같다. 중국과 서양의 사회구조가 여기서 분기되었다. 그래서 우리는 서양의 길은 예수로부터 열리고 중국의 길은 주공(周孔)으로부터 열렸으며, 종교 문제가 중서문화의 분수령이라고 지적해야만 한다.

기독교가 중국에 전래되었을 때 이 두 가지 상반된 경향이 부딪쳤지만, 중국은 기독교에 의해 변화되지 않았다. 반대로, 오히려 기독교가 중국과 타협했다. 『신약성서』 번역문을 원문과 다르게 수정하지 않을 수 없었던 것 외에, 저들 교회 인사들은 중국인이 조상을 공경하고 공자를 제사하며 숭배하는 각종 예속을 인정했다. 이런 타협과 인정은 나중에 논쟁 · 충돌과 한 차례의 번복(로마 교황은 1742년 중국의 예의 시행을 단호하게 불허했다)을 피할 수 없었지만, 나중에(1939년) 결국 다시 인정했다.[10)]

10) 16세기 예수회 선교사 利瑪竇 등이 중국에서 전교할 때 중국의 예속이 기독교와 어긋나지 않는다고 여겨 그것을 용인하는 태도를 보였다. 후에 교회 내부에서 논쟁이 발생하여 로마 교황과 중국 황제 사이에 그 때문에 충돌이 일어나 결국 결렬되고

이는 참으로 중국문화가 뿌리깊음을 보여주지만, 상대방의 인정을 받을 수 있었던 것은 그것이 인정과 사리에 가깝기 때문이다. 대개 조상에 대한 공경은 자식이 효도하려는 진실함이고 공자의 숭배는 그를 사람들의 사표로서 공경하는 것이며, 결코 이치에 닿지 않는 점이 없다.

개신교가 흥기한 이후 기독교 자체에 변화가 있었고, 교회조직 또한 후래에는 이전과 달라져서 피차간에 서서히 평화롭게 공존하게 되었다. 또한 불교정신과 중국 가족윤리도 부합하지 않았지만, 그것이 중국에 유입된 후 마침에 중국에 의해 변화되었다. 이는 앞에 인용한, 이나바 쿤잔(稻葉君山) · 태허법사 등이 말한 것이며, 기독교도와 불교도가 다 인정하는 말이다.

태허법사의 논문에는 "이 가족이란 차원은 한편으로는 대집단을 분산시키기 쉽고 다른 한편으로는 개인의 유별난 행동을 견제한다. 그래서 적국이라는 외환이 없이 항상 오래도록 평화로울 수 있었다."라는 구절이 있다. 그는 바로 그것들 사이의 득실 · 장단, 단체와 가족 양자가 서로 용납할 수 없음을 간과한 것이다. 독자들은 앞 장에서 인용한 상앙이 진나라에서 행한 변법과 레이하이쫑 교수가 전국칠웅만을 국가로 인정하고 서한에 이르러 가족제도가 다시 흥성한 이후의 중국은 국가가 아니라고 여기는 것으로써 인증해보면 저절로 분명해질 것이다. 상앙의 각종 행위는 다 국가의 입장에서 개인을 직접적으로 통제하려는 것이므로, 불가피하게 가족윤리를 파괴하지 않을 수 없어서 유가의 비난에 부딪혔다. 전국칠웅은 국제적 경쟁 · 긴장의 국면 하에서 각자 대내적 통제를 강화하여 비로소 국가를 이루었다. 그리고 한대부터 가족생활이 회복되어 2

[이전의 태도를] 번복하는 데 이르러, 한때 천주교가 중국에서 거의 절멸되기에 이르렀다. 나중에 중국에 관하여 지나치게 고지식하지 않고 완화되어, 1939년 로마 교황도 마침내 중국의 예를 시행할 수 있다고 해석하고 인정하게 되었다.

천 년 동안 중국이 사학자들에 의해 단지 하나의 방대한 사회, 하나의 큰 문화권이라 불렸을 뿐이다. 국가 문제에 관해서는 나중에 상세히 논하겠다. 여기서는 단지 집단생활과 가족생활이 공존하기 어렵다는 점에서 중국에서 집단생활의 결여를 지적할 따름이다.

가족생활이 발전함으로써 어찌 국가를 이루지 못하는 데 그치겠는가? 진정한 대규모 지방자치단체 또한 형성되기 어려웠다. 앞에서 량치차오가 "중국에 민족은 있고 시민은 없으며 종족자치 · 향촌자치는 있고 도시자치는 없다."고 한 말을 인용했었다. 그는 뜻하지 않게 바로 이 점을 지적한 것이다. 이 모든 것들은 또 나중에 함께 논해야 할 것이다.

지금은 세상을 떠난 나의 친구 루한[11]은 대단히 총명했는데, 10여 년 전 나에게 이렇게 말한 적이 있다. 마르크스는 『자본론』을 지어 서양사회를 밝혔는데, 그는 이제 『가족론』을 지어 중국의 사회사를 설명하고자 한다고. 그는 일찍이 일본에 유학하여 이 문제를 연구하면서 수년 동안 원고를 쌓아왔다. 애석하게도 저술을 이루지 못하고 죽었으며, 나는 그 원고도 보지 못했다. 그 작업은 이후 학계에서 떠맡는 사람이 있어야 할 것이다. 이 자리에서 특별히 덧붙이는 바이다.

---

11) 루한(盧瀚)은 본문에서 호가 康濟라고 하는데, 상세한 신원은 미상이다. —옮긴이

5장

중국의 윤리본위 사회

1. 윤리본위의 정의

집단생활의 결여가 중국인이 가정과 가족을 중시하는 원인이고, 이 외에 달리 해석해서는(가령 펑유란(馮友蘭), 뤄줘푸(盧作孚) 등과 같이) 안 된다. 집단생활의 결여와 가족생활의 중시는 동일한 사태의 양면이고 다른 일이 아니다. 이는 위에서 중국과 서양 사회생활의 각종 다른 점을 입증한 이후 십분 명백해진다.

인류에게는 다 부부, 부자가 있다. 즉 모두 가정이 있다. 왜 중국인은 가정을 특히 중시하는가? 참으로 가정이 중국인에게 고유한 것이 아닌데, 집단생활을 결핍하고 단체와 개인의 관계가 마치 없는 것처럼 느슨하여 가정관계가 자연히 특별하게 현저해진 것이다.—불가피하게 중시하고 긴밀해진 것이다. 서양인도 가정이 있지만, 그들은 집단생활이 너무 엄중하고 긴박하여 가정관계를 덮어버린 것이다. 한쪽이 느슨하면 다른 쪽이 긴박하고, 여기가 현저하면 다른 데는 은미해진다. 그래서 하나의 일이고 둘이 아니다. 긴박한 집단에서는 단체가 개인을 직접 통제·간섭하려 하고, 개인이 자각한 후에는 자유와 단체에서의 지위를 쟁취하려고 한다. 단체와 개인의 양면은 마치 좌우처럼 상호의존적이다. 서양은 단체생활이 풍부하고, 그리하여 개인의 인격이 이로부터 도출되었다. 중국에서는 단체생활이 결여되었고, 그래서 개인 문제가 나올 수 없었다. 단체와 개인이 서양에서는 엄연히 두 개의 실체인데, 가정은 거의 허위인 듯하다. 중국인은 중간에 가정관계가 확대 · 발휘되어 윤리로써 사회를 조직하고 개인과 단체의 양단을 융해시켜 버렸다.(이 양 극단은 아마 중국인에게 없는 듯하다.)

나는 중국과 서양의 사회생활이 다르다고 하면서, 두 개의 도표로 표시한 적이 있다.[1] 첫 번째 도표는 아래와 같다.

중국-서양 대조도 1

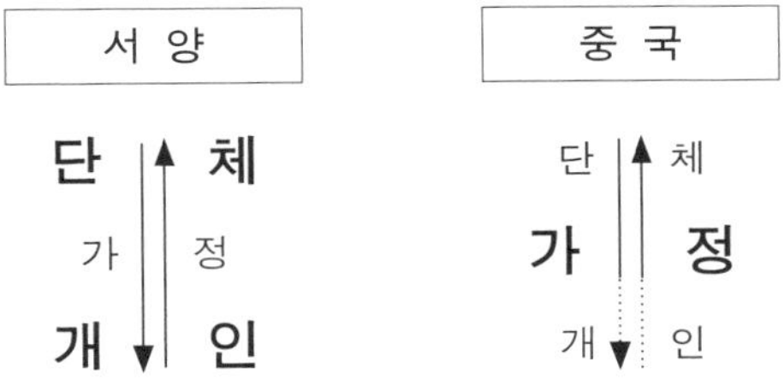

범례

1. 글자체의 대소는 위치의 경중을 표시한다.
2. 화살표는 직접적 상호관계를 표시한다.
3. 점선은 관계가 그리 명확하지 않음을 표시한다.

이런 상이함은 실로 중서문화의 노선이 다르기 때문이다. 논자들은 근대 산업의 흥기로 가정생활이 중요성을 잃고 다시는 이전처럼 공고하

1) 『향촌건설이론』, 54면.

지 못한 것만을 보고서, 동시에 개인의 자유독립이 근대사조 이후에 특히 현저한 것을 보고서, 그 사이에 인과관계가 있으며 그리하여 서양 근대국가가 성립하였다고 생각했다. 그래서 중국처럼 개인이 가정에 함몰되고 가정생활이 중시되는 것은 반드시 문화가 진보하지 못한 증거이며 서양의 중세와 같은 부류라고 보았다. 이에 중서의 차이가 바로 사회변천에서 전후 단계의 차이라고 억측하여 단정했다. 그들은 쌍방의 역사적 배경으로부터 자세히 비교하여 현재를 이해하지 않고, 갑자기 후자에 대한 소견에 근거하여 전자를 추론했으니, 어찌 정확하겠는가!

그렇다면 중국사회는 일관되게 가정본위의 사회인가? 아니다, 그렇지 않다. 서양 근대사회는 개인본위의 사회—영미가 그 뚜렷한 예다—라고 할 수 있지만, 서양의 최근 추세는 사회본위의 사회—소련이 그 분명한 예다—이다. 그렇다면 중국은 마땅히 "윤리본위 사회"라고 해야 한다. "가족본위"라는 말은 합당하지 않고, 충분히 설명해주지도 못한다. 종법사회만이 가족본위라고 할 수 있다. 이는 젠크스의 『사회통전』에 보인다. 중국은 일찍이 종법사회를 벗어났다. 이에 대해서 장타이옌[2]이 일찍이 『사회통전상태(社會通詮商兌)』를 지어 해명했다.[3] 사회와 개인의 상호관계에서 개인에 중점을 두는 것이 개인본위이고, 사회에 중점을 두는 것이 사회본위이다. 모두 대대(對待)로부터 주장하는 바이고, 그 사이에

2) 장타이옌(章太炎, 1869-1936)은 清末民初의 思想家로, 본명은 炳麟이다. 역사 · 철학 · 정치 등에 두루 밝아 樸學大師 · 國學大師로 불렸다. 排滿革命을 주장한 민족주의 혁명가이기도 하다. 저술로는 『章氏叢書』, 『章太炎年譜長編』, 『章太炎醫論』 등이 있다. —옮긴이

3) 옌푸(嚴復)는 『社會通詮』을 원용하여 배만(排滿)이 종법사상이라고 보았다. 장타이옌(章太炎)은 역사에 의거하여 춘추전국시대에는 외세를 배척하지 않는 일이 많았음을 지적하고, 그러므로 중국은 일찍이 종법사회와 조건이 합치되지 않았음을 밝혔다. 이 책 제8장을 참조하라.

존재하는 관계를 보여준다. 여기서 반드시 "윤리본위"라는 말을 써서 중국의 사회관계를 밝혀 중점문제를 해결해야 한다. 가정본위라 하면 협애하고 일면에 치우친다.

사람이 태어나면 관련된 사람(가령 부모, 형제 등)이 있고, 또한 인생은 시종 다른 사람과의 관계 속에서 살아가기 마련이다. (사회를 떠날 수 없다.) 그렇다면 인생은 실로 각종 관계 위에 있음을 알 수 있다. 이 각종 관계는 바로 각종 윤리다. 윤(倫)이란 동류이고, 사람들이 피차 교류함을 가리킨다. 서로 교류하면 관계가 생겨난다. 가정의 부자가 천연의 기본 관계다. 그래서 윤리에서 가정을 가장 중시한다. 부모가 가장 우선시되고, 다음이 형제자매이다. 장성하여 부부가 되면 자녀가 있게 된다. 친인척도 이로부터 생기게 된다. 사회에 나와서는 학교에 스승과 제자가 있고, 경제에서는 주인과 고용인이 있고, 정치에서는 군주와 신하 및 관료와 인민이 있다. 평소 자주 왕래하고 일이 닥치면 서로 돕는 이웃과 붕우가 있다. 나이를 먹고 생활이 전개됨에 따라 점차 사면팔방에 멀고 가까운 무수한 관계가 있게 된다. 이 관계가 윤리이다. 윤리는 가정에서 시작되지만 가정에 그치지 않는다.

절친하게 관계맺는 정은 천륜의 골육에서 시작하여 교류하는 모든 사람에 미치고, 교류의 깊고 얕음과 길고 짧음에 따라 자연히 정분이 있게 된다. 정으로 인해 의(義)가 있다. 아버지의 의는 사랑[慈]이고 자식의 의는 효도[孝]이다. 형의 의는 우애이고 아우의 의는 공경이다. 부부, 붕우 내지 모든 교류하는 사람이 자연히 서로 다해야 하는 의가 있다. 윤리관계는 정의관계이고 또한 상호 간의 의무관계이다. 윤리의 "리"는 대개 이 정과 의에서 볼 수 있다. 더욱 피차의 절친함을 표시하고 정과 의를 가중시키기 위해 스승에게 항상 "사부"라 하고, "도자(徒子) · 도손(徒孫)"이라는 말이 있다. 관에서는 항상 "부모관"이라 하고, "자민(子民)"이라는 말이 있다. 이웃과 붕우에게는 서로 백숙형제로 부른다. 전체 사회의 각종 관계가 가족으로 변해서 그 정이 더욱 친해지고 그 의가 더욱 중해진다. 동시에 개인이 사면팔방의 윤리관계에 대해 각기 그에 상응하는 의무를 지게 된다. 전체 사회구성원이 의도하지 않아도 서로 관련되어 어느새 하나의 조직을 이루게 된다.—앞에서 말한 "중국인은 가정관계를 확대 발휘하며 윤리로써 사회를 조직한다."라는 것은 이것을 가리킨다. 이런 사회는 단체조직과 합치되지 않는다. 그것에는 경계가 없고 대항할 수 없다. 반대로 가까운 데서 먼 데로 미치고 먼 것을 끌어들여 가깝게 하며 피차를 잊으니, 어찌 경계를 나누겠는가? 옛부터 전해지는 말로 "천하 사람들이 한 집안이다[天下一家]", "온 세상 사람들이 형제다[四海兄弟]"라는 것이 있다. 어떤 종법사회에 이런 광활한 의식이 있는가?—종법사회는 배타성이 가장 강하다. 단지 가족본위, 종법제도가 어떻게 중국민족으로 하여금 이처럼 공간상 광대하고 시간상 오래 지속되게 할 수 있었겠는가? 가족종법이 희미하게나마 존재하는 것은 바로 그것들[가족종법]을 멀리 초월하기 때문이지 그것들 때문이 아니다.

그렇다면 그 조직의 중점이 어디에 있겠는가? 이에 대해서는 뒤에서 다루겠다.

2. 윤리와 경제의 관계

대개 사회조직은 우선 경제상에서 표출된다. 서양 근대사회가 개인본위인 것은 재산이 개인사유이기 때문이다. 부모자식과 같은 은덕관계도 재산을 달리 한다. 부부와 같은 친한 관계도 재산을 달리 한다. 배우자끼리 융통해도 차용의 형식을 취한다. 자녀가 부모에 대해 애초에 봉양의 의무가 없다—사회에 그런 관념이 없고, 법률에도 그런 규정이 없다.[4] 부모가 연로하여 자식의 집에 기거할 수 있지만 방세와 밥값을 내야 한다. 자식이 혹 공짜로 해주거나 약간 경감해줄 수 있지만, 그것은 일반적인 예가 아니다. 각자에게 신체의 자유가 있는 것과 똑같이 "재산의 자유"가 법률과 사회관념에서 엄격하게 보장된다. 반대로 소련 같은 사회본위의 사회에서는 토지와 각종 생산수단이 사회의 소유다. 윤리본위의 사회는 그런 것이 없다.

윤리사회에서 부부 · 부자는 정이 한 몸과 같으며 재산을 나누지 않는다. 더욱이 부모가 집에 있으면 형제도 분가하지 않고, 조부가 계시면 3대가 분가하지 않고 다 함께 산다. 분가하면 도리에 어긋난다고 간주된다. (옛날에는 그것을 금지하기도 했다.) 이를 재산공유[共財]의 의리라고 한다. 그러나 윤리감정에는 자연히 친소의 차등이 있고, 일상생활에서는 실로 분가하는 것이 편리하다. 그래서 재산을 결국 공유할 수 없게 된다. 이에 형제 사이나 혹은 가까운 친족 사이에 재산분할의 의리가 있게 된다. 처음에는 분가할 때 재산을 분할하고, 분가한 후에 혹 부자가 다시 빈자에게 재산을 나눠준다. 친척 · 붕우 · 이웃 사이에 피차 융통하는 것을 재화융통[通財]의 의리라고 한다. 재화를 융통하면 원칙상 상환해야 하지만, 그 한계는 자연히 다르다. 그러나 가난한 사람에 대한 구제로 제공한 것은 갚지 않는 것이 극히 일반적인 경우다. 또한 어떤 경우에 부딪히면 재화를 나눠주는 것이 일종의 의무이다. 이것들은 대개 윤리상 관계가 가장 광범한 것들이다. 요컨대 경제상에서 피차가 서로 돕고 서로 책임을 지며, 그렇게 하지 않으면 사람들이 불의하다고 지목한다. 이 외

---

4) 단지 생존능력이 없어 생활을 유지할 수 없는 부모에 대해서는 민법상 대부분 그 자녀가 부양할 의무를 규정하고 있다.

에 제전(祭田) · 의장(義莊) · 의학(義學) 등과 같은 종족 간의 공유재산이 있고, 사창(社倉) · 의창(義倉) · 학전(學田) 등과 같은 이웃 간의 공유재산이 있다. 이들은 대부분 고아와 과부 및 빈민을 구제하고 교육을 보조하기 위한 것들이다. 이는 본래 윤리책임 관념상 생겨난 조치와 설비인데, 단체생활과 상당히 가깝다.

어떤 점에서 보면 이런 윤리적 경제생활은 은연중에 일종의 공산주의와 유사하다. 그러나 그것은 하나의 단체로써 공산을 행하지는 않는다. 교류하는 사람과 공유하는 것은 그 윤리관계상의 친소후박을 기준으로 삼는다. 친후할수록 더욱 공유하고, 차례로 줄여간다. 동시에 재산의 다소를 보아야 한다. 재산이 많을수록 더욱 많은 사람들과 공유한다. 대개 부담할 힘이 없으면 사람들도 양해한다. 힘이 있으면 부담해야 할 의무도 따라서 커진다. 그래서 "뱀이 크면 굴도 크다."라는 속담이 있다. 또한 "가난한 친척이 셋 있으면 부자로 치지 않는다. 부유한 친척이 셋 있으면 가난하다고 보지 않는다."라는 말이 있다. 그러므로 재산이 개인의 소유가 아니고 사회의 소유가 아니며, 또한 가정의 소유도 아니다. 그리고 윤리관계 중에 있는 사람은 다 몫을 가질 수 있다. 이것을 일러 "윤리본위의 사회"라고 하는데, 누가 이것을 옳지 못하다고 하겠는가?

중국 법률은 일찍이 극히 정치하고 상세한 경지에 도달했다. 가령 멀리 당률(唐律)에서 규정한 것이 현대 각국의 법전과 합치되는 바가 많다. 그러나 각국 법전에 상세한 물권 · 채권 문제는 중국에서는 수천 년 동안 줄곧 홀시되었다. 대개 사회조직이 윤리정의에서 출발하여, 인정을 중시하고 재물은 경시하는 것이 하나의 이유다. 윤리는 정에 의해 의가 있고, 중국 법률은 일체가 의무관념에서 성립되고 권리관념에 기초하지 않는 것이 또 다른 이유다. 이것을 분명하게 이해하면 물권 · 채권을 경시하고 생략한 것이 당연하게 된다. 이 특징은 우리가 상술한 바 재산이 거의 윤리상 공유에 속한다고 한 것을 입증해주기에 충분하다.

다시 서양과 대조해보면, 영미 등의 국가에서는 항상 1년 내내 국가로부터 구제금을 받아 생활을 유지하는 수백만의 실업 노동자가 있는데, 실로 과거 중국에서는 들은 적이 없는 일이다. 그들에게는 실업문제만 이러할 뿐 아니라, 어떤 문제가 생겨도 다 정부에 책임을 지운다. 왜냐하면 서양은 원래 단체책임제이기 때문이다. 중국은 각자에게 문제가 있으면 각기 자신의 관계를 찾아 방법을 생각해낸다. 그리고 윤리관계에 따라 자연히 책임을 진다. 이 때문에 구휼이 필요한 사람이 항상 자기도 모르게 용납된다. 이번 항전 기간에는 경제적으로 8년간 지탱하는데 농촌생활에서 자급자족하여 큰 신축성이 있는 이들을 제외하고 많은 지식인과 일부 중상계급이 이사하고 떠돌아다녀야 했지만, 결국 생존할 수 있었던 것은 실로 이런 윤리조직에 힘입은 바 크다. 국내외 인사들 가운데 참으로 이것을 인식하고 언급한 사람이 많다.

이런 사회경제의 윤리화에 따라 이른바 "생산본위"의 자본주의 노선으로 나아가지 않았다. 이에 대해서는 제10장에서 논하겠다.

3. 윤리와 정치의 관계

윤리조직으로 말하면 가까운 데서 먼 데로 미치고 다시 먼 것을 끌어들여 가까운 데로 들어간다. 그래서 한계도 없고 대항이 없다. 한계와 대항이 없으므로 중추가 없고 또한 단체가 아니다. 단체가 아니므로 정치가 없다. 정치란 다름 아니라 단체공공의 일일 뿐이다. 그러나 한 가족은 저절로 범위를 이루고 중추가 있을 수 있으며, 그 공공사무가 바로 정치다. 그러나 이는 상술한 집단생활의 세 조건(제4장 참조)에 따르면 진정한 단체로 볼 수 없다. 과거 중국의 향촌자치와 국정은 대개 이런 방식에 근본한다.

과거 중국의 정치구조는 군주를 종손[大宗子]에 비견하고 지방관을 부모라 칭하며 국가를 큰 가정으로 본다. 그래서 "효도는 군주를 섬기는 바이며, 공경은 윗사람을 섬기는 바이고, 사랑은 대중을 부리는 바이다."라고 한다. 그리고 정치는 "어린애를 돌보는 것과 같이 하는" 데 달려 있다. 자고로 2, 3천 년간 줄곧 이와 같았다. 이와 같이 단지 군신관민 상호간의 윤리적 의무만 알고 국민과 국가의 단체관계는 알지 못한다. 그래서 중국에서는 공법 · 사법의 구별이 없고 민법 · 형법도 나누지 않는다. 일반 국가에는 계급통치가 없을 수 없다. 계급통치는 입체적이고, 윤리관계는 평면적이다. 사실 중국으로 하여금 국가를 형성하도록 핍박했지만, 조건이 부합되지 않고(이는 뒤에서 서술하겠다) 관념도 달랐다. 이에 일반 국가의 계급통치가 중국에서는 은미하거나 혹은 용해되어 버렸다.

전체 정치구조가 윤리관계에 포용될 뿐 아니라, 정치상의 이상과 수행방식도 윤리에서 벗어나지 않고 윤리에 귀속된다. 복리와 진보가 서양정치에서 추구하는 것이지만, 중국에는 그런 관념이 없다. 중국의 이상은 "천하태평"이다. 천하태평의 내용은 사람들이 윤리관계에서 각자 모두 할 일을 행하여(이른바 아버지는 아버지답고 아들은 아들다운 것[5]) 모두가 평안하게 서로 보존하고 산 사람을 부양하고 죽은 사람을 장사 지내는 데 유감이 없는 것[6]이다. 방법으로는 옛부터 중국에 "효로써 천하를 다스린다."라는 말이 있다. 근대 서양인은 각자의 개명된 이기심으로 사회복리가 저절로 부단히 증진되리라고 믿지 않았는가? 이는 참으로 비교가 된다. 각 가정에서 사람들이 효제하여 천하가 저절로 다스려지므로,

---

5) 원문은 "父父子子"로. 『論語』「顔淵」에 나오는 말이다. —옮긴이

6) 원문은 "養生送死而無憾"인데, 『孟子』「梁惠王上」에 나오는 "養生喪死無憾"에서 연원한 말이다. —옮긴이

군주된 자는 효로써 천하를 통솔하는 것이 가장 좋다. 양쪽의 목표는 다르지만, 다 방임하고 간섭하지 않는 것은 유사하다. 몽테스키외가 『법의 정신』에서 말한 것도 대체로 차이가 없다.

"그러므로 중국의 효는 부모를 섬기는 데서 그치지 않고, 대개 부모를 섬기는 데서 모든 행위가 시작된다. 그들로부터 효경이 생겨나지만, 가까운 이로서 나이와 덕망을 드러내는 모든 이들이 다 효도와 공경의 대상이 된다. 연장자 · 주인 · 관료[官長], 군주가 이로부터 보답으로 베풀 의무가 있게 된다. 자식이 효도하므로 부모가 자애하지 않을 수 없다. 연장자가 어린애에 대해, 주인이 노비에 대해, 군주가 신민에 대해, 모두 대대적으로 의를 행한다. 이 모든 것을 윤리라 하고, 이 모든 것을 예경(禮經)이라 한다. 윤리 · 예경은 중국이 국가를 세우는 근본이다."(嚴復 번역본, 제19권 제19장)

"중국의 성현은 천하를 통일하여 통치하는 법도를 세운 사람이다. 그래서 가장 중요한 바람은 우리나라가 잘 다스려져 평안한 것일 뿐이다. 그러므로 인민이 서로 공경하기를 바란다. 자신이 사회에 의존함을 알고 국인과 교류하는 것은 그만둘 수 없는 의무다. 예의 삼백과 위의 삼천이 그로부터 나온다. 그래서 재야에 있는 백성도 익히는 예절은 지배층에 있는 자와 거의 다름없다. 이 때문에 인민의 기가 부드럽고 의지가 순종적이어서, 항상 치안이 보호되고 질서가 유지된다. 분노와 욕심을 억눌러 자제하고 악한 기운을 항상 막아 생겨나지 않게 한다."(같은 책, 제19권 제16장)

"중국 정치가가 숭상하는 바는 여기에 그치지 않는다. 저 종교 · 법전 · 의례 · 습속 네 가지를 하나의 용광로에 넣어 제련한다. 이와 같은 것들은 모두 인민의 의무이고 인민의 도덕이다. 네 가지 조목을 합하여 한마디로 하면 예다. 상하가 예로 해서 어그러짐이 없고, 정부의 통치가 안정되고 정치가의 노력이 성공한다. 이것이 그 큰 원칙이다. 어려서 배우는 것이 이것이다. 장성하여 행하는 것도 이것이다. 그것으로 일국의 스승을 가르치고 일국의 관료를 감독한다. 민생의 일용상행이 다 이 원칙에서 벗어나지 않는다. 윗사람이 인민에게서 이것을 이룰 수 있으면, 중국의 정치가 지극히 융성해진다."(같은 책, 제19권 제17장)

4. 중국윤리의 종교적 기능

중국인은 윤리생활에서 깊이 인생의 맛을 느끼는 듯하다. 가령 맹자는 다음과 같이 말했다.

"인(仁)의 내용은 부모를 섬기는 것[事親]이다. 의(義)의 내용은 형을 따르는 것[從兄]이다. 지(智)의 내용은 이 두 가지를 알고 거기서 벗어나지 않는 것이다. 예(禮)의 내용은 이 두 가지를 절도에 맞게 수행하는 것이다. 악(樂)의 내용은 이 두 가지를 즐기는 것이다. 즐거우면 생기 있고, 생기 있으면 어찌 그만둘 수 있겠는가! 그만둘 수 없으면 부지불식 중에 손발이 춤추게 된다."

주자의 주석: "즐거우면 생기 있다[樂則生矣]"라는 것은 부모를 섬기고 형을 따르는 뜻이 마치 초목에 생명력[生意]이 있듯 저절로 생겨남을 가리킨다. 이미 생명력이 있으면 막을 수 없이 저절로 무성하게 발달한다. 이것이 이른바 "어찌 그만둘 수 있겠는가"라는 것이다. 이미 무성해지면 자기도 모르게 "손발이 춤추는" 데 이르게 된다.

본래 거기에 혹 교화의 실시를 통해 이루려는 이상이 있고 개인 수양의 경지가 있지만, 사람마다 얻을 수 있는 것은 아니다. 그러나 이 깊고 순수한 즐거움이 가능함은 참으로 빈말이 아니다. 보통 사람들이 맛보는 것은 속담의 "집에 있으면 저절로 천륜의 즐거움이 있다."라는 것이지만, 그보다 더욱 깊은 맛을 찾는 것은 수천 년 동안 중국인의 삶에서 지향했던 바이다.

반대로 홀아비와 과부 및 고아와 독신[鰥寡孤獨][7]은 옛날부터 인생의 가장 큰 괴로움으로 여겨져 "무고(無告)"라고 불려왔다. 이 무고란 말이 상당히 재미있다. "무고"란 호소할 데가 없다는 것이다. 왜 호소할 데가 없는 것이 가장 괴로운가? 원래 도움을 받을 수 없다는 의미인데, 중요한 것은 도움의 유무에 있지 않고 나의 정서와 한 몸처럼 친하고 몸으로 매일 의지하며 정신적으로 서로 의지하여 위안을 받는 데 있다. 울고 웃음에 서로 화답하고, 괴롭고 가려울 때 서로 이해한다.—이것이 이른바 "육친[親人]"이다. 사람이 즐거움을 서로 함께 나누면 더욱 즐겁고, 슬픔을 서로 함께하면 슬퍼도 마음이 손상되지 않는다. 심리상 함께 느끼면 정서의 발휘가 생명이 서로 융회하고 활기 넘치는 이치에 부합한다. 그래서 괴로움을 호소하고 나면 해결이 되지 않더라도 그 고통이 줄어든다. 서양에서는 자식과 부모가 별거하는 것이 거의 상례다. 부부의 이혼을 보통 일로 여긴다. 이는 바로 혼자가 아니지만 혼자이고 독신이 아니지만 독신인 것이다. 서로 지켜주는 데 힘쓰지 않고, 항시 서로 헤어진다. 우리는 그것을 이상하게 여기는데, 그들은 정상으로 본다. 이 상이한 습

---

7) "鰥寡孤獨"은 정확하게는 나이 많은 홀아비, 나이 많은 과부, 어리고 부모 없는 사람, 늙고 자식이 없는 사람 등을 일컫는 말로, 『孟子』「梁惠王下」에 나온다. —옮긴이

속으로부터 중국 인정이 숭상하는 바를 알 수 있다.

동시에 중국은 직업사회이지 계급사회가 아니기 때문에, 각 가정이 사회에서 차지하는 지위에 매우 큰 높낮이가 있을 수 있다. 이것이 가정윤리를 크게 고취하는 작용을 한다. 한 가족(성년의 자녀와 형제를 포함하여)은 결국 가정의 앞날을 위해 공동으로 노력한다. 이로부터 인생의 의의를 찾는 듯하다. 거기에는 몇 가지 이유가 있다.

(1) 그들은 공동으로 노력한다. 가령 "형제가 한마음을 이루면 문 앞의 땅이 황금으로 변한다.", "집안이 화목하면 만사가 잘된다(家和萬事興)." 등의 속담이 이로부터 유행했다. 화합해서 협력하여 일하면 마음이 유쾌하고, 자신이 곤란한 지경에 처해 있어도 잊어버리고, 모두가 고생을 함께하면 즐거워서 괴로움을 잊는 것이다.

(2) 노력하는 것이 자기 자신의 일이 아니고, 노소를 포함한 전 가족 내지 조상과 후대를 위함이다. 혹은 가문을 빛내고 부모를 선양하기 위해, 혹은 조상의 뜻과 유업을 이어 가문의 명예를 떨어뜨리지 않기 위해, 혹은 덕을 쌓고 재산을 축적하여 후손에게 물려주기 위해서다. 그 사이에 의미가 엄숙하고 장중하고 숭고하고 정대함에는 각자의 학식과 수양에 따라 다를 수 있다. 그러나 적어도 그들에게는 모두 일종의 신성한 의무감이 있다. 의무를 다했을 때 자나깨나 마음이 편안하다.

(3) 동시에 그들의 앞에는 모두 전망이 있어서 항상 그들의 일을 고무한다. 인생에 권태를 느낄 때 여기서(의무감 혹은 미래에의 전망에서) 새롭게 활력을 얻고 분투하게 된다. 집안이 가난하거나 과부 · 고아의 경우에 더욱 자각적으로 조상에 대한 무거운 책임을 느끼고 다시 집안을 일으키려고 노력한다. 역사상 위대한 인물 가운데 이로부터 생겨난 이가 적지 않다.

중국 인생은 이로부터 노력의 목표를 얻고 일생의 정력을 바치며 정신적 의지처로 삼는다. 전에 말한 것처럼, 종교는 모두 인생에 위안을 주는 것을 임무로 삼는다. 그렇다면 이것[가정윤리-옮긴이]이 마치 종교의 대용품이 된 것 같다.[8)]

대개 인생의 의미는 천박함을 가장 싫어하고, 천박하면 인류의 생명을 담지하여 기꺼이 일생을 보내게 할 수 없다. 음식남녀, 명예와 권리는 본래 사람들이 탐내는 바지만, 너무 비천하다. 매사에 자신을 위해 타산하는 것은 본래 인지상정이지만, 너무 협소하다. 천근하고 협소한 가운데 살아가다 보면 때로 무의미함을 느끼게 된다. 특히 생명력이 강한 사람은 더 높은 것을 요구하게 된다. 그는 이것들을 경시하고 가령 금욕과 청결, 강개와 희생 같은 그 반면에서 의미를 찾는 데 치우치기 쉽다. 권리욕은 의무감처럼 더욱 강한 생명력을 끌어내고 더욱 커다란 성취를 드러내는 것과 같은 심후한 의미가 없는 것은 이 때문이다. 이런 상황은 사람의 생명력이 본래 상반된 양면을 갖고 있는 데서 연원한다. 한편으로 육체로부터 생각하는 경향과, 다른 한편으로는 육체를 초월하거나 혹은 육체에 반하는 경향이다. 양면 사이에 더욱 복잡한 변화가 있다. 종교는 바로 후자의 경향을 대표한다. 종교가 인생을 안정시키는 위대한 작용을 할 수 있는 것은 바로 그것이 현실을 초월하고 육체를 초월하여 인생으로 하여금 비천하고 협소한 데 국한되지 않게 하기 때문이다. 생명력이 강한 사람은 수양하여 안정되고, 보통 사람들은 그에 따라 각기 안정

8) 고인이 된 친구인 王鴻一이 이렇게 말한 적이 있다. "짐승은 현재만을 알 뿐이지만 인류는 과거 · 미래 관념이 있다. 그래서 인생이 현재에서 그칠 수 없는 것이다. 종교는 이 삼세 문제를 해결하려는 것이다. 그래서 천당 · 정토 · 지옥 · 윤회 등의 설법이 있다. 중국인은 한 가정의 삼대—할아버지와 아버지, 자신, 아들과 손자—를 삼세로 본다. 과거신앙은 조상과 부모에 기탁하고, 현재의 안위는 가족의 화합에서 찾고, 장래의 희망은 아들과 손자의 후대에 건다. 이것은 종교의 해결에 비해 합리적이고 절실하다." 참고하기 바란다.

된 생활을 한다. 중국의 가정윤리가 종교의 대용품이 된 것은 그것이 피차를 융합시키고 육신을 잊게 하여 현실에서 떠나지는 않지만 거기서 한 걸음 나아가 비교적 심대한 데서 인생의 의의를 찾게 하기 때문이다. 그것은 실로 양자의 중간에서 변화된 일종이다.

이상은 모두 윤리에 종교의 기능이 있음을 설명하는 것인데, 중국에는 종교가 결여되어 있지만 가정윤리생활로써 그것을 보완했다는 의미다. 그러나 중국에도 종교가 있다고 말할 수 있다면, 그것은 조상제사와 하늘제사의 부류일 것이다. 과거에 베이징에는 태묘 · 사직단 · 천단 · 지단 · 선농단 등이 있어서 황제가 전례를 행했다. 일반 백성들 가정에는 모두 "천지군친사(天地君親師)"의 위패가 있었다. 『예기』에서는 "만물은 하늘에 근본하고, 사람은 조상에 근본한다."라고 하여, 조상제사와 하늘제사의 의의가 일관되게 "보본반시(報本反始)"에 있다고 설명했다. 이 보본반시로부터 숭덕보은(崇德報恩) 등의 의미에 이르기까지 많은 숭배가 있었다. (가령 스촨(四川)에는 "천주묘(川主廟)"가 있어, 군현의 수리사업을 개창한 이빙(李冰)[9] 부자를 제사하는 등이 그런 예다.) 하늘의 숭배에 그치지 않는다고 하여 "배천교(拜天教)"라고 부를 수 없고, 조상의 제사에 그치지 않는다고 하여 종법사회의 조상교인 것이 아니다. 명칭도 없고 더욱이 신도들의 교회조직도 없다. 부득이하다면 "윤리교"라고 부를 수 있을 따름이다. 그 교의가 이 윤리관념에서 벗어나지 않기 때문이다. 그 교도들은 이들 중국 인민이다. 이 신앙으로 해서 이런 사회가 있었는지, 아니면

---

9) 이빙(李冰, 대략 BC302-235)은 전국시대의 저명한 수리사업 전문가로, 호는 陸海이다. 秦나라 昭王 때 蜀郡太守로 임명되어 치수사업에서 큰 공적을 세웠다. 많은 수리사업을 하였는데, 그중에 아들과 함께 해낸 都江堰 건설 수리사업이 가장 유명하다. 후세에 李冰 부자를 기념하여 都江堰에 二王廟를 세웠다. 四川 洛水鎮 수리사업을 하다 병사하자, 후세 사람들이 川主로 존숭하고 洛水 부근에 大王廟 · 二王廟를 세워 李冰 부자를 기념하였다.

이런 사회로부터 그러한 신앙이 생겨났는지는 모르겠다. 결국 양자는 서로 합치되고 어울린다.

5. 윤리본위의 중점

중국인의 심정은 결국 침착하고 서두르지 않는다. 이는 당연히 농업사회와 공상업사회의 다른 점이다. 그러나 개인이 가정에 있을 때와 단체조직에 속해 있을 때를 비교하면 같지 않다. 바로 이 자연스런 가정생활로부터 남에게 양보하는 감정이 생겨난다. 동시에 (중국사회는) 직업사회이므로 실제 생활에서 가족이 서로 의지하는 운명을 지니고, 이에 정감이 더욱 깊이 맺어진다. 그것을 확충한 결과가 윤리적 사회이고, 바로 정의(情誼)가 두터운 사회이다. 중국사회는 곳곳에서 서로 의지하는 정서를 볼 수 있는 데 반해, 서양사회는 도처에서 사람들이 서로 대립하는 형세를 드러낸다. 인민과 정부가 대립할 뿐만 아니라, 노동자와 사용자가 대립하고 심지어 부부도 서로 대립한다. 그러나 이는 두 문화가 성숙한 후의 정황이고, 애초에는 그리 다르지 않았다. 서양에 대해서는 따로 논하겠다. 중국이 이렇게 된 것은 옛 성인의 안배가 있었기 때문이고, 종법사회로부터 자연히 그렇게 된 것은 아니다.

중국이 윤리로써 사회를 조직한 것은 처음에는 안목 있는 사람이 인류의 진실하고 아름다운 감정이 가정에서 발단하고 가정에서 배양된다는 것을 간파했음을 보여준다. 한편으로는 특별히 "효제"·"자애"·"우애와 공경[友恭]" 등을 제기하여 수시로 사람들에게 일깨우려 했다. 다른 한편 가정의 구조에서 의미를 취하여 사회의 구조를 건립했다.—이것이 이른바 윤리이다. 사람은 정감 속에서 항상 상대방만을 보고 자신을 잊어버리며, 반대로 사람이 욕망 속에 있을 때에는 자신만을 위하고 상대방을 고려하지 않는다. 전자는 자애로운 어머니가 항상 자녀를 위하고 자신을 잊으며 효자도 항상 부모를 위하고 자신을 잊는 것과 같은 것이다. 부부 · 형제 · 붕우 사이에서 감정이 두터우면 반드시 도처에서 상대방을 위하고 생각마다 상대방을 중시하고 자신을 매우 가볍게 여긴다. 이른바 "정 때문에 의리가 있다."는 의미는 바로 상대방과의 관계로부터 생각하고 자기 위주의 입장을 취하지 않는 것을 가리킨다. 후자의 예는, 사람이 식욕을 위해 어육을 도마에 올리고 기녀를 좋아하는 사람은 부녀의 인격을 돌보지 않는 것이다. 사람의 모든 문제는 후자—자신을 위하고 남을 고려하지 않는 것—로부터 생겨난다. 전자—정으로 해서 의리가 있는 것—는 실로 인류사회가 응집 · 화합하는 근원이다. 옛 사람들은 이것을 간파하고, 효제 등의 돈독한 정감을 제창할 줄 알았던 것이다. 더욱 중요한 점은 사회구성원을 각기 관계에 따라 피차의 명분과 지위를 배정하고 상호 간에 있어야 할 정과 의리를 지적하여 항상 명분을 돌아보고 의리를 생각하게 한 것이다. 풍속을 관장하는 사람은 그 정을 이끌어 그 의리를 독려했다. 고서의 "군주는 인에 머물고, 신하는 공경에 머물고, 자식은 효에 머물고, 아버지는 사랑에 머물고, 국인과 교류할 때에는 믿음에 머문다."[10]는 것이 그것이다. 이러하면 사회가 자연히 공고해지고 모든 일이 궤도에 따라 수행된다. 이런 안배와 제창은 아마 한 사람의 손에서 나오지 않고 한때의 노력으로 이뤄지지 않았을 것이다. 그 대표 인물은 당연히 주공과 공자다.

윤리사회에서 중시하는 것은 한마디로 상대방의 존중이다. 어떤 사람을 좋은 아버지라 하는가? 항상 자녀를 중시하는 자가 바로 좋은 아버지이다. 어떤 사람은 좋은 자식이라 하는가? 항상 부친을 중시하는 자를

10) "爲人君止於仁, 爲人臣止於敬, 爲人子止於孝, 爲人父止於慈, 與國人交止於信."(『大學』)

좋은 자녀라고 한다. 어떤 사람을 좋은 형이라 하는가? 항상 동생을 중시하는 자를 좋은 형이라고 한다. 손님이 오면 손님을 중시하는 자가 좋은 주인이다. 손님도 주인을 배려할 줄 알아서 자기를 위해 타산하지 않고 주인을 위해 생각하는 자가 좋은 손님이다. 모든 것이 다 그러하다. 이른바 윤리란 다름 아니라 인생이 서로 관계된 도리를 분명하게 알고 피차의 상호관계에서 서로 상대방을 중시하는 것이다.

과거의 저서에서 나는 이에 대해 "윤리관계는 일종의 의무관계를 나타낸다. [의무관계에서는] 개인이 자기를 위해 존재하지 않고 마치 타인을 위해 존재하는 것 같다."라고 말한 적이 있다. 이제 장둥쑨(張東蓀)의 『이성과 민주(理性與民主)』 제3장 "인성과 인격을 논함[論人性與人格]"을 보니 마침 똑같은 말이 있다.

"중국사상에서 모든 전통적 태도는 결국 개체의 독립성을 인정하지 않고 개인을 '의존자(Dependent Being)'로 보는 것이다. 그 생존이 타인에 의존해야 함을 가리켜 말한 것이 아니라, 그 생활이 반드시 일종의 책임을 다해야 하는 것이어서 이 책임을 위해서 살아가는 것과 다름없음을 말한 것이다."

장둥쑨은 또 상술한 나의 주장을 입증해줄 수 있는 말을 했다.

> "나는 일찍이 중국의 사회조직은 하나의 대가정이고 다층적인 무수한 소가정의 누적이라고 말한 적이 있다. '가정의 위계적 조직(家庭的層系, A Hierarchical System if Families)'이라고 할 수 있다. 이른바 군주는 일국의 아버지이고 신하는 군주의 자식이다. 이런 위계조직의 사회에는 '개인' 관념이 없다. 모든 사람이 아버지가 아니면 자식이다. 군주가 아

니면 신하다. 남편이 아니면 아내다. 형이 아니면 동생이다. 중국의 오륜은 중국의 사회조직이다. 오륜을 떠나서 다른 사회조직이 없다. 개인을 이런 위계적 조직에 편입시켜 일정한 지위에 처하게 하고 그 지위에 상응하는 책임을 부과한다. 아버지는 아버지의 일이 있고, 자식은 자식의 일이 있다. 신하는 신하의 직분을 다해야 하고, 군주도 그렇다. …… 가정에서 남녀유별이 생리에 따른 것일 뿐만 아니라 장유(長幼)의 구분도 천연에서 성립된다. 이런 천연적 구별을 사회조직에 반영하면 사회가 각종 상이한 사람들의 배합으로 이루어진 것으로 변해버린다."(張東蓀, 『理性與民主』, 8면)

이 밖에 페이샤오퉁[11]이 최근 런던경제학원에서 "현대 중국 사회 변천의 문화적 증상"이라는 강연을 했는데, 영국인들의 스포츠맨십(Sportsmanship)으로 중국의 사회구조를 비유했다. 그 견해가 나의 주장을 입증해줄 만하다. 여기서는 인용하지 않겠다.

중국인에게는 개인 관념이 없다. 중국인은 자신을 위해 존재하지 않는 것 같다. 그러나 서양에서는 정반대다. 장둥쑨의 책은 서양 개인 관념의 연원을 그리스문화 · 히브리문화 · 로마법 등으로부터 설명하여 매우

11) 페이샤오퉁(費孝通, 1910-2005)은 현대 중국의 사회학자 · 인류학자로, 중국사학당과 인류학의 기초를 닦은 인물이다. 1930년 燕京大學 사회학과를 졸업하고 梁漱溟의 요청으로 山東 鄒平縣에 가서 향촌건설사업에 참가했다. 1935년 清華大學 研究生院 사회학인류학과에서 석사학위를 취득했다.(중국 최초) 1938년 런던대학 경제정치학원에서 박사학위를 취득했다.(지도교수 말리노프스키) 1939년 雲南大學 교수로 부임했고, 1944년 西南聯合大學으로 옮긴 뒤 중국민주정단동맹(民盟)에 가입했으며, 1946년에는 清華大學 사회학과 교수가 되었다. 1952년 중앙민족학원 부원장에 취임했다. 개혁개방 이후 정협 부주석, 민맹 주석, 전인대 부위원장을 역임했다. *Earthbound China*, 『生育制度』, 『文化論』, 『人文類型』, 『江村經濟』, 『鄉土中國』 등의 저술이 있다. ―옮긴이

학술적 가치가 있다. 그러나 나는 그렇게 먼 데서부터 논하지 않겠다. 나는 단지 그것이 근대의 산물이며 중세 서양의 인생에 대한 반동에서 나온 것임을 지적하고자 한다. 서양 근대사조는 주로 "개인의 각성"에 있다. "개인의 각성"을 촉진시킨 것은 두 가지다. 하나는 서양 중세 기독교의 금욕주의에 대한 반동으로, 근대의 욕망본위의 인생이 폭발되어 나온 것이다. 욕망을 긍정하고 개인을 긍정했다. 다른 하나는 서양 중세의 과도한 집단생활에 대한 반동으로, 개인이 대두된 것이다. 한편으로는 욕망이 대두되고, 다른 한편으로는 개인이 과도한 간섭을 참을 수 없었다. 양면이 결합하여 인권자유의 설이 생겨난 것이다. 근대 이래 이른바 "개인본위의 사회"는 이처럼 중세에 대한 혁명으로 출현했다. 사회조직상으로는 개인본위이고, 법률상으로는 권리본위의 법률로 나타났다. 이에 중국에는 의무 관념이 천지에 가득 차고, 서양세계에는 권리 관념이 활약했다. 중국에서는 거의 자기를 보지 못할 때, 서양에서는 자기본위 혹은 자아중심이었다.—이는 참으로 매우 상반된다.

이런 차이는 중국과 서양의 일상예절에서 볼 수 있다. 서양인의 연회에서는 주인이 한가운데 앉고 손님은 그의 양쪽에 앉는다. 존귀한 손님은 좌우에 가까이 앉고, 여타의 손님은 더욱 멀어진다. 연회 후에 혹 사진을 촬영할 때에도 많은 사람들이 다 주인을 중심으로 늘어선다. 중국에서는 손님이 오면 상좌에 오르기를 청하고 자신은 아래에 앉는다. 연회석에서 귀빈은 주인에게서 가장 멀리 떨어진 상좌에 앉는다. 주인의 좌우에 앉는 사람은 말석의 배석자들이다. 그 의미를 따져보면 우리는 상대방을 중시하고 자신을 낮추며, 서양에서는 나를 중심으로 친밀함을 표시한다.—이는 완전히 상이한 정신이다.

권리라는 말은 근래 수십 년 동안에 수입된 것으로 영어 Rights의 번역어다. 용어의 의미를 논하자면 "정당성 · 합리성"인데, 우리가 숭상하는 바와 처음에는 합치되었다. 그러나 근본적으로 다른 점은, 그것이 상대방에 대한 용인 혹은 제3자에 대한 일반적인 공인에서 나오지 않고 자기의 입장에서 말한다는 것이다. 가령 자녀가 부모의 양육을 받는 것은 누구나 마땅한 일이라고 여긴다. 그러나 자녀가 부모에게 "이것은 나의 권리다.", "당신은 마땅히 나를 양육해야 한다. 당신은 나에게 상당한 교육비를 줘야 한다."라고 말한다면, 중국적인 기풍에는 대단히 합치되지 않는다. 가령 부모가 자녀에게 "나는 마땅히 너희들을 키워야 한다.", "나는 너희들에게 마땅히 교육을 시켜줘야 한다."고 한다면 중국적 기풍에 합치된다. 부모가 자녀에 대해 자기 권리를 주장하는 것도 마찬가지로 합치되지 않는다. 그러나 어려서부터 자녀를 가르쳐온 데서 나온 습관은 부모가 자녀에게 효도와 부양의 책임을 부과하여 그렇게 하지 않으면 불순한 것처럼 들릴 뿐이다. 여타의 각종 관계도 이에 준해서 알 수 있다. 요컨대 각자가 자신의 의무의 완수를 우선하고, 권리는 상대방이 부여하기를 기다리며 스스로 주장하지 않는다. 이는 중국 윤리사회가 준거하는 이념이다. 피차가 각기 의무를 다할 때 피차의 권리가 저절로 그 안에 있게 된다. 결코 누락되지 않고 지연되지도 않는다. 사실은 변하지 않지만 정신은 변했다. 1차대전 후 세계의 기풍에 적잖은 변화가 있었지만 결국 여기에는 이르지 않았다. 하나의 변화는, 개인이 국가에 대해 당초에는 간섭하지 않기를 희망했으나 이때에는 적극적으로 책임지기를 희망하는 것으로 변한 것이다. 이에 많은 국가의 신헌법에서 (1919년 헌법이 대표적이다) 인민에 대한 소극적 권리 외에 적극적 권리를 규정했다. 가령 생존권, 노동권, 교육을 받을 권리 등이 그것이다. 또 다른 변화는, 사회본위 사상이 대두해서 국가가 간섭주의를 택하여 인민의 의무가 가중된 것이다. 이에 신헌법에 새로운 의무가 첨가되었다. 재산을 어떻게 운용할 것인가가 인민의 의무이고, 어떻게 교육을 받는가가 또 국민의 의무고, 어떻게 노동해야 하는가도 인민의 의무이고, 나아가 선거에서의 투표도 국민의 의무로 국가가 강제할 수 있다. 이 두 가지 변화는 다 분명히 국가라는 단체가 더욱 중시되는 추세로부터 나왔다. 하나의 추세이지만 말하는 입장이 달라서 모순을 면할 수 없다. 모순이 일어나는 것은 양측이 각기 자기 권리를 주장하고 서로 상대방에게 의무를 부과하기 때문이다. 우리의 윤리적 안목에서 보면, 국가는 선거를 국민의 권리로 인정하여 존중하고 공개적 선거를 국가가 반드시 이행해야 할 의무로 본다. 국민은 국가가 국민을 소집하여 투표하게 할 권리가 있고 투표가 국민이 이행해야 할 의무임을 인정한다. 다른 것들도 이것에 준하여 미루어 가면 다 해결된다. 그리하면 무슨 분란이 있고 모순이 있겠는가? 그러나 자아중심에 익숙한 서양인은 그렇게 생각할 수 없다. 그들은 더러 개인을 입장에서 생각하고 말하는데, 그는 개인본위주의자일 것이다. 혹은 국가의 입장에서 생각하고 말하는데, 이는 단체본위주의자일 것이다.

사회와 개인의 상호관계에서 중점이 개인에 있으면 개인본위라 하고, 그 관계에서 중점이 사회에 있으면 사회본위라고 한다. 참으로 중국의 윤리는 이 사람과 저 사람의 상호관계만을 볼 뿐, 사회와 개인 간의 상호관계는 홀시한다. 이는 집단생활이 없기 때문에 생기는 불가피한 결점이다. 그러나 그들이 서로 상대방을 중시하는 도리는 커다란 공헌이다. 이는 중점이 어느 한쪽에 고정적으로 놓여 있는 것이 아니라 관계에 따라 피차가 서로 교환한다는 것을 말한다. 중점이 실로 관계에 있는 것이다. 윤리본위는 관계본위다. 관계를 공고히 할 뿐 아니라 경중이 균형을 얻고 한쪽에 치우치지 않는다. 이 이치를 사회와 개인 사이에 적용한다면 매우 묘할 것이다.

단체권력과 개인자유는 예로부터 지금까지 서양에서 큰 문제로서 해결이 어렵다. 냉정히 말해서 각기 이유가 있고, 한쪽을 고집하면 잘못이 있게 된다. 가장 이상적인 해결은 이렇다.

(1) 평소에는 균형을 유지하고 한쪽에 치우치지 않는다.

(2) 필요할 때에는 경중에 따라 신축성 있게 한다.

그러나 어떤 방법으로 이런 이상을 달성할 수 있는가? "양측이 다 치우치지 않고 균형을 잡아야 한다!"라고 하면, 공허한 말이고 한계가 없어 말하나 마나다. 지시하는 바가 있어 사람들로 하여금 따르게 하고 한쪽에 치우치지 않게 하려면, 오직 윤리에 근거하여 단체의 입장에서는 개인을 존중하고 개인의 편에서는 단체를 중시해야 한다. 이밖에 다른 방법이 없다. 사실 지금에 와서 보면, 당초에 "개인본위"를 확립하려 하거나 "단체본위"를 확립하려 한 것은 다 틀렸다. 근본적으로 객관적인 표준을 정해서 사람들에게 따르게 해서는 안 된다. 말은 누가 말하는지를 보아야 한다. 말하는 사람을 떠나서는 한마디 말도 있을 수 없다. 표준은 사람에 따라 다르다. 하나의 절대적 표준은 없다. 이것이 이른바 상대주의이다. 상대주의는 진리이고, 세상에서 가장 보편적인 원리이다. 중국 윤리사상은 상대주의이다. 쌍방이 서로 상대방을 중시하므로, 비로소 균형이 생겨난다. 그리고 고정적으로 단체를 중시하거나 개인을 중시하지 않는 것은 살아 있는 원리이고, 필요에 수요에 따라 신축적으로 시행한다.—그리하여 난제가 원만하게 해결된다.

6장

도덕에 의한 종교의 대체

1. 종교의 정의

가족생활과 집단생활은 최초의 인류사회에 본래 있던 것이지만, 나중에 중국인은 가족생활에 치우치고 서양인은 집단생활에 치우쳐 각자의 길로 나아갔다. 서양의 길은 실로 기독교가 열고, 중국의 길은 주공(周孔)의 교화에서 나왔다. 종교 문제가 실로 중서문화의 분수령이다. 이는 앞에서 이미 단초를 보였다. 이제 계속 설명하려는 것은 주공의 교화와 그것이 중국에 미친 영향이다. 동시에 기독교가 서양에 미친 영향도 살펴보고자 한다. 여기서 반드시 종교에 대해 먼저 논해야 한다.[1)]

1) 중국에 종교가 결핍된 이유에 대해, 常燕生은 지리역사에 의거하여 설명했다. 그의 글은 『國論』 제3권 12 · 13 · 14기 합간에 실린 「中國民族怎樣生存到現在」이다. 여기에 참고로 인용한다.
"중국민족은 세계의 고대문화 가운데 유일하게 열대에서 생기지 않고 온대에서 생긴 민족이다. 중국문화는 비옥한 양자강 유역이나 주강 유역에서 흥기하지 않고, 비교적 척박한 황하 평원에서 생겨났다. 원시의 중국인이 …… 역사의 초기에 처한 자연환경은 비교적 청빈했다. 여기에는 나일 유역과 같은 정기적인 범람이 없었고 겐지스 평원과 같은 풍부한 물산도 없었다. 황하는 고대에 이미 양안의 거주자들에게 부

인류문화는 모두 종교로부터 시작되었고, 또한 모두 종교를 중심으로

단히 홍수의 피해를 주었다. 서북방 산맥의 높이로는 사막에서 불어오는 찬바람을 막을 수 없었다. 사람들은 홍수 기간에 단지 山西 서남부의 고원에 몸을 숨기고 독사 · 맹수와 산림에서 싸워야 했다. 황하는 배를 띄우기에 좋지 않고 따라서 교통도 불편하여 지식을 변환할 기회가 비교적 적었다. 사람들은 종일 손발이 닳도록 일해야 생활을 유지할 수 있었다. 그래서 여가활동을 즐길 수 없었다. 이집트와 인도처럼 광대한 종교조직과 철리 및 종교에서 발생된 상상력이 풍부한 신화문학이 중국에서는 생겨날 수 없었다. 원시중국의 종교는 대체로 인간사회의 일과 유관한 신기(神祇)숭배 및 점술의 부류다. 이처럼 중국은 매우 일찍이 현대세계의 '인간' 관념을 접수했다. 중국민족은 최초로 지상에서 생활한 민족이다. 고대 중국인의 사상 · 안목은 시종 현실의 지상생활을 초월하는 미래의 천국을 꿈꾸지 않았다.

요순과 하상(夏商) 시기의 역사적 사실은 상세히 고찰하기 어렵다. 그러나 한 가지 사실은 확실하다. 당시에 가령 이집트의 승려, 유대식의 사제, 인도식의 바라문처럼 정권과 대치하는 교권이 없었다는 사실이다. 중국 역사에는 그러한 종교권력 계급이 보이지 않는다. 고대 중국의 군주는 군주이면서 스승을 겸했다. 그는 정치적 영수이면서 교육의 임무를 겸했으니, 사유가 당연히 인간사회의 일에 편중되었다. 중국종교는 시종 유일절대의 대신(大神)관념으로 발달하지 못했고, 그것은 당연히 교권이 정권을 능가하지 못하는 원인이 되었다. 종교상의 통일천국이 성숙하기 전에 정치상의 통일제국이 먼저 건립되었다. 그래서 종교의 통치가 영원히 출현할 수 없었다.

상(商)민족은 아마 고대에 유일하게 가장 먼저 대신(大神)을 숭배한 사람들이다. 상제관념은 회하(淮河)유역의 상나라 사람들이 가져와 중국문화 체계에 편입된 것이다. 그러나 상민족과 앞선 하민족과의 관계는 앗시리아인과 바빌로니아인의 관계와 유사하다. 무력정복 후에 문화적 건설능력이 부족하여 피정복민의 문화유산을 따르지 않을 수 없었다. 따라서 상제관념의 수입은 과거의 종교에 비교적 큰 신을 증가시키는 데 그치고, 원래 있던 다신을 소멸시키거나 통치할 수 없었다. 더욱이 원시 중국인의 실제 사상에 동화되어 이른바 상제가 천지의 '천' 관념과 하나로 합쳐졌다. 중국 고대문화의 특질은 유물적인 데 가깝다. 숭배하는 모든 신이 (가령 천지산천 등과 같이) 민생에 유리한 실제 사물을 대표한다. 이에 상제가 자연계의 최대 물질을 대표하게 되었다. 나중에 묵자가―그는 종교적인 상족의 후예다―중국을 위해 상제 숭배를 중심으로 하는 종교를 구상했는데 결국 성공하지 못했다. 아마도 당시에 이미 너무 늦어버린 듯하다."

이외에 王治心이 『中國宗教思想史大綱』에서 이 문제에 대해 유사한 설명을 했다. 또 최근 출판된 『東方與西方』 제1기 · 제2기에는 許思園의 「論宗教在中國不發達之原因」과 唐君毅의 「墨子與西方宗教精神」이라는 논문이 있는데, 참고할 만하다.

삼았다. 사회질서 및 정치가 종교에서 연원하고, 사람의 사상 · 지식 및 각종 학술도 종교에서 연원한다. 또한 오늘날에도 여전히 종교로 일체를 포괄하고 처리하는 문화가 있다. 티베트가 그 예이다. 문화수준이 그리 높지 않을 때 이러할 뿐 아니라, 수준 높은 문화에서도 하나의 위대한 종교에 의지하여 발육 · 발전된 것도 있다. 근대 구미가 그 예이다. 비교적 높은 문화가 없으면 대민족을 형성할 수 없고, 대민족의 통일은 모두 하나의 대종교에 의지한다. 종교가 중요성을 점차 잃은 것은 최근의 일일 뿐이다.

인류문화에서 가장 많은 부분을 차지하는 것은 진실로 사람살이를 위해 존재하는 공구수단 · 방법기술 · 조직제도 등에서 벗어나지 않는다. 그러나 이들이 대부분을 차지하기는 하지만 단지 종속적 지위에 처할 뿐이다. 중심이 되고 주된 것은 인생태도 · 가치판단이다. 이는 무엇을 좋아하고 싫어하며 무엇이 옳고 그르며 어느 것을 따르고 버릴 것인가가 핵심이라는 것을 의미한다. 여타 일체의 것이 모두 그에 따른다. 상이한 문화는 바로 여기서 달라진다. 문화의 개조도 여기에 중점이 있지 종속적인 부분에 있지 않다. 그렇지 않고 이 점이 바뀌지 않으면 여타의 것이 다 바뀐다고 해도 주요한 취지와는 무관하게 된다. 이러한 인생태도 혹은 가치판단은 모든 문화에 깃들어 있다. 혹은 숨어 있고 혹은 현저하지만 없는 곳이 없다. 특히 종교 · 도덕 · 예속 · 법률과 같은 것에 깃들어 있다. 도덕 · 예속 · 법률은 나중에 생겨난 것이고, 처음에는 모두 종교에 함축되어 있어 분화되지 않았다. 그래서 인류문화는 종교에서 시작되고 또한 종교를 중심으로 삼지 않을 수 없다.

인류문화가 종교에서 시작되는 이유가 있다. 대개 초기의 인간집단은 사회관계가 매우 소원해서, 피차간에 서로 의존하여 괴리될 수 없는 구조가 아직 두드러지게 드러나지 않는다. 그러나 분리되어 흩어지면 사회를 이룰 수 없고 문화도 없게 된다. 이에 종교가 마침 통합 · 단결의 기능을 갖게 된다. 이것이 첫째 이유다. 사회생활이 진행되면 일종의 질서에 의존하지 않을 수 없게 된다. 그러나 군중들이 서로 이해하고 서로 동의하며 이성에 의해 질서를 건립하는 것은 시대가 흐른 뒤의 일이다. 더욱이 충동이 너무 강하고 죽음을 두려워하지 않아 준엄한 법과 엄중한 형벌이 소용없어서 질서를 건립할 길이 거의 없다. 종교가 마침 여기서 통합 · 순치의 작용을 한다. 이것이 둘째 이유다. 이 두 가지 기능은 다 하나의 요점에서 나온다. 즉 두려움과 의혹과 각종 불안한 환상 가운데 하나의 공동의 신앙목표를 건립하는 것이다. 이 공동의 신앙목표가 건립되면 흩어진 사람들이 자연히 모이고 동시에 대중을 통제하여 야만성을 순치시킬 각종 방법이 그로부터 생겨나게 된다.

종교란 무엇인가? 한마디로 답하기 어렵지만, 모든 크고 작은 고등 · 하등의 각종 종교에 공통점이 있다. 모든 종교가 다 인류의 지식을 초월한 곳에서 입지의 근거를 마련하고, 인류 정감의 위안을 돕는 것을 일삼는다는 것이다. 분석해보면 두 가지로 나눌 수 있다.

(1) 종교는 반드시 사람의 정서 · 의지 면에서 위안을 돕는 것을 일삼는다.

(2) 종교는 반드시 사람의 지식 면을 초월 · 배반한 데서 근거를 마련한다.

세상에는 어떤 것이든 결국 수요가 있어서 존재한다. 종교의 출현은 인류의 정서 · 의지가 불안해서 생긴 것이다. 인류의 정서 · 의지 면에서 안정 혹은 불안, 강함 혹은 약함은 시대의 변화에 따라 다르다. 그래서 옛날부터 지금까지 종교도 시대에 따라 성쇠가 있었다. 이는 (1)의 정서 · 의지 면에서 고찰한 것이다. (2)의 지식 면에서 살펴보면, 종교가 지식을 초월한 데 입각하지만 어디서 입각점을 찾느냐 하는 것은 반드시 그 시대의 지식문화에 따라 결정된다. 인류의 지식문화가 각 시대와 지역에 따라 크게 다르므로 종교도 수준이 다르다.

이에 근거해서 보면, 인류문화가 초기에 종교를 필요로 하는 것은 당연하다. 왜냐하면 당시 인류는 자연환경에 대해 다 명확히 이해하지 못하고, 명확히 알지 못하기 때문에 제어할 수 없으며, 제어할 수 없으므로 그 재해의 위협을 받고 정서 · 의지 면에서 날로 공포스럽고 불안하게 된다. 동시에 극히 유치한 미신과 극히 낮은 수준의 종교만이 생기는 것도 당연하다. 왜냐하면 당시 사람들의 지식문화가 원래 그런 것을 낳을 수 있었을 뿐이기 때문이다. 그 후에 일반적으로 말해서 인류가 자연에 대처하는 지식이 진보한다. 그런데 자연재해는 감소하지만 인재(人災)가 대신 일어나 정서 · 의지의 불안은 여전히 엄중하다. 더욱이 법률과 도덕이 점차 생겨나지만 문화상의 임무를 맡기에는 부족하며, 사회를 유지하고 문화를 발전시키기 위해서는 더욱 종교가 없어서는 안 된다. 그래서 고대 · 중세에 종교가 흥성하는 것이다. 유럽의 근대문명이 출현함으로써 비로소 국면이 일변하게 된다.

첫째, 과학이 발달하자, 지식이 미신 · 공상을 대신한다.

둘째, 자연을 정복하는 힘이 신속히 진보하여, 인류의 심리상태가 강해진다.

셋째, 이지적 비판정신이 풍부해져, 신앙의 불합리한 점이 점차 용인되기 어려워진다.

넷째, 사람들 사이에 서로 의존하여 괴리될 수 없는 구조가 경제적인 면에서 점차 건립되고 사회질서가 정치에 의해 건립된다. 이때 문화의 중심은 점차 도덕 · 예속 및 법률로 전이된다.

다섯째, 생존경쟁이 치열해지고 물질문명의 유혹이 많아져 인생이 외적인 일로 피곤하고 모든 것이 모호한 가운데 지나간다.

종교에 대한 사람들의 수요가 이전과 매우 다르고, 인식이 예리하고 분명해져서 종교의 안정적인 건립이 이전보다 배나 어렵게 된다. 이에 근대에서 오늘날에 이르기까지 종교의 쇠퇴는 돌이킬 수 없게 되었다.

어떤 사람은 종교가 장차 인류문화에서 설 자리가 없어질 것이라고 경솔하게 추단한다. 이는 최근 구미의 식자들, 특히 현대문명의 위기를 느끼는 사람들이 종교에 눈을 돌리고 흥미를 갖는 것에 비춰보면, 그렇지 않음을 알 수 있다. 이에 더욱 깊이 나아가 논하지 않을 수 없게 된다.

종교란 무엇인가? 나는 『동서 문화와 철학』에서 이렇게 말한 바 있다.

> "종교란 출세를 가리킨다. 인류문화가 싹틀 때 종교도 싹텄고, 종교가 싹트자 출세의 경향도 싹텄다. 삶을 추구하는 경향이 정면이고 주된 것이라면, 이 출세의 경향은 반면이고 부차적인 것이다. 정면과 반면, 주된 것과 부차적인 것이 항상 서로 보완하여 생활을 유지하고 문화를 촉진한다."(『동서 문화와 철학』, 113면)

이 책에서는 다음과 같이 언급한 바 있다.

> "인류의 생명은 상반된 양면을 갖고 있다. 일면은 육체로부터 생각하는 경향이고, 다른 면은 육체를 초월하거나 혹은 육체에 반하는 경향이다. …… 종교는 바로 후자의 경향을 대표한다."

종교의 진정한 근거는 출세에 있다. 출세간은 세간이 의지하는 바다. 세간은 한계가 있어서 무한에 의탁하며, 세간은 상대적이어서 절대에 의지하고, 세간에는 생멸이 있어서 불생멸(不生滅)에 의탁한다. 육체를 초월하거나 혹은 육체에 반하는 것은 출세 경향의 다른 이름이다. 이 경향은 인류가 일반생물의 폐쇄성을 넘어서게 하는 점이다.

> "대개 생물은 인류로 진화하여 실로 이채로운 경지를 열었다. 모든 생물은 하나같이 '상대성'에 국한되는데, 오직 인류만이 '상대성'을 초월하여 '절대성'으로 나아갔다."(『중국민족 자구운동의 마지막 깨달음』, 342면)

세간과 출세간은 한 가지가 아니고 다른 것도 아니며 갈라지지만 갈라지지 않는다. 상대성으로부터 보면 갈라져 있고, 절대성으로부터 보면 갈라지지 않는다. 이런 말은 여기서 언급하는 데 그치고 설명은 하지 않겠다. 설명은 달리 전문적인 저술에서 하겠다.

사람은 결국 알든 모르든, 직접적이든 간접적이든 출세에 기우는 것을 막을 수 없는 듯하다. 이것이 반드시 종교를 형성하게 하는 것은 아니지만, 종교의 근본이 여기에 있다. 포이에르바하(L. Feuerbach)의 『종교의 본질』 제1장에서는 "의뢰감이 종교의 근원이다."고 결론짓고 있다. 우리는 종교를 믿는다고 할 때 항상 "귀의"를 언급하는데, 거기서 그 정서를 알 수 있다. 그러나 의뢰에도 여러 종류가 있다. 종교는 애초에 일종의 외재적인 힘을 비는 것이라고 할 수 있다. 이 외재적인 힘은 실지로 자기 자신이다. 그것이 의뢰하는 바는 원래 자신의 구상에서 나온 것이다. 그러나 이처럼 한 번 전환된 후에는 비할 바 없이 기묘한 효과가 있다. 왜냐하면 자기 역량이 원래 한계가 없는데 스스로 알지 못하기 때문이다. 종교에서 모든 대상의 위대함 · 숭고함 · 영원함 · 진실함 · 아름다움 · 선함 · 순결함은 원래 인간 자신이 가진 덕인데, 스스로는 믿지 못한다. 한 번 전환을 거치면 자각하지 못하는 사이에 자신이 그에 따라 위대해지고 순결해진다. 자아의 부정이 항상 다른 방식으로 한 걸음 나아가 자아의 긍정이 된다. 종교는 최후에는 외재적인 힘을 빌지 않고 철저한 출세에 이르러, 의뢰하는 자와 의뢰받는 것이 혼연일체가 되어 자신을 해방시키고 자기를 완성한다. 그래서 똑같은 예배와 기도, 동일한 참회와 수양도 사람에 따라 내용이 다르다. 종교가 항상 시대문화에 따라 등급이 다른 것은 바로 이 때문이다.

"약자가 된 뒤에야 종교를 필요로 하고, 어리석은 자가 된 후에야 종교를 받아들인다." 과거에는 혹 이런 형세를 면하지 못했지만, 모든 경우에 다 적용되는 것은 아니다. 후시칭(胡石靑)은 "이지가 끝나는 곳에 신앙이 생겨난다."고 했는데, 이지가 다한 곳에서는 이지와 신앙이 용납하지 못하는 게 아니라는 말이다. 기독교에서는 "종교가 귀함은 사람에게 가장 좋은 것을 얻게 하기 때문이다."고 하는데, 그 가장 좋은 것은 "영생"을 가리킨다. "영생"은 기독교의 용어이지만, 일체에 통용될 수 있다. 위의 언급들이 그다지 심오한 말은 아니지만, 그로부터 종교의 가능성과 필요성에 대한 단서를 알 수 있다.

2. 중국에서 종교의 위상

중국에서 종교는 다른 지역과 똑같은 일반적인 형세가 있고 또한 중국 고유의 특수한 형세가 있다. 문화는 모두 종교에서 시작되며, 중국도 예외가 아니다. 가령 왕즈신[2)]은 『중국종교사상사 대강』에서 다음과 같

2) 왕즈신(王治心, 1881-1968)은 현대 중국의 신학자로, 이름은 樹聲이다. 東吳第三中學 · 英華學校 · 上海裨文女學 · 惠中女學 등의 교원을 역임하고, 1913-1918년 기독교 간행물 『光華報』의 편집을 맡았다. 1921년 南京 金陵神學院 교수로 취임하고 『神學志』의 편집을 맡았다. 1928년 福建協和大學 文學院 院長, 1934년 滬光大學 교수를 역임했다. 1948년 滬江大學 퇴임 후 金陵神學院으로 돌아와 『金陵神學志』 주편을 맡았다. 저서에 『孔子哲學』, 『孟子研究』, 『中國歷史上的帝觀』, 『道家哲學』, 『墨子哲學』, 『中國學術源流』, 『基督徒之佛學研究』, 『莊子研究及淺釋』, 『中國宗教思想史大綱』, 『孫

이 말했다. 초기의 토템숭배, 만물숭배, 다신숭배 등은 일반적인 정황이다. 옛날부터 단절되지 않고 전래된 하늘제사와 조상제사는 달리 보아야 한다. 주공(周孔)의 교화가 생기지 않았을 때에는 일종의 종교였지만, 주공의 교화가 흥성한 이후에는 표면상으로 큰 변화가 없었으나 유심히 따져보면 실로 특수한 형세로 진입했다. 사실대로 말하면, 후대의 중국문화는 그 중심이 비종교적인 주공교화로 전이되고 하늘제사와 조상제사는 주공교화의 한 조건을 이룰 뿐이다.

이전에 후시칭(胡石靑)은 중국의 종교에 대해 논할 때 이 구별에 유의하지 않았던 듯하다. 이제 먼저 그의 논의를 인용한 후에 나의 견해를 밝히겠다.

후시칭은 세계종교를 3대 계통으로 분류했다. 히브리계통, 인도계통과 중국계통이 그것이다. "위대한 종교는 고정된 이름이 없는데, 오직 중국계통의 종교만이 그것을 감당할 수 있다." 그 내용은 "하늘과 인간을 합일시키고 만유를 포괄한다."는 것인데, 그 핵심적인 의미를 열거하면 세 가지이다.

(1) 하늘의 존숭. "천지의 위대한 작용은 만물을 낳는 것이다."[3], "만물은 하늘에 근본한다."[4] 인간 존재는 천지에서 벗어날 수 없다.

(2) 조상의 공경. "인간은 만물의 영장이다." 그런데 "인간의 뿌리는 조상이다."[5] 자신의 유래를 따져보면 조상에서 벗어날 수 없다.

(3) 덕의 숭상과 은공의 보답. 어업과 목축, 농업과 공업, 궁실과 배 및

文主義與耶蘇主義,』『三民主義硏究大綱』, 『中國學術槪論』, 『中國文化史類編』 등이 있다. —옮긴이

3) 원문은 "天地之大德曰生"으로, 『周易』「繫辭傳」에 나온다. —옮긴이

4) 원문은 "萬物本乎天"으로, 『禮記』에 나온다. "萬物本乎天, 人本乎祖, 此所以配上帝也. 郊之祭也, 大報本反始也."(「郊特性」) —옮긴이

5) 원문은 "人本乎祖"로, 『禮記』「郊特性」에 나온다. —옮긴이

수레, 문물제도, 우리가 생활에 일용하는 것이 모두 고인이 창조하여 물려준 것에서 벗어나지 않는다.—공자에 대한 제사도 따져보면 그중의 하나이다.

이 세 원칙은 다 참으로 믿을 만한 가치가 있다. 결코 사람이 이지를 발달시키지 못하여 두려워하는 약점을 이용해서 다른 작용을 하는 것이 아니다. 또한 입교의 형식을 규정하지 않고 교회의 조직을 만들어 구속하지 않는다. 이와 어긋나지 않는 각 지역의 습속 혹은 외래종교도 간섭하지 않고 배척하지 않는다. 옛날부터 종교전쟁이 없다. 그래서 인류의 신앙 중에 유일하게 가장 바르고 가장 자유롭다.—이상은 다 후시칭의 『인류주의 초초(人類主義初草)』 제1편 제3장에 나온다.

후시칭은 한편으로는 중국을 종교의 범위 밖에 두지 않고, 다른 한편으로는 중국의 특수한 정황을 왜곡하거나 중국의 특수한 정신을 손상시키지도 않았다. 이는 매우 이치에 맞는 설명으로, 우리가 받아들이지 않을 수 없다. 그러나 내가 지적하고자 하는 점은, 이 모든 설명이 다 주공을 거쳐 변화된 이후의 것으로서 아마도 애초의 것은 아니라는 것이다. 가령 3,000년 전의 중국은 일반적인 예에서 벗어나지 않지만, 근 3,000년 동안의 중국은 달리 논해야 한다는 것이다. 후시칭은 근 3,000년 동안의 중국을 기준으로 삼고, 그에 앞서는 3,000년 전의 중국을 포괄하여 논한 듯하다. 아래에서는 이어서 나의 견해를 밝히겠다.

제1장에서 "종교가 거의 없는 인생"이 중국문화의 특징이라고 했는데, 중국문화가 종교를 결여한 것은 근 3,000년 동안을 가리켜 한 말이다. 왜 중국문화를 말하면서 주공(周孔) 이후에 한정시키고 그 이전은 포함시키지 않는가? 중국문화가 탁월하게 발전한 것은 근 3,000년 동안의 일, 즉 주공 이후의 일이다. 이것이 첫 번째 이유이다. 중국문화가 현재까지 전승되고 줄곧 중국민족에 의해 실제로 수용된 것은 주공 이래의 문

화이다. 3,000년 이전의 것은 후세의 생활과 큰 관련이 없고 문화사에서만 일정한 의미가 있다. 이것이 두 번째 이유이다. 주공 이래의 중국문화에는 분명히 종교의 범주에 속하는 것이 있다. 어떻게 종교가 결여되고 "거의 종교가 없는 인생"이라고 말할 수 있는가? 바로 이 3,000년 동안의 문화가 발전 · 통일하는 데 종교에 의지하여 그것을 중심으로 삼지 않았기 때문이다. 비교적 높은 수준의 문화가 없으면 대민족을 형성할 수 없고, 대민족 문화의 통일은 으레 하나의 대종교에 의지한다고 말한 바 있다. 중국이 이처럼 대민족이고 광대한 영토를 가지고 풍토와 인정이 다르고 언어가 매우 다르며 교통이 불편한데 문화적 통일을 이룰 수 있었던 것은 반드시 이 민족사회가 함께 믿고 함께 이해하고 함께 발육하여 숨 쉬게 한 정신중심이 있었기 때문일 것이다. 이 중심이 있은 후에야 문화가 확산되고 민족생명이 유구하게 확장되고 이민족이 들어와도 선후로 동화되어 장애가 되지 않았다. 이 중심이 다른 지역에서는 으레 하나의 대종교인데, 중국에서는 누구나 알다시피 주공교화이지 어떤 대종교가 아니었다.

2,000년 동안 중국의 문화는 실로 공자가 중심이었다. 이 시기에 각종 종교가 병존했음은 부인할 수 없다. 우선 예로부터 전승된 하늘제사와 조상제사의 부류가 있다. 그러나 그것들은 질적으로 이미 변했고, 주공교화의 일부를 이룰 뿐이다. 또 가령 불교 · 이슬람교 · 기독교 등 적지 않은 외래종교가 있다. 그러나 이들 종교가 전래된 후 어느 것이 공자의 지위에 영향을 미쳤는가? 핵심적인 지위를 빼앗지 못한 것은 말할 나위도 없고, 거의 모두 공자에 대한 존중을 표하고 피차가 서로 충돌하지 않음 혹은 정신이 일치함을 나타내려 했다. 그 결과 피차가 서로 평화롭게 지내고 그들이 다 "지지자"가 되었다. 그리하여 주공의 교화는 종교가 아님을 인정하면, 당연히 중국에 종교가 없다고 말할 수 있게 된다.

3. 주공 교화의 비종교성

수천 년 동안의 중국문화가 형성된 데에는 주공(周孔)의 힘이 가장 크다. 주공(周公)으로 그 이전의 인물을 대표하고, 공자(孔子)를 들어 그 이후의 인물을 대표한다. 그래서 "주공(周孔) 교화"라 하는 것이다. 주공(周公) 및 그가 대표하는 것은 대부분 예악제도의 제작과 같은 구체적인 창조에 공헌이 있다. 공자는 이전의 성현이 제작한 것에 대해 크게 깨달은 바가 있어서 그로부터 도리를 밝혀내어 사람들을 가르쳤다. 도리의 천명은 더욱 근본적인 공헌으로, 후대 사람들을 무궁하게 계발해주었다. 그래서 2,000여 년 동안의 영향으로 말하면, 공자가 주공보다 훨씬 뛰어나다. 주공(周孔)의 교화가 종교인지 아닌지를 판정하려면, 우선 공자의 사람됨과 유가의 학풍을 알아야 한다.

공자와 그 제자들이 종교가가 아니라는 논의는 많다. 가령 미국의 손다이크(Lynn Thor ndike)[6]는 『세계문화사』에서 이렇게 논했다.

> 공자는 결코 자신을 신이 보낸 사자라거나 신의 계시를 받았다고 말하지 않았다. 더욱이 "공자는 괴이한 일, 힘으로 하는 일, 어지러운 일,

6) 손다이크(Lynn Thorndike, 1882-1965)는 미국의 역사학자로, 주로 중세 과학을 연구했다. 1905년 컬럼비아대학에서 "The Place of Magic in the Intellectual History of Europe"이라는 제목의 학위논문으로 박사학위를 취득하고, 노스웨스턴대학과 컬럼비아대학 등의 교수직을 역임했다. 저술에 *The History of Medieval Europe, History of Magic and Experimental Science, 1923-1958, A Short History of Civilization, Outline of Medieval and Modern History, The Sixteenth Century, Science and Thought in the Fifteenth Century* 등이 있다. —옮긴이

귀신의 일에 대해서는 말하지 않았다."[7]

공자가 죽은 후, 제자들도 그를 신으로 숭배하지 않았다.

공자는 불타처럼 홀연히 크게 깨달았다고 하지 않고, "배우는 데 싫증내지 않고"[8], "잘못이 있으면 서슴없이 고쳤다."[9]

공자는 절대로 세상에서 벗어나려는 의도가 없었고, 열국을 주유하며 방문하는 곳마다 그 개혁사상을 실현코자 했다. (이는 종교의 출세에 대해 말한 것으로, 공자는 세속적이다.)

공자는 그의 제자에게 이렇게 답한 적이 있다. "사람을 섬기지 못하는데 어찌 귀신을 섬길 수 있겠는가?"[10], "삶을 다 알지 못하는데 어찌 죽음을 알겠는가?"[11], "인민의 의무에 힘쓰고 귀신을 공경하되 멀리하면, 지혜롭다고 할 수 있다."[12] 이와 같이 자신의 입장을 매우 분명하게 드러냈다.

포이에르바하는 『종교의 본질』에서 이렇게 말했다. "오직 사람의 무덤이 종교의 발상지다.", "세상에 죽는 일이 없다면 종교도 없을 것이다." 이는 절묘하고 정확한 말이다. 세상에서 사람의 정서와 의지를 가장 동요시키고 불안케 하는 일이 혈육과 사랑하는 이의 죽음 및 자신의 죽음보다 더한 게 없다. 동시에 생사의 원인이 가장 알기 어렵다. 그래서 죽음은 종교가 생겨나는 두 가지 조건에 부합된다. 즉 정서와 의지 면에서

7) 원문은 "子不語怪力亂神"으로, 『論語』「述而」에 나온다. "怪力亂神"에 대해 주자집주에서는 각각 "怪異 · 勇力 · 悖亂 · 鬼神"이라 주석했다. —옮긴이

8) 원문은 "學而不厭"으로, 『論語』「述而」에 나온다. —옮긴이

9) 원문은 "過則勿憚改"로, 『論語』「學而」에 나온다. —옮긴이

10) 원문은 "未能事人, 焉能事鬼?"로, 『論語』「先進」에 나온다. —옮긴이

11) 원문은 "未知生, 焉知死?"로, 『論語』「先進」에 나온다. —옮긴이

12) 원문은 "務民之義 敬鬼神而遠之, 可謂知矣."로, 『論語』「雍也」에 나온다. —옮긴이

종교를 필요로 하고, 지식 면에서 종교를 건립하는 데 편리하다. 그러나 종교는 결국 생사와 귀신에서 벗어날 수 없는데, 공자는 그 측면에 대해 논하지 않았다. 이는 공자가 종교가가 아님을 충분히 증명해준다.

생사와 귀신의 문제로부터 종교상의 죄복(罪福) 관념과 기도하고 제사지내는 모든 종교행위가 생겨난다. 그러나 공자는 다른 사람이 기도하기를 청했을 때, "그런 게 있는가?"라고 반문하고 나서 "나는 기도한 지 오래되었다."[13]라고 했다. 다른 사람이 조왕신에게 빌기를 청했을 때, "그렇지 않다. 하늘에 죄를 지으면 빌 곳이 없다!"[14]라고 했다.

종교가 반드시 갖춰야 할 필수적인 요소를 공자는 갖추지 않았다. 공자에게는 일종의 정신이 있는데, 그것은 종교가 가질 수 없는 것이다. 그것은 사람들이 모두 이성을 갖고 있으며, 인류 자신을 완전히 신뢰하여 이른바 "사람들이 시비지심을 모두 갖고 있으며" 어떤 일을 해야 하고 어떤 일은 해서는 안 되지는 이성에 의해 원래 자명하다는 것이다. 명백하지 않을 수도 있지만, 생각해보면 결국 명백해질 수 있다는 것이다. 그래서 공자는 사람들에게 독단적인 기준을 제시하지 않고 스스로 반성하게 한다. 가령 재아가 3년상이 너무 길다고 불평하며 1년이면 될 것 같다고 하자, 공자는 결코 직접적으로 그가 틀렸다고 비난하지 않고 부드럽게 다음과 같이 묻는다. "[부모의 상 중에] 쌀 밥 먹고 비단 옷을 입으면 네가 [마음이] 편하냐?" 그가 "편하다."고 대답하자, 이렇게 말한다. "네가 편하면 그리 하거라. 무릇 군자는 상 중에 맛있는 음식을 먹어도 맛있지 않고 음악을 들어도 즐겁지 않고 좋은 데 있어도 편하지 않으므로

13) 이 내용은 『論語』「述而」에 나온다. 子疾病, 子路請禱. 子曰, "有諸?" 子路對曰, "有之. 誄曰, '禱爾于上下神祇.'" 子曰, "丘之禱久矣." —옮긴이

14) 원문은 "不然. 獲罪於天 無所禱也."로, 『論語』「八佾」에 나온다. —옮긴이

그렇게 하지 않는 것이다. 이제 내가 편하다면 그렇게 하거라!"[15] 이유를 설명해주고 스스로 판단하도록 한다. 또 자공이 곡삭(告朔)[16]에 제물로 바치는 양을 없애려고 하자, 공자는 단지 완곡하게 다음과 같이 말한다. "사야! 너는 양을 아끼지만, 나는 예를 아낀다!"[17] 피차의 관점을 언급할 뿐 단안을 내리지 않는다. 유가가 예를 극히 중시함은 누구나 알고 있지만, 공자는 이처럼 자유롭게 토론함으로써 고치려 할 뿐이다. 이는 종교에서는 결코 불가능한 일이다. 각 대종교에도 각기 예가 있어 왕왕 지엽적인 것들의 차이로 인해 잔혹한 다툼과 참화를 부르기도 한다. 가령 다음과 같은 예가 그러하다.

> "영국 왕 헨리 8세가 츠빙글리(Zwingli)[18]의 주장을 신봉하는 신교도를 직접 재판했는데, 성경에 근거하여 예수의 피와 살이 성찬례 속에 참

---

15) 이 내용은 『論語』「陽貨」에 나온다. 宰我問, "三年之喪, 期已久矣? 君子三年不爲禮 禮必壞, 三年不爲樂 樂必崩. 舊穀旣沒, 新穀旣升, 鑽燧改火, 期可已矣." 子曰, "食夫稻, 衣夫錦, 於女安乎?" 曰, "安." "女安則爲之. 夫君子之居喪, 食旨不甘, 聞樂不樂, 居處不安, 故不爲也. 今女安則爲之." —옮긴이

16) 곡삭(告朔)은 중국 주(周)나라 때 제후들이 매월 초하루마다 선조의 사당에 고하고 역(曆)을 얻던 일을 말한다. 매년 섣달에 천자가 이듬해 사용할 12개월의 역을 제후에게 반포하면 제후는 그것을 받아서 각기 선조의 사당에 두고 매달 초하루에 양을 삶아 바치고 고하면서 그 달의 역을 가져다 나라 안에 반포했다. —옮긴이

17) 이 내용은 『論語』「八佾」에 나온다. 子貢欲去告朔之餼羊. 子曰, "賜也爾愛其羊, 我愛其禮." —옮긴이

18) 츠빙글리(Ulrich Zwingli, 1484-1531)는 스위스의 종교개혁가이다. 1500년 빈대학교에서 수학하였으며, 1502년 바젤대학교에 입학하여 문학을 공부하면서 인문주의적 교양을 쌓았다. 1506년 사제 서품을 받고 10년간 글라루스에 있는 교회의 신부로 재직했다. 1519년 취리히의 대성당의 설교자로 일하며 체계적인 성경강해로 명성을 날렸다. 루터의 영향으로 취리히의 종교개혁에 종사했다. 가톨릭을 고수하는 주(州)들과의 전투에 종군목사로 참전했다가 카펠 전투에서 전사했다. 그의 종교개혁사상은 후에 불링거와 칼뱅에게 계승되었다. —옮긴이

으로 존재한다는 것을 입증하고, 사형판결을 내려 화형에 처했다. 1539년 국회는 "6조(Six Articles)"라는 법안을 통과시켰다. 그것은 예수의 피와 살이 성찬례를 행할 때 사용하는 빵과 술 속에 존재함을 선언하고, 감히 공공연하게 의심하는 자는 화형에 처한다는 것이었다."(何炳松, 『中古歐洲史』, 278면)

이 얼마나 고집불통의 미신인가! 우리로서는 참으로 웃고 또 웃을 일이지만, 그들에게는 괴이한 일이 아니다. 종교에서 원래 봉행하는 신의 계율은 사람이 만든 것이 아니다. 그 기준은 외재적이고 고정적이며 절대적이다. 공자가 사람들에게 행하라고 가르치는 예는 사람이 스스로 행해야 할 일을 행하는 것이고 인정에 의해 짐작하여 옳은 일이다. 가령 『예기』에서 말한 "하늘이 내린 것이 아니고 땅에서 솟아난 것도 아니며 인정일 따름이다."라는 것이 그러하다. 그 기준은 밖에 있지 않고 안에 있으며, 고정적이지 않고 살아 있는 것이다.

왕즈신(王治心)의 『중국종교사상사』에 따르면, 중국은 고래로 "하늘"을 믿고 숭배하는 종교관념이 있었는데, 동주에 이르러 변화가 있었고 춘추전국시대의 백가쟁명의 시기에 이르러 두 갈래로 나뉘었다. 유가와 도가는 회의하는 측의 대표이고, 묵가만이 신앙하는 길로 나아갔다. 도가의 노자 · 장자는 분명히 무신론 · 유물론 · 기계론의 논조를 지니고 있다. 유가의 공자는 신의 존재를 부정하지는 않지만, 언급이 애매모호하고 신이 마치 주관에만 존재하는 듯하다. 그래서 묵자가 비유편(非儒篇)에서 유가에 대해 "귀신이 없는데 제례(祭禮)를 배운다."[19]라고 비난하는

19) 원문은 "無鬼而學祭禮"으로, 『墨子』「非儒」가 아니라 「公孟」에 나온다. 『墨子』 원문은 다음과 같다. "執無鬼而學祭禮, 是猶無客而學客禮也, 是猶無魚而爲魚网也." —옮긴이

것은 매우 타당하다. 맹자 · 순자에 이르러, 맹자는 여전히 백성의 뜻으로부터 하늘의 뜻을 검증하려 했고, 순자는 하늘의 의지를 근본적으로 부정하고 군자는 "자기에게 있는 것은 존중하고 하늘에 있는 것을 흠모하지 않는다."[20]라고 하면서 "인간을 버리고 하늘을 생각하는"[21] 데 반대했다. 이는 『좌전』에서 "국가가 흥하려면 인민에게서 듣고, 국가가 망하려면 신(神)에게서 듣는다."[22]라고 한 것과 같은 의미이다. 후에 한대의 왕충(王充)이 『논형(論衡)』을 저술하여 미신을 힘써 제거하려 한 것은 아마 순자학파에서 연원하는 듯하다. 묵자학파는 후대에 전해지지 않고, 그들이 근원으로 삼은 고대의 천신숭배는 중국의 하층사회에 매우 큰 영향을 미쳤다.—이상 왕즈신의 논의는 대체로 매우 타당하지만, 말미의 주장은 따져봐야 한다.

4. 도덕에 의한 종교의 대체

공자가 종교를 배척 혹은 비판하지 않았지만(당시에 그리했다면 어리석은 일이었을 것이다), 그는 실로 종교의 유력한 적이었다. 왜냐하면 그는 전적으로 인류의 이성을 계발하는 일에 종사했기 때문이다. 중국 경서는 세계의 모든 고대 경전 가운데 가장 개명된 분위기를 지니고 있으며 이치에 가깝지 않은 신화 혹은 미신이 가장 적다. 이는 원래 많지 않았거나

---

20) 원문은 "君子敬其在己者, 而不慕其在天."으로, 『荀子』「天論」에 나온다. 『荀子』 원문은 다음과 같다. "君子敬其在己者, 而不慕其在天者, 小人錯其在己者, 而慕其在天者." —옮긴이

21) 원문은 "錯人而思天"으로, 『荀子』「天論」에 나온다. 『荀子』 원문은 다음과 같다. "錯人而思天, 則失萬物之情." —옮긴이

22) 원문은 "國將興, 聽於民, 國將亡, 聽於神."으로, 『左傳』 莊公 32년조에 나온다. 『左傳』에는 "國將興, 聽於民, 將亡, 聽於神."으로 되어 있다. —옮긴이

혹은 공자에 의해 산정되었을 것이다. 이리하여 중국인의 머리에서 많은 폐해가 없어졌다. 『논어』에서 우리는 공문(孔門)의 가르침을 알 수 있는데, 한편으로 종교의 미신과 독단을 극력 피하려 하고 다른 한편으로는 이성의 계발에 힘쓴다. 위에서 언급한 재아와 자공의 예 외에, 곳곳에서 사람에게 생각하고 반성하라고 가르치는 것을 볼 수 있다.

자신이 원하지 않는 것을 타인에게 베풀지 말라.[23)]

증자가 말했다. "나는 매일 나 자신에 대해 세 가지를 반성한다. 다른 사람과 일을 도모하면서 충실하지 않았는가? 붕우와 교제하면서 신실하지 않았는가? 배운 것을 익히지 않았는가?"[24)]

어진 사람을 보면 그와 같아지려 생각하고, 어질지 못한 사람을 보면 스스로를 돌아본다.[25)]

공자가 말했다. "끝났도다! 나는 누군가 자기 잘못을 보고서 안으로 스스로를 비판하는 자를 보지 못했다."[26)]

사마우가 군자에 대해 물었다. 공자가 말했다. "군자는 걱정하지 않고 두려워하지 않는다." 사마우가 말했다. "걱정하지 않고 두려워하지 않으

---

23) 원문은 "己所不欲, 勿施於人."으로, 『論語』「顔淵」에 나온다. —옮긴이

24) 『論語』「學而」에 나오는 말이다. 曾子曰, "吾日三省吾身. 爲人謀而不忠乎? 與朋友交而不信乎? 傳不習乎?" —옮긴이

25) 원문은 "見賢思齊焉, 見不賢而乃自省也."로, 『論語』「里仁」에 나온다. —옮긴이

26) 『論語』「公冶長」에 나오는 말이다. 子曰, "已矣乎! 吾未見能見其過而內自訟者也!" —옮긴이

면 곧바로 군자라 할 수 있습니까?" 공자가 말했다. "스스로 돌아보아 허물이 없으면 무엇을 걱정하고 무엇을 두려워할 것인가?"[27]

공자가 말했다. "네가 안회와 더불어 종일 이야기했는데, 마치 어리석은 사람처럼 내 말을 거스르지 않았다. 그러나 물러나 행하는 것을 보니 내가 말한 것을 밝히 알고 있었다. 안회는 어리석지 않았다."[28]

군자는 아홉 가지를 생각한다. 보는 것은 밝기를 생각하고, 듣는 것은 잘 듣기를 생각하고, 안색은 온화하기를 생각하고, 용모는 공손하기를 생각하고, 말은 진실하기를 생각하고, 일은 경건하기를 생각하고, 의심나는 것을 묻기를 생각하고, 화가 나면 나중에 닥칠 어려움을 생각하고, 이득을 보면 의로움을 생각한다.[29]

거백옥이 공자에게 사람을 보냈다. 공자가 함께 앉아서 그에게 물었다. "너의 선생은 무엇을 하는가?" 그가 대답했다. "선생님은 잘못을 적게 하려 하지만 그렇게 하지는 못합니다."[30]

자공은 늘 남의 잘잘못을 따졌다. 공자가 말했다. "자공은 현자인가?

---

27) 『論語』「顔淵」에 나오는 말이다. 司馬牛問君子. 子曰, "君子不憂不懼." 曰, "不憂不懼斯謂之君子已乎?" 子曰, "內省不疚, 夫何憂何懼?" —옮긴이

28) 『論語』「爲政」에 나오는 말이다. 子曰, "吾與回言終日, 不違如愚. 退而省其私, 亦足以發. 回也不愚." —옮긴이

29) 『論語』「季氏」에 나오는 말이다. 子曰, "君子有九思. 視思明, 聽思聰, 色思溫, 貌思恭, 言思忠, 事思敬, 疑思問, 忿思難, 見得思義." —옮긴이

30) 『論語』「憲問」에 나오는 말이다. 蘧伯玉使人於孔子, 孔子與之坐而問焉. 曰, "夫子何爲?" 對曰, "夫子欲寡其過而未能也." —옮긴이

나라면 그럴 겨를이 없다."[31]

공자가 말했다. "마음으로 끙끙대며 알려고 하지 않으면 일깨워주지 않고, 입으로 말하려고 애를 쓰지 않으면 말문을 틔워주지 않으며, 한 모퉁이를 들어 보여주었는데 나머지 세 모퉁이를 깨치지 못하면 다시 반복하지 않는다."[32]

『논어』에 이러한 예는 아직도 매우 많다. 이로부터 2,500년 전 공문(孔門)의 가르침과 학풍을 엿볼 수 있다. 공자는 결국 사람으로 하여금 스스로 성찰하고 스스로 생각하고 자기 자신의 분별력을 기르게 했다. 더욱이 자신이 쉽게 잘못할 수 있음에 유의하고 잘못에 안주하지 말라고 했다. 유가에서는 사람들에게 어떤 교조를 제시하지 않는다. 있다면, 사람들에게 자기반성하라고 가르치는 것뿐이다. 자신의 이성을 신뢰하는 것 이외에 다른 것을 믿지 않는다. 이것은 어떤 정신인가! 인류가 다시 1만 년을 진보해도 여기서 벗어나지 못할 것이다.

이것이 무엇인가? 이것은 도덕이지 종교가 아니다. 도덕은 이성의 일이고, 개인의 자각 · 자율에 있다. 종교는 신앙의 일이고, 교도가 가르침과 계율을 충실히 지키는 데 의지한다. 중국에서는 공자 이래 그의 영향을 받아 도덕으로 종교를 대신하는 길로 나아갔다. 이는 종교에서 사람들에게 자신을 버리고 남을 믿으며 자력을 버리고 타력에 의지하라고 가르치는 것과 완전히 상반된다.

---

31) 『論語』「憲問」에 나오는 말이다. 子貢方人. 子曰, "賜也, 賢乎哉! 夫我則不暇." —옮긴이

32) 『論語』「述而」에 나오는 말이다. 子曰, "不憤不啓, 不悱不發, 擧一隅不以三隅反則不復也." —옮긴이

종교와 도덕은 개인에 대해 모두 고양을 추구하고 선으로 나아가게 하려는 것이다. 그러나 종교의 효과는 빠르고 매우 크며 쉽게 실추되지 않는다. 사회에 대해서도 그렇다. 양자는 모두 사회에 좋은 기풍과 질서를 형성케 한다. 효과를 거두는 어려움의 정도는 전혀 비교할 수 없는데, 종교는 본래 일종의 방법이고 도덕은 그렇지 않다. 종교는 앞에서 분석한 것처럼 외부의 힘을 비는 것인데, 그 외부의 힘은 사실 자기 자신이다. 그것은 도덕에 비해 더욱 우회적인데, 신묘한 효과가 바로 여기서 나온다. 인류의 문화사에서 도덕은 종교에 비해 훨씬 뒤에 나왔다. 대개 인류는 이성적 동물이지만 이성은 사람에게서 점차 개발된 것이다. 개체의 경우에는, 연령과 신체의 발육이 성장한 후에 나타난다. 사회의 경우에는, 사회 · 경제 · 문화의 진보가 기반이 된 후에 충분히 발달되고 전개된다. 놀랍게도 고대 중국은 일찍이 진일보하여 이 지난한 일을 실현했다. 내가 중국문화는 인류문화의 조숙이라고 말하는 것은 바로 이것을 가리킨다.

공자 이후 그를 계승한 사람이 없었다면 어떻게 되었을지 알 수 없다. 마침 맹자가 나타나 공자의 정신의 계승했다. 그는 이성을 가장 절실하게 밝혀 사람들에게 보여주었다. 이제 그의 말을 인용하여 일단을 살펴보자.

> "사람이 모두 남에게 차마 하지 못하는 마음이 있다고 하는 까닭은, 지금 어떤 어린아이가 장차 우물에 빠지려 하는 것을 보면 누구나 다 놀라며 불쌍하게 여기는 마음이 들기 때문이다. 이는 그 어린아이의 부모와 교제하려고 해서 그러는 것이 아니고, 동네 사람들과 벗들로부터 칭찬을 받으려는 것도 아니며, 그 아이가 지르는 소리가 듣기 싫어서 그러는 것도 아니다. 이로써 보건대, 측은하게 여기는 마음이 없으면 사람

이 아니다."[33]

"불쌍히 여기는 마음을 사람이 다 가지고 있으며, 부끄러워하고 미워하는 마음을 사람이 다 가지고 있으며, 공경하는 마음을 사람이 다 가지고 있으며, 시비를 가리는 마음을 사람이 다 가지고 있다. 불쌍히 여기는 마음은 인(仁)이고, 부끄러워하고 미워하는 마음은 의(義)이고, 공경하는 마음은 예(禮)이고, 시비를 가리는 마음은 지(智)이다. 인의예지는 밖으로부터 나에게 밀고 들어온 것이 아니라 내가 본래 가지고 있는 것인데, 생각하지 않을 뿐이다."[34]

"그러므로 다음과 같이 말한다. 입으로 맛보는 맛은 누구나 같으며, 귀로 듣는 소리도 누구나 같으며, 눈으로 보는 아름다움도 누구나 같다. 그런데 유독 마음의 경우에만 다 같이 옳다고 여기는 것이 없겠는가. 마음이 다 같이 옳다고 여기는 것은 무엇인가. 이(理)이고, 의(義)이다. 성인은 우리 마음이 다 같이 옳다고 여기는 것을 먼저 깨달았을 뿐이다. 그러므로 이와 의가 우리 마음을 기쁘게 해주는 것은 마치 쇠고기와 돼지고기가 우리 입을 즐겁게 해주는 것과 같다."[35]

33) 원문은 "所以謂人皆有不忍人之心者, 今人乍見孺子將入於井, 皆有怵惕惻隱之心, 非所以內交於孺子之父母也, 非所以要譽於鄕黨朋友也, 非惡其聲而然也. 由是觀之, 無惻隱之心, 非人也."로, 『孟子』「公孫丑上」에 나온다. —옮긴이

34) 원문은 "惻隱之心 人皆有之, 羞惡之心 人皆有之, 恭敬之心 人皆有之, 是非之心 人皆有之. 惻隱之心 仁也, 羞惡之心 義也, 恭敬之心 禮也, 是非之心 智也. 仁義禮智 非由外鑠我也, 我固有之也. 弗思耳矣."로, 『孟子』「告子上」에 나온다. —옮긴이

35) 원문은 "故曰, 口之於味也 有同耆焉, 耳之於聲也 有同聽焉, 目之於色也 有同美焉. 至於心 獨無所同然乎? 心之所同然者何也? 謂理也義也. 聖人先得我心之所同然耳. 故理義之悅我心, 猶芻豢之悅我口."로, 『孟子』「告子上」에 나온다. —옮긴이

“그렇게 되기를 바랄 만한 자가 선한 사람이다.”[36]

“하지 않아야 할 바를 하지 말며, 하려고 하지 않아야 할 바를 하려고 하지 말지니, 이와 같이 할 따름이다.”[37]

“삶도 내가 바라는 것이고 의(義)도 내가 바라는 것이다. 두 가지를 함께 얻을 수 없다면 생을 버리고 의를 취할 것이다. 삶 또한 내가 바라는 것이지만, 삶보다 더욱 바라는 것이 있기 때문에 구차하게 삶을 얻으려 하지 않는다. 죽음 또한 내가 싫어하는 것이지만, 죽음보다 더 싫어하는 것이 있기 때문에 환란을 만나도 피하지 않을 때가 있다.”[38]

“사람이 남을 해치지 않으려는 마음으로 가득 채운다면 인(仁)을 이루 다 쓰지 못하며, 사람이 벽을 뚫거나 담을 뛰어넘어 도적질하지 않으려는 마음으로 가득 채운다면 의(義)를 이루 다 쓰지 못할 것이다.”[39]

후대에 맹자의 정신을 가장 잘 계승한 사람은 왕양명이다. 그는 “호오

36) 원문은 “可欲之謂善.”으로, 『孟子』「告子上」에 나온다. —옮긴이

37) 원문은 “無爲其所不爲, 無欲其所不欲, 如此而已矣.”로, 『孟子』「盡心下」에 나온다. —옮긴이

38) 원문은 “生亦我所欲也, 義亦我所欲也. 二者不可得兼, 舍生而取義者也. 生亦我所欲, 所欲有甚於生者, 故不爲苟得也. 死亦我所惡, 所惡有甚於死者, 故患有所不辟也.”로, 『孟子』「告子上」에 나온다.

39) 원문은 “人能充無欲害人之心 而仁不可勝用也, 人能充無穿踰之心 而義不可勝用也.”로, 『孟子』「盡心下」에 나온다. —옮긴이

를 진실히 하면 시비를 다하게 된다."[40]고 했다. 그들은 인생행위의 준칙을 바로 사람들의 감정요구에 맡겼으니, 참으로 극히 대담하다! 내가 그들은 "인류 자신을 완전히 신뢰했다."라고 한 것은 바로 이 점에서다. 고대에 중국 외에, 유가 외에 아무도 감히 공공연히 이런 주장을 하지 않았다.

인생행위의 준칙을 바로 사람들의 감정요구에 맡기는 것은 위험을 면하기 어렵다. 이것은 차치하고, 여기서 종교와 대조되는 면을 예로 들어 보자. 감숙 등과 같은 중국의 서북지역에는 회족과 한족이 섞여 사는데, 그 기풍과 질서가 뚜렷이 다르다. 회족은 다 아편을 피우지 않고, 생활상에 양호한 습관이 많이 있다. 한족은 아편을 피우기도 하고 피우지 않기도 하는데, 피우는 자가 더 많다. 아편을 피우면 나태해지고 가난해지며 그로부터 많은 결점이 생겨난다. 그 이유는 회족에게는 종교가 있기 때문이다. 그 행위가 교회의 규칙에 따르고 교회의 감독을 받으며 제멋대로 할 수 없다. 한족은 공자를 존숭한다고는 하지만 종교의 규칙이나 교회조직이 없어서, 마음대로 행하여 많은 이들이 타락한 것이다.

이런 실패를 공맹은 당연히 보지 못했다. 보았다고 해도 여전히 그들의 주장을 버리지 않았을 것이다. 그들은 준수할 외재적 준칙이 있다는 것을 철저히 부정한다. 그래서 맹자는 결국 의(義)가 외재적이 아니라 내재적인 것이라고 쟁변했다. 그가 보기에 외면적 표준에 따르는 것은 단지 의를 외부에서 닥쳐오면 얻는 것[襲取]이고 "인의를 행하는" 것일 뿐 "의로 말미암아 행하는" 것이 아니다. 그 논조가 이처럼 높다. 그러나 이것이 유가의 진정한 정신이다. 이것이 진정으로 도덕이고, 조금도 다른

40) 원문은 "祇好惡, 便盡了是非."로, 『傳習錄』下에 나온다. 『傳習錄』에는 "祇好惡, 就盡了是非."로 되어 있다. —옮긴이

것이 섞이지 않고 진실되지 않은 것이 없음을 알아야 한다.

그러나 사회에 대하여 종교가 지는 임무가 이처럼 각 개인의 자각자율을 대체하는 것인가? 당연히 그렇지 않다. 고대에는 종교가 왕왕 정치 위에 군림하고 예속과 법제를 포함하여 전체 사회가 그것에 의해 조성되고 전체 문화의 중심이었다고 할 수 있으니, 어찌 함부로 각자의 도덕으로 대체할 수 있겠는가! 도덕에 치중한다 해도 도덕을 배양하는 데 의지처가 있는 듯하다. 이 의지처는 바로 예(禮)이다.

사실 중국에서 종교가 다른 것으로 대체된 이유는 대략 다음 두 가지 이유 때문이다.

(1) 윤리명분을 안배하여 사회를 조직한다.

(2) 예악읍양으로 이성을 함양한다.

양자가 합쳐져 마침내 종교가 없게 되었다. 이 두 가지는 고대에 원래 "예" 자 안에 포섭되어 있던 것이다. 중국에서 종교를 대체한 것은 실로 주공(周公)의 "예"이다. 그러나 그 궁극적인 취지는 사람들로 하여금 도덕의 길로 나아가게 하여, 종교와 구별된다. 그래서 우리는 중국에서는 도덕으로 종교를 대신했다고 말하는 것이다.

5. 주공(周孔)의 예

도덕과 종교는 오늘날에 생겨난 용어다. 고대에는 이런 구별이 없었고, 더욱이 공자는 도덕으로 종교를 대신하려는 생각이 없었다. 그러나 사후에 우리가 보니 중국 역사에 이런 상황이 있고 그 관건이 공자에게 있다는 것이다. 공자는 이성을 매우 아끼고 이성을 깊이 신뢰했다. 그는 사람들의 이성을 계발하여 "생활이 완전히 이성화된 사회"를 실현하려고 했다. 그 방법은 예악제도였다. 대개 인류에게서 이성은 사고 혹은 언어에서 시작되지만 그 계발과 실현은 단지 언어와 사상에서 이뤄지는 것이 아니다. 추상적인 원리는 구체적인 예악과 거리가 멀다. 구체적인 예악은 직접 신체에 작용하고 혈기에 작용한다. 사람의 심리와 정취가 그에 따라 부지불식중에 홀연히 변화하고 이성이 저절로 나타나, 그 효과가 가장 크고 가장 신묘하다. 이런 예악이 후세에 오랫동안 나타나지 않고, 오늘날까지 전해진 것은 단지 유가서(『예기』, 『의례』 등)의 일부 기록에만 있을 뿐이다. 그것을 전체적으로 이해한 후에 우리는 예악을 시행한 안목을 알 수 있을 것이다. 청명안화(淸明安和) 네 글자에서 그 견해를 살펴보자.

> 청명(淸明)이 자신에게 있으면, 지기(志氣)가 신묘해진다.[41]

> 그러므로 군자는 감정을 돌이켜 뜻을 조화롭게 하고 음악을 널리 펴서 교화를 이룬다. 음악이 행해지면 민심이 바르게 되어 덕을 볼 수 있다. 덕은 본성의 단서이고, 음악은 덕의 꽃이며, 쇠와 돌과 실과 대나무는 음악의 도구이다. 시는 그 뜻을 말하는 것이고, 노래는 그 소리를 읊는 것이며, 무용은 그 자태를 움직이는 것이다. 세 가지가 마음에 근원한 연후에 악기가 그것을 따르는 것이다. 그러므로 감정이 깊으면 문화가 밝게 되고, 기운이 성하면 교화가 신묘하게 되며, 화기롭고 순조로움이 적절하게 쌓이면 그 효과가 밖으로 드러나니, 오로지 음악은 거짓으로 할 수 없는 것이다.[42]

---

41) 원문은 "淸明在躬, 志氣如神."으로, 『禮記』「孔子閒居」에 나온다. —옮긴이

42) 원문은 "是故君子反情以和其志, 廣樂以成其敎. 樂行而民鄕方, 可以觀德矣. 德者 性之端也, 樂者 德之華也, 金石絲竹 樂之器也. 詩 言其志也, 歌 詠其聲也, 舞 動其容也. 三者本於心, 然後樂器從之. 是故情深而文明, 氣盛而化神, 和順積中而英華發外, 唯樂不可

예악은 잠시도 몸에서 떠날 수 없다. 음악을 통해 마음을 다스리면, 평이하고 곧고 자상하고 선량한 마음이 활발하게 생겨난다. 평이하고 곧고 자상하고 선량한 마음이 생겨나면 즐겁고, 즐거우면 평안하고, 평안하면 오래 가고, 오래 가면 하늘이고, 하늘은 신묘하다. 하늘은 말을 하지 않아고 신묘하고, 신묘하면 화를 내지 않아도 위엄이 있으니, 음악을 통해 마음을 다스리는 자이다. 예를 시행하여 자신을 다스리면 장중하고 경건하며, 장중하고 경건하면 위엄이 있다. 마음속에 잠시라도 알지 못하고 즐겁지 않으면 비루하고 속이려는 마음이 들어온다. 외모가 잠시라도 장중하지 않고 경건하지 않으면 안이하고 나태한 마음이 들어온다. 그러므로 음악이란 내면에서 작동하고, 예란 외면에서 작동한다. 음악은 조화로움을 지극하게 하고, 예는 순조로움을 지극하게 한다. 내면이 조화롭고 외면이 순조로우면, 백성들이 그 안색을 보고서 그와 더불어 다투려고 하지 않고 그 용모를 보고서 안이하고 나태한 마음을 일으키지 않는다. 그러므로 말하기를, 예악의 방법을 쓰면 천하를 다스리는 것도 어렵지 않다고 한다.[43)]

그러므로 음악이 행해지면 윤상이 맑아지고 이목이 총명해지며 혈기

以爲僞."로, 『禮記』「樂記」에 나온다. ―옮긴이

43) 원문은 "禮樂不可斯須去身. 致樂以治心, 則易直子諒之心油然生矣. 易直子諒之心生則樂, 樂則安, 安則久, 久則天, 天則神. 天則不言而神, 神則不怒而威, 致樂以治心者也. 治禮以治躬則莊敬, 莊敬則嚴威. 心中斯須不知不樂, 而鄙詐之心入之矣. 外貌斯須不莊不敬, 而易慢之心入之矣. 故樂也者 動於內者也, 禮也者 動於外者也. 樂極和, 禮極順. 內和而外順, 則民瞻其顔色而弗與爭也, 望其容貌而民不生易慢焉. 故曰, 治禮樂之道, 擧而錯之天下無難矣."로, 『禮記』「樂記」에 나온다. ―옮긴이

가 화평해지고 풍속이 변화되어 천하가 모두 평안해진다.[44]

이성이 무엇인가에 대해서는 다음 장에서 분석하고 설명하겠다. 여기서는 청명안화(淸明安和) 네 글자로 지적하고 설명하겠다. 이성과 분명히 위배되는 것은 두 가지다. 하나는 어리석어 가리고 치우쳐 집착하는 감정이고, 또 하나는 강폭하고 충동적인 기운이다. 양자는 서로 원인이 되어 나타난다. 일단 여기에 이르면 이성이 방해받는다. 솔직히 말해서 사람은 이성을 잃고 이성을 위반한다. 이것이 공자가 가장 염려한 바다. 공자는 본래 종교를 증오하지 않았지만, 이 두 가지는 용납할 수 없었다. 이 두 가지는 고대종교에서 피할 수 없었다. 그가 그것을 피하려 해도 불가능하게 되자, 종교의 길에서 벗어난 것이다.

인류의 가장 큰 걱정거리는 인류 자신에게서 나온다. 자연재해와 인위적인 재난을 비교하면 인위적인 재난이 자연재해보다 훨씬 흉악하다. 문화가 없을 때는 그래도 괜찮았다. 문화가 발달하자 더욱 견디기 어려워졌다. 오늘날 세계전쟁이 그 현저한 예다. "풍속을 바꾸어 천하가 모두 평안해지는"[45] 것이 유자가 품은 소망이다. 내가 보기에는 사람들로 하여금 인위적인 재난을 당하지 않도록 할 뿐이다. 인위적인 재난을 어떻게 면할 수 있는가? 이는 인위적인 재난의 궁극적 원인을 살펴야 한다. 많은 이들이 이기심에서 나오고 이기심은 사람의 본성이라고 한다. 이는 완전히 오해인데, 여기서는 이에 대해 논하지 않겠다.

---

44) 원문은 "故樂行而倫淸, 耳目聰明, 血氣和平, 移風易俗, 天下皆寧."으로, 『禮記』「樂記」에 나온다. —옮긴이

45) 원문은 "移風易俗 天下皆寧"이다. "樂者, 聖人之所樂也, 而可以善民心, 其感人深, 其移風易俗, 故先王導之以禮樂而民和睦."(『荀子』「樂論」)이라는 구절에서 유래한다. —옮긴이

여기서 문제를 하나 제기해보자. 사람의 도리를 명백하게 아는 사람도 이기적인가? 어떤 이는 사람의 도리를 명백하게 아는 사람은 이기적이지 않다고 인정한다. 그렇다면 병폐는 사람의 도리를 명백하게 알지 못하는 데 있을 뿐이다. 다시 물어보자. 이기적인 사람이 사람의 도리를 지극히 명백하게 알게 된다면 그래도 여전히 타인에게 손상을 입히고 자신의 이로움을 추구할 것인가? 많은 사리에 비춰보면 그렇지 않을 것이다. (사리가 보여주는 바는 다음과 같다. 서로 이익을 보는 것이 이롭지만, 다른 사람에게 손해를 끼치면 장차 자신도 손해를 본다. 따라서 자기 이익을 위해 반드시 남에게 손해를 입혀야 하는 건 아니다.) 그러므로 문제는 사람의 도리를 명백하게 아는지 여부에 달려 있다. 다시 생각해보자. 사람이 이기적이라 해도 결코 잔혹하지 않으면 피해를 줄일 수 있는가? 필시 줄일 수 있음을 인정할 것이다. 그렇다면 이기적임은 염려할 바가 아니고, 걱정할 것은 강폭하고 흉악하고 잔인한 것이다. 결국 인위적인 재난이 생겨나고 그것이 극렬해지는 것은 실로 어리석어 가리고 치우쳐 집착하는 감정과 강폭하고 충동적인 기운 사이에서 일어난다. 만일 이 두 가지를 피할 수 있다면 이기적이라는 것이 화를 불러일으킬 수 없을 것이다. 실제로 이 두 가지를 피할 수 있다면 이기적인 것도 없어질 것이다. 그러나 이런 이치는 매우 미묘하여 많은 사람들이 알지 못할 따름이다. 결국 어리석어 치우치고 강폭하고 이기적인 것이 한편이고, 청명안화(淸明安和)의 이성이 다른 편이다. 이쪽 아니면 저쪽이다. 사람이 남에게 화를 입히는 것은 결국 전자에서 비롯되고, 이성에 따르면 반드시 인위적인 재난이 없어질 것이다. 옛날에 유가는 이것을 분명히 인식하고 위대한 예악운동에 고심하며 노력하여 인위적인 재난이 아직 나타나지 않을 때 소멸시키려 했다. 그것은 인생의 모든 것을 타당하게 안배하고 아름답게 만들고 깊이 순화하려는 것이며 또한 철두철미하게 이성화하려는 것이다. 옛날 사람의 공적 사적 생활은 정치, 법률, 군사, 외교에서 산 사람을 부양하고 죽은 사람을 장사지내는 데 이르기까지 모든 것이 대부분 종교에서 벗어나지 않았다. 그래서 유가는 옛 종교를 예로 전화시키고 종교가 미치지 못하는 바를 예악화했다. 이른바 "예악은 잠시도 떠날 수 없다."는 것은 사람들로 하여금 자기도 모르게 청명안화(淸明安和)를 잃지 않고 어리석어 가리우고 강폭한 데서 날로 멀어지게 하려는 것이다.

유가가 옛 종교를 예로 전화시켰다는 것은 펑유란의 설명이 가장 분명하고 시기도 일렀다. 그는 논문으로 발표하고, 그 뒤 그의 『중국철학사』 417-432쪽에서 밝혔다. 그는 자신의 이론을 논증하기 위해 모든 상장례(喪葬禮)의 각종 예문의식이 사실 시이고 예술이며 종교가 아님을 지적했다. 이들 예문은 한편으로 묘하게 정감을 위안하여 극히 곡진하게 하며, 다른 한편으로는 개명되고 이치에 통달함을 보여 이성에 위배되지 않는다. 그는 이렇게 말했다.

> "근래 조지 산타야나(George Santayana)[46]는 종교도 미신과 독단을 버리고 시로 간주할 수 있어야 한다고 주장했다. 그러나 유가가 옹호하는

---

46) 조지 산타야나(George Santayana, 1863-1952)는 에스파냐 출생의 미국 철학자 겸 시인 · 평론가이다. 1872년 미국으로 건너가 하버드대에서 W. 제임스와 J. 로이스에게 사사하고 1889년부터 1912년까지 모교에서 철학을 가르쳤다. 초기작 『미의 의식』(*The Sense of Beauty*, 1896)에서 비판적 실재론을 설명하여 엘리엇 등에게 영향을 주었다. 『이성의 생활』(*The Life of Reason*, 전5권, 1905-1906)은 인간정신의 여러 활동 면에서 이성의 역할을 논하면서 이성의 핵심은 인간의 본능이며 그것을 반성하여 이념화시킬 때 인간성이 된다고 보았다. 이 밖에 철학적 저술로 『존재의 영역』(*The Realms of Being*, 전4권, 1927-1940)이 있다. 평론으로는 루크레티우스 · 단테 · 괴테를 논한 『3인의 시인 철학자』(1910), 퓨리터니즘이 미국문화에 끼친 영향을 비판한 『궁지에 몰린 고상한 전통』(1931)이 있고, 『마지막 청교도』(*The Last Puritan*, 1931)는 반자전적 장편소설이다. ―옮긴이

장례와 제사 등 각종 예의 해석에 의하면, 유가는 일찍이 고대의 종교를 시로 수정하고 고대 상장례(喪祭禮)를 혹은 종교의식으로 만들어 적지 않은 미신과 독단을 포함한다. 그러나 유가는 조술하지만 창작하지는 않고 분명히 해서 새로운 의미를 부여함으로써 종교를 시로 변화시켰으니, 이것이 큰 공헌이다."

이 점은 본래 유가 자신의 언급에 실로 아주 분명하다.

"제사란 의지와 생각을 두고 사모하는 감정이고 충신과 애경이 지극한 것이니, 예절과 문화의 모습이 성대하다. 진실로 성인이 아니면 알 수 없다. 성인은 분명하게 알고, 군자는 편안하게 행하며, 관리는 지키고 백성은 풍속으로 만든다. 군자는 사람의 도리로 여기며, 백성은 귀신의 일로 여긴다."[47)]

"기우제를 지내면 비가 오는 것은 무엇 때문입니까? 아무 이유가 없다. 기우제를 지내지 않아도 비가 오는 것과 같다. 일식과 월식이 있으면 구제하고 가뭄이 들면 기우제를 지내며 점을 친 연후에 대사를 결정하니, 이는 해결책을 구하는 것이 아니라 문화적인 현상이다. 그러므로 군자는 문화로 여기고 백성은 귀신의 일로 여긴다."[48)]

---

47) 원문은 "祭者, 志意私慕之情也, 忠信愛敬之至矣, 禮節文貌之盛矣! 苟非聖人, 莫之能知也. 聖人明知之, 士君子安行之, 官人以爲守, 百姓以成俗. 其在君子以爲人道也, 其在百姓以爲鬼事也."로, 『荀子』「禮論」에 나온다. —옮긴이

48) 원문은 "雩而雨, 何也? 曰, 無何也, 猶不雩而雨也. 日月食而救之, 天旱而雩, 卜筮然後決大事, 非以爲得求也, 以文之也. 故君子以爲文, 而百姓以爲神."으로, 『荀子』「天論」에 나온다. —옮긴이

대체로 하늘과 조상에 대한 제사로부터 온갖 신을 제사하는 의식에 이르기까지, 소극적인 면에서는 갑자기 바꾸거나 폐지하여 세속 사람들의 이목을 놀라게 할 수 없고, 적극적인 면에서는 하나하나에 다 본래 있어야 할 감정과 형식이 있어 적절히 드러내야 한다. 펑유란의 이른바 "새로운 의미를 부여했다."는 것은 실로 그것을 합리화했다는 것일 뿐이다. (합리화하지 않으면 『예기』의 제법에서 말하는 것처럼 제사의식이 있을 수 없다.) 이들 의식은 혹은 숭고한 감정을 일으키고 혹은 옛것을 독실하게 믿는 감정을 지속시킨다. 사람들로 하여금 자기 마음을 다하고 덕을 두터이 함양하게 하며, 자신의 일을 신중히 하고 의지를 평안하게 한다. 인생이 이와 같으면 안정되고 강인하며 재미가 있어서, 결코 향외적으로 무엇을 추구하려 하지 않게 된다. 이것이 종교와 근본적으로 다른 점이다.

표면적으로 보면 종교와 다른 점이 미신을 믿지 않는 데 있는 것 같다. 그러나 일반인이 왜 미신을 믿는지 알아야 한다. 고자(告子)[49]가 또 어떻게 사람들로 하여금 미신을 믿지 않게 할 수 있었는가? 일반적으로 말해서, 미신은 실로 사람들이 향외적으로 추구하는 심리에 뿌리를 두고 있다.

나는 옛 저술에서 이렇게 말한 바 있다.

"종교라는 것은 배고파도 먹을 수 없고 목말라도 마실 수 없는데 사람들은 유독 그것을 받아들이기 좋았다. 종교는 과연 무슨 기능을 하는가? 사람들의 생활은 대부분 희망에 의지하여 유지되는데, 그것은 희망을 유지시켜줄 수 있다. 사람에게는 항상 희망하고 요구하는 바가 있

---

49) 전국시대 제나라 사람으로, 성은 고(告)이고, 이름 불해(不害)이다. 맹자와 같은 시대의 사람이다. 인성에 관하여 맹자와 논쟁을 벌여 성무선악설(性無善惡說)을 주장하였다. —옮긴이

다. 희망에 대한 만족으로 위안을 얻고, 희망에 대해 접근함으로써 고무되고, 희망이 끊기지 않음으로써 면려한다. 실망과 절망은 감당하기 어렵다. 그러나 어찌 실망과 절망이 없을 수 있겠는가! 아마 사람들의 희구는 만족되지 못하는 것이 보통이고, 만족을 얻는 것은 아마 예외일 것이다! 이렇게 본다면, 이 좁고 각박한 세계를 누가 감내할 수 있을 것인가? 이에 사람들은 자연히 지식의 한계를 초월하고 이지의 냉혹함을 벗어나서, 초월적이고 신비한 세계로 나아가 희망과 요구의 범위를 더욱 확장하고 내용을 더욱 풍부하게 하고 의미를 더욱 심장하게 하려 하는데, 결과는 더욱 막막하다. 일반적인 종교가 바로 여기서 생겨난다. 기도와 액막이가 일반 종교에 없을 수 없는 것도 바로 이 때문이다. 그렇지만 이는 세속인이 종교에서 얻는 소용이고, 깊은 뜻이 없다. 그러나 종교는 그럼으로써 인생을 안정시키고 각자로 하여금 살아갈 수 있게 하고 파탄에 이르지 않게 한다."(『中國民族自救運動之最後覺悟』, 67면)

공자는 바로 인생을 안정시키려 했지만, 안정시키는 방법은 따로 있었다.

"그는 사람에게 전체 인생을 제시했다. 그는 얻는 것이 없지만 통쾌하고, 얻는 것이 있어서 만족하게 하려 하지 않았다. 외물과 자신 및 일체를 잊게 하고, 외물과 자신을 분별하여 추구하게 하려고 하지 않았다. 어떻게 이런 큰 원칙이 있을 수 있는가? 그것을 바로 그의 예악에 있다." (위의 책, 68면)

예악은 사람으로 하여금 시와 예술 속에 처하게 하며, 이른바 미신하거나 미신하지 않는 게 없어서 미신이 저절로 생겨나지 않는다. 공자는 단지 사람들에게 미신하지 말라고 가르쳤을 뿐 미신을 타파한 적이 없다. 그의 예악은 종교의 기능이 있지만 종교의 폐단은 없다. 또한 종교에 극히 가까우면서 종교를 배척한다.

6. 윤리에 의한 사회의 조직

예악읍양에 의한 이성의 함양은 예의 일면이고, 윤리명분에 의한 사회조직은 그 다른 일면이다.

앞 장에서 중국은 윤리본위의 사회라고 했는데, 이 윤리는 틀림없이 고대 종법사회를 모태로 해서 나온 것으로, 마치 예악이 고대종교로부터 인습하여 나온 것과 마찬가지다. 공자 자신이 말한 "조술하지만 창작하지 않는다"[50]는 것은 대체로 이런 것들을 가리킨다. 사실 조술에 창작을 담고, 조술함으로써 창작한다. 옛 종교가 변태되어 예악이 되고 옛 종법이 변태하여 윤리가 된 것은, 분명 한 번 손을 거쳐서 나왔다. 예악의 제작은 아마 앞사람의 공헌이 많지만, 윤리명분은 대부분 공자의 가르침에서 나왔다. 공자가 이 방면에 행한 노력이 『논어』에서 말한 "이름을 바르게 하는 것[正名]"이다. 그 가르침은 『춘추』에 뚜렷한데, "『춘추』로써 명분을 말했다."(『莊子』「天下」)라는 것은 바로 이것을 말한다.

나는 애초에는 "명분"설을 매우 좋아하지 않고, 실로 봉건적이라고 느꼈다. 공자가 "정명"을 강조하는 데도 별로 관심이 없었다. 그래서 『동서문화와 철학』에서 공자에 대해 논할 때 여러 가지로 설명했지만, 유독 이것은 언급하지 않았다. 마음의 인식은 명학(名學), 즉 논리와 깊은 관계가 없지만, 진정한 의미를 이해하지 못하고 함부로 해석했다. 내가 홀연

50) 원문은 "述而不作"으로, 『論語』「述而」에 나온다. —옮긴이

히 크게 깨달은 것은 몇 단계를 거쳐서다. 사회구조가 문화의 골간임을 깨닫고, 중국문화의 특수성이 윤리본위의 사회에서 나왔다고 인식하게 된 것이 그 첫 번째 단계다. 이는 동서 문화와 철학을 논할 때에는 전혀 알지 못하던 바다. 향촌건설이론을 논할 때는, 이 윤리본위의 사회가 서양의 개인본위의 사회 혹은 사회본위의 사회와 어떻게 다른지 이미 밝혔지만, 단지 그것을 가족본위의 종법사회에서 나온 변태라고 모호하게 인식하고, 그 연원에 대해서는 충분히 유의하지 않았다. 최후에 공자가 특별히 여기에 주목하여 노력했음을 깨닫게 되었다. 이것이 내가 이전에 이해하지 못했던 "명분"과 "정명"이다. 이 과정을 거치지 않았다면 역사도 가볍게 흘러갔을 것이다. 그리고 윤리본위의 사회가 반드시 형성되지는 않았을 것이다.

봉건사회에는 신분등급 등의 구별이 있기 마련이다. 이른바 "명분"이란 그것을 상세화한 것인 듯하다. 신분등급이 성립되는 데는 본래 정치적 의의와 경제적 의의가 있다. 그러나 그것이 건립되고 공고화되는 것은 종교에 의지한다. 대개 일체의 종법적 질서, 봉건적 질서는 다 신권(神權)에 의존하고 종교에 그 뿌리를 둔다. 각 사회에 증험해보면 다 그러하다. 계급신분이 거의 넘을 수 없고 침범할 수 없는 것은 바로 이 때문이다. 중국의 윤리명분이 원래 고대종교, 고대봉건에서 나왔음은 아무도 부인할 수 없다. 그러나 공자 이후 종법봉건의 본래 모습이 아니고 후대로 올수록 더욱 그와 다르다. 이 변화는 예악이 흥하고 종교가 쇠하면서 완전히 서로 관련된 하나의 일이 되는데, 다 똑같이 이성이 대두한 결과에 속한다.

몇 가지 비근한 사례를 들어보자.

인도와 중국은 똑같이 오랜 전통을 갖고 있고, 사회사상에서 변화와 진보가 적다. 그러나 그들은 극단적으로 다른 점이 있다. 인도는 세계에서 계급신분의 구별이 가장 많고 가장 엄격한 사회이고, 중국은 가장 적고 또 엄격하지 않다. (이러한 비교에는 당연히 근대 구미사회는 포함되지 않는다.) 인도에는 수천 가지의 구별이 있고 두드러진 것만 들어도 80여 종에 이르는데, 그것이 중국인에게는 이해되지 않고 상상할 수도 없는 일이다. 인도의 "불가촉천민" 같은 것은 중국인이 들으면 단지 우스울 따름이고 아무도 인정할 수 없을 것이다. 이 극단적인 다름은 다른 극단적인 다름과 서로 연관되어 있다. 다른 극단적인 상이함은, 인도는 종교가 가장 성한 반면, 중국은 종교가 결핍되었다는 것이다. 전자는 종교로 인하여 사회상의 고집불통의 습속관념이 특히 많다는 것이고, 후자가 개명되고 통달한 것은 이성이 출현한 분명한 증거다.

또 하나의 예는 일본이다. 일본의 와타나베 히데카타는 『중국민족성론』(北新書局 번역본)에서 중국인이 군주 은덕의 경중에 따라 보답하는 충의가 일본 무사의 충의와 다르다고 지적했다. 가령 제갈량은 항상 삼고초려의 은혜를 생각하고, 그 충의는 실로 선제가 자신을 알아준 데 대한 감격에서 나온다. 일본의 충신은 이해타산하는 생각이 없다. 만일 세 번 찾아가지 않고 두 번 혹은 한 번 찾아갔다면 그렇게 충의할 필요가 없는가? 그는 이것이 원래 윤리사회의 충의와 봉건사회의 충의가 다르다는 것을 알지 못하고, 무의식적으로 지적한 것이다. 봉건사회의 관계는 고정적이다. 윤리사회는 관계가 정리에 따라 정해진다. 맹자는 이렇게 말했다. "군주가 신하를 수족처럼 여기면 신하는 군주를 복심과 같이 본다. 군주가 신하를 견마처럼 여기면 신하는 군주를 국인과 같이 본다. 군주가 신하는 초개처럼 여기면 신하는 군주를 원수처럼 본다."[51] 유가

51) 『孟子』에 나오는 말이다. "君之視臣如手足, 則臣視君如腹心. 君之視臣如犬馬, 則臣視君如國人. 君之視臣如土芥, 則臣視君如寇讐."(「離婁下」) ―옮긴이

의 이론이 원래 이와 같고, 유가의 영향을 받은 중국사회도 대체로 이러하다. 일본은 과거 중국문화의 영향을 받았지만, 사회실질은 중국과 다르다. 이는 후에 서양문화를 섭취했지만 사회실질은 서양과 다른 것과 마찬가지다. 일본사회가 봉건적이고 윤리적이지 않다는 점에 대해서는 이 책에서 나중에 논하겠다.

세 번째는 중국사회가 과거에 장유의 질서를 강조했다는 점이다. 이는 윤리질서의 원칙이지만 봉건질서에는 드물다. 그러므로 장유의 질서를 중시하는 데서—속담에 "人長理不長, 那怕鬍拖尺把長"[52]이란 것이 있다—이성으로 매진해간 정신을 볼 수 있다.

이상 세 가지 예로부터 거기에 일종의 계급신분에 반대하는 정신이 들어 있음을 볼 수 있다. 이러한 결과에 이른 것은 당초에 공자가 노력한 바가 구질서를 강조하는 것이 아니고 구질서를 기초로 해서 이성에 근거하여 새롭게 평가하고 도처에서 새로운 의의를 부여했기 때문이다. 뚜렷한 예가 세경(世卿, 세습경상)이다. 세경은 종법상 · 봉건상에서는 당연한 것이다. 그러나 『춘추』에서는 오히려 세경은 예가 아니라고 비난한다. 또 군주와 아버지를 시해하는 것은 종법봉건의 세계에서는 절대로 용인될 수 없는 일이다. 그러나 『춘추』 의례에 따르면 거기에 복잡한 사정이 많다. 어떤 경우는 군주 시해의 죄명으로 난신적자를 두려움에 떨게 하고, 어떤 경우에는 피살이라는 죄명을 붙여 포악한 군주와 흉악한 아버지를 두려움에 떨게 한다. 후대에 맹자가 "한 사내 주를 주살했다는 말은 들었지만, 군주를 시해했다는 말은 들은 적이 없다."[53]라고 한 것은 바로 이에 근본한 것이다. 사마천은 "『춘추』는 수만의 글을 지어 수천의

52) "人長理不長, 那怕鬍拖尺把長."은 중국 속담이라 하는데, 정확한 의미는 미상이다. —옮긴이

53) 『孟子』에 나오는 말이다. "聞誅一夫紂, 未聞弑君."(「梁惠王下」) —옮긴이

의리를 가리켰다."[54]라고 했다. 이와 같은 "미언대의", "대단히 이상한 의리와 괴이한 논의"는 대단히 많다. 구질서가 이에 이르러 서서히 변질되고, 신질서가 부지불식중에 탄생되었다.

신질서는 윤리사회의 질서를 가리키는데, 대략 앞 장에서 논한 바와 같다. 신질서의 탄생은 상당히 후대의 일이다.—반드시 봉건이 해체된 후로, 대략 서한에 해당한다. 그러나 근원을 따져보면 공자에 귀착시키지 않을 수 없다. 공자의 춘추대의는 당시의 봉건질서에 대해 수정작업을 하여 그것을 이상화하려고 했으나, 결과는 허사였다. 그러나 직접적 성과는 없었지만, 간접적 효과는 있었다. 하나는, 사람의 이성을 계발하여 일체의 구습속 · 구관념이 회의와 상량을 용납하지 않는 독단성을 잃고 정리(情理)에 의거하여 헤아리게 한 것이다. 본래 상세하고 은미하며 복잡다단한 『춘추』의례로는 세속을 깨우칠 수 없었지만, 정리는 사람 마음에 본래 있어서 한번 계발되자 성대한 세력을 이루고 점차 모든 것을 헤아리려 하여 아무도 막을 수 없게 되었다. 이것이 신질서 탄생의 근본이다. 두 번째는, 효제를 간곡하게 권하고 가정에서 부자간의 은혜를 돈독하게 하며, 또한 가까운 데서 먼 데로 미루어 행할 바를 잘 확장시켜 사회관계를 정의(情誼) 위에 세운 것이다. 이는 또한 사람 마음에 고유한 것에 의거하여 유도해간 것으로서, 저절로 융성하여 막을 수 없는 형세가 있었다. 중국사회에 온후한 기풍이 있고 위계의 구분에 여지가 있으며 윤리가 결국 봉건을 대체하여 신질서가 된 것은 본래 여기에 근본한다.

윤리가 봉건을 대체하여 신질서가 된 것은 여기서 일단의 예를 들어 증명할 수 있다. 가령 친형제 두 사람은 부모가정에서는 자연스런 감정

---

54) 『史記』에 나오는 말이다. "春秋文成數萬, 其指數千."(「太史公自序」) —옮긴이

에 따라 어떤 차별도 없다. 그러나 봉건사회에서는 장성하여 부친이 죽고 자식이 승계할 때 형제가 전혀 다른 대우를 받게 된다. 형은 작록과 재산을 이어받고, 아우에게는 주지 않는다. 이러한 장자계승제는 어디서 나온 것인가? 메인(Henry S. Maine)[55]은 『고대법』이라는 명저에서 하나의 원칙을 지적했다. "계승제가 정치와 관련을 맺은 것은 다 반드시 장자계승제에서이다." 대체로 봉건질서, 종법질서는 모두 당시 정치상 경제상에서 필요하여 건립된다. 거기서는 초가정적인 대집단생활이 비할 바 없이 강대한 힘을 가져 가정감정을 억제한다. 시간이 흐르고 상황이 변하여 필요성이 없어져도 습속은 전지지만 연원은 망각되어, 이 제도는 항상 기계적으로 존재한다. 항일전쟁 이전(1936년) 내가 일본에 가서 농촌을 참관했을 때, 이른바 "장자학교(長子學校)"라는 것을 보고 의아하게 생각하여 물은 적이 있다. 그래서 농가의 토지가 장자계승에 따르고 다른 아들에게는 나눠주지 않는다는 것을 알았다. 나머지 아들들은 대부분 도시로 전입하여 생활을 도모하고, 장자는 대부분 향촌에 남는다. 따라서 그 교육에도 차이가 있게 된다. 이로부터 봉건으로부터 오래되지 않아서 남아 있는 풍속이 여전히 존재함을 볼 수 있다. 사실 유럽국가에서도 이런 풍속이 최근까지 보존되었다. 중국만이 그렇지 않다. 중국이 유산을 여러 자식들에게 균분하는 방법을 실행한 것은, 량치차오의 『중국문화사』에 따르면 거의 2천 년이 된다.(『飮氷室合集』 專集, 제18책) 이는 작은 일이 아니고, 또한 우연적인 일도 아니다. 이는 자연스런 인지상정

55) 메인(Henry James Sumner Maine, 1822-1888)은 영국 법률가이자 법학사로, 비교법학의 개척자이다. 케임브리지대학 교수를 역임하고, 런던 법학원에서 로마법을 강의했다. 그의 *Ancient Law: Its Connection with the Early History of Society, and Its Relation to Modern Ideas*(1861)는 정치학과 인류학에 큰 영향을 미친 것으로 평가된다. —옮긴이

으로 봉건질서의 부자연스러움을 제거한 것이다. 이른바 윤리로 봉건을 대체했다는 것이 그 현저한 일단이다. 일반적으로, 가정 이외의 대집단의 세력으로 가정관계를 지배하는 것은 다 밖으로부터 안으로 들어가는 것이라고 할 수 있고, 그런 사회의 많은 정리(情理)에 가깝지 않은 불평등한 일은 근대에 이르기 전에는 쉽게 수정되지 않는다. 그리고 이런 가정 부자형제의 감정관계를 사회상에 확장시킨 것은 안으로부터 밖으로 나아가는 것이라고 할 수 있다. 대사회도 그래서 평등한 기운과 친절한 의미를 풍부하게 했는데, 이는 여타의 어떤 오래된 사회에도 없는 것이다. 이런 변화는 부지불식중에 행해졌고, 윤리질서는 하루아침에 생겨난 것이 아니다. 그것은 일종의 예속이고, 종교와 봉건을 벗어나 사회에서 자연스럽게 형성된 예속이다. 예속은 일반적인 경우에 비춰보면 종교에 수반된다. 종교는 의례 봉건을 엄호하고, 예속은 봉건의 지지를 받는다. 그러나 이것[유가의 예속]은 한 학파에 의해 계발된 것이고 종교에 덧붙여진 것이 아니었으며, 더욱이 종교가 결국 이에 의해 쇠퇴했다. 그것은 사회의 광범한 지지를 받았고 봉건 혹은 어떤 세력에 의지하지 않았으며, 더욱이 봉건이 바로 그것에 의해 대체되었다.

이 예속이 바로 후반 2,000년간 중국문화의 골간이다. 그것은 중국사회의 조직구조를 규정하고, 대체로 줄곧 변화가 없었다. 전 세계에 수수께끼인 중국사회 문제가 바로 여기서 나온다. 이른바 오랫동안 변화없는 사회, 장기간 정체된 문화는 이것에 다름 아니다. 어떻게 그것이 그렇게 오랫동안 변화지 않을 수 있었는가? 18세기 유럽 자연법사조에 있던 케네(Francois Quesnay)[56]는 이렇게 대답한 적이 있다. "중국이 외치는 천

56) 케네(Francois Quesnay, 1694-1774)는 프랑스의 경제학자로, 중농주의의 창시자이다. 농업자본의 재생산 문제를 도표로 표시한 *Tableau economique*(1758)를 작성하여, 여기에서 농업만이 부를 창조하는 유일한 부문이며 상업과 공업은 비생산적인 것이

리와 천칙은 바로 자연법이다. 중국 문물제도는 바로 자연법에 근본한다. 그래서 자연법과 마찬가지로 유구하다." 이 주장은 통찰력이 있다. 예속은 본래 시대에 따라 변하는 것인데, 그것이 이처럼 오랫동안 행해진 것은 대개 인심에 근거하고 어떤 세력에 의해 유지되지 않았기 때문이다. 바로 맹자가 말한 "성인은 내 마음의 동질성을 먼저 얻을 사람이다."[57]라는 것과 같으며, 원래 공자가 처음 계발한 노력이 합당하다는 점이 실로 가장 중요하다.

내 생각으로는, 공자가 처음에 착안한 것은 사회질서 혹은 사회조직이라기보다는 개인이었다. 개인이 어떻게 자신을 완성하는가, 즉 중국의 옛말인 "어떻게 사람이 될 것인가?"였다. 그러나 사람은 실로 많은 관계로 짜여진 가운데 있는 한 점이다. 사람이 되는 문제가 바로 여기서 생겨나므로, 사회조직·사회질서도 자연히 주목의 대상이 된 것이다. 가령 고대 그리스에서 원만한 인격자와 훌륭한 시민이라는 두 관념은 쉽게 구별되지 않는다. 이는 단체(도시국가)의 한 구성원이라는 입장에서 개인을 본 것이고, 마침내 단체관계가 주목의 대상이 된다. 중국의 상황은 대체로 초기부터 그와 다르다. 왜냐하면 공자가 그런 입장을 취하지 않고, 가정의 일원이라는 입장에서 보았기 때문이다. 가정에서는 아버지의 아들, 아들의 아버지 …… 등의 윤리관계를 매우 쉽게 볼 수 있고, 전체의 조직관계는 그 다음이다. 그렇지만 원만한 인격이 바로 가장 좋은 "가정의 일원"이라는 추상적이고 애매모호한 말은 불가능하다.—이것이 첫 번째 단계이다. 두 가지 노선이 여기서 나뉜다. 하나는 단체와 개인 간의 관계에 중점이 있는 것이고, 다른 하나는 이 사람과 저 사람 사이의 관

라고 주장했다. —옮긴이

57) 『孟子』에 나오는 말이다. "聖人先得我心之所同然."(「告子上」) —옮긴이

계에 중점이 있는 것으로서 가정에서 비롯된다. 개인이 자식으로서 효도하고 아버지로서 자애하고 …… 그럴 때 효도와 자애는 인후하고 돈독한 정에 근본한다. 그렇다면 이 정감을 어떻게 돈후하게 할 것인가가 자연히 착안의 대상이 된다.―이는 두 번째 단계이다. 공자일파가 (중국 내지 세계의) 다른 학파와 비교할 때 다른 점이 여기서 두드러진다. 공자학파가 효제의 권면과 인후하고 돈독한 정이 최대의 특색임은 널리 알려진 사실이다. 효성스런 아들, 자애로운 아버지 …… 개인으로서는 자신을 완성하고, 사회로서는 어떤 조직과 질서가 이로부터 완성될 수 있다. 이것은 하나의 일이고, 두 가지 다른 일이 아니다. 그리스인이 개인 인격을 완성할 때 동시에 도시국가의 조직도 완성되는 것과 마찬가지다. 그러나 도시국가 중의 지위관계와 권리의무는 법률에 나타나고, 여기서는 단지 예속으로 드러나며 법률로 만들 수 없다. 이것이 세 번째 단계이다. 그리고 윤리명분이 이로부터 생겨난다.

예속과 법률은 어떻게 다른가? 몽테스키외는 『법의 정신』에서 이렇게 말했다.

> "대개 법률은 세우는 자가 있고 인민이 지키며, 예속은 세우는 자가 없고 인민이 완성하는 것이다. 예속은 같은 기풍에서 생겨나고, 법률은 일정한 제도에 근본한다."(옌푸 역, 『법의 정신』, 19권 12장)

이는 양자가 유래하는 방식이 다름을 지적한 것이다. 사실 이 상이함은 본질상에서도 구분된다. 예속은 사람들에게 이상적으로 지향해야 할 바를 보여주고, 사람은 그에 따라 스스로 면려할 바를 알고 그렇게 되기를 기대한다. 법률은 사람에게 사실을 확정하여 보여주고, 국가가 그에 따라 독려하고 수행하며 출입이 있을 수 없다. 양자가 때로 뒤섞이는 수도 있으나 대체로 이와 같다. 가장 두드러진 것은, 객관적 기준이 결여된 요구들은 법률에 수용되기 어렵고, 사람이 자기 노력에 의지하는 것은 오직 풍속과 예속에서만 나올 수 있다는 점이다. 법률은 사람에게 도덕을 요구하지 않고, 도덕을 요구하는 것은 법률 밖의 일이다. 그러나 예속은 사람에게 도덕을 기대하고, 도덕이 통속화되면 예속이 된다. 이것을 분명히 이해하면, 중국윤리처럼 정의(情義)에 기초한 조직관계가 예속으로 발전하고 법률을 이루지 못하는 이유도 명백해질 것이다.

장둥쑨은 『이성과 민주』에서 이렇게 말했다. "고대 그리스로마 이래 서구의 조직과 질서는 법률에 드러나는데, 중국은 그렇지 않다. 옛날부터 중국의 이른바 법률은 형률에 불과하며, 규정된 것이 다 형벌과 유관하다 그것은 사회조직을 규정하는 기능이 없으며, 단지 사람이 기성질서를 파괴하는 것을 방지하는 기능만 가진다. 사회조직과 질서는 대부분 '예'에 있다."(張東蓀, 『理性與民主』, 62-67면. 원문은 매우 긴데 대체적인 의미는 이와 같다.) 장둥쑨은 바로 이것을 파악한 것으로, 우리의 주장을 입증해주기에 족하다. 그러나 장둥쑨은 왜 서양은 법률로 나아가고 중국은 예속으로 나아갔는지에 대해서는 논하지 않는다. 이제 우리가 그 원인을 따져보면 이렇다. 상술한 세 번째 단계가 일찍이 첫 번째 단계를 결정했다. 서양은 처음부터(그리스 도시국가) 단체와 개인 간의 관계를 중시하고, 필연적으로 (단체의) 권력과 (개인의) 권익에 유의하며 그 한계가 경직된 것 같아 명확할수록 좋아서 법률로 나아가고 이상적인 생활이 그 속에 있다. 중국은 처음부터 달랐고, 주공(周孔) 이후에는 더욱 분명하게 가족부자 간의 관계를 중시하여 심리에 반영된 것은 다 피차간의 정(情)과 의(義)였다. 그 한계가 유연하여 돈후할수록 좋다고 여겨서 예속으로 나아갔고, 그로부터 이상이 추구하는 것이 밝혀지고 조직질서도 그에 따라 기초가 다져졌다.

유가의 윤리명분은 본래 습속관념의 양성을 꾀한다. 이들 관념에서 인격이상을 명시하고 동시에 조직질서도 안배되어 나온다. 왜냐하면 상이한 명분은 상이한 직위와 다름없고, 그것들이 배합되면 사회가 구성된다. 『춘추』에서는 말하는 명분은 실로 외국 법전의 수정과 다름없다. 문화의 중심이 되는 시비취사와 가치판단이 여기에 나타난다. 문화에 골간에 되는 사회구조가 여기에 갖춰져 있다. 참으로 극히 중요하다. 공자가 "나를 아는 것은 오직 『춘추』일진저! 나를 죄줄 것도 오직 『춘추』일진저!"[58]라고 한 것도 당연하다. 그러나 법전이 아니고 예(禮)이다. 그것은 오직 피차 상대의 관계에서 말하고, 오직 마땅히 있어야 할 정(情)과 의(義) 위에서 말하고, 각자가 자각하고 스스로 힘쓰기를 기대한다. (스스로 명분을 돌아보고 의리를 생각한다.) 이는 마치 철로를 놓아 도덕으로 인도하는 것과 같고, 동시에 앞에서 말한 예악읍양이 행해지게 된다. 이에 도덕이 사람에게 매우 자연스런 일로 된다. 여론의 제재(사회에서 명분에 따라 실행을 요구하는 것) 외에는, 법전에서 높다랗게 위에 있는 강대한 권력으로 독려하여 시행하는 것과 다르다. 이른바 도덕으로 종교를 대체하는 것이 여기에 이르러 완성되었다. 그렇지 않으면 대체할 수 없다.

그러나 『춘추』에서 구상한 그러한 질서는 결국 실현되지 않았다. 이는 상술한 바 "공자가 당시 봉건질서에 대해 수정하려는 노력을 가하여 그것을 이상화하려고 했지만 결과는 허사였다."라는 것이다. 그가 후세에 남겨준 것은 단지 윤리질서의 큰 윤곽이다.

58) 『孟子』에 나오는 말이다. "知我者其唯春秋乎, 罪我者其唯春秋乎."(「滕文公下」) ―옮긴이

7장

이성 – 인류의 특징

1. 이성의 정의

이상의 논의에서 보면 중서문화의 차이는 실로 종교문제에서 갈린다. 중국에는 종교가 결핍되어 있는데, 이는 이성이 일찍이 개발되었기 때문이다. 그렇다면 이성은 무엇인가에 대해 명확하게 탐구하지 않을 수 없다. 내 소견으로는, 이성은 실로 인류의 특징인 동시에 중국문화의 특징이 담긴 부분이다. 이것은 이 책에서 가장 중요한 개념이다. 이것에 대한 설명은 달리 전문적인 저서를 필요로 하지만, 여기서 설명해볼 필요가 있다.

이성이란 무엇인가? 지금 우선 "이성은 사유와 언어에서 시작된다."라고 대답하겠다. 사람은 동물이다. 동물은 움직이려 한다. 그러나 인간에게는 행동에 비해 완화되고 미묘한 말 혹은 사유라는 것이 있다. 그것은 움직이지 않는 것에 비해서는 움직이는 것이고, 움직임에 비해서는 고요한 것이다. 사유와 언어에 대해 심리학자는 "사유는 소리를 내지 않는 말이고, 말은 소리를 내는 사유이다."라고 말하여, 원래 크게 구분하지 않는다. 이성은 참으로 사유와 언어에서 시작된다. 그러나 사람이 사유하고 말할 수 있는 것은 원래 이성을 가지고 있기 때문이니, 이 두 측면도 크게 구분할 필요가 없다.

이성이 어디에 있는지 알고 싶은가? 다른 사람을 관찰하거나 자신을 반성하여, 심기가 화평하고 마음속이 텅 비어 있어서 남의 말을 가장 잘 들을 수 있고 피차간의 말이 가장 쉽게 소통될 때가 이성이 있을 때이다. 이른바 이성이란 요컨대 평정하고 통달한 심리일 뿐이다. 이는 매우 비근하고 평범한 듯하지만, 실제로 우주에서 가장 고귀한 것이다. 우주의 모든 것 중에서 유일하게 기계화에 빠지지 않는 것이 인간이다. 그리고 인간이 유일하게 기계화에 빠지지 않는 것도 여기에 달려 있다.

일반적으로 말해서, 인류의 특징은 이지에 있다고 한다. 이는 본래 틀리지 않다. 그러나 나는 인류의 특징이 이성에 있다고 본다. 이성과 이지는 어떻게 구별되는가? 결국 하나인가, 둘인가? 원래 "이성"·"이지"는 단지 최근 3, 40년 동안 중국의 서적에서 늘 발견되는 것이고, 습관상 거의 구분없이 통용되며 가리키는 바가 동일하다. 양자를 구분하여 쓰고 각기 지시하는 바가 다른 것은 소수의 견해에 속한다.[1)] 이는 한편으로는 양자가 긴밀하게 서로 관련되어 있어 변별하기 쉽지 않은 때문이고, 다른 한편으로는 용어가 아직 생소하고 글자가 별 차이가 없어서 여전히 바로잡지 않았기 때문이다.

생물의 진화는 생활방법에 따라 진행된다. 생활방법에서 보면, 식물은 한 곳에 정주하고 무기물질을 양분으로 섭취한다. 동물은 돌아다니며 먹을 것을 구한다. 분명히 하나는 움직이고 하나는 정지해 있어, 양대 방향으로 각기 발전해나간다. 동물 가운데 절지동물은 본능을 지향하고,

---

1) 張東蓀의 『思想與社會』에는 張君勱의 서문이 있다. 거기에서는 理智를 理性의 일부로 보고, 양자에 대해 구별하는 듯하다. 애석하게도 양자를 구분할 때 특히 "이성이 무엇인가"에 대해 설명이 명료하지 않다.

그와 달리 척추동물은 이지를 따른다. 본능을 따르는 것은 태어나면서 선천적으로 안배된 방법에 따라 생활하는 것이다. 반대로 선천적 안배로는 부족하고 후천적으로 방법을 생각하고 학습하여 생활할 수 있는 것이 이지의 길이다. 전자는 벌과 개미가 대표적이고, 후자는 인류에서 절정에 달한다. 종합하면 생물의 생활방법에는 이러한 3대 노선이 있다.

삼자를 비교하면 식물의 생활이 가장 수월하고, 본능에 의한 생활이 다음이며, 이지의 길이 가장 힘들다. 기생동물은 동물 중에 게으른 자로, 가장 쉬운 길로 돌아간 것이다. 척추동물은 어류 · 조류 · 포유류 · 원후류(猿猴類)에서 인류에 이르기까지 순차적으로 이지로 나아갔고 또한 차례로 본능에서 멀어졌다. 그들은 똑같이 이지를 지향하지만, 일부는 진전의 정도에서 다소 치우쳐서 도달하지 못했다. 이른바 치우침이란 쉬움의 추구를 면하지 못한 것이다. 일찍 쉬움을 추구하면 일찍 기로에 들어선다. 시종 어려움을 두려워하지 않는 자만이 경지에 도달할 수 있다.—이것이 바로 인류이다.

인류만이 이지의 길을 완성했다. 그러나 이지는 본능 중에서 본능에 반하는 경향이다. 이 경향에 따라 발전해가면 본능이 흐려져 나타나지 않고 약해져서 강하지 않지만, 결코 인간의 생활은 아니다. 이지가 있으면 본능을 필요로 하지 않는다. 나머지는 이지가 충분히 발달하지 않을수록 당연히 더욱 본능에 의지하게 된다. 때문에 인류를 제외하고는 대체로 각 고등동물이 여전히 본능생활을 한다.

인류는 본능생활에서 해방되었다. 본능에 의지하여 생활하는 자는 생활의 도구가 신체에 있고 한정되어 있다. 사람은 신체 외에 도구를 무한히 창조하여 사용한다. 본능에 의지하여 생활하는 자는 태어나면 (혹은 단기간 내에) 능력이 있지만, 그 능력에 한계가 있다. 인간은 처음에는 무능하지만, 마침내 무소불능이다.—그 전도가 완전히 무한하다.

인류가 본능생활에서 해방되는 것은 자신의 생명과 외물 사이에 특정한 행위관계가 있지 않다는 데서 시작하여 비교적 소원해져서 초월적인 자유에까지 이른다. 이는 구체적인 사물에 대한 신체 감각기관의 작용을 감소·약화시키고 사유작용을 확대시키는 것이다. 사유작용은 경험을 축적하여 구체적 사물을 추상적 관념으로 변화시켜 운용하는 데 있다. 그 성질은 행위하기 전의 유예작용이다. 유예의 연장은 냉정이고, 지식이 여기서 생겨나며, 더 나아가 지식에 의거하여 문제에 대처한다. 이것이 이지에 의해 생활하는 대강이다.

인류의 이지에는 두 가지 증거가 있다. 하나는 언어에서 입증할 수 있고, 다른 하나는 아동기가 특히 길다는 사실에서 입증할 수 있다. 언어는 관념을 대표하는 것으로, 실로 지식의 산출에 큰 도움이 된다. 아동기의 연장은 한편으로 감각기관의 습관을 단련하여 본능을 대신하고, 다른 한편으로는 앞사람들의 경험을 습득하여 지식을 풍부하게 한다. 그래서 이지에 의지하여 생활하는 자는 후천적 학습을 중시한다.

생활방법에서 볼 때 인류의 특징이 의심의 여지없이 이지에 있다. 이상의 논의는 이것을 의미한다. 그러나 여기에 의도치 않게 대변동, 비교할 수 없는 큰 변동이 숨어 있다. 그것은 바로 모든 생물이 생활문제(개체의 생존과 종족의 번식을 포함하여)를 둘러싸고 생활하는 데 그치고 거기서 한 걸음도 벗어나지 못하는데, 인류는 유연히 앞으로 나아가 그 한계를 돌파한다는 것이다. 우리가 이 인류생명 본질의 특수성을 인식하지 못하고 단지 생활방법에서만 고찰한다면, 실로 경중이 도치된 것이다.

각종 본능은 다 생활을 영위하려는 수단방법이다. 하나하나가 다 작위적이다. 인류가 이지를 향해 나아갈 때 생명이 본능을 초월하는 것은 수단방법에 한정되지 않고 앞이 확 트이면서 밝아져 작위적이지 않은[無所爲] 경지에 도달할 수 있다는 데 있다. 어떤 사물에 대한 흥취와 행위가 반드시 생활을 위한 것은 아니다.—자연히 (의식적이든 무의식적이든) 생활을 위한 것도 가능하다. 가령 진리를 추구하는 마음, 선(善)을 좋아하는 마음은 진실로 인류생명의 강고하고 방대함이 자연히 그러한 것이고, 생활을 영위하기 위한 수단 혹은 그 일종의 변형이라고 해석할 수는 없다.

대개 이지는 반드시 "무소위"의 냉정한 경지에 이르러야 그 작용을 다할 수 있다. 이로부터 의도치 않게 사사로움이 없는 감정(impersonal feeling)이 나온다. 이것이 바로 이성이다. 이성과 이지는 사유작용의 양면이다. 지식의 측면은 이지이고, 감정의 측면은 이성이다. 양자는 본래 긴밀하게 연관되어 있어 분리되지 않는다. 가령 숫자를 계산할 때, 계산하는 마음이 이지이고 정확하기를 꾀하는 마음이 이성이다. 계산이 틀렸을 때 스스로 감추지 못하는 것은 매우 강력한 감정인데, 이 감정은 사사로움이 없고 어떤 생활문제를 위한 것이 아니다. 분석 · 계산 · 가설 · 추리 등 이지의 작용은 무한하지만 주장을 하지 않고, 주장하는 것은 이성이다. 이성의 취사는 동일하지 않지만 요컨대 사사로움이 없는 감정[2)]이 중심이다. 이것은 일반 생물이 생활만을 추구하는 것과 달리 인류는 더욱 향상하려는 일념이 있고 생활의 합리를 추구하는 까닭이다.

본능생활은 부득불 행할 수밖에 없는 것을 행하고, 부득이 멈출 수밖에 없는 데서 멈춘다. 착오가 생기지 않도록 조심할 필요가 없다. 고등동물은 때로 착오가 있는데, 자각하기 어렵고 또 책임지지 않는다. 오직 인류의 생활만이 도처에서 사유작용에 의지한다. 즉 도처에서 착오에 이를 수 있다. 착오를 자각하면 항시 마음이 편치 않다. 착오가 없음은 귀하지

2) 사사로움이 없는 감정(impersonal feeling)은 영국의 러셀이 『사회개조원리』에서 제시한 것으로, 여기서 내가 의미하는 바와 별 차이가 없다. 참고하기 바란다.

않다. 착오가 귀한 것이 아니라, 착오를 저지르고 착오에 대해 마음 편치 않은 것이 가장 귀하다. 이것은 이성의 일이다. 그러므로 이성이 모든 것보다 귀하다.

이지를 인류의 특징으로 보는 것은 인류의 특징이 이성이라 하는 것만큼 절실하고 뚜렷하지 않다. 그래서 나는 인류의 특징은 이성에 있다고 말한다.

2. 두 종류 이치와 두 종류 착오

인류가 일반동물보다 우월하게 여겨지는 것은 실로 그 사유작용 때문이다. 사유작용은 감각기관의 작용에 대해 하는 말이다. 고등동물에서 사유작용은 처음부터 볼 수 있는데, 감각기관의 작용과 혼연히 하나가 되어 구분하기 어려워서 감각기관의 작용에 가려지는 것을 면치 못한다. 인류에 이르러서야 사유작용이 발달하여 감각기관의 작용을 초월한다. 그래서 인류의 특징은 원래 사유작용에 있다고 해야 한다. 즉 내가 서두에서 "이성은 사유와 언어에서 시작된다."고 말한 것도 이 사유작용을 가리킨다. 그러나 사유작용을 분석할 때는 실로 상이한 양면이 있고 각기의 이치가 있어 다른 용어로 표시해야 한다. "사유작용"이라는 용어는 그 통일체를 가리킨다. 이렇게 해야 가장 분명하고 적당할 듯하다.("사유작용"이 합리 · 순리(循理)의 의미를 나타내지 못하는 것은 애석하다.)

사유작용은 인류의 특장이고, 인류문화가 이로부터 발생한다. 고대 중국이나 근대 서양처럼 발달한 문화는 다 이 특장을 매우 탁월한 경지에까지 발휘한 것이다. 그러나 각기 편향된 면이 있다. 즉 서양은 이지가 뛰어나고 이성이 부족하며, 중국은 이성이 뛰어나고 이지는 부족하다. 이런 주장을 실증하기 위해서는 이성과 이지에 대해 다시 설명할 필요가 있다.

과거 중국인은 항상 "책을 읽어 이치를 밝힌다[讀書明理]."라는 말을 하기 좋아했다. 향촌에서는 더욱이 항상 누군가를 "책을 읽어 이치를 밝히는 사람"이라고 부르는 것을 들을 수 있다. 여기서 "이치"는 무엇을 가리키는가? 번거롭게 해석하지 않아도 중국인에게는 명백하다. 그것은 물리의 이치, 화학의 이치, 일체 자연과학의 이치를 절대로 포함하지 않으며, 사회과학의 허다한 이치도 포함하지 않는다. 동일한 말을 서양인이 들으면 아마 다르게 이해할 것이다! 중국에도 많은 책이 있고 서양에도 많은 책이 있으며, 거기서 많은 이치에 대해 설명한다. 그러나 책을 한번 펼쳐보면 아마 다를 것이다. 중국 책에서 말하는 것은 결국 부모의 사랑, 자식의 효도, 부끄러움 알기, 타인의 사랑, 공평, 신실 같은 인간세상의 허다한 정리(情理)에 편중된다. 서양 서적은 논하는 것이 자연과학의 이치가 아니면 사회과학의 이치 혹은 순추상적인 수리와 논리일 것이다. 그래서 "책을 읽어 이치를 밝힌다."라고 하면 바로 이들 과학의 이치를 분명하게 안다고 생각한다.

과학의 이치는 정적 지식이다. "이러이러하다"는 것을 아는 데 그치고, 당장 어떤 행위를 발동시키는 힘이 없다. 중국인이 말하는 이치는 사람들의 행위방향을 지시하는 데 있다. 가령 "사람으로서 믿음이 없으면 할 수 있는 게 무언지 알 수 없도다!"[3], "재물에 접했을 때에는 구차하게 얻으려 하지 말고, 어려움을 당해서는 구차하게 모면하려 하지 말아야 한다."[4]와 같이 항상 매우 힘 있는 말이다. 그것이 추상적이어서 눈앞의 어떤 사람이나 사실을 특별히 지시하지 않을 수도 있으나, 정적이지 않고

3) 『論語』에 나오는 말이다. "人而無信, 不知其可也!"(「爲政」) —옮긴이
4) 『禮記』에 나오는 말이다. "臨財毋苟得, 臨難毋苟免."(「曲禮」) —옮긴이

동적이다. 과학의 이치도 행위와 유관할 수 있으나, 사람에게 일정한 방향을 제시하지 않는다. 가령 "전기를 만지면 죽을 수 있다."고 하지만, 만지고 만지지 않고는 너에게 달려 있다. 사람이 죽음을 두려워하면 본래 그것을 피하려고 하지만, 자살하려는 사람은 아마 전기에 접할 수도 있어서, 일정하지 않다. 과학은 대체로 "이렇게 하면 장차 저렇게 된다."라는 공식이다.

이른바 이치가 이처럼 달라서 구분해서 다른 용어를 부여하는 것이 타당할 것 같다. 전자는 인정상의 이치로 "정리(情理)"라고 간략히 불러도 무방하다. 후자는 사물상의 리로서 "물리"라고 간략하게 불러도 무방하다. 양자는 인식상에서 본래 구별된다. 요즘 유행하는 말 가운데 "정의감"이 있다. 정의감은 일종의 감정으로, 정의에 대해 흔연히 수용하고 옹호하며 정의에 부합하지 않는 것에 대해서는 혐오하고 거절한다. 정의감은 정의를 인식하는 능력이다. 이 감정을 떠나서는 정의를 얻을 수 없다. 일체의 시비선악의 이치가 다 이러하다. 머리를 끄덕이면 옳고 머리를 흔들면 그르다. 선(善)은 기꺼이 복종하고 숭경하며 찬탄하는 심정에 달려 있고, 악(惡)은 혐오하고 미워하며 불평하는 심정에 달려 있다. 정리의 이치는 이러하지만, 물리의 이치는 그렇지 않다. 정리는 주관의 호오를 떠나면 인식할 수 없다. 물리는 주관의 호오를 떠나지 않으면 인식할 수 없다. 물리는 사물의 관측에서 얻고, 관측은 사람의 감각과 추리에 의지한다. 사람의 감각과 추리는 원래 인류가 본능을 초탈하여 냉정해져서 나온 산물이고, 또한 일체의 감정을 제거한 후에 그 작용을 다할 수 있다. 그래서 과학자들은 모두 냉정함으로 칭송받는다. 그러나 상반된 가운데 서로 같은 점이 있다. 즉 정리는 감정에서 드러나지만, 그것은 반드시 사사로움이 없는 감정이다. 사사로움이 없는 감정은 [과학에 사용되는 감각 · 추리와 마찬가지로] 인류가 본능을 초탈하여 냉정해짐으로써 나온 산물이다. 이는 앞에서 이미 지적한 바다.

결국 두 가지 다른 이치는 두 가지 다른 인식에서 나온다. 감정을 배제한 연후에 인식이 예리해지는 것을 이지라 부르고, 호오를 속이지 않고 저절로 명료하게 판별하는 것을 이성이라 부른다.

동물은 본능에 의지해서 생활하므로 착오라고 할 것이 거의 없고 착오의 자각은 더욱 없다. 착오는 사람의 일이다. 인류는 착오를 저지르기 매우 쉽다. 인류의 착오에는 두 종류가 있다. 학교 시험에 비유하면, 학생이 답을 틀리게 한 것은 지식상의 착오이고, 시험 중에 부정행위를 한 것은 행위상의 착오이다. 전자는 학습에서 저능을 드러낸 것으로 지능 문제에 속한다. 후자는 품성 문제에 속한다. 지능 문제는 이지와 유관하고, 품성 문제는 이성과 유관하다. 사후에 자신의 착오를 자각한다면, 전자의 자각은 이지에 속하고 후자의 자각은 이성에서 나온다.

두 가지 상이한 착오는 자연히 두 가지 상이한 이치에 대하여 말한 것이다. 우리는 때로 이치에 의거하여 착오를 발견하고, 때로 착오를 통해 이치를 인식한다. 특히 후자의 경우인 정리의 이치는 변화를 통해 불변의 것을 인식한다. 가령 착오가 없다면 본래 이치가 있음을 알지 못할 것이다. 이치는 불변이고 착오는 변화한다. 그러나 변화가 불변보다 더 많다. 두 가지 착오는 사람에게 쉽게 일어나고 항상 일어난다. 이는 무엇 때문인가? 착오는 (이것도 할 수 있고 저것도 할 수 있는) 두 가지 가능성 사이에서 생겨난다. 두 가능성이 결정되지 않으면, 이지로부터 본능이 풀려난다. 생명의 기계적인 부분이 풀려난다. 기계에 의지하지 않으면 생명이 저절로 그 작용을 드러낸다. 그러면 자연히 매우 영활하고 도처에서 마땅하게 되어 더 이상 좋을 수가 없다. 그러나 생명이 항상 그 작용을 드러낼 수 있는가? 문제는 여기에 있다. 만일 항상 드러낼 수 있다면, 착오가 없을 것이다. 그렇지만 생명이 기계에서 벗어난 후에는 흥분과 나태가 있어서 언제나 동일할 수 없다. [본능이] 풀려난 틈은 항상 생명에 의해 채워지기를 기다린다. 한 순간이라도 게으르면 착오가 생겨난다. 이때에 기계적 정확성이 없으면 다시 생명의 영활을 상실한다. 착오에는 두 가지가 있지만, 그것을 초래하는 이유는 대부분 여기에 있다. 사람의 생명이 게으르지 않기는 실로 어렵다. 그래서 착오가 수시로 생겨난다.

게으르지 않기 어려운 것은 대개 게으름은 본래 게으름이지만 흥분도 게으름이기 때문이다. 왜 흥분도 게으름이라고 하는가? 흥분은 결국 일으키는 것이 있다. 저기서 일어나고 여기서 벗어난다. 흥분은 마찬가지로 항상적 동일성에서 잘못되는 것이다. 항상적 동일성에서 잘못되는 것이 게으름이다. 다시 설명하면, 본능은 외계사물에 대한 감각기관의 선천적 조직적 반응이고, 이지는 본능 가운데 본능에 반하는 경향, 즉 앞에서 말한 "풀어짐"이다. 생명이 그 풀어진 틈을 메우면 그 작용이 저절로 드러나는데, 그것이 마음이다. 그러나 마음은 줄곧 대외적이지 않고, 감각기관을 통해서만 그 작용을 드러낸다. 다른 점은, 하나는 감각기관이 스스로 주체가 되는 것이고, 하나는 감각기관이 마음을 주체로 삼는 것이다. 그 기제가 매우 미묘하며, 그 구분이 매우 은미하다. 항상 동일하려면 미묘한 데서 항상 동일해야 하는데, 그것이 어찌 쉽겠는가? 미묘함이 상실되면 감각기관의 기계적 세력에 함락되고 마음을 볼 수 없다. 흥분과 게으름은 상반된 듯하지만, 이 점에서 실로 같다.

그렇지만 착오 가운데 엄중한 것은 의도적 악행만 한 것이 없다. 무심코 행한 악은 가볍고, 무심코 행한 잘못은 소홀과 해이에서 나온다. 의도적 악행은 분노 혹은 욕망이 이성을 가리고 이지를 도구로 삼는 데서 나온다. 분노와 욕망은 격렬한 감정으로, 이른바 "충동"이다. 충동은 본능에 붙어서 나타나고, 본능은 감각기관에 결합되어 나타난다. 상술한 것처럼 각종 본능은 다 작위적이고 일삼는 바가 있으며, 이성은 작위적이지 않고 일삼는 바가 없다. 그리고 이지와 이성은 사유작용의 인식과 감정의 양면이고, 인류에게 가장 고귀한 것은 감각기관의 반응이 감소하고 약화되며 사유작용이 확대되어 행위가 고요하고 초탈한 것이라고 했다. 그래서 분노와 욕망이 이성을 은폐하고 이지를 도구로 삼는 것은, 치우친 이기심이 사사로움 없음을 대체하여 일어나고 고요함이 격렬함에 의해 상실되고 감각기관이 스스로 주인이 되어 사유를 부리는 것이다. 사유작용은 악행의 소재가 아니고, 오히려 선행이 나오는 연원이다. 감각기관의 작용은 악의 소재가 아니고, 오히려 선이 그 행동에 의지해서 이뤄진다. 인류의 생명에서는 악을 찾을 수 없다. 그런데 결국 악이 있는 것은 다름 아니라 사유와 감각기관이 전도되어 위계질서를 잃었기 때문이다. 모든 악은 매우 다양하지만 결국 이 방식에서 벗어나지 않는다. 격렬함에 빠졌다가 잠시 가라앉으면 후회하는 것은, 이성이 나타나고 사유와 감관이 자기 자리로 돌아온 것이다. 그래서 사람이 착오를 면하지 못하는 것은 이지[松開] 때문이고, 사람이 착오를 달갑게 여기지 않는 것은 이성[無私] 때문이다.

사람은 두 가지 착오를 저지르기 쉽고 항상 저지른다. 그러나 지식에서 착오는 문제가 작고 행위에서 착오는 문제가 큰 것 같다. 세계의 도처에서 분규가 발생하여 서로 옳다고 주장하며 서로 비난하고 다투는 것은 대체로 후자에 달려 있다. 그리고 착오가 초래하는 피해도 후자가 더 엄중하다. 오늘날 과학이 발달하고 지식이 날로 주밀해졌다. 인류가 자기 파멸을 염려하는 것은 행위의 문제이지 지식의 문제가 아니며, 이성의 문제이지 이지의 문제가 아니다.

3. 중국 민족정신의 소재

나는 항상 이렇게 말한다. 과거 수천 년 동안 중국인의 생활이 다 헛되지만 공헌이 있다면 바로 인류가 인간이 되는 근거를 인식한 것이다. 반대로 근대에서 현대에 이르기까지 구미 학술이 이전 사람들을 훨씬 뛰어넘어 발달하고 진보했지만 이 점에서는 아직 유치하다. 20여 년 동안 나는 『인심과 인생(人心與人生)』의 집필을 준비하며 당세에 가르침을 구했다. 책은 아직 완성되지 않았지만 해를 거듭하면서 나의 견해가 맞다는 것을 증명해왔다. 학술이 발달했으나 인재(人災)가 엄중한 오늘날 서양인은 이미 그들이 줄곧 사물의 연구에 힘쓰고 인간에 대해서는 소홀히 했음을 점차 깨달았다. 사물에 대해 아는 것은 많으나 인간 자신에 대해서는 아는 바가 매우 적다.[5] 최근 학자들은 시선을 전환하여 여기에 힘쓰지만 아직 어떤 성취에 도달했는지는 말하지 못하고 있다.

왜 감히 그들이 유치하다고 하는가? 현대에도 학문하는 사람들이 많다. 특히 심리학은 인류에 대해 전문적으로 연구하는 과학이다. 그러나 심리학이 어떻게 연구하고 심리학이 도대체 무엇을 연구해야 하는지(대상과 범위)에 대해서는 각자의 주장이 다르고 지금까지 일치하지 않는다. 그것이 과학이라면 아직 유치함을 증명해주는 것이 아닌가! 그러나 학자들 사이에서 인간에 대한 인식은 중국의 고인과 합치되지 않는다는 점에서는 거의 일치하고 그들의 고인들과 부합하는 점이 상당하다.

---

5) 『觀察周刊』 제1권 제2기에 판광단(潘光旦)의 『사람의 통제와 사물의 통제(人的控制與物的控制)』라는 글이 실려 있다. 거기서는 오늘날의 학술과 교육이 이미 사람을 망각하고 오늘에 이르기까지 사람이 연구대상이 되지 못하며 관심영역 밖에 있다고 했다. 미국의 알렉시스 카렐(Alexis Carrel)은 『알려지지 않은 인간(*Man, The Unknown*)』이라는 책을 지었는데, 위 문제에 자극받아 저술했다.

서양은 그리스 이래 인성이 선하다는 관념이 없는 듯하다. 기독교 이래로는 더욱 사람이 죄를 가지고 태어난다고 본다.[원죄설] 현재의 심리학자들이 각종 과학방법에 의지하고 각종 과학성과에 의지하여 밝혀낸 바는, 인간 자신이 많은 힘을 갖고 있으나 반드시 조화를 이루지는 못한다는 것이다. 그들은 이렇게 말한다. "현재 해명이 필요한 것은 사람이 왜 많은 불합리한 행위를 하느냐 하는 것이 아니고 왜 사람이 여전히 합리적 행위를 할 수 있느냐 하는 것이다."[6] 이는 자연히 금욕적 종교 혹은 사람의 신체를 죄악의 근원으로 보는 형이상학[玄學]과 동일한 것으로 볼 수 없다. 그렇지만 그들은 예기치 않게 그러하고 전후로 뒤따르는 것 같다.

이는 고대 중국인들이 인류생명의 화해를 본 것과 대조된다. 즉 인간 자신이 화해적이고(이른바 "일정한 격식이 없는 예의, 소리 없는 음악"[7]은 이것을 가리킨다), 사람과 사람이 화해적이며(이른바 "천하를 한 집안으로 여길 수 있으면, 국인들이 한 사람이 된다."[8]라는 것은 이것을 가리킨다), 사람을 중심으로 하는 전체 우주가 화해적이다. (그래서 "중화(中和)를 이루면 천지가 제자리를 잡고 만물이 길러진다."[9], "천지의 조화와 양육을 도와 천지와 더불어 셋이 된다."[10]라고 한다.) 유가는 우주인생에 대해 찬탄을 금하지 못하

---

6) 이는 심리학자 맥더걸(Mcdougall)이 본능에 대해 설명한 말인데, 玄學이라는 비난을 받는다.

7) 『禮記』에 나오는 말이다. "無聲之樂, 無體之禮, 無服之喪, 此之謂三無."(「孔子閑居」) 이 책의 원문은 "無禮之禮"로 되어 있는데, "無體之禮"의 착오로 여겨져 『예기』에 나오는 구절로 수정하여 번역했다. ―옮긴이

8) 원문은 "能以天下爲一家, 中國爲一人."으로, 『禮記』에 나오는 말이다. "故聖人耐以天下爲一家, 以中國爲一人者, 非意之者, 必知其情, 辟於其義, 明於其利, 達於其患, 然後能爲之."(「禮運」) ―옮긴이

9) 『中庸』에 나오는 말이다. "致中和, 天地位焉 萬物育焉." ―옮긴이

10) 원문은 "贊天地之化育, 與天地參矣."으로, 『中庸』에서 유래한다. "惟天下至誠 爲能盡

고, 사람에 대해 대단히 고귀하다고 본다. 특히 실제 사람에 대해 결국 신뢰하여 종래에 사람을 문제로 보고 어떤 방법을 찾으려 하지 않는다.

화해의 지점은 바로 청명하고 안정되며 조화로운 마음, 즉 이성이다. 모든 생물이 "상대성[有對]"에 한정되어 있지만, 인간만은 "상대성"을 초월하여 "절대성[無對]"으로 나아간다. 청명과 화해가 다 여기서 얻어진다. 참으로 이것을 인식하면 저절로 의심이 없어질 것이다. 이것을 인식하지 못하면 추구해낼 수 없다. 대개 청명과 불청명, 화해와 불화해가 모두 생명 자체의 일이다. 사람에게는 자신을 돌아보고 스스로 알게 되며 스스로 이해하고 저절로 믿게 되는 일이고, 일단 탐구하면 향외로 나아가게 된다. 생명은 밖에 있지 않다. 오늘날 과학자의 방법은 결국 생물이 상대적 태도로써 향외적으로 탐구하는 데 근본하여 생명의 그림자를 보는 데 그쳤으며, 더욱이 기계적 일면을 보는 데 치우쳤다. 화해는 보지 못했지만 문제는 보았다. 사실 사람이 결코 문제가 될 수 없는 것은 아니다. 문제라고 하면 다 사람 자신에게서 생겨난다는 말은 결코 틀리지 않다. 그러나 문제가 사람에게 있지만, 문제의 해결도 사람 자신에게 있으며 밖에서 구해서는 안 된다는 것을 알아야 한다. 사람을 신뢰하지 않으면 어떻게 할 것인가? 신을 믿을 것인가? 국가를 믿을 것인가? 혹은 또 무엇을 믿을 것인가? 서양인은 그렇게 하고, 중국인은 그렇게 하지 않는다.

공자의 태도는 공평하고 실제적이어서 낙관을 표하지 않고(성선을 주장하지 않는다), 단지 도처에서 사람으로 하여금 생각하여 반성하게 한다. 즉 스스로 이성에 호소하게 한다. 맹자의 태도는 탁 트여서 곧바로 이성

其性, 能盡其性 則能盡人之性, 能盡人之性 則能盡物之性, 能盡物之性 則可以贊天地之化育, 可以贊天地之化育 則可以與天地參矣."(『中庸』) —옮긴이

을 사람에게 제시한다. 이른바 "마음의 기능은 생각하는 것이다."[11], "대체를 따르면 …… 소체를 따르면"[12], "먼저 그 큰 것을 세우면 작은 것은 빼앗을 수 없다."[13] 등은 모두 사유작용이 감각작용을 넘어서서 그것에 의해 가려지지 않아야 한다는 것을 명백하게 가리키는 것이다. "의리가 마음을 기쁘게 하는 것은 진수성찬이 입을 즐겁게 하는 것과 같다."[14]라는 비유와 "출척"·"측은"[15] 등의 설은 사유작용의 정의 면에서 이성의 소재를 지시한 것이다. 마지막으로 "해서는 안 될 일은 하지 않고 바라서는 안 될 일은 바라지 않는다. 마땅히 이와 같이 할 따름이다!"[16]는 얼마나 절실하게 합당하여 사람들로 하여금 흔쾌히 의심 없도록 하는가.

일본학자 고라이 긴조[17]는 이렇게 말했다. "유가에서는 이성의 승리를

---

11) 원문은 "心之官則思"로, 『孟子』에 나오는 말이다. "心之官則思, 思則得之, 不思則不得也. 此天之所與我者."(「告子上」) —옮긴이

12) 대체(大體)와 소치(小體)는 『孟子』에 나오는 말이다. "從其大體 爲大人, 從其小體 爲小人."(「告子上」) —옮긴이

13) 원문은 "先立乎其大者, 則小者不能奪."로, 『孟子』에 나오는 말이다. "先立乎其大者, 則其小者不能奪也. 此爲大人而已矣."(「告子上」) —옮긴이

14) 원문은 "義理悅心, 芻豢悅口."로, 『孟子』에서 유래한다. "理義之悅我心, 猶芻豢之悅我口."(「告子上」) —옮긴이

15) 출척(怵惕)과 측은(惻隱)은 『孟子』에서 四端을 설명하면서 나온 말이다. "今人乍見孺子將入於井, 皆有怵惕惻隱之心, 非所以內交於孺子之父母也, 非所以要譽於鄉黨朋友也, 非惡其聲而然也. 由是觀之, 無惻隱之心 非人也, 無羞惡之心 非人也, 無辭讓之心 非人也, 無是非之心 非人也. 惻隱之心 仁之端也, 羞惡之心 義之端也, 辭讓之心 禮之端也, 是非之心 智之端也. 人之有是四端也 猶其有四體也."(「公孫丑上」) —옮긴이

16) 『孟子』에 나오는 말이다. "無爲其所不爲, 無欲其所不欲, 如此而已矣!"(「盡心上」) —옮긴이

17) 고라이 긴조(五來欣造, 1875-1944)는 근대 일본의 정치학자, 문학자이다. 明治大學·早稻田大學 교수를 역임하고, 皇化連盟 대표를 지냈다. 『儒教の獨逸政治思想に及ぼせる影響』(1929), 『政治哲學』(1929), 『現代の政治』(1931), 『政治學講義要領』(1935), 『現代政治學』(1938) 등을 저술하였다. —옮긴이

볼 수 있다. 유가가 존숭하는 것은 하늘이 아니고 신이 아니고 군주가 아니고 국가권력이 아니며, 또한 결코 다수의 인민이 아니다. 참으로 이것들(하늘 · 신 · 군주 · 국가 · 다수)이 이성의 대명사로 사용될 때 비로소 유가는 그것을 존숭한다." 이 말은 틀리지 않다. 유가에 교의가 있다고 한다면 그것은 "이성지상주의"여야 할 것이다.

유가의 영도 하에서 2,000여 년간 중국인은 일종의 사회기풍 혹은 민족정신을 길러왔는데, 최근 수십 년간 침체되어 오늘날 거의 찾아볼 수 없게 된 것을 제외하고는, 과거 중국인의 생존 및 민족생명의 개척이 다 이것에 의존했다. 이 정신에는 분석해보면 두 가지 점이 있다. 하나는 향상심이 강하다는 것이고, 다른 하나는 협동하는 정이 두텁다는 것이다.

향상심은 착오를 좋아하지 않는 마음이고, 시비를 가리는 마음이고, 선을 좋아하고 따르는 마음이고, 공평과 합리를 요구하는 마음이고, 정의를 옹호하는 마음이고, 부끄러움을 알고 강해지려는 마음이고, 나태를 혐오하고 진작을 좋아하는 마음이고……. 결국 인생에는 이해득실 외에 향상하려는 일념이 있다. 우리는 그것을 "인생향상"이라 총칭한다. 그것을 따르면 태연자약하고 즐겁게 만족하지만 그 소득을 볼 수 없다. 그것을 어기면 마치 잃어버린 것이 있는데, 그것을 볼 수 없는 것처럼 불만스럽고 불안하다. 고대 중국인은 그것을 일러 "의(義)"라 하고 "리(理)"라 했다. 이는 원래 사람이 본래 갖고 있는 것이다. 그러나 인류의 진화가 진보하지 않았을 때에는 금기(Taboo) · 숭배 · 미신 · 습속에 가려져 각자의 의식이 각성되지 않아서 그것이 있다 해도 발현되지 않았다. 심지어 문화가 이미 높은 수준에 이른 사회에서도 가령 종교 혹은 여타의 권위가 강성하여 인심을 통제하면 발달하지 않기도 한다. 중세 유럽은 말할 것도 없고 근대 유럽인이 참으로 개인의 의식이 강성하였지만 그 의식이 단지 생존과 행복을 추구하여 일반적으로 다 공리사상으로 외면으로 치달아 이런 인식에 이르지 못했다. 현대인의 삶은 문화의 각 방면에서 이전 사람들을 훨씬 넘어섰음은 무슨 말이 필요하겠는가? 그러나 이 점에서는 오히려 조금도 나아졌음을 볼 수 없다. 오직 고대 중국인만이 종교의 미망에서 벗어나서 일찍이 인류정신을 간취하여 그 인생태도와 가치판단이 다 이것을 중심으로 한다. 너무 일찍 제기하고 억제되어 행해지지는 않았다 하더라도,[18] 그 기풍이 숭상하는 바는 참으로 확연하게 빛난다.

인생태도에서 통상 볼 수 있는 것은 양 측면에서 벗어나지 않는 것 같다. 가령 인도에서는 각종 출세의 종교가 한 측면이고 순세의 외도가 다른 한 측면이다. 유럽에서는 중세 종교가 한 측면이고 근대에서 현대에 이르는 인생이 다른 한 측면이다. 전자는 현세의 인생을 부정하고 출세하고 금욕하려 하고, 후자는 현세의 인생을 긍정하고 인생이 각종 욕망의 만족에서 벗어나지 않는 것으로 본다. 누가 진정한 제3의 길이 있음을 보았는가? 중국인은 특별히 제3의 길을 개척했는데(이는 확실히 매우 어렵다), 단지 양 측면을 절충한 것이 아니다.(이것을 분명하게 알아야 한다.) 중국인은 인생을 긍정하고 현세에 전념한다. 이는 종교의 출세 · 금욕과 결코 서로 용납할 수 없다. 그러나 현세행복을 중시하지 않고 욕망을 경시하고 배척한다. 중국인에게는 온 정신을 기울이는 면이 있다.

> "덕을 닦지 않고, 학문을 강구하지 않고, 의를 듣고 실천하지 못하고, 선하지 않음을 고치지 못하는 것, 이것이 나의 근심이다."[19]

18) 너무 일찍 제기되고 억제되어 행해지지 않았다는 점에 대해서는 13장을 보라.

19) 『論語』에 나오는 말이다. "德之不修 學之不講, 聞義不能徙 不善不能改, 是吾憂也."(「述而」) —옮긴이

"먹는 데 배부름을 구하지 않고, 거처함에 편안함을 구하지 않고, 일은 민첩하게 하고 말은 신중하게 하며, 도에 나아가 바르게 한다며, 배우기를 좋아한다고 할 만하다."[20]

『논어』와 『맹자』 도처에서 이와 같은 것을 이루 다 인증할 수 없을 정도다. 그 후 "이치[理]"와 "욕망[欲]", "의로움[義]"과 "이로움[利]"의 논쟁이 2,000여 년 동안 그치지 않았으니, 이는 중국사상사의 독특한 점으로 그와 연관된 문제를 반복해서 변석하고 그 태도를 견지했다. 중국 사회경제가 2,000여 년 동안 정체한 것도 그 영향이다. 근대 서구세력의 중국 진출 이후에 이런 기풍이 변하였다.

유가는 대개 인생의 의의와 가치가 자신이 본 이치를 부단히 자각적으로 향상·실천하는 데 있다고 본다. 넓게 말하면 인생향상에는 여러 가지 길이 있지만, 엄격하게 말하면 오직 이것만이 진정한 향상이다.

이는 두 단계로 나누어 설명해야 한다.

첫째, 인류의 모든 창조는 향상에서 비롯된다. 인류생활이 다른 부류의 "바로 이런 것이다."라는 [고정화되어 있는] 것과 다른 점은 그 전도가 무한히 전개된다는 것이다. 외면의 전개를 보면, 인류문화의 변천은 끝없이 진보한다. 고금의 모든 문물제도의 발명과 창조 내지 금후 이상사회의 실현이 다 이에 속한다. 내적인 전개에서, 인심은 날로 위대한 국면을 열고 투철하고 깊고 세밀하며 민활한 데로 나아가 드러내는 이치 또한 무궁무진하다. 통상 교육의 성취로부터 동서고금의 각 학파, 각 종교의 수양에서 성취한 바가 (그것이 허황된 것이 아니라면) 다 이에 속한다. 전

20) 『論語』에 나오는 말이다. "食無求飽 居無求安 敏於事而愼於言 就有道而正焉, 可謂好學也已."(「學而」) —옮긴이

자는 자신 밖에서의 창조이고, 후자의 창조는 생명 자체에서다. 그 사이에 모든 것이 다 향상노력으로부터 얻어졌다. 그래서 여기에 하나라도 있으면 바로 향상이다.

둘째, 지금 당장 향상하려는 마음만 있고 달리 취하려는 바가 없는 것이 바로 진정한 향상이다. 자신 밖의 창조에 치우치는 자는 생명 자체를 홀시하며, 자기 생명의 창조에 힘쓰는 자는 (특히 일부 종교인처럼) 세상사를 돌아보지 않는다. 이는 취하려는 의도가 있어 득실의 마음이 없을 수 없어서 향상의 의리와 완전히 부합하지 못하는 것이다. 이른바 "사람은 자신이 본 이치를 부단히 자각적으로 실천해야 한다."라는 것은, 그 이치가 세상과 나와의 관계상에 존재하고 "본" 것은 내가 어떻게 해야 하는가를 본 것이며, "향상실천"은 보고 힘써 행하는 것이다. 모든 생각이 현재를 떠나지 않고 의리를 따를 뿐 구하려는 것은 없다. "성인은 인륜의 극치이다."라는 옛말은 바로 이 이치가 윤리에 다름 아니라는 것이다. 이는 아래의 "협동하는 정이 두터운 것"과 상관된다.

인류생명은 툭 트여 만물과 한 몸을 이루는 것으로서 그 정이 이르지 않는 곳이 없다. 그래서 고인은 이렇게 말했다.

> "그러므로 어린애가 우물에 빠지려는 것을 보면 반드시 두렵고 불쌍하게 여기는 마음이 생기는 것은 그 인(仁)이 어린애와 한 몸이 된 것이다. 어린애는 그래도 같은 족류이다. 짐승이 슬피 울고 벌벌 떠는 것을 보면 반드시 차마 하지 못하는 마음이 생기는 것은 그 인이 짐승과 한 몸이 된 것이다. 짐승은 그래도 지각이 있다. 초목이 꺾인 것을 보면 반드시 불쌍하게 여기는 마음이 생기는 것은 그 인이 초목과 한 몸이 된 것이다. 초목은 그래도 생명력이 있다. 기와와 돌이 훼손되는 것을 보면 반드시 안타깝게 여기는 마음이 생기는 것은 그 인이 기와·돌과 한 몸

이 된 것이다."[21](『王陽明全集』,「大學問」)

상술한 바 "모든 생물은 '상대성'에 국한되지만, 인류는 '상대성'을 넘어 '절대성'으로 나아간다."라는 말은 이것을 가리킨다. 모든 행동이 이용과 반항에서 벗어나지 않는 것을 "상대성"이라 한다. "절대성"은 이용과 반항을 넘어서 마치 한 몸이 되는 것 같다. 이 일체의 감정은 이성에서 생겨나며, 고등동물의 애정과 같은 것으로 볼 수는 없다. 고등동물은 부모와 자식 사이, 양성 사이 내지 동류 사이에 서로 보살피는 정을 볼 수 있다. 그러나 그것은 본능에 부착된 정서이고, 생활(종족의 번식과 개체의 생존)의 필요에서 벗어나지 않으며 한결같이 선천적 규정에 근본한다. 인류는 이런 본능이 완전히 소멸되지는 않았지만 크게 약화되었다. 그래서 부부 사이의 돈독한 정이 모든 사람에게 해당되지는 않지만, 어떤 조류에서는 각기 조금도 다르지 않고 대대로 조금도 변하지 않는다. 여타 조수에서 부모 자식 간에 돈독한 것도 그러하다. 인간은 자애로운 부모가 본래 많지만 딸을 익사시키고 영아를 살해하는 일이 있다. 정의 후박도 후할 때는 후하고 박할 때는 박하여 고정되어 바뀌지 않는 여타의 존재와는 분명히 다르다. 동물의 정은 본능에 의해 나타나지만, 인류감정의 발달은 본능의 강약으로부터 나오니, 어찌 구별되지 않을 수 있겠는가?

이지는 본능을 느슨하게 한다. 느슨하게 하는 틈이 커질수록 더욱 바람과 기가 잘 통하게 된다. 여기서 바람이란 사람의 감정이고, 사람의 감

21) 是故見孺子之入井, 而必有怵惕惻隱之心焉, 是其仁之與孺子而爲一體也. 孺子猶同類者也. 見鳥獸之哀鳴觳觫, 而必有不忍之心焉, 是其仁之與鳥獸而爲一體也. 鳥獸猶有知覺者也. 見草木之摧折, 而必有憫恤之心焉, 是其仁之與草木而爲一體也. 草木猶有生意者也. 見瓦石之毁壞, 而必有顧惜之心焉, 是其仁之與瓦石而爲一體也.

정이 바로 이 바람이다. 그리고 인심은 마치 통하게 하는 구멍과 같다. 그래서 사람의 감정이 풍부하고 인색한 것은 그 생명 중의 기계적 성분의 경중과 반비례함을 볼 수 있다.(기계적 성분이 가벼울수록 감정이 더욱 풍부해진다.) 이는 다른 부류의 감정이 생존을 추구하는 기계에 붙어 있는 것과 다르다. 인류생명은 천지만물에 막힘없이 통하여 다른 부류의 생명이 생명을 추구하는 기계에 갇혀 있는 것과 다르다.

사람이 욕망 중에 있을 때에는 자신만 위할 줄 알고 상대방을 고려하지 않으며 반대로 사람이 감정 중에 있을 때는 왕왕 상대방만을 보고 자기를 잊는다고 말한 바 있다.(제5장 참조) 사실 이때 상대방은 바로 자기다. 고통과 가려움이 절실한 것은 자신에 대한 경우인데, 하필 이 몇 척의 몸뚱이뿐이겠는가? 마치 어머니가 자식을 위해 애쓰는 것과 마찬가지로, 널리 정을 펼친다, 즉 스스로 널리 책임을 진다. 그래서 옛 사람은 "우주의 일이 바로 나의 일이다."[22](陸象山 선생의 말)라고 했다. 인류 이성의 원래 이와 같다.

그러나 이르지 않는 곳이 없는 이러한 정은 발단하는 곳이 있다. 그것은 가정의 골육 간이다. 엘런 케이(Ellen Key)[23]는 『모성론』에서 어린아이가 엄마를 좋아하는 것이 정서발달의 근본이고 이로부터 확장된다고 했다. 이 순서는 뿌리가 하늘을 향할 수 없는 것과 같다. 중국 옛말에 "효제가 인의 근본이다."[24]라는 것이 있고, "'부모를 친애하고 나서 인민을 사

22) 원문은 "宇宙內事, 卽己分內事."이다. —옮긴이

23) 엘런 케이(Ellen Karolina Sofia Key, 1849-1926)는 스웨덴 여성학자이자 작가·평론가이다. 아버지가 사업에 실패하여 집안이 몰락한 뒤 각국을 다니며 강연을 하여 부여성 운동과 아동복지 향상에 힘썼다. 사회 문학, 특히 여성 육아 문제에 탁월한 견해를 피력한 『어린이의 세기(*Barnets a Rhundale*)』(1900)로 세계적인 명성을 얻었다. —옮긴이

24) 원문은 "孝弟爲仁之本"로, 『論語』에서 유래한다. "孝弟也者, 其爲仁之本與!"(「學而」)

랑하고, 인민을 사랑하고 나서 만물을 사랑한다."[25]라고 했으니, 그 사이의 선후 · 원근 · 후박은 천연적인 것이다. "윤리관계는 가정에서 시작되지만 가정에서 멈추지 않는다."라는 것은 가까운 데서 먼 데로 미친다는 말이다. "전체 사회의 각종 관계를 하나의 가정으로 만든다."(제5장 참조)라는 것은 먼 것을 이끌어 가까운 데로 들어오게 하는 것이니, 그 정이 두텁지 않을까 염려할 뿐이다. 중국 윤리본위 사회의 형성은 의심할 바 없이 "천하를 한 집안으로 여길 수 있으면 국인들이 한 사람이 된다."는 것을 지향한다. 너무 일찍 제기되고 억제되어 행해지지 않았지만,[26] 그 정신의 존재는 부정할 수 없다.

중국 윤리본위 사회는 예속 위에 형성되었고 대부분 유가의 주장에서 나왔다는 말은 사실이다. 현재 우리가 유가에 대해 설명하는 이유도 그 때문이다. 이성을 파악하고 인류생명을 이해하여 개인이 자연적으로 전후좌우의 사람들, 그의 세상과 분리될 수 없었다. 그래서 앞 장의 "윤리를 안배하여 사회를 조직한다"는 부분에서 공자가 최초로 착안한 것은 사회조직이 아니라 오히려 개인이 어떻게 자신을 완성할 것인가라는 문제였다고 했다.

개인의 생명이 일개인에서 그치지 않는 것이 윤리관계이다. 윤리관계는 정의관계이고 또한 상호 간의 의무관계이다. 사람이 존귀한 것은 이 정과 의를 잃지 않는 데 있다. "사람은 자신이 본 이치를 부단히 자각적으로 실천하려 한다."라는 것은 대체로 이 정과가 의를 보고 이 정과 의를 실천하는 데서 벗어나지 않는다. 그 사이에 "향상심"과 "협동하는 정"

—옮긴이

25) 『孟子』에 나오는 말이다. "親親而仁民, 仁民而愛物."(「盡心上」) —옮긴이

26) 너무 일찍 제기되고 억제되어 행해지지 않았다는 점에 대해서는 13장의 설명을 참조하라.

을 나누어 말할 수 없다. 부단히 파악하고 부단히 실천하면 결국 이른바 성현이 된다. 중국에서 숭상하는 것은 성현이고, 서양에서 숭상하는 것은 위인이며, 인도에서 숭상하는 바는 부처이다. 사회기풍 · 민족정신이 다르므로 이런 차이가 생기지 않을 수 없다.

사람에게 누구나 이성이 있지만, 인심의 성쇠와 인정의 후박은 사람마다 다르고 같은 사람이라도 때에 따라 다르다. 이성을 알지 못하는 심리학자는 이것을 헤아리기 어렵다. 이성을 이해한 고대 중국인은 전전긍긍하며 면려한 것이 여기에 있을 수밖에 없었다. 오직 고대 중국인만이 이성을 이해하여 "하늘이 나에게 부여한 것이다."라고 여겼고 인생의 의의 가치가 거기에 있다고 생각했다. 그 이외의 것에서 구하면 얻을 수 없을 따름이다! 이것을 구하지 않으면 금수와 다를 바가 무엇이겠는가? 그들이 보기에 이른바 학문이란 이것을 강구하는 것이고 이것 외에는 학문이 없다. 이른바 교육이란 이것을 교도하여 배양케 하는 것이고 이것 외에 다른 교육은 없다. 정치에서도 이것을 버릴 수 없다. 그래서 국가를 윤리에 포함시키고 법률을 도덕에 합치시키며 교화로써 정치를 대체한다(혹은 정교합일이다). 주공 이래 2, 3천 년간 중국문화는 이것을 중시하고 여기에 거의 전력을 경주해왔다. 중국인에게 뛰어난 점이 있다면 그것은 이것 외에서 찾을 수는 없을 것이다. 중국인에게 단점이 있다면 그것도 반드시 여기서 비롯될 것이다. 중국인이 복을 누린다면 이것에 따른 복일 것이고, 중국인이 화를 입는다면 이것에 따른 화일 것이다. 결국 중국인의 장단득실과 화복이해는 전부 이것에서 벗어날 수 없다.

모두가 일종의 기풍이고 각기 지나치게 확장된 곳이 있으며 더욱이 오래되어 기계화됨으로써 원의를 잃고 형식만 남아 있다. 이들은 이제 고귀한 정신이 아니지만, 당초에 그런 정신이 있었다는 증거이다. 이로써 중국사회를 관찰하면 "향상심이 강하고", "협동하는 정이 두텁다."는 데서 비롯되어 습속 중의 기계적 형식에 남아 있는 것이 가장 많다. 가령 중국인은 말할 때 "가르침을 청한다[請教]", "가르침을 내린다[賜教]" 등의 말을 잘 쓴다. 이는 고인의 겸손한 덕에서 비롯되어 남아 있는 기계적인 형식이지만, 원래는 당초의 향상심에서 나왔다. 또 가령 서양인은 친구 사이에 찻집에서 차를 마실 때 각자 찻값을 부담한다. 중국인은 그런 것을 용납하지 못하고, 각자 부담하는 것은 피차를 너무 갈라놓아서 정을 나누기 어렵다고 생각한다. 이 또한 당초 협동하는 정이 두터운 데서 비롯된 유습이다. 이것들은 병폐가 아니다. 더욱이 원의를 잃는 데 그치지 않고 조롱거리가 되고 폐단이 많이 생긴 예가 매우 많다. 그중 큰 관계가 있는 일이 역대 중국에서 인재를 등용하던 제도이다. 중국 봉건시대 『주례』·『예기』에 실려 있는 것처럼 현자를 선발하는 제도가 전해졌는지 여부는 단정할 수 없다. 양한의 선거(選擧), 위진시대의 구품중정(九品中正), 수당의 고시(考試) 등의 제도들은 다 능력에 따라 사람을 쓰는 것으로 계급을 타파하려는 의도이며 입법정신이 분명하여 감출 수 없다. 고시에서 문장과 학문을 기준으로 한 것을 제외하고, 향거리선(鄕擧里選)·구품중정은 일관되게 인품을 기준으로 삼았다. 예를 들면 "효렴"·"효제"·"현량"·"방정"·"돈후"·"손양(遜讓)"·"충성[忠恪]"·"신의"·"노겸(勞謙)" 등등이 다 인재를 선발하는 항목이었다. 이는 외국인이 이상하게 생각하지 않을 수 없는 것이지만, 중국정신에 익숙한 사람은 자연히 알 수 있다. 나중에 유명무실해져서 각종 우스갯소리가 나왔지만, 당초 그런 뜻이 있었다는 것은 부인할 수 없다. 위진에서 수당에 이르러 특히 두드러진 가문[族姓門第]이 나타나 사회에서 엄연히 고귀한 계급이 되어 권세와 뗄 수 없게 결탁되는 것을 면치 못했다. 그러나 그 관념의 형성 연원을 살펴보면, 인품과 가풍을 긍지로 삼는 데 뿌리가 있고 원래 권세에서 생겨난 것이 아니며 더욱이 나중에는 스스로 가치와 지위를 지녀 권세가 함부로 할 수 없었다. 당나라 문종이 이당(李唐) 수백 년간 천자 가문이 미치지 못하는 것이 있다고 한 말은 바로 이것을 가리킨다. 의도는 계급을 타파하려는 것이었지만, 결국 계급이 이로부터 형성된 것은 당연히 큰 조롱거리요 큰 병폐이다. 그러나 그 조롱과 병폐가 다른 데서 나오지 않고 여기서 나왔으니, 그 숭상하는 바를 파악하지 않을 수 있겠는가!

세계 각처, 각 시대에 사회계급이 형성됨을 면할 수 없다는 것은 모두가 아는 사실이다. 그것은 혹은 종교에서, 혹은 강권에서, 혹은 자산에서, 혹은 혁명에서 일어난다. 시간과 장소에 따라 각기 다르지만, 중국에서는 이성이 일찍이 개발되고 고정관념을 고집하지 않고 권세에 대항하지 않아 계급을 형성할 기회가 가장 적었다. 뜻하지 않게 결국 이성에 연원하여 계급이 발생한 것은 상술한 바와 같다. 저절로 특색이 있어서 세계의 모든 계급 가운데 하나의 유형이 될 수 있을 것이다. 이것은 우스개에 가까운 말이지만, 문화를 비교하는 데 도움이 될 수 있을 것이다.

8장

계급대립과 직업분화

1. 계급의 정의

제2장에서 제7장까지 중국사회는 순전히 윤리본위이며 서양이 개인본위와 사회본위 사이를 왔다갔다한 것과 다르다는 것을 설명했다. 그러나 윤리본위는 단지 중국 사회구조의 일면만을 말한 것이며, 그 밖에 다른 측면이 있다. 서양 중세에는 귀족지주와 농노 두 계급이 대립했고, 근대에는 자본가와 노동자 두 계급이 대립했다. 중국사회는 이 점에서 서양과 유사한 점이 없다. 서양을 계급대립의 사회라 부를 수 있다면, 중국은 직업분화의 사회이다. 우리가 계급 문제에 대해 논할 때 가장 먼저 분명하게 물어야 할 점은 무엇이 계급인가 하는 것이다. 일반적으로 말해서 인류사회의 초기와 먼 장래에 대체로 계급이 존재하지 않는 것을 제외하고, 그 사이의 역사에는 다 계급이 있다. 계급이 없는 데서 있는 데로 혹은 있는 데서 없는 데로 시종 변천하는 과정을 분명하게 이해할 수 없다면, 문화 문제를 논하여 인류의 전도를 전망할 수 없다. 이처럼 계급은 큰 문제이므로, 간단히 이야기할 수 없다. 이에 다음과 같이 논하고자 한다.

대체로 보면 사람의 빈부귀천은 천차만별이지만, 그것을 다 계급이라고 부를 수는 없다. 계급의 본질은 경제와 정치의 대립적 형세에서 찾아야 한다. 여기서 특히 서양 중세와 근대를 예로 들어, 그와 같은 "계급 대립"이 중국에는 없음을 논증하고자 한다. 여기서 논하는 바는 이에 국한한다. 그리고 진정한 계급, 문화과정에서 절대관계를 가진 계급은 또한 오직 서양에만 있다. 그래서 여기서는 그 핵심만을 논한다.

그와 같은 계급 대립은 경제적 토대 위에 구성된다. 사회경제는 모두가 농공생산을 우선으로 하고 근본으로 한다. 근대 공업혁명이 일어나 농업을 압도한 경우를 제외하고, 일반적으로 다 농업을 중심으로 한다. 농업생산은 토지와 불가분적이다. 가령 한 사회에서 토지가 일부의 수중에 장악되고 다른 사람들이 경작의 임무를 맡으면, 생산의 소득을 후자보다 전자가 더 많이 향유한다. 그렇다면 일종의 착취관계가 형성된다. 중세 봉건지주계급이 농노에 대해 그러하다. 또 근대 공업생산은 공장의 기계설비와 떠날 수 없다. 가령 한 사회에서 그 설비가 일부의 수중에 장악되고 다른 사람들이 조작의 수고를 떠맡으면, 생산의 소득을 전자가 후자보다 더 많이 향유한다. 그러면 또한 일종의 착취관계가 형성된다. 근대의 산업자본 계급이 노동자에 대해 그러하다. 종합적으로 말하면, 한 사회에서 생산수단과 생산작업이 분화되고 생산수단을 장악한 이들은 생산노동에 종사하지 않고 생산노동을 담당한 사람들은 스스로 생산수단을 소유하지 못하면, 계급대립을 구성한다. 대립이라는 것은, 한 사회에서 피차 서로 의존하며 서로 불가분의 관계에 있고, 다른 한편으로는 서로 모순되어 이해관계가 상반되는 것을 말한다.

이런 경제관계는 당연히 일종의 제도질서에 기초하여 존재한다. 예를 들면 중세사회에서 봉건지주는 토지의 영유 등을 인정받는다. 근대사회에서 자본가는 자본의 사유 등을 인정받는다. 종교 · 도덕 · 법률 · 습관

등을 막론하고, 다 그러한 권리를 인정하고 보호한다. 이것이 일종의 질서를 형성하며, 그 사회에서 일체의 활동이 그에 따라 수행된다. 질서의 유지는 두 측면에 의지한다. 하나, 모두가 그 합리성을 인정하는 것이다. 둘, 그 배후에 존재하는 강력한 강제력에 의존한다. 그 강제력은 국가이다. 이에 정치가 문제가 된다. 정치는 국가의 일이다. 국가는 질서를 건립하고 유지하는 것을 가장 큰 일로 삼는다. 이것이 이른바 통치이다. 경제적 착취계급은 정치적으로는 통치계급이 되는 것이 일반적이고, 이는 거의 불변적이다. 토지가 귀족에 독점되고 농민은 토지에 긴박되며 귀족은 직접적으로 그 통치권을 행사하는 것은 중세의 경우이다. 사람들이 다 사유재산을 갖고 자유경쟁을 통해 부지불식중에 자본계급을 형성한다. 자본계급이 각종 수단을 이용하여 간접적으로 그 통치권을 행사하는 것은 근대의 경우이다. 통치로써 경제적 지위를 유지하고, 착취로써 그 정치적 힘을 강화시킨다. 양자가 서로 결합되어 계급대립의 형세가 더욱 현저해진다.

계급의 본질은 경제적 정치적 대립항쟁의 형세에서 찾아야 한다. 귀천의 등급, 빈부 차이는 이것과 관계있고, 그 자체는 진정한 계급이 될 수 없다. 형세는 뚜렷해진 연후에 유력해지며, 계급은 안정화된 후에 공고해진다. 그래서 아래의 몇 가지 점에 유의해야 한다.

① 일체의 미신과 고정관념은 계급의 분화를 준엄하게 할 수 있다.

② 관습제도는 계급 간의 통혼을 막는다.

③ 계급제도는 사실상 세습에 가깝다.

이것들, 특히 ③은 계급의 형성을 조장한다. 반대로 고정관념이 존재하지 않고 사람이 다 똑같다고 보며, [상이한 계급 간에] 통혼을 하고 한계가 없으며, 특히 계급적 지위가 승강부침하여 고정적이지 않아서 부자가 반드시 그것을 계승하지 않으면, 계급이 형성되기가 매우 어렵다. 중세 봉건시대는 이상의 세 가지 점을 다 갖추고 있어서 계급이 특히 현저했다. 근대에는 앞의 두 가지는 거의 소실되었지만 마지막 한 가지가 세습제도로부터 사실상의 세습으로 변했으므로 여전히 계급이 존재한다.

계급은 대개 경제적으로 타인에 대해 착취할 수 있고 정치적으로 토지 등의 자원이 다 소수에 의해 점유될 때 발생한다. 반대로 처음에 자연계의 자원을 임의로 채취하고 동시에 사회에 분업이 일어나지 않고 한 사람의 노동생산력이 스스로 먹고사는 정도이고 잉여가 많지 않으면, 계급이 발생할 수 없다. 계급은 이성의 산물이 아니고 오히려 이성에 반하는 것임은 의심의 여지가 없다. 그것은 두 측면 위에 건립된다. 하나, 강제력을 사람들에게 행사한다. 둘, 이익을 사유한다. 그것이 이성에서 나오지는 않았지만, 거기서 이성이 나온다. 무슨 말인가? 사람은 이성적 동물이지만, 이성은 점차 개발된다. 개체생명의 경우에는 심신의 발달을 기다려야 하고, 사회생명의 경우에는 경제의 진보를 기다려야 한다. 그리고 계급은 인류사회의 전개과정에서 반드시 거쳐야 하는 것 같다. 그것이 없으면 사회가 진보할 수 없다. 이에 대해서는 설명할 필요가 있을 것이다.

앞 장에서 인류의 특장이 그 사유작용(이성과 이지의 겸비함)에 있다고 했다. 모든 사회의 진보, 문화의 발전은 다 여기서 나온다. 그러나 여기에 분명한 사실이 있다. 한 개인의 시간과 정력은 전체 혹은 대부분이 육체노동에 점유되면 사유활동은 방해받거나 심지어는 불가능하게 된다. 그리고 사유가 활동하지 않으면 창조가 없고 진보가 없으니, 결코 그래서는 안 되는 일이다. 그렇다면 여가가 있어서 사유가 활동할 수 있게 하는 것이 필요하다. 옛말이 있다. 어떤 식견있는 사람이 일찍이 간파하기를, 사람이 처음 생겨났을 때 조물주는 이 목적을 향해 나아가게 했는데 이는 원래 생물이 처음 생겨났을 때 조물주가 인류심령의 개발을 위해 계속 진전시킨 것이다. 그러나 조물주가 직접 말하지 않고 사람들이 자각하지 못했으니, 누가 평등하게 지배하고 각자가 다 부분적인 여유를 갖게 할 수 있었겠는가? 그 결과 한 사회에서 일부는 노동을 하고 일부는 한가롭게 되었다. 이것이 바로 인간사회에서 대립적 계급의 출현이다. 고대의 노예제에서 중세의 농노제, 그리고 근대의 임금노동제에 이르기까지, "자연은 동정심이 없다."[1]고 하지만 각기 그 역사적 임무가 있었다. 후인이 학술을 논하면 다 그리스인의 유산을 생각하고, 법률제도를 논하면 다 로마인을 생각했다. 그것은 당초에 다 노예계급의 피와 땀으로 얻어진 것임을 알아야 한다. 마찬가지로 중세문명은 농노에 힘입었고, 근대문명은 노동자의 힘을 빈 것이다. 모든 창조와 발명이 계속 추진되어 오늘날에 이르렀는데, 직접적 공헌은 본래 일부 사람들에게서 나왔고 간접적인 성취 또한 일부 사람들에 의지한다. 사회에 계급이 없었다면 인류문명이 어떻게 생겨날 수 있었겠는가?

그렇다면 인류는 이처럼 일부 사람들이 희생해야 살아갈 수 있는가? 당연히 그렇지 않다. 역사가 분명히 보여주듯, 진보가 지향하는 바는 점차 생산을 증대시키는 한편 인력(특히 체력)의 부담을 경감시켜왔다. 이것이 경제의 진보다. 경제의 진보에 의해 사람들은 일면 부를 향유하고 일면 여가가 많아졌다. 그리하여 지식을 추구하고 교육을 받을 기회도 자연히 크게 확장되었다. 사람들의 사유와 욕망도 따라서 발달했다. 이것이 바로 문화의 진보이다. 이 문화의 진보는 사회의 어떤 계급도 다 누리는 바이다. 그러나 사유와 욕망이 대두한 이후에 그들은 과거의 처우에 안주할 수 없게 된다. 사회구조가 이에 이르러 변화와 조정을 겪어야

---

1) 원문은 "天地不仁"으로, 『老子』에 나온다. "天地不仁, 以萬物爲芻狗. 聖人不仁, 以百姓爲芻狗. "여기서 "不仁"은 편애하지 않는다는 의미이다. —옮긴이

한다. 조정한 후 대체로 안정을 얻고, 일정 기간이 지나면 또 진보가 있고, 그러면 또 조정이 필요하고 사회구조가 일변한다.

여기에 해당하는 것이, 고래로 확연한 세 가지 변화가 있었다. 첫째, 고대 노예제에서 중세 농노제로의 변화이다. 이는 사람임을 완전히 인정하지 않는 (단지 물건으로 본다) 데서 사람임을 상당히 인정하는 데로 변하는 것이다. 전에는 노예의 생산물이 다 주인의 것이고, 주인은 그 일부로 노예를 먹여 살렸다. 이제 노예의 생산물이 지주에게 일부 공납하는 외에 다 자신의 것이 되었다. 그가 처음으로 다른 사람들과 마찬가지로 일부의 지위와 권리를 갖게 되었다. 그러나 진정한 자유인은 아니다. 둘째, 중세 농노제에서 근대 임금노동제로의 변화이다. 이는 사람임을 상당히 인정하는 데서 완전히 인정하는 데로 변한 것이다. 모두가 정식으로 하나의 단체 내에 존재하게 된다. 단체는 어떤 개인에게도 원칙상 차별대우가 없다. 각자가 자유와 참정권이 있다. 그러나 실제 생활(생산노동과 향유의 분배)에서는 여전히 불평등(즉 경제적 불평등)이 존재한다. 셋째, 근대 임금노동제에서 계급의 철저한 소멸로의 변화이다. 이것이 바로 사회주의의 실현이다. 경제적 불평등과 그에 따른 여타의 불평등이 다 소멸된다. 여타의 불평등이 경제적 평등으로 인해 완전히 소멸된다. 사회가 일체감을 회복하고 계급의 구분이 없다.

이러한 사회구조의 세 가지 변화에서 각 변화는 또한 국가형세의 변화이다. 즉 노예국가에서 봉건국가로, 다시 입헌국가로, 그리고 최후에는 국가형식의 소멸로. 그리고 각 국가형식의 변화는 또한 정치의 진보이다. 경제적 진보, 문화적 진보, 정치적 진보는 사실상 순환적으로 추진되며, 서로 인과관계에 있지 않다. 그러나 설명을 위해서는 그 순환을 단절시켜 일단을 취해서 말하지 않으면 안 된다. 경제는 기계적인 힘이 작용하는 것 같아서 분명하게 설명하기 쉽다.

또한 모든 변화와 진보가 실제로는 항상 미세한 일에서 부지불식중에 일어나며, 쉽게 눈에 띄지 않는다. 그러나 설명을 하자면 드러난 현상에 나아가 짧은 글 내에서 더욱이 확연히 눈에 띄는 것을 들어 이야기하지 않을 수 없다. 또한 실제로 시기와 지역에 따라 정세가 다르고, 생명의 창조적 활동은 더욱이 규율에 따라 조리정연하게 이뤄지지 않는다. 그러나 학문은 그 사이에서 이치를 찾아내어 사람들에게 제시하고 깨우쳐주는 것을 귀하게 여긴다. 독자들은 그러한 이치를 깨달아서 기계적으로 얽매이지 않으면 좋을 것이다.

중요한 말이 있다. 생산기술이 진보하지 않고 생산이 풍부하지 않아도 계급이 없을 수 없다. 옛말에 "부족함을 걱정하지 않고 균등하지 않음을 걱정한다."[2]고 했는데, 사실 부족하므로 평등하게 분배할 수 없는 것이다. (정치적, 경제적) 평등에 도달하려면, 각자의 지식능력이 대체로 평등해야 한다. 향유의 평등은 평등이라 할 수 없고, 능력이 평등해야 평등이라 할 수 있다. 명확하게 말하자면, 모두가 똑같이 고등교육을 받지 않으면 계급이 소멸될 수 없다. 그러나 교육은 실제로 고등의 향수(고등교육은 더욱 고등의 향수이다)이고, 그것은 여유의 표시이다. 여유는 사회의 재력을 나타낸다. 오늘날 보통 사람들이 교육을 받는 것은 실로 생산력의 상당한 진보 때문이며, 많은 사람들이 생산에 종사함으로써 우리에게 여유를 제공하기 때문이다. 만일 그들이 다 동시에 동등한 교육을 받으려 한다면 다들 밥을 먹을 수 없게 될 것이다. 똑같이 교육받고 똑같이 먹는 것은, 반드시 생산력이 극히 증대되고 동력을 보편적으로 이용하여 인력을 대체해야 가능하다. 더욱 분명하게 말하자

2) 원문은 "不患寡而患不均"으로, 『論語』에 나온다. "有國有家者, 不患寡而患不均, 不患貧而患不安."(「季氏」) —옮긴이

면, 이른바 똑같이 교육받는다는 것은 똑같이 고등교육을 받는다는 것이고, 똑같이 먹는다는 것은 똑같이 맛있는 음식을 먹는다는 것이다. 똑같이 중등교육을 받고 똑같이 중등의 음식을 먹는다면, 또한 부족한 가운데 평등을 추구하는 것이니, 이는 충분하지 않다. 따라서 여기서 말하는 생산력의 제고는 대단히 높은 것을 의미한다. 그런 연후에 한편으로 필요한 것들이 다 갖춰지고 다른 한편으로는 여가가 확대된다. 그런 연후에 똑같이 고등교육을 받는 것은 극히 자연스런 일이다. 사람들이 똑같이 고등교육을 받고 지식능력이 대동소이하게 된 연후에 계급이 없고 평등하게 되는 것은 극히 자연스런 일이다. 이와 반대로 억지로 하려 하면 다 이치에 맞지 않는다.

여기에 함축되어 있는 생산수단의 공유화라는 주장은 설명하지 않았다. 생산수단이 공유화되고 경제생활이 사회화된 연후에 사회의 일체성이 완성된다. 모두가 사회에서 뗄 수 없는 한 몸이 되면, 그 안에서 자연히 평등하게 된다. 평등은 평등 그 자체에서 구할 수 없고, 사회의 일체성에서 구해야 한다.

국가가 계급분화에서 형성되고 계급이 정치적 진보에 필요하다는 점에 관해서는 나중에 논하겠다. 여기서는 우선 이상의 논의를 정리하고자 한다. 인류역사는 먼저 사회계급을 형성하고 그런 후에 점차 그것을 해방시킨다. 각 단계의 계급해방은 또한 인류이성의 진일보한 발전이다. 끝으로 계급없는 평등한 사회가 출현하는 것은 이성의 요구에 완전히 부합한 후이다. 이는 현저한 추세로서 추호도 의심의 여지가 없다. 앞에서 계급은 이성에서 나오지 않았지만 이성은 도리어 계급에서 나온다고 한 것은 바로 이것을 가리킨다. 그래서 맹자는 이렇게 말했다. "마음을 수고롭게 하는 자는 남을 다스리고, 몸을 수고롭게 하는 자는 남에게 다스려진다. 남을 다스리는 자는 남에게 의해 먹여지고, 남에게 다스려지는 자는 남을 먹여 살린다."[3] 그것은 당시 역사진보의 원칙에 부합했다. 그리고 허행[4]이 주장한 바 "현자는 백성과 더불어 농사지어 먹고, 조석을 손수 해먹으며 다스"[5]려야 하고 "백성을 괴롭혀서 자신을 부양"[6]해서는 안 된다는 것은 뜻은 좋지만 공상적이어서 시대착오를 면치 못했다.

2. 중국의 계급 결여

인류문화사의 전체 과정에 대해서는 제2장에서 나의 견해를 밝힌 바 있다. 처음에는 자연의 제어를 받으며 각 문화권이 대체로 유사하고, 금후에 세계가 교류하여 이른바 세계문화가 출현하는 경우를 제외하면 그 사이에는 대체로 각자의 길을 걸어 반드시 같지는 않다. 위에서 말한 사회계급의 역사와 마찬가지로 중간이 존재한다. 계급이 그와 같이 점차 해방되었다고 하는 것은, 단지 그 이치가 그와 같다(즉 그와 같이 변천하기가 매우 쉽다)고 하는 것일 뿐, 반드시 그러해야 한다고 말하는 것은 아니다. 생각이 얕은 이들은 유물사관을 듣고 일정불변의 단계가 있다고 고집한다. 이에 삼대 이후 청말에 이르기까지 중국역사를 순서에 따라 나

3) 『孟子』에 나오는 말이다. "勞心者治人, 勞力者治於人. 治人者食於人, 治於人者食人."(「滕文公上」) —옮긴이

4) 허행(許行)은 전국시대 楚나라 사람으로, 農家의 대표적 인물이다. 孟子와 동시대인으로, 일찍이 墨子의 제자 禽滑釐에게 배웠다. 허행이 제자와 함께 滕나라에 와서 스스로 衣食을 해결하는 생활방식을 실천하자, 陳相이 유학을 버리고 추종하면서 맹자와 벌인 논쟁이 『孟子』「滕文公上」에 소개되어 있다. —옮긴이

5) 『孟子』에 나오는 말이다. "賢者與民竝耕而食, 饔飧而治."(「滕文公上」) —옮긴이

6) 원문은 "厲民以自養"으로, 『孟子』에서 유래한다. "今也滕有倉廩府庫, 則是厲民而以自養也."(「滕文公上」) —옮긴이

누어 공식적 발전단계에 해당시킨다. 진한 이후 2천 년을 억지로 이해하려 해도 그럴 수 없어 역사의 수수께끼로 몰고 자신의 견해가 옳지 못함을 깨닫지 못하니, 실로 가소로운 일이다. 나 자신의 학문적 역량이 근본적으로 전체 중국역사를 설명하기에 부족하고, 나의 관심도 단지 100년 전의 중국사회를 인식하고자 할 따름이다. 이 책은 중국사회사를 전문적으로 연구하는 것이 아니므로, 이에 대해서는 길게 논하지 않겠다. 단지 계급 문제에 대해 논할 때 아래에서 100년 전의 중국사회에 대해 이야기하고 주(周)나라와 진(秦)나라로 거슬러 올라가 간략하게 해석하겠다.

100년 전의 중국사회는 일반적으로 공인하는 것처럼 진한 이래 2천여 년 동안 큰 변동이 없었다. 나는 항상 그것이 전진하지 않는 순환의 상태로서 본질적인 변혁이 없었다고 말해왔다. 따라서 "100년 이전"에 대한 논의가 "2천 년 동안"에 대한 논의와 별로 다를 바가 없다. 그러나 조금 다르기는 하다. 하나, 최근 100년 전부터 지금까지 해결되지 않고 있는 중국문제는 바로 100년 전의 중국사회에서 형성된 것으로, 정확하게 인식할 필요가 있다. 동시에 우리는 최근 100년 동안의 일에 대해서는 비교적 절실하게 알고 있어서 논하기가 편하다. 둘, 계급대립과 직업분화 사이에 2천 년 동안 대체로 후자로 나아가는 추세가 있었지만, 때로는 나아가고(계급의 해소와 직업의 분화로 나아감) 때로는 후퇴했다(계급대립으로 나아감). 때로는 나아가고 때로는 후퇴하여 엎치락뒤치락 왕복했다. 100년 전의 청대는 사회적 경향성이 비교적 현저한 시기이므로, 그것을 빌어 논하겠다. 또 이른바 "100년 이전"이라는 것은 애초 연한을 따지는 양적인 개념이 아니고, 대개 최근 중국의 고유한 사회상황을 가리키며 세계가 대교류한 후 서양의 영향을 받지 않은 것을 말한다.

중국 같은 농업사회에서는 계급이 없음을 논하려면 당연히 토지 문제가 주요한 관건이다. 내 견해에 의하면, 우선 두 가지 점을 논해야 한다.

하나, 토지의 자유매매로 모두가 토지를 소유할 수 있다.

둘, 토지의 집중 · 독점의 형세가 현저하지 않다. 일반적으로 토지를 소유한 사람이 다수를 차지한다.

첫 번째 점에 대해서는 대체로 모두가 인정할 수 있는 것이므로, 논증할 필요가 없다. 두 번째 점은 논쟁의 여지가 있으니, 설명할 필요가 있다. 중국은 토지가 광대하고 인구가 많으며 토지대장을 명확하게 정리하지 않은 것이 매우 오래되었다. 민국 이래 몇 차례 조사통계가 있었다. 가령 북벌 이전 북경정부 농상부에서 시행한 것, 북벌 도중과 북벌 이후에 국민정부가 행한 것 등이다. 이들은 다 근본적으로 믿을 만하지 않다. 그중에 믿을 만한 것은 국내외 학술전문가들이 사적으로 시행한 것인데, 규모가 작고 또 부분적인 것이어서 전국을 포괄할 수 없다. 그러므로 토지분배의 상황이 결국 어떠한지에 대해서는 아무도 확실하게 알 수 없다. 쉽게 보고 들을 수 있는 바에 따르면, 북방의 각 성에는 자영농이 비교적 많고 남방의 각 성에는 소작농이 비교적 많다. 그러나 남방의 일부 지역에서 토지의 집중을 볼 수 없는 경우도 그리 드물지 않다. 동시에 산동의 단현(單縣)과 조현(曹縣) 같은 북방지역에서는 대지주가 대대로 세습된다. 그뿐이 아니다. 적지 않은 지역에서 한 현성의 동쪽과 서쪽의 상황이 다르고, 남쪽과 북쪽의 상황이 다르다. 결국 한마디로 말하기가 매우 어렵다. 그래서 논자들이 항상 각자 소견에 따라 주장하는 것을 면치 못한다. 나도 당연히 내 소견에 따라 말할 것이다. 그러나 냉정하게 입론하고 과도하게 주장하지는 않을 것이다.

나는 양대에 걸쳐 북방에서 생장하고 거주했으므로 이미 북방 사람이라고 할 수 있다. 내가 본 것도 당연히 북방의 상황이다. 북방의 상황은 대다수가 토지를 소유하는 것이다. 베이핑 부근의 각 현(과거 순천부 소속)에 적지 않은 "기지(旗地)"(팔기 귀족의 소유)가 있지만, 그 소작농은 영구적 소작권을 갖고 있다. 예를 들면 멋대로 조세를 늘리거나 땅을 빼앗지 못하여, 마치 지주의 소유권을 나눠가진 듯하다. (남방의 지면권(地面權) · 지저권(地底權)과 유사하다.) 내가 향촌활동에 종사했던 허난과 산둥은 대지주도 항상 있지만, 전국적 대세로 논하자면 집중과 독점의 상황이 없다. 특히 내가 오랫동안 거주했던 추평은 땅을 갖지 않은 사람이 극히 적다. 우리는 쩌우핑현 전체에 걸쳐 토지대장 정리사업을 시행했는데, 민국 26년 상반기에 완성하려 하는데 갑자기 항전(일본의 침입)이 일어나 지금은 수중에 믿을 만한 통계자료가 없다. 그러나 확실하게 말할 수 있는 것은, 전체 현의 90%가 넘는 사람들이 토지를 소유하고 있으며 다만 일부 사람들의 땅이 매우 작을 따름이다. 이런 상황은 허베이 딩현(다른 향촌사업 지역)의 상황과 완전히 유사하다. 정현에 대해서는 『딩현사회개황조사』라는 두꺼운 책이 있어, 거기에 이 문제에 관한 보고가 들어 있다.[7] 그 보고에 의하면, 세 개의 향에서 조사를 진행했다. 하나는 62개의

---

7) 李景漢의 『定縣社會槪況調査』에 의하면 그곳의 토지분배 상황은 다음과 같다.
첫째, 동정향 62촌, 10,445가구는 155가구를 제외하고 10,290가구가 농업에 종사하고 있다. 경작지가 100묘 이상인 가구는 220호로서 2%를 차지한다. 경작지가 100묘 이하인 가구는 100,070호로서 98%를 차지한다. 그중 6촌, 838가구를 조사한 결과 48가구를 제외하고 790가구가 농업에 종사했다. 그중 땅이 전혀 없는 소작농은 11가구였고, 나머지 779가구는 크기는 다르지만 다 자신의 토지를 소유했다.
둘째, 제1구 71촌, 6,555가구는 379가구를 제외하고 6,176가구가 농업에 종사했다. 그중 자신의 토지를 소유한 가구는 5,529호였고, 전혀 토지를 소유하지 않은 소작농은 647가구였다. 자기 소유의 땅이 없는 소작농이 앞의 예에 비춰 보면 많지만 그래도 10%남짓에 불과하다. 100묘 이상의 토지를 소유한 가구는 2%이고, 300묘 이상을 소유한 가구는 0.1%이다. 땅을 소유하고 있지만 농업에 종사하지 않는 가구는 1%이다.
셋째, 제2구 63촌, 8,062가구는 323가구를 제외하고 7,739가구가 농업에 종사했다. 그중에 자신의 땅을 소유한 가구는 7,363호이고, 자신의 땅을 소유하지 못한 소작

촌에 1만 445가구이고, 하나는 71개의 촌에 6,515가구이고, 하나는 63개의 촌에 8,062가구이다. 종합하면 다음과 같은 결론을 얻을 수 있다.

하나, 90% 이상의 사람들이 땅을 갖고 있다.

둘, 땅이 없는 사람(농업에 종사하지 않는 사람을 포함하여)은 10% 이내이다.

셋, 100묘 이상의 땅을 가진 사람은 2%, 300묘 이상의 땅을 가진 사람은 0.1~0.2%이다.

넷, 땅을 갖고 있지만 스스로 경작하지 않는 사람은 1~2%이다.

이 조사사업은 사회조사전문가 리징한[8] 선생의 영도 하에, 그리고 현지 민중의 이해와 협조 하에 이루어져 절대로 믿을 만하다. 이 정황에 근거하여 말한다면, 땅은 있지만 경작하지 않는 사람들은 경작하지만 스스로 토지를 소유할 수 없는 계급사회와는 매우 거리가 멀다. 나는 이런 상황이 일반적이지는 않음을 인정한다. 그러나 우리 두 향촌사업단체가 당초에 쩌우핑과 딩현을 사업지역으로 선정할 때 특별히 산둥성 전체나 허베이성 전체에서 가장 토지의 집중이 현저하지 않은 지역을 택하려는 의도는 없었다. 그러나 결과적으로는 예기치 않게 그리 되었는데, 두 지역의 상황이 그와 같이 같으므로 적어도 그런 상황이 북방에서는 그다

농, 고용농은 대략 5%였다. 땅을 소유한 가구 가운데 100묘 이상의 토지를 소유한 가구는 2%이고, 300묘 이상은 0.3%를 차지했다.
이상 위의 책, 618-663면 참조.

8) 리징한(李景漢, 1895-1986)은 근대 중국의 사회학자 · 사회조사전문가이다. 中央財政學院 · 中國人民大學 · 北京經濟學院 교수를 역임했으며, 중국사회학연구회 고문과 중국인민대학 사회학연구소 고문 등을 지냈다. 저서로 『北京人力車夫現狀的調查』(1925), 『北京無産階級的調查』(1926), 『北平郊外之鄉村家庭』(1929), 『實地調查方法』(1933), 『定縣社會概況調查』(1933), 『北京郊區鄉村家庭生活調查箚記』(1981) 등이 있다. ―옮긴이

지 예외적이지 않다고 하겠다.

그런 상황이 결코 기적이 아니고 자연스런 이치임을 알아야 한다. 당시 딩현에서 중등의 토지가 1묘당 보통 40원에 불과했다. 그리고 머슴은 주인이 숙식을 제공하는 외에 연평균 임금이 보통 40원 이상이었다. 몇 년간 절약하면 1묘의 땅을 사는 것이 어찌 불가능했겠는가? 이는 땅을 소유하는 것이 어렵지 않음을 말해준다. 땅을 가진 사람의 비율이 높은 것은 이 때문이다. 또 개인의 유산을 여러 자식에게 균등하게 분배하는 것이 중국사회의 일반적인 사례이다.[9] 그래서 많은 재산이 몇 대 지난 후에는 그리 많지 않게 된다. 만약 자식들이 근검할 줄 모르면 몰락은 더욱 빠르게 된다. 이는 많은 재산이 있더라도 그것을 유지하기가 쉽지 않음을 말한다. 100묘 이상을 가진 사람의 비율이 많지 않은 것은 이 때문이다. 허베이성 속담에 이런 말이 있다. "땅 한 뙈기가 천년 동안 100번 주인이 바뀌고, 10년이면 높고 낮음이 같게 된다."(10년간 변화를 거치면 부자가 부유하지 않고 가난한 자가 더 이상 가난하지 않게 될 수 있다.) 또 "빈궁한 사람이 부유한 사람과 함께 가는데, 바지를 입지 않고 함께 간다."라는 것은 다 이 때문에 생겨난다.

그렇다면 남방 각 성의 토지가 집중되고 소작농이 상당히 많은 상황은 어디서 생겨났는가? 절반은 공상업 세력에서 나오고 절반은 정치세력에서 나온다. 일찍이 옛말에 "부자가 되는 것은 농부가 공인만 못하고 공인이 상인만 못하다."(『史記 · 貨殖列傳』)고 했다. 오늘날 경제학자들은 농업에는 공상업과 같은 경쟁이 없고 토지집중이 자본집중과 같이 용이하지 않으며 대규모 경영이 소경영을 압도하는 것이 공상업에는 있지만

9) 大淸律例에는 유산상속에 관한 다음과 같은 규정이 있다. 적통과 서얼의 아들은 처첩이나 노비의 소생을 막론하고 다 균등하게 분배한다. 혼외아들[私生子]과 양자는 각기 그 반을 준다.

농업에서는 반드시 그렇지는 않음을 지적한다. 봉건 해체 이후 토지의 자유경영이 이런 국면에서는 발전되어 나올 수 없다. 오직 공상업으로 돈을 번 자들 혹은 정치적으로 돈과 권력이 있는 자들이라야 대량의 토지를 구입하여 유지할 수 있다. 그리고 일반적으로 말해서 중국의 공상업자와 관리는 북방보다 남방에 훨씬 더 많다. 남북의 토지 분배 상황이 크게 다른 이유가 여기에 있다. 그러나 그들이 토지를 필요로 하는 이유는 부동산이 안정적이어서 자손에게 물려주기 쉽다고 느끼기 때문이다. 적극적인 관심이 여기에 있을 뿐이고, 결코 자신의 직업을 바꾸려고 생각하지는 않는다. 비록 토지의 분배 상황이 수시로 그 영향을 받지만, 토지의 집중은 결국 일종의 자연적인 추세가 아니다. 이런 자연스럽지 않은 추세의 조성이 가능한 것은 공상업 세력이 아니라 (이유는 나중에 밝히겠다) 반드시 정치세력에 의해서다. 정치세력에 의해 직접적 간접적으로 전국의 토지에서 집중 · 독점의 형세가 나타나는데, 이는 봉건 해체 후의 사회에 대해 말한다면 형세역전이다. 이러한 역전은 오래 갈 수 없다. 이것이 역사에 부단히 나타났다가 사라지는 것을 우리는 이미 보아왔다.

따라서 우리는 자영농이 비교적 많은 북방과 소작농이 비교적 많은 남방을 절충하고, 역사의 순행기와 역행기를 절충해서 종합적으로 다음과 같이 말할 수 있다. "토지의 집중 · 독점 형세가 현저하지 않다. 일반적으로 말해서 토지를 소유한 사람이 다수를 차지한다." 토지의 집중 · 독점의 상황이 존재하기는 하지만, 전국적인 대세로 말하면 그다지 두드러지지 않다. 땅을 가진 사람을 가지지 않은 사람과 비교하면 51 대 49에 그치지 않고 그 이상일 것이다. 이는 결코 지나친 말이 아니다.

중국 공상업의 발달은 일찍이 선진 전국시대부터 시작되고 당대 · 원대에 그처럼 흥성했지만, 당대에서 청말(아편전쟁)에 이르기까지 1,200년 동안 진보를 보이지 않았다. (어떤 점에서는 도리어 후퇴했다.) 여기에는 대체로 두 가지 한계가 존재한다. 우리는 공상업이 상호작용하여 발달한다는 것을 안다. 상업에 광대한 시장이 있으면 공업생산의 맹렬한 발달을 자극하며, 공업생산이 많으면 상업의 발달을 추동한다. 반대로 상업이 없으면 공업이 발달할 수 없고, 공업이 없으면 상업도 흥하지 않는다. 그리고 상업은 반드시 해상교통과 국제무역을 핵심으로 삼는다. 서양 고대에는 지중해에 힘입어 나중에 원양무역을 하게 되었다. 근대 공업의 비약적 발달이 실로 해양모험과 해외개척을 우선시한 데서 비롯되었음은 역사가 매우 분명하게 보여주는 바이다. 그러나 중국문화는 서북으로부터 동남으로 나아가 대륙이 연해를 통제하여 서양에서 연해가 내지를 영도하는 것과 정반대였다. 수천 년 동안 항상 해양봉쇄가 있었다. 해양을 봉쇄할 수 없는 경우에는 때로 개방하기도 했다. 또한 많은 모순적인 상황이 있었다. 왕샤오퉁의 『중국상업사』[10)]에서는 한편으로 당대 해외통상의 7개 중요 도로, 4대 항구(龍編 · 廣州 · 泉州 · 揚州)를 서술하고, 다른 한편으로는 다음과 같이 말하고 있다.

> "당나라의 법제는 실로 극단적 폐관주의를 중심으로 했다. 태종 · 고종은 병력이 막대하고 사라센 · 페르시아를 속국으로 했지만, 국외무역을 조금도 제창하지 않고 도리어 억제했다. 또한 중국인의 생각이 꽉 막혀있음을 볼 수 있다."(112면)

따라서 종합적으로 말하면, 기껏해야 외국 상인에게 교역의 기회를 제공할 뿐 상업을 해외로 발전시켜 국내 상품을 팔려는 상황은 적었다.

10) 왕샤오퉁(王孝通)의 『中國商業史』는 1936년 商務印書館에서 간행되었고, 1984년 上海書店에서 영인본이 발간되었다. —옮긴이

이와 같이 근본적으로 상업을 내지 도시와 농촌의 물물교환에 국한시켰다. 그것이 또한 공업생산을 제한했음을 알 수 있다. 장강 일대와 같은 내지는 운수가 매우 편리했다. 그렇지 않으면 운수에 불편하고 상업에 불리했을 것이다. 과거에는 교통의 곤란으로 인해 내륙 사회가 매우 광대했지만 시장을 이루지는 못했다. 이는 직접적으로 상업을 제한하고, 간접적으로는 공업을 제한했다. 동시에 공업에도 기본적인 한계가 있었다.

공업 자체의 일면적 한계는 사람들이 지적 능력을 거기에 사용하지 않았다는 것이다. 그래서 생산수단과 생산기술이 진보할 수 없었고, 생산력에 한계가 있었다. (이에 대해서는 뒤에서 상세히 논하겠다.) 근대 서양이 이 방면에서 크게 진보한 것은, 사람들이 지적 능력을 여기에 집중했기 때문이다. 그 이전에는 똑같이 부족했다.

> "18세기 중엽에 이르기까지 발명은 매우 드물었다. 사실 기술적 상황은 1750년 이전까지 상당히 정체되어 있었고, 이는 수천 년 동안 지속되었다. 현대에 이르러 한 해 동안의 발명이 1750년 이전 천 년 동안의 발명을 훨씬 상회한다."(H. E. Barnes, 『社會進化論』, 王斐孫 譯, 新生命書局, 211면)

바꿔 말하면 여전히 중세의 인생태도가 바뀌지 않았으면 다시 천 년이 지나도 산업혁명이 서양에서 발생할 수 없었을 것이다. 과거 중국의 인생태도는 서양 중세의 인생태도와 참으로 다른 점이 있다. 그러나 양자가 인간의 사유와 총명을 여기에 사용하지 않는 점에서는 다르지 않다. 다른 점은 후자가 어느 날 스스로 돌이켜 사유와 총명을 여기에 집중한 데 비해 전자는 그런 전변의 때가 거의 없었다는 것이다. 이는 바로 서양의 공업 신기술이 중국에 유입되지 않았다면 중국 스스로는 영원히 그것을 발명할 수 없으리라는 말이다.

한편으로는 상업 발달을 제한하고, 다른 한편으로는 공업의 진보를 제한했다. 공업에서는 다시 상업의 자극이 결여되고, 상업에는 공업의 발달을 통한 추동이 결핍되었다. 이 두 가지 한계 아래에서 중국 공상업은 쳇바퀴 돌 듯 순환하며 2천여 년 동안 진보가 없었으니, 이는 조금도 이상할 것이 없다. 이처럼 농업에 종속되어 있는 공상업은 재산을 모으는 데는 편리해도 토지의 구매를 면치 못하고, 재산을 모아서 그것을 경영하지 않고 형세상 농업을 넘어서지 못하고 토지에 긴박되었음은 매우 명백하다. 그래서 토지를 독점하고 지주와 소작농의 두 계급을 형성하는 것은 염려할 필요가 없다. 그러한 공상업은 한편으로 산업혁명을 거치지 않아서 생산집중과 자본집중의 형세가 현저하지 않으며, 한편으로는 유산 균분의 습속에 따라 자본이 축적되어도 곧 분산되었다. 그래서 결국 소공인 · 소상인에서 벗어나지 못했다. 근대 공업사회에서와 같은 노동자와 자본가 두 계급의 대립을 여기서 논할 필요가 없음은 말할 나위도 없다. 진한 이래 중국은 순전히 경제적인 면에서 말하자면 농공생산에서 대립적 계급을 산출해낼 수 없었다고 할 수 있다. 고려할 점은 토지분배에 정치세력이 영향을 미쳤다는 사실이다.

3. 직업분화의 정의

우리는 경제적 착취계급이 정치적 통치계급이어서 으레 양자가 통일되어 있음을 안다. 위에서 경제적 계급대립의 유무에 대해 대체로 고찰했으므로, 아래에서는 정치적으로 계급의 상황이 어떠했는지 자료에 근거하여 입증해보자.

중국사회가 정치적으로 봉건에서 해방된 것은 경제적인 측면에 비교할 때 매우 분명하다. 중국의 봉건귀족은 오직 주나라 때에만 볼 수 있다. 그래서 이른바 "분봉하지만 토지는 하사하지 않고, 작위를 받지만 백성들 위에 군림하지는 않고, 녹을 받지만 일을 처리하지는 않는다."[11](『속문헌통고』를 보라)라는 말처럼 [봉건귀족은] 실로 일찍이 소멸되었다. 전국시대 이후 중앙에서 지방까지 일체의 정치는 다 관리가 담당했다. 관리가 귀족과 크게 다른 점은 자신을 위해 통치하지 않는다는 것이다. 관리가 참으로 통치의 권위를 향유하기는 하지만, 세습이 아니고 종신이 아니며 단지 일정 기간 동안 대리인의 지위에 있을 뿐이다. 자신을 위해 통치하면 필연적으로 피치자와 대립을 면하기 어렵지만, 일시적 대리인이 어찌 그리하겠는가? 자신을 위해 통치하면 참으로 통치계급이지만, 일시적 대리인은 분명히 그렇지 않다. 하물며 관리가 될 수 있는 기회가 원래 사람들에게 개방되어 있다. 청나라 말기의 상황을 보면 누구나 공부할 수 있고, 독서인은 다 과거시험에 응할 수 있고, 규정에 의하면 시험에 합격한 사람은 관리가 될 수 있다. 이처럼 치자와 피치자가 수시로 자리를 바꿀 수 있으니, 치자와 피치자의 계급 대립이 있을 수 있겠는가? 영국의 문관이 귀족세력에서 벗어나 시험에 의해 임용된 것은 100년이 채 되지 않는다. 그와 비교해보면 중국의 경우는 기적이라 하지 않을 수 없다. 러셀이 이 사실을 중국문화 3대 특징의 하나로 꼽은 것은 당연하다. 오늘날에는 상당한 재산이 없으면 중등 이상의 교육을 받을 수 없다. 그러나 전에는 공부하기가 오늘날 상상하기 어려울 만큼 극히 쉬웠다.

---

11) 원문은 "分封而不錫土, 列爵而不臨民, 食祿而不治事."(『續文獻通考』 권38)이다. —옮긴이

첫째, 읽어야 할 책이 몇 권에 불과했다. 오늘날 각 분과학문과 외국어가 있는 것처럼 복잡하지 않았다. 종이와 붓 외에는, 실험실습 기구와 설비가 필요하지 않았다.

둘째, 학비를 받지 않는 의숙[12]이 도처에 있었다. 종족의 공동재산은 제사 외에는 자제의 독서 장려를 가장 중요한 일로 여겨 공부를 조장하는 각종 방법이 매우 많았다. 동시에 산관[13]의 교사는 학비를 많이도 받고 적게도 받고 혹은 아예 받지 않아서, 오늘날 학교가 기계적으로 규정하는 것과는 달랐다. 심지어 교사가 학생의 독서를 자원해서 돕기도 했다.

셋째, 몇 년 동안 공부한 후에는 한편으로 아이들을 가르치고 다른 한편으로는 시험을 쳐서, 자신의 공부를 계속 심화시킬 수 있었다.

당시 독서에 뜻을 두는 일은 추호도 어렵지 않았다. 문제는 독서에 있는 것이 아니라 독서 이후 시험에 합격하고 관리가 되는 것이 쉽지 않다는 데 있었다. 일반적으로 말해서 매우 극소수였다. 많은 자제들이 차라리 농공상업의 길로 나아간 것은 공부해서 곤궁하여 일생 동안 "발전하지 않을까" 염려했기 때문이지, 결코 공부가 어렵기 때문이 아니었다. 이른바 "빈한한 선비[寒士]" "빈궁한 서생[窮書生]" "빈궁한 수재[窮手才]" 등은 당시에 극히 귀에 익은 말이었다. 그러나 그 빈궁한 서생이 과거시험에 합격하여 뚜렷한 자취를 남긴다는 것은 단언할 수 없다. 많은 소설과 희극에서 보여주는 바는 원래 당시 사회모습에 속한다.

나는 쑤저우(蘇州) 등지에 대대로 관료가 된 집안이 많으며 향촌의 소작농은 공부할 생각을 하지 못하여 엄연히 두 계급을 형성했음을 인정

12) 의숙(義塾)은 대중을 위하여 의연금으로 세운 교육기관이다. —옮긴이

13) 산관(散館)은 과거에 교사가 개인적으로 개설한 서당(私塾)이다. —옮긴이

한다. 그러나 이것은 일반적인 경우가 아니다. 일반적으로는 그런 구별이 없었다. “농사지으며 공부하는 전통을 대대로 이어간다.” “농사지으며 공부한다.”는 것이 사람들에게 잘 알려진 말이었다. 아버지는 농사를 직업으로 하고 아들은 공부하여 이름을 날리거나 혹은 친형제이지만 하나는 공부하고 하나는 농사짓는 경우를 흔히 볼 수 있었다. “아침에 농사짓다가 저녁에 벼슬에 오른다”[14]는 속담은 바로 이것을 가리킨다. 베블런[15]의 『유한계급론』에서는, 각 사회에 모두 직접적인 생산노동을 천한 일로 여기고 부끄러워하여 회피하려는 습관이 있다고 지적한다.[16] 중국에서는 그렇지 않았음을 알아야 한다. 농사와 원예의 학습을 공자가 허락하지 않았지만,[17] 제자가 이미 물은 걸로 보아 애초에는 회피하지 않았음을 알 수 있다. 자로는 들판에서 장저 · 걸익 · 하조장인을 만났는데,[18] 분명히 학식이 많은 현자였지만 밭 갈고 김매기를 멈추지 않았다. 그들이 공자에 대해 “팔다리를 부지런히 놀리지 않고, 오곡을 구분할 줄 모른다.”[19]고 비난한 것은 생산노동을 중시함을 보여준다. 또 천자가 친

---

14) 원문은 “朝爲田舍郎, 暮登天子堂.”으로 汪洙의 “神童詩”에 나오는 구절이다. 汪洙는 北宋 말기 사람으로 9세부터 시를 지었으므로 神童이라 불렸고, 나중에 그의 시를 모아 ‘神童詩’라는 제목으로 출간되었다고 한다. ―옮긴이

15) 베블런(Thorstein Bunde Veblen, 1857-1929)은 미국의 사회학자 · 사회평론가이다. 예일대학에서 철학박사학위를 받고, 시카고대학 등에서 교편을 잡았다. 상층계급의 과시적 소비를 밝힌 『유한계급론(*The Theory of the Leisure Class:An Economic Study in the Evolution of Institutions*)』(1899)으로 유명하다. ―옮긴이

16) T. Veblen, 『有閒階級論』, 胡伊默 譯, 中華書局, 29-37면 참조.

17) 『論語』「子路」의 다음 구절을 말한다. 樊遲請學稼. 子曰, “吾不如老農.” 請學爲圃. 曰, “吾不如老農.” 樊遲出. 子曰, “小人哉, 樊須也! 上好禮則民莫敢不敬, 上好義則民莫敢不服, 上好信則民莫敢不用情. 夫如是則四方之民, 襁負其子而至矣. 焉用稼?” ―옮긴이

18) 자로(子路)가 장저(長沮) · 걸익(桀溺) · 하조장인(荷蓧丈人)을 만난 일화는 모두 『論語』「微子」에 나온다. ―옮긴이

19) 원문은 “四體不勤, 五穀不分.”으로, 『論語』「微子」에 나온다. ―옮긴이

히 받가는 것이 역대의 전례이므로, [생산노동을] 천시하고 회피하는 것과는 분명히 상반된다. "군주도 백성과 똑같이 농사지어야 한다."는 허행의 설은 실제로 행할 수 있는 바가 아니고, 명나라 유학자 오강재[20] 선생이 정말로 밭에서 일한 것도 실로 드문 일이다. 가장 공평하게 말한다면, 중국에서 농사와 독서가 두 가지 일이고 선비와 농부가 두 부류의 사람이지만 그 사이에 기맥이 혼연히 상통하여 단절되지 않았다. 선비와 농부가 격절되지 않았으니, 선비와 공상인도 격절되지 않았다. 사농공상의 사민이 원래 이 광대한 사회를 구성하는 상이한 직업이었다. 서로 필요로 하고 서로 배합했다. 단절된 것은 계급이 대립하는 것이다. 그러나 상통하는 것은 직업적인 배합과 상호 필요의 지표이다.

이상과 같은 상황으로 해서 사민 위에 군림하는 중국의 황제는 오히려 "외로운 사람[孤家], 덕이 부족한 사람[寡人]"[21]이 되었고, 그리하여 유럽 봉건사회의 대소 영주와 마찬가지로 통치계급을 형성했지만 농민에게 군림하는 바는 형세가 크게 달랐다.

하나, 황제가 종족친척 등 긴밀하게 서로 의존하는 사람들이 있어서 이해를 같이하는 공동운명이기는 하지만, 기껏해야 중앙에서 권력을 장악하고 따라서 스스로 토지를 소유한 인민들에게는 결국 실제적인 힘이 없었다. 더욱이 그러한 귀족은 극소수이고, 나머지 대다수는 그와 이해를 같이하는 공동운명인지 단언하기 어렵다는 것을 알아야 한다. 예를 들면 명대 가정(嘉靖, 1522-1566) 연간에 여러 관작의 녹미(祿米)를 감축

20) 오강재(吳康齋, 1391-1469)는 명나라 초기의 유학자로, 이름은 여필(與弼)이다. 과거시험을 위한 학문을 버리고, 평생 벼슬을 하지 않았다. 정호(程顥, 1032-1085)의 학풍에 흥미를 가지고 열중하여 명나라 정주학의 시조가 되었다. 제자 가운데 순수 주자학자 호거인(胡居仁, 1434-1484)과 양명학에 기운 진헌장(陳獻章, 1428-1500)이 이끄는 두 학파가 나왔다. 저서에 『康齋文集』과 『日錄』 등이 있다. ―옮긴이

21) 孤家(孤王), 寡人은 고대 王侯의 自稱 · 謙稱이다. ―옮긴이

하여 "장군"(일종의 작위) 이하는 생존하기가 어려울 정도로 빈천해졌다. 천계(天啓, 1620-1627) 5년 이후 한록법[22]을 시행하여 빈자가 더욱 많아졌다. 당시 상황은 어사 임윤[23]의 소에 적힌 "사직을 지키는 신하가 매번 생계를 두려워합니다."[24]라는 말에서 짐작해 볼 수 있다.

둘, 황제와 함께 나라를 다스리는 자는 관리이다. 천하의 모든 토지와 인민이 다 각급 관리에게 나눠져 많은 이들이 대신 관리했다. 관리는 민간(광대한 사회) 출신이고 수시로 파직되어 전원으로 돌아가거나 혹은 늙어 귀향한다. 형세상 본래 황제와 그 이해를 같이하고 운명을 같이하지 않는다.

셋, 관리는 대부분 사인 출신이다. 그들의 종족친척과 이웃의 향당붕우 및 서로 교류하는 이들이 다 사농공상의 사민에서 벗어나지 않는다. [관리는] 생활에서 서로 의지하면서 함께 기거하고 나아가 왕래하고 접촉하므로, 자연히 심리관념상 그들과 이해관계가 가깝거나 혹은 서로 똑같다. 이는 바로 관리가 대체로 대중과 같은 입장에 서며 반드시 서로 대립하지는 않다는 말이다.

---

22) 한록법(限祿法)은 명대 후기에 종실 인구가 늘어나자 祿銀의 지급을 당시의 인구 수를 기준으로 삼고, 이후 태어나는 후손은 정해진 祿銀 안에서 분배하도록 한 제도이다. 1625년 5월 江西御史 田珍의 건의에 따라 시행되었다. —옮긴이

23) 임윤(林潤, 1530-1569)은 명나라의 관료이다. 嘉靖 35년(1556) 진사가 되어, 臨川知縣·南京山東道御史를 역임했다. 권세에 굴하지 않은 기개로 유명하다. —옮긴이

24) 林潤의 疏는 嘉靖 41년(1562)에 올린 것으로 주요한 내용은 다음과 같다. "天下之事, 極弊而大可慮者, 莫甚於宗藩祿廪. 天下歲供京師糧四百萬石, 而諸府祿米凡八百五十三萬石. 以山西言, 存留百五十二萬石, 而宗祿三百十二萬. 以河南言, 存留八十四萬三千石, 而宗祿百九十二萬. 是二省之糧, 借令全輸, 不足供祿米之半, 況吏祿·軍餉皆出其中乎? 故自郡王以上, 猶得厚享, 將軍以下, 多不能自存, 饑寒困辱, 勢所必至, 常號呼道路, 聚詬有司. 守土之臣, 每懼生變. 夫賦不可增, 而宗室日益蕃衍, 可不爲寒心. 宜令大臣科道集議於朝, 且諭諸王以勢窮弊極, 不得不通變之意. 令戶部會計賦額, 以十年爲率, 通計兵荒蠲免·存留及王府增封之數. 共陳善後良策, 斷自宸衷, 以垂萬世不易之規."

넷, 참으로 관리는 군주에게 충성을 다해야 하지만, 바로 군주에게 충성해야 하므로 반드시 "백성을 자식처럼 사랑하고"[25], "바른 말로 과감하게 간언해야[直言極諫]" 한다. 그렇게 해야만 태평을 이루고 황제의 지위를 영구히 보존할 수 있다. 백성을 자식처럼 사랑하므로 매사를 백성을 위해 생각해야 하고, 바른 말로 과감하게 간언하므로 매사를 반드시 군주에게 맞추지는 않는다. 그러므로 관리의 입장은 마치 전체 대국 위에 서있는 것 같다.

단, 어떤 시기에는 그 개인의 지위와 이익 문제가 전체 대국 문제와 일치하지 않아서 치우치고 또 이기적인 입장에서 단견을 드러내기도 한다. 그러면 그는 대중과 괴리된다. 그러나 이는 본래 무슨 계급입장이라고 할 수 없다.

정치적으로 두 계급이 대립하는 형세는 존재하지 않았다. 이런 국면은 흔히 하는 말로 "한 사람이 위에 있고, 만인이 그 아래에 있다"는 것과 부합된다.

진(秦)나라 이후 봉건이 다시는 회복될 수 없었는데 황실이 때로 여전히 거기(즉 봉건의 회복)에 생각이 미친 것은 바로 세력이 고립되어 스스로 위태롭다고 여겼기 때문이다. 이때 황제가 대사회와 격절됨을 면할 수 없었지만 대립할 수는 없었다. "인심을 얻는 자는 흥하고, 인심을 잃는 자는 망한다."[26]라는 옛말은, 바로 황제가 대중과 잘 결합해야 하며 적이 될 수는 없음을 지적한 것이다. 만일 그가 도태되면 천하대란이 일어나 사람들이 견딜 수 없게 된다. 피차간에 적응하기에 힘써서 저절로 일련의 제도와 문화를 형성한다. 안위와 이해득실의 면에서 황제는 대사

25) 원문은 "愛民如子"로, 劉向(BC77-6)의 『新序』에 나온다. "良君將賞善而除民患, 愛民如子, 蓋之如天, 容之若地."(「雜事」) —옮긴이

26) 원문은 "得人心者昌, 失人心者亡."인데, 출처는 미상이다. —옮긴이

회와 이미 긴밀하게 결합되어 나뉠 수 없다. 전체 형세가 이에 이르면, 황제도 대사회의 밖에 있지 않고 대사회와 하나가 된다.

일반 국가는 다 계급통치이다. 사실 계급이 있어야 통치라고 할 수 있다. 중국에서는 통치계급을 볼 수 없고, 단지 한 통치자만을 볼 수 있다. 그러나 한 개인이 실제로 [국가를] 통치할 수는 없다. 작은 지역도 그러기 매우 어려우며, 크면 클수록 [한 개인이 통치하는 것은] 생각할 수 없다. 중국과 같이 전체 유럽에 비할 만큼 인구가 많은 큰 나라를 한 개인이 어떻게 통치할 수 있겠는가? 기껏해야 통치의 상징일 뿐이고 진정으로 통치할 수는 없다. 2천 년 동안 항상 단지 소극적인 안정의 국면만 있었을 뿐, 애초에 적극적인 통치의 실질은 없었다. 중국은 일찍이 일반적인 국가유형에서 벗어나, 특수한 정치제도를 형성했다. 이 모든 것에 대해서는 나중에 상세하게 논해야 한다. 여기서 지적하고자 하는 바는, 정치상 통치와 피통치의 쌍방이 형성되지 않은 것과 경제적으로 착취와 피착취의 쌍방이 형성되지 않은 것이 일치한다는 사실이며, 이는 사회계급이 존재하지 않음을 증명해주며 더욱 분명하게 해준다. 본래 계급인 "경 · 대부 · 사"는 전국 이후 계급성이 점차 소실되어 후대의 독서인과 관리로 변하여 직업화되었다. 그들도 농공상과 마찬가지로 하나의 직업이며 사회구조에서 직무와 전담업무가 있어 불가결한 성원일 뿐이다. 이는 사농공상 사민의 병렬과 "봉록으로 농사를 대신한다."는 옛말에서 충분히 증명된다. 고대에 맹자가 "치자"과 "피치자"를 구분한 것은 결코 사람이 태어나면서 귀천의 계급이 있다는 것이 아니고, "여러 공인의 일을 농사지으며 할 수는 없다."[27]는 사회분업의 원리를 입증하려는 것이었다. 이 직업화 경향에 일찍이 관념적인 근거가 있었음을 볼 수 있으며, 따라

27) 원문은 "百工之事, 固不可耕且爲."로, 『孟子』「滕文公上」에 나온다. —옮긴이

서 매우 쉽게 발전했다. 일본 사람 세키 에이키치(關榮吉)는 문화에 시대성이 있고 또한 국민성이 있음을 논했는데, 정치 면에서 계급으로부터 직업으로 변화한 것은 문화의 시대성과 관련이 있고, 중국에 일찍이 이런 기풍이 꽃핀 것은 문화의 국민성이다.

우리는 당연히 과거 중국이 계급 없는 평등사회였다고 말할 수는 없지만, 계급이 없는 사회였다고 해도 무방할 것이다. 이는 다음과 같은 이유 때문이다.

하나, 독립생산자가 많이 존재했다. 그들은 바로 자영농, 생산수단을 소유한 수공업자, 가내공업자 등등이다. 각기 자신의 기술이 있고 각자 자신의 밥을 먹었다. 영국인의 90%가 임금노동자이고 4%가 고용주인 것과 대조해보면 얼마나 다른지 알 수 있다.

둘, 경제적으로 토지와 자본이 분산되어 심하게 집중되지 않았고, 더욱이 항상 유동·전변하여 결코 고정적으로 일부 사람들의 수중에 독점되지 않았다. 그러나 영국에서는 4%의 수중에 집중되었고 거의 고정화됨을 면치 못했다.

셋, 정치적인 기회도 개방되었다. 과거시험은 각 지방에 비교적 공평한 기회를 주도록 유의했다. 공훈에 따라 음자[28]가 있기는 했지만 영향이 대단히 적었고 정치적 지위가 일부 사람들의 수중에 고정적으로 독점된 적은 없었다. 오늘날 비록 통계숫자로 증명할 수는 없지만, 19세기 말 20세기 초 영국의 상황에 비하면 좋다고 할 수 있다. 영국은 선거권이 점차 개방되고 정치적 기회의 평등을 힘써 추구했지만, 1905년 이후 반세기의 국정조사에 의하면,[29] 내각수상 및 각급 대신, 외교관, 군관, 법관,

---

28) 음자(廕子)는 과거시험에 합격하지 않고 조상 덕에 관직을 받은 사람이다. —옮긴이
29) 영국인이 지은 『蘇聯的民主』(鄒韜奮 역, 生活書店), 319-334면 참조.

주교, 은행장, 철도청장 등등 중에서 75%가 권문세가 출신이었다. 그들은 거의 "공립학교"와 옥스퍼드 · 케임브리지 두 대학 출신이었다. 말만 "공립학교"이지 실제로는 개인에게 학비를 매우 많이 받는 학교였다. 보통 사람들은 입학할 수 없었지만, 가문은 대대로 거기서 배웠다.

그래서 근대 영국은 계급대립의 사회이고, 과거 중국은 그렇지 않다. 이는 순전히 그 형세가 분산되고 상하가 소통했다는 데 힘입었다. 계급이 존재하지 않았다고 해서 착취가 없고 통치가 없었다는 것은 아니다. 착취가 없으면 문화가 없다. 그 이유는 앞에서 설명했다. 계급 없는 평등한 사회는 아직 나타나지 않았다. 어떻게 착취가 없고 통치가 없을 수 있겠는가? 다른 점은 서양에서는 집중되고 고정됨을 면치 못했고, 중국에서는 분산되고 상당히 유동적이었다는 것이다. 사회구조에서 이와 같은 상반된 경향을 나타내기 위해 우리는 "직업분화"라는 말로써 후자를 대표하여 전자의 "계급대립"과 구별하고자 한다.

여기서 두 가지 점을 설명해야 할 것 같다.

하나, 상술한 바와 같은 계급이 형성되지 않은 것이 중국사회의 특수성이고, 계급의 형성은 인류사회의 보편성이다. 중국도 그 보편성으로부터 완전히 자유로울 수는 없다. 따라서 계급형성의 추세가 역사상 결코 단절되지 않았다. 동시에 그 특수성도 부단히 발양되었다. 양자가 교대로 흥성하고 쇠퇴하여 출몰하는 형세를 드러내었다. 결코 한쪽으로만 발전할 수는 없었다.

둘, 한쪽으로만 발달할 수는 없었지만, 그 특수성이 매우 뚜렷하게 드러났음은 부인할 수 없다. 그 특수성을 분명하게 지적하지 못하고 단지 일반성의 면에서만 말하면, 중국을 아는 것이 아니다. 보편성을 부정하지 않는 가운데 그 특수성을 지적하는 것이, 내가 사람들로 하여금 중국을 인식하게 하는 방법이다.

제1장에서 우스갯소리로 "서양은 '더모커라시(德謨克拉西)'라면 중국은 '더모커라둥(德謨克拉東)'이다."라고 한 적이 있다. 근대 영국(이는 서양을 대표한다)의 사회와 정치는 참으로 민주 정신과 민주적 분위기가 풍부했다. 그런데 과거 중국에도 민주 정신과 민주적 분위기가 있었다. 이는 나중에 상세히 논하겠지만, 이 또한 계급 결핍의 증거 가운데 하나이다. 중국만 논하면 부족하다고 여긴다면, 앞에서 중국과 영국사회를 비교한 바와 같이 영국에 대해 엄중하게 지적할 수 있다. 그러나 피차 드러난 바가 다르고 서로 장단점이 있다고 할 수 있을 뿐이다. 또한 영국과 소련처럼 이쪽은 정치적 민주를 중시하고 저쪽은 경제적 민주를 중시하여 각자 조예가 있으니, 이것에 집착하여 저것을 비판할 필요는 없다.

9장

중국의 국가적 특수성

1. 중국의 국가적 특수성

제1장에서 열거한 중국문화의 특징 가운데 중국은 일반적인 국가유형에 속하지 않는다는 것이 있다.(11번째 특징) 중국이 이처럼 특수할 수 있었던 것은, 일반 국가가 다 계급통치인 데 비해 중국은 직업분화로 나아가고 계급대립이 결핍되었기 때문이다. 이제 이 문제에 대해 설명하고자 한다.

중국이 일반 국가와 다른 점은 먼저 국가에 마땅히 있어야 될 기능이 결핍되었다는 사실에서 찾아볼 수 있다. 이는 바로 과거 중국 정치에서 나타나는 소극성과 무위(無爲)이다. 역대에 걸쳐 "백성을 어지럽히지 않는 것"이 최대의 신조이고 "간소한 법령과 공정한 형벌"이 최고의 원리였다. 실제 정치경험이 풍부하고 탁월한 정치적 업적을 남긴 명대의 여곤[1]

1) 여곤(呂坤, 1536-1618)은 명대의 문학가 · 사상가로, 字는 叔簡 · 心吾 · 新吾이고, 自號는 抱獨居士이다. 성품이 강직하여 아부하지 않고 청렴하여 만력 연간에 "3대 현인(三大賢)"으로 불렸다. 주요 작품으로 『呻吟語』 · 『實政錄』 · 『去僞齋集』 등이 있다. — 옮긴이

은 「치도편(治道篇)」에서 이렇게 말하고 있다.

> "정치의 방법은 어지럽히지 않음으로써 안정시키고, 취하지 않음으로써 주며, 해를 끼치지 않음으로써 이롭게 하고, 일을 벌이지 않음으로써 폐해를 제거하는 것이다."(『呻吟語』)

이것은 마음으로 체득한 말로, 공허한 말이 아니다. 한 사람의 글에서 나온 말이기는 하지만 일반적인 견해를 대표하는데, 여기에 소극적인 정신이 특별히 투철하게 나타난다. 그래서 현청의 아문에서는 으레 "선비든 농민이든 시간이 있으면 각자의 일에 힘쓰고, 공인이든 상인이든 특별할 일이 없으면 이 문에 들어서지 말라."라는 편액이 걸려 있다. 지현(知縣)을 "친민관[親民之官]"이라고 부르면서 오히려 서로 왕래하지 말 것을 민중에게 고지하니, 모든 상황을 알 수 있다.

사실 백성과 관청 사이에 접촉하는 일은 단지 세곡의 납부와 송사 두 가지 뿐이다. "양곡을 내고 나면 내가 왕이다."라는 하북성의 민간 속담이 있다. 부세를 완납하면 관청이 내게 올 일이 없다(또한 여타 관여할 일이 없다)는 뜻이다. 송사에서는 당신이 관에 소송을 걸지 않으면 관이 내게 와서 묻지 않는다. 민사 사건이든 형사 사건이든 통상 대부분 민간에서 해결한다.(이에 대해서는 나중에 상세히 서술하겠다.) 근대 이전의 서양사회는 대다수 사람들이 자유가 없었고, 과거의 중국인은 자유가 너무 많았다고 할 수 있다. 이는 쑨중산 선생의 말이다. "해가 뜨면 일어나고 해가 지면 쉬며, 밭을 갈아 밥을 먹고 우물을 파서 물을 마시니, 황제의 권력이 내게 무슨 소용이 있겠는가!"[2)]라는 말이 옛부터 전해지는데, 혹 문

---

2) 이 구절은 선진시대부터 전해져온 擊壤歌이다. "日出而作, 日入而食, 鑿井而飮, 耕田而

인의 사상에서 나온 것일 수도 있어 실제로 이런 노래가 있었다고 할 수는 없다. 그러나 사회가 안정된 태평성대에는 국가와 백성이 마치 서로 잊고 지내는 듯한 것이 중국의 실정이었다.

이와 같은 무위(無爲)의 정치는 아주 옛날이라고 하기보다는 결국 서한에서 시작되었다고 말하는 것이 참으로 증거가 있다. 당시 조참[3]은 재상이었는데 술 마시고 사무를 처리하지 않았고 급암[4]은 태수로서 호를 "와치(臥治)"라고 했으니, 이 같은 유명한 고사에서 알 수 있다. 우리는 그들이 단지 황로사상의 영향을 받았기 때문이라고만 할 수는 없다. 주된 요인은 중국의 윤리본위 · 직업분화의 사회구조이고, 이 시기에 서서히 전개되어 무위의 통치를 필요로 하는 형세가 되었음(제10장에 상세하다)을 안목 있는 사람이면 알 수 있을 것이다.

앞에 인용했던 "근대 영국인은 국가를 필요악이라 보았는데, 중국인이 일찍이 그것을 불필요한 악이라 여겼음을 알지 못했다."라는 하세가와(長谷川)의 말은 바로 이것을 가리킨다.

또 중국이 일반 국가와 다른 것은 국제적 대립이 결여된 데서 볼 수 있다. 국가의 기능은 대내적인 것과 대외적인 것이 있다. 중국은 대내적으로 느슨하고 대외적으로도 각박하지 않았다. 일반적으로 국제적 대립의 강약은 국력의 대소와 관련이 없지 않다. 그러나 중국은 국력이 크지만 국제적 대립은 도리어 희박했는데, 국제적 대립의 결핍이 국력의 증대에 해를 끼치지 않았다. 이러한 국제적 대립의 결핍은 많은 사실에서 확인

食, 帝力於我何有哉!" 이 책에서는 마지막 구절이 "帝力何有於我哉"로 되어 있다. —옮긴이

3) 조참(曹參, ?-BC190)은 한(漢)나라의 개국공신으로, 소하(蕭何)의 뒤를 이어 제2대 승상이 되었다. 자는 경백(敬伯)이다. —옮긴이

4) 급암(汲黯, ?-BC112)은 한(漢)나라의 명신(名臣)으로, 무제 때 동해태수(東海太守)가 되어 치적을 쌓았다. 직간을 잘하여 한무제가 '社稷之臣'이라 불렀다. —옮긴이

할 수 있다.

첫째, 국방에 소홀했다는 것이다. 가령 연해의 항구는 국방의 중요한 비밀이고, 인수권[5]은 절대로 외국인에게 맡기지 않는다. 내륙 하구의 항해를 외국인에게 허락하는 일은 세계에서 들어본 적이 없다. 청나라 광서 10년(1884) 청불전쟁에서 프랑스 군함이 민강[6]에 깊숙이 들어올 수 있었던 것은 중국 해관이 발급한 허가증을 지닌 미국인이 인도했기 때문이다. 이 사실은 무어(John Bassett Moore, 1860–1947)의 국제공법에 기재되어 있는데, 각국 학자들이 이상한 일로 여겼다. 일설에 의하면, 중국 해관에 윤선의 인도허가를 등록한 자는 외국인이 대략 절반을 차지했다. 그러나 이것은 일단에 불과하다. 이처럼 국방을 고려하지 않은 사례는 대략 8~10건을 드는 것도 어렵지 않다.

둘째, 호적과 토지대장 등 모든 국세(國勢) 조사가 중국에서는 분명하지 않다. 이는 원래 국제적 대립의 밑천으로, 항상 따지고 검토하고 항상 확충해야 하는 것이다. 스스로 명확하게 정리하지 않으니, 이에 무심함을 볼 수 있다. 모르는 이들은 혹 중국인의 인식이 그에 미치지 않았기 때문이라고 여기는데, 이는 잘못이다. 역사기록에 의하면 "소하가 관문에 들어와 진나라의 도서를 거둬들였다." 여기서 도서는 그것(호적과 토지대장)을 가리킨다. 사실 일찍이 선진 전국시기에 이미 있었다. 그러나 2천 년 후에는 오히려 강구하지 않았을 뿐이다.

셋째, 문을 숭상하고 무를 경시하여 백성들이 군사일을 익히지 않아

---

5) 인수권(引水權)은 외국의 선박이 국내의 항구에 출입하는 것을 허락하는 권리이다. —옮긴이

6) 민강(閩江)은 장시성과 경계를 이루는 무이산맥에서 발원하는 하천들이 푸젠성 중앙부의 난핑(南平) 부근에서 합류하여 이룬 강으로, 남동쪽으로 흘러 푸저우(福州)를 거쳐 남중국해로 흘러들어 간다. 중국 푸젠성에서 가장 큰 강으로, 유역면적이 복건 전체 면적의 33% 이상을 차지한다. —옮긴이

거의 "군대가 없는 나라"에 가까웠다. 그래서 우리는 제1장에서 레이하이쫑 교수의 『중국문화와 중국의 군인』이라는 책에서 지적한 "중국은 동한 이래 군대가 없는 문화였다."라는 설에 근거하여, 그것을 중국문화의 특징 가운데 하나로 꼽았다. 대개 국가는 군대가 없을 수 없다. 국가에서 군대는 으레 명확하고 정당한 지위를 차지한다. 봉건시대에는 군대와 백성이 분리되어 군대가 사회의 상층직업이었다. 춘추시대 이전의 중국이 여기에 해당한다. 근대국가는 군대와 백성이 합일되어 전국에서 군인을 뽑았다. 전국칠웅이 다 그러한 방향으로 나아갔는데, 진나라가 처음 그것을 대표하고 그리하여 중국을 통일했다. 그러나 그 후 2천 년 동안 그러한 예를 따르지 않고 수시로 변태를 드러냈다. 이른바 변태란 선량한 사람은 군인이 되려 하지 않고, 군인은 오직 유랑민 · 무뢰배 혹은 범죄자로 충당하여 군인과 비적이 구분되지 않고 군인과 일반 백성이 적대시하는 나쁜 국면이 형성된 것을 가리킨다. 이것이 그 하나이다. 이에 따라 광대한 국가 전체에 군대가 없어도 되었다. 유사시에는 단지 이민족과 외국 군대의 힘을 빌었다. 한나라 · 당나라처럼 번성한 시대에도 그런 일이 드물지 않고 보통 있는 일로 친숙했다. 이것이 그 둘이다. 이른바 군대가 없다는 말은 실제로 군대가 없다는 것이 아니라 사회에서 합당한 지위를 명확하게 안배하지 않음을 가리킨다. 중국과 같이 영토가 광대하고 인구가 많으며 문화가 이웃나라보다 높은 나라가 역사상 매번 이민족의 능멸을 받아 혹은 지배를 받기도 한 것은 실로 괴이한 일이 아니다. 대대로 약화된 원인이 어디에 있든 간에, 그 원인은 결국 그 문화에서 벗어나지 않는다. 그 문화가 매우 높은데도 이 중요한 문제에서는 합당한 지위를 명확하게 안배하지 않았으니, 이를 일러 "군대 없는 문화"라 하며, 대대로 약화된 원인은 바로 여기에 있다. 레이하이쫑의 설에 동의하지 않는 학자들은 역사에서 많은 증거를 인용하여 그렇지 않음을 밝히려 한다.[7] 사실은 기껏해야 정상적인 상태와 특수한 상태를 서로 비교할 따름이고, 본래 특수한 상태를 부인할 수 없을 것이다. 중국 역사는 본래 순환적인 측면이 많다. 비록 한 방향으로 철저하게 변한 적은 없지만, 비정상적인 형태가 또한 대단히 심각하게 발견되지 않는가? 이는 중국문화의 특수성을 충분히 현저하게 보여주며, 연구자들이 크게 유의할 점이다. 여기에서는 국제적 대립이 특히 약하여 매우 강대한 국력(방대한 영토와 많은 인구와 수준높은 문화)과 결코 어울리지 않았다는 점을 지적할 따름이다.

마지막으로, 중국인의 전통관념에는 국가관념이 극도로 결핍되었고, 그리하여 "천하"라고 말하기를 좋아했으니, 국제적 대립이 결핍되고 중국이 일반적인 국가와 다름을 더욱 잘 볼 수 있다. 이에 대해서는 량치차오가 매우 일찍이 말한 바 있다.

> "무릇 국가란 상대적인 용어이다. 국가라고 표명하는 것은 반드시 타국에 대해서 말할 때 가능하다. 마치 타인에 대해서(즉 타인의 존재를 전제로 하여) 내가 있다고 할 수 있는 것과 같다. …… 국가가 있지 않고 국가를 사랑하지 않으면 국가라고 할 수 없고, 따라서 그 사랑을 펼칠 곳이 없다. …… 외족이 들어와 그것을 맡는 것은, 천하인이 천하를 다스리는 것과 같다. 타국과 서로 대치하지 않으므로, 본래 이와 같은 것이다."(『飮氷室文集』, 「中國之前途與國民責任」)

> "외부에 대해 대항하는 관념이 매우 희박하므로, 특별히 공고한 향내

7) 雷海宗의 "중국에는 군대가 없었다는 설(中國無兵之說)"에 대하여 동의하지 않는 논자들이 많다. 『思想與時代』(월간)에 실린 張其昀 교수의 「二千年來我國之兵役與兵制」가 그중의 하나다.

적 단결도 그다지 필요성을 느끼지 않는다. 이 점에서 논하면, 중국인은 국가의 조직을 좋아하지 않았다고 할 수 있고, 혹은 중국인은 국가를 조직할 수 없었다고 할 수도 있다. 좋아하지 않았든 혹은 할 수 없었든 간에, 요컨대 국가주의가 중국인의 습관과 맞지 않음은 매우 분명하다. 이와 같은 반국가주의 혹은 초국가주의가 사람들 마음에 깊숙이 스며들어 2천 년 동안의 역사를 살펴보면 대체로 득실이 반반이다. 늘 이민족에 유린되는 것이 그 실이고, 중국을 유린한 자들이 오래지 않아 동화되는 것은 그 득이다. 마지막에 결산해보면 소득이 손실을 보상하고도 남음이 있다. 그 결과 항상 '중국인'의 구성원을 증가시키고 이른바 '천하'의 내용을 날로 확대시켰다. 유럽이 오늘날 대소 10여 개 국가인 데 비해 중국은 오랫동안 하나인 것은 바로 여기서 연유한다."(梁啓超, 『先秦政治思想史』, 제1장)

오늘날 우리가 흔히 말하는 "국가"·"사회" 등의 관념은 중국의 전통관념에는 있지 않았고 개방 이후 새로 수입된 관념이다. 과거에 사용하던 "국가"라는 용어는 오늘날의 함의를 갖고 있지 않고, 대체로 조정 혹은 황실을 가리키는 말이었다. 국제적 침략을 느끼고 새로운 관념이 유입된 후에, 중국인은 국민과 국가의 관계 및 그 책임에 대해 깨닫게 되었다. 그래서 일부 사람들이 항상 "천하의 흥망에 필부도 책임이 있다."는 고염무의 말을 인용하여 그 의리를 입증하려 하는데(혹자는 심지어 "국가의 흥망에 필부도 책임이 있다."고 인용한다), 이는 완전히 원문을 보지 않았기 때문에 생긴 일이다. 원문은 다음과 같다.

"망국(亡國)과 망천하(亡天下)가 있다. 망국과 망천하는 어떻게 구별하는가? 군주의 성이 바뀌고 국호가 바뀌는 것을 망국이라 부르고, 인의(仁義)가 막혀 짐승을 이끌어 사람을 잡아먹게 하고 사람이 서로를 잡아먹는 것을 일러 망천하라 한다. …… 그러므로 천하를 보존한 연후에 국가를 보존할 수 있다. 국가의 보존은 군주와 신하 및 잘 먹고 잘 사는 사람들이 도모하고, 천하의 보존은 사회적 지위가 낮은 필부에게도 책임이 있다."[8)]

이는 고염무가 『일지록』에서 정시[9)]의 풍속을 논하는 대목이다. 원문의 전후에서 다 역대 풍속의 성쇠를 논하는데, 완전히 이성문화(理性文化)의 입장에서 말하고 있다. 그가 말하는 바 우리가 책임질 필요가 없는 "국"은 분명 조정황실을 가리키고 국가가 아니다. 그가 말하는 바 우리가 책임져야 하는 "천하"는 국가에 해당하지 않는다. 고염무의 원문에는 오늘날의 국가관념이 존재하지 않는다. 반대로 그가 개인이 책임지고 호위해야 한다고 적극적으로 주장하는 것은 국가가 아니고 종족이 아니며 오히려 일종의 문화이다. 그는 사람들에게 국가관념을 제시하지 않았고 도리어 초국가주의를 내세웠다.

"이적도 중국화되면 중국이고, 중국도 이적화되면 이적이 된다."[10)] 이것이 정통적 중국사상이고, 고염무가 대표하는 것이 바로 이것이다. 그

---

8) 원문은 "有亡國, 有亡天下. 亡國與亡天下奚辨? 曰: 易姓改號, 謂之亡國, 仁義充塞, 而至於率獸食人, 人將相食, 謂之亡天下. …… 是故, 知保天下然後知保國. 保國者, 其君其臣, 肉食者謀之. 保天下, 匹夫之賤與有責焉耳矣."로, 고염무(顧炎武)의 『日知錄』「正始」에 나온다. —옮긴이

9) 정시(正始, 240-249)는 위진남북조 시대 위나라 제왕(齊王, 曹芳)의 연호이다. —옮긴이

10) 원문은 "夷狄而中國則中國之, 中國而夷狄則夷狄之."이다. 흔히 "夷狄進於中國則中國之, 中國退於夷狄則夷狄之." 혹은 "夷狄入中國則中國之, 中國入夷狄則夷狄之."라고 하는데, 원래 韓愈가 춘추필법을 논하면서 한 말에서 유래한다. "孔子之作春秋也, 諸侯用夷禮則夷之, 夷而進於中國則中國之."(韓愈,「原道」) —옮긴이

것은 국가중심 혹은 종족중심이 아니고, 문화중심주의이다. 국가와 종족에서는 마치 피아의 구분관념이 없고 오직 문화에서만 구별하는 것 같다. 90년 전 증국번[11]과 호림익[12]는 중국인에게 홍수전[13] · 양수청[14]에 대항하자고 호소했는데, 홍수전 · 양수청을 토벌하는 자들은 이 문화적 입장에서 말하고 있다.[15] 태평천국이 필연적으로 실패한 것도 바로 그것이 고유의 풍속과 가르침을 위반했기 때문이다. 30년 전 나의 부친은 고

---

11) 증국번(曾國藩, 1811-1872)은 청나라 말기의 정치가 · 학자이다. 태평천국운동을 진압하고 양무운동을 추진했다. 문장가로도 유명하다. 자는 백함(伯涵), 호는 척정(滌正), 시호는 문정(文正)이다. 저서에 『曾文正公全集』이 있다. 胡林翼 · 李鴻章 · 左宗棠 · 張之洞 · 彭玉麟 · 郭嵩燾와 더불어 "晚淸八大名臣"으로 꼽힌다. —옮긴이

12) 호림익(胡林翼, 1812-1861)는 근대 중국의 관료 · 정치가이자 무장으로, 晚淸 名臣 가운데 한 사람이다. 貴州知府 · 四川按察使 등을 역임하고, 湖北巡撫가 된 뒤에는 釐金制를 실시하는 등 민심을 안정시키고 태평천국군을 격파한 공로로 太子太保銜이 되었으나 곧 병사했다. 자는 貺生, 호는 潤芝, 시호는 文忠이다. 저서에 『胡文忠公遺集』이 있다. —옮긴이

13) 홍수전(洪秀全, 1814-1864)은 근대 중국 태평천국운동(1851-1864)의 지도자이다. 1843년 馮雲山 · 洪仁玕과 함께 拜上帝會를 창립하고, 1851년 평등하고 평화로운 지상천국의 건설을 목적으로 군사를 일으켜 太平天國을 세우고 天王이라 자칭했다. 1853년 南京을 점령하고 신국가 건설에 착수했으나, 내적 모순 격화와 石達開의 반역으로 분열되어 실패했다. 저서에 『原道救世訓』, 『原道醒世訓, 『原道覺世訓』, 『天朝田畝制度』, 『資政新篇』 등이 있다. —옮긴ㅅ이

14) 양수청(楊秀淸, 1821-1856)은 중국 태평천국운동 지도자 가운데 한 사람이다. 1846년 洪秀全이 건립한 拜上帝會에 가입하여 지도자 자리에 오르고, 1851년 태평천국이 건립된 후 東王에 봉해져 최고사령관으로 군사적 실권을 쥐었으나 洪秀全의 권력을 침범하고 신도들에게 횡포를 부려 가족 · 부하 수천 명과 함께 처형당했다. —옮긴이

15) 태평천국의 난에서 洪秀全 · 楊秀淸 측은 오랑캐 토벌을 명분으로 내걸어 종족주의를 표방했고, 曾國藩과 胡林翼 측은 문화적 입장에 근거하여 상대방을 비난했다. 원문은 근대사자료를 참고하라. 그 결과 전자가 후자에 의해 소멸되었다. 대개 洪秀全 · 楊秀淸의 종교가 유치하고 그 소행이 고유의 문화의식에 부합되지 않는 바가 많은 것이 실로 성공하지 못한 근본원인이다. 그 소멸은 결코 청조가 할 수 있는 바가 아니었다.

유문화의 소멸을 깊이 마음아파 하다가 아낌없이 순절했다.[16] 도(道)를 지키려는 이런 정신은 종교가의 행위에 가깝지만 결코 미신에서 나온 것이 아니고 사실 이성을 사랑하는 마음에서 나온 것이다. 마치 공산당이 일종의 이상적인 문화를 쟁취하기 위해 국가의 경계를 타파하기를 마지 않는 것과 같아서, 그 정신에 공통점이 있다.

량치차오는 『선진정치사상사』에서 각 사상의 차이를 기술하고 있다. 정치에서는 세계주의를 취하여 천하를 대상으로 하고, 그 대상이 항상 자신이 알고 있는 모든 인류를 대상으로 하며 결코 일부에 국한시키지 않는다. 유가의 태도는 더욱 분명하다.

> "『춘추』의 미언대의는 삼세(三世)로 진화의 궤적을 설명한다.
>
> 첫째, 거란세 — 자기 국가를 안으로 하고, 중국 내 여러 국가를 밖으로 한다.
>
> 둘째, 승평세 — 중국 내 여러 국가를 안으로 하고, 이적(夷狄)을 밖으로 한다.
>
> 셋째, 태평세 — 멀고 가깝고 크고 작은 천하의 여러 나라들이 하나가 된 듯하여, 이적이 관직에 나아가게 된다.(『公羊傳』 注, 哀公 14년 참조)
>
> 대개 국가관념이란 단지 거란세에 있어야 할 것이다. '거란'이라 한 것은 그 시기의 난세에 근거해서 출발하여 통치에 시행되는 것을 가리킨다. 정치의 목적은 평천하에 있고, 따라서 점차 나아가면 혼란에서 안정

16) 필자의 선친에 관한 일은 『桂林梁先生遺書』(상무인서관)에 상세하다. 순절하기 전날 저녁에 남긴 「敬告世人書」, 「告女兒書」 등의 글이 영인되어 실려 있다. 그 요지는 다음과 같다. "國性不存, 我生何用! 國性存否, 雖非我一人之責. 然我既見到國性不存, 國將不國, 必自我一人先殉之, 而後喚起國人共知國性爲立國之必要." 여기서 國性은 고유의 國教를 가리킨다.

으로 올라가게 되고 더욱 진보하면 태평이 된다. 태평 시기에는 더 이상 국가관념이 존재하지 않게 되고 종족관념도 나타나지 않게 된다.

맹자 때에 이르러 열국이 서로 다투는 형세가 더욱 현저해졌고, 국가주의에 대한 배척도 더욱 강력해졌다. …… 대개 유가에서 왕도와 패도의 구분은 다 세계주의와 국가주의의 구별이다."(『선진정치사상사, 263-265면)

후세에 독서인들은 입만 열면 천하를 말하는데, 당연히 여기서 계발된 것이다. 그러나 독서인에 그치지 않고 농공상의 일반인들의 의식도 그러했다. 서양인과 같은 분명하고 강력한 국가의식 · 계급의식(이는 국가의식과 서로 호응하여 불가분적이다) · 종족의식(이는 국가의식에 앞서는 것이지만 같은 부류로서 상종한다)이 중국인에게는 없었다. 중국인의 의식에는 가까이는 자신과 가족, 멀게는 천하가 있고, 그 이외에는 대부분 경시해버린다.

중국인은 왜 그리 되었는가? 개괄적으로 선철의 사상적 영향 때문이라고 한다면 옳지 않다. 그것은 국가가 사회 안에 융해되고 사회와 국가가 혼융되었다는 사실을 반영한다. 국가는 대립적인 것이지만 사회는 그렇지 않다. 천하관념이 여기서 생겨난다. 그래서 나는 중국과 서양에 대한 두 번째 대조표를 다음과 같이 제시한다.

중국-서양 대조도 2

중 국	서 양
천 하	천 하
단 체	**단 체**
가 정	가 정
개 인	**개 인**

범례

1. '천하'는 사회 혹은 세계인류 혹은 국제(UN) 등을 가리킨다.
2. '단체'는 국가 혹은 종교단체 혹은 종족단체 혹은 계급단체 등을 가리킨다.
3. '가정'은 가족친척 등을 포괄하는 말이다.
4. 글자의 대소는 의식의 강약과 지위의 경중을 표시한다.

개인으로부터 가능한 최대 범위의 사회관계까지, 그리고 맨 아래에서 위까지 모두 네 차원으로 나눌 수 있다. 네 차원은 각기 특징을 갖고 있다.

1. 개인 — 출발점
2. 가정 — 사람이 태어나면 자연히 갖게 되는 부부, 부자 등의 관계
3. 단체 — 경계가 있는 조직
4. 천하 — 관계가 확대되어 경계의 구분이 없음

서양인의 의식과 생활에서 가장 주요한 지위를 차지하는 것은 개인과 단체이고, 중국인에게는 가정과 천하이다. 이는 크게 비교된다.

역사상 중국의 발전은 하나의 세계로서 발전한 것이고 하나의 국가로서 발전한 것이 아니라고 말하는 사람도 있다.[17] 이 말은 대체로 틀리지 않다.

2. 국가의 형성과 계급통치

유럽에서는 작은 나라들로 분립하여 국제적 경쟁이 치열하고 서로 적대시하는 경우가 많다. 사람들이 국가에 의지해서 자기를 보호하려 하여 국가에 대해 자연히 친밀감이 있다. 국가도 백성에 의지해서 이웃 나라와 경쟁하므로 자연히 일체를 간섭하고 방임할 수가 없다. 그러나 같은 면적의 중국에서는 진한의 통일 이후 다시는 전국시대의 대립적인 형세가 없었다. 이웃해 있는 이민족이 있었지만 문화적으로 훨씬 뒤떨어져 대외적으로 국제경쟁이 현저하게 결여되었다. 그래서 대내적으로도 느슨해져 방임하고 소극적이었다. 그러나 근 100년 동안 중국이 세계의 새로운 환경에 처하여 정치적으로 불가피하게 적극적으로 되었다. 이와 같은 지리적 역사적 요인은 누구도 부인할 수 없을 것이다. 그러나 기본적으로 사회구조 자체가 대외적 항쟁과 경쟁에 부적합하고 대내적 통치에도 부적합했다. 이것이 바로 위에서 말한 "국가가 사회 안에 융해되고 사회와 국가가 혼융되었다."는 사실이다.

'사회'와 '국가'가 반드시 구별되고 대립되는가? 서양 역사에서 형성된 관념으로 보면 확실히 그러하다. 오펜하이머의 명저 『국가론』[18] 서언에

---

17) 林語堂, 『中國文化之精神』 참조.

18) 오펜하이머(Franz Oppenheimer, 1864-1943)의 『국가론』은 독일에서 1908년에 초판이 간행되었는데, 원제는 *Der Staat*이다. 영역본 *The State*는 1922년에 간행되었고, 중국어 번역본은 陶希聖이 번역하여 新生命書局에서 1929년에 출간되었다. —옮긴이

서는 이렇게 말하고 있다.

> "국가관념과 대립되는 사회관념은 로크에게서 최초로 발견할 수 있다. 그 이후 그와 같은 대립이 더욱 확정되었다."

그는 또 이렇게 설명한다. 처음으로 제3계급이 일어나 스스로 '사회'를 이루고 그것에 근거하여 봉건에 반대하는 '국가'를 형성했다. 이어서 제4계급이 일어나 자신을 '사회'라 여기고, 제3계급을 국가라고 보아 반대했다. 이런 관념들에서 공통적인 인식은 '국가'는 자연법을 침해하면서 존속하는 특권집단이고 '사회'는 자연법에 따르는 인도(人道)의 결합형태라고 여기는 것이다. 그들은 대체로 '국가'는 마귀의 성(Civitas Diaboli)이고 '사회'는 상제의 성(Civitas Dei)이라는 인식을 공유한다. 양자의 차이는, 전자는 자본주의사회가 자연법에 따른 결과라고 칭송하는 데 비해 후자는 그 과정이 아직 목적을 달성하지 못했고 사회주의사회의 출현을 기다려야 한다고 여기는 것이다. 대체로 서구에서는 이런 관념을 공유한다. 다만 독일 학자들은 대부분 국가를 숭배하여 거꾸로 국가를 천국이라고 보고 사회를 지옥으로 간주한다. 그러나 나중에는 역전되어 서구의 관념을 수용했다. 마르크스 등이 그 현저한 예이다. 오펜하이머가 자신도 그랬다고 분명하게 밝혔다.

오펜하이머의 저서에서는 널리 인용하며 복잡하게 논술하고 있지만, 하나의 문제가 역사상 어떻게 생겨나 장차 어떻게 소멸될 것인가를 지적하는 데서 벗어나지 않는다. 그 요지는 다음과 같다. 인류가 생존을 추구하여 필요한 자료를 획득하는 데에는 두 가지 다른 수단이 있다. 하나는 인간 자신의 노동 혹은 자신의 노동과 타인의 노동의 등가교환인데, 이것을 경제수단이라 부른다. 또 하나는 다른 사람의 노동을 대가 없이 탈

취하는 것으로서, 이를 정치수단이라 한다. 사회는 경제수단에서 발달한 것이고, 국가는 정치수단에 기원한다. 예로부터 인류역사의 발전은 정치수단에 대한 경제수단의 항쟁에서 벗어나지 않으며, 점차 그것을 구축하여 결국 승리한 후에 그만둔다. 최후에는 정치수단이 완전히 소멸되어 사회는 있지만 국가는 없게 된다. 국가는 오펜하이머가 말하는 '자유시민단체'로 변하고 그 조직이 순전히 자연관계에 기초하며 다시는 무력통치가 없게 된다. 독자들은 앞 장에서 서술한 바 사회계급이 형성되고 끝내 해체된다는 점을 참고하면, 그 이치가 저절로 명백해질 것이다.

국가가 무력에 의지함은 의심의 여지가 없다. 그러나 무력이란 전적으로 착취에서 나오는데, 국가가 바로 여기에 연원하고 이에 의지해서 존재하면 너무 치우침을 면치 못한다. 국가가 거기에 연원할 수는 있지만, 국가의 존속과 발전은 분명 그것에 의존하지 않는다. 국가가 존재하는 이유는, 한편으로 외부의 침입을 막고 다른 한편으로는 내부의 소요를 진압하여 사회에 안정과 질서를 줄 수 있기 때문이다. 안정이 없고 질서가 없으면 사람들이 살아갈 수 없다. 안정과 질서가 이성에서 획득될 수 있으면 당연히 가장 좋다. 그러나 대내적으로 그럴 수 없고 대외적으로 그럴 수 없는 경우에는 형세상 오직 무력에 호소할 수밖에 없다. 무력을 장악하고 이러한 대내적 대외적 책임을 지는 것이 국가이다. 인류문화가 지금보다 더욱 고도로 발달하고 오직 이성에 의지하여 모든 것을 해결할 수 있게 되면, 무력이 자연히 사라지고 국가도 자연히 변화될 것이다. 그러나 이는 반드시 경제가 고도로 진보하기를 기다려야 하며, 오직 미래에 기약할 수 있고 과거에는 해당할 수 없다.

국가는 필연적으로 일종의 무력통치이다. 그 이유는 위에서 밝혔다. 그러나 반드시 계급통치여야 하는 것은 아니다. 왜냐하면 무력은 하나의 도구이고 따라서 그것을 조작하는 주체를 필요로 하기 때문이다. 이 주체는 항상 계급이다. 이치상 무력은 국가에 속해야 하고 국가가 그 주체가 되어야 한다. 그러나 이는 헛소리이다. 실제적으로는 전 국민이 어느 때를 막론하고 시종 의지가 통일되어야 하고 분열되어서는 안 된다. 그것이 실제로 가능한가? 경험적인 사실에 의하면, 한 국가 내에는 항상 계급 · 종족 · 종교 · 직업 · 지역 등등의 차이가 있고 각자의 입장이 없을 수 없다. 그 사이에 의지의 통일이 강제적이지 않은 때는 많지 않다. 특히 계급이 없을 수 없는데, 계급 간의 모순은 때로 외환이 닥쳐도 덮어둘 수 없으니 대내적 문제에서는 말할 나위도 없다. 무력은 항상 대내적 통치의 배경이 되므로, 이 무력을 조종하는 자가 누구인지 분명하다. 그래서 이 주체는 국가라는 이름을 내세우지만 실제로는 계급, 통치하고 착취하는 계급일 뿐이다. 봉건시대에는 거의 전 계급이 하나의 무력집단이었고, 그것이 계급통치임이 가장 현저했다. 나중에 문화가 진보하여 근대국가의 경우에는 무력이 점차 감춰지고 계급이 법률상으로는 존재하지 않는 것처럼 되었다. 그러나 경제적으로는 착취와 피착취라는 사실이 법률질서에 의지하고, 법률질서의 유지가 국가의 군대 · 경찰 · 법원을 뒷받침으로 삼았다. 이는 통치가 비교적 간접적으로 되었을 따름이지 엄연히 계급통치였다.

다음으로 우리가 알아야 할 점은 계급이 주체의 임무를 맡기 어렵다고 할지라도 주체와 도구는 반드시 상응해야 한다는 것이다. 양자가 상응하지 않는 경우에는 주체가 크고 도구가 작을 수는 있지만 결코 주체가 작고 도구가 클 수는 없다. 그러면 힘이 아니라 도리어 장애물이 될 것이다. 앞 장에서 국가는 하나의 큰 강제력이라고 했다. 강제력에는 반드시 쌍방이 있다. 쌍방의 사람 수가 같지 않더라도 결국 한 사람이 대중을 상대할 수는 없다. 그래서 중국 역사에서처럼 전국적인 방대한 무력을 한 사람, 한 성씨가 주체가 되면 감당할 수 없게 된다. 단지 중원에서 정권쟁탈전을 벌여 양군이 서로 대립하는 정황 하에서는, 한 수령을 모시고 복종하여 전쟁을 통해 승리할 수 있다. 그때 이 수령은 무력의 주체인 것처럼 보인다. 일단 상대방이 소멸되면, 자기 편의 여러 장수들이 그 한 사람에게 영원히 복종할 필요가 없다. 이것이 역대 창업주가 가장 대처하기 어려운 큰 문제였다. 이는 송나라 태조가 분명하게 말한 바 있다. 더욱이 그만이 "술잔으로 병권을 취하여"[19] 완화시킬 수 있었다. 그 나머지 그와 함께 천하를 도모했던 공신들이 결국 시기하고 잔혹해지는 일은 다 열거하기 어려우니, 그 이유도 여기에 있다. 그래서 중국사에서 천하의 쟁탈은 본래 무력이 아니면 불가능하지만 천하를 얻은 후에는 무력을 거둬들여야 하며 무력통치를 사용할 수는 없는 것이 필연적인 이치이다. 이른바 "말 위에서 천하를 얻지만, 말 위에서 다스릴 수는 없다."[20], "무를 누르고 문을 닦는다."[21]는 옛말이 있으니, 의미가 매우 분명하지 않은가? 레이하이쭝 교수는, [중국처럼] 큰 국가가 변방의 방어에 힘쓰지 않고 외국 군대의 힘을 빌며 심지어는 외국 군대의 힘을 빌어 수도의 치안을 유지하려 했다고 지적했다. 이처럼 군대가 없는 상황은 연원이 있으며, 결코 근본원인이 없는 것이 아니다.

국가는 계급통치에서 구성된다. 중국은 계급이 형성되지 않아서 무력의 주체로 통치를 행하기 어려웠다. 이것이 중국이 일반적인 국가와 같지 않은 참된 원인이다. 역대 제왕이 부세를 가볍게 하고 백성과 더불어 휴식하고 은덕을 베풀며 교화를 일으키고 나아가 이른바 "효로써 천하를

19) "술잔으로 병권을 취했다"(杯酒釋兵權)라는 말은 북송 초기에 태조 조광윤(趙匡胤, 927-976)이 분열할거의 국면을 방지하고 중앙집권을 강화하기 위해 연회를 열어 술잔을 권하며 장수들의 병권을 회수한 사건을 가리킨다. —옮긴이

20) 원문은 "居馬得天下之, 不能馬上治之."이다. 원래 『史記』「陸賈列傳」에서 陸賈가 漢高祖 劉邦에게 한 말 "居馬上得之, 寧可以馬上治之乎?"에서 유래한다. —옮긴이

21) 원문은 "偃武修文"으로, 『尚書』「武成」에 나온다. —옮긴이

다스리려" 한 것은, 다 은연중에 마치 통치를 포기한 것처럼 행하고 단지 소극적 안정만을 추구한 것이다. 대개 선을 좇아 스스로 수양하는 가운데 운명을 영속하려고 한 것이다. 감히 힘쓰지 않았다고 해도 되고 사용할 수 있는 힘이 없었다고 해도 안 될 것이 없다. 수천 년의 정치에서 파괴되지 않는 견고한 소극적 무위주의는 이것을 빼고는 이해할 수 없다.

3. 중국 봉건의 해체

이상은 당연히 진한 이후의 중국에 대해 말한 것이다. 계급이 결여되고 일반적인 국가와 같지 않은 것은 그 이면이고, 윤리본위와 직업분화, 즉 사회를 국가로 여기고 양자가 구별될 수 없이 혼연일체가 된 것은 그 정면이다. 이와 같은 사회형태의 특수성은 잠재해 있는 근원이 매우 심원하다. 그러나 그것이 드러난 것은 봉건 해체 이후이다. 그 정면에 관해서는 다음 장에서 상세히 논하겠다. 여기서는 그 이면의 두 가지 점에 대해 계속 논하겠다.

① 계급이 결여되고 일반적인 국가와 다른 원인(因)
② 계급이 결여되고 일반적인 국가와 달라서 귀착된 결과(果)

여기서 우리는 중국 봉건의 해체 문제에 대해 논해야 한다.

제2장에서 이미 설명한 것처럼, 인류문화사는 단선적으로 전개되지 않고 중국은 서양과 다른 길을 걸었다. 앞 장에서 계급 문제를 논할 때 역사를 크게 다섯 단계로 나눌 수 있다고 했는데, 이는 유물사관의 주장에서 상당히 인정하는 관점이다. 현재 중국 봉건의 해체를 논하자면, 서양 사회사처럼 중국도 봉건시대를 거쳤다는 점은 인정하되 그것이 서양과

다른 길을 걸었다는 점을 명확하게 지적해야 한다.

여기서 먼저 양대 사실에 유의하기를 요청한다.

하나, 서양은 봉건사회와 자본사회 사이에 과도기가 있는데, 이는 정치적으로는 왕권집중으로 표현된다. 그러나 우여곡절 끝에 왕권을 제한하는(憲政) 데로 나아갔으므로 그 기간이 매우 짧다. 반대로 그것이 서양에서 극히 단기간이었던 데 비해 중국에서는 대단히 길었다. 중국의 봉건착취는 달리 표현하면 왕권집중이다. 이 집중을 이해하지 않으면 상황을 이해할 수 없다. 그것은 2천여 년 동안 지속되어, 근 100년 동안 근대 서양의 영향을 받아서 중국역사에 변화가 일어나지 않았다면 여전히 그 종말을 기대할 수 없었을 것이다.

둘, 이 정치상의 장기적 정체 국면과 결합된 것이 바로 경제상의 장기적 정체이다. 공상업의 발달이 일찍이 선진시대에 있었지만 2천여 년 후에도 여전히 그와 같았다. 가령 근대 서양 자본주의 공업문명이 전해지지 않았다면 아마도 여전히 그러했을 것이다.

이는 아무도 부인할 수 없지만 또한 가장 이해하기 어려운 사실이다. 참으로 논자들이 말하는 것처럼, 진한 이래 2천 년은 수수께끼의 시기이다. 중국사회사를 논하면서 이에 대해 논리적으로 분석하지 않는다면 헛소리와 같을 것이다. 그것을 홀시하고 그것을 말살한다면 더욱 가소로울 것이다. 그러나 일부 미신과 고정관념에 물들어 말살하지 않을 수 없어서 고심하는 이들은 아래의 글을 읽으면 알게 될 것이다.

논의를 시작하면서 먼저 분명하게 물어야 한다. 봉건이란 무엇인가? 봉건과 봉건의 해체가 어떻게 구별되는가? 간단히 말하면, 봉건은 토지소유자가 경작자에 대해 일종의 초경제적인 강제적 착취를 행하는 것이 핵심이다. 가령 경제적으로 자연경제에서 벗어나지 못하고 사회적으로 신분예속관계가 나타나고 정치적으로 대소 단위로 분열되고 의식면에서 종교·미신에서 탈피하지 못하는 것들은 대체로 이 요점과 자연적으로 연계되어 있다. 봉건에서 벗어난다는 것은 이것들을 제거한다는 것이고, 그 요점(강제적 착취)의 제거가 핵심이다. 다시 묻건대 어떻게 하면 [경제외적 강제를] 제거할 수 있는가? 통상 오펜하이머가 말한 바와 같이 경제수단이 정치수단에 대해 명확하게 승리하는 데서 벗어나지 않는다. 두 가지 수단이 목적은 같다. 경제수단이 상대적으로 순조로운데 정치수단이 잘 시행되지 못할 때에는 정치수단이 점차 방기되고 자연히 경제수단으로 나아간다. 영국의 경우가 대체로 그러하다. 프랑스는 폭력혁명을 거쳐야 했는데, 그 정치수단이 통용되지 않는 것이 경제수단의 편리함을 크게 넘어섰기 때문이다. 대체로 각 사회의 정황이 다르므로 역사도 그에 따라 다르다.

중국은 결국 봉건에서 해방되었는가? 모두가 보는 바와 같이, 수년 동안 국내외 인사들의 논의가 분분했지만 결론은 없다. 적지 않은 학자들(가령 리지[22] 등)이 중국의 봉건이 이미 선진 전국시기에 붕괴되었고 진나라 이후의 사회는 달리 논해야 한다고 주장한다.[23] 이는 대체로 타당하다고 볼 수 있다. 그러나 어떤 학자는 동주 이래 아편전쟁에 이르기까지 장기간 동안이 전부 봉건사회라고 여긴다. 이와 같이 주장하는 이유

---

22) 리지(李季, 1892-1967)는 많은 마르크스주의 저술을 번역하고 마르크스주의를 전파하는 데 공을 세운 사회학자이다. 사회사에서 마르크스·엥겔스의 저술에 기초하여 생산양식을 기준으로 삼아 중국 사회형태를 규명하여, 아시아적 생산양식 및 전(前)자본주의사회 등의 문제에서 독특한 견해를 제시했다. 사상사에서는 후스(胡適)의 실험주의를 비판하고, 경제적 요인과 계급성을 중시하는 관점에서 선진 제자백가의 탄생·번성과 소멸 원인을 고찰했다. 『社會主義史』·『通俗資本論』·『馬克思恩格斯通訊集』·『現代資本主義』 등을 번역했고, 저술에는 『馬克思傳』·『卡爾·馬克思詩傳』·『燕妮·馬克思詩傳』 등이 있다. —옮긴이

23) 李季, 『中國社會史論戰批判』, 神州國光社.

는, 관련된 상황이 어떠한지 불문하고 단지 농촌에서 강제적 착취가 줄곧 존재해왔다고 파악하기 때문인 듯하다. 이 또한 일리가 없지는 않지만, 의문의 여지가 많다.

첫째, 쩌우핑 · 딩현 각지에서 볼 수 있는 바와 같이 토지가 봉건 해체 후의 토지이고 사람이 봉건 해체 후의 사람이라는 것은 의심의 여지없이 명백하다. 스스로 토지를 소유하지 못하고 착취당하는 소수의 소작농 · 고용농이 있었다. 이는 근대 노동자의 착취와 같을 뿐이다. 이른바 경제외적 착취는 실로 없었다. 이는 『딩현사회개황조사』에 서술된 해당 지역의 소작료에 관한 상황으로 입증할 수 있다.(원서 629-635면 참조) 나는 중국 농촌에 줄곧 강제적 착취가 있었다는 말을 부정하지는 못하겠지만, 그것이 전국적으로 얼마나 비중을 차지하고 있었는지에 대해서는 의문이 있다. 이와 같은 상반된 예증의 존재는 그 주장의 근거를 상실하게 하기에 족하다.

둘째, 봉건의 세습적 경작자가 토지에 긴박되어 떠날 수 없는 정황은 나중에 중국에서는 보이지 않는다. 성급하게 토지는 적고 인구는 많으며 다른 출로(공상업)가 결여되어 토지에 긴박되었다고 단정할 수는 없는 것 같다.

이상 두 가지는 다 상술한 요점에 대해 의문을 제기한 것이다.

셋째, 경제 · 사회 · 정치 · 의식 면에서 연관된 정황은 중국에서 나타나기도 하고 그렇지 않기도 하여 단정하기 어렵다. 대체로 말해서 봉건이 이미 해체되었음을 증명하는 것은 쉽다.(논자들이 단지 저 요점만을 들어 논하는 것은 아마도 이 때문인 듯하다.) 특히 세간에 유행하는 "농사지으며 학문에 힘쓰는 전통을 대대로 이어간다", "아침에 농사일 하다가 저녁에 천자의 조정에 오르네. 장상이 본래 씨가 따로 없으니, 남아는 마땅히 스스로 힘써야 하네."[24]라는 말은 봉건사회에는 해당하지 않는다.

마지막으로, 가장 심각한 결점을 지적하고자 한다. 그것은 진한과 동주를 결코 혼동해서는 안 된다는 것이다. 상술한 양대 사실에 대해 사실을 보지 않고 원인을 탐구하려 하지 않으면서 범범하게 봉건이라는 것으로 일체를 개괄하면 어떻게 사람을 설득할 수 있겠는가? 그러나 이 또한 그들로서는 어쩔 수 없다. 왜냐하면 그들은 중국과 서양이 다른 길로 나아왔음을 부정하고 사회가 단선적으로 진화했음을 고집하며, 또한 역사는 결국 진보한다고 미신하면서 때로는 진보하고 때로는 퇴보하여 원래 일정하지 않음을 알지 못하기 때문이다. 이 양대 사실은 아래의 두 차원에서 이해되어야 한다.

하나, 중국사회사는 진한 이후 이미 정체 국면에 들어갔다.(완만하게 진보한 것이 아니다.)

둘, 중국 봉건의 해체는 서양과는 다른 노선이 있다.

전자는 자연히 후자에서 유래한다. 진한 이래의 수수께끼는 중국 봉건 해체의 특수성에 숨겨져 있고, 여기서 착수하면 어렵지 않게 모든 것을 밝힐 수 있다.

왜 그것을 통해 파악해야 하는가? 왜냐하면 우리는 중국에 계급이 결여되었음을 살펴보았고 또 양대 사실이 서로 입증해주는 것을 보았기 때문이다. 앞 장에서 논한 바와 같이, 계급이 없으면 사회 진보가 불가능한데, 계급은 반드시 경제의 진보, 문화의 진보, 정치의 진보에 의지하여 순환적으로 추진되고 한 걸음 한 걸음 해체되어간다. 이는 대체로 역사의 일반적인 원리이다. 현재 계급이 결핍된 중국은 경제가 장기간 침체되고

---

24) 원문은 "朝爲田舍郎, 暮登天子堂. 將相本無種, 男兒當自强"으로, 汪洙의 "神童詩"에 나오는 구절이다. —옮긴이

정치도 변화가 없었으니, 공교롭게도 일치하고 부합하여 일종의 역사적 특수상황을 함께 증명해준다. 중국에 봉건계급이 있었다는 것은 문제가 되지 않는다. 이 특수상황의 발단은 분명 봉건의 해체 위에서 이루어졌기 때문이다. 이제 우리는 서양의 봉건이 해체된 원인을 살피고 그것을 중국과 비교하면 그 변화의 노선을 찾는 것이 어렵지 않을 것이다.

서양의 봉건이 해체된 원인은 경제의 진보에 핵심이 있다. 공상업이 발달하여 사람들이 상업이윤·산업이윤을 다투어 좇고, 그런 후에 다시는 농촌에서 사람에 대한 강제적 착취에 힘쓰지 않게 된 것이다. 이는 경제수단의 편리함으로 인하여 봉건계급이 그 정치수단을 방기한 것이 가장 철저하게 진행된 결과이다. 공상업이 발달해서 제3계급이 일어나 대중을 지도하여 개인의 자유를 쟁취하고, 그런 연후에 사람에 대한 강제적 착취가 더 이상 통하지 않게 된 것이다. 이는 봉건계급을 강박하여 그 정치수단을 버리지 않으면 안 되게 한 것이 가장 결정적이다. 이때 정치수단은 진일보한 철폐를 기다려야 했지만, 결코 대세를 되돌릴 수는 없었다. 의심의 여지없이 이는 경제의 진보가 문화와 정치를 추동하여 전체 사회의 국면을 변화시킨 것이다. 이는 통상적인 것이라 할 수 있다.

다시 중국을 보면, 중국 사회구조는 전국시대에 획기적인 변화를 맞았고 진의 천하통일에 이르러 신기원을 열었다. 바로 "이제 천하가 같은 수레바퀴를 쓰고 같은 글자를 사용하며 같은 윤리가 행해진다."는 것으로, 다시는 많은 관문과 다른 법령과 각종 장애가 없어진 정황이 도래한 것이다. 봉건단위와 마찬가지로 위아래로 약간의 등급이 있지만 창공의 별처럼 총총한 대소 단위는 이미 폐지되고 전국이 하나의 왕에게 통일되었다. 왕권이 집중되고 전제가 실행되었다. 동시에 분봉하고 토지를 나눠주는 토지제도 또한 토지의 자유매매로 변화되고 인민이 경작하는 토지의 규모에도 한계를 두지 않게 되었다. 이것은 어떤 변화인가? 미뤄구뤄

푸[25]의 말이 틀리지 않다면, "봉건제도는 정치관계에서의 지역색채와 토지관계에서의 정치색채에 달려 있고", 그것은 따라서 봉건의 해방이라고 해야 할 것이다. 그러나 이 해방 또한 경제의 진보에서 이뤄진 것인가? 이 점은 말하기 어렵다. 경제의 진보는 있었다. 상품생산, 화폐경제, 도시의 발달, 교통의 발달 등을 역사기록에서 다 찾아볼 수 있다. 그러나 서양에서의 정치수단에 대한 유인과 강박은 자취를 찾아보기 어렵다. 반대로 경제수단이 철저하지 않고 결정적이지도 못하여 정치수단이 불시에 역전되는 것을 볼 수 있다. 사실대로 말해서 여기에도 일정한 경제적 조건이 없을 수 없지만, 경제의 진보로 인해 추진된 것이 아니라 문화와 정치가 도리어 경제에 영향을 미쳤다고 할 것이다.

"정치수단이 불시에 역전된다."는 것은 무엇을 말하는가? 앞에서 이미 말한 바 있다.

> "정치세력이 직접적 혹은 간접적으로 토지를 집중·독점하는 추세를 출현시키는데, 그것은 봉건에서 해방된 사회로 말하면 형세역전이다. 이 역전은 그 추세가 오래갈 수 없다. 역사상 부단히 나타나고 부단히 종국에 도달한다."

분명 서한 말에 그러했던 것처럼 문제가 대단히 엄중했다. 사람들에 대해 논하자면 노역자가 매우 많았고, 토지에 대해 논하자면 매우 집중·독점되었다. 그리고 그것은 직접 간접으로 정치세력으로부터 나

25) 중국명은 "米諾賈托夫"인데, 미상이다. 『英國中世紀領地』라는 책을 썼다고 한다. 이 구절은 아마 『英國中世紀領地』에서 인용한 듯하다. —옮긴이

왔다. 이에 왕망[26]의 "왕전제"[27]라는 대개혁이 나오게 된 것이다. 역사상 이와 유사한 크고 작은 예들은 부단히 나타난다. 동시에 "한전(限田)"[28] · "균전(均田)"[29] 등과 같은 운동도 마찬가지로 역사상 끊임이 없었다. 중국사는 이와 같은 순행와 역행의 두 힘이 길항한 역사다. 그 원인을 따져보면 다 사회의 진보와 계급의 해방에 달려 있고, 경제에 의해 추진된 것이 아니라—경제에 의해 추진되었다면 정치수단이 역전시킬 수 없었을 것이다—오히려 문화와 정치로부터 단서가 열렸다.

이른바 중국 봉건의 해체가 문화와 정치로부터 단서가 열렸다는 것은 구체적으로는 귀족계급이 해체되고 사인(士人)이 출현하는 것으로 나타난다. 주지하는 바와 같이, 봉건계급(사실은 봉건과 함께 위로 고대의 귀족계급을 포함하는)은 첫째 무력 위에 건립되고, 둘째 종교에 의해 유지된다. 종래 귀족과 무력과 종교 삼자는 서로 연계되어 있었다. 서양이 그러하고, 도처에서 모두가 그러했다. 이 때문에 후대에 이익을 추구하여 생겨난 계급이 다소 산만한 것을 제외하고, 모든 귀족계급은 사회에서 필연

26) 왕망(王莽, BC45-AD23)은 前漢 말의 정치가로, 新왕조(8-23)의 건국자이다. 중국 역사상 최초로 이른바 禪讓革命을 통해 황제권력을 찬탈하고, 이상국을 건설하기 위해 개혁정책을 펼친 인물로 평가된다. 新왕조가 망한 뒤 光武帝에 의해 後漢이 건국되었다. —옮긴이

27) 왕전제(王田制)는 왕망(王莽)이 권력을 장악한 후 시행한 토지제도이다. 『詩經』의 "普天之下, 莫非王土"라는 구절에 근거하여, 전국의 토지를 "王田"으로 개칭해서 토지의 사적 매매를 금지하였다. 토지사유제를 폐지하고 토지국유제를 시행하여 토지겸병을 억제하고자 한 것이다. —옮긴이

28) 한전제(限田制)는 漢나라 文帝 때 시행한 토지제도로, "二年律令"에 의거하여 토지의 보편적인 소유를 폐지하고 또한 "限田令"에 따라 개인의 토지 소유에 상한선을 두었다. —옮긴이

29) 균전제(均田制)는 北魏에서 唐나라 중기까지 시행된 토지제도이다. 농민에게 인구수에 따라 토지를 분배하고, 황실 · 귀족 · 공신 · 관리에게는 등급에 따라 토지와 노비를 분배했다. —옮긴이

적인 집단으로 존재했다. 왜 그런가? 집단은 투쟁과 서로 연계되어 있다. 무력을 일삼는 자들은 모두 집단을 형성한다. 그리고 종교의 결집력이 집단을 이루는 근본임은 말할 나위도 없다. 이제 무력과 종교 양자를 겸하면 그 결과는 정해져 있다. 그러나 기괴한 일은 중국이 다소간 예외적이라는 것이다.

량치차오는 『중국문화사』에서 중국 귀족정치가 유럽과 다른 점이 셋이라고 논한 바 있다. 하나, 로마의 원로원(혹은 중세 각국의 계급회의)과 같은 합의기구가 없다. 둘, 귀족과 평민의 신분이 다르지만 뛰어넘을 수 없는 경계가 뚜렷하게 그어져 있지 않다. 셋, 귀족과 평민이 정치에 참여하는 데 구분이 상대적일 뿐이고 평민이 아니면 정사에 관여할 수 없다. 첫 번째 지적은 이해하기 쉬우므로 길게 설명하지 않겠다. 뒤의 두 가지에 대해서는 량치차오가 춘추시대의 일부 사실들을 원용하여 논증했다.(원문은 번잡하므로 인용하지 않겠다.) 기실 세 가지가 모두 당시 귀족이 집단을 형성하지 않았음을 보여준다. 첫째, 귀족 사이에 합의제가 있었다면 하나의 집단으로 존재했다는 증거가 될 터인데, 그렇지 않았으므로 집단으로 존재하지 않았음을 알 수 있다. 두 번째 지적에서 내외의 경계 구분이 엄격하지 않았음을 알 수 있다. 세 번째에서 또 독점과 배타성이 심하지 않았음을 볼 수 있다. 이것들은 다 집단이 결여되었다는 증거다. 대체로 계급적 편견이 심하지 않으면 종족적 편견도 심하지 않고 국가적 편견도 심하지 않다. 셋은 항상 서로 연관되어 있다. 이는 량치차오가 뒤의 두 가지 점을 논증하는 데 원용한 많은 사례에서 확인할 수 있다. 또 장타이옌도 『사회통전상태(社會通詮商兌)』에서 춘추시대의 많은 사례에 의거하여 일찍이 중국에 일반 종법사회와 같은 종족적 배타성이 없었음을 논증했다. 서양 고대의 로마와 대조해보면 얼마나 다른지 알 수 있을 것이다. 로마는 멀고 가까운 여러 나라를 정복하여 위대한 로마제국을 건립했는데, 로마인—이는 하나의 종족이자 하나의 계급이다—은 단지 원래 종교전례에 참가한 가족에 국한했으므로 결코 늘어나지 않았다. 로마가 확대한 것은, 하나는 통치대상이고 하나는 국유토지였다. 피정복자들은 [로마인으로] 인정되지 않았다. 바꿔 말하면 그들은 시종 외인 혹은 외적으로 간주되었다. 그들이 로마인이 되기를 요구하면, 로마는 천부당만부당하다고 화를 내었다. 심지어 유혈혁명을 통해 요구하여 이른바 "사회전쟁"이 일어나도 해결될 수 없었다. 간혹 우회적인 방법이 있었다. 가령 먼저 스스로를 팔아서 로마인의 노예가 되고 다시 합법적으로 해방되어 로마 시민과 동등하게 되는 것인데, 이는 매우 힘든 일이었다. 이 계급 문제는 수백 년을 거치면서도 해결되지 않았다. 로마인을 이상하게 여길 것이 없다. 기실 기괴한 것은 도리어 중국인이다!

왜 중국 봉건계급은 스스로 그처럼 느슨하고 다른 사람들에 대해 그처럼 부드러웠나? 이는 다름 아니라, 이성이 일찍이 계발되어 종교가 충분히 발달하지 않았기 때문이다. 종교가 충분히 발달하지 않은 것은 바로 집단이 충분히 발달하지 않은 것이다. 봉건이 의지하는 것은 무력과 종교인데, 이성은 이 양자와 양립할 수 없다. 이성이 계발되면 봉건 자체가 완화 · 융해되어 외부의 힘을 빌 필요가 없다. (제11장을 참조하라.) 그 느슨함은 바로 사람들의 사유작용이 활동하기 시작하여 종교의 통합하는 힘이 사람들이 자각하여 분산하는 추세에 대적하지 못했기 때문이다. 그리고 당시의 주공(周孔)의 예악이 다시 사람의 정서로 하여금 거칠고 폭력적이지 않고 온후하며 강제력이 적고 계급 간의 격차가 심하지 않게 했던 것이 또한 대인관계가 온화한 원인이다. 상당히 많은 사람들이 중국은 노예사회를 거치지 않았다고 말하다. 혹자는 중국이 씨족공산사회에서 봉건사회로 전환했다고 한다.(뚜웨이즈[30]의 설) 혹자는 중국이 아시아적 생산 시대를 거쳐 봉건에 이르렀다고 한다.(리지(李季)의 설) 나는 그것에 대해 연구한 바가 없어서 감히 판단할 수 없다. 그러나 노예사회를 거치지 않았다는 설이 사실에 가깝다고 생각한다. 노예사회의 계급은 봉건적 계급에 비해 훨씬 엄혹함은 로마가 그러했듯 피하기 어려운 듯하다. 오직 중국만이 노예사회를 피할 수 있어서, 이후 중국인은 정신면에서 이런 엄중한 상흔을 면하고 이후 봉건 시대의 계급 문제가 비교적 가벼워서 마침내 저절로 융해되는 데로 나아갔다. 이 때문에 사회풍조가 수천 년 동안 줄곧 계급의식이 강하지 않고 종족의식이 강하지 않고 국가의식이 강하지 않았고, 그것이 오늘날에까지 이르렀다. 종교의 족쇄가 거의 없거나 혹은 노예사회의 상흔이 없거나 간에, 이 모든 것은 다 역사의 소극적인 측면이고, 그 적극적인 측면은 이성의 조기계발이다. 이성이 조기에 나타난 것이 중국민족의 역사적 특징이고, 그것은 고대로부터 줄곧 후세에까지 관철되었다.

귀족계급의 융해는 일찍이 그 계급이 몹시 강고하지 않은 데 잠복되어 있었고 경계가 결여되어 있었다. 이 종교가 부족한 사회에서 귀족이 무

---

30) 뚜웨이즈(杜畏之, ?-1992)는 현대 중국의 트로츠키주의자이다. 본명은 屠慶祺이며, 杜畏之는 1930년 이후 사용한 필명이다. 1919년 開封歐美留學預備學校에 입학하고, 후에 南京東南大學과 開封中州大學에서 공부했다. 1925년 共青團에 가입하고, 王明·張聞天·王稼祥·俞秀松·烏蘭夫·伍修權 등과 함께 모스크바로 가서 공부하며 공산당 당원이 되었다. 1930년대 초 陳獨秀를 따라 트로츠키파에 가담했다. 1949년 중화인민공화국이 건립된 후 彭述之·王文元 등의 트로츠키주의자들은 해외로 도피했으나, 杜畏之는 국내에 남아 있다가 1952년 트로츠키파에 대한 숙청이 시작되어 1955년 재판을 받고 무기형에 처해졌다. 1963년 재능을 인정받아 秦城 감옥에서 번역을 시작했고, 1972년 석방되어 공민권을 회복했다. 1987년 上海市 市長 江澤民의 초빙으로 上海市文史研究館 館員이 되고, 1990년 上海翻譯家協會에 가입했다. —옮긴이

력을 상실했으니, 그 외에 또 무엇이 있었겠는가? 거기에는 오직 누적된 지식과 일찍이 계발된 이성이 있을 뿐이었다. 그것이 바로 사인(士人)이다. 중국의 봉건은 사인에 의해 훼손되었다. 사인의 힘은 계급의 융해를 촉진시켰고, 사인은 또한 계급융해의 산물이었으니, 그것이 중국의 특유한 점이었다. 중국 봉건의 해체는 결국 계급의 해소에서 벗어나지 않으며, 마치 이성에 의한 안정으로 무력통치를 대체한 듯하다. 그것은 서양에서 신계급이 구계급을 대체하여 무력이 더욱 그 주체가 되기 쉬웠던 것과 다르다. 이는 먼저 문화와 정치가 단서를 열었다는 설이다.

사인은 원래 후대의 용어다. 나는 그것을 고대에까지 소급해서 포괄시켜 이에 속하는 사람들이 있었다고 본다. 그 특징은 교육을 받고 학식이 있는 것이다. 가령 장인린 교수는 다음과 같이 말했다.

> '사(士)'라는 말이 원래에는 순전히 창과 방패를 들고 활과 화살을 가진 무사를 가리켰는데, 왜 후대에는 오직 독서하고 논의하는 사람을 가리키는 것으로 변했는가? 그 원인을 알면 춘추시대 이전의 사회와 진한 이후의 사회 사이의 큰 차이를 알 수 있다. 앞의 시대에 교육이란 무사의 교육이었고 무사가 가장 교육받은 사람이었다. 뒤의 시대에 교육이란 바로 문사(文士)의 교육이었고 오직 문사만이 가장 교육받은 사람이었다. '사'라는 말은 시종 특별히 교육받은 사람을 가리켰지만, 교육 내용이 변했으므로 그 함의도 변한 것이다.(張蔭麟의 『東漢前中國史綱』 56면을 보라.)

상술한 바와 같이 교육은 고등교육의 향수이고, 멀리 고대에는 더욱이 오직 군주와 귀족의 소수만이 그것을 향유할 수 있었다. 하물며 학식은 경험의 누적과 관통에서 나오는데, 관직에 있는 자만이 그럴 기회가 있었다. 그래서 관직과 학술은 서로 관련된, 나뉠 수 없는 것이었다. 학술이 마침내 민간에 유포된 것은 귀족이 몰락했기 때문이다. 그들은 혹은 나라를 잃었기 때문에 혹은 정변으로 인해 혹은 개인이 죄를 얻어서 혹은 세대가 흘러 가문의 성원이 늘어나 자연스럽게 영락함으로써 그리되었다. 또한 당시 사회가 사람들에게 신분향상의 기회를 제공하여 사람들이 열심히 배우고 강학했다. 일반적으로 공자의 개인 강학이 교육에 신분적인 차별을 두지 않아서 학술 평민화의 단서를 열고 또한 후세에 재야 인사가 재상이 되는 국면을 열었다고 일컬어진다. 사(士)라는 부류는 공자가 개창하지 않았다면 또한 틀림없이 큰 빛을 발하기 어려웠을 것이다. 이 말은 대체로 틀리지 않지만, 공자 이전 및 그와 동시대에 학식과 교양이 있는 사람들이 벼슬하지 않고 민간에 퍼져 있었고 혹은 재야에 있는 현자가 몸을 일으켜 정치를 담당하는 것을 적지 않게 볼 수 있었음을 알아야 한다. 공자는 바로 후세의 사인이고, 또한 그런 선구가 있었기 때문에 공자가 있을 수 있었다. 공자는 갑자기 돌출한 것이 아니고, 실로 전대의 흐름을 계승하여 후대를 열어서 역사로 하여금 점차 발전하여 사회의 커다란 변화에 이르게 한 것이다. 사인은 다름 아니라 사회적 지위에 있을 만한 자질이 있으면서 반드시 그런 지위에 있지는 않은 사람이다. 지위에 있을 만한 자질이 있는 것은 귀족과 같지만, 반드시 지위에 있지 않은 것은 귀족과 다르다. 어느 날 귀족이 자취를 감추고 민간에 이 지위에 있을 만한 자질이 있는 사람들이 늘어나 정치상의 지위가 그들에 의해 접수되어 사람이 태어나면서 귀천이 정해지지 않는 것, 이것이 중국의 봉건이 해체되는 길이다. 춘추전국시대가 실로 그 기운을 열었다. 한편으로 춘추시대 열국의 흥망과 변동이 많아서 그들의 연원이 증대하고 그 수가 점차 많아졌다. 다른 한편으로는 전국의 패주들이 다투어 현자를 등용하고 사의 배양을 숭상하여, 그들의 출로가 크게 열렸다. 공자는 마침 춘추시대와 전국시대 사이에 강학과 정치참여로 제자백가의 기풍을 창도하여 결정적인 작용을 한 것이다.

그 맥락에 다음과 같은 이유가 있음을 알아야 한다. 봉건시대에는 자연히 무사교육이었지만(실은 문무합일이었다), 그 후에는 왜 무가 아니고 문으로 변하고 심지어 문약의 폐단에 빠지게 되었는가? 이는 바로 이성이 조기에 계발되어 일찍이 고대에 문을 중시하고 무를 경시하는 기운이 잠복해 있었기 때문이다. 사의 두뇌가 계발되고 관심사가 점차 전이되어 일단 그 무리에서 벗어나면 과거의 생애를 버리게 된다. 비록 무를 버리고 문으로 나아갔지만, 거기에 종교는 없었다. 종교적 분위기가 희박하든 혹은 회의론[31]이 점차 흥기하든 간에, 교회 조직과 종교 직무 및 서양에서와 같이 생계를 유지할 수 있는 세입과 재산이 없었다. 그들은 각자 흩어지는 데로 나아갔다. 소수를 제외하고는 지식과 두뇌에 의지하여 살아갔고, 범속하고 무능한 자 외에는 정치활동으로 나아가려 했다. 대략 세 부류로 나눌 수 있다.

① 담박함을 좋아하여 농공 생산에 의지해서 자기 힘으로 살아가는 자.—이 부류는 극소수이지만, 옛 전적에 사례가 많다.[32]

② 아주 범속해서 의식(儀式)을 돕거나 제자를 받아들여 먹고사는 자.—이 부류는 수가 적지 않다.

③ 재주가 있어서 강학하고 정치에 참여하고 유세하고 의협을 행하거나 혹은 이재를 겸하는 자.—이에 속하는 자도 다수를 점한다.

---

31) 묵가 외에는 다 회의주의자였다. 제6장을 보라.

32) 張蔭麟, 『東漢前中國史綱』 제6장 참조. 또한 『左傳』·『國語』·『戰國策』 등도 참고할 만한 점이 많다.

33) 이회(李悝, BC455-395)는 전국시대 위(魏)나라의 정치가이자 법가사상가이다. 문후(文侯)를 보좌하여 재상을 지내면서 전국적으로 변법개혁을 적극 추진했다. 정치에서는 귀족에게 세습되는 각종 특권을 폐지하자고 주장하고, 경제에서는 '평적법(平

이 세 부류가 봉건의 파괴자들이다. 그들은 지위에 있을 만한 자질을 갖고 있지만 권력과 지위가 없다. 그래서 세습 재상에 반대하고 세습제를 배척하며 심지어 군주의 지위도 선양을 이상적이라 여긴다. 일단 관직에 나아가면 귀족과 대적하여 봉건을 폐하고 군현을 설치하고 관리로써 귀족을 대체한다. 귀족은 점차 대대로 토지와 사람을 소유할 수 없게 된다. 봉건적 속박 하의 토지와 인민이 앞뒤로 해방된다. 공자는 봉건 정전제를 파괴하려는 의도가 없었고 단지 변통하여 이상화하려고 했다. 그러나 당시 이회[33] · 오기[34] · 상앙[35] 등과 같은 주요한 인물들이 결국 그의 재전삼전 제자들이다. 삼진(三晋)[36] · 진(秦) · 초(楚)와 같이 공족이 권력을 갖지 못하고 유사가 정치를 농단하며 종법 기반이 약하고 봉건세력이 강고하지 못하면, 또한 [봉건의 해체가] 가장 먼저 시작되고 혹은 비교적 일찍 완성된다. 진의 통일에 이르러 마침내 그것이 완성되었다. 이는 여기서 상론할 바가 아니다. 그러나 모든 기록에 의하면, 열국 사이의 왕래가 분주하고 함께 모여 "학자를 중심으로 하고 학문적 저술과 논

糴法)'을 시행하여 농업생산을 장려하고 수입을 증가시킴으로써 부국안민을 이룩하고자 했다. 중국 형법의 모체가 된 『법경육편(法經六篇)』을 편찬했다. —옮긴이

34) 오기(吳起, BC440-381)는 손무와 병칭되는 춘추시대의 병법가이다. 위(衛)나라 사람으로, 증자(曾子)에게서 배우고 노군(魯君)을 섬겼다. 여러 나라를 전전하며 변법을 시행하여 큰 공을 세웠다. 저서에 『오기(吳起)』라는 병법서가 있었지만 없어졌고, 오늘날 전하는 『오자(吳子)』는 후대인이 편집한 것이다. —옮긴이

35) 상앙(商鞅, ?-BC338)은 전국시대 진(秦)나라의 정치가로, 위앙(衛鞅) 또는 공손앙(公孫鞅)이라고도 한다. 진나라 효공(孝公)에게 채용되어 형법 · 가족법 · 토지제도 등 여러 방면에 걸쳐 변법을 시행함으로써 후일 진제국 성립의 기반을 세웠다. 저서에 『상군서(商君書)』가 있다. —옮긴이

36) 삼진(三晋)은 춘추시대 말엽 주(周)나라 위열왕(威烈王) 23년에 진(晋)나라의 삼경(三卿)인 위문후(魏文侯) · 조열후(趙烈侯)) · 한경후(韓景侯)가 진을 분할하여 세운 위(魏) · 조(趙) · 한(韓)의 세 나라를 가리킨다. —옮긴이

변을 위주로 하는"[37] 갖가지 경우가 바로 사회 대변혁의 맹아가 싹트는 곳이다. 각자가 주군을 얻어 혹은 재상이 되고 혹은 관리가 되어 평소의 포부를 실제로 실현한다. 그들은 부강을 도모하는 데 불과했을 수도 있지만, 거기서 부지불식중에 역사적 임무를 완성했다. 당시의 일대 관건은 강학의 흥성과 사(士)의 대대적인 양성이다.[38]

---

37) "학자를 중심으로 하고 학문적 저술과 논변을 위주로 하는[不治而議論]" 것은 전국시대 제나라 직하학궁의 기풍이다. 구체적으로 말하면, "不治"란 약간의 저명한 학자들이 핵심이 되어 학문집단을 형성하고 각 집단이 독립적으로 운영되는 것을 가리킨다. "議論"이란 학문적 저술과 논변을 위주로 하면서도 정치에 관한 논의를 소홀히 하지 않는 것을 말한다. —옮긴이

38) 『음빙실합집』의 문집 제4책에서 량치차오가 봉건의 해체에서 중국이 외국과 다른 점을 논한 부분도 참고할 만하여 여기에 수록한다.

유럽과 일본에서 봉건이 소멸하고 민권(民權)이 흥기했는데, 중국은 봉건이 소멸했는데도 군권(君權)이 강한 것은 무엇 때문인가? 유럽에는 도시정부가 있었고 중국에는 없었기 때문이고, 일본에는 사족(士族)이 있었고 중국에는 없었기 때문이다. …… 근래에 유럽의 신흥국가들에서 도시정부의 힘을 빌지 않고 일어난 제왕은 없었다. 그러므로 유럽에서 봉건은 군주가 아니라 인민이 소멸시켰다.

…… 일본 메이지유신의 주동자는 번사(藩士)였다. 여러 번사가 각기 자기 번의 힘을 갖고 연합하여 막부를 바꾸고 왕실을 촉구한 것이다. 막부가 전복되자 각 번이 각축하면서 존립할 수 없음을 알고 폐지할 것을 꾀했다. 그러므로 일본에서 봉건은 군주가 아니라 번사가 소멸시킨 것이다. …… 중국은 그렇지 않다. 봉건을 일으킨 것도 군주요, 봉건을 폐지한 것도 군주다. 봉건으로 스스로를 지킨 것도 군주요, 봉건과 대항한 것도 군주다. 봉건이 강하면 군주의 권력을 나눠 갖고, 봉건이 약화되면 군주의 권력이 늘어난다. …… 논자들은 민권이 흥기하지 않은 것은 전제에 억압되었기 때문이며 또한 전제가 행해지는 것은 민권이 세워지지 않았기 때문임을 안다. 그렇지 않다면 어떻게 중국에서 봉건의 쇠퇴가 유럽보다 훨씬 먼저 있었는데 전제의 성행은 도리어 유럽보다 훨씬 뒤에까지 이어졌겠는가.

또 량치차오는 귀족정치에 실로 민권을 계발하는 이치가 있다는 것을 간파했다.

…… 요컨대 중국에서는 진한 이래 귀족정치가 일찍이 소멸되었다. 구미와 일본은 근세와 최근세에 이르러 비로소 하나의 정치단계에 가까이 이르렀는데, 중국은 이미 이천 년 전에 도달했다. …… 평등과 자유가 일찍이 구미를 능가했는데, 그 결과는 도리어 정반대인 것은 무엇 때문인가? 귀족정치는 평민정치의 적이지만 또한 군

종합해서 말하면, 중국에서 봉건의 해방은 서양에서와 다르다.

서양에서 봉건의 해방은 외부의 도시 신흥세력의 항쟁과 압박에서 비롯되었다. 중국은 내부의 분화와 융해에서 비롯되었다. 서양은 계급으로 계급에 대항하고 집단으로 집단에 대항했으므로, 결국 새로운 계급이 대신 생겨났다. 중국의 신흥 사인은 분산적인 개인들이고, 그들이 대적한 귀족계급도 특별히 느슨했다. 그리고 계급이 분해된 연후에 직업분화로 계급대립을 대체하여 전체 사회가 더욱 산만하게 되었다.

서양에서는 공상업의 발달이 봉건 타파의 원인이고, 문화와 정치가 거의 경제에 따라 변했다. 외물로부터 마음에 이르고 아래로부터 위로 나아간 것 같다. 중국에서는 강학과 사(士)의 양성이 봉건 타파의 원인이고, 문화와 정치가 경제를 추동했다. (사인은 고정적인 수입이 없어서 경제세력을 대표하지 않지만, 그 작위가 경제의 진보를 추동한다. 이회와 상앙이 그 현저한 예다.) 마음으로부터 외물에 이르고 위로부터 아래로 나아가는

주전제의 강고한 적이기도 하다. 서양사를 보면, …… 귀족정치가 본래 항상 평민정치의 매개자이다. 모든 정치의 발달은 다수자가 소수자와 싸워 이기는 데서 비롯된다. 평민에 대해 귀족은 소수이지만, 군주에 대해서는 다수이다. 그러므로 귀족이 군주를 억제하여 상당한 권리를 얻으려는 것은, 헌정의 근본이 거칠게나마 건립된 것이다. 그 후 평민도 그것을 빌어 전형을 세우고 방패를 만들어 군주에 제어되는 술로써 군주를 억제하여 상당한 권리를 획득했으니, 이는 귀족정치가 민권에 도움이 되는 첫 번째 이유다. 군주는 한 사람으로서 스스로를 존숭하여 성(聖)이라 하고 신(神)이라 한다. 인민은 늘 감히 다른 생각을 품지 못하고 전제를 천부의 권리로 여긴다. 만약 귀족이 전제하면, 소수의 강성함은 다수의 강성함만 못하여 저절로 좋지 않은 감정을 일으켜 "내가 왜 그를 두려워하랴"는 생각이 일어나니, 이것이 귀족정치가 민권에 도움이 되는 두 번째 이유다. 이전에는 군주가 귀족과 결합하여 평민을 학대했는데, 홀연히 평민과 결합하여 귀족을 약화시킨다. 군주전제가 극에 이르면 귀족과 평민이 결합하여 함께 군주를 억제한다. 셋이 서로 견제하고 감독하여 함부로 할 수 없게 한다. 이것이 귀족정치가 민권에 도움이 되는 세 번째 이유다. 이 세 가지가 있으므로, 서양에는 귀족이 있어서 민권이 오히려 신장되고 중국에는 귀족이 없어서 반대로 민권이 위축된 데에는 또한 연유가 있는 것이다.

것 같다.

이상은 봉건 해체의 유래를 설명하고, 동시에 중국이 그로부터 계급을 결여하고 일반적인 국가와 다름을 지적한 것이다.

다음으로, 중국이 어떻게 그로부터 계급이 소멸되어 국가를 필요로 하지 않는 데 이를 수 있었는가 물어야 한다. 그것은 당연히 불가능하다. 첫째로는 외환이 없었기 때문이고, 둘째로는 내부투쟁이 없었기 때문이다. 일반적으로 국가를 필요로 하는 바를 중국도 마찬가지로 면할 수 없었다. 중국이 일반적인 국가와 다른 데로 나아갔지만, 사실상 하나의 국가를 이루도록 내몰렸다. 강대한 무력으로 내외에 대항하지 않을 수 없었다. 무력이 존재함은 어렵지 않으나, 이 무력을 누가 통제할 것인가가 큰 난제였다. 적절한 주체를 결여한 무력은 한편으로는 위축되고 다른 한편으로는 전횡을 면할 수 없었다. 전자는 레이하이쭝 교수가 지적한 "군대 없는 문화"의 유래이다. 후자는 오펜하이머가 말한 바 정치수단으로써 토지를 강제적으로 지배하고 농민을 강제적으로 착취하여 봉건으로 역전하게 한 것이다. 그러나 그 세력이 위축되어도 한없이 위축될 수는 없었고 역전되어도 완전히 역전될 수는 없었다. 2천여 년 동안 전진할 수도 없고 후퇴할 수도 없어, 국가인 듯하면서도 국가가 아니고 정치가 있는 것도 아니고 없는 것도 아닌 상태에 놓여져 일종의 변태 · 기형을 낳았다. 이것이 계급이 결여되고 일반 국가와 다르다는 특징이 귀착된 지점이다.

4. 중국 정치의 특수성

서양에서는 새로운 것으로 옛것을 대체하는 사이에 계급이 확실히 한 걸음 더 해체되었다. 그 사회구조와 국가형식이 이미 변화되어(이를 혁명이라 부를 수 있다), 인류역사의 진보라는 면에서 말하면 확실히 진일보했다. 중국은 [계급의] 해체로 나아가지는 않았지만, 직업으로 계급을 대체하고 이성에 의한 안정으로 무력통치를 대체한 것 같다. 그러나 시종 그런 유사한 가운데 매여 있어서, 가깝게는 봉건의 해체가 불철저하고 멀리는 계급의 철저한 소멸을 기대할 수 없었다. 이 2천여 년 동안 정치의 특수성에 대해 여기서 언급하지 않을 수 없다. 첫째, 정치를 윤리의 문제로 만들어 정의(情誼)를 주장하고 권리를 다투지 않으며 예교로써 법률을 대체했다. 이것을 일러 '정치의 윤리화'라고 한다. 이는 계급 · 국가가 윤리 · 사회 안에 융섭된 결과이다. 둘째, 대내적 대외적으로 소극적 안정을 추구하고 많은 일을 벌이는 것을 가장 기피하여 정치의 취소에 가까웠다. 이것을 일러 '정치의 무위화'라고 한다. 대개 계급의 결핍은 무력의 위축이 필연적으로 도달하는 지점이다. 셋째, '권력의 일원화'이다. 특히 스스로 경계하고 반성하는 기구를 정치기구 내에 두어, 정치구조 · 국가형식이 진보하는 길을 영원히 단절시켰다. 앞의 두 가지 점은 이미 서술했으므로 더 말할 필요가 없지만, 세 번째 점은 나중에 설명할 필요가 있다.

여기서 말하는 '권력의 일원화'는 중국에 '견제와 균형'의 삼권분립이 종래에 없었고 또 영원히 발생하지 않을 것임을 가리킨다. 이는 무엇 때문인가? 서양에서 그것이 어떻게 생겨났는지 살펴보면 어렵지 않게 대조해볼 수 있을 것이다. 서양에서는 삼권분립이 영국을 필두로 원래 이상적으로 계획된 것이 아니라 실제로 서서히 형성되어왔다. 삼권 가운데 당연히 입법과 행정의 분리 · 대립이 가장 중요하다. 이 둘은 당초에 왕권 가운데 포함되어 있었다. 어찌 다른 입법기관이 있었겠는가? 중세에서 비롯되어 명확하게 분리된 것은 근대에 와서였다. 중세의 바라문은 그 구성이 원래 귀족승려가 중심이었고, 다시 시민대표 등이 추가되었다. 그 후 두 권력이 분립된 것은 실로 원래 국내의 상이한 계층 간의 대항에서 유래한다. 상이한 계층세력을 말하자면, 이때에는 ①국왕, ②귀족 · 승려, ③도시 제3계급이다. 그중에 제3세력이 가장 관련이 컸다. 봉건의 해체는 그들과 왕권의 합작품이다. 방향을 바꾸어 왕권의 제한은 또한 그들과 귀족이 연합한 힘에 의해서였다. 처음에는 국왕이 행정권을 대표하고 귀족시민이 의회를 구성하여 입법권을 장악했다. 그 후 국왕은 다시는 실권이 없어져 이 대항하는 국면에서 물러났다. 서로 대항하는 것은 제2와 제3의 양대 세력이었다. 그들은 이때 행정과 입법의 두 기관을 나누어 장악한 것이 아니고, 각기 정당을 결성하여 두 기관을 빙자하여 수시로 운용하면서 서로 경쟁했다. 그런 연후에 최근 수십 년에 이르러 상원이 다시는 실권이 없어져 귀족들이 그 대항하는 국면에서 물러났다. 즉 나중에 생겨난 노동계급 및 그 정당이 참여하여 양대 세력으로 대립했다. 역사가 보여주는 바는 분리 · 대치의 사회형세가 없으면 분권제도가 허공에서 발생할 수는 없고, 이런 형세를 배경으로 정당이 서로 경쟁하지 않으면 분권제도가 운용될 수 없다. 그러나 중국의 사회형세는 어떠한가? 상술한 바에 의하면, 중국의 봉건은 귀족계급 내부의 분화로부터 해체되었고, 사인이 왕권을 빌어 왕권을 확충하고 그 자신은 본래 하나의 세력을 형성하지 못했으며, 또한 전체 사회가 이로부터 직업분화로 나아가 날로 산만해졌다. 전국에서 대항하는 세력을 찾아볼 수 없었으니, 권력이 군주에게 통섭된 것은 말할 나위가 없다.

권력이 일원화되면 참으로 마음대로 할 수 있다. 그러나 군주의 일거일동은 영향력이 너무 커서 그 자신 혹은 주위 사람들이 다 그처럼 아무 것도 고려하지 않고 그가 원하는 대로 할 수는 없다. 그렇다면 어떻게 할 것인가? 오직 경각심을 높이고 수시로 반성하는 것이다. 이 때문에 중국 황제의 대권은 분할할 수 없고 제한을 받지 않지만, 옛부터 어떻게 경각과 반성을 강화할 것인가 하는 일에 유의한 것 같다. 량치차오의 글에 이와 관련된 것이 있다.

"군주로 세워지면 과실을 기록하는 사관, 반찬을 물리는 관리, 반찬을 올리는 깃발, 비방하는 나무, 감히 간언하는 북, 시를 읽는 눈먼 사관, 잠언과 간언을 외우는 공인, 대책을 바치는 대부, 민간의 말을 전하는 사 등등, 군권을 제한하는 기구를 설치하여 군주가 제멋대로 할 수 없게 했다. 대개 옛 성현의 가르침에 따르면, 천하에 가장 자유롭지 못한 사람이 군주이다. 오직 부족할까 두려워하고 또 고대의 미신적인 심리를 이용하여 일체의 재이가 실로 군주 한 사람에 감응하여 두려워하고 자성할 것을 일러준다고 했다. 죽게 되면, 하늘에 비기는 시호를 붙여 명예로써 권장하고, 유려(幽厲)[39]라 하여 백세 이후에도 고칠 수 없다."(「中國前途之希望與民國青年」, 『飮氷室合集』, 문집 제10책, 중화서국)

추론해보건대, 여기에 아마 다소간 고대부터 존재해왔던 사실이 있지만, 유가를 거쳐 복잡해진 것은 의심의 여지가 없다. 유가는 이성을 숭상하여 자연히 이 제도(권력의 견제)를 창도하고 고취하여 확립하고자 했다. 그러나 역사적 근거와 사람들의 창도만으로는 부족하다. 반드시 봉건의 해체 이후 실제적 필요성과 가능성이 확실히 존재해야 이 제도가 확립될 수 있다. 구별해서 논해보자.

봉건이 해체되면 전국의 권력이 집중되고 통일된다. 이때 권력이 더욱

39) 유려(幽厲)는 주(周)나라의 폭군인 유왕(幽王)과 려왕(厲王)을 병칭하는 말이다. 려왕은 주나라의 제10대 왕으로, 국인의 폭동으로 왕위에서 쫓겨나 주나라의 쇠락을 가져왔다. 유왕은 주나라의 제12대 왕으로, 성격이 난폭하고 주색을 좋아하여 서쪽 이민족 견융(犬戎)의 침입을 초래하여 그의 아들 평왕(平王) 대에 서주(西周)시대가 종말을 고하게 했다. —옮긴이

강해지고 독점될수록 스스로 경계하고 반성할 필요가 더욱 절실해진다. 이것이 한 가지이다. 또 이때 황제 한 사람이 위에 높이 앉아 있어서 고립되고 위태로운 지경에 빠져(제8장을 보라) 자신의 안전, 그리고 대국적인 안정을 추구한다. 그 필요성이 더욱 절실해진다. 이것이 더욱 중요한 점이다. 그것의 필요성이 여기에 있다고 할 수 있다. 동시에 봉건시대에는 크고 작은 군주가 매우 많은데, 이때에는 관리로 통합된다. 그래서 과거에는 군주 일인의 경각에 편중되었던 것이 현재에는 다수 관리의 감찰로 발전한다. (그러나 여전히 황제 한 사람에 대해서 이야기한다.) 이 또한 일신할 필요가 있다. 이상에 기초하여, 이 제도가 확립된다. 역대 제도의 연혁은 여기서 세세히 논하지 않겠다. 대체로 위에서는 황제에 대해 반박하고 간언하고 부족한 점을 보완하고 빠진 것을 채우며, 아래에서는 내외를 감찰하여 백관을 규탄하고 여론을 전달하고 세사를 논하기에 이른다. 그 밖에 재이와 곤란을 만나면 더욱 진언을 바라고 자신을 자책하고 삼공[40]을 면책하는 등의 조치가 있다. 이것들은 중세 어느 지역의 정치에서도 볼 수 없는 바로, 중국의 특색이라 하지 않을 수 없다. 그러나 그 유래를 이해하면 이상하게 여기지 않을 것이다.

쑨중산은 오권헌법[41]을 주장했는데, 감찰과 고시의 두 권한은 중국

40) 삼공(三公)은 고대 중국의 관직이름으로, 역대 왕조에 따라 차이가 있다. 『서경(書經)』에서는 太師 · 太傅 · 太保를 삼공이라 했는데, 주(周)나라가 그것을 따랐다. 진(秦)나라는 丞相 · 太尉 · 禦史大夫를 삼공이라 했는데, 한나라 초기에 그것을 따르다가 나중에 大司馬 · 大司徒 · 大司空을 삼공이라 했다. 수나라와 당나라는 太尉 · 司徒 · 司空을 삼공이라 했고, 송나라 이후 역대 왕조는 당나라의 제도를 따랐다. ―옮긴이

41) 오권헌법(五權憲法)은 行政權 · 立法權 · 司法權 · 監察權 · 考試權을 핵심으로 하며, 孫中山(孫文)이 1906년에 정식으로 발표했다. 孫中山은 1921년 강연에서 서양 헌법에서 삼권분립은 유폐가 있으므로 考試券과 監察權이 필요하며, 五權憲法은 종래 古今中外에 없는 "破天荒的政體"라고 했다. 1947년 중화민국 헌법은 대체로 五權憲法 체

정치제도에서 나왔다고 했다. 논자들도 양자가 중국 특유의 것임을 인정한다. 그러나 이 두 제도가 원래 서로 원인이 되어 나오고 서로 형성의 묘가 있음을 알아야 한다. 중국 정치의 특수성은 바로 양자가 합해져 이뤄진 것이다. 후대의 과거제를 살펴보면, 수나라와 당나라에 뿌리를 두고 있지만, 위로 양한의 선거제로까지 소급할 수 있다. 더 위로는 전국시대의 '천인(薦引)'·'상서(上書)'·'양사(養士)'가 실로 그 선구이다.[42] 더욱 위로 거슬러 올라가면 고대에 그 맹아가 있다. 결국 민간에서 새로운 자원을 흡수하여 정치에 참여시키고 치자와 피치자 간에 소통을 도모하는 일은 고시에만 구애될 필요는 없다. 그 제도의 건립은 봉건 해체 이후라고 보아야 한다. 그 전에는 계급 간의 경계가 엄격하지 않았고, 그 제도가 건립되자 계급 간의 경계가 제거된 것이다. 이는 또한 여타 지역의 중세기 정치에서 볼 수 없는 바이다. 그러나 바로 과거제도가 점차 건립되던 시기는 또한 감찰제도의 각종 필요성(군주권은 크고 독점되어 있는데, 황제는 한 사람으로서 외롭고 위태로우며 관리는 증대한다)이 점차 드러난 시기이다. 돌이켜보면 그렇지 않은가? 또, 감찰제도는 자연히 권력담당자 자신의 경각심과 반성을 불러일으키지만, 그 경각심과 반성을 가장 잘 촉진시키는 것은 그와 다른 의견이고 외부의 의견이며 더 중요한 것은 피지배층의 의견이다. 감찰제도의 진정한 의의는 개인의 과실을 교정하는 것이라기보다는 상하의 의사소통을 도모하는 것이라고 보는 것이 낫다. 그러나 말하는 사람들 사이의 소통이 또한 의사소통의 근본이다. 가령 사람이 소통되지 않아 이른바 '간언할 책임이 있는 사람'이 단지 일부 소수에 한정된다면, 의사의 소통이 거의 불가능해질 것이다. 그래서

제를 따랐다. —옮긴이

42) '천인(薦引)'은 현자를 관직에 추천하는 것, '상서(上書)'는 군주에게 서면으로 의견을 개진하는 것, '양사(養士)'는 사(士)를 양성하는 것을 가리킨다. —옮긴이

언로는 실로 관직의 개방에서 그 기초를 획득한다. 고시제도는 비단 감찰제도가 존재할 필요성을 제기할 뿐만 아니라 그 가능성을 제공하기도 한다. 이른바 서로 원인이 되어 이르고 서로 형성하는 신묘한 작용이 있다는 것은 이것을 가리킨다. 만약 두 제도가 각각 그 기능을 발휘하고 조정의 논의를 통해 서로 배합되어 운용됨으로써 각기 가능한 이상적인 상태에 이르게 된다면, 관직에 있는 모든 사람들이 다 합법적인 절차를 통해 민간으로부터 충원되고 정부의 모든 조치가 다 인민의 의사를 반영하게 될 것이다. 저 높이 올라앉아 남면하고 있는 황제는 단지 전국적인 정치적 통일의 상징에 불과하게 될 것이니, 권력의 일원화가 무슨 해를 끼치겠는가? 이른바 중국 정치의 특수성이 과거제도와 감찰제도의 결합으로 구성되었다는 것은 이것을 가리킨다.

지금까지 봉건 해체 이후 중국 정치의 큰 추세 및 지향점에 대해 설명했다. 때로 뒷걸음질 친 경우를 제외하고 끝내 그 추세는 변하지 않았다. 이상이 시종 달성되지는 않았지만 또한 그것이 불가능하지는 않으므로, 사람들은 결국 희망을 갖고 노력했다.—그 제도에 마땅히 있어야 할 것을 실현하기 위한 혹은 그 제도를 개선하거나 나아가 새롭게 조정하기 위한 노력은 이것을 버려두고 다른 것을 도모한 적이 없었다. 그렇다면 후대가 전대보다 나아서 그것이 한 걸음 한 걸음 진보한 것을 볼 수 있는가? 이 또한 그럴 수 없었다. 세부적인 측면에서 다소 추구한 것을 제외하고 근본에서는 진보를 볼 수 없다. 2천여 년 동안 여러 차례 왕조가 교체되었지만 결국 새로운 사상 혹은 다른 운동은 발생하지 않았다. 그렇다면 중국인이 몹시 우둔한 것인가? 또한 그렇지 않다. 그 원인에는 대략 세 가지 차원이 있다. 첫째, 어떤 정치제도도 다 그 사회의 내부 형세와 외부 환경에 기초하여 건립되며, 그 가운데 내부형세가 더욱 주된 기초이다. 중국은 봉건 해체 이후 사회형세가 산만해지고 그것이 줄곧 변함없었다. 그리고 새로운 형세가 없으면 새로운 발상, 새로운 운동이 발생할 수 없다. 산만한 형세 하에서는 권력의 일원화가 변화될 수 없었다. 둘째, 중국의 제도는 시종 예(禮)이지 법이 아닌 듯하다. 그 중점이 각 개인 자신에게 놓여져 있어서 개인의 도덕 문제가 되었다. 그것은 둘 이상의 힘이 서로 제어하고 서로 추동하여 균형을 추구하는 것이 아니다. 항상 그 사람의 좋고 나쁨을 중시한다. 그 사람이 좋으면 큰 효과를 거둘 수 있고, 좋지 않으면 나쁜 결과가 나온다. 이 때문에 사람들의 관심이 사람 자체에 기울어져 어떤 개인에게든 혹은 일반인에게든 다 도덕을 요구하여, 시종 희망은 있지만 달성되는 일은 없게 되었다. 그렇다면 항상 제자리를 빙빙 돈 것이다. 2천여 년 동안 우리는 대부분 여기에 노력을 기울여왔다. 셋째, 중국사가 순환에 빠져 반복되었다는 점은 다음 장에서 볼 수 있다.

5. 서양 정치 진보의 원리

그러나 서양에서는 봉건 해체 이후 그 정치가 뚜렷하게 한 걸음 한 걸음 진보했음을 실제에서 확인할 수 있다. 이는 무엇 때문인가? 이는 유럽사회에 계급이 있어서, 즉 계급이 사다리가 되어 올라갈 수 있었기 때문이다. 이 이치는 앞에서 계급 문제를 설명할 때 이미 논했다. 정치의 진보란 무엇을 말하는가? 정권이 소수의 수중에서 점차 대중에게 개방되어 정치가 민주로 점차 나아가는 것이 그것이다. 그 최후의 목표는 국가가 하나의 자치단체로 변하고 더 이상 지배와 피지배 계급이 존재하지 않게 되는 것이다. 이 계급 없는 경지에 도달하기 위해서는 중간에 계급에 의지하는 과도기가 있어야 한다. 계급이 여기서 행하는 역할은 여러 가지이다.

첫째, 민주는 인권의 존중을 꾀하는데, 그것은 왕권의 제한에서 시작된다. 왕권과 인권이 각기 분리되어 서로 침범하지 않는 것이 가장 좋다. 그러나 개인이 왕에 저항하려면 균형을 이뤄야 하는데, 누가 그런 힘이 있겠는가? 역사에 비추어 보면, 이는 다 계급의 힘에 의지해서 달성된다. 처음에는 귀족계급이 힘을 획득한다.—영국의 대헌장이 그 좋은 예이다. 그 후에는 자산계급이 힘을 얻고, 나중에는 노동계급의 힘이 적지 않아진다. 계급의 신진대사는 각 시대의 임무가 다르기 때문에 일어난다. 또한 어느 계급이 인권을 존중하고 어느 계급이 인권을 존중하지 않는지 보장할 수 없기 때문에, 바로 계급역량 사이의 대립과 균형에 의지하여 권력이 한편으로 기울지 않게 유지해야 한다. 가령 정치상의 '견제와 균형'이 인권자유를 보장할 수 있다면, 계급역량이 바로 이 '견제와 균형'을 낳고 또 그것을 운용한다. 이전에는 계급역량이 아니면 애초에 그 문을 열 수 없었고, 계급역량이 아니면 장차 그 길을 건립할 수 없었다. 이후에는 개인역량이 계급의 지지와 엄호 하에 배양되어 더욱 충실하게 발달할 것이다. 최후에는 모든 사람이 교육수준과 지식능력에서 모두 평등해질 것이다. 개개인이 참으로 틀림없는 개인이 되고, 사회질서가 자연히 이성에 의거하게 된다. 그때에는 계급역량에 의지할 필요가 없고 사회에 계급이 존재하지 않게 된다.

둘째, 정치적 민주의 본래 의미는 정권의 개방, 모든 단체 내의 일을 모두가 상의하여 함께 주인이 되어 처리하는 데 있다. 이것이 고대 그리스 도시국가에 나타날 수 있었던 것은, 한편으로는 그것이 소국과민이었고 다른 한편으로는 그것이 노예주 사회였기 때문이다. 소국과민이어서 모든 것이 대중의 감각적 경험에서 벗어나지 않아야만, 그런 후에야 회의를 열어 결정을 내리는 제도가 운용되어 정치적 민주가 단지 공허한 명분으로 흐르지 않게 된다. 오직 노예주이어야 생산을 다른 사람이 대신하고 자신은 시간과 재산 및 정력이 있어서 정치에 종사할 수 있다. 이는 정치적 민주가 계급에 의지하지 않고는 출현할 수 없음을 증명해준다. 근대 민주정치의 맹아는 중세에 싹텄다. 영국 대헌장 시대의 귀족회의(Council of magnates)는 정권을 우선 귀족 · 승려의 부류에게 개방한 것이다. 이 부류 밖은 민주가 아니고, 이 부류 내에서는 상당히 민주화되었다고 보아야 한다. 그 후 1254-65년에 각 도시의 평민대표가 잇달아 거기에 포함되었다. 처음에는 함께 회의를 했고, 나중에는 귀족과 민중의 양원으로 분리되었다. 오늘날 영국의 의회(parliament)는 이와 같이 해서 나타난 것이다. 처음에는 권력이 작았지만 점차 증대되어 마침내 무소불위하게 되었다. 처음에는 권력이 귀족원에 있었지만 점차 민중원으로 이양되어 최후에는 민권이 거의 전권을 장악하게 되었다. 처음에는 의원의 선거권이 일정한 범위 내에 한정되어 있었지만, 차차 그 범위가 확대되어 마침내 보통선거를 시행하는 데 이르렀다. 오늘날 영국에서 국왕과 귀족은 권력이 없고 자본가도 권력의 무대 밖에 있으며, 제4계급이 결합한 노동당이 국정을 담당하고 있는데, 이는 정권이 국내에 무제한적으로 개방된 결과이다. 이는 수백 년 전에는 꿈에도 생각할 수 없는 일이었지만, 사태의 진전이 자연스럽게 여기에 이르렀다. 그 진전의 자취는 세세히 열거할 수 없지만, 그 이치는 지적해야 할 것이다. 왜 옛날에는 수천 명의 소국(그리스 도시국가)에서 행해지던 것이 오늘날에는 수천만 명의 대국(영국 본국)에서 행해질 수 있는가? 이는 사람들의 이목과 사유가 옛날과 다르지 않지만 그 도구가 교묘해지고 많아졌기 때문이다. 매일매일 한 장의 신문으로 전국, 전 세계의 사정을 어렵지 않게 즉각 파악할 수 있다. 왜 옛날에는 정치에 종사하는 사람들이 다 노예주였는데 오늘날에는 일반 노동자도 정치에 종사할 수 있게 되었는가? 사실 오늘날 노동자도 노예주인데, 다만 사람을 노예로 삼지 않고 전기와 철을 노예로 삼을 따름이다. 바꿔 말하면 도구에서 힘을 얻는 것이다. 사람은 여전히 사람이지만 고금이 다른 것은 오직 도구에 달려 있다. 이치는 여전히 마찬가지이만, 결국 사람들의 이목과 심리와 시간과 정력이 고려되어야 한다. 그렇지 않으면 명목상의 정권개방도 공허하고 실제로는 불가능하게 된다. 그리고 실제로 성취될 수 없을 때에는 대체로 그러한 요구가 생겨나지 않는다. 그러한 요구가 진정으로 발생하는 것은 대체로 그것이 가능할 때이다. 그러한 요구가 있고 또 가능하게 되면, 결코 소수에 의해 저지될 수 없다. 그것이 가능하지 않고 또 요구가 없으면 어느 누구도 그것을 실현할 수 없다. 가능성과 요구는 다 도구에 의해 결정된다. 도구를 말하면 또한 그 도구를 만들고 운용할 수 있는 지식과 기술이 포함되며, 그러한 지식과 기술은 또한 그 시대의 문화를 대표한다. 도구의 발명과 문화의 진보가 단번에 성취되지 않음은 매우 명백하다. 그러므로 역사상 정권의 개방은 반드시 점진적으로 출현하니, 그 이치가 또한 명백하지 않은가? 이로부터 정권이 전국적으로 공개되는 것이 바로 귀족이라는 작은 범위에 공개되는 데서 시작되고, 이후의 진보는 다 이전의 진보를 매개로 함을 알 수 있다. 오늘날 영국에 보통선거권이 보급되었지만 자산계급이 여전히 강대한 것은, 바로 다수인이 재산이 없고 다수인의 교육수준이 충분히 높지 않기 때문이다. 노동계급이 일시 정권을 장악하고 경제개혁을 완수하여 계급이 소멸하기를 기다려야 하며, 그런 연후에야 비로소 정치의 민주화가 완전하게 실현될 것이다. 그러나 이는 영국 역사에서 종래 유혈혁명을 필요로 하지 않았던 데 근거하여 말한 것이다. 많은 국가들은 반드시 그렇지는 않다. 가령 프랑스는 중세에 민주의 맹아가 있었지만, '계급의회'가 175년이라는 오랜 기간 동안 중단되어 열리지 않아서, 마침내 1789년의 대혁명을 초래했다. 또한 수차의 혁명이 그치지 않았다. 민주는 참으로 다 평화롭게 획득되는 것이 아니지만, 폭력혁명은 계급역량에 더욱 의존함을 알아야 한다. 혁명은 돌변적인 것 같지만, 사실 그것이 해결하려는 문제는 여전히 그 시기의 문제에 불과하고, 그것이 실현하는 민주는 여전히 그 시기에 가능한 범위의 민주에 국한된다. 혁명은 계급에 의존해야 하고, 혁명 후에도 계급통치를 필요로 하며, 사회가 진보하여 새로운 계급이 나오기를 기다려 다시 혁명을 거쳐야 한다. 그래서 평화적인 점진이냐 혹은 혁명적 변혁이냐는 전체 역사 진전과정에서 보면 크게 다르지 않고 똑같이 계급을 필요로 하는 과도기이다.

셋째, 앞의 두 가지 점이 민주를 실행하는 데 계급이 직접적 작용을 하는 외에 또한 일종의 간접적 작용을 한다. 이것은 근 200년 동안 도구의 발명과 문화의 진보가 실제로 자산계급의 통치에 크게 힘입었음을 말한다. 그 긍정적인 면은, 한편으로 크고 작은 봉건적인 전쟁을 소멸시키고 사회에 장기적인 안정을 제공했다는 것이고, 다른 한편으로는 갖가지 봉건적 속박과 제한을 제거하여 모든 사람을 크게 해방시켰다는 것이다. 각종 발명이 잇달아 이뤄지고 문화가 신속하게 진보하는 가운데 정치적 민주도 한 걸음 한 걸음 진보했다. 이 간접적 작용은 소련에서와 같은 무산계급 통치에서도 볼 수 있다. 소련은 경제의 진보와 문화수준의 보편적인 제고가 정치 민주화의 근본임을 인정하고 그것을 계획적으로 건설하고 완성하려 한다. 그들은 자산계급이 아니라 무산계급을 중간단계로 삼으며, 단지 단계를 거꾸로 운용할 뿐이다. 그 계획적인 건설이 서구의 진보가 자유경쟁에 의지하는 것과 다르기는 하지만, 계급통치에 의지하여 안정과 진보를 얻고 민주를 실현하려는 것은 다르지 않다. 계급이 결여되고 통치를 논하기 어려운 중국에서는 그렇지 않다. 이에 대해서는 다음 장을 보면 알 수 있을 것이다.

종합하면, 서양은 계급사회로서 하나의 국가이며, 계급에 의지하여 정치의 진보를 이룰 수 있었다. 특별히 위와 같이 서술하는 것은 중국과 대조해서 중국은 계급을 결여하고 국가가 아니어서 진보의 기제가 마침내 영원히 단절되었음을 서술하려는 것이다.

10장

통치의 원리와 치세

1. 중국 사회구조

중국이 계급을 결여하고 일반적인 국가와 같지 않은 것은 부정적인 측면이고, 윤리본위와 직업분화, 즉 사회가 국가로 여겨져 양자가 혼융되어 구분할 수 없는 것은 긍정적인 측면이다. 부정적인 측면에 관해서는 이미 설명했다. 긍정적인 측면의 윤리본위와 직업분화도 앞에서 이미 언급했으나 설명이 불충분했다. 이 장에서는 긍정적인 측면으로부터 논의를 진행하겠다.

앞에서 이렇게 말했다. 가족생활과 집단생활은 똑같이 가장 초기의 인간집단에 고유한 것이다. 그 후에 중국인은 가족생활에 치우쳐 뛰어났고 서양인은 집단생활에 치우쳐 탁월했다. 이어서 중국은 가족생활로부터 윤리본위를 이끌어내고 동시에 직업분화를 향해 나아갔다. 서양인은 개인본위와 사회본위 사이에서 전전하기를 반복하며 집단생활을 했고 동시에 계급본위를 도출해내었다. 계급대립은 바로 집단 사이의 산물이며, 윤리사회에서는 발생하지 않는다. 윤리사회는 자연히 직업분화이고, 양자는 서로 연관되어 있고 또한 서로를 형성해주는 신묘한 작용이 있다.

왜 계급대립이 집단생활의 산물인가? 계급이 생기는 것은 외족에 의해 정복되어 통치되거나 혹은 내부로부터 일어난 분화라는 두 길에서 벗어나지 않는다. 전자는 집단이 둘에서 하나로 합쳐지는 것이고, 후자는 집단이 하나에서 둘로 나뉘는 것이다. 요컨대 계급이 권력 아래에서 형성되고 권력이 집단 속에서 형성되는 것은 불변의 이치이다. 가령 집단생활이 입체적이라면 윤리사회는 평면적이라고 할 수 있다. 윤리는 개개인(분명 집단이 아니다) 상호 간의 정의(情誼)(분명 권력이 아니다) 관계이다. 윤리사회가 형성되어 피차간의 정의 관계가 드러나는 때 집단이 해체로 나아가고 권력도 점차 은폐된다. 이 추세에서는 참으로 계급대립이 발생하지 않는다.

윤리질서는 봉건의 해체 이후에 두드러지게 나타나고, 직업분화는 계급의 소멸과 해체에 뒤이어 나온다. 두 측면이 실로 서로 도움이 되고 서로 운용되어 함께 이 중국사회를 형성했다. 예를 들면, 자녀에게 유산을 균등하게 분배하고 장자에게만 상속시키지 않는 것이 이 윤리사회의 한 특색인데, 서양과 일본에서는 찾아보기 어렵지만 우리나라에서는 이미 2천 년 동안 시행되었다. 대개 윤리본위의 경제에서는 재산이 거의 부부 · 부자의 공유이고 나아가 모든 윤리관계에 있는 사람들이 함께 향유한다. 그래서 형제가 재산을 나눠 갖고 친척과 붕우가 재화를 나누며 같은 집안 사이에서 공동재산을 증식시키는 것이다. 재산이 많을수록 널리 도와야 할 의무가 더욱 커진다. 이는 경제적 집중의 추세를 소멸시키고 분산으로 나아가, 자본주의의 확대재생산을 막고 소비본위(생산본위에 대비해서 하는 말이다)로 나아가게 하기에 충분하다. 소위 "재화가 적음을 걱정하지 않고 고르게 분배되지 않음을 걱정하며, 가난을 걱정하지 않고 평안하지 않음을 걱정한다."[1] 서양에서는 항상 개인이 남는 것을 축적함을 볼 수 있고, 중국에서는 항상 대중의 부족함을 보충하려고 한다. 유산의 균등분배는 이런 추세에서 나온 것일 따름이고, 또한 유력한 결정요소였다. 혹자는 봉건사회의 핵심이 장자상속제라고 말한다. 영국사회에서 자본주의가 나올 수 있었던 것은 바로 먼저 이 장자상속제에 의지해서 경제적 힘을 집중할 수 있었기 때문이라는 것이다. 봉건 영주의 상업화와 대자산가의 대목장이 결합되어 오늘날 그들 자본주의사회의 최초의 토대를 이루었다. 중국이 결국 진일보하여 자본주의사회에 이를 수 없었던 것은 결코 봉건사회의 질곡 때문이 아니라, 실제로 중국의 그러한 유산제도로 인해 재산이 잘게 분할되어 경제적 힘이 집중될 수 없었기 때문이다. 이는 확실히 안목이 있다.[2] 계급대립을 형성하지 못하게 한 이 모든 부정적인 요소들이 직업분화를 적극 조성했음을 알아야 한다.

다시 서양과 대조해보면 더욱 명료해질 것이다. 서양 자본주의는 순전히 개인의 영리 · 자유경쟁으로부터 발달했다. 그 전제는 재산소유권이 개인에게 보장되고 개인이 그 재산을 완전히 지배하는 것이다. 진실로 그와 같아야만 사람들의 이기적 활동을 촉진하고, 진실로 그와 같아야만 사람들이 재물을 이용하는 능률을 증대시킬 수 있다. 그러나 이는 근대 법률이 로마법을 따름으로써 가능한 일이었다. 로마법은 소유권 본위의 법률로, 로마법 정신 전체가 물권 · 채권의 문제를 고려한 것이다. 중국의 법률은 윤리조직에 근거하여, 그 전통적 정신이 상반된

1) "不患寡而患不均, 不患貧而患不安."(『論語』「季氏」) ―옮긴이

2) 이미 고인이 된 李蔚唐 선생의 저작에서 일찍이 이런 논지를 보았다. 이 선생은 영국에 유학한 적이 있다. 영국은 대륙에 비해 장자상속제를 더욱 굳게 고수했다. 楊人楩 譯, T. S. Hoyland, 『世界文化要略』을 보라.

다.(그런 문제들을 홀시한다.) 서양에 그런 근대적 법률이 없었다면 중세 농촌의 협동생활의 토대가 완전히 파괴되지 않고 근대 자유경쟁에서 도출된 계급사회도 출현할 수 없었을 것이다. 반대로 중국을 보면, 이 윤리본위의 사회조직은 사실상 개인의 경제적 진취에 장애가 될 뿐만 아니라 근본적으로 그런 진취심의 발생에 불리하다. 황원산[3] 선생이 일찍이 이렇게 확신하며 말한 바 있다. "나는 중국의 가족윤리가 실제로 우리들로 하여금 농업생산에 머물게 하고 자본주의적 생산으로 신속하게 진입할 수 없게 한 유일한 관건이라고 깊이 믿는다."[4] 이는 아마도 그 점을 지적한 듯하다.

윤리사회라는 이런 토양이 자본주의의 발생과 성장에 적합하지 않음은 의심할 나위가 없다. 그러나 사람들이 경제에서 진취적인 마음이 근본적으로 결여되어 있다면, 이 또한 사회적으로 일대 위기가 아닌가? 이는 또한 직업분화라는 측면으로부터 구제될 수 있다. 개인이 계급사회에서는 일생의 운명이 거의 이미 결정되어 있다. 특히 봉건사회에서 그러하며, 자본주의사회에서도 예외가 아니다. 농노가 본래 귀족이 될 수 없고, 노동자도 자본가가 되기 어렵다. 그들이 자신의 앞날을 개척하려면 오직 그 질서를 전복시키고 대혁명이 있어야 한다. 그러나 중국의 직업분화 사회에서는 그렇지 않다. 정치적 경제적으로 각종 기회가 다 개방되어 있다. 개인이 사(士)가 되고 농민이 되거나 혹은 공인이 되

3) 황원산(黃文山, 1901-1988)은 인류학 · 역사학 · 사회학 등을 응용하여 문화현상을 종합적으로 연구하여 문화학을 건립하고자 했다. 1921년 北京大學을 졸업하고, 이듬해 미국에 유학하여 컬럼비아대학에서 석사학위를 취득했다. 1927년 귀국하여 上海國立勞動大學 · 中央大學 · 中山大學 등의 교수를 역임했다. 저서에 『文化學體系當代文化論叢』 · 『文化學及其在科學體系中的位置』 · 『中國古代社會史方法論』 등이 있고, 니덤(Joseph Needom)의 『중국의 과학과 문명』 등을 번역했다. —옮긴이

4) 黃文山, 『文化學論文集』, 中國文化學學會, 181면 참조.

고 상인이 되는 것이 처음부터 제한이 없고 스스로 선택할 수 있다. 그리고 "모든 직업에서 장원이 나온다."[5](속담) 독서인이 본래 출세할 수 있고 농공상인도 다 자수성가할 수 있다. 부귀와 빈천이 고정되어 있지 않고 부침하여 사람마다 각기 앞길을 추구할 수 있다. 비록 다른 사람의 재물을 빌려 쓰느냐 그렇지 않느냐의 차이가 있기는 하지만, 다른 사람의 재물을 빌려 쓰는 것도 완전히 의지할 만한 것은 아니었다. "순전히 본인이 열심히 하려고 하느냐 그렇지 않으냐에 달려 있다."는 속어가 이를 잘 말해준다. 그래서 진취적인 마음이 여기서 또한 보편적으로 고무되었다. 윤리본위는 바로 이런 직업분화와 배합되어 2천여 년 동안 행해지고 사방 각처에서 통용될 수 있었다. 그렇지 않았다면 행해질 수 없었을 것이다.

중국사회가 직업분화에 떨어진 것은 주로 토지가 이미 봉건으로부터 해방되고 생산이 산업혁명 이전 단계에 머물고 자본의 집중과 독점이 나타나지 않았기 때문이다. 당시의 생산기술에서 보면, 소규모 경영이 편리하고 대규모 경영은 그리 필요하지 않았다. 동시에 또한 유럽 중세에서와 같은 행회제도(길드)가 없었다. 이에 사회에 자연히 단지 소농·소공·소상만 있어 각기 뿔뿔이 흩어져 생업을 유지했다. 펑유란이 말하는 '생산가정화'에서 한 집안은 인쇄소를 하고 한 집안은 철공소를 한다고 한 것은 바로 이것을 가리킨다. 농사를 짓든 공인이 되든 혹은 장사를 하든, 순전히 한 집안이 공동으로 노력한다. '부자병'[6]이라는 속어처럼

---

5) 원문은 "行行出壯元"으로, 원래 "三十六行, 行行出壯元"이라고 한다. 여기에서 '三十六行'은 모든 직업을 가리킨다. "行行出狀元"은 중국 속담이라고 하는데, 明나라 馮惟敏의 『玉抱肚 · 贈趙今燕』에 "琵琶輕掃動人憐, 須信行行出狀元."이라는 구절이 있다. —옮긴이

6) 부자병(父子兵)이란 상하계급이 마치 아버지와 아들처럼 친한 군대를 가리킨다. 『吳子』에서 연원하는 말이다. "與之安, 與之危, 其衆可合而不可離, 可用而不可疲, 投之所

자연히 생사를 같이하는 양상을 형성했다. 중국인이 항상 '골육지정'[7] · '수족지정'[8]에 대해 말하기를 좋아하는 것도 대개 이와 같은 사정 때문이다. 이는 윤리본위가 직업분화로 해서 공고해지고 강화되었다는 것이다. 반대로 계급사회에서는 그렇지 않다. 근대의 대공장 · 대기업에서는 한 가족이 남자노동자 · 여자노동자 · 어린이노동자로 각기 벌어먹으며 거의 상관할 필요가 없음은 말할 나위가 없다. 중세기에도 또한 한 가족 단위가 자영생산업에 종사하는 일이 없었고, 집단 내에서 생활했지만 윤리적인 상호의존과는 달랐다. 더욱이 종적으로는 집단과 집단 사이의 구분이 있고 횡적으로는 계급과 계급 사이의 구분이 있었다. 그 분리대립과 상호경쟁의 추세가 사람들 사이의 상호의존 관계를 가로막고 더욱이 윤리관념의 발생을 어렵게 했다.

중국에 행회(行會)가 없었던 것이 아니지만 유럽에서와 같은 견실한 집단을 형성하지 못한 것은 바로 무게중심이 각 가정 · 가족에 있었기 때문이다. 집단을 형성하지 못했기 때문에 스승과 제자, 고용주와 고용인 사이가 윤리적 상호의존 관계였다. 거기에서 가능한 사적인 은원관계는 각기 다르지만, 유럽에서 볼 수 있는 것처럼 행회로부터 분화된 계급대립은 존재하지 않았다. 계급은 오직 집단 사이의 산물임을 여기에서 또한 증명할 수 있다. 근대 공업사회는 노동자와 자본가 쌍방이 이익으로 서로 연결되어 있고 세력으로 서로 위협하며 일이 생기면 법에 의해 해결하여, 피차간에 사적인 감정이 발생하지 않는다. 그런데 중국에서는

往, 天下莫當, 名曰父子之兵." —옮긴이

7) 골육지정(骨肉之情)은 육친 간의 애정 내지 친족 간의 정으로, 골육지애(骨肉之愛)라고도 한다. —옮긴이

8) 수족지정(手足之情)은 형제 혹은 형제의 정을 비유하는 말이다. 唐나라 李華의 「吊古戰場文」에 "誰無兄弟, 如足如手."라는 구절이 있고, 宋나라 蘇轍의 「爲兄軾下獄上書」에 "臣竊哀其志, 不勝手足之情, 故爲冒死一言."이라는 구절이 있다. —옮긴이

스승과 제자, 고용주와 고용인이 조석으로 함께 있으면서 사람들을 두텁게 대하거나 박하게 대하고 작업을 열심히 하거나 한가로이 하는 과정에서 피차간에 깊이 결속을 맺게 된다. 대체로 계급대립의 형세가 형성되면 윤리관계는 파괴된다. 반대로 계급분화가 두드러지지 않으면 각자 생업을 유지하여 윤리관계를 형성하게 된다. 또한 부귀와 빈천이 고정되어 있지 않고 승강부침하여 사농공상이 각기 앞날을 추구할 수 있으므로, 집안 · 가문의 성쇠 관념이 존재하게 된다. 혹은 조상을 추념하고 혹은 자손에 기대하며 아버지가 아들을 가르치고 형이 동생을 권면하여 사람들로 하여금 다 윤리에 독실하고 각자의 직업에 더욱 충실하게 한다.

독서인이 제자를 가르치고 과거에 응시하는 데서부터 소농민 · 소공인 · 소상인이 생업을 영위하는 데 이르기까지, 순전히 한 사람, 한 가정의 일이다. (다른 사람들과는 거의 상관이 없다.) 각자가 앞길을 분주하게 개척하고 집체합작은 보기 힘들어서, 서로 상의하지도 않고 또한 각기 서로 장애가 되지도 않는다. (계급사회에서는 서로 장애가 된다.) 이 때문에 중국사회에서는 특히 산만함이 두드러진다. 중국인이 일반적으로 산만하고 이기적이라는 비판(제1장을 보라)에는 오해가 없지 않지만(제13장을 보라), 그런 경향이 극히 염려할 만함은 말할 나위가 없다. 그러나 그것이 끝내 병폐를 크게 드러내지 않은 것은 직업분화와 윤리본위가 배합되어 구제했기 때문이다. 앞에서 중국인은 부자 · 형제 사이의 가족의 정을 확대 · 발휘하여 윤리로써 사회를 조직해서 전체 사회의 각종 관계가 실로 윤리화되고 또한 가정화되었다고 말한 바 있다. 그 정(情)을 더욱 돈독하게 하고 그 의(義)를 더욱 무겁게 하고자 노력했다. 이 때문에 그 사회에 사는 사람들은 각자가 사면팔방의 윤리관계에 대해 각기 상당한 의무를 지고 있었다. 동시에 그와 윤리관계에 있는 사면팔방의 주위 사람들 또한 그에 대해 의무를 지고 있었다. 전체 사회구성원이 예기치 않게 서로 연계되어 은연중에 하나의 대가정을 이루었다. 이처럼 서로 보살펴 주는 것을 보면서도, 이기심이 있다고 하겠는가? 직업분화는 그러한 윤리본위와 배합되어 2천 년 동안 안정적으로 유지되었다. 최근 100년 사이에 홀연히 집단경쟁의 소용돌이에 휘말려 거의 침몰되다시피 한 데서, 또한 그 결점을 어렵지 않게 볼 수 있다.

그리고 이 윤리본위 · 직업분화는 또한 정치 · 경제 두 측면이 서로 영향을 미치고 함께 협조하여 조성된 것이다. 예를 들면 토지가 집중되기 쉽지 않고 자본이 집중되기가 쉽지 않으며 경제적으로 소수가 고정적으로 농단하기 어려웠던 것이 각종 요인이며, 제8장에서 서술한 것들 외에 정치면에서 '한민명전'[9] · '중농억상'과 같은 운동도 또한 유력한 요인이었다. 이런 부류의 운동은 서한 이래 더욱 왕성해졌다. 북위에서 수당 사이에 한전제[10]가 일단 대체로 성공을 거둔 것 외에는 실제 효과가 소리 높여 내세운 것에 크게 미치지 못했음은 우리가 인정하는 바이다. 그러나 성공에는 한계가 있었지만, 그것이 자본주의로 나아가는 길을 파괴하는 데에는 충분하고도 남음이 있었다. 대개 봉건이 군현으로 변하면서 통치계급이 분해되고 산만해져 고정적이지 않고 유동적이었다. 이때 정치적으로 계급이 없고 농단이 드물었기 때문에 또한 경제적으로도 농

9) 한민명전(限民名田)은 개인의 토지점유를 제한하자는 주장이다. 한무제(漢武帝) 때 토지겸병이 매우 심각하여 대지주와 수많은 농민 간에 갈등이 첨예화되자 동중서(董仲舒)가 제안했다. 그러나 점유의 한계와 구체적인 시행방법을 제시하지 않아서 실행되지는 못했다. —옮긴이

10) 한전제(限田制)는 진한 시기에 "한전령(限田令)"에 따라 개인의 토지규모를 제한하는 제도이다. 상앙(商鞅)의 변법에서 "군공에 따라 주택과 토지를 받는다(依軍功行宅田)"는 것이 그 전신(前身)이다. 진(晉)나라는 점전법(占田法)을 반포하여 개인의 토지사유 제한을 더욱 강화했다. —옮긴이

단을 행하고 계급을 조성하는 것이 허용되지 않았다. 그 사이에서 주동적인 사람은 봉건을 파괴한 사인(士人)이었다. 이는 역사에 비춰보면 매우 분명하다. 사인은 지식이 있고 두뇌가 있지만, 권력과 지위가 없고 고정적인 재산이 없었다. 앞으로는 권력자의 농단에 반대하고 뒤로는 재산가의 농단에 더욱 반대했다. 사인이 이성을 대표한다고 말하지 않더라도, 추세로 논하자면 또한 본래 그러했다. 일단 정치적으로 기회가 주어지면 극력 주장하여 실행했다. 자본주의가 형성되지 않아서 중국에는 결국 구미에서와 같은 자산계급의 통치가 없었다. 이는 또한 경제가 정치에 영향을 미치고 쌍방이 서로 원인과 결과가 되어 대체로 그와 같이 된 것이다. 계급이 결여되었으므로 통치하기가 어려워서 중국 정치는 불가피하게 윤리화되었다. 정치의 윤리화로 인해 사회가 직업화되고 직업 또한 윤리에 의해 도움을 받았다. 이처럼 윤리와 직업, 정치와 경제가 물고 물리어 서로를 형성해주면서 긴밀하게 연결되어 있으니, 그 원리가 무궁하다.

2. 향내적으로 힘쓰는 인생

중국식 생활의 가장 큰 특징은 결국 향내적으로 힘쓰는 것이며, 이는 서양인이 결국 향외적으로 힘쓰는 것과는 정반대이다. 대개 윤리본위와 직업분화의 두 측면으로 구성된 사회에서는 실로 사람들로 하여금 향내적으로 힘쓰게 하지 않는 때가 없는데, 이는 아래의 두 측면으로 나누어 설명하겠다.

윤리사회에서 살아가는 개인은 각종 윤리관계가 사면팔방으로 그를 둘러싸고 무한한 의무를 부과하여 그로부터 벗어날 수 없고 죽어야 벗어나게 된다. 대개 윤리의 전체 정신으로 보면 윤리관계는 한 번 생겨나면 다시는 벗어나는 것을 허용하지 않는다. 부자 관계가 본래 벗어날 수 없고, 형제와 부부 관계 또한 어찌 벗어날 수 있겠는가? 나아가 붕우와 군신도 그러하다. 이처럼 벗어날 수 없는 것은 원래 자기 감정에서 허용하지 않기 때문이다—마음이 아파 차마 그렇게 할 수 없다. 나중에 예속을 형성하고 사회 또한 따라서 독려하여 "하늘과 땅 사이에 도피할 곳이 없는"[11] 울타리가 크게 존재하게 된다. 이처럼 벗어날 수 없는 전제 아래 말로 다할 수 없는 세세한 것들을 만들어내어 참고 받아들이게 한다. 더욱이 스스로 차마 벗어나지 못할 뿐 아니라 주위 사람들이 책임을 지우는 문제가 있다. 그리고 그것을 떠나면 현실생활에서 살아나갈 수 없게 된다. 왜냐하면 피차 서로 의존하는 형세가 이미 조성되어 있어서 한 개인이 주위 사람들과 격리될 수 없기 때문이다. 우선 부모와 자식, 시어머니와 며느리, 남편과 아내, 형과 동생 등의 관계가 원만하지 않으면 살아갈 수 없다. 나아가 할아버지와 손자, 백부 · 숙부와 조카들을 어떻게 대할 것인가, 외가와 처가 내지 모든 친인척을 어떻게 대할 것인가, 이웃과 마을 사람들을 어떻게 대할 것인가, 스승과 제자 및 고용주와 고용인을 어떻게 처리할 것인가 등등 각종 인간관계에 신경을 써야 한다. 실제 현실이 당신을 핍박하여 어떻게 해야 이런 관계들을 잘 처리할 수 있는지 추구하도록 한다. 그리고 이 모든 인간관계는 자연에 대한 관계 문제와는 완전히 다르다. (상세한 것은 제12장을 보라.) 그것은 다 사람들로 하여금 향내적으로 힘써 해결을 추구하게 한다. 가령 부모에게서 사랑을 받지 못하면 오직 돌이켜보아 자기 자신에게서 사랑을 잃게 된 이유를 찾아보고 반성하고 자책하며 더욱 조심하고 더욱 노력해야 한다. 그 결과

11) 원문은 "無所逃於天地之間"으로, 『莊子』에 나오는 말이다. "天下有大戒二. 其一命也, 其一義也. 子之愛親, 命也, 不可解於心. 臣之君, 義也, 無適而非君也, 無所逃於天地之間."(「人間世」 —옮긴이

가 어떻든 간에 오직 스스로 효를 다할 따름이다. 이것이 부모의 사랑을 얻을 수 있는 가장 확실하고 효과적인 길이며, 이 외에 다른 방법은 없다. 반대로 시선을 밖으로 돌려 부모의 옳지 못함을 찾아내거나 혹은 줄곧 부모에게 말대꾸하면 그럴수록 반드시 더 상태가 교착되고 악화되어 호전될 수 없다. 여타의 각종 윤리관계도 이런 예에서 벗어나지 않는다. 대개 관계가 갖가지로 다르고 실제로 발생하는 문제가 더욱 복잡하고 다양하지만, 거기서 추구하는 바는 다 피차간 감정의 융화, 타인의 마음과 내 마음의 조화이다. 이 융화와 조화는 강제력으로 추구하면 형세가 더욱 어그러지고 교묘한 생각으로 취하려 하면 정이 더욱 괴리된다. 모든 생각과 힘을 향외적으로 사용하는 것은 다 올바른 방법이 아니다. 믿지 못하겠으면 한번 보라!

모든 반성 · 자책 · 극기 · 양보와 손해볼 줄 아는 것 등과 같은 전통적 교훈은 다 사회구조라는 현실을 배경으로 하여 형성되어 나온 것으로, 단지 일종의 철학적인 편향성으로 보아서는 안 된다.

앞에 제8장에서 과거 중국이 직업분화의 사회이며 그 사회에서는 빈부귀천이 고정적이지 않고 승강부침하며 서로 막힘이 없었음을 입증했다. 오늘날 영국과 같은 자유민주국가에서도 정치적 경제적 기회가 다 개방되어 있지만 기존 계급에 한정되어 있어서 중국과 비교하기 어렵다. 이와 같은 쌍방의 형세 차이에 대해 가장 유의하여 이해해야 한다. 계급대립은 추세상 사람들로 하여금 외면적으로 항거하게 하고, 직업분화는 사람들로 하여금 다른 사람에게 양보하고 스스로 노력하는 길을 연다. 그리고 자신의 노력은 흔히 향내적으로 힘쓸 필요가 있다. 중국 속담에 "고통을 겪어보지 않으면 다른 사람 위에 서기 어렵다."[12]라는 말이

12) 원문은 "不吃苦中苦, 難爲人上人."인데, 반대로 "吃得苦中苦, 方爲人上人.(간난신고를

있고, 중국 어린이들이 배우는 『삼자경(三字經)』에 "머리를 들보에 매어 놓고, 송곳으로 허벅지를 찌른다."[13]라는 구절이 있는데, 모두 그것을 가리킨다. 그러나 계급사회에서는 그렇지 않다. 가장 분명한 사례가 중세 봉건시대이다. 당시에는 사람들의 신분과 지위가 태어나면서 대체로 이미 결정되어 있었다. 일반적으로 말해서 지위가 높으면 스스로 다시 노력할 필요가 없고, 지위가 낮으면 스스로 노력해도 아무 소용이 없다. 앞에서 말한 속담과 같은 것은 전혀 쓸모가 없다. 반대로 그것은 사람들로 하여금 향외적으로 힘쓰게 한다. 가장 분명한 점은, 낮은 지위에 있는 자가 자신의 운명을 개척하려면 형세상 반드시 상급자에 대해 항쟁하여야 하므로 크게는 혁명이 되고 작게는 파업이 되는 것이다. 그리고 봉건영주와 자본가계급은 기득권을 유지하기 위해 또한 형세상 반드시 수시로 방비하고 억압해야 한다. 마르크스의 '계급투쟁'설이 참으로 틀리지 않다. 종합하자면 그 힘을 필연적으로 외면을 향해 써야 한다.

다시 과거의 중국인을 보자. 기회가 스스로 추구하기를 기다리고 있고 눈앞에 장애가 없어서 오로지 그 힘을 돌이켜 향내적으로 쓰면 되고 향외적인 것은 도리어 아무 소용이 없다. 독서인을 예로 들면, 독서의 기회가 개방되어 있고 과거제도에 의해 그 앞날이 결정된다. 그가 수재에 합격하고 거인에 합격하고 진사에 합격하고 한림에 임명될 수 있는지 여부는 첫째로 그가 추운 창문 아래에서 열심히 공부할 수 있는가 하는 것이고 다음은 자신의 자질이 어떠한가에 달려 있다. 자질이 총명하고 또한 열심히 공부하면 결국 성공할 수 있다. 가령 문장력이 뛰어나도 합격하지 못하면, 그것은 다만 자신에게 복이 없음을 원망할 뿐이다. 이른바

겪어봐야 비로소 남의 위에 설 수 있다)"라고 말하기도 한다. —옮긴이

13) 원문은 "頭懸樑, 錐刺股"로, 졸음을 몰아내면서 열심히 학습하는 것을 가리킨다. —옮긴이

"조상의 음덕이 없다.", "묘자리가 풍수에 맞지 않다.", "팔자가 좋지 않다." 등등은 다 여기서 나온 말이다. 결국 자신을 책망하거나 혹은 알 수 없는 운명에 돌릴 따름이고 다른 사람을 원망할 수 없다. 과거 시험관의 눈이 멀었다고 원망하기는 해도, 과거제도의 필요성을 부정하지는 않는다.—힘을 향외적으로 쓸 곳이 없다. 오직 스스로 뜻을 세우고 스스로 노력하고 스스로 책망하고 스스로 고무하고 자득하고 자탄하는 등, 모든 것이 다 '자기'에게 달려 있다. 더욱이 빠져나갈 길이 없을 때 덕행을 닦는 데로 돌아가야 하니, 이는 더 순전히 향내적으로 힘쓰는 것이다.

농업 · 공업 · 상업을 하는 사람들은 분명하게 정립된 과거제도 같은 것이 없지만 또한 "모든 직업에서 장원이 나온다."라는 설이 있다. 누구든 재능이 있으면 다 드러낼 수 있고, 자수성가하는 일도 드물지 않다. 대개 토지를 사람마다 살 수 있고 생산요소가 대단히 단순하다. 특권이 없고 또 독점적 이익도 없다. 유산이 균분되어 토지와 재산이 순식간에 흩어진다. 모두가 피차 의지할 것이 없고, 운명이 자신의 손에 달려 있다. 대체로 근검하고 근신하면 얻고, 사치하고 방종하면 잃는다. 신실하고 침착함이 오래 쌓이면 통하고, 교묘한 수단이나 힘으로 빼앗으면 낭패하여 돌이킬 수 없다. 득실과 성패에 모두 탄탄대로가 있어 사람마다 다 보고 사람마다 다 믿는 바이며, 그야말로 재능의 시험장이요 품행의 변별지이다. 곤경에 처하더라도 알 수 없는 데로 돌리고 남을 원망할 수 없다.—마찬가지로 사람들로 하여금 향외적으로 힘쓰게 하는 대상이 없다.

'근검' 두 글자는 중국인에게 가장 보편적인 신조이다. 그것으로 창업할 수 있고 그것으로 수성할 수 있다. 예로부터 전해져 고귀한 교훈으로 삼아 사람마다 외우고 말하며 아무리 거론해도 번거롭게 여기지 않는다. 그러나 계급사회에서는 이 두 글자가 그리 큰 의미를 갖지 못한다. 봉건제도에서 농노나 자본주의에서 노동자에게 근면은 누구를 위한 근면이고 검소는 누구를 위한 검소인가? 근면하고 검소하면 또 어떻게 되는가? 이에 저 두 글자가 자연히 칭송되는 일이 드물다. 중국에서는 집집마다 근검을 말한다. 근검이란 무엇인가? 근면은 자신에 대한 질책과 격려이고 검소는 자신에 대한 억제로, 거기에는 향내적으로 힘쓰지 않는 것이 전혀 없다.

종합해서 말하자면, 사회구조라는 측면(직업분화)을 배경으로 하여 자연히 "근검으로 집안을 유지한다.", "고난을 무릅쓰며 스스로 책려한다.", "간난신고를 겪어 봐야 비로소 다른 사람 위에 서게 된다.", "사람은 자립을 귀하게 여긴다.", "뜻이 있는 자는 끝내 일을 이루게 된다.", "세상에 어려운 일이 없고, 오직 마음먹기에 달려 있다." 등과 같은 전통적인 교훈이 있게 된 것이다.

나아가 중국의 황제도 여기서 예외가 아니다. 그도 마찬가지로 향내적으로 힘써야 한다. 제8장에서 중국의 황제가 홀로 높이 앉아 천하만민 위에 군림하여 실로 극히 위험한 자리라고 지적한 바 있다. 인심을 얻으면 창성하고 인심을 잃으면 패망한다. 그래서 그의 운명(지위가 안정적인가 혹은 위태로운가, 운수가 긴가 혹은 짧은가, 국세가 융성하는가 혹은 쇠퇴하는가) 또한 그 자신이 두려워하고 삼가하여 잘 유지해야 한다. 그에게도 사농공상 사민과 마찬가지로 득실성패의 대도가 있다. 그것 또한 향내적으로 힘쓰는 데로 귀결되어, 마음이 어둡고 기가 난폭하여 멋대로 하지 않도록 자신을 단속하는 것이다. 중국의 정치기구에는 '강관(講官)'과 '간관(諫官)'이라는 특수한 부서가 있어 황제의 경각심과 반성을 강화시킨다. 강관은 늘 경사에서 역대 흥망의 귀감을 일러 황제를 경계시키고, 간관은 늘 눈앞의 사실로부터 그를 깨우쳐 그릇된 데고 가지 않도록 막는다. 결국 다 황제로 하여금 향내적으로 힘쓰도록 돕는 것이다. 동시에 정치상 전통적 소극무위의 주장(특히 무력을 남용하여 전쟁을 일삼는 것과 토목공사를 대규모로 일으키는 것을 경계한다)이 바로 또한 향외적으로 힘쓰는 것을 용납하지 않고 절제하고 수렴하도록 하는 것이라고 말할 수 있다. 우리는 "천자로부터 서인에 이르기까지 하나같이 모두 수신을 근본으로 한다."[14]라는 고서의 한 구절을 인용하여 말할 수 있다. 이 모든 것이 다 아마도 저 특수한 사회구조에 의해 결정되었다고 하겠다. 이는 제9장을 보면 분명할 것이다.

주앙저쉬앤 선생이 『민족성과 교육』[15]의 「중국 민족의 이상과 민족성표(中國民族理想與民族性表)」에서 중국인의 삶은 "내향성이 풍부하다."라는 점을 들었는데, 당연히 여기서 말하는 것을 서로 입증해주기에 족하다. 또한 여기서 그 유래에 대해 분명하게 이해해야 하지, 일종의 기이한 성벽으로 보아서는 안 된다.

3. 중국문명의 이채

구홍밍[16] 선생은 일찍이 서양을 비판하면서, 교회 승려가 상제의 권

14) 원문은 "自天子以至於庶人, 壹是皆以修身爲本."으로, 『大學』에 나온다. —옮긴이

15) 莊澤宣의 『民族性與敎育』은 1938년 商務印書館에서 간행되었다. —옮긴이

16) 구홍밍(辜鴻銘, 1857-1928)은 근대 중국의 학자로, 영어 · 불어 · 독어 · 희랍어 · 라틴어 등 9개 언어에 정통하고 13개 박사학위를 취득하여 "清末怪傑"로 불린 인물이다. 영국 · 프랑스 · 독일에서 14년 동안 공부하고 1880년 귀국했다. 1893년 自强學堂(武漢大學의 전신)에 설립되자 方言敎習을 맡았다. 1908년 外交部 侍郎에 임명되었다가, 1910년 사직하고 上海南洋公學 監督으로 취임했다. 1915년 北京大學 교수로 취임하여 주로 영국문학을 강의했다. 일본의 이토 히로부미(伊藤博文)에게 유학을 강의하고, 러시아의 톨스토이와 서신을 교환했으며, 인도의 간디에 의해 "가장 존귀한 중국인"이라고 일컬어졌다. 영문 저술로 *The Story of a Chinese Oxford Movement*(1910), *The Spirit of the Chinese People*(1915) 등이 있으며, 중국에서 최초로 『논어』와 『중용』을 영어와 독일어로 번역했다. —옮긴이

위를 빌어 사람들을 두려움에 떨게 하지 않으면(중세) 국가의 군대와 경찰이 법률을 빌어 사람들을 통제하며(근대), 이 둘을 떠나면 형제와 이웃이라도 편안히 살 수 없다고 했다.[17] 뮐러리어[18]의 『사회진화사』에서도 "중국이라는 나라는 안분지족하는 수많은 인민에 의지하여 유지되고, 유럽 국가는 다 무력에 의해 유지된다."[19]고 했다. 고대 인도문명에서 가장 경이로운 점은 종교의 출세사상이 특히 발달한 것이고(고대 인도문명이 그런 문명으로 형성된 것이 또한 바로 여기에 달려 있다), 근대에 들어 오늘날까지 서양문명에서 가장 경이로운 점은 자연을 정복하고 자연을 이용하는 과학기술의 발달이며(서양문명이 그런 문명으로 형성된 것이 또한 바로 여기에 달려 있다), 과거의 중국문명에서 가장 경이로운 점은 사회질서가 항상 스스로에 의해 유지되고 강제력에 의지하지 않는 것처럼 보인다는 것이다. 인류사회가 모순을 통해 진보한다는 것은 식견있는 사람이라면 일찍이 간파했을 것이다. 모순이 있더라도 질서가 없을 수는 없다. 질서가 없으면 사회생활을 할 수 없다. 질서가 사회적 모순 위에 건립되려면 강제력이 어찌 없을 수 있겠는가? 인류이성이 점차 계발되어 사회질서가 순전히 이성에 기반하여 성립되는 것은 오직 비교적 먼 미래에나 기대할 수 있는 일이니, 어찌 그것을 가지고 과거에 대해 논할 수 있

---

17) 辜鴻銘 선생의 원저는 영어와 독일어로 써서 1차대전 이후에 간행되어 서양인들에게 보여주었다. 이 서술은 『東西文化及其哲學』 부록에서 재인용했다.

18) 뮐러리어(Franz Carl Müller-Lyer, 1857-1916)는 독일의 심리학자 · 사회학자이다. 스크라스부르크대학 · 본대학 · 라이프치히대학에서 의학을 공부하고, 베를린대학 · 비엔나대학 · 파리대학 · 런던대학에서 심리학과 사회학을 공부했다. 저서에 *Phasen der Kultur und Richtungslinien des Fortschritts*(1908), *Der sinn des lebens und die wissenschaft*(1910), *Formen der Ehe, der Familie und der Verwandstschaft*(1911), *Phasen der Liebe : eine Soziologie des Verhaltnisses der Geschlechter*(1913) 등이 있다. —옮긴이

19) 뮐러리어, 『社會進化史』, 陶譯本, 62쪽.

겠는가? 그렇다면 과거 중국에 그와 유사한 것을 볼 수 있음은 기적이라고 하지 않을 수 없다. 그러나 앞에서 서술한 사회구조의 특수성에 비춰보면 그 원인을 이해하기 어렵지 않다. 대체로 인류사회의 질서는 최초에는 종교에 의해 형성된다. 그 다음에 예속·도덕·법률 등이 종교로부터 잇달아 배태되고 분화되어 나온다. 이 네 가지 사이에 어떤 것은 출현이 이르고 어떤 것은 느리며 어떤 것은 나뉘고 어떤 것은 합쳐지며 어떤 것은 가볍고 어떤 것은 무거운 등 각 문화에 따라 다르다. 종교로부터 벗어나 도덕이 나타나는 것은 중세 서양에서는 상상하기도 어렵다. 법률을 떠나 사회질서를 유지하는 것은 근대국가에서는 매우 희한한 일이라고 느낄 것이다. 그러나 과거 중국에서는 바로 도덕으로 종교를 대체하고 예속으로 법률을 대체하여, 서양과 정반대이다. 도덕이 개인에게 보존되어 있고 예속이 사회로부터 일어난다. 서양처럼 중세의 교회와 근대의 국가에서 모두 하나의 절대권위가 개인과 사회에 군림하는 일은 실로 중국에는 없다.

먼저 후자의 차원에 대해 말해보자. 외국인은 법정에 가는 일이 다반사이고 소송을 좋아하는 것을 혐오하지 않는다. 중국인은 소송을 거는 일을 극히 원치 않으며 또한 소송을 거는 일이 매우 적다. 친척과 붕우가 한번 소송을 겪으면 감정을 상하고 그 때문에 서로 대면하기를 꺼린다. 구미에서는 율사가 좋은 직업이지만, 중국에서는 송사(訟師)[20]를 대

20) 송사(訟師)는 소장의 대필과 소송의 대행 등을 맡고 대가를 받았던 직업으로, 중국에는 송나라 때부터 있었다. 이들은 오랫동안 금지와 처벌의 대상이었다. 청나라 〈대청률〉에는 "송사가 소장을 대신 써주고 소송을 대리 또는 청부하고 서리 등과 담합하는 행위는 중죄에 처한다."고 규정했고, 조선의 〈대전후속록〉과 〈속대전〉에서도 "결송아문(지금의 법원·검찰청)을 배회하면서 남에게 쟁송을 교사·유도하는 것을 업으로 하는 자"를 강도와 같은 반사회적 부류로 취급해 곤장 100대를 치고 멀리 유배 보내도록 규정했다. 송사는 목민관과 백성 사이의 의사소통을 왜곡하고 불필요한

중이 몹시 천하게 여기고 깊이 미워한다. 과거에 어떤 사람이 소송을 걸면 사람들에 의해 "저 사람이 소송을 건 자이다."라고 지목되는데, "저 사람이 문제를 일으켰다." 혹은 "저 사람은 품행이 의심스럽다."라는 의미와 같다. "굶어 죽더라도 도둑질은 하지 않고 원통하게 죽는 일이 있더라도 고소는 하지 않는다."라는 속담이 있다. 과거의 중국인이 소송을 혐오하고 거부하는 감정은 비단 외국인이 이해하기 어려울 뿐 아니라 오늘날의 중국인도 이해할 수 없다. 왜 중국과 서양이 이처럼 다른가? 서양인은 단체 속에서 생활하고 모든 것을 단체에 의지하는 데 반해 중국인은 그렇지 않기 때문이다. 모든 단체에는 법이 있어야 한다. 돌이켜 중세를 살펴보면, 도처의 단체에 다 각기 법과 법정이 있다. 국왕에게도 법정이 있고 교회에도 법정이 있으며 향촌에도 법정이 있고 도시에도 법정이 있고, 더 나아가 각 행회에도 법정이 있다. 한 단체 내에서 사람들 사이에 문제가 있으면 당연히 법정에 나아가 해결하는 것이니, 어찌 다른 길이 있겠는가? 이 법률은 다 강제적이다. 그러나 근대에 이르러 그 강제가 유일의 강대한 단체(국가)에 집중 · 통일되었을 따름이다. 중국의 역사발전은 그와 다르다. (앞의 각 장에서 논증한 바와 같다.) 윤리사회는 원래 단체가 아니다. 정의(情誼)에 기초한 그런 조직관계가 오직 예속을 형성해낼 수 있을 뿐 법률을 만들어낼 수 없음은 제6장에서 이미 상세히 논했다. 2천여 년 동안 실제로 하나의 국가를 형성하도록 압박을 받았지만, 결국 이 윤리사회가 계급무력의 지역통치로 전환되기는 어려웠다—결국 국가와 닮지 않았다. 근래 서양 사조의 영향으로 변화가 일어나 금후 어떻게 귀결될지에 대해서는 여기서 논할 바가 아니다. 과거를 살펴보면, 그 자체가 일찍이 '단체권력' · '개인권익'이라는 관념을 낳을 수 없

소송을 부추기는 무뢰배로 간주한 것이다. —옮긴이

었다. (그것은 따로 살림을 차리는 것과 같다.) 오직 예속에 근본하여 통제하고 국가를 사회에 융회시킬 수 있었을 뿐이다. 조직구조의 근본이 예속에 맡겨졌고 법률로 나타나지 않았다. 법률이라는 것은 거의 없었다고 할 수 있다. 중국에서 예로부터 말하는 법률은 형률에 불과하고, 예속의 보충과 보조로서 부득이하게 사용할 뿐이다. 전통사상에서는 덕을 귀하게 여기고 형법을 천하게 여긴다. 강제력이 중국에서는 존중받지 못한다. 그것은 단지 실제적 필요에 의해 어쩔 수 없이 존재하거나 나아가 어쩔 수 없이 사용된다. 그러나 그 본래적 취지를 논하면 갖추어 놓되 사용하지 않는다는 것이다. 실제로도 매우 적게 사용되었다. 이는 두 측면으로 나누어 말할 수 있다.

첫째, 민간에 (민사 내지 형사 문제에서) 분규가 있으면 민간이 스스로 해결한다. 혹은 친우들의 설득에 의해 혹은 대중이 시비를 가려 판단하는 방식에 의한다. 그것은 각 지역의 시장과 다방에서 행해져 '강차(講茶)를 마신다'[21]라고 불렀다. 거기서 논하는 것은 결국 정리(情理) 두 글자에서 벗어나지 않으며, 실은 해당 지역의 예속습관을 준거로 한다. 또한 서로 다투는 쌍방이 함께 해당 지역에서 평소 신망이 있는 어른(혹은 그들의 족장) 앞에 나아가 가르침을 청한다. 통상 쌍방이 모두 한 차례 교훈을 얻고 (윤리상 원래 각자 마땅히 해야 할 의무가 있다) 피차 사과하고 우호관계를 회복해야 한다. (이것이 원래 윤리의 목적이다.) 대체로 그의 조정을 거치면 일이 해결된다. 그 밖에 간통과 절도의 문제를 가문과 마을에서 스스로 해결하는 것이 국법에서 허용되지는 않지만 궁벽한 지역에서는 일

21) 분쟁이 발생했을 때 쌍방이 찻집에 모여 대중에게 시비곡직을 따져 판결을 내리게 하고 화해의 차를 마시는 것을 가리킨다. 비용은 잘못한 쪽이 부담한다. 원문은 "吃講茶"인데, "吃碗茶"라고도 한다. 요즘 우리말로 하면 "화해술을 마시다" 정도가 되겠다. —옮긴이

반적으로 다 그렇게 했다. 이는 원래 예속의 효과라 하기에는 부족하지만, 법률의 힘이 민간에는 이르지 못하고 인민이 스스로 생활을 영위하여 국가를 필요로 하지 않음을 보여준다. 왜 분규를 스스로 해결하기 어렵지 않은가? 왜 인민이 스스로 생활을 영위하여 국가를 필요로 하지 않는가? 중국 사회구조의 특수성에 비춰보자면, 먼저 그 분산적인 형세를 살펴봐야 한다. 여기에 그 근본원인이 있다. 분산의 경향이 처음 나타난 것은 종교의 결핍과 이성의 조기출현에 있다. '각자 내향적으로 힘쓴다'는 측면이 최후의 유력한 결정요소이다. 앞에서 "집단과 투쟁이 서로 연계되어 있고, 산만과 평화가 서로 연관되어 있다."라고 말했다. (제3장을 보라.) 이는 개인과 개인 사이에 모순이 없다는 말이 아니라, 집중된 것을 분산시켜 모순이 적고 또 제거되기 쉬워서 지속적이지 않다는 말이다. 집단과 집단 사이에 모순이 있으면 경시할 수 없으며, 더욱이 지속적이어서 제거되기 어렵다. 또 지속되면 더욱 확대된다. 이것이 하나의 차원이다. 개인 사이에 모순과 충돌이 있으면 국외의 제3자가 많아서 그들을 둘러싸고 조정하는 힘이 크다. 집단 사이에 모순충돌이 있으면 국외의 조정하는 힘이 비교가 되지 않는다. 집단이 크면 클수록 국외의 힘은 더욱 작아서 점차 제로에 이른다. 이것이 두 번째 차원이다. 군중심리는 매우 기계적이어서, 맹목적이고 충동적이며 반성하기 어려우며, 분산된 개개인의 심리는 맑고 밝고 바르고 공정하기 쉬워서 [자신의 의지에 따라] 자유롭게 바꿀 수 있다. 중국인은 본래 이성에 따라 산만하기에 이르렀고 또한 산만하기 때문에 더욱 이성이 발달하게 되었다. "도리가 있으면 천하를 두루 다닐 수 있고, 도리가 없으면 한 걸음도 걷기 어렵다."라는 속담과 같이, 원래 이성을 숭상하는 신념도 산만한 사회의 산물이다. 크고 작은 집단세력들이 분열하여 대치하고 있는 세계에서는 오직 힘을 비교할 수 있을 뿐 이치를 따지기는 어렵다. 이것이 세 번째 차원이다. 이것들을 명확하게 이해하고 다시 아래에 열거하는 각 측면들을 참조하면, 위에서 제기한 문제에 대해 저절로 해답을 얻을 수 있을 것이다.

둘째, 분쟁과 소란이 대체로 적었다. 이는 또 두 측면으로 나누어 말할 수 있다. 하나는 개인이 자신의 처지에 안주했다는 점이고, 다른 하나는 피차 대화와 타협으로 문제를 해결했다는 점이다.

개인이 자신의 처지에 안주했다. 이것은 다시 세 가지 점을 함축하고 있다. 하나, 앞에서 말한 직업분화라는 묘한 점으로부터 사람들로 하여금 각자 앞길을 개척하기 위해 노력하는 노선이 열려, 계급사회에서 대다수가 수시로 불만을 품고 현상을 타파하려고 하는 것과 다르다. 여기서 말하는 바 자신의 처지에 안주했다는 것은 주로 이 직업분화 사회의 큰 환경에 대한 것이지만, 개개인에 대한 경우도 자연히 거기에 포함된다. 둘, 앞에서 말한 윤리본위의 조직이라는 묘한 점으로부터 만약 누군가 생계에 있어 어찌할 수 없는 지경에 떨어지면(이는 필연적으로 질서를 어지럽히는 요인이 된다) 또한 윤리정의의 관계로부터 서로 배려와 서로 책임부담이 준비되어 있다. 즉 이쪽에서 도움을 얻지 못하면 저쪽에서 구제를 받아, 사면팔방의 각종 관계가 은연중에 일종의 보장이 된다. 그 결과 결국 사람들로 하여금 막다른 골목에 이르지 않게 하고 나아가 또한 출로를 찾을 수 있게 한다. 이는 또한 윤리사회라는 큰 환경에 안주함을 가리키지만, 개인의 경우도 거기에 포함된다. 셋, 앞에서 말한 두 가지 묘한 점에 의해 도처에 기회가 있을 수 있지만 또한 도처에 반드시 기회가 있는 것은 아니다. 성패와 득실에는 다 거기에 이르는 길이 있는 것 같고, 또한 그것을 다 알 수는 없는 듯하다. 이에 사람들로 하여금 부지런하고 분발하는 중에 하늘을 믿고 운명을 편안히 여기게 하기가 가장 쉽다. 또한 사유작용이 항상 내면을 향하여 수시로 반성하고 내면을 들여다보아 '자득의 맛' 및 '만족할 줄 알면 항상 즐겁다.'는 것을 발견하고 향외적인 추구와 쟁취가 크게 소멸된다. 그래서 일반 백성들이 욕심을 줄이고 만족할 줄 알며 자신의 처지를 편안하게 여기고 자신을 지키는 것이 결코 노자·공자의 철학을 이해해서 그런 것이 아니라 사회구조라는 실제로부터 깨닫지 못하는 사이에 단련되어 나온 것이다.

피차 대화와 타협으로 문제를 해결했다. 피차간에 문제가 있으면 서로 양보하고 절충하여 해결하는 것이 중국인에게 거의 유일한 방법임은 세계가 다 아는 바이다. "한 번 다투면 쌍방이 다 추해지고, 한 번 양보하면 쌍방이 다 좋게 된다."는 것은 남방과 북방에 널리 퍼진 속담이다. 다툼을 추한 것으로 여기는 이런 심리는 본래 서양인이 이해할 수 있는 바가 아니다. 양보하면 쌍방이 다 좋게 된다는 이치도 또한 그들은 알지 못하는 듯하다. 결국 쌍방이 다 낭패하여 손상을 입고 함께 훼멸하는 데로 귀결되면 후회해도 이미 늦다. 과거에는 또한 '손해보는 것을 배운다.'라는 설이 있었는데, 세상의 쓴맛 단맛 다 맛본 사람들이 늘 그것을 젊은 사람들에게 가르친다. 이는 참으로 향원[22]으로 흐르는 것을 면할 수 없지만, 그것으로 인해 사회에 화평이 유지되는 것도 적지 않다. 일이 생겼을 때 양보하는 것 외에 중국인은 평소에 모든 제도규범과 조치가 결국 평화적 타협을 추구하고 한쪽에 치우치거나 더욱이 극단으로 내달리려고 하지 않는다. 대개 오직 조화만이 가장 안정적이고 가장 오랫동안 패망하지 않을 수 있는 길임을 깊이 믿는다. 이른바 "하늘 끝까지 올라가 내려올 줄 모르는 용은 후회할 때가 있다.[23] 가득 차면 오래갈 수 없다.", "사람의 도리는 가득 찬 것을 혐오하며 겸손한 것을 좋아한다.", "감히 끝

22) 향원(鄕愿)은 겉으로는 덕이 있는 척하면서 실제로는 덕이 없는 사람을 가리킨다. 『論語』에 나오는 말로, 공자는 향원을 "덕을 훔친 자(德之賊)"라고 했다. —옮긴이

23) 원문은 "亢龍有悔"로, 『周易』 乾卦 上九爻의 효사이다. 부귀영달이 극에 달한 사람은 쇠락할 염려가 있으므로 행동을 삼가야 한다는 의미이다. —옮긴이

까지 다하지 않으며, 여지가 있어야 한다.", "모든 일은 너무 지나치면 안 된다."와 같은 조화철학이 예로부터 현명한 사람과 어리석은 사람이 모두 잘 알아서 익숙하게 사용하던 것이었다. 그와 같이 된 원인을 찾아보면, 다음과 같은 점들이 있는 것 같다.

하나, 생물의 본성에 따르면 결국 외부를 향해 공격하고 쟁취하는 방향에서 벗어날 수 없다. 오직 인류의 사유작용이 발달함으로써 반드시 그렇지는 않게 되었다. 이지는 전후와 피차를 헤아리고 눈앞만을 보지 않으며, 이성은 타인을 자신과 같이 보고 자신에 기초하여 타인을 헤아린다. 조화와 양보는 틀림없이 인간 사유작용의 특징을 나타낸다. 중국인에게 이성이 조기에 나타났으므로 그와 같았던 것은 당연하다.

둘, 가족 · 부자 · 부부 사이에 행해지는 것은 정이고, 집단과 집단, 집단과 그 구성원 사이에 존재하는 것은 세(勢)이며 정은 대체로 적다. 중국 윤리는 가족 간의 정을 사회의 모든 관계에 미루어 나아가 서로 상대방을 중하게 여기는 의미가 밝게 드러나 결국 서로 대립하지 않게 했다. 서양에서는 거의 모든 곳에서 대립하는 형세가 나타나, 비록 한 가족 혹은 부자나 부부일지라도 거기서 벗어나지 못했다. 피차 대립하면 문제가 발생하기 쉽고 충돌에 이르게 된다. 대립하지 않으면 문제가 있다 하더라도 해소하거나 혹은 완화시키기 쉽다.

셋, 집단이 결핍되면 대항이 이뤄지지 않고, 대항이 이뤄지지 않으면 화합해야 한다. 그러나 화합도 쉽지 않으면 단지 소원해질 뿐이다. 가령 작위를 거두어들이고 안정을 추구한다는 중국 정부가 행동을 줄이고 조용하여 관청과 민간 사이에 교섭이 적을수록 더 좋다는 것이 또한 하나의 조화를 이루는 길이다.

넷, 투쟁은 각자 자신의 입장에 서 있기 때문에 발생하며, 양보는 서로 상대방을 위해 생각하는 데서 나온다. 중국 윤리는 서로 상대방을 위하는 의리를 밝히 드러내어, 개개인이 마치 자신을 위해 존재하지 않는 것 같다. (제5장을 보라.) 이는 인류에게 원래 늘 존재하는 '자기본위주의'로 대체할 수는 없지만, 두 가지 심리 중에 하나가 발휘되면 다른 하나는 억제되는 사이에 변화가 적지 않다. 서양에서는 각자 자기 권리를 주장하고 서로 상대방에게 의무를 부과한다. 중국에서는 각자 자신의 의무를 다하는 것을 우선하며, 권리를 상대방에게 부여한다. 그래서 한쪽은 양보로 나아가고 한쪽은 투쟁으로 나아가, 참으로 현저하게 다른 것이다.

다섯, 향외적으로 힘쓰는 것은 반드시 사유과정을 거치지는 않았거나 혹은 사유과정을 거쳤더라도 얕은 수준에 머물렀기 때문이다. 향내적으로 힘쓰는 것은 한 번의 우회를 거친 경우가 많으며 반드시 사유과정을 거친 후에 나온다. 사유는 일종의 인내와 절제이며, 사유한 후에는 인내하고 절제하는 힘이 더욱 생겨난다. 중국인이 특히 인내력이 강함은 세계에 유명하다. (앞뒤에서 민족성에 대해 논한 부분을 참조하라.) 그처럼 광대한 공간에서 그처럼 긴 시간 동안 대개 어느 정도 모순과 충돌이 있었는지 참으로 알 수 없지만, 다 인내함으로써 표면화되지 않고 지나갔다.

여섯, 내면을 향하면 사유의 작용이 많고, 외면을 향하면 체력의 작용이 많다. 체력을 쓰는 사람은 갈수록 체력 쓰기를 좋아하고, 사유를 하는 사람은 갈수록 사유하기를 더 좋아하게 된다. 유희와 오락을 보면, 중국인은 또한 몸을 쓰는 것보다 마음(더욱이 항상 개인의 마음)을 쓰는 것이 많고, 서양인은 마음을 쓰는 것보다 몸(더욱이 늘 집단의 몸)을 쓰는 것이 많다. 서양인이 무건(武健)하고 중국인은 문약(文弱)한 것은 대개 수천 년 전 이성이 조기에 계발되었을 때 일찍이 결정되었다. 무건한 사람은 조급하게 돌아다니고 분쟁과 소란이 발생하기 쉽지만, 문약한 사람은 본래 그렇지 않다.

우리는 강제력이 중국에서는 갖춰져 있었지만 사용되지 않고 실제로도 매우 적게 사용되었다고 말한 바 있다. 그것에 대한 가장 좋은 증거는, 한편으로 정부가 있고 군대가 있고 형벌이 있지만 한편으로는 소극무위로써 다스린다는 사실이다. 송사가 간략하고 형벌이 사용되지 않았다고 역사학자들이 칭찬하는 것은 다 빈말이 아니다.[24] 어떤 것이 갖춰져 있었으나 사용되지 않은 것은 다 그것이 충분하게 갖춰지지 않았기 때문이다. 역대 통치기구가 간단하고 그 힘이 박약했음은 두 가지 사실을 들어 입증할 수 있다. 하나는 계투(械鬪)이고, 다른 하나는 유구(流寇)이다.

① 계투(械鬪)[25]

이는 광둥 · 푸젠 등지의 같은 종족이 모여 사는 향촌에서 때로 볼 수 있는 것이다. 그 지역에서는 인민들의 기풍이 서양과 다소 비슷한 점이 있는 것 같고 또 종족의 성(姓)을 경계로 삼으며 사당을 중심으로 집단의식이 싹터서 원한을 쌓고 서로 싸우는 것을 면치 못한다. 싸움이 일어나면 아무도 관여하지 않는다. 해당 현의 정부도 알지 못하는데, 어떻게 방지 혹은 금지할 수 있겠는가. 급기야 몇 사람이 죽는 데 이르면 관청에 소송을 하지만, 여전히 사태가 해결되지 않는다. 비록 판결이 내려져도

24) 전에 쩌우핑 향촌에서 논인이 다음과 같이 말하는 것을 들었다. 과거에 어떤 지방에서 살인사건이 발생하는 것은 극히 희한한 일이었다. 광서 21년에 어떤 촌에서 살인사건이 일어나자, 멀고 가까운 데서 감동한 표정으로 서로 알려 더러는 수십 리를 달려와 시신 검사를 지켜보았다. 매우 신기하고 또한 엄중하게 느꼈다. 대개 부근 일이 백리 내에 20년 동안 없었던 일이다.

25) 계투(械鬪)는 과거 중국사회에서 마을이나 동족집단 상호 간에 무기를 가지고 행한 싸움을 말한다. 마을이나 집단 사이의 이해관계가 대립하는 경우에 발생했는데, 수리(水利) · 경계 · 분묘 등의 둘러싼 갈등 및 그 밖의 사소한 일들이 계투의 원인이 되었다. —옮긴이

쌍방이 승복하지 않고 여전히 서로 치고받는다. 때리고 싶으면 때리는데, 관청은 여전히 상관하지 않는다. 왕왕 "일을 방치해둠으로써 완수한 것으로 간주하여" 저절로 해결되기를 기다린다.

② 유구(流寇)[26]

과거 태평시대에는 사해가 안정되고 사람들이 각기 자신의 본분을 편안하게 여겨 폭동이 발생하지 않았다. 이는 결코 국가가 폭동을 금지하는 도구를 갖고 있었기 때문이 아니다. 일단 난동이 발생하면, 또한 도적이 벌떼처럼 일어날 가능성이 있었다. 평지에서 발생한 토비와 넓은 지역을 횡행하는 유구가 다 진한 이래 중국의 산물이고, 서양에는 없었다. 중세로 말하면, 봉건제도 하에서 각 지역이 스스로 통치하여 줄곧 장벽이 많았다. 본래 피차 침해하는 일이 때로 있었지만, 토비는 발생하기 어려웠고 더욱이 넓은 지역에서 횡행하기는 불가능했다. 근대국가에 이르러 호구제도가 엄밀해지고 경찰체계가 전국을 포괄하게 되었다. 절도와 폭력을 완전히 근절하기는 어려웠지만 산림에 모여 [도적떼를 형성하는 일은] 있을 수 없었으니, 어찌 동서로 횡행하는 유구가 가능하겠는가? 도적이 되어 흘러 다니는 것은 자기 마음대로 돌아다니는 것이라 생각할 수 있다. 이는 과거의 중국사회처럼 광대한 지역에 무수한 사람들이 흩어져 사는 경우에나 있을 수 있는 일이다. 경계 안이 툭 트여 서로 통해 있어서 실로 봉건과는 전혀 달랐지만, 근대국가와 매우 유사하면서도 또한 근대국가의 조직이 결핍되어 있었기 때문이다.

---

26) 유구(流寇)는 무리지어 떠돌아다니는 토비 · 강도를 가리키며, 유적(流賊)이라고도 한다. 특히 명나라 말기의 유구를 가리키기도 하는데, 명말의 고영상(高迎祥) · 이자성(李自成) · 장헌충(張獻忠)을 중국 역사상 유구의 최고봉으로 꼽는다. —옮긴이

종합해서 말하면, 사회모순(착취 및 통치)이 과거 중국사회에도 없을 수 없었지만, 집중된 것을 분산시키고 정(情)으로써 세(勢)를 대체하여 그것이 상당히 해소되고 완화되었다. 그 질서가 최후에는 역시 국가법률에 의지하지 않을 수 없었지만, 국가가 사회에 융해되고 법률이 예속에 포섭되어 사회질서의 유지가 참으로 사회와 개인의 자력에 달려 있고 강제력에 의지하지 않았다. 그러나 앞에서 말한 바 도덕으로 종교를 대체한다는 측면이 없었다면 예속으로 법률을 대체한다는 이와 같은 측면도 도출될 수 없었을 것이다. 근본관건은 여전히 전자에 있다. 전자에 관해서는 제6장에서 이미 기술했으므로, 여기서는 그것을 다시 언급하는 것으로 족할 것이다.

다음에 열거한 핵심적인 구절들을 보자.

> "종교는 최초에는 일종의 외재적인 힘을 비는 것이라 할 수 있는데, 이 외재적인 힘은 실제로는 바로 자기 자신이다."
>
> "의뢰감이 바로 종교의 근원이다."(자연에 대한 의뢰는 바로 외면에 대한 의뢰이다.)
>
> "종교신앙 안에 있는 모든 대상의 위대함 · 숭고함 · 영원성 · 진실함 · 미선(美善) · 순결함은 원래 인간 자신이 갖추고 있는 덕인데, 스스로 충분히 믿지 못할 뿐이다."
>
> "공자에게는 일종의 정신이 있는데, 그것은 종교에는 있을 수 없는 것이다. 그것은 바로 사람들에게 다 이성이 있음을 믿는 것이며 인류 자신을 완전히 신뢰하는 것이다."
>
> "유가는 사람들에게 무슨 교조를 제공하지 않는다. 그런 것이 있다면, 바로 사람들로 하여금 반성하고 스스로 구하게 하는 가르침일 뿐이다. 인류 자신의 이성을 신뢰하는 외에 달리 다른 것을 신뢰하지 않는다."

"맹자는 결국 의(義)가 내면에 있고 외면에 있지 않음을 쟁변하려 했다. 그가 보기에 외면적 기준을 따르려고 노력하는 것은 의를 약탈하여 빼앗는 것일 따름이고, 단지 인의(仁義)를 행하는 것이지 인의에 말미암아 행하는 것이 아니다." (이상은 모두 제6장의 기술이다.)

결국 도덕과 종교의 구별은 바로 자신과 타인, 내면과 외면의 구별에서 벗어나지 않는다. 앞에서 예로 든 바와 같이 감숙지방에서 회족이 한족에 비해 아편의 피해를 면할 수 있었던 것은 그 규율조목이 구체적으로 나열되어 있어서 따르고 지키기 쉽고 교회가 또한 조직력으로 감독하고 협박하여 지키게 한 것이다. 한족에게는 규율조목이 없고 더욱이 교회조직도 없어서, 공자를 존경하기는 하지만 실로 각자가 자기 편한 대로 행한다. 사회질서가 전자에서는 강제에 편중되고 후자에서는 자율을 중시한다. 당연히 회족의 사회질서 유지에도 도덕의 성분이 적지 않지만, 대체로 결국 도덕이 종교에 포섭된다. 동시에 한족의 사회질서 유지에도 종교 · 미신이 힘을 발휘하지만 단지 개개인의 관념 속에 산재되어 자율에 일조할 따름이다. 우리가 "도덕으로 종교를 대체했다."라고 말하는 것은 또한 개인으로 조직을 대체했다고 말하려는 것이다.

"종교는 본래 하나의 방법이지만 도덕은 그렇지 않다." (제6장을 보라.) 도덕으로 직접 종교를 대체하면 안 되고 반드시 예를 거쳐야 한다. (예악 · 읍양 · 윤리명분을 포괄해야 한다.) 이 예는 일반 종교의 예와 표면적으로는 유사한 점이 없지 않지만 근본 취지는 다르다. 종교의 예는 그 신앙을 보완하는 것이지만, 이 예는 이성을 계발하고 도덕을 실현하려는 것이다. 예악읍양이 본래 이성을 계발하려는 것이지만, 윤리명분 또한 이성을 계발하려는 것이다. 요점은 두루 만물과 한 몸이라고 느끼는 인류의 감정에 근거하여 상대를 벗어나서는 나의 생명이 존재할 수 없으므로, 도처에서 스스로 의무를 부과한다. 한 푼의 의무를 다하면 한 푼의 생명을 표현하는 것이고, 한 푼의 생명의 표현은 바로 한 푼의 도덕이다. 도덕이 통속화되어 풍속에 드러나면 예속이 형성된다. 예속과 도덕, 도덕과 예속이 서로 순환하지만, 법률로 발전하지는 않는다. 그것이 어떻게 법률로 발전할 수 있는가? 법률은 혹은 다른 사람에게 의무를 부과하거나 혹은 다른 사람에 대해 의무를 지는 것으로, 결국 의무가 밖으로부터 온다. 그러나 도덕의 경우는 모든 것이 다 자기 자신의 자신에 대한 일이며 일체가 다 외면이 아니라 내면의 일이다. 예속은 도덕으로써 사람들을 권면하고, 법률은 사람들에게 도덕을 책려하지 않는다. 도덕으로써 사람들을 책려하는 것은 법률 밖의 일에 속한다. 사로 다른 맥락이 이와 같다. 법률은 대개 종교를 이어서 존재하여 조직으로써 개인을 구속하며 외면으로부터 내면에 이른다. 법률과 종교는 맥락이 같은 것이다.

얼핏 들으면 종교에 의지하지 않고 도덕에 의지하며 법률에 의지하지 않고 예속에 의지하며 강제력에 의지하지 않고 자율(혹은 이성)에 의지하게 된다는 것은 매우 고상한 방식이고 매우 어려운 일인 것 같다. 그러나 실로 그 사회구조를 안다면 그것이 참으로 자연스럽고 평범하다는 것을 알게 될 것이다. 왜냐하면 거기서 필요로 하는 것은 효제근검(孝弟勤儉) 넉 자일 뿐이고, 오직 이 넉 자 안에 모든 것이 들어 있기 때문이다. 효제하면 이 윤리사회에서 부족함이 없고, 근검하면 이 직업사회에서 부족함이 없게 된다. 도덕을 말하면 다만 이것을 가리키고, 예속을 말하면 바로 이것에서 벗어나지 않는다. 그리고 이 넉 자는 타인을 이롭게 하면서 자신을 이롭게 하는 것이고, 또한 쉽게 알아서 쉽게 행할 수 있는 것이다. 즉 인류의 이성이 원래 그 뿌리로서 존재한다고 하지 않는다면, 시험삼아 물어보건대 이런 사회구조가 형성되고 개인이 그 속에서 처신할 때 자연적으로 오직 효제에 스스로 힘쓰고 근검에 스스로 힘쓰지 않을 수 있겠는가? 이는 바로 실제의 필연적인 추세이다. 사회질서가 여기서는 저절로 유지되니, 이 얼마나 신기한 일인가! 30년 전에 일찍이 천두슈[27] 선생의 글에서 다음과 같은 구절을 본 적이 있다.

> "세상에서 더러 중국인은 지상에서 안식하고 인도인은 열반에서 안식하며 …… 서양의 여러 민족들은 호전적이어서 싸움을 좋아하며 …… 구라파의 전체 문명사가 피로 쓰지 않은 글자가 하나도 없다고들 한다."(『新青年』 1권 4호, 「東西民族根本之差異」)

당시에는 깊이 이해하지 못했다. 오늘 보니까 저 '지상에서 안식한다'는 확실히 그럴듯한 말을 한 것이 우연히 들어맞았으며 또한 실제 사실을 족히 본 것이라는 것을 식견있는 사람이면 다 알 수 있을 것이다. 이는 외국 학자의 말이라 여겨지는데, 다만 누구에게서 나온 말인지는 알지 못하겠다.

---

27) 천두슈(陳獨秀, 1879-1942)는 근대 중국의 사상가 · 혁명가이다. 일본과 프랑스에 유학하고 돌아와, 1916년 잡지 『新青年』을 발간하면서 베이징대학 문과대학장으로 후스(胡適)와 함께 문학혁명을 주창하고 유교를 비판하여 신문화운동의 주역이 되었다. 1921년 중국공산당이 창당되자 중앙서기에 피선되어 제5차 전국대표대회까지 당 중앙총서기직을 연임했다. 1927년 국공합작이 깨지자 코민테른이 합작실패의 책임을 물어 총서기직에서 축출했다. 1929년 당적을 박탈당하자 중국혁명 지도상에서 코민테른의 오류와 당시 당 중앙의 오류를 규탄하여 트로츠키파로 지탄받았다. 1933년 상하이에서 당 조직을 획책하다 체포 · 구금되었다. 1939년 출옥했다. 만년에 영미식 민주주의를 찬양하고 공산주의에 반대했다. 저서로 『小學識字教本』, 『獨秀文存』, 『陳獨秀著作選』, 『陳獨秀著作選編』 등이 있다. 옥중에서는 『荀子韻表及考釋』, 『老子考略』, 『中國古代語音有複聲母說』, 『古音陰陽入互用例表』, 『連語類編』, 『屈宋韻表及考釋』, 『幹支爲字母說』 등 음운훈고학 방면의 저술을 다수 했다. ―옮긴이

4. 중국문명에서 사인의 작용

과거 중국에서 사회질서의 유지는 강제를 빌지 않고 오히려 자력에 의지했음은 상술한 바와 같다. 그러나 강제를 비록 적게 사용했지만 교화가 적지 않았다. 본래 중국 정부는 정치에 소극적이고 교화에 적극적이어서 강제가 적게 사용되고, 대개 무력을 사용할 주체인 계급이 결여되어 교화가 필요했으므로, 이성이 계발되고 예속이 배양되어 자력을 끌어들이게 된 것이다. 이는 바로 사인(士人)의 일이다. 사인이 사민(四民)의 맨 윗자리로서 사회에서 특별히 존경을 받은 것은 바로 그가 '책을 읽고 이치를 밝혀' 교화를 담당하고 대중에게 모범이 되기 때문이다. 그가 있음으로써 사회질서가 비로소 살아서 효능을 발휘한다. 그런 연후에 농인 · 공인 · 상인 같은 이들이 비로소 자신의 거처를 편안하게 여기고 자신의 직업에 만족할 수 있다. 그는 생산에 종사하지 않지만 사회에는 오히려 절대적인 기능을 수행한다. 도덕 · 예속 · 교화가 서로 순환하면서 영향을 미친다. 삼자 사이에 일정한 선후의 순서가 없지만, 그들 사이를 꿰뚫고 있는 것이 바로 이성이다. 이성은 넓게 말하면 사람들의 사유작용이고, 좁은 의미로는 마음에 존재하는 정의(情義)를 가리킨다. (제7장에 상세하다.) 도덕의 자각 · 자율은 사유작용을 벗어나서는 불가능하고, 정의의 감정이 없으면 생동감 있고 유력할 수 없다. 예속이 이미 형성되어도 보통 사람들이 반드시 어느 정도 자각하는 것은 아니지만, 또한 은연중에 그 위력을 발휘하여 보통 사람들의 경우 자율이라 말하기는 어려울 것 같다. 그러나 그것이 형성된 연유를 논하자면 본래 사회대중이 함께 깨닫고 함께 믿는 바가 있어야 하는데, 그것이 바로 이성이다. 그리고 그것은 일반적으로 종교에 수반하는 예속과는 달리 원래 공자학파에 의해 계발되었다. (제6장을 보라.) 교화가 이성의 계발에 달려 있음은 말할 나위가 없다. 통치자들의 주장이 순전히 이성을 계발하기 위한 것은 아니고 다른 속셈이 있음은 피할 수 없다. 사인이 자각적 혹은 무작각적으로 그에 이용당하는 면도 있다. 그러나 중국 사인이 서양의 성직자와 다른 점은 교회 · 교구와 같은 조직체계가 없고 또한 교당과 같은 선교기관이 없으며 더욱이 종교에서와 같은 통상적인 정기적 집회가 없는 점 등등이다. 그들은 민간에 흩어져 단지 각자 계기에 따라 배운 바를 발휘할 뿐이다. 이는 통제하고 이용하기 어렵다.

반대로 우리는 전통사상에서 통치자가 장악한 권력을 사인이 대표하는 이성에 따르게 하려는 것을 볼 수 있다. 참으로 사실상 완전히 그렇게 할 수는 없었지만, 권력이 이성을 독점할 수는 없었다. 과거에 사인이 사회에서 존경받고 스승이 된 것(이성을 대표하고 교화를 시행하는 직분을 실행하는 것)은 더욱이 더 이상 높을 수 없는 것이었다. 『예기』에 "군주가 신하 중에 신하로 삼을 수 없는 자가 둘이다. 제사에서 시동을 맡는 사람은 신하로 삼지 않는다. 스승으로 삼은 사람은 신하로 삼지 않는다."[28] 본래 문무백관이 다 북면하고 군주에게 조알하고 군주는 남면하여 왕노릇 한다. 그러나 군주가 스승을 만날 때는 북면하고 스승을 모셔야 하며 스승이 남면한다. 서양 중세처럼 상제를 대두시켜 왕권을 누를 필요가 없다. 여기서는 "스승이 엄존한 이후에 도가 존중받는"[29] 것이므로 이성이 권세에 굴할 수 없음이 분명하다.—요는 자기 자신을 위해 필요한 것이지 다른 사람들을 위한 것이 아니다. 이는 다음과 같이 도표화할 수 있다.

---

28) 원문은 "君之所不臣於其臣者二. 當其爲尸則弗臣也, 當其爲師則弗臣也."로, 『禮記』「學記」에 나온다. —옮긴이

29) 원문은 "師嚴而後道尊"인데, 『禮記』에서 유래한다. "凡學之道, 嚴師爲難. 師嚴然後道尊, 道尊然後民知敬學."(「學記」) —옮긴이

군주(君主)
사(師) (士人)
중인(衆人) (사인도 포함된다)

중국의 원래 이상에 따르면, 군주가 바로 스승이다. 그래서 "군주를 세우고 스승을 세운다."[30], "스승이 될 수 있은 연후에 우두머리가 될 수 있고, 우두머리가 될 수 있은 연후에 군주가 될 수 있다."고 한다. 정치는 바로 바름이고 "정치란 바름이다."[31], "군주 자신이 바르면 명령하지 않아도 행해진다."[32] 다시 정교합일을 말할 필요가 없다. 그러나 현실은 이상과 같기 어려워서 군주와 스승이 반드시 일치하지는 않으므로, 권세가 이성을 압도하지 않도록 싸워야 한다. 이에 인간의 작위[人爵]와 하늘의 작위[天爵]에 대한 논의가 있고[33](『맹자』를 보라), 사(士)가 귀한가 왕이 귀한가에 관한 논변이 있으며(『전국책』를 보라), 사인의 희망은 "군주의 스승[王者師]"이 되는 것이다.

역사적 사실에 비춰보면, 사회질서가 최후에는 여전히 왕권에 의지하지 않을 수 없으므로 불가피하게 군주가 가장 높이 위치한다. 여기서 사인은 단지 군주와 민중 사이에서 조절하고 완충하는 역할을 한다. 마치 다음의 도표와 같다.

30) 원문은 "作之君, 作之師"로, 『書經』「周書 · 泰誓」에 나온다. 『書經』에는 "天佑下民, 作之君, 作之師."로 되어 있는데, 하늘이 인민을 애호하여 군주를 세워 인민을 안정시키고 스승을 세워 인민을 가르친다는 의미이다. —옮긴이

31) 원문은 "政者, 正也."로, 『論語』에 나온다. "政者正也. 子帥以正, 孰敢不正?"(「顔淵」) —옮긴이

32) 원문은 "其身正, 不令而行"으로, 『論語』「子路」에 나온다. —옮긴이

33) "有天爵者, 有人爵者. 仁義忠信 樂善不倦, 此天爵也. 公卿大夫, 此人爵也. 古之人, 脩其天爵而人爵從之. 今之人, 脩其天爵, 以要人爵. 既得人爵, 而棄其天爵, 則或之甚者也, 終亦必亡而已矣."(『孟子』「告子上」) —옮긴이

군주 ← 사인 → 민중

권력이 이성에 따라 행해지지 않으면 사회에 문제가 없을 수 없다. 피차 힘으로 대하게 되면 참극이 발생하기 쉽고 모두가 화를 입는다. 이때에는 오직 사람들의 이성을 환기시켜—좁은 의미에서 넓은 의미로—각 방면에서 스스로 절제하게 해야 한다. 누가 환기시키는가? 바로 사인이 중간에서 그 일을 한다. 이성이 점차 계발된 중국인에게 이성이 가장 높은 위치에서 권력을 지도하는 국면이 아직 나타나지 않은 때에는 단지 이런 상황에 도달할 수 있을 뿐이다. 군주의 권력이 가장 높지만, 민중과 직접 대면하지 않는 것이 가장 좋다. 대개 사실상 군주가 권력을 사용하면 할수록 스스로 더욱 불안정하게 된다. 실로 온정을 베풀고 교화를 일으켜 사람들에게 이성을 보여주는 것만 못하다. 민중의 입장에서는 대체로 원래 권력을 필요로 하지 않으며 단지 인민을 소요케 하지 않기를 바랄 뿐이지만, 오히려 또한 각자로 하여금 효제하고 근검하여 문제가 생겨나지 않은 후에야 권력의 간섭에 의한 소요를 막을 수 있다. 그래서 사인이 그 사이에서 쌍방에 대해 역할을 수행한다. 군주에 대해서는, 항상 경계시키고 규제하고 간언하여 스스로를 단속해서 권력을 적게 행사하고 인민을 긍휼히 여길 줄 알게 하려고 한다. 민중에 대해서는, 항상 그들을 가르쳐 군주에 충성하고 어른을 공경하며 정의를 두텁게 하여 각자 본분에 편안히 여기도록 한다. 요컨대 결국 윤리의 위대한 도리를 제시하여 쌍방에게 이성을 환기시켜 마땅히 다해야 할 의무를 수행하도록 하고, 동시에 쌍방으로 하여금 각자 자신에게 가장 적합하고 가장 타당한 길로 나아가도록 한다! 이와 같이 하여 각자의 요구에 부응하고 피차간에 충돌을 피하도록 한다. 그렇지 않으면 군주가 위세를 부리고 백성들은 참으로 견딜 수 없어서, 백성들이 죽창을 들고 일어나면 군주 또한 자신의 지위를 보장할 수 없게 된다.

사인이 바로 이 쌍방에게 부단히 작용하여 전체 국면을 안정시키는 것이다. 결국 이성이 어디까지 계발되었느냐 하는 것은 말하지 않겠지만, 피차 소극적으로 인내하고 향내적으로 노력하는 것이 거의 중국인의 제2의 천성이 되었다. 몽테스키외는 "중국인은 기가 부드럽고 의지가 약하다."라고 했는데, 참으로 틀리지 않다. 식견이 천박한 이들은 그것이 전제적 제왕이 압제를 시행한 결과라고 오해한다. 사실 압박은 반드시 저항을 불러일으켜 오히려 그런 결과를 낳을 수 없다는 필연적인 자연법칙을 그들은 모르는 것이다.

5. 통치의 원리와 치세

이와 같은 사회구조가 형성되자 그 형세는 참으로 위에서 인용한 바 "천자로부터 서인에 이르기까지 하나같이 다 수신을 근본으로 삼는다."라는 고어와 같았다. 사인은 단지 형세상의 필요에 따라 각자에게 지적하고 일깨워주었을 뿐이다. 천자는 과연 이 요구에 부응해야 스스로 왕조의 운명을 유지할 수 있는 도리를 성실하게 다할 수 있고, 사농공상의 사민도 각기 윤리상 자신의 도리를 다하고 각자의 직업에서 스스로 앞날을 개척해나갈 수 있다. 이는 확실히 어느 누구도 다른 누구에게 장애가 되지 않는 일이며, 서로 배합되어 사회구조가 그 신묘한 작용을 발휘하게 하여 모든 관계가 좋아져서 치세(治世)를 이루게 된다. 이 치세는 중세사회에서 근대사회에 이르기까지의 서양에 비할 수 없이 관대하고 자유롭고 안정되고 행복하다. 반대로 천자가 이 요구에 부응하여 자신의 도리를 다하지 못하고 사민도 그것을 다하지 못하면, 천자가 바로 서인의 장애가 되고 서인도 천자의 장애가 되며 각 방면이 서로 장애가 된다. 이에 사회구조가 그 신묘한 작용을 잃고 관계가 파열되어 난세를 이루게 된다. 이 난세는 온갖 박해가 나오고 소요가 어지럽게 일어나, 계급혁명이 일정한 요구와 방향성이 있는 것과 달라서 확연하게 구분된다. 치세와 난세는 중국의 오래된 용어로서 중국 역사에 적절하게 사용될 수 있다. 그러나 서양의 역사에는 분명히 적절하지 않다. 이 장과 앞의 몇 장에서 말한 것처럼 사회구조와 사회질서(특히 사회질서가 저절로 유지된다는 것과 같은)는 바로 그 통치의 원리[治道]와 치세(治世)의 모습을 말한 것이다. 난세와 난세에 이르는 이유에 대해서는 뒤에서 논할 것이다. 치세와 난세는 단지 상대적이어서 확연하게 나누기 어렵다. 그러나 통치의 원리는 분명하게 그 작용을 드러내어 치세를 형성하며, 혹 통치의 원리가 쇠퇴하면 난세로 들어가는데, 일진일퇴하는 사이를 식견있는 사람들은 분명하게 관찰하지 않은 적이 없었다.

이른바 통치의 원리[治道]란 무엇을 가리키는가? 넓게 말하면 바로 이 전체 사회구조(특수한 정치제도를 포함하여) 및 그것이 유지되고 운용되게 하는 모든 것을 가리킨다. 간단히 핵심을 말하면, "수신을 근본으로 삼는다."라는 한마디로 다할 수 있을 것이다. 그리고 그 근본을 말하자면, 인류의 이성에 있다. 왜냐하면 이 모든 것은 당초에 이성이 조금 계발되어 도처에서 사실의 제약을 받는 가운데 애써 발전시킨 형식과 원리를 다시 이성이 수시로 충실하게 해야 비로소 생명을 갖기 되기 때문이다. 나아가, 우리는 곧장 이 통치의 원리가 바로 공자의 도라고 말해도 무방하다. 그것이 과거에 뚜렷하게 기능을 발휘하여 치세를 이루게 된 것은 모두 공자의 무리—사인—가 그 사이에서 노력한 결과가 아닌가?

따져보면, 구체적인 예속제도는 한 시대 한 지역의 산물로서 강한 시대성과 지역성을 갖고 있다. 그래서 공자가 알지 못하던 후세의 산물을 곧장 공자에게 귀속시킬 수는 없는 듯하다. 하물며 지난 2천여 년 동안의 국면은 진(秦)나라에서 생겨났고, 봉건을 파괴하고 새로운 국면을 연 것은 전국시대의 공리주의자 · 법가의 소산이지 유가가 아니지 않은가? 반대로 유가 왕도사상의 느슨한 기풍은 상앙의 변법으로부터 진나라가 천하를 통일하기까지 원래 폐기된 것이었다. 그러나 진나라의 명운이 짧았던 이유가 바로 여기에 있음을 알아야 한다. 대중이 진나라를 저주하는 상황에서 한나라가 일어났고, 한나라가 일어나 진나라의 병폐를 거울삼아 고칠 때 황로(黃老)의 청정과 유술(儒術)의 돈후에 의지해서 통치하지 않을 수 없었다. 당시의 사조와 기풍은 또한 전국시대의 경향을 뒤집어서 나온 것이다. 한무제가 유가만을 존숭하고 다른 학파들을 모두 배척한 것은 단지 그것을 명확하게 한 것일 뿐이다. 유학은 한나라 이후 최고의 지위를 차지하여 중국사상의 정통이 되었고, 한 왕조의 운명도 그것에 의지하여 진나라와는 달리 오래 지속되었다. 그러므로 대일통의 국면을 연 것은 유가가 아니지만, 이 대일통의 국면을 안정시킨 것은 유가이다. 상황이 유가로부터 나온 것은 아니지만, 오히려 유가에 의지해서 효과를 거두었다. 이후 2천 년 동안 유자와 유학을 버리고는 통치할 수 없었다.[34] 샤쩡유[35] 선생은 『중국고대사』에서 이렇게 말했다. "공자가

34) 이 점에 관해서는 陳顧遠의 『중국법제사』를 참고할 만하다. (1) 그 책 54쪽에서는 유가사상이 중국을 지배하고 수천 년 동안 통치의 원리가 되어 결국 예외가 없었다고 주장한다. 중국의 법제도 당연히 유가를 통해 형성되었다. 중국의 법률계통이 독특한 것은 유가사상이 세계의 학술에서 특별히 풍성한 의미를 지니고 있기 때문이다. (2) 29쪽에서는 중국 법제가 네 번에 걸쳐 가장 큰 변동을 겪었다고 한다. 진나라의 상앙, 한나라의 왕망, 송나라의 왕안석, 청나라의 강유위 등이 그것이다. 그러나 법은 변했지만 그 사이에 성패를 가름하는 중심세력(유가)은 변한 적이 없었다고 한다.

35) 샤쩡유(夏曾佑, 1863-1924)는 근대 중국의 역사학자이자 시인이다. 今文經學과 佛學에 대해 깊이 연구하고, 乾嘉 시기의 考據學과 詩文에 대해 상당한 조예가 있었으

바로 중국 정치와 교화의 근원이고, 중국 역사는 공자 한 사람의 역사일 뿐이다." 아마도 지나친 말이겠지만, 그래도 편의대로 함부로 한 말은 아니다.

사실은 당연히 그처럼 간단하지 않다. 누군가 이렇게 힐난했다. 한나라 초기의 법제는 모두 진나라에서 연유하는 것이고 사상적 기풍은 또 황로(黃老)에서 취했는데, 어찌 유가 하나로 뒤덮어버리는가? 2천여 년의 역사에서 세세히 셀 필요는 없겠지만, 결국 유가 · 도가 · 법가(심지어 불가를 더해야 할 것이다)가 뒤섞여 병존한다고 말하는 것이 사실에 부합할 것이다. 그 사이에 원래 하나의 큰 모순이 있음을 알아야 한다. 즉 유가는 사상으로 나아가고 법가는 현실에 의거했다는 점이다. 이상적으로는 사람과 사람 사이에 힘에 의지하지 않고 오직 도리에 의거하는 것이 가장 좋다. 결국에는 그런 날이 있을 수도 있다. 그러나 이상에 도달하기 전에는 결국 힘이 모든 것을 결정할 수밖에 없다. 이것이 현실이다. 유가는 결국 인류의 이성을 환기시키려 한다. 그래서 중국사회는 윤리로 나아가고 집단에서는 멀어져, 힘을 버리고 도리를 사용하는 것이 가능한 듯했다. 이에 유가는 더욱 그 이상을 버리려 하지 않았다. 그러나 현실에서는 본래 힘을 폐기할 수 없고 더욱이 사용하면 가장 효과가 있다. 법가는 이것을 간파하여 일련의 주장을 제기한 것이다. 단지 힘으로 각축하던 전국시대만이 아니라 그것이 가장 적합한 시기는 천하가 통일된 이후였다. 중국이 비록 일반적인 국가와 다르기는 하지만, 그래도 법령과 형벌이 필요했다. 이천 년 동안 유가와 법가가 서로 보완해온 것은 당연한 일이다. 도가의 경우에는 또 그 사이에서 일종의 완화와 조절 작용을 했

며, 외국의 역사지리와 자연에 대해서도 관심이 있었다. 1897년 옌푸(嚴復)와 함께 『國聞報』를 창간하여 新學을 선전하고 變法을 주장했다. 중국 고대사 연구에 힘써서 『最新中國學』·『中國古代史』 등을 저술했다. —옮긴이

다. 단순한 도가, 단순한 법가, 심지어 단순한 유가는 단지 사상적으로 확인할 수 있을 뿐 실제 정치에서는 모두 존재하지 않았다. 역사를 살펴보면, 그들은 대부분 하나가 팽창하면 하나는 위축되고 하나가 주도하면 하나는 부차적이 되어 끊임없이 역할을 바꾸었다. 그러나 그 와중에서 유가가 근본적인 지위를 차지하여 나머지 둘을 섭취했다. 실제 정치에서만 그러할 뿐 아니라 정치사상에서도 그러했다. 이는 다름 아니라 당시 중국이 이미 국가를 사회에 융해시키고 반드시 법률을 예속에 포섭했기 때문이다. 지난 2천 년 동안 유가의 지위는 전적으로 이 사회구조와 사회질서가 점차 형성된 때에 결정된 것이지, 한나라 유자들이 쟁취할 수 있는 것이 아니고 더욱이 어떤 한 사람의 황제가 주장하여 확정할 수 있는 것이 아니다.

이제 우리는 다음과 같은 질문에 대답할 수 있다. 왜 서양은 중세에 기독교가 세상을 지배한 후 근대에 민족국가가 출현하고, 중국은 결국 2천여 년 동안 한결같이 천하와 국가 사이에 있었는가? 이 문제가 제기된 것은 최근의 일이다. 문제를 제기하는 사람은 민족국가를 진보적인 것으로 보고 중국이 일반적인 국가를 이루지 못한 것을 안타까워하면서 언제 하나의 국가를 이룰 수 있을지 묻는다. 우리는 도대체 무엇이 진보인지에 대해서는 고찰할 여유가 없다. 중국과 서양을 한번 대조해보자.

(1) 서구(유럽의 절반 이상)는 중세에 기독교와 라틴문자에 의지해서 문화가 통일된 대단위를 형성하여, 중국이 한나라 이후 공자의 윤리교화와 중국 문자에 의해 통일된 것과 상당히 유사하다.

(2) 중국인은 의식(意識) 면에서 천하가 있는 것만 알고 국가가 있는 것은 모르는 듯하다. 서양인은 문화가 통일된 대단위 내에서 흡사 우리와 똑같은 듯하다. 근대국가와 같은 정치적 통일과 근대인의 국가관념이 아직 형성되지 않았을 때, 당시 각각의 봉건적 정치단위는 원래 문화

적으로 통일된 대단위에 갇혀 있었다.

(3) 당시 기독교 교회는 위로 로마교황청에서 아래로 각 교구에 이르기까지 항상 정치단위의 일에 관여했을 뿐만 아니라 그들 자신이 하나의 큰 조직체계를 구성하여 마치 일종의 통치조직과 같았다. 그래서 통일은 문화적인 것이었지만, 단지 문화에 그치지 않았다. 중국은 한편으로 문화적으로 통일된 대단위였을 때 다른 한편으로는 또한 항상 정치적으로 통일된 대단위였다. 즉 천하가 곧 국가였던 것이다.

(4) 그러나 기독교의 문화적 통일은 결국 분열되고 근대 서양의 민족국가가 출현했다. 이에 국가관념이 천하관념을 대체하여 생겨났다. 사람들은 더 이상 문화에 의해 통일되지 않고 각자 정치적 통일을 추구했다. 중국에서는 이와 달랐다. 중국의 문화적 통일은 시종 문제가 생기지 않았고, 이 때문에 천하관념도 시종 바뀌지 않았다. 정치적으로는 때로 분열에 빠지는 경우가 있었지만, 그것은 결국 비정상적인 것이었다. 서양에서 "각자 정치적 통일을 추구하는" 것과 같은 일을 없었다.

이제 다음과 같이 물어야 한다. 왜 서양에서 기독교의 문화적 통일은 분열을 면하지 못했는데 중국의 문화적 통일은 2천 년 동안 한결같았는가? 그 이유는 요약하면 다섯 가지이다.

(1) 고대 종교는 모두 신화 · 미신 · 독단 · 고집을 면치 못하는데, 기독교에는 그것이 모두 있다. 사람의 지식은 날로 진보하고 두뇌가 날로 명석해지면, 그 신앙은 저절로 동요되고 와해될 수밖에 없다. 유가는 본래 종교가 아니고 완전히 인류 자신을 신뢰하며 이성의 계발에 힘쓰므로, 그런 문제가 없는 것이 당연하다.

(2) 중세 이전에 기독교는 출세(出世)의 경향이 특히 두드러졌다. 일단 사람들이 금욕사상에서 현세의 행복을 추구하는 근대의 인생으로 전환하자, 어떻게 변동과 분열이 발생하지 않을 수 있겠는가? 그러나 공자는

처음부터 현세의 인생에 진지하기를 가르쳤으므로, 또한 그런 문제가 없었다.

(3) 유가는 본래 종교가 아니어서 이른바 입교라는 것이 없었고 또한 교회 조직기구가 없었으며 그 통일이 형식에 있지 않았다. 기독교는 그와 반대다. 기독교는 조직이 있으므로 분열될 수 있었고, 형식이 있으므로 파괴될 수 있었다. 그러나 이 구속이 없고 형식이 없는 것은 분열될 수 없고 파괴될 수 없었다.

(4) 서양의 종교혁명을 야기한 것은 사실 교회와 교황청의 부패와 타락이었다. 사실상 이 점의 영향이 가장 커서, 만일 이 점이 없었다면 앞의 세 가지 문제는 나타나지 않았을 것이다. 그러나 중국에서는 이런 문제가 발생하지 않았다.

(5) 당시 라틴문자는 완전히 기독교 교회에 의지해서 통용되었고, 그것이 문화적 통일을 이루는 데 일조했다. 그러나 단지 상층부에서만 통용되었고 일반인들에게는 익숙하지 않고 실제적이지도 않았다. 종교혁명에 이르러 현세의 인생을 긍정하고 사람들의 관심사와 태도가 변하자 그에 따라 각종 언어와 문학이 대두되었다. 민족적 자각이 이로부터 발생했고, 민족감정이 이로 인해 농후해졌다. 정신을 유지하는 중심이 더 이상 출세의 종교가 아니게 되고, 민족국가로 전이되었다. 라틴문자도 그에 따라 퇴조했다. 이 시기에 이르러 문화적으로 통일된 대단위는 정치적으로 통일된 많은 소단위로 분열되었다. 그러나 중국은 "서책은 문자를 같이하고, 수레는 바퀴를 같이하며, 행동은 윤리를 같이한다."[36]라고 한 이래로 전국의 문자가 시종 통일되어 있었다. 대개 중국 문자는 형체부호를 위주로 하여 발음으로 이루어지는 것이 아니다. 각 지방의 발

36) 원문은 "書同文, 車同軌, 行同倫."으로, 『中庸』에 나온다. —옮긴이

음이 달라도 문자의 통일에 장애가 되지 않는다. 고금의 글자체와 음운에 약간의 변화가 있었지만 차이가 크지 않다. 그 결과 문자의 통일이 갈수록 확대되고(인접국가의 외족들도 중국문자를 사용하게 되었다) 갈수록 심화되었다(문학 정취, 역사 기억, 예속습관이 모두 더욱 깊이 물들게 되었다). 분열 문제가 발생한 적이 없을 뿐만 아니라 아마 영원히 발생할 수 없을 것이다.

오늘날 몽골과 티베트 및 일부 한족화되지 않는 회족이 중국이라는 정치적 대단위에 들어오지 않고 아직 문화적 대단위에 융합되지 않은 것을 잠시 논외로 하면, 그 나머지는 일찍이 나뉠 수 없는 하나로 융합되었다. 진나라와 한나라가 이 융합 · 통일의 최초 결과이고, 선진과 전국시대는 바로 융합을 위해 힘쓰는 시기이다. 중국이라는 문화적으로 통일된 대단위는 원래 각각의 정치적으로 통일된 소단위가 나타난 이후에 출현했고, 원래 분열에서 통합으로 나아간 것이다. 즉 중국의 전국칠웅은 서양 근대국가의 열강에 해당한다. 유의할 점은, 우리는 분열에서 통합으로 나아갔고 저들은 통합에서 분열로 나아갔다는 사실이다. 우리는 정치로부터 문화로 나아갔고, 저들은 문화로부터 정치로 나아갔다. 우리는 국가로부터 천하로 나아갔고, 저들은 천하로부터 국가로 전환했다.

이렇게 상반되는 것은 바로 원래부터 대단히 다르기 때문이다. 서로 다른 근본적인 점은 바로 공자의 윤리와 기독교의 차이이다. 양자가 서로 비교되는 이유는 대개 인간사회에 대하여 똑같이 인생의 가치판단을 지도하는 기능을 갖고 있으며 각기 한 문화의 중심에 위치하면서 주도적이기 때문이다. 또한 똑같이 이상을 표방하고 세계에 눈을 돌린다(천하관념은 여기에 뿌리를 둔다). 그러나 그들이 본질적으로 다른 점은, 하나는 개인도덕을 지향하고 다른 하나는 집단적 종교를 지향한다는 것이다. 똑같이 사회질서를 조성해내지만, 하나는 내심을 계발하고 다른 하나는 외면에 치우쳐 깊이가 현저하게 다르다. 기독교 세상의 출현은 창세설로부터 시작되어 참으로 얼마나 많은 유혈투쟁을 거쳤는지 모른다. 대개 모든 종교신앙은 하나를 진짜라고 믿으면 그 나머지는 반드시 가짜라고 여긴다. 그래서 "기독교는 자신의 제단을 건립하는 데 만족하지 않고, 반드시 다른 종교의 제단을 훼손하는 데로 나아간다." 그러나 유가가 중국에서 최고의 지위를 차지한 것은 시세의 추이에 따라 서서히 이루어졌고, 가르침을 내거는 것도 담백하게 묘사하는 붓 한 자루에 지나지 않는다. 이를테면 역사서에는 이렇게 기록되어 있다.

> "(한무제) 건원 원년에 승상 (조)관이 상주했다. 추천받은 현량들이 더러 신불해 · 상앙 · 한비 · 소진 · 장의의 주장을 논하여 국정을 어지럽히니 모두 파직하기를 요청합니다. 이에 (황제가) 승낙했다."[37]

이는 단지 조정에서 선비를 취할 때 다시는 제자백가를 등용하지 말자는 것이니, 그리 대단한 일이 아니다. 후세에 마치 종교처럼 변질된 것도 오랜 시간에 걸쳐 서서히 이루어진 것이다. 이와 같이 깊이 물들어서 점차 문화적 통일을 달성하는 일이 다른 어느 지역에 있는가? 또 누가 그것을 분열시킬 수 있는가?

더욱이 서양에서 기독교는 중국의 유가와 매우 다르다. 중국문화는 일원적이어서, 공자가 고인을 조술하여 집대성한 것이다. 서양문화는 연원이 둘이다. 히브리 종교 이외에 그리스 · 로마의 학술 · 법률이 있다. 전자

---

37) 원문은 "建元元年丞相(趙)綰奏: 所擧賢良, 或治申 · 商 · 韓非 · 蘇秦 · 張儀之言, 亂國政, 請皆罷. 奏可."인데, 『漢書』「武帝紀」에 나온다. 『漢書』에는 "建元元年, 詔賢良. 丞相綰奏: 所擧賢良, 或治申 · 商 · 韓非 · 蘇秦 · 張儀之言, 亂國政, 請皆罷. 奏可."로 되어 있다. —옮긴이

가 후자를 포용하고 소화해낼 수 없기 때문에 기독교 세상이 결국 민족 국가로 대체된 것이다. 중세문화가 근대문화로 대체된 것은 사실 기독교 아래에서 억압되었던 그리스 · 로마 정신의 부활이다. 오늘날에 이르러서는 사회질서가 완전히 권리본위의 법률에 의지하여, 기독교와는 아무런 상관이 없다. 국가의식은 고조되고, 천하의식은 그다지 가슴에 담지 않는다. "평화롭지 않으면 멸망할" 인류의 앞날에 직면하여 히브리 정신이 다시 일어날지 여부는 사실 감히 알 수 없다.

장둥쑨 선생은 서양문화가 부단히 진보한 것은 바로 서로 충돌하는 두 근원이 있기 때문이라고 주장한 적이 있다.[38] 나는 깊이 인정한다. 그러나 왜 일원론이 있고 왜 이원론이 있는지 알아야 한다. 만약 역사가 그렇게 만든 것이라고 말한다면 사색이 부족한 것이다. 만약 중국의 고인이 인류생명의 깊은 곳에 대하여 깨달아서 그 근본을 깊이 마련하지 않았다면, 이 광대한 공간과 장구한 시간에 일곱 개, 여덟 개의 근원이 출현했을 것이니, 어찌 마침내 하나의 근원만을 용납하겠는가! 반대로 두 개의 근원이 갈라져 나온 것은 바로 천박한 곳에 기초를 마련하여 두루 통하는 길을 얻지 못했기 때문이다. 또 논자들이 유학이 최고의 지위를 차지한 이후 중국이 마침내 진보의 기제를 상실했다고 비난하는 데 대해, 나도 이의가 없다. 그러나 애초에 종교상에서 용인하지 못하고 사상 면에서 늘 통제로 나아가는 것은 결코 전적으로 인류의 어리석음에서 나온 것이 아님을 알아야 한다. 절반은 사회가 자연히 그러하기를 요구한 것이다. 반드시 인생의 가치판단에서 공통점이 있은 연후에 비로소 사회를 형성하고 함께 생활하게 된다. 대일통의 국면이 출현한 이후 이전에 각 지방에서 스스로 기풍을 이루던 사람들이 서로 다른

38) 張東蓀의 『理性與民主』 12쪽을 보라.

점을 드러내게 된다. 큰 국면의 요구에 부응하기 위해서는 형세상 중심이 없을 수 없다. 동중서는 대책에서 첫째로 "위에서 일통을 유지하지 않으면 아래에서 지킬 줄 모르게 된다.", 둘째 "그런 연후에 기강이 하나로 통일되어 인민들이 다를 바를 알게 된다."라고 했다. 이는 명백하게 그와 같은 요구이다. 세상일은 원래 이쪽을 고려하면 저쪽을 고려할 수 없는 법이다.

중국문화는 주공(周孔)이 씨앗을 심고 진나라와 한나라에 이르러 결실을 거두어 한 번 형성된 뒤에는 거의 변함이 없는 모습이다. 주공이 심은 씨앗은 봉건을 해체하는 씨앗이고, 국가를 사회 안에 융해시키는 씨앗이다. 진나라와 한나라가 거둔 결실은 한편으로 융해하고 융합하는 결실이고, 다른 한편으로는 각종 문제에서 융합하고 통일하는 결실이다. 이른바 한 번 형성된 뒤에는 변함이 없는 모습이란 바로 그로부터 중국이 천하(사회)이자 국가를 겸하는 것이고, 그로부터 유가가 통치원리[治道]의 근본이 되어 법가를 포섭했다는 것이다. 진한 이후의 중국이 비록 정치상의 분열을 면하지는 못했지만, 서양의 각 민족국가처럼 "각기 정치적 통일을 추구하는" 일은 다시는 없게 되었다. 왜냐하면 중국인은 이미 대체로 한 곳에 동화되고 융합되어 각기 구별되는 민족이라 할 만한 것이 없고 더욱이 이 문화에 의해 계급이 윤리에 의해 해소되고 국가가 사회에 매몰되어 사람들이 반드시 통합되려 하고 분열되려 하지 않기 때문이다. 분열되면 힘의 각축이 일어나 국가가 나타나고, 통합되면 정치가 소극적이 되어 국가가 잠복되어 사라진다. 이처럼 민족이 융합되고 문화가 통일된 대사회는, 통합되면 치세가 되고 태평성대가 되며 분열되면 혼란스럽게 된다. 3천 년 동안 우리에게 일관된 정신은 "국가"로 나아가지 않고 "사회"를 향해 나아가는 것이다. 국가로 나아가는 것은 일종의 역전이다. 그러나 국가는 사실 인류역사가 반드시 거쳐야 한다. 이에

2천 년 동안의 국면이 봉건국가와 자본국가 사이에 놓이고 더욱이 사회와 국가 사이에서 배회하게 되었다. 사회조직이 유가에 의해 인도되었는데, 유가가 통치원리의 근본이 된 이유가 여기에 있다. 만약 근 100년 동안 국제경쟁의 소용돌이에 돌입되어 국가를 향해 나아가도록 압박을 받지 않았다면, 우리는 아마도 이전처럼 천하의식을 갖고 예전처럼 2천 년 동안의 통치방식을 따랐을 것이다.

11장

일치일란의 순환과 혁명의 결여

1. 주기적 동란

이와 같은 특수한 구조의 사회에서 개인은 항상 일종의 자기반성의 정신을 필요로 한다. 이를테면 내가 앞에서 언급한 바 향내적으로 힘쓰는 것이 그것인데, 이것은 자기 자신을 위한 것이자 또한 사회를 위한 것이기도 하다. 사회질서는 강제력을 빌어 유지될 수 없다. 대체로 그 형세가 분명하기 때문에 사람들은 각기 여기에 힘쓰고 또한 습관이 되어 자연스러워지는 것이다. (습관이 되지 않으면 사회구조도 형성되지 않는다.) 만약 그래도 부족하면 사인이 모범이 되어 사람들을 지도하고 각성시킨다. 한마디로 말하면, 이것이 바로 이성 및 예속에 의지하여 다스리는 것이다. 중국사회가 두 가지 강대한 권위—종교 · 국가—가운데 어느 하나라도 결여하고 있다면, 이것 이외에 다른 방법이 있겠는가? 태평성대가 되는 이유를 아는 것은 곧 난세가 되는 이유를 아는 것이다. 역대에 걸쳐 큰 동란이 일어난 이유는 결국 "인심이 방자하다"라는 오래된 말에서 벗어나지 않는다. 인심이 방자하다는 것은 상대방을 존중하지 않는다는 것이고 더욱이 자기를 절제하기 어렵다는 것이다. 이것은 모두 세상이 잘 다스러지는 원리[治道]에 배치된다. 이것이 참으로 한 층차이다. 더욱 중요한 점은 인심이 방자하다는 것은 곧 예속이 효력을 상실했다는 것이다. 예속은 실로 이 사회구조와 사회질서가 의지하는 바이다. 예속의 효력은 위로는 도덕적 감성을 일으키는 것이고, 다음으로는 사람들로 하여금 일정 한도 내에서 넘어서지 않게 하는 것이다. 이는 위에서 권력기관이 감독하지 않아도 사회여론이 있어 나중에 제재하는 것이다. 인심이 방자하다는 것은, 작게는 사회제재가 점차 효력을 상실하고, 크게는 사회제재가 이미 사라졌음을 증명하는 것이다.

인심이 방자하면 천하가 장차 혼란해진다. 이는 생각이 있고 경험이 많은 노년배들은 대단이 예민하고 분명하게 느낄 수 있다. 그렇지만 매번 어느 시기에 닥칠 때마다 방자함을 면할 수 없다. 이는 세 측면에서 알 수 있다. 군주의 측면, 민중의 측면, 사인의 측면이 그것이다. 방자함에 빠지는 이유는 아마도 모두 사실상 불가피한 데서 말미암는다.

하나, 군주의 측면. 역대의 창업주는 대부분 민간에서 나와 민간의 고통에 익숙하고 사회의 실정을 잘 안다. 그 자신의 타고난 자질이 이미 대단히 뛰어나 어떻게 스스로 처신하고 어떻게 사람들을 대해야 하는지 분명하게 알아서 자연히 문제가 발생하지 않는다. 몇 대가 지난 후에는 타고난 자질이 점차 평범해지고 또한 깊은 궁궐에서 살고 부녀자의 손에서 자라나 외부와의 관계 문제에서 격리가 생겨난다. 이를테면 심지어 진나라 혜제처럼 흉년에 대해 고하는 자에게 "어찌 고기를 먹지 않느냐?"라고 묻기까지 한다. 이때에 이르면 강관과 감관이 있어도 소용이 없게 된다. 어리석고 음란하며 포학하고 엄중한 형벌로 제멋대로 사람을 죽이고 백성의 힘을 함부로 사용하며, 줄곧 외면에 힘쓰면서 스스로 반성할 줄 모른다. 역사기록에서 검증해보면, 이것은 거의 보편적인 원리가 되어 피할 길이 없다.

둘, 민중의 측면. 천하태평의 시대가 오래되면, 인구가 해마다 증가하는데 토지는 늘어나지 않으며(외부를 침략할 수도 없다) 더욱이 생산기술이 진보하지 않는다.(이는 중국문화에서 필연적인 일이다. 나중에 상세히 논하겠다.) 만약 잇달아 천재지변(이는 농업사회에서 가장 두려운 일이다)을 만나면 대부분 먹고사는 문제를 해결할 수 없다. 이때에는 다시 향내적으로 힘쓸 수 없다.—향내적으로 힘쓰는 것이 살아가는 이치상 허용되지 않는다. 그리고 마침 군주가 어리석고 포악하며 관리들이 인민을 핍박하는 때를 만나면, 한 차례 선동을 거쳐 굶주린 인민들이 도적떼로 변하는 것은 거의 역사의 필연적인 추세이다.

셋, 사인의 측면. 군주뿐만 아니라 민중도 일정한 시기에 이르면 문제를 일으키며, 사인 또한 그러하다. 대체로 태평성대가 오래되면 작록의 재미가 부러워할 만하여 아첨하는 측근이 날로 늘어나고 고결한 선비는 재야에 숨는다. 선비의 기풍과 습속이 점차 타락하여 한마음으로 외물을 탐하고 다시는 책임을 자각하지 않는다. 군주에게 간쟁하지 못하고 더러 폭군을 도와 학정을 펼친다. 사회를 영도하지 못하고 더러는 모든 타락의 출발점이 되기도 한다. 이는 역사에 증험해보면 또한 거의 모든 시대에 볼 수 있는 사실이다.

사회질서가 이 지경에 이르면 유지될 길이 없어 천하가 큰 혼란에 빠진다. 대대적인 살육이 있은 후에 황제가 전복되고 인민도 무수한 사상자가 발생한다. 오래되면 모두가 이러한 고통을 입는다. 그래서 인심이 혼란을 싫어하게 된다. 이때 다시 창업주가 나와 국면을 수습하고 은거하여 관직에 나오지 않았던 사인들도 연민의 심정에서 나와 재난에서 인민을 구제하고 인구 또한 이미 크게 감소하여, 세상이 잘 다스려지는 원리를 회복할 수 있다. 이렇게 휴양과 생식을 거치면 태평성세가 된다. 그러나 태평성대가 오래되면 또한 혼란해지고, 혼란이 오래되면 또한 다스

려지는 데로 나아간다. 이것이 바로 중국 역사에 특유한 일치일란의 순환이다.[1]

당연히 이것은 지극히 거친 설명이다. 이른바 난세라는 것이 본디 단지 몇 차례의 왕조교체를 가리키는 것이 아니다. 진한 이후 윤리본위·직업분화의 구조가 점차 현저해져 이 방향으로 나아가면 도리가 밝게 드러나 다스려지는 시대가 된다. 그 방향이 어긋나 구조가 파괴되고 평화로울 수 있는 근거를 상실한 것이 바로 난세이다. 무력동란이 일어나 민심이 평안하지 않게 되면 또한 혼란이 표면화된 것이다. 앞에서 "중국 역사는 바로 이와 같은 순역의 전환이 길항한 역사이다." "치세와 난세는 칼로 자르듯 확연히 구분하기 어렵다."라고 한 것은 이것을 가리킨다. 다만 치란의 관건은 인심의 공경과 방자(혹은 진작과 쇠미) 사이에 달려 있음은 상하 수천 년 동안에 다름이 없다. 중국에서 항상 개인도덕에 대한 요구를 강조하기 좋아하는 것을 볼 수 있는 것은 실로 이 때문이다. 이 요구는 장악하기 어려우므로 치세가 오래가기 어렵고 난세가 치세보다 많은 것은 대체로 당연한 일이다.

---

1) 夏曾佑 著『中國古代史』252쪽의 다음 구절이 참고할 만하다. "중국역사에는 하나의 보편적인 원리가 있다. 태평성대는 혁명군이 발생한 후 4, 50년 후에 있고, 이후 융성한 시기가 대략 100년 간다. 100년 후에는 또한 혼란상이 생기고, 그것이 수십 년 동안 진행되어 마침내 큰 혼란에 이르러 마침내 혁명의 국면이 조성된다. 한·당·송·명나라가 그 예이다. …… 큰 혼란 이후에는 인민의 숫자가 감소하여 물산에 여유가 있게 된다. 그리고 동란을 일으키는 호걸의 무리가 이미 죽어버렸고 남은 이들은 혼란을 싫어하여 헛된 욕망을 부리지 않는다. 이것이 바로 태평의 원리이다. 만약 군주와 재상이 청정하여 동요시키지 않으면 더욱 태평해질 것이다."

2. 혁명의 결여

중국 역사는 진한 이래 일치일란의 순환에 들어가 혁명을 볼 수 없다. 혁명은 사회의 개조, 즉 새로운 구조로 낡은 구조를 대체하고 새로운 질서로 낡은 질서를 대체하는 것을 가리킨다. 이를테면 자본사회가 봉건사회를 대체하거나 사회주의사회가 자본주의사회를 대체하는 것처럼. 비록 어떤 사람은 정부를 전복시키는 일을 일괄하여 혁명이라 부르기도 하지만, 이는 너무 광범하니, 이것을 가리키는 것이 아니다. 중국 역사에서 사회구조가 다하거나 혹은 한때 파괴되어 효력을 상실하지만 오래지 않아 또한 회복되어 그 효용을 드러내는 것을 볼 수 있다. 그것은 이천여 년 동안 단절과 지속을 반복하며 면면하게 지속되었을 뿐 애초에 본질적인 변혁은 없었다. 수십 년 내에 왕조가 교체되지만, 참으로 이른바 "탕이 바꾸었을 뿐 약은 바뀌지 않았다."[2)]는 것처럼 아무리 바뀌어도 여전히 그 시스템이므로 혁명이 없었다고 말하는 것이다. 만약 세계가 대교류하여 서양 근대 조류가 수입되어 (오늘날처럼) 변혁을 일으키지 않았다면, 그 순환을 어떻게 타파할 수 있는지 아무도 상상하지 못했을 것이다.

만약 어떻게 혁명이 있게 될 것인가 묻는다면, 각 장에서 말한 것은 분명하게 이해한다면 해답을 찾기 어렵지 않을 것이다. 그러나 여기서 다방면으로 설명해도 무방할 것이다.

먼저 이 동란과 혁명의 차이를 지적해야 할 것이다. 동란과 혁명의 차이점은 앞 장에서 다음과 같이 말한 바 있다. "이 난세에 핍박이 지속되

2) 원문은 "换汤不换药"로, 马南邨의 『燕山夜话』「文章长短不拘」에 나오는 말이다. 명칭 혹은 형식은 바뀌었지만 실질은 변하지 않은 것을 비유한다. —옮긴이

어 소란이 일어나는 것은, 계급혁명에 일정한 요구와 방향이 있어 앞 시대와 확연하게 구분되는 것과는 다르다." 예전에 량치차오(梁啓超) 선생이 「중국역사상 혁명의 연구」[3]라는 글에서 마침 이것을 인용하였다. 그는 중국이 외국과 다른 점 일곱 가지를 지적했다.

하나, 개인혁명은 있었으나 단체혁명은 없었다.—이것은 서양의 혁명이 모두 다수인의 공동요구에 기반하고 단체행동에서 나온 데 비해, 중국은 초한이 진나라를 혁명한 이래 권모술수, 살육, 유혈, 개선이 모두 한두 개인의 일인 것을 가리킨다.

둘, 야심혁명은 있었으나 자위혁명은 없었다.—이것은 예를 들면 "부귀하게 되면 너희들을 잊지 않겠다."[4]라는 진섭의 말, "저 사람은 내가 대신할 수 있겠다."[5]라는 항우의 말, "내가 성취한 것과 형의 것 중에 어느 게 더 많은가?"라는 유방의 말에서 분명하게 볼 수 있다. 이는 서양에서 핍박을 견딜 수 없어서 생존권을 지키기 위해 일어난 것과는 다르다.

셋, 중등사회혁명이 없었다.—근대 서양이 중등사회의 혁명임은 세상 사람들이 익히 알고 있다. 그러나 중국의 혁명은 한고조나 명태조처럼 하층에서 일으키기도 하고 당고조처럼 상층에서 일으키기도 하지만, 중등사회에서 일으킨 경우는 없었다.

넷, 각지에서 우르르 함께 일어나 단순하지 않았다.—예를 들면 17세기 영국 "장기 국회" 때 혁명군은 단지 크롬웰 일파만 있었고, 미국 독립전쟁 때 워싱턴 일파만 있었으며, 이 외에 통제되지 않는 잡다한 혁명군

3) 「中國歷史上革命之硏究」, 중화서국판 『飮冰室合集』 문집 제5책.

4) 원문은 "苟富貴, 勿相忘."으로, 『史記』「陳涉世家」에 나온다. 진섭(陳勝)이 반란을 일으킨 후 반란에 참가한 사람들에게 자신이 황제가 되면 공을 잊지 않겠다고 한 말이다. —옮긴이

5) 원문은 "彼可取而代也."로, 『史記』「項羽本紀」에 나온다. 항우가 진시황을 대신해서 황제가 될 수 있으리라는 야심을 표명한 말이다. —옮긴이

은 전혀 없었다. 이것이 바로 단순하다는 것이다. 그러나 중국은 "군웅할거"가 다반사였다.

다섯, 시간이 비교적 이완되었다.—이는 네 번째에 이어서 나온 것이다. 즉 이전의 통치를 전복시킨 후 궐기한 여타 혁명군을 소탕해야 했으며 군웅이 일웅으로 변해야 천하가 안정되었다. 매번 저 후반부의 시기는 전반부의 시기에 비해 길었다. 이것 역시 서양에는 없는 일인 듯하다.

여섯, 혁명 진영 내부의 투쟁이 상당히 많았다.—다섯 번째가 이미 혁명 진영 내부의 투쟁이지만, 아직 여기에는 이르지 않았다. 흔히 하나의 유파 내에서도 다투고 죽이려 한다. 태평천국의 실패가 절반은 이것 때문임은 사람들이 익히 나는 바이다. 사례가 매우 많으므로 여기서 인용하지는 않겠다. 서양에서는 오로지 프랑스혁명에서 당파간 서로 죽인 사례가 있는데, 그 상황은 또한 중국의 경우와는 다르다.

일곱, 외족 세력의 성쇠와는 다른 점이 있다.—중국은 매 국내혁명 시기가 곧 외족세력의 침입 시기이다. 역사를 종적으로 살펴보면 그 관계와 결과를 다섯 종류로 구분할 수 있다. (1) 혁명군이 외족세력을 빌어 구 정부를 전복시킨 경우. (2) 구 정부가 외족세력을 빌어 혁명군을 타도한 경우. (3) 첫 번째 경우에 속하지만 혁명군과 구 정부가 함께 망한 경우. (4) 두 번째 경우에 속하지만 구 정부와 혁명군이 함께 망한 경우. (5) 혁명군이 패배한 후 외족을 끌어들여 정부의 우환이 된 경우. 다섯 가지 사례는 매우 많아서 인용할 필요가 없다. 그러나 서양에서는 프랑스대혁명 이후 오히려 각국 연합군의 간섭에 항거할 수 있었다.

일곱 가지를 합치면 중국 특유의 동란이 이른바 혁명이 아님을 바로 볼 수 있다. 혁명은 한 계급이 공동의 요구를 위해 다른 계급과 투쟁하는 것으로, 각자가 "중원에서 사슴을 쫓아" 그처럼 진영을 분명히 구분할 수 없는 전투가 아니다. 이는 명명백백하게 계급이 결핍된 것으로 특별히 산만하며, 한 개인 한 가정이 각기 앞날을 추구하는 직업사회로, 윤리질서가 상실되었을 때 나타나는 행위이다. 앞에서 열거한 일곱 가지 외에, 우리는 한 가지를 더 보충할 수 있다. 즉 "황제의 힘을 빌어 명성을 얻는다."[6]라는 오래된 말에서 알 수 있듯 그들은 투쟁을 위해 집단을 결성하는데, 이는 서양의 혁명이 집단에서 말미암아 투쟁을 시작하는 것과 다르다. 그들은 한 명의 영수를 중심으로 집단을 형성한다. 영수가 근본이고 단체는 지엽이다. 서양에서 집단으로부터 하나의 영수가 나오며, 단체가 근본이고 영수는 지엽인 것과 다르다.—원래의 첫 번째 점은 이것으로 보충해야 비로소 명확해진다.

더욱 좋은 증명은, 역사상 천하대란에 직면할 때마다 흔히 누군가 종족과 인척을 이끌고 난을 피하여 입산하여 마침내 스스로 마을을 이루는 것이다. 가령 동한 말에 "전주(田疇)"[7]의 일이 하나의 사례이다. 역사 기록에 의하면 다음과 같다.

> "서무산에 들어가 깊은 산속에 주거지를 마련하고 몸소 농사지어 부모를 봉양하였다. 백성들이 그에게 귀의하며 수년 사이에 오천여 가호에 이르렀다. 전주가 부로들에게 이렇게 말했다. '여러분이 제가 불초하다 여기지 않고 멀리서 와서 함께 살아 마을을 이루었으나 통일이 되지 않아 오래도록 평안하게 사는 길은 아닌 듯합니다. 현명한 우두머리를

---

6) 원문은 "攀龍附風"으로, 揚雄의 『法言』「淵騫」에 나오는 "攀龍鱗, 附鳳翼, 巽以揚之, 勃勃乎其不可及也."라는 구절에서 유래한다. —옮긴이

7) 전주(田疇, 169 - 214)는 東漢 말기의 隱士이다. 자는 子泰이다. 처음에는 幽州牧 劉虞를 섬기다가 建安 12년(207) 曹操의 烏丸 정벌에 참여하여 空戶曹掾에 임명되었는데, 전공을 세워 亭侯에 봉해졌으나 사양했다. 후에 荊州 정벌에 참여하여 공을 세워 다시 亭侯에 봉해졌으나 사양하자 議郎에 봉해졌다. —옮긴이

택하여 주관하게 하면 좋겠습니다.' 모두가 좋다고 하면서 전주를 추천했다. …… 전주가 말했다. '제게 방책이 있는데, 여러분은 함께 시행해 보시렵니까?' 모두가 승락했다. 전주가 이에 서로가 살상하고 훔치고 다투는 것에 관한 법을 약속하여, 엄중한 경우에는 사형에 처하고 그다음으로 법을 어기는 경우를 20여 조목으로 나누었다. 또한 혼인하여 가정을 이루는 예를 만들고 학교를 세워 수업하는 하는 일을 일으켰다. 대중에게 시행하니 대중이 편안하게 여겼다. 길에 물건이 떨어져 있어도 줍지 않는 데 이르자, 북방에서 모두 그 위신에 귀복하였다. 오환(烏丸)과 선비가 역관을 파견하여 조공하자 전주가 모두 위무하여 받아들이고 도적이 되지 말라고 명했다."(『三國志』, 「田疇傳」)

손기봉(孫奇逢)[8] 선생이 명말에 또한 유사한 사적이 있는데, 다만 규모는 그에 미치지 못했다. 또한 량임공(梁啓超) 선생은 일찍이 광둥 화현 인민들이 명말청초에 이룬 일을 다음과 같이 서술하였다.

"우리 광둥의 화현은 명말에 광둥성 중남부의 변경지역이었다. 비적이 일어나자 인민들이 성루를 쌓아 스스로를 보위하였다. 청나라 군대가 광동에 들어오자 변발의 불허를 고수하고 관리가 들어오는 것을 허용하지 않았다. 매년 관에서 부여한 과제를 행할 때 위아래가 모두 부지런히 변경에 쌓아두고 관리가 변경에 이르면 교대로 나누어주었다. 일

8) 손기봉(孫奇逢, 1584-1675)은 중국 명말청초의 사상가이다. 1625년 환관 위충현(魏忠賢)이 권력을 쥐고 동림당(東林黨)의 좌광두(左光斗) 등을 체포하자 녹정(鹿正)·장과중(張果中)과 함께 구출하려 하였으나 실패하였다. 좌광두 등이 옥사하자 위험을 무릅쓰고 그들의 장례식을 치러 '范陽三烈'이라 불렸다. 명나라가 망하자 河南省 夏峯으로 이거한 뒤 청나라 조정의 초빙을 사양하고 학문을 강학하며 생애를 마쳤으므로 夏峯 선생이라 불렸다. 저서로 『理學宗傳』(26권) 등이 있다. —옮긴이

체의 옥사는 다 스스로 처리하여 서로 대단히 평화롭게 지냈다. 강희 21년에 이르러 비로소 토지를 받고 복종을 표했으며, 청나라 조정이 특히 현을 설치하고 '화현'이라 하였다. …… 대개 명말 유로 두 사람, 가령 전주 같은 사람이 계획하고 주관하였다. 두 유로가 임종시에 사람들에게 다시는 고수하지 말라고 유언하자 사람들이 그 말을 따랐다. 내가 어렸을 때 선친이 일찍이 두 유로의 이름을 거론했다."[9]

이것은 계급국가에서는 불가능한 일이다. 한번 물어보자. 계급통치 아래에서 과거의 통치세력이 혁명세력에 의해 전복되려 할 때 사람들은 혁명하지 않으면 혁명된다. 쌍방이 생사의 투쟁을 벌이는데 누가 예외가 될 수 있겠는가? 이 모든 사람들이 살아남는 문제 외에는 치란에 관심을 기울이지 않는 것을 결국 어떻게 해석해야 하는가? 도연명의 「도화원기」는 허구(fiction)의 문장이지만 허구가 아니고, 바로 실제로 이것이 가능하기 때문에 누군가 붓을 들어 문장을 지은 것이다. 계급국가에서는 이런 일이 불가능하다. 계급국가가 아닌 중국이 소극적이고 산만한 가운데서는 이것은 전혀 희귀하고 이상한 일이 아니다. 혁명은 피할 수 없지만, 동란은 피할 수 있다. 내가 앞에서 "사회질서가 강제력을 빌지 않고 자율적으로 유지된다." "이성적 평화로써 무력통치를 대체한 듯하다."라고 한 말의 실례를 여기서 볼 수 있다. 또한 "사회를 국가로 삼아 양자가 구분되지 않고 혼융되어 있다."라고 한 말도 이것이 그 축소판이다. 그것은 전체 중국에 비하면 오펜하이머가 말한 '자유시민단체'에 더욱 흡사하다. 중국의 특질은 이 사실들에서 충분히 드러난다. 동란은 동란일 뿐 계급혁명이 아니다. 양자를 유비해서 같다고 하면 참으로 아둔한 것이다.

---

9) 『飮冰室合集』 文集 제18책, 『中國文化史』 鄕治章 참조.

원대와 청대처럼 수차에 걸쳐 외족이 중국에 들어와 주인이 되어 마치 계급통치를 구성한 듯하고, 원말과 청말은 흡사 계급혁명에 가까운 듯하다. 사실은 그럴 수가 없다. 외족이 통치하면서 중국을 계급사회로 변화시키려면 반드시 두 길 중에 하나를 택해야 한다. 하나는 중국을 비교적 높은 수준의 공업경제로 진입시키고 자신이 그 자본을 장악하는 것이다. 다른 하나는 무력을 통해 모든 토지를 지배하여 중국은 봉건시대로 되돌리는 것이다. 만약 그들이 근대 서양인과 같은 공업문명을 가지고 있었다면, 청나라의 근 300년에 이르는 통치뿐만 아니라 원나라의 100년이 채 안 되는 통치도 전자의 길에서 성공을 거둘 수 있었겠지만, 그들은 모두 그렇지 않았다. 그들의 문명 수준은 바로 중국에 동화되어야 했으니, 어찌 중국이 그들에 의해 동화될 수 있었겠는가? 후자의 길에서는 비록 원나라가 중국에 동화된 것이 비교적 적고 무력통치가 비교적 강하며 계급적 형세가 비교적 뚜렷했지만, 원나라 사람들이 일단 북쪽으로 물러가자 중국은 여전히 중국이어서 중국사회가 결국 변질되지 않았다. 청나라 사람들은 기백이 원나라 사람들만 못하고 비교적 총명하여 스스로 중국문화를 수용하였다. 만주족은 단지 스스로 "무력적 통치집단"의 지위만 유지할 수 있으면 일체를 다 중국의 도로 중국을 다스렸다. 그들은 "중국의 도로 중국을 다스리면" 그 사회구조(이것이 가장 중요하다)가 변하지 않아서 그들의 생각과 서로 모순된다는 것을 알지 못해서 성공할 수 없었다. 한편으로 "포마권지"[10]의 일이 있었지만, 전국적으로 보면 대단히 미미해서 명대 통치세력이 지배한 토지에 비해 매

10) 포마권지(跑馬圈地)는 만주족이 중원에 들어온 후 팔기군에 속하는 왕공귀족이 일정한 시간 내에 말을 타고 돈 지역을 그들의 토지로 삼아 명나라가 망한 후 남겨진 대량의 황실토지를 소유하게 한 일을 가리킨다. 나중에 강희제가 이 제도를 금지시켰다. —옮긴이

우 적었다. 다른 한편으로는 만주족과 한족에 대한 편입견이 존재했지만, 결국 과거제도로 인재를 등용했으므로 정치참여의 기회가 개방된 것이 전대와 다르지 않았다.[11] 청대가 오래가서 원대의 세 배에 이르는 것은 그 이유가 여기에 있다. 그러나 경제와 정치에서 독점을 이루지 않아서 중국은 여전히 직업사회였다. 다만 "팔기군"을 직업으로 삼아 먹고사는 일이 있었지만, 오래되자 점차 무용지물이 되었다. 불과 수십 년 만에 대내적 대외적인 용병이 한족에 의지하는 것으로 전환되었다. 태평천국의 난이 일어나자 이 "통치하는 무력집단"은 이미 폐물이 되어버렸다. 한족 상비군(綠營)도 쓸모없게 되고, 나중에 안정적인 통치자가 나와서 한족이 향토를 보위하는 향용군(湘軍 · 淮軍)에 맡겼다. 묻건대, 이 시기에 결국 누가 통치계급이고 누가 피통치계급인가? 단언하기 매우 어렵다!

다시 묻건대, 신해혁명을 보면 그토록 큰 대청제국이, 그리고 그토록 오래 지속된 통치가 대외 전쟁의 실패라는 기회를 만나지도 않았는데 결국 불과 3, 4개월 안에 쉽게 전복된 것은 실로 괴이한 일이 아닌가? 이는 다름 아니라, 만약 통치계급과 피통치계급이 각기 운명을 건 최후의 결투로 본다면 자연히 해명할 수 없을 것이다. 그것은 그렇게 쉽지 않다. 만약 중국이 계급통치를 형성하지 않아서 전국에 결코 확연히 대립하는 쌍방의 입장이 없고, 사회 내부의 형세가 유동적이고 산만하며 구국의 민족입장이 모든 것을 넘어서고, 이때 혁명의 주력이 지식인에 의지하고 지식인은 통치의 상층부에 통하며, 청 조정의 통치를 대표하는 각 성의

11) 청대 중앙 부서의 대소 관원에 결원이 있으면 모두 한족과 만주족으로 공평하게 충원했다. (이는 청말에 폐지되었다.) 성의 관리는 같이 결원되는 경우가 없었으므로 한족이 항상 우위를 점했다. 량치차오의 『중국문화사』 제5장 부록에 순치 · 강희 · 옹정 · 건륭 · 가경 · 도광 · 함풍 · 동치 · 광서 · 선통 황제 시기 각 성 독무의 만주족과 한족 숫자를 비교한 표가 있는데, 참고할 만하다.

책임자 및 그들이 의지하는 통치수단인 무력이 원래 한 순간에 혁명에 찬성하기 어렵지 않다는 것을 안다면, 무창기의에 각 성이 분연히 호응하여 1개월 만에 대세가 결정되고 3, 4개월 만에 완전히 해결된 것도 전혀 이상하지 않을 것이다.

이족통치는 본래 국가를 형성할 절호의 기회인데, 이족통치가 행해져도 여전히 국가를 형성하지 않아서 중국은 국가가 아니라 사회라고 단정할 수 있다. 이것들은 모두 중국이 계급통치를 형성하지 않았다는 점에서 혁명이 결여한 이유를 설명할 수 있다. 그러나 만약 혁명이란 "새로운 구조로 낡은 구조를 대신하고, 새로운 질서로 낡은 질서를 대신한다"는 것으로 말하면, 신해의 일은 마땅히 혁명이라고 인정해야 한다. 그것은 또한 중국 봉건의 해체 이후 유일한 혁명이다. 그 이전에는 사회구조에 변화가 없었고 그 이후에는 사회구조가 변할 수 없었다. 크로포트킨은 『프랑스대혁명사』에서 이렇게 말했다. "혁명의 의의는 수년 내에 수백 수천 년 지속된 제도를 신속하게 소탕하여 전복시키고 붕괴시키는 것이다." 중국은 신해 이래 확실히 그러했다. 오늘날 우리는 이 변혁의 시기에 처하여 새로운 구조, 새로운 질서가 출현하기를 기대한다.

여기서 또한 2천여 년 동안 혁명이 없었던 것은 실로 사회질서와 사회구조가 법률제도가 아니라 도덕예속에 의지했기 때문이라는 사실을 지적할 수 있다. 몽테스키외는 『법의 정신』에서 이렇게 말했다.

> 대개 법률이란 세우는 사람이 있고 인민은 준수하는 것이다. 예속이란 세우는 사람이 없고 인민이 완성하는 것이다. 예속은 같은 기풍에서 생겨나고, 법률은 일정한 제도에 근본한다. 제정한 제도를 바꾸는 것은 쉽지만, 같은 기풍을 변화시키기는 어렵다. 기풍을 변화시키는 것은 제도를 바꾸는 일보다 중요하다.(원서 제19권 20장)

법률제도는 국가적인(혹은 중세 교회가 그러했던 것처럼 교회의) 일이고, 도덕예속은 개인과 사회에 속한다. 법률제도는 항상 강제성을 지니지만, 도덕예속은 사람들의 자각과 공감과 개인의 신뢰 및 모두의 신뢰에 기초한다. 법률제도는 외부에서 가해진 듯하고, 도덕예속은 사회 자체에서 부지불식중에 형성되어 나온 듯하다. 외부에서 가해진 것은 전복시키기 쉽지만, 자체적으로 형성되어 나온 것을 어떻게 전복시키겠는가? 모든 전복은 아무 이유 없이 일어나는 게 아니며, 혁명은 반드시 모순으로부터 발전한다. 그런데 중국에는 내재적 모순이 결여되어 있다.

어느 사회에 예속이 없겠는가? 그러나 중국처럼 바로 사회구조와 사회질서를 예속에 의지하고 법률제도는 단지 종속적이지는 않다. 예속이 법률에 종속되면 예속의 유지와 모순된다. 반대로 중국의 경우에는 모순이 예속으로 인해 성립하지 않는다. 무슨 말인가? 중국은 이미 계급이 분해되어 모순이 완전히 사라지고 강자가 약자로 변했으며, 더욱이 서로 상대방을 중시하는 윤리로 말미암아 피차가 대립하지 않게 되었다. 모순은 예속이 승인하지 않아서 성립하지 않았다. 이 때문에 조화와 타협을 이루기 쉬워서 혁명이 발발하는 데 이르지 않은 것은 당연하다. 더욱 중요한 점은 이 때문에 모순이 해소되지는 않았지만 오히려 사람들로 하여금 늘 희망을 품고 모순을 해소하는 데 노력하게 하였다. (사인은 군주와 인민 쌍방에게 윤리를 권면하고, 대중은 서로와 스스로에게 윤리를 권면하였다.) 모순이 해소된 만큼 예속이 더욱 긍정되었고, 해소되지 않더라도 또한 사람에게 책임을 돌렸다. 누가 그 때문에 예속을 부정할 수 있었겠는가? 이처럼 수천 년을 한결같이 함께 깨닫고 함께 신뢰하여 줄곧 대체할 만한 것이 없었다. 사회구조가 변하지 않으므로 당연히 혁명이 없었다. 법제가 그 사이에 변화가 있었으나, 이 점에서는 큰 의미가 없었다. 대개 줄곧 전통적 예속의 범위에서 벗어나지 않았으니, 어찌 변화가 있었겠는가? 역사상 변법과 개제가 있을 때마다 모두 위에서 발동했으니, 이는 변동과 관련이 크지 않음을 증명해준다. 매번 대변란이 발생할 때마다 또한 제도에 반대를 표명하는 대운동은 듣지 못했다. 이 또한 그것이 변해도 변할 수 없음을 증명해준다.

이를테면 신해혁명은 한편으로 말하면 본디 과거에 변법개제에 그친 것과 다르지만, 기껏해야 단지 중국 예속이 크게 변할 수 있는 단서를 열었다고 할 수 있다. 반드시 "오사" 신문화운동에서 곧장 과거의 예교에 대해 공격하기를 기다린 연후에 근본을 탐색하여 중국이 진정으로 혁명되었다. 여기서 몽테스키외의 말이 딱 맞아떨어진다.

> 예속이란 무엇인가? 습관이 되어 공인되어 위반할 수 없는 것이다. 참으로 일단 위반할 수 있게 되면, 그 나라는 존재할 수 없다.(『법의 정신』, 제19권 12장)

그렇다. 중국은 여기에 이르러 무엇이 남아 있을 것인가? 이와 같지 않으면 변화라고 할 수 없다. 그러나 이러한 변화가 또한 어찌 중국사회 자체에서 발생한 것이겠는가?—세계가 대교류하여 외부에서 중국을 변화시키지 않았다면, 어찌 해도 변화가 발생할 수 없었을 것이다. 한편으로 그와 같지 않으면 변화라 할 수 없고, 다른 한편으로는 그러한 변화를 스스로 일으킬 수 없었으니, 이것이 바로 앞에서 말한 바 변해도 변할 수 없다는 것이다.[12)]

---

12) 중국에 혁명이 결여된 것(사회가 오랫동안 변하지 않은 것)은 사실 법제를 예속을 포섭해버렸기 때문이다. 이는 40년 전에 夏曾佑 선생이 부분적으로 파악한 것이다. 夏曾佑는 嚴復이 번역한 『社會通詮』의 서문을 썼는데, 먼저 갑오 이래 변법을 말하는

3. 산업혁명의 결여

중국에 혁명이 결여한 이유는 이미 적지 않게 논한 듯하지만, 사실 중요한 점은 아직 말하지 않았다. 중요한 점은 경제상 정체되고 산업혁명이 나타나지 않았다는 데 있다. 이것이 모든 문제를 넘어서는 큰 문제이다. 사실 중국에 혁명이 결여된 원인은 또한 중국에 혁명이 결여된 결과이기도 하다. 이것은 바로 한편으로는 경제가 진보하지 않아서 문화와 정치(예속 · 법제)도 변하지 않고, 동시에 다른 한편으로는 문화와 정치가 변하지 않아서 경제도 진보하지 않았다는 말이다. 두 측면이 서로 이끌어서 험악한 지경에 이른 것이다. 반드시 여기서 관건을 분명하게 파악한 연후에 전반적인 문제에 대해서 확연하게 의심이 없을 수 있고, 위에서 말한 모든 것들도 이것으로 보충한 연후에 그 의미가 비로소 분명해질 것이다.

산업혁명이 왜 중국에서는 일어나지 않았는가 하는 문제에 관해서는 세간에 매우 많은 견해가 있다. 과거의 저술에서 이에 대해 일찍이 검토

자들은 나라를 危亡에서 구하는 데 뜻이 있었고 변법을 막으려는 자들은 그들이 君父를 무시한다고 책망했다고 탄식했다. 나라를 위망에서 구하는 것과 君父를 무시하는 것은 별개의 일인데 혼동했다는 것이다. 계속해서 하나의 원리를 제시한다. "종교와 정치의 결합이 소원한 경우에는 변화가 쉽지만, 종교와 정치의 결합이 밀접한 경우에는 변화가 어렵다." 그런데 중국은 秦 이래 정치와 종교가 불가분적이어서, 이에 정치개혁을 말하는 자는 종교개혁을 논하지 않을 수 없었다. 이에 위망의 구제와 君父의 무시라는 말이 예기치 않게 상응하여 뒤섞여 분리할 수 없게 되었다. 舊敎가 갈라지지 않았는데 新政이 거기서 나온 경우는 없었다. 중국이 수천 년에 거쳐 종법사회에서 벗어나지 않은 것은 대개 이 敎 때문이다.—夏曾佑가 말하는 종교는 곧 내가 말하는 禮俗이다.

한 바 있다. 특히 『중국민족 자구운동의 최후 각오』가 참고할 만하다.[13] 이제 그와 같은 작업은 하지 않고, 곧바로 나의 견해를 다음과 같이 밝힌다.

산업혁명이란 생산력이 일정한 단계에 이른 것을 가리킨다. 그중 기계의 발명, 특히 증기기관 등 동력의 발명이 중요하다. 유물사관에서 생산력의 발전으로 사회발전을 설명하는 것은 원래 일리가 있다. 그러나 부지불식중에 생산력의 발전을 가정하는 것은 문제가 되지 않는 듯하다. 사실 생산력이 어찌 사람을 떠나서 스스로 발전하겠는가? 그리고 이 점에서 사람들은 결코 똑같지 않다. 이는 서양 중세의 생활과 근대의 생활을 비교해보면 분명하게 알 수 있다. 생산은 자연계에 대한 사람의 통제와 이용이고, 통제와 이용은 자연계에 대한 관찰과 실험에서 힘을 얻는다. 생산력의 발전은 당연히 인류의 의식이 직접적 간접적으로 생산활동에 작용한 결과이다. 여기서 인생을 부정하는 자와 긍정하는 자를 비교해보면, 미신과 현묘한 생각에 빠진 자와 자연에 대한 사고와 실험에 노력하는 자를 비교하면, 그 결과가 어찌 똑같겠는가? 가령 서양에서 근대적 생활로 일대 전환하여 사람들의 의식을 생산과 밀접하게 결합하지 않았다면, 19세기 산업혁명으로부터 오늘날의 물질문명에 이르리라고 누가 상상할 수 있었겠는가? 혹자는 현대사회에서 1년 동안의 기술발명이 1750년 이전 천년 동안의 발명보다 훨씬 더 많다고 한다. 이는 바로 고금의 인생태도가 다르기 때문이다.

인생태도가 생산력의 발전에 영향을 미친다는 것은 부정할 수 없으니, 중국을 보라. 서양 근대의 인생은 중세의 인생과 비교하면 인생태도의

13) 『中國民族自救運動之最後覺悟』, 92-97쪽 참조. 다만 원문이 1930년에 집필된 것이어서 당시 유행하는 견해를 비판하고 비교적 후에 발표된 것에 대해서는 논하지 않았다.

일대 전환이라고 할 수 있다. 중국의 인생태도를 그들과 비교해보면 중국은 다른 부류에 속하는 듯하고, 또한 이 때문에 고금에 걸쳐 평온하게 변동이 없었다. 내가 예전에 분류한 것처럼, 근대 서양은 인생의 제1태도에 속하고 중세 종교는 인생의 제3태도에 속하며 중국은 줄곧 인생의 제2태도였다.[14] 이전의 저술과 아래의 서술을 보면 저절로 상세하게 이해할 것이다. 대체로 말해서, 중국인은 인생을 긍정하고 줄곧 출세와 금욕 등의 생각을 하지 않았으니, 이는 제3태도와 다르고 제1태도에 접근한다. 그러나 제3태도는 종교의 길이고, 중국은 도덕의 길이다. 자연에 대하여 중국인은 마치 속세를 떠나 감상하는 듯하고 관찰과 실험 및 통제에는 태만하였다. 이른바 "인간의 의식이 생산과 밀접하게 결합되어 있다"는 것이 여기서는 그렇지 않은 듯하여, 중국인의 사유와 지력은 생산에 사용된 적이 없다. 수천 년 동안 지식과 학문의 누적이 모두 인사(人事) 방면에 있고 자연에 대한 연구는 결핍되었다. 식산과 영리는 더욱이 독서인이 언급하지 않는 바였다. 나는 경제의 정체와 산업혁명의 결여에 대해서 적어도 여기서 절반은 설명했다고 생각한다.

중국인의 사유와 지력은 단지 위에서 말한 것처럼 경제의 진보와 생산의 발전에 사용하지 않았을 뿐만 아니라 때로는 그것을 억제하였다. 이를테면 역사상 소위 "기기음교(奇技淫巧)의 금지"와 상업의 천시가 그것이다. 상업과 상인이 받은 통제와 곤욕은 법령에서 예속에 이르기까지 이루 말로 다할 수 없다. 또 역대에 누차에 걸쳐 해금(海禁)이 시행되어 봉쇄주의를 고수하는 경우가 많아 교통이 원활하지 않아서 공상업의 발전이 현저하게 억제되었다. 이처럼 분명하게 드러나서 쉽게 볼 수 있는 것들 이외에 쉽게 볼 수 없는 직접적 간접적인 것들이 있다. 가령 앞

14) 『東西文化及其哲學』 및 『中國民族自救運動之最後覺悟』를 보라.

장에서 말한 바 윤리사회가 자본주의의 생성과 발전에 적합하지 않다는 점이 더 큰 영향을 미쳤다. 역사에 끊임없이 기록되어 있는 한전제와 균전제 등의 운동이 이 부류에 속한다. 서진과 북위에서 수당에 이르기까지 매번 수용하여 "매매를 금지했으니", 앞뒤로 수백 년 동안 경제가 어찌 자연스럽게 발전할 수 있었겠는가? 혹자는 이렇게 말한다. "이것이 서양에서 중세 및 그 이전에 어찌 없었단 말인가? 그들은 고대에 종교상 영리를 불허하고 중세에는 일반 정치와 풍속 내지 상공업 자체의 제도가 다 경제의 자유로운 발전을 속박하였고, 단지 최근 200년 동안에 그렇지 않을 뿐이다." 나는 아래와 같이 대답한다. 문제가 바로 여기에 있다. 서양의 일은 과거에 속하여 억제가 성공하지 못했다. 중국은 최근에 서양의 풍기가 유입되기 이전에 그러한 경향이 시종 변하지 않았으니, 어찌 마침내 억제되지 않을 수 있었겠는가? 이것은 원래 앞에서 말한 것과 연계되어 있다. 서양은 중세의 인생 제3태도에서 나온 것이고, 중국은 인생 제2태도에서 나왔다. 나중에 서양은 제3태도에서 제1태도로 전환하여 생산력의 발전에 불리한 일체의 것이 유리한 것으로 전환되었다 그러나 중국인은 시종 제2태도를 고수하여 (소극적인 무관심에서 적극적인 억제에 이르기까지) 생산력의 발전에 불리한 일체의 것을 최후에 이르기까지 줄곧 지속시켰다.—이것이 중국과 서양이 크게 다른 점이다.

여기서 묻고자 한다. 이 생산력의 발전에 불리한 인생활동이 왜 서양에서는 나중에 변했는데 중국에서는 결국 변하지 않았는가? 또 결국 이 생산력에 불리한 인생활동이 어디에서 나왔는가?

---

15) 완민이(萬民一, 1906-1944)의 원명은 蔚周이고 자는 秉文이며, 儋州 白馬井鎮 사람이다. 1925년 廣東省立第六師範學校를 졸업하고, 후에 中山大學 文科에서 배웠다. 1927년 廣州에서 2년간 옥고를 치른 후 상해에서 공부하다가 上海文化學院 國文講師를 역임했다. 1931년 海康縣立師範에서 가르치고, 이듬해 홍콩 『華南日報』와 『華南

여기서 먼저 나는 세상 떠난 친구 완민이(萬民一)[15] 선생의 말[16]을 거론하고자 한다. 그도 나와 마찬가지로 유물사관이 역사 발전을 해석하는 데 부족한 점이 있다고 여겼지만, 그는 인생태도에서 입론하지는 않았다. 그가 보기에, 인류는 생존을 위해 자연계에 대해 생산을 행하지 않으면 안 되며, 그래서 생산력이 발전하고 이로부터 사회가 발전한다. 이는 본래 일리가 있다. 그러나 이것을 사실 생존문제 가운데 부양의 문제에 불과하다. 인류는 반드시 집단을 이루어 생존한다. 그리고 어떤 집단도 항상 여타의 집단에 대항해야 자신을 보위할 수 있으며, 그렇지 않으면 생존할 수 없다. 이것이 바로 보위의 문제이다. 동시에 이 집단은 때로 내부를 조정하여야 안정을 얻을 수 있다. 내부가 불안하면 또한 생존할 수 없다. 이것이 바로 안정의 문제이다. 모두 세 개의 문제가 있다. 그렇지만 문제는 단지 하나에 그치지 않으며, 인류는 단지 한 측면에서만 활동하지는 않는다. 여타의 문제가 사람들의 사유활동을 흡인할 때 바로 생산력의 발전이 오도되거나 심지어 억제될 수 있다. 동서양 각 민족의 역사가 한 방향으로 발전한다고 한정할 수 없는 것은 이 때문이다. 유물사관은 단지 부양의 문제만 파악했을 뿐으로, 실로 모든 것을 설명하기에는 부족하다. 완민이의 설에 따르면, 중국문화의 특색은 중점이 안정 문제의 해결에 있고, 또한 보위와 부양의 문제를 과도하게 안정의 문제로 해결하려는 데 있다. "적음을 걱정하지 않고 고

評論』의 편집장이 되었다. 1931년 5월 이후 군부와 국민당에서 정치활동에 종사하다가, 1940년 이후 질병으로 정계를 떠났다. 휴양하는 동안에 『民生哲學之新認識』, 『社會理學硏究大綱』 등의 글을 쓰고 시를 지었다. 1943년에는 廣西桂林文化供應社 사장을 역임했다. —옮긴이

16) 萬民一, 『民生哲學之新認識』(桂林文化供應社 출판), 제1편 "論中國社會演進的特殊性"을 보라.

르지 않음을 걱정한다."[17]는 말은 분명히 부양의 문제를 안정의 문제로 전이시킨 것이다. 중국문화가 윤리상 상호 배려와 상호 책임을 중시하고 계급을 직업으로 전화시키고 경제상 겸병과 독점으로 나아가게 하지 않은 것 등등은 모두 부양의 문제를 안정의 문제에 포섭하는 조치이다. 안정의 문제로부터 부양의 문제를 해결할 수 있다고 생각하고, 자연계에 대해 공격하여 부양의 문제를 해결하는 데 중점을 두지 않는다. 또한 사해일가의 세계주의를 견지하여 멀리 있는 사람들을 회유하여 동화시키는 것은, 바로 대외투쟁으로 보위의 문제를 해결하지 않고 보위의 문제를 거의 대내적 안정의 문제와 같은 것으로 보는 것이다. 중국인은 이처럼 안정의 문제에 치우쳐 세 문제를 분리하여 처리할 줄 몰랐다. 그 결과 당연히 부양과 보위의 문제에서 매우 크게 실패하였다. 가령 인구가 증가하면 부양하기에 토지가 부족하다고 느낀다. 일체의 자연재해(홍수와 가뭄 및 전염병)에 다 대처할 줄 모른다. 매번 외족의 침략을 당하거나 정복통치를 당하는 경우에서 분명하게 볼 수 있다. 더욱이 근 100년 동안 서양인—서양문화의 특색은 마침 자연계에 대한 공격 및 대외적인 집단투쟁에 있다—에 비추어보면 중국인의 중대한 실패를 뚜렷이 볼 수 있다. 그러나 그 실패는 부양과 보위의 노력에서 잘못된 데 있고(특히 산업혁명의 실패가 가장 큰 잘못이다), 안정의 노력에서는 본디 실패한 적이 없고 매우 큰 성공을 거두었다.—민족생명의 확대와 지속이라는 성과를 이루었다. 산천지형으로 보거나 종족언어상에서 보면, 중국을 몇 개의 민족과 몇 개의 국가로 나눌 수 없는 것이 아니다. 그러나 중국은 결국 사람의 정감으로 인하여 서로 평화롭고 서로 통할 수 있어서 장벽과 간극을 제거하고 널리 동화와 융합의 효과를 거두어 세

17) "不患寡而患不均."(『論語』「季氏」) —옮긴이

계상 비할 바 없는 위대한 대민족을 형성하였다. 서양과 대조해보면, 한 나라가 중국의 한 성이나 한 현에 미치지 못하고 한 종족이 때로 중국의 장씨 성이나 이씨 성에 미치지 못하기도 한다. 크고 작은 몇몇 국가와 종족이 복잡하게 뒤얽혀 투쟁이 그치지 않아 융합과 통일을 기대할 수 없으니, 피차가 각기 득실과 성패가 있지 않겠는가? 다만 노력이 효과를 거둘 수 있는 것이—단지 안정의 문제에서 효과를 거둘 뿐만 아니라 부양과 보위의 문제에서도 적지 않은 효과를 거두었다—이 길에서 나아갈수록 더욱 성숙해져, 굳게 붙들고 놓으려 하지 않았을 뿐이다. 이 길에서 나아갈수록 더욱 치우쳐서 자신이 빠트린 측면은 끝내 보완할 수 없었다. 이것이 바로 중국 경제가 진보하지 않고 생산력이 발전하지 않은 이유이다.

완민이의 설은 이치를 갖추고 있어서 진실에 가깝다. 그는 유물사관과 마찬가지로 인류가 생존을 추구한다는 점에 주목하였다. 그러나 그는 사람이 살려면 먹어야 하지만 더 큰 일이 있다는 것을 보았다. 인간관계를 잘 하지 못하면, "비록 곡식이 있다 한들 내가 그것을 먹을 수 있겠는가?"[18] 오늘날 세계에서 인류를 위협하는 것이 먹고사는 문제인가 아니면 어떻게 먹을 것인가의 문제인가 보라. 문제가 인류와 자연계 사이에 있는가 아니면 인간과 인간 사이에 있는가? 단지 인류가 일반 생물과 같은 측면—자연계에 대해 생존을 추구하는 측면—을 보면 분명 매우 간단할 것이다. 그다음, 인간관계를 집단 내부와 외부의 양면으로 나누면 또한 대체로 맞다. 단지 애석한 점은 그의 "세 문제"가 말하자면 생존의 문제에서 벗어나지 않아서 여전히 인류를 너무 단순하게 본다는 것이다. 인류는 실로 생물로부터 멀리 벗어나 무한한 가능성을 갖고 있으며, 그

18) "雖有粟, 吾得而食諸?"(『孟子』「離婁上」) —옮긴이

래서 문제도 무한하다. 따라서 인류의 활동과 역사발전을 하나 혹은 몇 개의 문제에 국한할 수 없다. 그는 인류의 역사가 후대에 올수록 혹은 인류문화가 고도화될수록 생물성으로부터 더욱 멀어진다는 것을 알지 못했다. 세 문제는 인류문화사에서 지위가 앞뒤로 다르고 또한 영원히 존재하는 것이 아니다. 오늘날 세계는 점차 보위의 문제를 안정의 문제 안에 포섭해내고 있다. 일단 인류가 뭉쳐서 자연계를 통제하는 때가 오면 부양의 문제는 다시는 문제가 되지 않을 것이다. 인류역사의 동력—역사 전 과정을 관통하는 하나의 동력—을 파악하고 역사문화 연구에서 보편적으로 적용할 수 있는 이론을 건립하고자 한다면, 아마도 망상을 면할 수 없을 것이다.

그러나 그가 대내적으로 안정을 추구하는 것을 중국문화의 특색으로 본 것은 별 차이가 없다. 수천 년 동안 중국인의 사유와 지력은 확실히 물리에 사용되지 않고 인사에 있어서 "안"이라는 글자로 "수신—제가—체국—평천하"의 체계를 통섭할 수 있었다. 오직 여기에서 소견이 있고 또한 너무 일찍 파악해서 과도하게 전체 국면(전체 문화)에 영향을 미쳤다. 완민이는 비록 중국 경제가 진보하지 않고 사회가 변하지 않은 수수께끼를 설명하지는 못했지만, 나는 오히려 그가 견해를 내놓음으로써 인용하여 밝힐 수 있다.

우선, 우리는 안정의 문제부터 보자.

자연의 추세에 따르면, 사람의 사유와 지력은 원래 부양의 문제에 사용된다.—오펜하이머가 말하는 경제수단—자신이 생산을 위해 노동하고 혹은 타인의 노동과 등가교환—에 사용되고 나아가 오펜하이머가 말하는 정치수단에—타인의 생산을 대가 없이 획득하는 데—사용되는 것이 똑같이 매우 자연스럽다. 왜냐하면 일반 생물은 결국 살아가는 데 필요한 자료를 외계에서 쟁취해야 하기 때문이다. 사람도 생물이다. 그는 가장 가까운 "자기 자신" 외에는 기타 "사람"과 "사물"을 애초에는 분명하게 구분하지 못한다. 그러나 고대 유럽에서는 해적과 상업이 분리되지 않았고, 17세기와 18세기 사이에도 여전히 합법적이었다.[19] 이것은 바로 외부인을 외물과 대등하게 대하는 것이다. 인류는 자고이래로 결국 자기가 속한 사회 내에서는 정리를 따지고 자신이 속한 사회 밖에서는 힘을 따진다. (이는 예로부터 지금에 이르기까지 변치 않는 진리이다.) 누가 뜬금없이 무슨 안정 문제를 이해할 수 있겠는가? 사람의 의식이 안정 문제에 이르면, 한편으로는 다른 역량에 부딪혀 대항해야 하고, 다른 한편으로는 오히려 외물을 대하는 태도로 대해서는 좋지 않거나 혹은 그럴 수 없다는 것을 깨닫게 된다. 이 좋지 않다거나 그럴 수 없다는 것은 바로 그것이 자기 권역 내에서는 부양의 문제에서 자연계를 대하거나 보위의 문제에서 외국 · 이족을 대하는 것처럼 오로지 힘에 의존하여 애석해하는 바도 없고 꺼리는 바도 없어서는 안 된다는 것을 인정하는 것이다. 자신의 권력이 확대될수록 더욱 안정의 문제가 생기며, 안정의 문제는 이 권력의 크기에 비례하여 실현된다. 권력의 크기는 세상에서 천차만별이어서 한마디로 다하기 어렵다. 그러나 두 가지는 말할 수 있다.

하나, 인류문화가 진보할수록 이 권역이 더욱 확대된다. 바로 그 권역의 크기로 문화 수준을 판단할 수 있다고 해도 무방하다.

둘, 이 권역의 확대는 통상 자동적인 평등박애에서 거의 벗어나지 않고, 오히려 상대방에 대한 쟁취로부터 대부분 획득된다.—이 점이 가장 중요하다.

거칠게 말하면, 인류의 사유와 지력이 날마다 자연계를 향해 진격하기

---

19) F. Mille Lyer, 陶孟和 譯, 『社會進化史』, 萬有文庫 제4권, 285쪽.

때문에 그 결과 지식이 날로 진보하고 일체의 도구가 날로 발달한다.(제 9장에서 말한 바 고금의 차이는 단지 수단의 측면에 있다는 것을 참조하라.) 객관의 측면에서, 인간관계가 날로 확대되고 복잡해지며 날로 밀접해져 형세상 투쟁으로부터 도리를 따지는 데로 나아가지 않을 수 없다. 주관의 측면에서는, 사람도 더욱 이지적이고 더욱 이성적으로 훈육되고 양자가 결합되어 이 권역의 확대가 이루어진다. 한 걸음 한 걸음 확대되어, 최후에는 대동세계, 천하일가에 이르게 된다. 보라. 눈 앞의 세계가 바로 사실에 의해 "평화롭지 않으면 소멸되어 버리는(one world or none)" 상황이 아닌가? 사람들이 형세상 필연적으로 이성에 의해 서로 평화롭게 공존하는 것으로써 무력으로 스스로를 보위하는 것을 대체하여, 인류의 앞날에 단지 안정의 문제만 있고 보위의 문제는 사라지게 되었다. 또한 제 8장에서 말한 바 이성은 계급으로부터 나온다는 것, 그리고 오펜하이머가 주장한 바 경제수단이 점차 정치수단을 제압하여 최후에는 완전히 소멸시킨다는 설이 모두 서로 참고와 입증의 자료가 된다. 인류역사는 바로 "자기 사람" 혹은 "동류의식"이 어떻게 피동적으로 확대되었는가 하는 역사에서 벗어나지 않는다. 도리는 두 힘—힘과 힘—에서 생겨나고 사실의 발전으로부터 나온다. 인류의 이성이 역사를 연출해낸 것이 아니며, 도리어 역사가 인류이성을 이끌어낸다.

이와 같은 자연의 추세에 따르면, 우원하고 어리석음을 면하지는 못하지만 도리어 전도가 있어서 하나의 길을 걸을 수 있다. 더욱이 사실이 이성을 보증하여 점차 공허하지 않고 내실이 있게 된다. 일반적으로 모두 이렇다고 말할 수 있는데, 유독 중국은 그렇지 않았다. 중국은 친한 이를 친하게 대하는 데로부터 인민을 아끼는 데로 나아가 부모자식과 형제자매의 가족적인 정을 외부로 확대하여 윤리본위의 사회를 형성함으로써 자연적으로 이 권역을 확대하였다. 부양의 문제는 본디 안정의 문제에 앞서는데, 중국 고대인들의 안중에는 안정의 문제가 더 중요하였다. 안정의 문제는 원래 보위의 문제 뒤에 나오는데, 중국 고대인들의 마음에서는 대외적인 것이 또한 대내적인 것을 의미했다. 완민이가 보위의 문제와 보양의 문제를 과도하게 안정의 문제로 삼아서 해결하려 하였음을 지적한 것은 참으로 근거가 있다. 중국은 일반적인 길을 넘어서서 지름길로 나아갔다. 자연스러운 추세에 따르면 사람이 일반 생물과 같은 측면(외부에서 생활에 필요한 물자를 쟁취하는 것)에서 출발한 연후에 서서히 사림이 일반 생물과 다른 측면(이성)으로 전환한다. 그런데 중국은 곧장 사람이 사람인 이유, 곧 사람이 일반 생물과 다른 측면에서 출발한다. 출발점이 거의 종착점이다. 이렇게 나아가면 나아갈 수 없다. 중국문화가 일반적인 경우와 다른 점은 순전히 여기에 있다. 묻건대, "사람을 사람으로 대우하는" 때에 이르지 않았는데 어찌 인간관계가 충분히 중시될 수 있겠는가? 어찌 안정의 노력을 강구하려 하겠는가? 그리고 "사람을 사람으로 대우하는" 것은 일반적으로 힘이 균형을 이룬 결과인데, 중국에서는 오히려 이성으로부터 나왔다. 이와 같은 것은 객관적 사실의 결핍이 보증해서, 반복되는 것을 면치 못했다. 중국역사가 보여주는 것이 일반적인 경우와 다른 것은 전적으로 여기에 달려 있다.—이것이 이른바 "나아갈 수 없다"는 것이고 이른바 "반복을 면치 못했다"는 것이다. 아래의 서술을 보면 분명해질 것이다.

다음, 다시 안정의 문제를 보기로 하자.

집단이 대외적으로 스스로를 보위하려면 무력을 사용해야 하지만 대내적으로 안정을 추구하는 것은 대체로 무력에 의지하지 않는다. 무력통치는 고대 노예제사회에서 봉건사회를 거쳐 근대 자본주의사회 내지 현대 공산사회로 나아가는 과도적인 소비에트에 이르기까지, 줄곧 분명하게 존재한 사실이다. 고금과 전후의 구별은 단지 경중과 은현 및 직접 간접이라는 점에서 약간의 차이에 있을 뿐이다. 자본주의사회 이후 경감을 기대할 수 있는 것을 제외하면, 봉건 이전에는 그 무력이 중대하고 현저하고 직접적이지 않을 수 없었다. 동시에 그에 따라 계급의 구별이 엄격해진 것은 또한 말할 나위도 없다. 그러나 단순히 무력으로는 결코 평화를 얻을 수 없고, 이때 오히려 종교가 더욱 중요하게 된다. 계급의 발생은 원래 생산노동을 일부 사람들에게 위임하고 다른 사람들은 대내적 대외적 무력에 종사하는 데서 발생하였다. 이 때문에 계급의 구별은 생산노동에 종사하느냐 여부에 달려 있다. 종교는 여기서 주로 신앙가치로써 계급질서를 부여하여 그 이유를 묻지 않게 한다. 사실상 "그것을 행하면서도 그것을 분명하게 알지 못하고, 습관이 되어 있는데도 살피지 못하니"[20], 또한 누가 그 이유를 이해할 수 있겠는가? 모든 것이 다 당연하다. 사회는 바로 이와 같은 계급사회에서 평안해진다. 일반적으로 말해서, 안정의 노력은 다만 이와 같을 뿐이니(무력과 종교를 합쳐서 통치한다), 어찌 다른 것을 강구할 수 있겠는가? 우리가 부양의 노력—농공 생산—에서 의식적으로 강구해서 발달하여 학문을 이루는 것은 본디 매우 훗날의 일이고 안정의 학문 또한 결코 일찍이 나타나는 것은 아니며 혹자는 더욱 늦다고 말한다는 것을 안다. 그러나 괴이한 것은 중국이 일찍이 2, 3천 년 전에 이것에 유의하여 강구해서 사인의 전업으로 삼고 또한 상층계급의 직무로 삼았다는 사실이다. 이는 다른 사람의 물음에 대한 공자와 맹자의 대화에서 분명하게 알 수 있다.

> 번지가 농사짓는 법 배우기를 청했다. 공자가 말했다. "나는 노련한 농부만 못하다." 채소 기르는 법 배우기를 청했다. "나는 노련한 채소 재

20) "行之而不著焉, 習矣而不察焉."(『孟子』「盡心上」) —옮긴이

배가만 못하다." 번지가 나가자 공자가 말했다. "소인이로다, 번수는! 윗사람이 예의를 좋아하면 백성 가운데 아무도 감히 공경하지 않는 사람이 없고, 윗사람이 의를 좋아하면 백성 가운데 아무도 감히 복종하지 않는 사람이 없고, 윗사람이 신의를 좋아하면 백성 가운데 아무도 감히 진실을 행하지 않는 사람이 없을 것이다. 이와 같으면 사방의 백성이 자기 자식을 포대기에 감싸 업고 찾아올 것이다. 농사는 지어서 어디에 쓰려느냐?"(『論語』, 「子路」)

자로가 군자에 대해 물었다. 공자가 말했다. "자기 자신을 닦아서 경건해지는 것이다." "이와 같을 뿐입니까?" "자기 자신을 닦아서 다른 사람을 편안하게 해주는 것이다." "이와 같을 뿐입니까?" "자기 자신을 닦아서 백성을 편안하게 해주는 것이다. 자기 자신을 닦아서 백성을 편안하게 해주는 것은 요임금과 순임금도 아마 오히려 힘들어했으리라!"(『論語』, 「憲問」)

진상이 맹자를 만나 허행의 주장에 대해 이렇게 말했다. "등나라 임금은 진실로 어진 임금이지만, 성왕의 도를 듣지는 못했습니다. 어진 자는 백성과 더불어 밭갈아 먹으며, 조석을 손수 해먹고 다스립니다. 이제 등나라에 곡식창고와 재물창고가 있으니, 이는 백성을 착취하여 스스로를 부양하는 것입니다. 어찌 어질다고 하겠습니까?"

맹자가 말했다. "허 선생은 반드시 곡식을 심은 뒤에 먹는가?"

진상이 말했다. "그렇습니다."

맹자가 말했다. "허 선생은 반드시 베를 짠 뒤에 옷을 입는가?"

진상이 말했다. "아닙니다. 그분은 갈옷을 입습니다."

맹자가 말했다. "허 선생은 관을 쓰는가?"

진상이 말했다. "관을 씁니다."

맹자가 말했다. "무슨 관을 쓰는가?"

진상이 말했다. "흰 관을 씁니다."

맹자가 말했다. "스스로 짜는가?"

진상이 말했다. "아닙니다. 곡식과 바꿉니다."

맹자가 말했다. "허 선생은 어찌 스스로 짜지 않는가?"

진상이 말했다. "농사를 짓는 데 방해가 되기 때문입니다."

맹자가 말했다. "허 선생은 솥과 시루에 불 때며, 쇠로 밭을 가는가?"

진상이 말했다. "그렇습니다."

맹자가 말했다. "스스로 만드는가?"

진상이 말했다. "아닙니다. 곡식으로 바꿉니다."

맹자가 말했다. "곡식으로 연장을 바꾸는 것은 대장장이를 착취하는 것이 아니며, 대장장이가 또한 기계로 곡식을 바꾸는 것이 어찌 농부를 착취하는 것이겠는가? 또 허 선생은 어찌 대장장이를 궁중에 두어서 쓰지 않고 어찌 어수선하게 백공과 더불어 교역을 하는가? 어찌 허 선생은 번거로움을 꺼리지 않는가?"

진상이 말했다. "백공의 일은 진실로 밭을 갈면서 또 하지 못할 것입니다."

맹자가 말했다. "그러면 천하를 다스리는데 오직 밭 갈고 나면 또 할 수 있겠는가? 대인의 일이 있고 소인의 일이 있다. 한 사람의 몸에 백공이 할 일을 다 갖추어 반드시 스스로 한 후에 쓴다면 이것은 천하 사람들을 이끌어 분주하게 오가느라 쉴 새가 없게 만드는 것이다. 그러므로 '어떤 사람은 마음을 수고로이 하며 어떤 사람은 힘을 수고로이 하는 것이니, 마음을 수고롭게 하는 자는 사람을 다스리고 힘을 수고롭게 하는 자는 사람에게 다스림을 받는다'라고 하는 것이다. 다른 사람에게 다스림을 받는 자는 다른 사람을 먹이고 다른 사람을 다스리는 자는 다른 사람에게서 얻어먹는 것이 천하에 보편적인 원리이다. …… [배불리 먹고 따뜻하게 입고 편안히 살면서 가르침이 없으면 짐승에 가까우므로], 성인이 이것을 근심하여 설을 사도로 삼아 인륜을 가르쳤다. 즉 부자는 친함이 있고, 군신은 의리가 있고, 부부는 분별이 있고, 장유는 차례가 있으며, 붕우는 믿음이 있어야 한다는 것이다. 방훈(요 임금)이 말했다. '수고로운 자를 위로하며, 오는 자를 오게 하며, 간사한 자를 바르게 하며, 굽은 자를 곧게 하며, 도와서 세우며, 협조하여 행하게 하며, 스스로 알게 하고 또 좇아 나아가서 덕이 있게 하라.' 성인은 백성을 근심함이 이와 같으니, 어느 겨를에 밭을 갈겠느냐?"(『孟子』, 「滕文公上」)

팽경이 말했다. …… "선비가 하는 일 없이 먹는 것은 옳지 않습니다."

맹자가 말했다. "그대가 물건을 서로 융통하고 일을 서로 바꿔 하여 남는 것을 가지고 모자라는 것을 보충하지 않는다면, 농부에게는 곡식이 남아돌고 여공에게는 피륙이 남아돌 것이다. 그대가 만약 이것을 서로 융통해서 사용한다면 목수와 수레를 만드는 공인이 모두 그대에게서 먹을 것을 얻을 수 있을 것이다. 어떤 사람이 안에서는 효도하고 나가서는 공손하여 선왕의 도를 지켜서 후학을 기다리고 있는데 그대가 먹여 살리지 않는다면, 그대는 어찌하여 목공과 수레를 만드는 공인은 존중하면서 인의를 실천하는 사람은 가볍게 여긴단 말인가?"(『孟子』, 「滕文公上」)

공손추가 말했다. "『시경』에 '공밥을 먹지 않는다.'라고 했습니다. 군자가 농사짓지 않고 먹으니, 어째서입니까?"

맹자가 말했다. "군자가 이 나라에 있어 임금이 등용하면 나라가 편안하고 부유해지며 임금이 존귀하고 영화롭게 되며, 그 자제들이 따르면 효도하고 공경하고 진실되고 성실하게 될 것이다. 공밥을 먹지 않는 것이 무엇이 이보다 크겠는가?"(『孟子』, 「盡心上」)

이와 같은 주장과 견해가 2천 수백 년 전에 나왔으니, 실로 있어서는 안 되는 일이었다. 나는 중국인의 이성이 조기에 계발되었다는 것을 이것을 빌어 가장 잘 증명할 수 있다고 말한다. 한번 살펴보자. (1) 고대 노예제사회 혹은 중세 봉건사회에는 일반적으로 말해서 생산노동을 천시하여 부끄러워하거나 회피하는 사람이 없었다.[21] 그러나 여기서 번지가 농사짓는 법과 채소 기르는 법을 배우기 청하는 것과 공자의 대답을 보면, 의식과 태도가 얼마나 통하는가? 당시 배우면서 스스로 부양하는 선비가 스스로 노동을 감수한 사례가 적지 않아서(제8장과 제9장을 보라), 그러한 비루한 견해와 습관이 심하지 않았음을 볼 수 있다. (2) 상층계급이 한가하게 앉아서 먹고사는 것을 어느 곳에서 당연하다고 여기지 않겠는가? 또한 누가 반성하면서 의심을 품지 않겠는가? 그러나 이러한 문답으로 보면 결국 재삼 논란을 제기하고, 더욱이 허행 같은 사람들은 의연히 백성들과 함께 농사짓는 운동을 제창하며 앉아서 먹고사는 것을 반대했다. 이러한 이성의 요구는 또한 얼마나 분명하고 강력한가? (3) 공맹은 농사짓는 것을 선비가 숭상할 것으로 여기지 않았지만, 결코 사람이 태어나면서 귀천이 정해져 있다고 말하여 계급을 긍정하지 않았다. 단지 사회분업의 원리에 따라 정신노동과 육체노동의 구분하여 단지 겸할 수 없으며 "안정"과 "부양"을 분업하지 않을 수 없다고 설명하였을 뿐이다. 묻건대, 어느 봉건사회에서 이와 같은 주장을 볼 수 있는가? (4) 가

21) T. Beblen, 胡伊默 譯, 『有閑階級論』(中華書局)에 상세하다.

장 특별한 점은, 안정을 강구하는 노력이 순전히 "자신을 수양하여 사람들을 편안하게 한다."[22]는 구절에 있다는 것이다. 이것이 무엇인가? 이것이 무력인가? 이것이 종교인가? 명명백백하게 완전히 봉건의 길로 떨어지지 않았다. 유가에서 강구한 것이 큰 증거가 될 수 있다. 후대에 전해져 이른바 "수신—제가—치국—평천하"의 체계가 있고, 이른바 "내성외왕"의 학이 있게 되었다. 그 후 2천여 년 동안 중국 사인의 사회적 직분과 "이성의 평화로 무력의 통치를 대체한 듯한" 국면이 모두 이로부터 나왔다. 소급해보면, 당연히 공자보다 앞선 선구자가 있다. 대략 고대사회의 내부 형세로부터 반드시 이러한 각성을 이끌어내고, 이성의 계발이 사회형세의 완화를 더욱 촉진하였다. 이처럼 서로 원인과 결과가 되어 순환적으로 추동하고 부단히 발전하여 마침내 중국의 사회기풍이 다른 곳과 다르게 되었다. 어떤 개인의 노력으로 그 단서를 열 수 있는 것이 아니다. 제9장에서 말한 바 중국 봉건계급이 스스로 융해되었다는 단락을 참조하여 입증할 수 있을 것이다. (5) "자신을 수양하여 사람들을 편안하게 한다."고 하였으니, 사람들을 편안하게 하는 노력은 오로지 자신을 수양하는 데 달려 있다. 공자가 말한 "자신이 바르면 명령하지 않아도 행해진다.", "참으로 그대가 욕심을 부리지 않으면 상을 주어도 도둑질하지 않을 것이다" 등은 모두 같은 의미이다. 결국 향외적으로 방법을 찾지 않고, 오히려 사유와 지력을 향내적으로 스스로 반성하는 데 사용하였다. "수신—제가—치국—평천하"는 수신을 근본으로 하며, 또한 반드시 "격물—치지—성의—정심"에서 구했다. 공맹이 강구한 것은 사람다움을 실천하고[23] 본성을 다하는[24] 학문이다. 고대 중국인의 견해가 단

---

22) "修己以安人."(『論語』「憲問」) —옮긴이

23) "惟聖人然後可以踐形."(『孟子』「盡心上」) —옮긴이

24) "盡其心者, 知其性也. 知其性, 則知天矣."(『孟子』「盡心上」) —옮긴이

지 안정의 문제에 있고 공맹이 말한 것이 단지 안정의 노력에 있다고 한다면, 천박하고 협애함을 면치 못하고 오히려 근본을 이해하지 못할 것이다. 근본적으로 고대 중국인은 인류생명의 고귀함에 대해 절실하게 인식한 바가 있어 이에 안정의 문제를 가슴에 품게 된 것이다. 또한 사람다움을 실천하고 본성을 다하기가 쉽지 않다는 데 대해 깊이 인식한 바가 있어서 나중에 수기 공부를 모든 것보다 중시한 것이다. 사실상 다른 사람들을 치지도외하고 자신만 중시할 수 없어서 수기와 안인이 하나의 체계를 이룬 것이다. 여기서 학문공부는 간단하다면 매우 간단하고 무궁하다면 또 무궁하다고 말할 수 있다. 현대 학술이 발달했다고 하지만, 이에 대해서는 궁구한 바가 없는데, 중국인이 수천 년 동안 헛살지 않았다면 그 공헌은 바로 여기에 있다. 이 때문에 나는 중국인이 이성을 조기에 계발하고 문화가 조숙했다고 말하는 것이다.

그러나 여기서 갈림길이 나온다! 다른 한편으로는 문호가 크게 열린 듯해서 사람들의 사유와 지력을 부양의 문제 이외의 것에 사용하게 하고 그것을 되돌릴 수 없게 인도한 듯하다. 분석해서 말하면, 관건은 둘이다.

하나, 계급이 직업으로 전화된 것이 너무 이르고 또한 도리에 매우 가깝다는 것이다.—국가도 아마 최후에는 폐기되겠지만, 정치는 여전히 폐지되지 않고 남아 있을 것이다. 그때 정치는 계급의 일로부터 직업의 일로 변한다. 그래서 중국 봉건이 해체되어 정치를 계급적인 것에서 직업적인 것으로 전화시킨 것은 진보의 추세이고 최후의 이치에 매우 가깝다. 다만 그 진보가 너무 이르고 조건이 충분하지 않아서 단지 거기로 나아갔을 뿐 그 일을 완성할 수는 없었다. 그것은 최후의 이치에 매우 가깝기 때문에 변화시키기 쉽지 않았다. 우리가 이치에 가깝다고 하는 것은 또한 여기에 그치지 않는다. 노심자(勞心者)는 인사(人事)에 밝기 위해 힘쓰고, 노력자(勞力者)는 생산의 책임을 진다. 안정과 부양이 서로 성과를 교환하여 각기 전담하는 바가 있으니, 이것이 매우 합리적이지 않은가? 허행처럼 인민과 더불어 농사를 짓는 것은 이성의 요구에서 나왔지만 오히려 역사의 수레바퀴를 거꾸로 돌리는 것을 면치 못한다. 일반적인 계급착취처럼 진보의 방향에는 부합하지만 도리어 계몽이성에는 어긋난다. 묻건대, 오늘날 과학기술의 커다란 진보로 인류가 기계를 사용하여 생산하고 다시는 인류의 체력에 의지하지 않게 된 것을 논외로 한다면, 누가 노심과 노력이 결국 합일될 수 있는 더욱 훌륭한 이상을 미리 알 수 있었겠는가? 그래서 그것이 당시의 중국(이성은 점차 계발되었지만 생산기술은 아직 조야한)에서는 실로 유일하게 합리적이고 더욱이 대체할 수 없는 이상이었다. 그것이 합리적이었으므로 이 대사회가 추구하였고, 대체할 수 없었으므로 마침내 한 번 형성된 뒤에는 변하지 않았다. 2천 년 동안 이처럼 줄곧 변하지 않은 구분 아래에서 생산의 일(부양의 문제)을 노심자의 관심 밖으로 몰아내었다. 그러나 이 부류의 사람들은 비교적 사유능력과 지력이 있어서 또한 그 사유와 총명을 운용할 겨를이 있었고 더욱이 공구설비(문자와 도서 등)로써 사유와 총명의 사용을 도울 수 있었다. 생산의 일을 그들의 관심 밖으로 몰아낸 것은 바로 저 위대하고 우수한 민족의 의식 밖으로 몰아낸 것과 같다. 노력자들은 본래 노력하고 본디 마음을 쓰는 일이 적으며 또한 지력이 높지 않고 시간적 여유에 한계가 있고 공구설비를 결핍하여, 날마다 이런 일들을 당부해도 또한 소용이 없다. 특히 그들은 눈앞에 필요한 것을 떠나서 생각하기가 쉽지 않아서 이지가 깊어지고 넓어지는 것을 막고 과학의 길을 막았다. 우연히 깨닫더라도 결코 앞날을 개척하지 않는다.

둘, 사람들의 사유와 지력을 향내적으로 사용한 것이 너무 이르지만 오히려 매우 필요했다는 것이다.—노심자는 인사에 밝기를 힘쓰지만, 그것은 사회과학의 연구를 말하는 것이 아니라 앞에서 말한 것처럼 "자신을 수양하여 사람들을 편안하게 하는 것(修己以安人)"이다. 사람의 이목과 사유는 태어나면서부터 향외적으로 사용하게 되어 있어서 그것을 외물에 대한 이해로부터 자신의 생명에 대한 이해로 전환시키는 것은 개인에게는 우연히 가능할지라도 사회의 기풍이 되는 것은 반드시 후대에 문화가 일정한 단계에 이르러야 성취할 수 있다.(다음 장을 보라.) 그래서 중국은 실로 너무 일찍 한 걸음 나아갔다. 이때 한 번 철저히 향외적으로 마음을 사용한 적이 없기 때문에 먼저 자연과학과 사회과학(특히 생물학, 생리학, 심리학 등의 학문)이 기초 혹은 보조가 되어 홀연히 자신의 생명에 대해 이해하는 것은 오류에 빠지기 쉽고 매번 불명료하게 뒤얽힌다.(성리의 학을 가리킨다.) 동시에 이러한 이해는 원래 무궁무진하다. 이에 사람들의 사유와 지력은 무한한 심연에 빠져 한 번 가면 돌아오지 못하는 듯하다. 이때 향외적으로 전환하는 것이 쉽지 않을 뿐만 아니라 향외적으로 사유한다 하더라도 또한 학술상 근대 서양처럼 다시는 과학의 길을 열 수 없다. (그 이유는 나중에 상세히 말하겠다.) 더욱 분명하게 이해해야 할 것은, 사회질서를 이미 개인도덕에 의존하고 사회구조가 이미 "천자로부터 서인에 이르기까지 한결같이 수신을 근본으로 삼는" 국면을 형성하였으므로 향내적으로 사유하는 것이 곧바로 필요하게 되었다. 이러한 필요성은 시종 존재하여, 사람들의 사유가 시종 향내화되었다. 외물에 대해서는 다소 분석과 고찰이 있었지만, 단지 표면적인 데 그치고 깊이 들어가지 못했다.

우리가 향외적으로 보면 모든 것이 다 사물이다. 이 사물은 본디 무궁무진하지만, 우리 자신의 생명이 바로 하나의 "무진장"이다. 과거에 인도인들은 향내적인 발굴에 뛰어났고 근대 서양인들은 향외적인 탐구에 가장 뛰어났다. 중국인은 상술한 두 가지 관건으로 인해 한편으로는 향내적인 길을 열고 다른 한편으로는 향외적인 길을 막았으며, 특히 스스로를 돌아보아 이해하는 기풍을 형성하였다. 그 긍정적인 성취가 무엇인지는 여기서 논하지 않겠다. 그 부정적인 결과 중에 가장 큰 것은 다음과 같다. 사물에 대한 실험과 관찰이 오랫동안 표면적인 데 그치고, 그래서 통제하고 이용하는 것이 매우 천박하였다. 이것이 생산기술의 진보를 제한하였고 비록 간접적이라 하지만 도리어 근본적으로 다시 진보할 수 없게 하였다. 여타의 원인이 결합된 결과, 사람살이에서 향외적으로 사물을 추구하는 추세와 피차 경쟁하는 추세가 모두 크게 감소되었다. 자신의 경우에는 지족하여 자득하기 쉬웠고 타인에 대해서는 공평하고 관용하는 방식을 수시로 드러내었다. 또한 도리와 욕망의 싸움 및 의로움과 이로움의 구분이 예로부터 사상계의 큰 문제로서 사회와 인생에 특별히 영향을 미쳤다. 또한 물리에 밝지 않고(과학의 결여) 화복이 정해지지 않아서(직업 분화), 허다한 종교 · 미신이 중국인의 생활에서 부지불식중에 매우 커다란 세력을 차지했다. 또한 정치상 필연적으로 소극무위에 떨어졌다. 이와 같은 것들은 모두 소극적이든 적극적이든 혹은 직접적이든 간접적이든 사회경제의 진보를 저지하였음은 말할 나위가 없다.

다시 심각하게 말하면, "계급을 직업으로 전화시켰다.", "자신을 수양하여 사람들을 편안하게 한다.", "사유를 향내적으로 사용했다." 등은 모두 이상적인 요소가 내포되어 있고 결코 완전히 사실은 아니다. 사실은 항상 직업이 계급으로 역전되는 것을 면치 못하고, 항상 자신을 수양하지 않고 또한 사람들을 편안하게 하지 못하는 것을 면치 못했다. 나아가 사유를 결코 향내적으로 사용하지도 않았다. 그렇다면 그 결과가 어떻다고 쉽게 단언할 수 없는 듯하다. 그렇지만 그렇지 않다. 이상적인 요소를 함축하고 있는 일체의 것이 바로 중국의 통치원리라는 사실을 알아야 한다. 그것은 이성의 조기계발에서 나와 예속을 융성하게 형성하였다. 당초에 이미 자연스런 추세에 따라 나온 것이 아니어서 생산력의 자연스런 발전과 분리되었고, 더욱이 이로부터 결국 분리되었다. 생산력의 발전이 억제된 이유가 여기에 있다. 현실이 이상과 같지 않을 때 통치의 원리가 느슨해지는 듯하여 제약되는 것을 면할 수 있다. 그러나 부지불식중에 당시의 인심이 방자한 데로 흘러 사회가 봉건으로 역전하면, 생산을 촉진하는 효과를 거둘 수 없고 이미 난세에 빠져 생산을 파괴하게 된다. 순리대로 나아가는 것도 안 되고 역전하는 것도 안 되어, 진퇴양난에 빠지게 된다. 이에 생산력의 발전이 억제되니, 이것이 중국 역사와 운명을 같이 한다. 동시에 중국 역사가 일치일란의 순환 속에서 흘러가고 혁명이 나타나지 않는다.

종합해서 말하면, 한편으로는 이성의 조기 계발과 문화의 조숙과 사회구조의 특수성이 중국에서 산업혁명이 발생하지 않는 형세를 결정하였고, 다른 한편으로는 중국에서 산업혁명이 발생하지 않은 것이 그 형세를 결정하였다. 그렇다면 당연히 중국 사회구조도 변함이 없게 된다. 그리고 사회구조가 변하지 않을수록 산업혁명이 발생하지 않는 형세가 더욱 결정되고, 따라서 사회도 더욱 변화가 없게 된다. 이처럼 양 측면이 뒤얽혀 서로 긴박하여 전환할 수 없었다. 이것이 바로 중국 경제가 정체되어 진보하지 못하고 사회가 오래도록 변하지 않은 이유이다.

12장

인류문화의 조숙

1. 중국에 민주가 결여된 이유

제1장에서 "민주"를 요구하지 않고 민주 제도가 형성되지 않은 것이 중국문화의 특징 가운데 하나(아홉 번째 특징)라고 말했다. 위에서 중국 사회구조의 불변하는 원리에 대해 많이 논했으므로, 독자들도 이 문제에 대하여 깊이 이해했을 것이다. 그러나 우리는 다시 아래와 같이 설명하고자 한다.

먼저, 무엇을 민주라 하는가 묻는다. 민주는 일종의 정신이다. 그것은 원래 하나의 근본점에서 출발하여 차례로 다섯 가지로 분석할 수 있다는 것을 인류의 사회생활에서 어렵지 않게 확인할 수 있다.

(1) 내가 나를 인정하고 동시에 주위 사람을 인정한다. 나에게는 나의 감정 · 욕구와 사상 · 의견 등이 있고, 다른 사람에게도 그의 감정 · 욕구와 사상 · 의견 등이 있다. 이것들은 내가 다 고려해야 하고, 말살하고 배척하거나 끊어버릴 수 없다.—이것이 첫 번째 근본점이다. 만일 "자기만 있고 남이 없으면" 반(反)민주이다.

(2) 다른 사람의 인정으로부터 "피차 평등"의 정신이 나온다. 단체 내

에서 "모두가 평등하고", "유아독존"은 반민주이다.

(3) 피차 평등으로부터 이치를 따지는 정신이 나온다. 사람은 피차간에 문제가 생기면 이성에 의거하여 해결하려 한다. 무슨 일이든 사람들이 의사소통 하여 서로 고개를 끄덕이면 된다. 강요하거나 힘으로 자신의 뜻을 행해서는 안 된다. 이치를 따지지 않고 힘으로 사람을 굴복시키려 하는 것은 다 반민주이다.

(4) 평등과 이치를 따지는 정신으로부터 자연히 "다수결"을 인정하게 된다. 대중에 관련된 모든 일은 회의를 열어서 상의하여 다수결로 결정한다. 민주의 함의는 사실 이상의 네 가지 점을 종합한 것이다. 민주의 "민"은 바로 다수인을 가리키는 말이고, 민주의 "주"는 다수인이 주체가 되고 주장하고 주동이 된다는 의미이다.

(5) 개인의 자유를 존중한다.—이는 첫 번째 점에 근본하여 나온다. 모두의 일은 원래 모두가 공동으로 주인이 되어야 한다. 다른 사람과 무관한 개인의 일은 마땅히 자기가 주인이 되어야 하고 다른 사람이 간섭할 수 없다. 여기에는 자연히 한계가 있음을 반드시 인식해야 한다. 어떤 개인의 의지도 말살되어서는 안 되고, 대중이라 하더라도 그것을 말살할 수 없다.

민주의 함의는 대체로 이상 다섯 가지 점에서 벗어나지 않는다.

그러나 아래와 같은 것들을 언급하지 않을 수 없다.

① 민주는 일종의 정신 혹은 경향이지, 하나의 사물이 아니다. 그래서 그것이 있는지 없는지에 대해 잘라 말하기 어렵다. 그것이 조금 나타나도 민주라 할 수 있고, 그것이 많이 나타나도 민주라 할 수 있다. 반대로 적게 나타나면 민주라고 하기에 부족하고, 너무 많이 결핍되면 반민주이다. 그것이 적극적 · 소극적 측면에서 뛰어난지 부족한지 살펴보고

상대적으로 피차 비교해보는 것이지, 절대적으로 규정할 수 있는 것은 아니다.

② 민주정신은 결국 비교적 작은 생활권 내에서, 즉 "자기 자신"에 대해 민주정신을 나타내는 것에서 가장 먼저 볼 수 있다. 그러나 여기서 확장하여 그 정신을 사용할 수 없으면 없는 것과 같다. 또 민주정신이 우연히 한번 나타나는 것은 어렵지 않다. 어려움은 변함없는 지속성에 있다. 그래서 비교적 큰 범위에서 기풍과 습속을 이루지 않으면 민주라고 할 수 없다.

③ 위의 다섯 가지 점—타인의 인정, 평등, 이치를 따지는 정신, 다수결, 개인의 자유 존중—은 모두 하나의 근본정신의 표현이다. 정신이 하나이므로, 각각의 점이 서로 연결됨을 쉽게 확인할 수 있다. 그러나 시기와 지역에 따라 사회생활이 다르므로, 표현에 출입이 있고 다섯 가지 점이 반드시 다 구비되지는 않는다. 주지하는 바와 같이 영미와 소련에 장단점이 있는 것이 그 예다. 심지어 동일한 점에서 각자의 표현이 있고 절대로 똑같지는 않다. 한 가지에만 집착하여 다른 것을 비난하는 것은 잘 고찰하여 두루 통하느니만 못하다.

이것들을 분명히 이해한 후에 중국에 대해 논할 수 있다. 중국인의 생활에 본래 민주정신이 있음은 나의 책을 읽은 이는 앞뒤로 추론하여 어렵지 않게 알 수 있을 것이다. "자기가 원하지 않는 것을 타인에게 행하지 않는다."[1]는 서(恕)[2]의 원리는 첫 번째 정신의 표현이다. 다시 중국사

1) 원문은 "己所不欲, 勿施於人"으로 『논어』에 나온다. 『대학』에서 "所惡於上 毋以使下, 所惡於下 毋以事上, 所惡於前 毋以先後, 所惡於後 毋以從前, 所惡於右 毋以交於左, 所惡於左 毋以交於右"하는 것을 '혈구지도(絜矩之道)'라고 한 것도 같은 맥락이다. —옮긴이

2) 서(恕)는 자신을 미루어 타인을 헤아리는 것이다. 『논어집주』에서는 "자신을 미루어 나아가는 것을 서라고 한다.(推己之謂恕)."라고 했고, 『대학집주』에서는 "자신을 미

회(계급이 없다)와 유럽 중세사회(계급이 있다) 및 인도사회(계급이 많고 또 엄격하다)를 비교해보면, 두 번째 정신을 볼 수 있다. 특히 세 번째 점은 중국이 가장 뛰어난 점이다.—중국인은 이치 따지는 것을 가장 좋아한다. 통상 중국에 민주가 없다고 하는데, 이는 대개 네 번째와 다섯 번째 점의 결여를 가리켜서 하는 말이다. 즉 일이 생기면 회의를 열어 다수결로 결정하는 습관과 제도가 형성되지 않고, 사회와 개인, 자기와 타인의 권리한계를 분명히 하는 습관제도가 성립되지 않았다. 전자는 정치상 민주의 결여라고 할 수 있다. 특히 민유(民有)·민향(民享)·민치(民治)[3] 중에서 민치(by the people)의 결핍이다. 후자는 근대 법률상 민주의 결여라고 할 수 있다. 특히 개인본위 권리관념의 결핍이다. 한마디로 총괄하면, 중국에 민주가 없지는 않지만 서양 근대국가와 같은 민주는 없다.

중국과 서양이 왜 이렇게 다른가? 역사는 분명히 두 가지 노선을 보여준다. 서양의 정치와 법률은 일찍이 고대 해안 도시국가에서 그 실마리를 찾아볼 수 있다. 다음 기독교회도 천여 년간 도야했다. 교회 안에서 개개인이 모두 동등하며 단체에 직속하여 가장과 가족 사이의 간극을 제거했다. 마지막으로 중세 후기의 자유도시를 거치면서 근대국가가 배양되었다. 근대국가의 안정적인 진보과정에서 그 정치와 법률이 발전되었다.—이는 집단생활에 치우침으로써 도출된 노선이다. 그러나 가족생활이 치우치게 우세하고 윤리본위의 사회로 변천해온 중국은 자연히 그런 정치와 법률이 결여되었다. 량치차오는 이렇게 지적했다. "중국에는

루어 나아가 타인에게 미치는 것을 서라고 한다.(推己以及人, 所謂恕也.)"라고 했다. —옮긴이

3) 민유(民有)·민향(民享)·민치(民治)는 각각 '인민의'·'인민을 위한'·'인민에 의한' 정치를 가리킨다. 순서대로 영어의 'of the people'·'for the people'·'by the people'에 해당한다. —옮긴이

민족만 있고 시민은 없다.", "향촌자치는 있어도 도시자치는 없다."(제4장 참조) 얼핏 보면 이해할 수 없는 듯하지만, 참으로 정확한 견해를 담고 있다. 중국의 향당은 가족에서 성립된다. 향촌자치는 종족자치이고, 사람에 의지하지 지역에 의존하지 않으며, 원래 진정한 집단이 아니다. (제4장을 보라.) 량치차오가 서술한 자기 고향의 자치상황[4]이 그 대표적인 예다. 그러한 규모조리와 업무경영은 얼마나 좋은가? 그러나 그것은 첫째 도시에서는 적용할 수 없고, 둘째 천오백 가구 이상 혹은 인구 만 명 이상에서는 그 좋은 질서를 유지할 수 없다. 도시는 다양한 사람들이 뒤섞여 사는 곳이고, 지역에 의지하지 사람에 의지하지 않는다. 그처럼 가족 윤리관계에 의지하여 조직을 운용하는 것은 사용할 수 없다. 단위가 크고 인구가 많으면 반드시 법을 써야 하고 예로써는 부족할 듯하다. 중국은 원래 예를 사용한다. 이는 본질상 집단과 다르고, 가능한 집단생활이 여기서 벗어나지 않는다. 삼국시대의 전주(田疇)나 명말의 화현(花縣)은(제10장을 보라) 다 특수한 기회에 우연히 나타난 것이고, 장구하게 유지하거나 범위를 확대하는 것이 불가능하다. 이들 사회생활에 결코 민주가 없지는 않다고 하는데, 내부질서가 무력에 의해서가 아니라 이성에

---

4) 량치차오는『中國文化史』鄉治章에서 자기 고향의 자치상황을 서술했다. 원문은 아래와 같다. 나의 고향은 茶坑인데 厓門에서 10여 리 떨어진 섬이다. 섬에는 산이 하나 있는데, 산록을 따라 촌락을 이루고 주민은 약 오천이다. 우리 량씨가 삼천이고 산의 동쪽 기슭에 살면서 一保를 이룬다. 나머지 余, 袁, 聶 등의 성씨가 산의 삼면을 둘러싸고 거주하면서 二保를 이룬다. 그래서 우리 고향의 總名도 三保이다. 鄉治는 本保에서 결정하는데, 三保의 공동적 이해와 관련된 일은 三保聯治機關法에 따라 결정한다. 연치기관은 "三保廟"라 부른다. 본보 자치기관은 우리 량씨의 宗祠인 "疊繩堂"이다. 자치기관의 최고권력은 첩승당 자손 중에 51세 이상으로 구성되는 耆老會議가 갖는다. 나이가 미치지는 못하지만 "功名"이 있는 자도(秀才, 監生 이상) 참여한다. 회의 이름은 "上祠堂"이다. (연치회의는 "上廟"라 부른다.) 본보의 대소사는 다 "上祠堂"에서 결정한다. (후략)

의지하여 유지된 것이 그 증거다. 그리고 강대한 집단을 이루지 못하여 실로 정치가 결핍되었는데, 정치와 법률은 순전히 강대한 집단의 일이다. 그것을 확대 혹은 유지하려 하면 무력 측면을 증가시켜야 하는데, 이는 역대에 왕조를 건립하는 길이다. 그러나 위와 같은 것은 그 정치가 소극무위에 귀결되지 않는가? 근본적으로 중국에서는 무수한 가족들이 윤리적 연쇄에 의해 사회를 이룬다. 무력 측면을 증가시켜도 중국은 계급통치의 지연국가가 될 수 없다. 그것은 예에 의지하여 소극적 평화의 국면을 유지하며, 이 순간에 한편으로 약간의 민주가 있고 한편으로는 정치와 단절되어 있다. 량치차오는 "서양인의 도시자치는 그 정치능력의 효시이고, 중국인의 향촌자치는 그 정치능력의 아궁이이다."라고 했는데, 논의가 비할 바 없이 정치하다.[5] 결론적으로 말해서, 중국에는 민주가 결여된 것이 아니라 집단생활이 결여되고 정치와 법률이 결핍되었다. 혹자는 중국에는 민주가 결여된 것이 아니고 네 번째, 다섯 번째 점이 결여되었다고 하는데, 이것이 결여된 것은 실로 집단생활이 결여되었기 때문이다.

이상은 두루뭉수리 설명한 것이고, 아래에서 네 번째 점과 다섯 번째 점을 나누어 그것이 중국에 나타나지 않는 이유를 설명하고자 한다.

---

5) 중국과 서양의 역사적 사실로부터 량치차오는 결국 "중국에는 민족만 있고 시민이 없다.", "향촌자치만 있고 도시자치는 없다."는 것을 깨닫고, 서양인의 도시자치는 그 정치능력을 배양하고 중국인의 향촌자치는 그 정치능력을 날려버렸다고 지적했다. 그러나 가족생활에 치우치거나 집단생활에 치우친 두 노선을 량치차오는 분명하게 구별하지 못하여, 위와 같이 언급은 했지만 그 뜻을 깊이 인식하지는 못했다.

2. 인권자유가 나타나지 않은 이유

인권자유의 관념은 참으로 중국에 없는 것이다. 그러나 그것이 처음 중국에 전래되었을 때부터 사람들은 흥미를 느끼지 않았다. 유신파는 시급한 문제가 아니라고 여겼고 혁명파는 과거에 자유가 너무 많았다고 싫어했다. (이상은 모두 제1장에 보인다.) 이들로부터 보면 사실 중국인은 자유롭지 않은 적이 없었으나, 단지 관념이 분명하지 않았을 뿐이다. 혹자는 중국인이 자유와 부자유 사이에 끼어 있다—그들은 자유로운 적도 없고 부자유한 적도 없다—고 한다. 이런 괴이한 사정은 아래에서 그 원인이 분명해질 것이다.

여기서 반드시 서양의 경우에 비춰보아야 한다. 인권 · 자유가 근대 서양인에게서 분명하게 드러난 것은 근대에 개개인이 강해져서 인정하지 않을 수 없게 되었기 때문이다. 과거에 량치차오가 아래와 같이 잘 설명한 바 있다.

> "전에는 위에 있는 사람만이 강자였는데, 이제 아래에 있는 사람도 강자이다. …… 두 강자가 서로 만나고, 두 권리가 병행한다. 양측의 강함이 상쇄하므로 양측의 권리가 평등하다. 그래서 자유권과 강권이 본래 동일한 것이라고 한다."[6] (「飮氷室自由書」, 『飮氷室專集』 제2책)

---

6) 여기에 인용한 글의 제목은 「論强權」인데, 량치차오의 원문과 표현상의 차이가 조금 있다. 아래는 량치차오의 원문이다. "前此惟在上位者有强權, 今則在下位者亦有强權. 然則强權與自由權, 決非二物昭昭然矣. 若其原因, 則由前此惟在上位者乃爲强者, 今則在下位者亦爲强者耳. 故或有見人民伸其自由權以拒壓制之强權, 以爲此强弱迭代也. 不知乃兩强相遇, 兩權並行, 因兩强相消, 故兩權平等. 故謂自由權與强權同一物." —옮긴이

"자유란 개개인의 자유이며, 타인의 자유가 그 한계다. 가령 여기에 두 사람이 있다면, …… 각기 자신의 자유를 확충하여 각기 향외적으로 신장시킨다. 끊임없이 신장시켜 서로 만나면, 두 힘의 우열이 나뉘지 않아 경계가 그어진다. …… 두 사람 중에 한쪽의 힘이 약하면, 강한 자의 확대되는 힘이 반드시 약한 자의 경계에 침입하여 약한 자의 자유를 보전할 수 없다."[7](같은 곳)

개인이 자유의 주체이고, 자유는 개인의 무형의 영역이다. 자유를 말하면 개인으로부터 말하지 않을 수 없다. 그러나 인류 역사로부터 보면, 자유의 억압은 결코 개인 사이에서만 시작되지 않고 집단 사이, 집단과 성원 사이에도 있다. 항상 자유의 적은 한 집단의 권력기관으로 대표된다.—이것이 국가에서는 정부이다. 그래서 밀은 『자유론』(嚴復 譯, 『群己權界論』)에서 이렇게 말했다. "군주가 지키는 권력의 한계가 인민이 누리는 자유이다." 제9장에서 서양 역사에 근거하여 "민주는 인권의 존중으로부터 기대할 수 있고, 왕권의 제한에서 시작된다."라고 했는데, 바로 계급 대립의 상황에서는 반드시 계급이 생겨나 서로 대항하는 데서 문제가 해결될 수 있고 개인은 저항할 수 없었음을 지적한 것이다. 이때에는 본래 개인이 강해져야 한다. 그러나 한 개인이 먼저 강해질 수 없고 또 모든 개인이 보편적으로 동시에 강해질 수도 없다. 그래서 그중 일부분의 개인이 먼저 강해진 것이 이른바 신흥계급이다. 사회형세가 이에

7) 여기에 인용한 글의 제목은 「放棄自由之罪」인데, 역시 량치차오의 원문과 표현상의 차이가 있다. 아래는 량치차오의 원문이다. "言自由者必曰, 人人自由而以他人之自由爲界, 夫自由何以有界. 譬之有兩人於此, 各務求勝, 各務爲優者, 各擴充己之自由權而不知厭足, 其力線各向外而伸張, 伸張不已, 而兩線相遇. 而兩力各不相下, 於是界出焉. 故自由之有界也, 自人人自由始也. 苟兩人之力有一弱者, 則其强者所伸張之線, 必侵入於弱者之界, 此必至之勢, 不必諱之事也." —옮긴이

이르러 일변하여 개인의 자유가 계급 간의 세력균형에서 보장될 수 있게 되었다. 신흥계급은 경제의 진보에 기초하여 나왔다. 경제가 계속 진보하면 계급이 더욱 흥기하고(제4계급) 개인이 더욱 강해지고 따라서 자유를 향유하는 자가 더욱 많아질 것이다. 나중에 언젠가 모든 사람이 보편적으로 강해지면—사람의 지식능력이 다 매우 높아지면—자유가 보편화될 것이다. 과거 서양사회의 발전 추세로부터 인류의 앞날을 전망할 수 있다.

앞에서 민주는 타인에 대한 인정으로부터 시작한다고 했는데, 이제 민주는 타인을 인정하지 않을 수 없는 데서 시작된다고 말할 수 있다. 타인의 인정은 자기의 이성에서 나오는 것이고, 인정하지 않을 수 없는 것은 바로 그러한 사회형세에 의한 것이다. 밖으로부터 안으로, 사태로부터 이치로 나아가는 것이 서양의 노선이다. 혹자는 일반적으로도 그러하다고 한다. 우리는 먼저 다음과 같은 점을 지적하고자 한다.

> "도리[理]는 두 힘 위에서 생겨나며, 사태의 발전에 따른 필연적인 것이다. 인류이성이 역사를 연출해내는 것이 아니라, 도리어 역사가 인류의 이성을 연출해낸다."(제11장)

중국은 그렇지 않다. 중국에서는 먼저 자동적으로 타인을 인정한다. 어떻게 그럴 수 있는가? "가족과 부자 사이에는 정(情)이 행해지고, 집단과 집단 및 집단과 성원 사이에는 세(勢)가 존재한다."(제10장 참조)는 것을 알아야 한다. 정으로 일체가 된 가운데서는 때로 자기를 잊고 오직 타인만을 고려한다. 주공(周孔)이 이것에 의지하여 교화를 펴서 중국의 윤리사회가 형성되었다. 윤리사회는 피차 상대방을 중시하여 일찍이 "타인의 승인"을 넘어섰다. 이는 분명 형세가 그렇게 시킨 것이 아니고 오히려 형세를 단절시킨 길이다. 형세는 피차가 서로 대립하여 쌍방의 힘이 서로 비교될 때 나타난다. 윤리사회에서는 모든 것이 다 정의(情誼) 중에 있고, 형세가 이미 제거되어 찾아볼 수 없다. 그러나 우리가 가족이 서로 돌보는 정을 사회국가에 미치게 하여 계급을 윤리에 융해시킬 때, 집단생활에 치우친 서양인은 집단 사이의 서로 대립하는 형세와 집단과 성원 사이의 대립하는 형세를 개개인 사이에까지 확장하여 부자와 부부도 서로 대립하지 않을 수 없게 되었다. 량치차오는 일찍이 이렇게 탄식한 적이 있다.

> "권리관념은 구미 정치사상 중의 유일한 원소라고 할 수 있다.—심지어 가장 단순하고 가장 밀접한 부자와 부부 관계에서도 이 관념이 행해진다. 이런 관념은 우리 중국인의 두뇌로는 이해할 길이 없다. 부부와 부자 간에 어떻게 권리를 말할 수 있는가? 우리는 그 오묘한 이치를 참으로 이해할 수 없다."(梁啓超, 『先秦政治思想史』, 147면)

또 구미를 두루 여행한 콩따충[8]은 그 감상을 수차 다음과 같이 말했다.

> "중국인은 진흙과 물 같고(함께 뒤섞인다), 서양인은 강철과 돌 같다(눈에는 눈, 이에는 이로 대한다.)"
>
> "중국인의 힘은 바로 '혼(混)'자에 있고, 서양은 '분(分)'자를 깊이 얻었다."(孔大允, 『大地人文』, 戰地圖書公司)

---

8) 콩따충(孔大充)은 중국의 지리학자로, 저서로는 『大地人文』 외에 『中國地方政制導論』·『比較地方政府圖表』 등이 있다. —옮긴이

중국과 서양은 현저히 다르다. 사실 중국인이 자유롭지 않은 적이 없지만, 인권자유 관념이 명백히 확립되지 않은 것은 바로 이 때문이다.—이는 바로 중국사회가 윤리본위라는 측면에서 본 것이다. 중국사회에는 먼저 사람들이 자유를 잃고 다시 사람들로 하여금 자유를 확립하게 하는 서양과 같은 사회형세가 없다.

그러나 중국인이 자유를 확립할 수 없게 한 원인은 중국사회의 직업분화라는 측면에 있다. 무슨 말인가? 중국은 사회를 국가에 융해시킨다고 하지만 자못 국가와 다르다. 그러나 그것이 국가라는 것은 면할 수 없고, 국가이므로 강권세력이 없을 수 없다. [강권을] 수렴하고 많이 사용하지 않는다고 해도 역시 사용한다. 이때에 흩어진 모래알과 같은 중국인은 계급대립이 없고 왕권의 제한이라는 말을 시종 언급하지 않았다. 각 왕조는 오직 완전히 인심을 잃기를 기다려 스스로 전복되었고, 결국 세력균형을 이루어 자유를 건립하지 못했다. 이것은 봉건이 사인에 의해 훼손되고 계급이 직업으로 변해버린 필연적인 결과이다. 윤리본위는 중국인으로 하여금 뒤섞여 나뉘지 못하게 하고 대립하지 못하고 자유가 명확해지지 않게 했다. 그리고 대립에 부딪치게 될 때에는 또 대립이라 할 게 없어서(개인이 대항할 수 없다) 자유가 건립되지 않았다. 이는 실로 직업분화의 국면이 결정한 것이다.

이상은 모두 사회형세로부터 말한 것이다. 서양은 사회형세의 발전에 의해 개인자유를 낳았으므로, 사회형세의 차이로부터 중국을 설명한 것이다. 그러나 중국에 인권자유가 보이지 않는 것은, 우선 특수한 인생이념에 의해 방해받았기 때문이다. 중국의 노선은 서양과 상반되어 안으로부터 밖으로, 이치로부터 일로 나아간다. 즉 사회형세의 다름은 이성이 조기에 계발된 데서 나왔다.

중국에는 이성에 근거하여 나온 각종 이념이 있는데, 양대 정신이 중심이 된다. 하나는 향상심이 강한 것이고—"인생향상(人生向上)"이라고도 한다, 또 하나는 서로 살펴주는 정이 두터운 것이다—"윤리정의(倫理情誼)"라고도 한다. 제7장에서 인류이성에 대해 논하면서 중국의 민족정신과 사회기풍에 대해 설명할 때 언급했다. 인권자유는 우선 여기서는 발생되지 않는다. 이것은 결코 이해하기 어렵지 않다. 인권자유가 서양 근대인의 생활에서 어떻게 발생했는지 명백하게 이해한다면, 그것이 왜 과거 중국인의 생활에서는 생겨나지 않았는지 분명해진다.

서양 근대인의 생활은 중세인의 생활에 대한 반동이다. 중세인의 생활에는 두 가지 특징이 있다. 하나는 종교가 모든 것을 뒤덮고 또 그 종교가 출세적 금욕적 경향을 지닌 것이고, 다른 하나는 집단 내에서 생활하고 그 집단의 간섭이 너무 강한 것이다. 개인이 몸에서 마음까지 이처럼 "이중의 통제"에 속박되었다. 세간에서 "개인의 각성"이라고 부르는 종교개혁 이래의 각종 운동은 다 개인의 감정 · 요구 · 사상 · 의견이 억압되고 말살된 데 대한 반항이다. 앞에서 "개개인이 강해졌다."는 말은 이것을 가리킨다. 집단에 대해서 개인의 지위를 높이고 간섭에 반대하고 자유를 요구했다—우선 신앙의 자유를 요구했다. 종교에 대해서는 돌이켜 욕망을 긍정하고 현세의 행복을 추구했다. 이때에 이르면 (1) 자유가 바로 행복이니, (2) 자유가 없으면 어떻게 행복이 있겠는가? 그래서 강렬한 요구 아래 자유가 확립되었다.

그러나 중국에서는 역사노선과 문화배경이 달랐다. 중국에서는 출가 종교처럼 현세인생을 천시하지 않고, 도리어 대단히 귀하게 여기고 정중하게 생활하려 하면서 손상될까 몹시 염려했다. 가령 "먹는 데 배부름을 구하지 않고, 거처함에 편안함을 구하지 않는다."[9]라는 말에서는 개인의 욕망이 배척되고 현세의 행복이 숭상할 만한 것이 아니라고 한다. 개인의 경우는 정도로 나아가고 가르침을 구하여 고명하게 되는 데 마음을 써야 하고, 사회나 국가의 경우는 예의를 밝히고 교화를 일으키는 것을 일삼아야 한다. 여기서 누가 "내 일은 내가 알아서 할 테니 너희는 간섭하지 말라!"고 말할 수 있겠는가? 한편으로 여기에는 서양에서와 같이 집단을 지나치게 강조하고 사람을 핍박하여 그런 소극적인 자유를 요구하지 않을 수 없게 하는 일이 없다. 다른 한편으로 여기에는 모두가 향상을 권면하는 적극적 정신으로 충만하여 일찍이 그것을 덮으려 하지 않았다. 이 때문에 타인과 자신의 권리 한계, 사회와 자신의 권리 한계가 수천 년 동안 뒤섞여 확립되기 어려웠다.[10]

다른 한편, 교화가 가장 중요한 일이 된 것은 또한 가족에서 자녀에 대한 부모의 각종 관계로부터 나왔다. 부모가 자녀에 대해 교도의 책임을 다해야 한다는 것은 문화가 계승되는 근본이고 사회의 존속이 의지하는 바다. 교도의 내용은 본래 생활의 수단 · 방법 · 기술 면에 속하는 것이 적지 않지만, 더욱 중요한 것은 인생규범 · 가치판단의 면에 속하는 것이다. 윤리사회에서는 모든 것이 다 개인에 대한 개인의 일인 듯하고 사회질서 · 조리가 각 개인의 사덕(私德)에 달려 있다. 그래서 사덕이 중시된다. 이처럼 사덕을 중시하는 교화와 유사하게, 위로 국가 · 정부로부터 아래로 향리의 자치에 이르기까지 모든 일에 중국인의 자유가 대부분

9) 원문은 "食無求飽, 居無求安"으로, 『論語』「學而」에 나온다. ―옮긴이

10) 張東蓀은 『理性與民主』에서 이렇게 말했다. "서양은 교화와 직접적 관계가 발생하지 않았기 때문에, 평등, 자유 등의 관념이 도출될 수 있었다. 중국은 반드시 교화에 의지했으므로 마침내 평등과 자유라는 두 개념이 발생하지 않았다."(제3장 "人性與人格") 이 말은 참고하여 인증자료로 삼기에 충분하다.

흡수되어 버린다. 청말에 새로운 형률을 초안하는데, 간통이 범죄로 성립하는지 여부가 당시 신구파의 최대 쟁점 가운데 하나였음을 기억한다. 이 문제는 중국과 서양 사이의 차이를 잘 드러내준다.

서양 입장에서 보면 (1) 음식남녀에 인생의 행복이 있고, (2) 개인의 일은 타인이 간섭하지 않으며, 공공에 장애가 되지 않으면 자유가 있어서 국가가 간여할 수 없다. 이 두 가지에 근거하여 배우자가 없는 남녀는 피차의 동의만 있으면 그들이 하는 일이 개인의 자유에 속하므로 무슨 죄명이 성립하겠는가? 더욱이 누군가 그들의 이러한 자유를 방해하면 국가가 그들의 자유를 보장해줘야 한다. 하물며 국가가 이것을 간섭한다면 사람의 음식과 같은 것에 간여하는 잘못과 다를 바 없다! 그러나 중국인의 관념과 추리는 이와 다르다. (1) 음식남녀는 인생의 본래 모습이지만, 행하는 데 마땅함이 있어야 한다. 단지 욕망의 만족만을 추구하고 다른 것들은 불문한다면 이성이 훼손되고 짐승과 같아지게 된다. (2) 남녀가 가정을 이루는 것이 모든 윤리관계가 생겨나는 출발점이다. 그래서 "인간의 큰 윤리"[11]라고 한다. 그래서 엄숙함을 모르면 사회에 미치는 파괴적 영향이 실로 막대하게 된다. (3) 자제를 가르치지 않으면 부모 · 군주 · 스승이 무슨 소용 있겠는가? 교화가 미치지 못하면 형벌이 뒤따르게 되는데, 동기는 여전히 교화에 있다. 그래서 "예에서 벗어나는 사안은 형법으로 다스린다."[12], "형법을 밝혀 교화의 효과를 거둔다."[13]라는 이론 하에, 간통도 죄로 여기지 않을 수 없게 된다. 쌍방이 각기 신봉하는

11) 원문은 "人之大倫"인데, 『孟子』에 나온다. "男女居室, 人之大倫也."(「萬章上」) —옮긴이

12) 원문은 "出於禮則入於刑"인데, 『論衡』에 나온다. "出於禮, 入於刑. 禮之所去, 刑之所取, 故其多少同一數也."(「程材」) —옮긴이

13) 원문은 "明刑弼教"인데, 『書經』에 나온다. "明於五刑, 以弼五教, 期於予治."(「大禹謨」) —옮긴이

이념이 있어서 다른 문화가 형성된다.

자유—개인의 무형의 영역—가 정립되지 않은 것이 실로 향상정신에 의해 가려졌기 때문임은 대략 상술한 바와 같다. 그러나 윤리정의에 의해 가려진 것이 더욱 유력하다. 윤리정의에서는 피차가 서로 상대방을 중히 여겨 일찍이 "타인을 인정한다."는 것을 뛰어넘어 "개인은 스스로 존재하는 것이 아니라 다른 사람으로 인해 존재하는 것 같다."는 것이 되었다. 참으로 장둥쑨이 말하는 Dependent Being과 같다.(제5장 참조) 개인본위의 서양사회에서는 도처에서 권리관념이 발휘된다. 반대로 의무관념이 충만한 중국에서는 개인이 거의 지위를 차지하지 못한다. 이에 개인이 윤리에 매몰되어 버리고 거의 영원히 발견되지 않는다. 자유의 주체가 서지 않으니, 자유가 어떻게 정립되겠는가? 서양 근대 초기에 자유는 실로 생명보다 귀했는데, 중국에서는 주인 없이 버려진 것과 같았다!

중국문화의 가장 큰 잘못은 개인이 영원히 발견되지 않았다는 점에 있다. 개인이 자신의 입장에서 말할 기회를 갖지 못하고 감정 · 요구가 상당히 억압되고 말살되었다. 오사운동 이래 그래서 "사람 잡아먹는 예교"[14]라는 등의 비난을 받은 것도 여러 가지 이유가 있지만, 실은 여기에서 벗어나지 않는다. 대진[15]이 송대 유학자들의 이학(理學)을 비난하여 "사람이 법에 걸려 죽으면 오히려 불쌍하게 여기지만, 도리에 의해 죽

14) 원문은 "吃人禮教"인데, 吳虞의 「吃人與禮教」(『新青年』 6-6, 1919년 11월 1일)에서 유래한다. —옮긴이

15) 대진(戴震, 1724-1777)은 청대의 학자로, 자는 東原 · 慎修이고 호는 杲溪이다. 건륭27년(1762) 거인이 되고, 건륭38년 『四庫全書』 찬수관으로 초빙되었다. 음운 · 문자 · 역산 · 지리에 밝은 문자학자 · 자연과학자이자, 개체와 욕망을 긍정하는 관점에서 정주학을 비판한 사상가로 평가받는다. 만청 이래의 학술사조에 큰 영향을 미쳐 량치차오는 대진을 "청대 이전 시기 최고의 학자"라고 평했다. —옮긴이

임을 당하면 누가 가련히 여기겠는가?"[16]라고 했는데, 말이 매우 통절하다. 그리고 탄쓰퉁[17]이 각종 굴레를 타파하자고 소리높여 외친 것도 실은 이러한 이념에 대한 것이었다. 모르는 사람들은 중국이 봉건에 질곡되어 있다고 하는데, 사실 봉건은 무력과 미신에 의지할 뿐이다. 뿌리가 매우 얕으니, 어찌 오래 존속될 수 있겠는가? 오랫동안 중국에 의지하여 제거될 수 없는 것은 바로 윤리이념이다. 이념은 후대에 형성되었으나, 인류의 이성에 근거를 두고 있어 끝내 제거할 수 없다—단지 수정할 수 있을 뿐이다. 자유라는 이념은 서양 역사에서 산생되어, 마치 신성불가침한 것처럼 자명한 이치로 인정되었다. 윤리라는 이념은 중국 역사에서 생겨나 마치 신성(神聖)처럼 자명한 것으로 여겨졌다. 중국에는 먼저 이런 이념(윤리)이 생겨났으므로, 다른 이념(자유)은 나타나지 않았다. 나타나지 않았다 해도 중국인이 자유롭지 않은 적은 없었다. 해악은 바로 "자유롭지 않은 적이 없었다."라는 데 있다. 그로부터 명확한 자유가 획득될 수 없었다.

3. 민치제도가 나타나지 않은 이유

일에 부딪치면 회의를 열어 다수결로 결정하는 것을 '민치'라고 부른

16) 원문은 "人死於法, 猶有憐之者. 死於理, 其誰憐之?"인데, 戴震의 「與某書」에서 나온다. —옮긴이

17) 탄쓰퉁(譚嗣同, 1865-1898)은 근대 중국의 유신파 학자로, 자는 復生이고 호는 壯飛이다. 중국의 부강을 위해서는 공상업을 발전시키고 서양의 정치제도를 배워야 한다고 주장했다. 과거제도 폐지, 학교 건립, 광산 개발, 철로 개설, 공장 건립, 관료제도 개혁 등의 변법유신 방안을 제시했다. 1898년 무술유신운동이 실패한 후 피살되어 "무술육군자(戊戌六君子)"의 한 사람으로 불린다. 대표적인 저술은 『仁學』이며, 『譚嗣同全集』이 있다. —옮긴이

다. 가령 오늘날 영국 · 미국은 선거가 닥칠 때마다(영국에서는 의원 선거를 하고, 미국에서는 대통령 선거를 한다) 참으로 국사가 국인에 의해 결정된다. 중국에는 정치상 민유(民有, of the people) · 민향(民享, for the people)의 원리는 일찍이 발휘되었지만, 이삼천 년간 민치(民治, by the people)의 제도는 끝내 나타나지 않았다. 제도의 설립은 차치하고, 누군가 생각이 거기에 미친 적이 있었는가? 세 가지는 본래 서로 연관되어 있다. 두 가지는 맹자로부터 황종희에 이르기까지 상당히 발휘되었다고 할 수 있지만, 이 한 가지는 끝내 수천 년 동안 생각이 미치지도 못했으니, 괴이한 일이 아닌가? 그 이유는 인생이념과 사회형세라는 두 측면에서 설명해야 할 것이다.

중국과 서양의 이념은 각기 배경과 내력이 다르다. 서양의 민치는 집단생활로부터 왔는데, 중국인은 가족생활을 한다. 일에 부딪치면 모여서 회의를 여는 것은 단체에서 생활하는 중에 저절로 배양되는 일종의 습관이다. 가족에서 생활하면 반드시 그렇지는 않다. 그들의 습관은 부형이 앞에서 선도하고 자제가 뒤에서 추종하는 것이다. 민치는 서양에서 일찍부터 있었다고 할 수 있고, 근대에 시작된 게 아니다. 반대로 중국에는 옛날부터 별로 보이지 않고[18] 후대에도 그렇지 않다. 이는 대체로 한쪽은 집단생활이 일면적으로 우세하고, 다른 한쪽은 가족생활이 우세하여, 피차 아주 멀리 다른 길을 걸었기 때문이다. 다음 기독교 교의는 서양인에 대해, 그리고 주공(周孔) 교화는 중국인에 대해 관계가 매우 밀접

18) 『周禮』「小司寇」에 “군주가 조정의 일을 처리하는 곳에 만민을 불러 국가의 위기, 국가의 천도, 군주의 옹립에 대해 자문을 구한다(掌外朝之政, 以致萬民而詢國危詢國遷詢立君)”라는 설이 있다. 량치차오는 『先秦政治思想史』 제3장에서 『좌전』과 기타 고적에서 몇 가지 사례를 수집하여 전국시대 이후 찾아볼 수 없다고 했다. (여기서 『周禮』의 인용문은 원문과 표현이 조금 다르다. 원문은 다음과 같다. “掌外朝之政以致萬民而詢焉. 一曰詢國危, 二曰詢國遷, 三曰詢立君.” —옮긴이)

하다. 집단생활은 기독교에 의지하여 더욱 강대해지고 영속적이고 공고해졌다. 가족생활은 공자윤리에 의지하여 그 정의가 더욱 돈독해지고 정신이 고양되었으며 수명이 연장되었다. 사람이 가족윤리 속에서 성장하면 장유존비와 친소원근이 각기 다르다는 것을 늘상 보게 된다. 반대로 사람이 교회조직에 있게 되면 상제의 입장에서 보아 개개인이 평등하여 누구도 다른 사람보다 우월하지 않게 된다. 그래서 거기에서는 다수결이 이치상 당연시된다. 거기에서는 다수결로 결정되면 조부라도 여러 손자에게 복종해야 하는데, 이는 우리로서는 불가사의한 일이다. 민치 여부가 이로부터 판이하게 갈린다.

사람이 평등하다는 기독교의 주장이 민치에 도움이 되는데, 정면에서는 도움이 오히려 적다. 기독교로부터 근대 정교분리의 형세가 불가피하게 도출되었으니, 반면에서는 민치에 가장 도움이 된다. 이는 중국과 대조해보면 매우 명백해진다. 중국에서는 정부가 교화를 주관하고 부모에게 자제를 교도할 책임이 있다는 것은 앞에서 이미 설명했다. 그리고 이성이 일찍이 발현되어 인생관이 다른 것이 더욱 중요한 관건이다. 우리에게는 사람이 죄악을 갖고 태어난다는 관념이 본래 없다. 반대로 사람이 이성을 구유하고 있어서 지극한 덕성과 핵심 도리를 밖에서 신으로부터 구할 필요가 없으며, 성현과 사표가 모두 나와 동류이다. 사람이 이에 이르러 배우기를 좋아하고 향상하여 가르침을 구하고 과오가 적기를 꾀하는 것으로부터 한 순간도 떠날 수 없다. 그렇지 않으면 사람이라고 할 수 없다. 사람으로 태어나서 향상을 떠나는 것은 불가능하므로, 정치가 어떻게 종교를 떠날 수 있겠는가? 정교합일이든 이교통정(以教統政)[19]이

19) 이교통정(以教統政)은 종교로 정치를 통어함 혹은 종교로 정치를 포섭함을 의미한다. —옮긴이

든, 이때에는 현자를 숭상하고 스승을 존경할 겨를이 없는데, 소수가 다수에게 복종한다는 것은 바로 비적이나 오랑캐에 가까운 생각이다. 서양은 그렇지 않은 듯하다. 그들은 중세 종교의 출세금욕으로부터 도리어 근대인의 현세 행복주의를 이끌어내고 동시에 정치도 종교와 분리되었다. 이른바 정치란 개인이익의 보장과 공공복리의 도모를 말하고, 개인의 일은 단지 자기 스스로 명료히 하고 아무도 그를 대신해서 주장할 수 없다는 데서 벗어나지 않는다. 그래서 일이 개인에 관한 것이면 개인에게 묻고, 대중에 관한 일이면 회의를 열어 각자의 의견을 묻는다. 의견이 통일되지 않으면 오로지 소수가 다수를 따른다. 이것이 민치의 원리이니, 원래 매우 평이하다. 민치가 일찍이 서양에 있었지만, 결국 근대에 이르러 그 이치가 크게 드러나고 그 제도가 크게 이뤄진 것은 사회형세의 발전에 따른 것 외에, 이념상 실로 이러한 인생관에 의해 강화되었다. 그것들이 함께 이른바 "근대사조"를 형성한다. 그러나 우리의 인생이념은 주공이 기초를 놓은 이래 줄곧 변화가 없었다. 더욱이 송나라 이후 더욱 얼굴을 엄숙하게 하고 현명함과 어리석음의 구분을 더욱 엄중히 하여, 다수결에는 생각이 미치지 않았다.

중국이 다수결의 정치로 나아가지 않은 것은 원래 인생이념이 서양과 다른 점에 의해 방해받았기 때문이고, 근대 서양이 다수결의 정치로 나아간 것은 사회형세의 변천에 따른 것이지 결코 이념에 의해 계도된 것이 아님을 알아야 한다.

예를 들면 의회제도는 이념에 의해 생겨난 것이 아니고 서구 국가들이 부지불각중에 형성한 것이다. 의원 선거권도 대중의 압박에 의해 한 걸음 한 걸음 개방한 결과이고, 애초에 평등의 원리에 근거하여 처음부터 보통선거제를 시행한 것은 아니었다. 제9장에서 서양은 계급이 있었기 때문에 날로 민주로 나아갔다는 논의는 바로 이런 사회형세의 발전을 설명하는 것이다. 또한 옌푸가 번역한 젠크스의 『사회통전』은 근대 민치 제도가 발생하게 된 각종 상황에 대해 매우 분명하게 설명하고 있다. 글이 너무 번잡하여 다 인용할 수 없어서 안타깝다. 아래에서 일부를 발췌하여 대강을 살펴보고자 한다.

"고대인들은 다수결 원리를 알지 못했다. 논의거리가 있어 10인 중에 7인의 의견이 합치해도 옛날에는 그걸 따르는 것이 옳다고 생각하지 않았다. 이는 오늘날에 생각하면 매우 괴이한 일이나, 의심의 여지가 없는 역사적 사실이다. …… 고대인에게 다수결의 원리는 없었지만, 문호(門戶)·당인(黨人)이 없던 적은 없다. 당인이란 무엇인가? 한 무리의 사람들이 이해관계가 합치되어 함께 일하는 것이다. 당인이 있다면 외부 사람과 다투는 것은 말할 나위도 없고, 동기 사이의 다툼에서도 세 사람이 점을 치면 두 사람의 설을 따른다는 방법[20]이 없는데 어떻게 결정하겠는가? 점술과 의술이 모두 소용없다. 논의가 결판나지 않으면 과거의 규정에 비춰보고, 과거의 규정으로도 부족하면 조정한다. 조정이 불가능하면 전쟁이 있을 뿐이다. 승자는 얻고 패자는 아무 말도 하지 못한다. …… 애초에 인민이 문제를 해결하고 분쟁을 조정하는 것은 대체로 투쟁에서 나오므로, 선거의 투쟁도 그러하다. 싸워 이기면 이긴 편은 당선자를 둘러싸고 담당자에게 천거한다. 담당자는 그것을 받아 그 이름을 써서 국회에 전해준다. 오늘날 언론이 매양 의원의 선거에 대해 언급하는데, 사용하는 용어는 모두 고대에서 비롯된 것이다. 선거를 시행하고 전쟁이란 없다. 이는 단지 비유적인 것이 아니고, 고대의 사실이 기록

20) 원문은 "三人從二之術"로, 『서경(書經)』에서 연원하는 말이다. "三人占, 從二人之言"(「洪範」) 다수의 의견을 따른다는 점에서 다수결의 원리와 상통한다. —옮긴이

으로 전해져온다. …… 그러므로 처음에는 실제 싸움에서 비롯되어 점차 싸움이라고 부르고 어느 당 사람이 이겼다고 했다. 그러나 어떤 당인가? 다른 것들이 동등하다면, 바로 가장 많은 수의 당이다. 이것이 수의 많고 적음으로 승부를 가리는 것이 유래된 연원이다. 그리고 Vote(出占)의 방법도 여기서 시작되었다. 최초의 투표는 오늘날처럼 이름을 써서 투표함에 넣는 방식이 아니었다. 대중이 각기 지지하는 자의 이름을 외쳐서 큰소리를 이룬다. 다수가 지르는 소리는 크게 들리고, 소수가 지르는 소리는 작아서 파묻혀버린다. 이것은 다수가 소수를 삼켜버리는 방법이다. 이처럼 방식이 조야했으므로, 다른 이를 지지하는 자들이 숫자가 대략 같으면 판별할 길이 없었다. 이에 군대의 행렬을 모방하여 사람 수를 대략 세었는데, 이것도 고대의 방식이다. 오늘날 국회에서 이 방법을 시행하지 않는 것은 백성들이 현재의 형식으로 인하여 고대의 실상으로 돌아갈까 염려하기 때문이다. 그러므로 널리 포용하고 공손히 양보하는 방법이 있다면, 투표가 바로 그것이다.

우리는 이로부터 다수결 제도를 알 수 있다. 소수가 다수를 복종시키는 것은 애초에 무력으로 다투는 일이고, 예로써 양보하면서 나라를 다스리는 데서 나온 것이 아니다. 항상 전투에 의해 결정짓는다면, 전사의 재능과 장수의 지휘능력이 승부의 관건이 된다. 다수결에 의하면 그것이 쓸모없게 된다. 용이하여 쉽게 알 수 있고, 간단하여 쉽게 따를 수 있다. 그러므로 그 방법을 널리 시행하여 분쟁을 해결했고, 오늘날까지 없어지지 않고 있는 것이다."(원서 120-122면 참조)

행함으로써 알며 먼저 행하고 후에 안다는 것은 앞에서 말한 "밖으로부터 안으로 나아가고 사태로부터 이치에 미친다."는 것이며, 서양의 길이 바로 이와 같다. 젠크스의 이러한 서술은 문화연구에 참으로 대단히 중요한 관계가 있다. 독자들은 그의 서술을 잘 기억하여야 한다. 이후의 많은 논의가 여기에 근거하기 때문이다.

민치제도는 단지 하나의 이념 위에 건립된 것이 아니고 객관적 형세 위에 건립된 것이다. 오늘날 영국과 미국에서 국사가 국민에 의해 결정되는 것은 사실 그 사회형세에 의해 결정되는 것이다. 사실 그들은 이 점에서는 단지 부분적으로 행하고 있을 뿐이다. 부분적인 이유는 원리에 어두웠기 때문이 아니고 실로 형세가 아직 부족했기 때문이다. 과거 중국에서 민치제도가 건립되지 못한 것은 참으로 우선 이념이 다른 것이 장애가 되었고 또한 사회형세가 달랐기 때문이다. 이 사회형세의 다름은 중국 봉건의 해체로부터 시작되어 진한에 이르러 확연하게 전부 드러났다. 근원으로 거슬러 올라가 보면 당연히 고대 중국에 귀족계급이 굳건하지 못하고 확고한 경계가 결여된 데서 비롯된다. 가령 량치차오가 지적한 것처럼 중국 귀족정치에는 종래 합의기관(가령 로마의 원로원이나 중세 각국의 계급회의)이 나타나지 않은 것이 일대 특징이라 할 것이다. 그리고 서양에서와 같이 우선 정권을 한 작은 권역 내에서 공포하고 이후에 그것이 민치제도의 맹아가 되는 일이 중국에는 끝내 보이지 않는다. 맹아가 없으므로 발전이 없고, 서양에서와 같이 계급을 매개로 해서 점차 민치로 발전하는 것도 있을 수 없었다. 이에 대해서는 모두 제9장에서 논한 바를 돌이켜 살펴보아야 할 것이다.

문제는 계급이 결여되고 사회형세가 흐릿하여 분명하지 않았다는 것이다. 특히 진한 이후 중국에서는 계급이 윤리에 가려져 애매하고 직업으로 변화하여 흩어져버려 다시는 그런 형세를 볼 수 없다. 제9장에서 지적한 것처럼 삼권분립 제도가 건립될 수 없었고 단지 권력의 일원화만 가능하여 거기에 특별히 스스로 경계하고 반성하는 기구만을 설치했다. 이러한 정치제도와 이런 사회형세는 서로 조응하여 분리될 수 없고 거의 나뉠 수 없는 하나의 것이며 또한 영구히 그런 모습일 수밖에 없고 변화가 있을 수 없었다. 이렇게 변화가 있을 수 없는 것은 대개 애초에 그런 형세가 없다는 사실에 잠복되어 있었다. 이는 모두 긍정적인 측면에서 논한 것이고, 부정적인 면은 바로 민치제도가 건립되지 않은 것이다.

민치제도가 중국에서 건립되지 않은 것은 당연하다. 그러나 중국인에게 회의를 열어 논의하여 다수결로 처리하는 일이 결코 없었던 것은 아니다. 그런 일은 중국인의 생활에서 늘상 쉽게 찾아볼 수 있는 일이고 애초에 희귀한 일이 아니다. 가령 량치차오가 기술한 것 같은 향촌자치의 모습과 유사한 사례가 적지 않다. 특히 앞에 서술한 "강남회"라는 경제 합작조직에서 일에 부딪치면 회의를 열어 다수결로 결정했음은 더 이상 설명이 필요 없다. 우리는 상술한 방식을 모방하여 이렇게 말할 수 있을 것이다. "중국에는 자유로운 적이 없었지만 또한 자유롭지 않은 적도 없었고, 민치가 있은 적이 없지만 또한 민치하지 않은 적도 없다."

4. 인류문화의 조숙

위의 몇 장에서 여러 문제들에 관해 논할 때 "이성의 조기 계발", "문화의 조숙"이라는 부류의 말을 누차 언급했다. 그러나 도대체 무엇을 "문화의 조숙"이라 하는가? 이 장에서는 그 의미에 대해 밝히고자 한다.

서술의 편의상 바로 위의 논의를 이어서 논하겠다. 위에서 중국과 서양의 "이념의 다름"과 "형세의 다름"이라는 두 측면으로부터 자유와 민치가 중국에서 나타나지 않은 이유를 설명했다. 이제 그 두 측면으로부터 논구해보자.

먼저 이념의 측면으로부터 살펴보면, 중국의 이념이 서양에 비해 항상 넘어서는 점이 있고 그에 미치지 못하지 것이 아님을 볼 수 있다. 가령 모두의 일은 모두의 의견을 물어 처리하는데, 의견이 일치하지 않는 때에는 다수의 견해를 따른다. 중국인이 어찌 그것을 모르고 그것을 실행하지 않았겠는가? 단지 충분히 중시하지 않고 (서양인처럼) 그렇게 확고하지 않았을 뿐이다. 왜냐하면 그것이 본래 일리가 있기는 하지만 어찌 이치가 그것 하나뿐이겠는가? 그것보다 더 뛰어난 이치가 있다. 아마 어느 때나 그렇게 행하는 것이 다 합리적이지는 않을 것이다.

『좌전』에 이런 기록이 있다.

> "혹자가 난무자(欒武子)에게 말했다. '성인(聖人)은 대중과 같은 욕구를 갖고 있으므로 일처리 할 수 있다. 그대는 어찌 대중을 따르지 않는가? 그대는 큰 정치를 행함에 장차 인민에 비추어 보아야 한다. …… 『상서』에서는 '세 사람이 점을 치면 두 사람의 점괘를 따른다.'라고 했는데, 다수이기 때문이다.' 무자는 이렇게 말했다. '똑같이 옳다면 다수를 따른다. 무릇 선(善)이란 대중의 주인이다.'"

여기서는 대중을 따르는 이치를 부정하지는 않았지만, 견해가 대중을 따르는 것에서 벗어나 있다. 다수결은 쟁송이 끊이지 않을 때 가장 간편한 해결방법일 뿐이다. 집행하여 용이하게 통용될 수 있다. 그렇지만 이치에 맞는지 여부에 대해서는 알 수 없다. 그러나 인류는 이성적인 동물이다. 그 근본적 요구가 혹은 진리에 있기도 하고 혹은 선함에, 아름다움에, 교묘함에(실용상 가장 경제적 효과가 있는 것을 가리킨다) 있기도 한데, 통틀어 이치에 맞다고 한다. 인류의 이성이 날로 개발되어, 이 근본적인 요구가 갈수록 분명하고 강해졌다. 이치에 맞는지 여부를 불문하고 어리석게 다수를 따르는 방법은 장차 사람들이 취하지 않을 것이다. 근래

서양에서의 입법은 때로 민의를 버리고 전문가의 뜻을 취하기도 한다.[21] 얼핏 보면 형식적으로는 다수를 버리고 소수에 따르는 것 같지만, 사실 전문가가 하는 것이 바로 민의를 달성하는 길이다. 『좌전』의 "선이란 다수의 주인이다."라는 난무자의 말은, 선은 다수가 종주(宗主)로 삼는 것이고 민의는 본래 선의 추구에 있다는 말이다. 다수를 따르는 데 얽매이는 자는 도리어 현명하고 지혜로운 자를 존숭하는 자보다 이치에 들어맞지 못할 때도 있다. 이는 실로 민치제도의 진보이니, 그것이 어찌 민주정신의 취소이겠는가? 민유와 민향의 이치는 중국인도 충분히 인식했는데, 민치제도를 시행하지 않은 것은 결코 그것을 알지 못했기 때문이 아니라 이성이 본 것이 한 걸음 더 나아갔기 때문이다. 중국의 병통은 우둔함에 있지 않고 고명함에 있음을 기억해야 한다.

또 이를테면 중국에서 개인은 단지 의무관념만 있고 권리관념은 허용되지 않는다. 이는 상대방을 존중하는 윤리에서 기인하며, 따라서 자기의 입장에서 말할 기회를 갖지 못한다. 억압되고 말살당함을 면치 못하지만, 억압하고 말살하는 것은 "도리"이지 "법"이 아니다. 그 의무는 정의(情義)에 기초하여 스스로 부과한 것이고, 애초에 외부에서 강제로 부가된 것이 아니다. 이는 도덕상의 의무이지 법률상의 의무가 아니다. 각자 자신의 입장에 서면 서로 다투고, 피차 서로 상대방을 위해 생각하면 서로 양보한다. 중국이 불행한 점은 예양(禮讓)을 주장하는 데 있다. "다른 사람을 인정"한다는 설을 넘어서 서로 상대방을 자신보다 중시하여, 다른 사람을 생각하지 않는 것과 완전히 상반된다. 근대 서양인은 투쟁으로부터 서로 인정하는 데 이르고 쌍방이 평등하게 되었는데, 이는 참으

21) 졸저, 『鄕村建設理論』, 154-159면에서 회의를 열어 다수결로 결정하는 것을 논한 부분에서, 최근 서양의 "전문가 입법"을 예로 든 것이 참조할 만하다.

로 중국인이 미치지 못하는 점이다. 그러나 이 미치지 못하는 점은 원래 그들을 넘어선 데서 비롯된 것이고, 미치지 못해서 못 미친 것이 아니다. 내 생각에 의하면, 중국이 서양에 미치지 못하는 점은 다 이와 같은 부류이다. 이 또한 독자들이 기억해주기 바란다.

이념상의 연구에서 사회형세에 관한 연구로 나아갈 수 있다. 항상 넘어서는 점이 있는 이 이념은 이성에서 나오는 것이지 객관적인 형세가 강요한 것이 아니며, 도리어 객관적 형세를 전화시킨다. 이는 실로 중국과 서양 사이의 모든 차이가 유래하는 근원이다. 상술한 사회형세의 상이함은 근원을 거슬러 올라가면 모두 여기에서 뿌리를 찾을 수 있다. 상술한 중국 사회형세의 상이함은 진한에 이르러 전면적으로 드러났다. 그것은 선진 봉건의 해체에서 비롯되었다. 이 봉건의 해체는 제9장에서 논증한 바와 같이 서양과 크게 다르다. 서양에서는 경제의 진보로 말미암아 경제수단이 정치수단에 대해 일차적으로 승리를 확정지었다. 즉 봉건이 새로운 외부세력에 의해 패배하여 대체되지 않을 수 없었다. 중국은 내부에서 스스로 분화와 융해를 진행하여 정치수단이 경제수단에 의해 패퇴되지 않았고, 이 때문에 봉건이 신흥세력에 의해 대체되지 않아서 그것이 반복되지 않을 수 없었다. 이렇게 스스로 융해를 진행하고 또 반복되지 않을 수 없었던 국면에서, 봉건과 저절로 모순되는 역량을 볼 수 있다. 봉건이 의지하는 것은 첫째가 무력이요 둘째가 종교다. 그런데 중국에서는 우선 이성이 조기에 계발되어 도덕의 자각 · 향상을 중시하게 되었고 종교가 점차 약화되었다. 다음, 이성이 조기에 계발되어 사물을 대하는 방식으로 사람을 대하지 않게 되고, 더욱이 내면을 대하는 방식으로 외면을 대하게 되었다. 오직 평화를 숭상하고 무력을 숭상하지 않았다.(이는 제11장에 상세하다.) 여기서 모순이 생겨났다. 모순을 이루는 것은 실로 이성의 힘 때문이다. 봉건이 모순 때문에 약화되고 붕괴되며 또 모순 때문에 붕괴가 뒤엎히지 않을 수 없었다. 2천여 년 동안의 특수한 사회형세는 사람들의 주체적인 면에서 이성이 싹터 나왔기 때문에 형성되었다. 이는 매우 명백한 사실이다.

두 측면에 대한 탐구는 결국 한마디로 귀결된다. 서양문화는 신체로부터 출발하여 점차 마음으로 발전되었고, 중국은 곧장 마음으로부터 출발하여 전체 국면에 영향을 미쳤다. 전자는 순서에 따라 나아가고, 후자는 조숙한 것이다. "문화조숙"의 의미는 바로 여기에 있다. 아래에서 장차 그것에 대해 설명하겠지만, 위에서 말한 "안으로부터 밖으로 나아가고", "도리로부터 일에 이른다."는 것과 제9장에서 말한 "문화와 정치가 경제에 영향을 미친 것은 마음으로부터 사물에 이르고 위로부터 아래에 이른 것과 유사하다."는 것 등은 다 여기에 귀착될 수 있다.

신체에서 출발한다는 것은 무슨 말인가? 또 곧장 마음에서 출발한다는 것은 무슨 말인가? 이것을 이해하기 위해서는 제9장에서 논한 것을 많이 참조해야 한다. 신체는 개체생명이 활동하는 도구이고, 인류가 여타의 동물과 공유하는 것이다. 마음은 다른 동물에도 없는 것은 아니지만, 그들의 사유작용은 대부분 감관작용에 가려져 쉽게 드러나지 않는다. 오직 인류만이 감관의 반응이 점차 감소되고 사유작용이 확대되어 비로소 마음이 있다고 할 수 있다. 사유작용은 원래 이지와 이성의 두 측면을 갖고 있는데, 여기서는 단지 이성만을 가리켜 마음이라고 한다. 이른바 마음에서 출발한다는 것은 바로 이성에서 출발하는 것을 가리킨다. 이 때문에 "이성의 조기 계발"은 "문화의 조숙"과 동의어로 볼 수 있다. 왜 꼭 이성을 가리켜 마음이라고 하는가? 모든 생물은 다 "상대성"에 국한되어 있지만, 인류만이 "상대성"을 넘어 "절대성"으로 나아갔다고 말한 적이 있다. 오직 이성만이 인류생명에서 "절대성" 측면의 표현이다. "상대성" 측면의 활동은 혹 이지를 운용하기도 하고 혹은 이지를 운용하지 않기도 하지만, 모두 신체로부터 출발한다. 원래 "상대성"과 "절대성"으로써 중국과 서양을 비교하려는 의도이므로, 여기서는 마음을 말하면 단지 이성만을 가리키는 것이다.

무엇을 "상대성"이라 하는가? 무엇을 "절대성"이라 하는가? 아무리 해도 이용과 반항에서 벗어나지 않는 것을 "상대성"이라 한다. "절대성"은 이용과 반항을 초월하여 마치 일체가 된 것 같다. 인류가 생물의 요구(개체의 생존과 종족의 전파)에 기초하여 모든 활동이 항상 이용하는 것과 반항하는 것에서 벗어나지 않아서, 이용하는 중에 늘 반항을 함축하고 반항하는 중에 이용을 함유하고 있어서 이용과 반항이 저절로 구분되기 어렵다. 이것이 이른바 "상대성"이다. 다른 많은 활동(가령 명예를 좋아하고 승리를 다투는 등)은 그런 생물학적 요구와 깊은 관련이 없는 것 같지만, 그것들이 "상대성"에 귀착됨은 매우 분명하여, 신체에서 출발한다는 점에서는 결코 다르지 않다. 이것들을 초월하여 혹은 항상심에서 생겨나고 혹은 일체감을 느끼는 감정에서 발동해서, 안으로는 자각하지만 밖으로는 행하는 바가 없는 것이 바로 "절대성"이다. 이지는 원래 도구에 불과하다. 그래서 때로 이성에 순응하여 그 작용을 드러내면, 함께 "절대성"에 속한다. 그러나 대부분 신체를 위해 쓰여서 외면에 대응하는데, 그것은 "상대성"에 귀착된다. 우리가 신체에 대해 마음을 말할 때 이지를 가리키지 않고 이성을 가리키는 것은 또한 바로 이런 의미에서이다.

이것을 명백히 이해하고 위에서 탐구한 것들을 살펴보면 우리가 말하는 바 서양은 "신체에서 출발하고" 중국은 "곧장 마음에서 출발한다."는 것을 이해하기 어렵지 않을 것이다. 그러나 심신관계에 대해 한 번 더 설명해야 아마도 조숙론이 명백하게 이해될 것 같다.

중국문화가 인류문화의 조숙이라는 주장은 내가 27년 전에 내놓은 것이다. (졸저 『동서 문화와 철학』을 보라.) 당시의 견해는 이렇다. 고대 그리스인, 고대 중국인, 고대 인도인이 인생태도상에서 상이함은 실로 그 문화의 상이함이 나온 근본이다. 그리고 이 세 가지 인생태도는 실로 인생의 세 종류 문제에 상응하여 나왔다. 즉 제1태도는 제1문제에 적응한 것이고, 제2태도는 제2문제에 적응한 것이며, 제3태도는 제3문제에 적응한 것이다. 문제의 깊이가 다르기 때문에 인류문화상에 나타나는 데에도 실로 선후의 순서가 있기 마련이다. 따라서 인류문화의 표현은 3단계의 순서에 따라 다르다. 본래 인류의 제1기 문화는 현재에 이르기까지 아직 완성되지 않았는데, 고대 중국인은 문화상에서 돌연 제2문제 · 제2태도로부터 창조해나갔고, 고대 인도인은 돌연 제3문제 · 제3태도로부터 창조해나갔다. 그래서 그들을 조숙이라고 하는 것이다. 이제 이 책에서는 단지 중국과 서양만을 비교하므로 인도는 차치하고 논하지 않겠다. 견해는 대체로 이전과 변함이 없으나, 설명방식은 조금 다르다.

제1문제는 인간 대 자연의 문제이고, 제1태도는 향외적으로 힘쓰는 태도이다. 이제 총괄하여 말하면 신체로부터 출발하는 것이다.

제2문제는 인간 대 인간의 문제이고, 제2태도는 돌이켜 향내적으로 힘쓰는 태도이다. 이제 총괄하여 말하자면 마음(이성)으로부터 출발하는 것이다.

일반 생물은 결국 외부세계를 향하여 생존을 다투고, 우리 인간도 외적으로 보면 다 자연이다. "자연"은 일체의 생물, 무생물 내지 여타의 인류를 다 포함한다. 생존문제는 신체와 외물 사이에서 발생한다. 신체는 생존의 도구이고 동시에 주로 신체를 위해 생존경쟁한다. 제1문제는 바로 "신체의 문제"라고 해도 과언이 아니다. 이 문제는 모든 문제보다 앞서며, 사람의 지적 능력도 우선 그것을 위해 사용된다. 눈이 외부를 향해 보고 귀가 외면을 향해 듣고 손이 외부로부터 취하고 마음이 외부를 향해 생각하는 등 이 모든 것이 자연스런 방향이다. 그리고 눈앞의 대상으로부터 착수하여 외재적 조건을 변경시키고 객관적 환경을 개조하여 문제를 해결하는 것도 필연적인 일이다. 이것이 이른바 제1태도이고, 실로 타고나면서부터 신체가 지니는 태도이다. 인류는 제1태도에 기초해서 제1문제에 부응하여 부단히 활동하고 문제를 해결하는데, 이런 활동들은 바로 신체에서 출발하는 것이다. 거기서의 갖가지 해결이 제1기 문화에 속한다.

한 개인에 대해 원래 하나의 "사물"로 보고 대할 수 있고, 동시에 "사람"으로 보고 대할 수도 있다. 내가 그의 감정 · 의지를 고려하여 대할 때는 바로 사람으로 보고 대하는 것이다. 그의 감정 · 의지가 어떠한지를 고려하지 않고 단지 하나의 사물로서 이용하거나 혹은 하나의 장애물로 보고 배척하는 것은 바로 사물로 보고 대하는 것이다. 가령 두 군대가 전쟁을 수행할 때 피차 죽이는 것은 풀을 베고 나무를 벌목하는 것과 어찌 다르겠는가? 앉아서 화의를 진행할 때에는 상대방의 감정 · 의지를 고려하는 것 같지만, 위협과 회유를 다하는 것이 견마를 훈련시키는 것과 얼마나 차이가 있는가? 진정으로 상대방의 감정 · 의지를 고려하는 자는 가볍게 마주치더라도 상대방이 나의 의식 중에 일정한 위치를 차지하고 있어서, 일에 부딪치면 단지 자신의 입장에 서는 데 그치지 않는다. 이것 또한 이른바 상대방을 인정하는 것이다. 반드시 이러해야 비로소 인간 대 인간의 문제—제2문제—가 발생한다. 이는 제1문제에 속하지 않는 일이다. 제1문제는 원래 신체로부터 출발하고, 제2문제는 이성으로부터 출발한다.

27년 전에는 내가 아직 이성을 인식하지 못했다. 그러나 인류의 사회생활이 성공하는 이유가 개인의 의식작용을 크게 넘어서는 점이 있다는 데 대해서는 자못 깨달은 바가 있어서, 마침내 크로포트킨의 『상호부조론』을 원용하여 "사회본능"설을 믿었다. 그래서 의식의 각성이 개인주의의 대두를 촉진하고, 사회의 구성은 이런 본능에 기초하여 이뤄진다고 보았다. 본래 식물과 동물에서 다 사회를 볼 수 있다면 역시 사회본능이 있기 때문일 것이다. 그러나 인류생명은 원래 본능으로부터 해방되어 중점이 오히려 본능 이외의 것에 있음을 깨닫고 나서는, 인류사회가 지적 능력에서 나왔다고 말하는 것은 원래 틀리지만 그것이 본능에 기초하여 이뤄졌다는 것은 더욱 근거없는 생각임을 알게 되었다. 왜냐하면 인류는 사회적 동물이고 다른 존재들과 비할 수 없으며, 동시에 인류는 명명백백하게 이지에 뛰어나 여타의 존재를 넘어선다. 만일 이 두 특징이 서로 연속되어 있다고 하면 이치에 가까운 말이지만, 인류가 사회면에서 우수한 것이 약화된 본능에 따른 결과라고 한다면 어찌 말이 되겠는가? 다시 다른 존재들이 무리를 이루고 서로 협동하거나 혹은 자기를 버리고 무리를 이루는 것을 보면, 간혹 그런 경우가 있기는 하지만 각기 한계가 있고 따라서 사회생명에도 한계가 있다. 이것은 참으로 본능이다. 사회생명에 한계가 있으므로 생명이 개체에 편중된다. 인류는 초기에는 개체에 편중되었지만 사회에 중점을 두는 데로 나아갔고, 그 사회생명이 더욱 개척되고 변화되어 한계가 없게 되었다. 이렇게 한계가 없으니 어찌 본능에 의지하겠는가? 본능이 또 어찌 한계가 없을 수 있겠는가? 그렇다면 인류사회의 심리학적 기초는 과연 어디에 있는가? 그것은 바로 그 본능에서 해방된 후 드러난 생명 자체이다. 자체는 도구에 대비해서 하는 말이다. 생명 자체는 다른 존재들에서는 일찍이 생명의 도구—본능·신체—에 의해 갇히고 가려져서 드러나지 못했다. 인류는 본능에서 해방됨으로써 생명이 신체에 국한되지 않고, 여타의 생명과 서로 통하게 되었다. 특히 다른 사람들의 생명과 서로 연관되고 통하게 되어 피차 신속하게 감응하는 것은 다른 존재들이 미치지 못하는 점이다. 『맹자』에 "어린

아이가 우물에 들어가려는 것을 얼핏 보고" 하는 대목에서 매우 분명하게 지적된다. 나는 앞에서 이렇게 말했다.

"사람이 정감 중에 있을 때에는 항상 상대방만을 보고 자신을 잊어버린다."(제5장)

"인류생명은 툭 트여 다른 존재들과 한 몸을 이루고, 그 정(情)은 이르지 않는 곳이 없다."(제7장)

"개인의 생명이 개인에 그치지 않는 것은 윤리관계에 있기 때문이다." (제7장)

"절실히 아프고 가려운 것은 자기 자신인데, 그것이 어찌 구구한 몇 척의 몸뚱이만을 가리키겠는가?"(제7장)

이상의 언급이 그 의미를 입증해줄 수 있을 것이다. 이때에 천리(天理)가 유행하여 나와 남을 나누는 생각이 없는 것을 "절대성"이라 하고, 그것이 의식에 표현된 것이 바로 이성이다.

사람에게 이성이 있을 때에는 다른 사람의 감정에 대해 서로 알 수 있고 관심을 가져줄 수 있다. 관심을 가지므로 서로 알 수 있다. 서로 관심을 갖고 이해하는데, 피차 생각과 의지에 차이가 있으므로 인간 대 인간의 문제가 발생한다. 그래서 제2문제가 이성으로부터 나온다고 하는 것이다. 만일 좁은 의미에서의 이성에 따르지 않으면 넓은 의미의 이성에 의거해야 한다. 그것은 본심 · 정감에서 상대방을 인정하는 것 이외에 사람들이 사유 · 타산에서(이해관계에서) 상대방을 승인할 수 있다는 것이다. 결국 인간 대 인간의 문제는 실로 상대방이 나의 의식 중에서 일정한 위치를 차지함을 전제로 한다. 그것이 배척되는 것은 단지 지나치게 강한 본능이 충동되어 이성 · 이지가 모두 가려질 때뿐이다. 그리고 이때에는 제2문제가 그에 따라 전화되어 제1문제가 된다.

제2문제는 원래 이성에서 나오고 또한 이성에 의해 해결될 수 있다. 대체로 말해서 항상 향내적으로 힘써야 한다. 왜 그런가? 제1문제와 제2문제를 서로 비교하면 본질상 크게 다른 점이 있다. 제1문제에서는 눈앞에 장애가 되는 것이 다 자연이다. 하늘과 땅 사이의 모든 자연이 다 사람의 통제에 의해 개조되어 우리의 요구를 만족시켜야 한다. 제2문제에서는 장애가 되는 것이 자연이 아니고 나와 똑같은 생명—살아 있는 사람—, 특히 타인의 마음이다. 타인의 마음에 대해서는 단지 영향을 미치고 감성에 호소할 수 있을 뿐이고, 더욱이 반드시 그렇게 할 수 있는 것도 아니며 통제나 개조를 얘기할 수 없다. 예를 들면 나는 한 여인의 신체를 손에 넣을 수 있는데, 이는 제1문제이다. 교묘한 계책이나 강력한 힘으로 어렵지 않게 얻을 수 있다. 이들은 모두 향외적으로 힘쓰는 것이다. 만일 내가 진정으로 이 여인의 사랑을 얻으려 하는 경우에는, 강제력으로 얻으려 하면 더욱 어그러지고 교묘한 생각으로 취하려 하면 정이 더욱 괴리된다. 향외적으로 힘쓰는 사고와 기운은 모두 올바른 길이 아니다. 이른바 인간 대 인간의 문제는 실로 마음 대 마음의 문제이다. 피차 서로 감성에 호소하는 것은 순전히 지극한 정성에 의해 움직일 수 있다. 이는 바로 좁은 의미의 이성이고, 또한 가장 순수하게 향내적으로 힘쓰는 것이다. 보통은 반드시 이러한 양 극단(신체 혹은 진심)으로 나타나지는 않는다. 그리고 일단 상대방의 감정 · 의지를 고려하면 바로 제2문제의 범주에 들어가며, 향외적으로 힘쓰는 것은 한계를 가지게 되고 향내적으로 힘쓰는 데로 전환하지 않을 수 없게 된다.

(1) 내가 할 수 있는 일은 단지 타인의 마음에 어떻게 영향을 미칠 수 있는가 하는 것이고 그 밖에는 할 수 없다. 이것이 첫 번째 한계이다. 타인에게 영향을 미치려 할 때 수시로 자신을 돌이켜보거나 혹은 자신을 변화시켜 타인에게 적응한다.—"자기 자신에게서 구한다."[22]는 중국 옛말이 그것이다.

(2) 어떻게 힘쓰든지 간에 그 결과는 타인을 고려해야 하며 결코 내 측에서 결정할 수 없다. 이것이 두 번째 한계이다. 밖에서 만족을 추구하는 것은 반드시 성취할 수 있는 것이 아니다. 요구의 중점이 외부에서 내부로 전이되면, 자기 힘을 다하여 마음에 조금도 아쉬움이 남지 않기를 추구한다.—"온 힘을 다하여 자기가 해야 할 일을 잘 할 따름이다."[23]라는 중국 옛말이 그것이다.

이들은 처음에는 모두 향외와 향내를 부단히 왕복함을 면치 못하지만, 넓은 의미의 이성이 대부분을 차지한다. 그러나 문제를 확고하게 파악하면 마침내 반드시 점차 순수한 향내, 좁은 의미의 이성 이후로 나아간다. 이른바 제2태도만이 제2문제에 적응한다는 것의 의미는 바로 여기에 있다. 이것들은 다 앞 장에서 논한 평안의 문제, 평안의 공부와 함께 살펴볼 수 있을 것이다. 평안의 문제는 바로 제2문제에 속하고, 평안의 공부는 반드시 수기(修己)에 귀결되며, 바로 향내적으로 힘쓴다는 의미이다.

사람의 개체생명으로 말하면, 마음과 몸의 발육 · 성장은 마음이 몸에 따라 나오며 몸이 먼저이고 마음은 나중이다. 이와 똑같은 순서를 사회생명에서도 볼 수 있다. 사회는 문화의 발생 전개에 따라 발육 · 성장하며, 문화가 발생하여 전개되는 것은 가장 먼저 생존문제(제1문제)라는 중

22) 원문은 "反求諸己"로, 『孟子』에 나온다. "行有不得者, 皆反求諸己"(「離婁上」) —옮긴이

23) 원문은 "盡其在我"이다. 王韜의 「書重刻後」에 "夫今時之所急, 亦惟輯強鄰禦外侮而已. 二者要惟先盡其在我耳."라는 구절이 있다. —옮긴이

심을 둘러싸고 이뤄진다. 그래서 사회의 발육 · 성장이 이때에는 실로 신체로부터 출발하는 활동에 달려 있다. 대체로 말해서 신체는 본래 생존의 도구이고, 사람은 또한 생존을 도모하는 중에 또 부단히 신체의 내외에 많은 도구(지식 · 기능을 포함하여)를 창조하여 사용함으로써 신체활동을 강대하게 하고 더욱 민활하게 한다. 이들 도구의 발달에 따라 사회관계가 날로 복잡 · 긴밀해지고 사회단위가 날로 확대된다. 이것이 이른바 사회의 발육 · 성장이다. 그러나 이는 사회의 발육 · 성장의 일면—사람의 신체 면에 치우친 일면—에 불과하다. 동시에 사람의 사유라는 일면이 있다.

이른바 사람의 사유라는 측면은 무엇을 가리키는가? 사람은 도구가 없으면 생존할 수 없고, 또 사회를 구성하지 않으면 생존할 수 없다. 그러나 인류는 의식적 무의식적으로(본능적으로) 피차 이용하여 사회를 구성하는 데 전적으로 의존할 수는 없다. 이것들 외에 자신의 신체를 초월하여 마음이 서로 연결되고 통하는 데 더욱 의존한다. 사람과 사람 사이는 신체로 보면 나뉘어 격리되어 있지만, 마음으로 보자면 나뉘어 있지만 격리되어 있지는 않다. 그러나 결국 신체로 인하여 이 격리되지 않은 마음이 극히 쉽게 격리된다. 그래서 문화상에서는 항상 반드시 연관시키고 통하게 하는 길을 만든 연후에 사회를 형성할 수 있다. 이른바 사람의 사유의 측면이란 실로 사회를 형성하는 길을 가리킨다. 이것이 문화의 초기에는 통상 종교였다. 종교는 사회문화가 마음의 측면에 갖추고 있는 맹아이다. 이것을 이어서 발전시키면 예속 · 법률 · 도덕 등이 있게 된다. 그러나 종교는 갖가지 것이 이어서 나타난다고 하여 소멸되지 않고 스스로 무궁한 변화 · 발전이 있다. 여타의 갖가지 것도 다 서로 교체되지 않는다. 대체적으로 말하면, 이 네 가지는 실로 사회가 성립 · 유지되고 나아가 발전 · 확대되는 근거가 된다. 이것이 있음으로써 사회가 있게 되고, 사회가 있음으로써 각종 도구가 발달하게 된다. 도구는 신체 면에 속하는 전개이지만, 이것은 사유의 측면에 속한다.

예를 들면 폭력과 사기는 모두에게 익숙해서 괴이하게 여겨지지 않는 것으로서, 옛날부터 지금까지 여전히 존재한다. 그러나 그 사이에 얼마나 발전하고 변화되었는지 모른다. 분명히 확인할 수 있는 것은 다음과 같다. (1) 고대 초기의 인민은 후대 사람들에 비해 이러한 악덕이 적었으며, 후대 사회는 양호한 풍속과 교화를 거쳐 또한 마찬가지로 이러한 악덕이 적었다. 전자는 혼돈하고 안정되지 못했으나 후자는 문화로부터 나와서, 그 사이에 분명히 매우 긴 역사발전이 존재한다. (2) 이러한 악덕에 대해 고금에 익숙해서 괴이한 것이 아니라고 해도, 일면적으로 말하면 고금의 사람들이 다 인정하지 않는 것이다. 이는 바로 인류를 대비해보면 다 한계와 범위가 있고, 그 한계와 범위를 넘어서지 않으면 괴이하지 않다는 것이다. 이 한계와 범위는 바로 문화이다. 어떻게 한계를 설정하고 어떻게 범위를 한정하는가는 시기와 지역에 따라 천차만별이지만, 가장 간단히 한마디로 말하자면 자기 영역 내에서 행하지 않으면 안 된다는 것이다. 그렇지 않으면 사회를 이룰 수 없고 사람도 생존할 수 없다. 이 영역은 옛날부터 지금까지 분명 갈수록 확대되었다. 오늘날 연합국(국제연맹)은 가장 큰 하나의 영역을 실현하여 전 세계를 법률과 도덕에 끌어들이려고 노력하는 중에 있다. 애석하게도 아직 성공하지는 못하여 국제적으로 아직도 속임수와 폭력을 괴이하게 여기지 않는다. 그러나 당초의 작은 영역을 돌이켜보면 이미 대단한 발전이다!

이른바 문화란 실로 저 두 측면을 포괄한다. 이 두 측면이 점차 전개됨에 따라 사회가 발육 · 성장한다. 통상 이 두 측면은 서로 전화되어 순환적으로 추진된다고 해야 할 것이다. 그 사이에 대개 반드시 가장 적당한 안배관계가 있고, 서로 어울리지 않는 것은 반드시 병통이 생긴다. 신체의 측면이 발달할 때에는 마음의 측면도 그 자신의 성장이 있다. 분명히 말해서 사회가 경제상에서 일체성을 실현하여 사람들이 다시는 생존경쟁하지 않고 합치되어 자연계를 통제할 때는 실로 문화발전에서 일대 전환의 관건이 되어 전후기로 나눌 수 있다. 왜냐하면 사회가 경제상에서 일체성을 실현하면 생존문제가 대체되고 따라서 이로부터 각자 조심하지 않게 되고, 이전에 신체로부터 출발하는 활동은 점차 저절로 없어지고 아마도 사람의 이성이 투철하게 유행하게 될 것이다. 이전에 제1문제를 둘러싸고 발전된 문화는 이에 이르러 이미 흘러간 것이 되어 버리고 제2문제로 전환될 것이다. 제2문제가 제1문제를 대체하여 사람의 마음을 차지한다. 즉 이로부터 제2기 문화가 전개되는 것이다 제1기 중에 제2문제가 없는 것은 아니지만, 제1문제가 우선시되어 크게 고려될 여지가 없었다. 그래서 제1기 문화에서의 성취는 주로 신체 내외의 각종 도구를 발달시킨 데 있다. 도구가 발달하여 사회가 경제상에서 일체성을 실현하는 경지에 이르면 신체의 면이 장성하고 인류의 제1기 문화가 완성되었다고 할 수 있다. 제2기 문화에 제1문제가 결코 없는 것은 아니지만, 일체가 안배되어 신경쓰지 않아도 된다. 동시에 신체의 측면(발달된 도구)과 균형을 이루어 사회의 일체성을 실현하기 위해, 마음의 측면에 위대한 전개가 필요하게 된다. 따라서 제1기를 신체의 문화라 부를 수 있다면, 제2기 문화는 마음의 문화라 부를 수 있다. 제1기 문화는 생활에 기초를 제공할 뿐이고, 제2기 문화가 참으로 사람의 생활이다.

이러한 전후기의 구분은 무력을 가지고 설명할 수 있다. 무력은 신체의 일이다. 사유가 결여된 동물 사이에는 모든 문제가 신체의 문제에서 벗어나지 않고 그 해결도 오직 신체의 싸움에 의해 해결된다. 사람은 실로 그러해서는 안 된다. 그러나 제1기 문화에서는 대외적으로는 전쟁을 하고 대내적으로는 사형을 시켜 무력의 적절한 행사가 이 시기의 가장 큰 특징이다. 이 시기가 종결되는 것은 무력을 다시 사용할 수 없는데 있다. 왜 무력을 다시 사용할 수 없다고 하는가? 이 시기의 문화는 전적으로 도구를 발달시켜 신체활동을 강화하는 힘에 달려 있음을 알아야 한다. 도구가 극도로 발달하여 신체의 힘이 강화된 결과, 그 효능은 두 측면으로 나타난다. 일면 세계가 축소되고 자연이 사람 손에 의해 통제되고 생산력이 극히 높아져 사회가 경제상에서 하나로 긴밀하게 조직되어 분리될 수 없고 "사회일체", "천하일가(天下一家)"의 조건이 완벽하게 준비된다. 다른 한편, 작은 세계와 유한한 인류를 훼멸시키는 힘이 또한 구비되어 있다. 힘은 하나이지만, 사용방법이 다르다. 어느 면에 사용되든지 다 위대한 효과를 거둘 수 있다. 좋으면 극히 좋고 나쁘면 극히 나쁘다. 내가 무력을 다시는 사용할 수 없다고 하는 것은 바로 오늘날 이미 제창하는 "평화가 아니면 멸망한다."라는 말에서 벗어나지 않을 따름이다.

반전운동은 옛날부터 있어왔지만 결국 성공하지 못했다. 전쟁은 시종 인류에게 하나의 제도로 존재해왔다. 그것을 제도라고 하는 것은 사람들이 어떤 문제들은 전쟁에 의해 해결하는 것이 효과적이라고 인정하여 전쟁이 어떤 문제들을 해결하는 일정한 방법이 되었기 때문이다. 이 제도의 존폐는 인류문화의 문제이고, 인류 이성이 전개되는 정도에 의해 결정되며, 소수의 주관적 요구에 의해 어찌할 수 있는 것이 아니다. 그러나 현재 시기가 성숙에 가까워졌다. 한편으로 도구가 발달하고 사람들이 모두 교육을 받고 문화가 보편적으로 고조되고 인명이 더욱 진귀하게 되었기 때문이다. 다른 한편으로는, 도구의 발달로 인해 전쟁의 파괴력이 증대되어 모든 것을 훼멸시킬 수 있는 지경에 이르렀기 때문이다.

두 측면의 압박으로 인해 전쟁이 폐지되지 않으면 안 되게 되었다. 객관적 형세가 이미 이성의 전개를 촉진했고, 매우 오랜 기간의 문화도야를 거쳐 인류가 그전처럼 충동적이지 않게 되었고, 많은 단련을 거친 후 국제조직이 마침내 성공할 수도 있을 것이다.

사형의 폐지에 대해서는 오늘날 이미 그 단초를 볼 수 있다. 사형이 세계에서 일종의 제도가 된 데는 매우 많은 이유가 있다. 여타의 방법으로 죄인을 처벌하는 것이 비경제적이라는 점이 그것이 끝내 존속되는 이유이다. 그러나 사물이 귀해지면 사람이 천해지고, 사물이 천해진 후에야 사람이 귀해진다. 생산이 발달하여 재화가 여유 있어지고 경제생활이 사회화될 미래에는 반드시 감화가 사형을 대신할 것임은 말할 나위도 없다.

비교적 이성이 풍부한 관념 · 예속 · 제도가 이전의 것을 대체하는 것은 이성이 사회문화에서 전개되는 것이다. 그리고 사회형세로 인해 이성의 전개가 촉진되는 것은 실로 이성이 전개되는 길이다. 예를 들면 경제상 사회가 하나로 긴밀하게 조직되면 세계가 하나로 연결되어 사람과 사람이 형세상 협력하고 공존할 방도를 적극적으로 추구하게 된다. 사람들이 모두 교육받고 두뇌가 개발되고 형세상 누구도 다른 사람을 말살할 수 없게 되면, 이에 제2문제가 형성되고 이성의 객관적 수요가 형성된다. 동시에 한편으로 경제의 진보로 인해 재화가 여유 있어지고 다 공급되며 따라서 새로운 방법, 새로운 제도를 건립할 각종 조건이 구비되면 그런 일도 마침내 가능하게 된다. 이 책의 제8장 이하에서 이러한 사회형세의 원인과 결과에 대해 많은 논의가 있었으니, 참조하면 저절로 분명해질 것이다. 그러므로 제2기 문화는 실로 제1기 문화를 기초로 해서 나타난다. 이른바 "마음은 몸을 따라 나오며, 몸이 먼저이고 마음은 나중이다."라는 순서는 인류 개체생명에서 볼 수 있고 사회생명에서도 마찬가지로 볼 수 있다고 한 것은 바로 이것을 가리킨다.

이것을 분명하게 이해하고 다시 이 장의 서두에서 중국과 서양의 자유·민치를 비교하여 논한 부분을 살펴보면, "서양문화는 신체에서 출발하여 마음에 이르고, 중국문화는 곧바로 마음에서 출발한다."[24], "중국문화가 인류문화의 조숙이다."라는 데 대해 의문의 여지가 없게 될 것이다.

---

24) 北新書局에서 출판된 魯迅 譯, 廚川白村 著, 『出了象牙之塔』의 "從靈向肉和從肉向靈"은 여기서 논한 바와 관련이 없지 않으니, 참고할 만하다.

13장

문화조숙 이후의 중국

1. 과학이 발달하지 않은 이유

중국의 민주 문제에 대한 논의로부터 시작해야 그 문화조숙의 수수께끼를 풀 수 있고, 수수께끼가 풀린 이후에는 먼저 그로 인해 마침내 과학이 없었음을 지적해야 한다. 민주는 인간관계의 일에 속하고, 과학은 인간과 자연의 관계에서 생겨난다. 일단 정신을 인간사회의 일에 사용한 다음부터 중국인은 자연에 대해 더 이상 탐구하지 않았고 또한 탐구할 길이 없었다. 이하에서는 단지 이 몇 마디에 의거하여 해명하겠다.

과학은 자연에 대한 문제에 국한되지 않는 것 같다. 자연과학 외에 사회과학이 있다. 그러나 과학은 실로 인간과 자연의 관계에서 시작된다. 또한 우리는 과학이 인간과 자연의 관계에서 생겨나고 자연도 인간의 과학에서 시작된다고 말할 수 있다. 인간을 떠나서 자연이 있는지 여부는 여기서 논하지 않겠다. 그러나 사람이 인식하는 자연은 결국 사람에 의해 존재하게 된다. 그리고 사람에게 지식이 있게 됨으로써 과학이 존재하기 시작하는 것이다. 과학은 다름 아니라 바로 정확하고 체계적인 지식이다. 앞에서 이미 "사유작용은 행위하기 전에 유예하는 작용이고, 유예의 연장은 냉정이며, 지식은 바로 여기서 나온다."라고 말한 바 있다.(제7장을 보라.) 냉정하게 외부세계를 살펴보면 생명이 긴장으로부터 느슨해지면서 공간이 마침내 우리 눈앞에 전개되고 물체도 우리 눈앞에 전개된다. 바로 이 순간이 자연의 시작이고 지식의 시작이다. 감각(가령 보는 것)이 획득한 바가 자연이고, 공간은 이성의 추리와 계산으로부터 나온다. 생명은 원래 고요한 것이 아니다. 그러나 감각과 이지는 생명에서 가장 정적이다. 지식은 생명으로부터 나오고 본래 고요하지 않지만, 매우 힘써 고요함으로 나아간다. 정확함이 여기서 획득된다. 고요하게 보는 것이 바로 객관이다. 과학이 이에 따라 나아가 객관을 추구하여 과학이 된다. 자연에 대해 감각으로 얻은 바에 만족하지 않고, 그 질료가 어떠한지에 대해 탐구해나감으로써 물질관념이 있게 된다. 물질관념은 우리 눈앞에 잡다하게 진열된 물체를 객관성의 물질로 변화시켜 일체를 관통시키는 것이고, 그리하여 지식이 체계화된다. 지식이 정확하고 체계적이면 과학이 된다. 과학과 물질, 물질과 과학은 대개 이처럼 불가분의 관계에 있다. 생물에는 생명이 있다. 즉 물질을 넘어서는 것이 있다. 생물이 고등해질수록 생명이 더욱 강대해지고 물질로부터 더욱 멀어진다. 인간에 이르러서는 생명의 강함이 필적할 바 없고, 자연을 넘어선 데 대해서는 더 말할 나위가 없다. 우리가 많은 생물 내지 인류를 똑같이 과학연구에 포괄하여 정확하고 체계적인 지식을 추구하지만, (사람을) 물질과 똑같이 대하는 것은 불가능하다. 결국 단지 자연에 접근한 부분을 파악하고 기계적인 부분을 비교하고, 그 나머지는 생략할 따름이다. 생명과학에서 사회과학에 이르기까지 파악한 바가 적을수록 생략한 바가 많아지고 더욱 부정확하여 과학이라 하기 어렵게 된다. 사회과학은 단지 "준과학"이라 할 수 있을 뿐이라고 하는 것은 이 때문이다.

더욱이 사람의 행위 혹은 사회현상에 대해서는 외면과 동작만 고찰하고 그 정서와 생각으로부터 이해하지 않는다면, 어떻게 연구하더라도 인간의 감정은 이해할 수 없을 것이다. 반드시 자기의 경험을 돌이켜보아야 하고—외향적으로만 고찰해서는 안 되고, 더욱이 처지에 따라 생각해야 한다—교조적으로 파악해서는 안 된다. 더욱이 법률 · 정치 · 경제와 같은 응용 학문은 도처에서 인간의 정감반응, 이상의 요구를 떠날 수 없으니, 어찌 단지 객관만으로 감당하겠는가? 이에 수시로 타인을 자신처럼 보고 자신을 미루어 타인을 헤아리니, 대부분 이성의 일이고 이지의 일인 것만은 아니다. 과학은 이지에서 오고, 이성에서 나오는 것은 과학에 속하지 않는다. 대부분 (철학과 이념을 포함하여) 사상일 뿐이고 지식이 아니다.

중국인이 학문을 할 때 인간사회의 일에 상세하고 자연계의 원리에는 소홀하다는 것은 세상이 다 아는 일이다. 중국의 서책은 인간사회의 일을 논하는 것이 90%를 넘는다. 이는 중국 서적을 한번 넘겨보면 바로 알 수 있다. 중국인의 사유와 총명이 왜 이처럼 한쪽으로 치우쳐 사용되었는가? 이것이 탐구해야 할 문제 중의 하나다. 중국의 학문이 인사에 상세하다고 해도 오늘날의 사회과학을 말하는 것은 아니다. 사회과학은 그래도 자연과학의 길을 따라 가능한 한 객관적 연구를 수행하는데, 중국의 학문은 도처에서 주관을 드러낸다—도덕적 관점에 따르는 것이 많고 혹은 실용적 안목과 예술적 안목에 의거한다. 즉 객관적 서술 가운데 주관적 평가가 많고, 순수하게 객관적인 연구는 백분의 일도 되지 않는다. 그 학문적 대상이 한편에 치우쳤을 뿐 아니라, 학문을 하는 태도와 방법도 근본적으로 다르다. 이는 또한 무엇 때문인가? 이것이 연구해야 할 두 번째 문제다. 이 양대 문제에 유의하지 않으면 인식해낼 수 없다. 유의하되 우리가 위에서(제11장) 해명한 바에 의거하지 않으면, 이해할 수 없을 것이다. 계급이 직업으로 전화하여 귀족이 사인(士人)이 됨으로써, 사회에서 정신노동자는 인간사회의 일에 밝기를 힘쓰고 육체노동자는 생산을 책임지게 되었다. 이와 같이 구획되어버리자 자연에 대한 문제가 학문 영역 밖으로 나가고 학문은 전적으로 인간사회의 일을 해명하는 것이 되어버렸다. 또 이른바 인간사회의 일에 밝기를 힘쓴다는 것도 원래 수기안인(修己安人)에 힘쓰는 것이다. 수기안인으로부터 인간사회의 일을 논하는 것은 오직 도덕의 관점 혹은 실용적 안목에 근본하고, 과학의 객관적인 길을 따르지 않음은 또한 당연하다. 이는 최근 2천 년의 역사에 대해 하는 말이다. 최근 2천 년의 사회는 윤리본위 · 직업분화의 형세가 이미 형성되었다. 이 2천 년 동안에 중국학술의 대세가 결정되었음은 의심의 여지가 없다. (윤리본위가 수기안인의 학문을 촉진했다. 직업본위는 농공상업을 학문의 영역 밖으로 몰아냈다.)

"중국문화는 주공(周孔)이 씨앗을 뿌리고 진한(秦漢)에 이르러 그 열매를 거두었다."(제10장 참조) 최근 2천 년의 일은 다 열매에 해당하는 일이다. 진나라 이전 중국학술은 이처럼 일정한 유형을 이루지는 않았다. 그러나 주공 이래 종교가 결여되고 이성이 조기에 계발되어 인생태도가 마침내 다른 문화와 크게 다르게 되었다. 인생의 제1문제가 아직 해결되지 않은 상태에서 제2문제와 제2태도가 싹트고, 이 때문에 정신이 인간사회의 일에 사용되고 자연에 대해서는 소홀하게 되었다. 자연에 부딪히면 자연에 대처하는 방법을 상실했다. 이 때문에 과학이 성취될 수 없었다. 이는 중국인이 멍청하기 때문이 아니고 문화의 진보가 느리기 때문도 아니며, 문화가 다른 길로 발달했기 때문이다.

장둥쑨은 이 점을 가장 잘 파악하여, 그의 저서 『지식과 문화』에서 중국과 서양의 학술이 다른 원인에 대해 비교 · 논구했다. 대단히 귀중한 설명이다. 다만 그것이 각 편에 흩어져 있어 원문을 인용하기 어렵다. 그래서 그 요지를 종합하여 다음과 같이 몇 조목 열거해본다.

“언어구조에서 보면 서양의 문장에는 반드시 주어(Subject)와 술어(Predicate)가 있고 언어에서 대개 주체를 매우 중시한다. 중국은 주어와 술어의 구분이 분명하지 않고, 언어에서 주체를 중시하지도 않는다.”

“사상태도에서 보면, 서양은 항상 먼저 ‘무엇인가?’를 묻는다. 이는 ‘무엇을 우선하는 태도(What priority attitude)’라고 할 수 있다. 중국은 항상 ‘장차 어떻게 될 것인가?’를 묻는다. 이는 ‘어떻게를 우선하는 태도(How priority attitude)’라고 할 수 있다.”

“과학의 대상은 사물이고, 역사의 대상은 사건이다. 서양인은 사물 관념이 강해서 사건을 사물로 바꿔버리기도 한다. 중국인은 사건 관념이 매우 강해서 사물을 사건으로 바꿔버리기도 한다. 서양의 동사 to be는 명사 Being으로 변화되는데, 사물 관념이 실로 여기에 의존하고 서양철학의 본체관념도 여기서 나온다. 그러나 중국사상에는 단지 Becoming만 있고 Being은 존재하지 않는다.”

“서양철학은 곧장 사물의 배후를 물어 마치 곧장 밑으로 파고드는 것 같다. 중국철학은 단지 하나의 현상이 여타의 현상과 서로 어떤 관계에 있는지를 추구하여 마치 횡으로 연계시키는 것 같다.”

“논리상에서 서양은 동일률을 근본으로 삼는데, 중국은 동일률을 중시하지 않고 오히려 일종의 상관율이 있다고 할 수 있다.”

“철학에서 서양은 본체론으로 시작하고 그에 대해 논하는 것이 가장 중요하다고 할 수 있는데, 중국인에게서는 본체의 탐구를 끝내 볼 수 없다. 서양에서는 어느 경우에도 우주관으로 인생관의 전주곡을 삼아 양자가 합치될 수 없다. 중국에서는 우주와 인생이 하나의 용광로에서 함께 제련되며 우주론이 인생론에 흡수되기도 한다. 중국은 단지 실천 철학이 있을 뿐 순수철학은 없다고 할 수 있다."[1)]

이상에 열거한 것들은 실로 일관된 것이다. 장둥쑨은 중국인과 서양인의 정신(mentality)이 상당히 다르다고 한다. 당초에는 뚜렷하지 않았을 수도 있지만, 훈습을 거쳐 마침내 각자 다른 길로 나아가게 되었다. 서양의 길은 바로 과학을 낳은 길이고, 중국의 길은 과학을 성취시키지 못하는 길이다. 분명히 말해서 서양에는 사물 관념이 있고 중국에는 없다. 엄격히 말하면 사물 관념은 서양 근대(16세기 이래) 과학자들이 창출해낸 것이지만, 연원은 옛날부터 있었다. 어떤 사람은 중서 사상학술의 차이가 단지 고금의 차이에 불과하고 중외의 차이는 없다고 여기는데, 분명 그렇지 않다.

장둥쑨이 말하는 중국과 서양의 정신의 차이는 내 방식대로 말하면, 서양인은 신체로부터 출발하여 그 정점인 이지에 도달했고 중국인은 이성이 일찍이 계발되어 이지가 억눌려 발휘되지 못했다고 하겠다. 대개 신체는 생존을 꾀하는 도구로서 하는 말이고, 이지가 신체의 정점이라는 것은 병장기의 칼날처럼 반드시 이지를 사용해야 생존을 도모하는 일을 해낼 수 있다는 말이다. 그러나 이지가 직접 생존의 요구에 사용되면 한계가 있다. 반드시 이지와 감관이 외면에 대해 지식을 생성해내고, 다시 지식에 근거하여 생존문제를 해결해야 그 효용이 커진다. 이는 호기심

1) 張東蓀, 『知識與文化』, 商務印書館. 인용문은 원서 제3편의 제2, 제3장 및 부록의 1, 2, 3, 4 각 편에 나온다. 부록의 각 편이 더욱 중요하다.

혹은 유희본능이 한번 우회해야 하는 것이다. 호기심 혹은 유희본능은 생물진화에서 이지에 따라 점차 전개되어 고등동물에서 볼 수 있고 인류에 이르러 가장 발달했다. 그것은 한편으로 신체에서 나온 일종의 본능적인 흥미로서 이지의 냉정함과 다르고, 다른 한편으로는 신체의 생존요구에서 벗어나 이지의 무소위(無所爲)[2]에 가까워진 것으로 마치 신체와 이지 사이의 교량과 같다. 더욱이 호기심은 움직임의 끝이고 고요함의 시작인 것 같다. 그 연구를 위한 연구(순수한 연구)는 실로 지식과 학문이 창출되는 바탕이다. 서양은 옛부터 "애지(愛智)"[3]를 일컬어왔고, 과학이 바로 철학에서 파생되어 나왔다. 중국이 후세에 과학이 없는 것은 고대에 철학이 없었기 때문이다. 철학은 서양의 산물이고, 과학도 서양에만 있는 것 같다. 고대 중국에서 철학은 단지 도덕실천의 부산물이고, 고대 인도에서는 종교실천의 부산물이었다. 다 독립적으로 존재하지 못했다. 이처럼 사고방식이 다르니, 어찌 인생태도가 서로 다르지 않겠는가? 학술상 문화상에서 분명히 동서의 유파가 일찍이 나뉘었는데, 어찌 고금으로 구분할 수 있겠는가?

중국과 서양 학술의 상이함을 고금으로 구분해볼 수도 있음을 우리가 애초에 완전히 부정하는 것은 아니다. 가령 학문과 기술이 혼합되어 학문이 기술과 독립하여 스스로 발전하지 못함은 고대에 일반적인 현상이고 중국도 그러하다. 중국은 수천 년 동안 학문과 기술이 분화되지 않아서, 이른바 학문이란 것도 대체로 기술이고 학문이 아니었다. 이것이 가

2) 특정한 목적을 위해 봉사하지 않는, 즉 구체적 실용적인 목적을 달성하기 위한 수단으로서 행해지지 않고, '앎을 위한 앎' 혹은 '학문을 위한 학문'인 순수학문처럼 실용적 목적이 배제된 순수한 지적 활동을 가리킨다. —옮긴이

3) '애지(愛知)'는 그리스어 philosophia의 번역어이다. philo는 '사랑하다' '좋아하다'라는 뜻의 접두사이고 sophia는 '지혜'를 뜻하므로, philosophia는 지혜를 사랑하는 것, 즉 '애지(愛知)'로 번역되는 것이다. —옮긴이

장 큰 병폐다. 그 결과 학문이 참으로 있을 수 없고 기술도 발달할 수 없었으니, "학문이 없고 기술이 없다."라는 옛말에 딱 들어맞는다. 이는 졸저 『동서 문화와 철학』에서 통렬하게 지적한 바 있다.[4] 왜 고대에는 일반적으로 이러했는가? 인류문화 초기에는 다 신체로부터 출발하여, 당시에는 두뇌의 냉정이 미흡하고 이지가 아직 발휘되지 않았기 때문이다. 반드시 신체로부터 출발하여 그 정점에 나아가면 이지가 발휘된다. 응용(실용)과 무관하게 순전히 앎을 추구하여 학문을 이룬다. 이것은 서양의 길이고 또한 일반적으로 당연한 순서이다. 그런데 중국은 고대의 길을 답습하여 줄곧 바꾸지 않았다. 중국인이 실용을 떠나 앎을 추구할 수 없었다는 점에 대해 많은 식자들이 고찰했다. 장둥쑨 외에 고 장인린 교수도 다음과 같이 지적한 바 있다.[5]

"많은 중국인이 서양문명은 본질상 공리주의문명이며, 중국인이 이런 (이용후생) 사업에 낙후한 것은 중국인이 줄곧 공리를 중시하지 않았기 때문이라고 생각한다. 이는 특히 큰 잘못이다."(월간 『思想與時代』, 「中

---

4) 舊著에서는 이렇게 말했다. "서책에 이러저러한 항목에 관한 많은 思想道理가 있지만, 모두 단편적이고 체계를 결여했다. 더욱이 이들 사상도리도 대부분 응용을 위한 것이고 응용을 위하지 않는 순수지식은 전혀 없다. 이것들은 모두 실용적 의의에 얽매인 도리로서 단지 術일 뿐이고 學이라고 볼 수 없다. 중국학문은 대부분 술이고 학이 아니며 혹은 학과 술이 나뉘지 않았다. 農政과 農藝를 떠나 식물학이 없고, 醫經과 治病의 方書를 떠나서는 病理學이 없으며 더욱이 생리학, 해부학 등등은 존재하지 않는다. …… 그 결과 학이 본래 없게 되고 술도 발달할 수 없었다. 왜냐하면 술은 다 학에서 산생되어 나오기 때문이다." 『東西文化及其哲學』 26-31면을 보라.

5) 張蔭麟 교수의 논문에서는 이렇게 말하고 있다. "과거에 중서문화의 근본 차이 가운데 하나가 중국인은 실제활동에 대한 관심이 순수활동에 대한 관심보다 매우 크다는 데 있다고 보았다. 중국인의 의식과 가치관에서는 실제가치가 관념의 가치를 압도한다." 원문은 월간 『思想與時代』 제11기에 보인다.

西文化差異」 참조)

실은 장인린도 하나만 알고 둘은 몰랐다. 세간의 착오는 서양 학술의 성취가 바로 마음을 가라앉혀 앎을 추구하고 공리에 급급하지 않았기 때문임을 간과한 것이고, 장인린의 지적은 참으로 옳다. 그러나 이에 근거하여 서양은 공리를 숭상하지 않고 중국은 줄곧 공리를 중시했다고 말하여 종래의 일반적 논조를 완전히 뒤엎는다면 공평한가? 타당한가? 장인린도 스스로 의심이 없을 수 없을 것이다. 이는 그가 인류생명의 곡절을 인식하지 못했기 때문이다. 공리는 생존의 도모가 겉으로 드러난 것으로 신체에서 출발하는데, 그것이 정점에까지 발달하면 도리어 이지의 냉정으로 변화하여 마치 무소위인 것 같다. 냉정은 본래 유예의 연장으로서 무소위인 듯하지만 실은 여전히 공리이다. 서양이 끝내 공리에서 벗어나지 않는 것은 이 때문이다. 솔직히 말해서 신체의 상대성을 넘어서서 마음의 절대성에 이르지 못하면, 공리를 초월할 수 없다. 근대 이래 서양문명은 대체로 신체를 따라 도구를 발전시켰다. (9장을 보라.) 세상 사람들이 공리라고 지목하는 것도 이유가 있다. 중국에 기술을 떠난 학문이 없는 것은 당연히 냉정이 부족한 때문이다. 그러나 냉정의 부족에는 두 가지가 있다. 하나는 일반적인 경우이고, 다른 하나는 특수한 사례이다. 신체세력이 강하고 두뇌가 아직 이지로 나아가지 못한 것은 상고시대의 일반적인 현상인데, 중국은 분명 여기에 속하지 않음을 장인린은 분변하지 못했다. 왜 그럴까? (1) 신체세력이 강하고 두뇌가 아직 이지로 나아가지 않은 가장 좋은 예는 젠크스의 『사회통전』에서 묘사하는 서양인이다. 처음 사회를 형성하여 아직 투표를 알지 못할 때 회의에서의 표결과 선거에서의 경쟁이 그것이다.—제9장에 인용한 바를 참조하라. 아마 중국은 일찍이 그런 일이 있을 수 없었던 것 같다. 반대로 온화하고 문아하며 예의바르고 위의가 있어서 이성이 충동을 대체했다. 중국인은 신체세력이 강하지 않고 오히려 약하다. (2) 냉정한 분석은 논리 · 수리만 한 것이 없다. 논리학과 인식론은 선진시기에는 찾아볼 수 있지만 나중에는 도리어 없다. 일찍이 『주비산경』 · 『구장산술』이 있었는데, 나중에는 역법과 산술을 도리어 이슬람과 서양에 의지했다. 중국인은 이지에 나아가지 못한 것이 아니라 나아갔다가 다시 후퇴했음을 알 수 있다. 제1장에서 설명한 중국문화의 여덟 번째 특징이 바로 중국에 일찍이 과학의 맹아가 있었지만 나중에는 퇴화하여 찾아볼 수 없다는 것이다. 이지가 진보하지 못한 것은 일반적인 경우이고, 다시 퇴보한 것은 특수한 사례라고 하지 않을 수 없다. 우리는 (1)로부터 일반적인 경우가 아님을 알 수 있고, (2)로부터 특수한 사례라고 단정할 수 있다.

특수한 사례는 어떻게 발생하는가? 중국문화도 일반적인 경우처럼 우선 신체로부터 출발한다. 그러나 이지에 나아갔을 때, 이성이 일찍이 계발되고 이성이 비이기적인 정감을 중심으로 삼아 움직임을 긍정하고 고요함을 부정한다. 이에 신체의 움직임이 이성의 움직임으로 전화되고, 본능의 감정이 이성의 감정에 도입된다. 서로가 교체되는 것은 참으로 불가능하지만, 양자 사이에 출입하여 뒤섞이고 하나로 연계되는 것은 극히 쉽다. 그래서 이지가 발휘되지 못하고 냉정이 부족하게 된다. 냉정이 부족한 유래가 여기에 있다.

이로부터 아래와 같은 세 가지 정황이 나타난다.

앞에서 "자연에 부딪히면 자연에 대처하는 방법을 상실한다."고 한 것은 바로 이때이다. 이때에는 민간과 대자연 사이에 융합상통의 의미가 많고, 서양에서 자연계를 구분하여 인간과 대립시키는 것과 다르다. 이것이 중국과 서양의 인생태도가 크게 다른 점인데, 학자들이 많이 지적했다.[6] 사람이 사물에 대하는 길은 지식에 있고, 지식의 길은 분별과 명확함에 있다. 그런데 중국인은 자연과 융합상통하기 때문에 그 생명에서 대외적으로 분별과 정확을 추구하는 경향이 크게 감퇴했다. 그래서 중국 학술에는 항상 혼륜(混淪)이 분명함을 대신하고 활발함이 확실함을 대신하며, 따라서 사상이 지식을 대신한다. 자연은 지식에서 생겨나고, 지식은 자연에서 생겨난다. 중국인은 지식에 관심을 두지 않으므로 자연을 상실해버렸다.

앞에서 "정신이 인간사회의 일에 사용되고, 자연에 대해서는 소홀했다."고 한 것은 이때를 가리킨다. 이때에는 사람과 사람 사이에 생명에서 서로 관련되고 통하는 면이 쉽게 드러나고 그래서 인간관계의 문제가 인간과 자연의 관계 문제에 의해 뒤덮이는 데 이르지는 않았다. 인류문화의 초기에는 생존을 다투어 추구하여 자연에 대한 문제가 우선시되고 사람을 만나도 자연을 대하는 식으로 대했다. 일반적으로 말해서 인간과 자연의 관계 문제가 인간관계의 문제를 뒤덮어버렸다. 유독 중국에서는 그렇지 않았다. 가령 내가 제2문제와 제2태도가 중국에서 매우 일찍 맹아를 드러냈다, 그리고 죽은 친구 완쥔이가 중국문화의 특색은 평안[安]의 문제를 부양[養]의 문제 위에 놓았다고 한 것은 다 이것을 가리킨다. 수기안인의 학문과 "사(士)"라는 부류의 사람들도 다 여기서 생겨났다. 앞에서 논한 바를 참조하기 바라고, 여기서는 다시 논하지 않겠다. 인생의 제1문제가 아직 해결되지 않은 상태에서 갑자기 그리 했으므로,

6) 서양에서는 인간이 자연과 분리하여 대립되는 것 같고, 중국에서는 인간이 자연과 융합된다. 듀이는 베이징대학 강연회에서 이것을 언급했다. 또 魯迅이 壁下譯叢에서 번역한 廚川白村의 『東西人之自然詩觀』에 논의가 가장 상세하다. 장둥쑨이 근래의 저술 『民主主義與社會主義』에서, "자연계를 독립시킨 것이 서양문화의 일대 특징이고 일대 공헌이다."고 한 것도 이런 의미이다. 이에 대한 중외학자의 언급은 그 외에도 많아서 일일이 열거할 수 없을 정도다.

사물을 소홀히 하게 된 것이다.

앞에서 "다시 자연에 대해 탐구하지 않고 또 탐구할 길이 없었다."고 한 것은 이때를 가리킨다. 이때에는 제2문제가 제2태도를 불러일으키고, 일반적인 향외로부터 향내로 전환한다. 가령 이전의 저술에서 이렇게 말한 바와 같다.

> "두 눈으로 밖을 보면 마주치는 것이 다 정적 물질이고 공간이며(사실 우주가 변하여 물질이 되고 우주가 변하여 공간이 된다. 물질에 부딪치고 공간과 만난다는 것은 일상적인 표현이다), 이는 이지가 분석하고 구획하는 데 가장 적합한 것이다. 돌이켜 자기 자신을 보면 부딪치는 것이 움직이는 생명이고 시간이며(새로운 의미에서의 시간이고, 일상적인 의미의 계량화된 시간을 말하는 것이 아니다), 이는 이지가 분석하고 구획하는 데 가장 적합하지 않은 것이다. 서양의 천재영웅들은 지능을 향외적으로 사용하여 물질과학과 과학방법을 산생시키고 나아가 과학방법을 모든 것에 보편적으로 적용했다. 중국의 천재영웅들은 지능을 돌이켜 자신에 대해 사용했다."(『中國民族自救運動之最後覺悟』, 77면)

지능을 돌이켜 자신에 대해 사용한다는 것은 자연에 대해 탐구하지 않는 것이다. 자신을 돌이켜 동적 생명을 이해하는 데 익숙했으므로, 하늘을 우러러보고 땅을 굽어보아도 관점이 이미 바뀌었고 사유방식이 다르기 때문에 자연에 대해 탐구할 길이 없었다.—장둥쑨의 표현을 빌어 말하면, 단지 "횡적으로 연관시키고" 곧장 밑으로 파고들지 않았다.

끝으로, 서양에는 종교가 있었기 때문에 과학이 있었다고 말해야 한다. 세상 사람들은 보통 종교와 과학이 상충하는 것만 보고 양자가 서로 연관되어 있음은 모른다. 장둥쑨은 『지식과 문화』에서 이에 대해 설명하고 있는데, 서양철학자들을 원용하여 논증했다.

> "슈펭글러는 자연과학의 전신이 종교라고 했다.(*The Decline of the West*, vol. I, p.380) 화이트헤드도 근대과학의 발생이 중세의 종교신앙과 유관하다고 했다. 서양 학자들은 이 점에 대해 일찍부터 인정하므로, 내가 여기서 굳이 다시 인용할 필요는 없을 것이다. 과학이 종교로부터 나왔으므로, 서양문화에서 양자가 하나의 가지에서 나온 꽃과 열매임을 알 수 있을 것이다."(원서의 부록3 아홉 번째 단락을 보라.)

이는 대개 사유방식 면에서 설명한 것이다. 사실 애초에 과학의 연구와 전파는 교회 선교사들에 힘입었다. 더욱이 과학의 진보는 지식의 면에 속하는 일임을 알아야 한다. 한 사회에서 이 측면이 진보할 수 있는 것은 대중의 정서와 의지가 안정되어 앞으로 나아갈 수 있었기 때문인데, 이것이 서양에서는 전적으로 종교에 의지하여 이뤄졌다. 종교가 문화의 중심이 되어 사회를 유지하지 않았다면, 근대 과학의 발생은 상상할 수 없을 것이다. 중국의 경우에 비춰보면, 이성이 조기에 계발되어 종교가 결여된 것은 과학이 생겨나지 않은 것과 일관된 하나의 일이다.

2. 이성의 발달과 이지의 부족

중국인은 이성이 일찍이 계발되어 갈수록 이성이 탁월해졌으나 이지는 더욱 모자라게 되었다. 반대로 서양은 이지에 뛰어나고 이성의 발달은 부족했다. 서로 비교해보면, 실상이 분명해질 것이다.

1) 중국과 서양의 문화교류에서 중국이 일찍이 물질적 발명을 서양에 전해주었으니, 이는 중국문화가 그들보다 한 걸음 앞서 발달했기 때문

이다. 그 이후에는 그렇지 않다. 17세기(명말청초) 예수회 선교사들이 중국에 와서 선교할 때, 중국이 환영한 것은 그들이 가져와서 중국인을 만날 때 예물로 바친 물질문명—천문학 · 수학 · 물리학 · 기상학 · 지리학 · 생리학 · 의학 및 기타 기술 등—이었고, 인생 방면의 종교에 대해서는 그러지 않았다. 18세기에 서양은 충심으로 중국문화를 숭배했는데, 이것은 전적으로 인생 방면의 사회이상 · 윤리조직 · 정치제도 등에 대해서였다. 당시 일부 독일인 · 프랑스인이 중국사회의 모든 것을 이상화했지만, 자연과학 면에서는 중국이 부족하다는 점을 알고 있었다.

19세기 이래 이런 상황은 줄곧 변하지 않았지만, 중국인은 서양의 물질문명에 놀란 나머지 사회인생 면에서도 자신을 잃었다. 1920년 듀이는 북경대학 철학연구회에서 행한 강연에서 "중국은 줄곧 인간사회에 대한 이해가 많았고, 서양은 자연에 대한 이해가 많았으므로" 이후 장차 상호 융합과 소통을 꾀해야 한다고 했다.[7] 정감을 체인하는 것은 이성이고, 물리를 탐구하는 것은 이지이다. 중국과 서양이 각기 한쪽에 뛰어남을 확인할 수 있다.

2) 서양에서 지식이 발달한 것은 끝없이 분석을 추구하여 지식 자체에 이르렀기 때문이다. 이것이 바로 칸트 이래의 인식론으로, 인식을 거듭하고 냉정하고 또 냉정하여 이지의 최고점에 도달했다. 이성 일변에 치우친 중국에서는 지식을 숭상하지 않고 감정과 의리를 중시하여 왕학(양명학)에 이르러 극에 달했다. 왕학은 양지(良知)를 말하고 역행(力行, 지행합일)을 숭상한다. 양지는 후천적인 지식에서 취하는 바가 없고 역행은 냉정과 상반된다. 온갖 변화가 결국 호오에서 벗어나지 않으며, 역행

7) 민국 9년 듀이 박사가 중국에 와서 베이징대학 철학연구회에서 강연할 때 특히 이런 뜻을 밝혔다. 당시 張申府가 "天人合一"로 번역했는데, 아마 좋지 않은 것 같다.

에서 행은 오직 이 호오의 일관된 실천을 가리킬 뿐이다. 중국과 서양 쌍방이 서로 대립되어 각기 극단으로 향했음을 알 수 있다.

3) 서양인의 생활은 예로부터 종교에 의지하여 죄와 복은 알지만 시비를 모르며 종교적인 계율은 알지만 의리를 몰랐다. 중국은 예로부터 종교적 성향이 부족하여 공자와 맹자가 인간의 자각과 향상심을 극력 계발하여 줄곧 양심에 의거하여 의리를 따졌다. 중국인이 감히 하지 않는 것은 다 내심 불합리하다고 여겨 그것이 그릇됨을 알기 때문이다. 서양인은 교회의 계율을 범하여 신에게 죄 짓는 것을 두려워한다. 유럽에서는 종교를 믿지 않는 사람은 자의적으로 행하는, 도덕이 없는 사람이다. 그래서 러셀은 중국을 방문한 후 중국인에게 "죄(Sin)" 관념이 없는 데 깊이 탄복했다. 또 중국에서는 "종교적 회의"가 유럽에서 늘상 그러한 것처럼 그에 상응하는 "도덕적 회의"를 야기하지 않는다고 했다.[8] 중국과 서양 사이에 이성의 발달 정도가 매우 뚜렷하다. (서양에서는) 후대의 종교개혁에 이르러서야 사람들의 의식이 각성되었다. 그러나 서양의 이른바 "이성주의", 대륙철학의 이른바 "이성파", 역사가들이 18세기를 가리키는 "이성시대"는 모두 사유작용이 나타나 활약한 것이 특히 이지에 치우쳐 발휘되었음을 말하며, 여기서 이른바 이성은 그리 뚜렷하지 않다. 근대에 인생의 기풍이 크게 변했지만, 현세의 행복을 추구하는 데서 벗어나지 않음을 알 수 있다. 철학이 종교를 대체하여 흥기했지만, 가장 유행한 것은 공리사상의 철학이다. 가령 이른바 공리주의 · 행복주의 내지 나중의 도구주의 · 실용주의가 다 그런 것들이다. 개인의 자유를 확립하고 개인의 권리를 보장할 필요가 있었던 것은, 각자 욕망활동에 분명한 한계를 정하여 각자의 활동을 완수하기 위함이었다. 경제를 말하면 욕망에서

8) 러셀, 『中國之問題』, 35면, 189면.

출발했고, 법률을 이야기하면 권익을 본위로 했다. 정치에 대한 논의도 공적 사적 욕망의 만족을 추구하는 데 불과했다. 결국 인생이 욕망을 근본으로 하고 이지를 운용하여 득실을 계산할 따름이다. 중세와 다른 점은 단지 이익과 손해로 죄와 복을 대신하고 법률로 교회의 계율을 대신한 것이다. 그러나 이해 관념과 죄복 관념은 원래 같은 맥락에 속하므로, 변해도 변한 것이 아니다. 의로움과 이로움, 옳음과 그름의 구분 및 향상심에 대해서는 여전히 결여되었다. 중국 민족정신은 제7장에서 설명한 것처럼 "향상심이 강하고 서로 배려해주는 정이 두텁다." 중국과 서양에서 이성의 발달 정도를 여기서도 볼 수 있다.

(4) 중국인은 이치를 따지기 좋아하여, 각 종교에 대해 특수한 이름과 형상, 구체적 의식, 표면적 관계 등에 얽매이지 않고 그 원리를 이해하려 한다. 항상 각 대종교를 융합 · 회통시키려는 사람이 있었다. 과거에는 "유불도 삼교의 근원은 같다."는 설이 있었고, 오늘날에는 "유교 · 불교 · 도교 · 기독교 · 이슬람교가 하나로 합치된다."는 설이 있으며, 기타 이와 유사한 것들이 매우 많다. 그들은 결국 "종교는 다르지만 원리는 하나이다."라고 말하기를 좋아한다. 이는 본래 불명확하고 우스운 말이지만, 직접적으로는 교리를 신봉하고 간접적으로는 종교를 믿는다는 것을 여기서 볼 수 있다. 이러한 추상적 이해력은 이성발달의 징표라고 할 수 있다. 그러나 이성의 발달이 결코 이지의 부족을 보완할 수는 없다. 많은 유치하고 가소로운 미신이 독서인 사이에서 여전히 유행한다. 반대로 서양은 도덕으로 종교를 대체하지는 못했지만, 과학으로 미신을 대체했다. 쌍방의 장단점을 여기서도 볼 수 있다.

(5) 도리로 따지는 것과 힘으로 다투는 것은 서로 매우 용납되지 않는다. 중국에서는 쌍방이 다툴 때 일방이 먼저 무력을 동원하면 방관자들이 옳지 않다고 여기며 본래 이치에 맞던 사람에 대해서도 그러하다. 사

리는 조용히 따진 뒤에 분명해지므로, 일단 무력을 쓰면 이치를 따지지 않게 되고, 이치를 따지지 않는 것이 가장 옳지 못하기 때문이다. 이는 폭력의 사용을 부끄럽게 생각하는 미덕이고, 러셀과 같은 외국의 식자들이 깊이 탄복하는 바이다.

> "세상에 전쟁을 좋아하지 않는(Too proud to fight) 민족이 있는가? 중국인이 그렇다. 중국인의 천성적 태도는 관용하고 우애하며, 예로써 사람을 대하고 다른 사람들도 예로써 대해주기를 기대한다. 도덕적 품행이 중국인의 특장이다. …… 이러한 품성 중에서 나는 '심기가 화평한 것(Pacific temper)'을 가장 귀하다고 생각한다. 이른바 '심기가 화평하다'는 것은 공리를 따르고 무력으로써 해결하지 않음을 가리킨다."(러셀, 『中國之問題』, 中華書局, 192면)

러셀의 탄복은 바로 서양의 단점을 스스로 깨달은 것이다. 고대에 문화가 낮은 사람들은 충동이 강하고 이성은 미약하여, 피차 다툴 때 논변으로 시비를 가리지 못하고 곧장 힘으로 싸워 옳고 그름을 결정했다. 이런 기풍은 유럽에서 근대 초기에 이르기까지 완전히 제거되지는 못하여, 개인들 사이에서는 물론 사회에서도 그러했다. 이는 젠크스의 『사회통전』을 보면 알 수 있다. 앞에서 인용한 옛날 선거경쟁의 일이 그 한 예이다. 그 책에서는 또 이렇게 말하고 있다.

> "승자는 얻고, 패자는 입을 다문다."
>
> "쌍방이 다투면 결투로 결정한다. 그른 자가 승리하고 옳은 자가 패해도 뒷말이 없다."

이는 바로 "힘이 정의다(Might is right)."는 말과 합치된다. 문명이 진보하자 혈투는 다시 보이지 않게 된 것 같다. 그러나 공업에서 노사 쌍방이 한쪽은 파업을 수단으로 삼고 한쪽은 직장폐쇄를 무기로 삼으니, 여전히 이치에 의해 결정하지 않고 힘에 의해 결정하며 승부로 시비를 결정한다. 기풍이 사람을 변화시켜 오늘날 중국의 청년들은 말하고 글 쓸 때 투쟁이라는 말을 즐겨 사용한다. 이는 완전히 볼셰비키를 모방한 것으로 북벌 이전에는 보이지 않았다. 중국과 서양 사이에 이성의 발달 정도를 여기서도 볼 수 있다.

이상 다섯 가지 점은 부족하다고 할 수 있으나 요지는 얻었다. 그러나 우리가 서양이 이성 면에서 중국보다 우월한 점을 지적하려 한다면 한 가지를 지적할 수 있을 것이다. 즉 그들의 이성이 비록 얕으나 사회형세의 전개에 따라 순차적으로 개발되어서, 중국이 조숙한 것과는 다르다는 사실이다. 조숙하면 지향은 항상 분명하지만 사실은 미치지 못하는 바가 많다. 항상 단지 소수 사람들 사이에서만 볼 수 있을 뿐이고 사회에 보편화되지 못하며, 더욱이 객관적 보장이 결여되어 반복을 면치 못한다. 순서대로 개발되면 일로부터 원리에 이르고 마음이 신체를 따르며 확실하고 믿을 만하여, 그런 결함이 없다. 중국문화 조숙의 병폐에 대해서는 아래에서 계속 설명하겠다.

3. 순환에 빠져 진보하지 못함

앞에서 중국이 일치일란의 순환을 반복하여 혁명이 없는 것은 산업혁명이 나타나지 않은 데 근원이 있다고 했다.(제11장) 이제 산업혁명이 나타나지 않은 것은 과학이 없는 데 근원이 있음을 알 수 있다. 중국과 서양이 사유방식에서 서로 다르므로 문화상에 나타난 결과도 완전히 다르다. 중국은 노선이 크게 갈리기 전에는 과학의 맹아가 있었다고 해도, 노선이 갈라진 이후에는 과학이 마침내 요절하고 다시는 나타나지 않았다. 동시에 순전히 수기안인을 학문으로 삼아 농공상업과 일체의 기술을 다 학문 영역에 포함시키지 않고 지식인의 관심 밖으로 구축해버렸다. 학술연구의 소재가 좁아지고 또 쉽게 포착할 수 없는 생명을 대상으로 하여, 마침내 순환에 빠지고 진보하지 못했다. 동시에 농공상업이 학술연구를 통해 추동되지 못하여 진보할 수 없었다. 양자가 분리되어 똑같이 벽에 부딪침으로써 중국인은 인생의 제1문제에서 산업혁명 이전 상태에 정체되었다.

서양과 대조하여 표로 만들어 설명해보면 다음과 같다.

서양	동양
사유가 이지에 치우쳤다.	사유가 이성에 치우쳤다.
두 눈이 자연만을 고찰하고, 자연을 대하는 방식으로 사람을 대했다.	자연을 홀시하고 인간을 중시했다.
과학이 크게 발달했다.	과학이 성취되지 못했다.
과학연구와 농공상의 여러 산업이 서로 통하고 결합했다.	농공상업을 학술영역 밖으로 구축했다.
학술연구가 농공상업을 촉진시키고, 농공상업이 학술연구를 유인하여, 학술과 경제 양자가 서로 추동시키고 함께 대자연으로 나아갔다. 이에 서양인은 인생 제1문제에서 나는 듯이 진보하고 인류 제1기 문화에서 커다란 성취가 있어서, 오늘날에 이르러서는 이미 완성에 가깝다.	학술연구가 기존의 경지에 머물고, 일반 경제도 기존의 상태에 머물렀다. 학술사상과 사회경제가 단절되어 서로 도움을 주는 일이 드물어서, 정체를 가중시켰다. 이에 중국인은 인생 제1문제에서 정체에 빠지고, 인류의 제1기 문화에서 성취가 매우 적고 또한 완성을 기대할 수 없다.

이른바 학술사상과 사회경제가 단절되어 서로 도움을 주는 일이 드물었다는 것은 예를 들면 양한경학, 위진현학, 송명이학 및 후대의 고거(考據)·사장(詞章) 등이 똑같이 그러하다. 그 밖에 윤리화된 경제, 윤리화된 정치, 향내적으로 힘쓰는 인생 등이 다 중국인을 제1문제 상에서 전진하지 못하게 한 유력한 요인이다. 앞의 제11장에서 산업혁명이 중국에서 나타나지 않은 원인을 설명할 때 이미 누차 이야기했으므로 그것을 참고하기 바라고 여기서 반복하지는 않겠다. 전후로 각종 요인들이 부가되어 중국인이 제1문제 상에서 전진하지 못하는 상황을 고정시키고 또 고착화시켰다. 그러나 이런 많은 요인들은 도대체 어디서 왔는가? 모두가 하나의 근본에서 왔다. 즉 이성이 조기에 계발되어 인생의 제2문제와 제2태도로 들어가게 한 것이다. 인류의 제2기 문화를 향해 나아가게 하여 제1을 소극적으로 방치하고 제1을 적극적으로 가로막았다.

그렇다면 제1을 성취하지 못하면 제2를 성취할 수 없는 것인가? 제1로를 다 걷지 않으면 제2로를 걸을 수 없는 것인가? 걸을 수 없다. 제2문제는 이성의 문제이고, 제2태도는 이성적 태도이며, 제2기 문화는 인류 이성이 충분히 개발된 문화이다. 이 책에서는 제8장에서 "이성은 계급에서 나온다."는 이치를 논한 이후 계속 설명해왔다. 그러나 중국은 봉건이 해체되고 계급이 직업으로 전화된 이후 인류가 이성으로 전진하는 사다리인 계급이 배척되고 해체되어버려 다시는 방법이 없게 되었다. 주공(周孔) 이래 일찍이 계발된 이성이 모두 그 표현과 성취가 단지 "사람들을 윤리에 끌어들이고", "계급을 직업으로 변화시키고", "국가를 사회에 융합시키는" 것들이었고, 이런 것들은 더 이상 있을 수 없을 만큼 많다. 이들은 단지 제2기 문화의 그림자라 할 수 있고, 경제적 진보가 결여되어 실로 제2기 문화의 완성을 기대할 수 없다. 앞 장에서 "마음이 신체를 따르며, 신체가 앞서고 마음이 뒤따르는" 제2기 문화는 제1기 문화를 기초로 한다는 각종 원리에 대해 상세히 분석했다. 독자들이 그것을 참조하면 저절로 분명해질 것이므로, 여기서는 길게 논하지 않겠다.

그렇다면 제2노선이 통하지 않으면 다시 제1노선으로 돌아갈 수 있는가? 불가능하다. 제2에서 제1로 되돌아가는 것은 이성에서 신체로 후퇴하여 되돌아가는 것이고, 향외적인 노력이 향내적인 노력을 대신하는 것이다. 이는 사람의 생명에서 퇴보이다. 결코 신체의 출발점으로 돌아갈 수 없으며, 그것은 중국역사에서 역전이다. 또 이성의 도야를 거치지 않은 상태로 되돌아갈 수도 없다. 바꿔 말하면 그것은 단지 성취한 것의 훼손일 뿐이다. 독자들은 제9장의 "봉건으로의 역전"과 제11장의 "주기적 동란"을 보면 명백해질 것이다. 여기서는 길게 논하지 않겠다.

전진도 불가능하고 후퇴도 불가능하다면, 단지 순환할 수 있을 뿐이다. 생명현상에는 원래 정지하고 움직이지 않는 일은 없다. 중국역사상의 일치일란은 본래 순환이고, 가령 경제 · 학술과 같이 진보하지 못하는 모든 것들은 다 순환 중에 있다. 이는 참으로 인류문화에서 하나의 기적이다! 이전의 저술에서 이에 대해 다음과 같이 밝힌 바 있다.

> "그것(중국문화)은 다시 방향을 틀어 제1노선(서양의 길)을 보충하여 걸을 수 없고, 또한 제3노선(인도의 길)을 걸어갈 수도 없다. 외부세력이 들어오지 않고 환경이 변하지 않는다면 그것은 끝까지 이러할 것이다! …… 이로부터는 전혀 방법이 없다. 아프지도 가렵지도 않으니, 참으로 이름을 말할 수 없는 병이다!"(『東西文化及其哲學』, 203면)

중국사회는 지난 2천 년 동안 경제상에서 보면 의심의 여지없이 봉건사회와 자본주의사회 사이에 끼어 있다. 그것은 아마 과도기—봉건에서 자본으로의 과도기—에 있는지도 모른다. 그러나 왜 줄곧 과도기에 머물러 있고 결국 건너가지 못하는가? 봉건과 자본 이외에 제3의 방식을 건립하려고 하지 않는 자는 이 문제에 해답하지 못하고 궁지에 빠질 것이고, 제3의 방식을 건립하려는 자도 (가령 리지(李季)는 '전(前)자본주의 생산방식'이라는 설을 내세운다) 여전히 대답에 궁할 것이다. 이는 다 순환하고 진보하지 못하는 것을 진보가 느린 것으로 오인하고 특수를 몰라서 일반적인 경우로 여기기 때문이다. 유물사관을 잘 이해하지 못하고 고집하여 스스로 통하지 않는 데로 떨어진 것이다.

나는 또 다른 저서에서 중국이 순환하고 진보하지 못하는 원인이 서로 제약한 데 있다고 지적한 바 있다.

> "사회형세를 살펴보면 확실히 사람들로 하여금 인생 제2태도로 들어가게 할 필요가 있다. 그러나 사람이 이 필요에 부응하여 나아갈 수 있는지 여부는 쉽게 말할 수 없다. 여기에는 적어도 두 가지 차원의 문제가 있다. 하나는 인생이 제1태도에 떨어지기는 매우 쉽고 제2태도로 나아가기는 비교적 어렵다는 것이다. …… 또 하나는 제2태도가 이때 본래 필요하지만 제1태도도 이때 똑같이 필요하다는 것이다. 인간관계로 말하면, 이때 본래 제2태도가 필요하고 제1태도는 거의 소용이 없다—이것이 서양사회와 다른 점이다. 인간과 자연의 관계(제1문제)에서 보면, 이때에는 또 제1태도가 필요하고 제2태도는 적절하지 않다—이는 서양사회와 다름없는 바다. 두 가지 필요가 눈앞에서 교대로 나타나고, 그에 따라 또 두 가지 태도가 차례로 출몰하여 안에서 싸운다. 수천 년 동안 중국 인생이 항상 서로 장애가 되고 스스로 모순이 된 것은 이 때문이다. 두 차원의 문제에서 제2태도는 중국인이 스스로 힘써 나아간 바지만 실추하는 때도 있었다. 수천 년 동안 중국사회가 일치일란이 반복된 것은 이 때문이다."(『中國民族自救運動之最後覺悟』, 85면)

"이미 다른 길(제2노선)로 나아갔음을 안다면, 산업혁명이 나타나지 않고 공업자본이 이뤄지지 않은 것은 본래 이유가 있다. 다음, 그것이 버려둔 다른 길(제1노선)이 본래 버려지고 나아가지 않았음을 본다면, 다른 길로 나아간 자도 결국 한계가 있고 가능한 정도에서 그쳐버린다. 그리고 동시에 또한 이것에 얽매여 제1노선으로 되돌아갈 수 없었다. 피차가 서로 장애가 되니, 막다른 데 이르게 되었다."(같은 책, 95면)

구체적으로 지적하면, 계급은 없고 직업이 있으며 국가는 없고 사회가 있는 것은 원래 인류가 반드시 도달해야 할 경지이다. 만일 제1노선을 끝까지 걸어가면 마침내 도달할 수 있다. 그런데 중국인은 제1노선을 다 걷지도 않고 돌연 제2노선으로 전환하여 계급을 직업으로 변화시키고 국가를 사회에 융회시켰다. 제2기 문화로 매진해갔지만, 결국 제1노선에서 성취가 얕은 것이 한계로 작용하여 정신노동과 육체노동이 합일할 수 없었고 계급을 해체할 수 있었을 뿐 계급이 없는 데에는 도달하지 못했다.—이른바 "가능한 정도에 그쳤다."는 것은 이것을 가리킨다. 정신노동과 육체노동을 직업으로 구분하고 또 학술사상과 사회경제를 서로 단절시키는 때에는 지적 능력이 단지 수기안인에만 사용되고 물질생산에는 사용되지 않았다. 한편으로는 제2노선으로 매진해갔기 때문에 제1노선이 그르쳐졌고, 다른 한편으로는 제1이 부족하므로 제2도 제한을 받았다. 다시 제1노선으로 돌아가려면 계급을 직업으로 변화시킨 것이 이미 이성에서 진보했으므로(정치에서 농단을 허용하지 않고, 경제에서 농단을 허용하지 않는다) 물러날 수 없다. 제2노선 상에서 다시 진보하려 하여도, 육체노동에서 정신노동을 구분해낸 것이 합일되는 일은 나타나기를(생산기술의 커다란 진보) 기대할 수 없으므로 나아갈 수 없다.—이른바 "서로 제약했다."는 것은 이것을 가리킨다. 이처럼 서로 제약하는 일은 많아서 유심히 살펴보면 어렵지 않게 볼 수 있을 것이다. 중국인의 지적 능력이 누구 못지않게 우월하고 중국인의 수가 비할 바 없이 많으며 진한 이래 그처럼 장구한 세월을 거쳐왔는데, 문화상에서 결국 이처럼 진부하게 답습하고 새로운 기틀을 열지 못했다. 만일 이런 서로 제약하는 형세에서 지적 능력을 소모하지 않았다면, 그 지적 능력이 어디로 갔단 말인가? 이 상호제약을 벗어나지 못한 것이 가장 큰 장애이다.

4. 중국문화의 5대 병폐

중국문화에는 원래 조숙(早熟)이라는 병폐가 있다. 나는 이전 저술에서 다음과 같이 비유한 바 있다.

> "개인의 심리발육이 본래 신체의 발육과 상응하는 것과 똑같이, 심리가 신체의 발육에 따라 발달한다고 해도 될 것이다. 그러나 중국은 총명한 아이처럼 신체발육이 다 이뤄지지 않았는데도 지혜가 일찍이 개발되었다. 즉 지혜가 일찍이 개발되어 도리어 신체의 발육을 억제하고, 다시 그 신체의 발육이 불건전하므로 지혜도 마침내 원만하고 양호하게 발육하지 못했다."(『中國民族自救運動之最後覺悟』, 96면)

본래의 병은 하나지만, 드러나는 증상은 다섯 가지이다.

(1) 유치함

중국문화는 실로 성숙한 문화이지만, 형태상에서는 때로 유치함을 드러낸다. 예를 들면, 사람 사이의 예속관계는 봉건사회의 상징인데, 중국

사회는 거기에서 벗어나지 못했다. 자녀가 마치 부모의 소유물인 듯하고, 부인이 마치 남편의 소유물인 듯하다. 나아가 주종관계의 구분에서도 많은 측면에서 그러하다. 중국은 이미 종법사회가 아니고 봉건사회도 아니지만, 결국 사람들에 의해 종법사회 · 봉건사회로 지목받는 것은 대체로 이것 때문이다. 사실 중국은 윤리정의(情誼)의 길로 나아갔기 때문에 서양 중세사회에서와 같은 개인에 대한 과도한 압제와 간섭이 없었고, 마침내 서양 근대처럼 개인의 자유가 확고하게 정립되지 못했다. 자유가 확립되지 못했을 뿐 아니라, 내가 앞 장에서 논한 것처럼, 개인이 장차 영원히 발현될 수 없다. 이처럼 종법적 봉건적 자취가 제거되지 않고 남아 있다. 또 가령 유치하고 가소로운 미신이 민간에 적지 않게 유행하여 마치 문화가 유치한 증거인 듯하다. 사실 중국 고대인들은 일찍이 2, 3천 년 전에 지적 사유의 개발이 어느 민족도 미치지 못하는 경지에 이르렀고 신화와 미신이 어느 지역보다 적었다. 그러나 과학의 길로 나아가지 않고 대자연에 대한 고찰이 결핍되어 확실한 지식을 산출하지 못해서, 이러한 많은 유치한 미신이 제거되지 못하고 남아 있는 것이다. 여타의 사례도 많지만 일일이 열거하지 않겠다. 종합해서 말하면, 핵심적인 문화는 결코 유치하지 않은 중국에 유치한 곳이 남아 있는 것은 특히 외형상에서 그러하다. 세상에서 병폐를 진정으로 다루지 않으므로, 이 때문에 중국이 유치하고 낙후했다고 여기는 것이다. 사실 중국이 순전히 아직 진보하지 않은 사회라면, 그 문제는 머지않아 간단하고 쉽게 해결될 것이므로 오늘날 이처럼 염려할 필요가 없을 것이다.

(2) 노쇠함

중국문화는 본래 생동감이 지극히 풍부하여 어느 사회도 미칠 수 없지만, 역사가 너무 오래되어 후대에 전해져서는 생동감이 박약해졌다.

이것이 이른바 노쇠하다고 하는 것이다. 비유하자면 말을 타거나 자동차를 운전할 때 처음 배우는 사람은 매우 조심하면서 좌우를 살피지만, 익숙해져서 습관이 되면 거기서 자각심이 생겨 동작이 기계화된다. 이런 기계화가 있은 연후에 비로소 마치 운전수가 자동차를 운전하면서 많은 교묘한 유희를 하는 것처럼 마음이 더욱 높은 단계로 향하게 된다. 사회도 그러하다. 언제나 수요에 적합한 많은 일들이 보전되고 전습되어 습속과 제도를 이룬다. 한편으로 말하면, 이는 사회생활에 지극히 편리하고 좋은 일이다. 그러나 다른 한편으로는 그것이 기계화되고 경직되어 돌이키기 어렵게 되면 좋지 않다. 중국문화는 고루한 종교가 없고 강경한 법률이 없이 인정을 극진히 하고 예속이 풍성하며 사회조직과 질서가 원래 극히 유연하고 영활하다. 그러나 장구한 세월을 지나면서 기계화되어, 고루하여 통하지 않음이 마침내 종교에 버금가고 강경하고 냉혹함이 더러 법률보다 더하게 되었다. 민국 7, 8년 사이에 신사조가 일어나 "사람 잡아먹는 예교"라고 저주한 것은 바로 이 때문이다. 예를 들면, 자녀에게 효도를 요구하고 부인에게 정절을 요구하는 것은 원초적인 친밀함과 자발성에서 나온 것을 말하는 것으로, 실로 인류의 지극히 고상한 정신으로서 누구도 비난할 수 없다. 그러나 후대 사회에서 사회적 요구에 매우 부합했기 때문에 사람들에게 장려하고 전파하고 발전시켜 사회질서를 유지하는 수단으로 변질되었다. 원래의 정신과 의의가 점차 상실되고 기계화와 형식화에 떨어져 고아한 맛이 없어져 건조하게 되어버렸다. 동시에 다시 완고하고 강경하게 변질되어 사회에서 거의 사고를 허용하지 않고 회의를 허용하지 않고 조그마한 위반도 허용하지 않게 되었다. 위반하면 사회에서 엄격한 압박과 제재를 가한다. 이때 서양의 새로운 기풍에 접하면 저절로 혐오와 반항을 겪지 않을 수 없게 된다. 혐오는 그 의미를 이해하지 못하기 때문이고, 반항은 그와 같은 강력한 압박을 받아들이려 하지 않기 때문이다. 만약 애초에 중국문화가 바야흐로 생겨날 때처럼 예속이 처음 만들어지고 의미가 아직 새롭고 자각이 아직 상실되지 않았으면, 결코 이런 일이 있을 수 없다. 그래서 그 병폐는 완전히 이 노쇠하다는 점에 달려 있는 것이다.

(3) 실제적이지 않음

서양문화는 신체에서 출발하여 현실에 매우 부합한다. 중국문화는 어느 정도 마음에서 출발하여 이상이 현실을 많이 넘어서는 것을 면하지 못하여 실제적이지 않다는 병폐가 있다. 무엇을 현실이라 하는가? 무엇을 이상이라 하는가? 현실은 두 글자에서 벗어나지 않는다. 하나는 이익의 이(利)이고, 다른 하나는 역량의 역(力)이다. 역량은 이익을 구하는 수단이고, 이익은 역량을 배양하는 수단이다. 양자는 순환적으로 발전하여 하나로 통할 수 있다. 신체에서 출발하는 것은, 힘쓰는 것이 바로 여기에 있다. 그래서 서양문화는 현실의 길이다. 반대로 이성의 요구에서 나오면 이것을 고려하지 않는다. 이것이 바로 이상이다. 마음에서 출발한 중국문화—중국의 사회인생—는 항상 이와 같다.[9] 자애 · 효도 · 인의는 최

9) 張東蓀의 최근 저서 『민주주의와 사회주의』 17쪽에는 다음과 같은 구절이 있다. "유럽인의 자유주의는 부자유에 대한 반항에서 시작되었다. 가령 1215년 영국의 '대헌장'은 단지 몇몇 소소한 일들을 규정하고 있는데, 모두 당시의 실제 상황이다. 또 1789년 '인권선언' 또한 단지 군주가 의회를 침범한 몇 가지 사건을 열거하고 재발을 금지하려는 것이었다. 나는 이것을 서술하면서 홀연히 중국의 상황은 마침 서양과 상반된다고 느꼈다. 서양은 실제로 자유를 침범하는 일들을 하나하나 타파하고 제거한 연후에 비로소 추상적 자유의 완전한 의의를 실현할 수 있었다. 중국은 신해 이래 위에서 하나의 추상적인 자유헌법을 선포했지만, 실제로는 오히려 여전히 인민의 자유를 하나하나 파괴했다." 장둥쑨이 서양에서는 추상적 이념이 나중에 출현했는데 중국은 그와 정반대라고 지적한 것은 매우 옳다. 그가 단지 신해 이후를 예로 든 것은 대개 서양문화는 신체에서 출발하고 중국은 오히려 마음에서 출발하여 전

초에는 모두 이성의 요구에서 벗어나지 않으며 예속으로 표현되는데, 여전히 이상이 지향하는 바를 보여준다. 그러나 중국인은 결국 이것으로 사회 조직질서를 유지하여 명확한 객관적 표준이 결여되었으니, 이것이 바로 실제적이지 않게 된 근본이다. 예를 들면 정치제도가 거기서는 예의 일부이다. 전제라고 하든 민주라고 하든, 똑같이 적합하지 않게 된다. 그것은 본래 민주를 예로 삼지 않았지만, 또 어찌 전제를 예로 삼았겠는가? 사실상 전제를 면치 못했지만, 그것이 본래의 의미는 아니다. 본래의 의미가 잘 표현되었을 때에는 고도의 이성을 구비하게 되는데, 단지 매우 많이 볼 수 없을 뿐이다. 앞에서 중국 사회질서는 항상 저절로 유지되어 강제력을 가하지 않는 듯하다고 말했는데, 그것은 확실한 사실이며 서양사회에서는 꿈에도 생각하지 못할 일이다. 그러나 치세는 적고 난세는 많아서, 서구 국가들이 최근 200년 동안 내란이 없는 것과 같은 것을 또한 우리가 꿈에도 생각하지 못할 일이다. 중국문화를 논하면 결국 난세로 대표할 수는 없고, 통치의 원리와 치세(治世)를 들어야 한다. 그러나 이렇게 말하면 지나치게 이상적이라는 혐오가 있고 증거가 부족하다. 또 나는 항상 중국의 민주는 이념[理]에 있고 서양의 민주는 형세[勢]에 있다고 말했다. 이념에 있는 것은 이념이 드러나도 형세가 아직 형성되지 않아서 고명하다고 해도 실제적이지 못하다. 형세에 있는 것은 형세가 이미 형성되었으므로 이념도 드러나서, 설혹 심원한 의의가 없다 해도 오히려 상대적으로 안정적이다. 이는 바로 서양은 현실(이익과 힘)에서 이성을 발전시켰고, 중국인은 힘을 말하지 않고 이익을 말하는 것을 부끄러워하여 이익과 힘이 공히 발전할 수 없었기 때문이다. 현실을

자는 사실로부터 원리로 나아가 이념이 뒤에 나오고 후자는 원리로부터 사실로 나아가 이념이 앞에 있다는 것을 깨닫지 못했기 때문이다. 양자가 원래 다른 것이다.

떠나서 이상을 드러낸 것이다. 결국 이상은 이상이고 현실은 현실이어서 예로부터 지금까지 실제적이지 않은 문화이다.

(4) 소극성에 떨어져 진보가 없음

이는 실제적이지 않다는 병폐와 연관된 것인데, 더욱이 소극적이라는 병폐가 있다. 정치는 힘의 문제이지만, 단지 힘의 문제만은 아니며 약간의 이성이 없으면 안 된다. 경제는 이익의 문제이지만 단지 이익의 문제만은 아니며 역시 항상 이성이 그 사이에 있어야 한다. 결국 사람의 일은 이성이 결여되어서는 안 되며, 다만 이성이 많고 적음의 문제일 뿐이다. 인류문화가 점차 고도화되는 것은 원래 이익 · 힘 · 이념 삼자가 순환적으로 병진한다. 그러나 인류의 이성이 날로 계발되면 이익과 힘의 위상도 따라서 낮아진다. 이는 한 측면이다. 다른 측면에서는 이익이 발달하여 사람의 수요가 모두 충족되면 이익 또한 중시하기에 부족하고, 힘이 발달하여 사람마다 힘을 갖게 되면 또한 힘으로 사람을 굴복시키기 어렵게 된다. 마지막에 경제상에서 사회주의를 완성하고 정치상에서 민주주의를 완성하면, 이익 · 힘 · 이념 삼자가 똑같이 증대하고 풍부해지며 이성이 최고의 지위에서 모든 것을 결정하게 된다. 서양은 현실의 길을 따라 나아가 저절로 점차 이 수준에 도달했으니, 그 문화는 모두 적극적이다. 중국은 이성이 조기에 계발되어 이익을 윤리에 펴지게 하여 경제가 발달하지 않아—경제의 소극성—마땅히 있어야 할 발전과 진보가 없었다. 힘을 윤리에 숨겨서 정치가 발달하지 않아—정치의 소극성—마땅히 있어야 할 발전과 진보가 없었다. 그것은 이념에는 적극적이지만 이익과 힘에는 적극적이지 않은 듯하다. 그러나 이념은 본래 이익과 힘을 버리고는 자신을 드러낼 수 없다. 결국 이념 역시 마찬가지로 적극적일 수 없게 되어 단지 현상을 부연할 뿐 모든 원대한 이상이 모두 버려지지 않을 수 없었다. 중국문화에서 소극적인 색채를 많이 볼 수 있는 것은 이 때문이다. 동시에 그것은 또한 장래의 전망을 갖지 못하게 되었다.

(5) 애매하고 불명료함

중국문화를 여타의 문화(가령 서양문화)와 대조해보면 "잘 알 수 없다", "의심스러워 분명하지 않다"는 느낌이 있다. 가령 종교 문제에서 서양은 종교가 있음이 매우 분명한데, 중국은 있는 듯하기도 하고 결핍된 듯하기도 하고 또 매우 많은 듯하기도 하다. 또 자유 문제에서 서양인은 고대에 자유가 없으면 곧 자유가 없는 것이고 근대 이래 자유가 있으면 곧 자유가 있어서 명백하고 확실하다. 중국은 이 문제에서 있는 듯하기도 하고 없는 듯하기도 하고 또 자유가 너무 많은 듯하기도 하다. 국가인가 국가가 아닌가, 계급이 있는가 없는가, 봉건인가 봉건이 아닌가, 종법인가 종법이 아닌가, 민주인가 민주가 아닌가 등등 여타의 문제에서도 모두 서양은 다 쉽게 판별할 수 있지만 중국은 아무리 많은 말을 해도 이 가운데 어떤 문제에 대해서도 논의가 부족할 것이다. 이는 한편으로는 내용이 가장 높은 수준의 것과 가장 낮은 수준의 것이 뒤섞여 공존하기 때문이고, 다른 한편으로는 역사가 때로는 진보하고 때로는 퇴보하면서 고정되지 않고 반복하기 때문이다. 대개 애매하고 불명료하다는 병폐는 한번 형성된 뒤로 변하지 않는 국면과 원래 나뉠 수 없는 하나의 일이다.

14장
결론

1. 특징을 고찰해서 얻은 결론

제1장에서 열거한 중국문화의 열네 가지 특징을 지금까지의 많은 고찰을 통해 마무리할 수 있을 듯하다. 결국 모든 것이 이성의 조기계발과 문화의 조숙이라는 문제에서 벗어나지 않는다. 이제 각 장에서 논한 것들을 연관시켜 설명해보자.

(1) 열두 번째 특징인 이른바 "군대 없는 문화"는 열한 번째 특징인 "국가 같지 않음"에서 연원함이 매우 분명하다. 제9장에서 답했으므로, 여기서는 상세히 논하지 않겠다.

(2) 그런데 중국은 일반적인 국가와 달라서 국가를 사회에 융해시켜버렸다. 이것은 제9장에서 설명했다. 다시 물어보자. 어떻게 해서 마침내 국가를 사회에 융해시켜버렸는가? 첫 번째 차원의 이유는 다음과 같다. 가족생활과 집단생활은 최초의 인류사회에 본래 있던 것인데, 중국인은 점차 가족생활에 뛰어나고 서양인은 집단생활에 뛰어나 각자의 길을 걸어갔다. 집단생활의 길로 나아가면 국가를 형성하고, 가족생활의 길로 나아가면 단지 사회를 이룰 뿐이다. 제3장과 제4장에서 이 점을 논증했

다. 그러나 그 사회생활이 단지 가족생활에 그친 듯하거나 혹은 그 사회란 것이 가족본위의 사회에서 벗어나지 않는 듯하므로 강력해질 수 없었고 또한 확대될 수 없어서 결점이 매우 많아 이 극심한 경쟁의 세계에서 장차 존립할 수 없을 것이다. 바꾸어 말하면, 진화와 도태 과정에서 가장 우월하여 살아남는 것은 당연히 강대한 집단일 것이다. 난점은 중국인에게 집단생활이 결핍된 것이 아니라, 집단조직이 결핍되었는데도 마침내 오래도록 존립하여 도태되지 않았다는 데 있다. 반대로 중국사회는 매우 크게 발전할 수 있었다. 이는 참으로 무엇 때문인가? 이에 첫 번째 차원을 이어 두 번째 차원을 말하고자 한다. 두 번째 차원은 이성이 일찍 계발되어 주공(周孔)의 교화가 발생해서 고대에 일반적인 종법제도가 중국인 특유의 윤리조직으로 전화되어 윤리본위로 가족본위를 대체했기 때문이다. 윤리는 가족에서 시작하지만 가족에서 그치지 않고, 규모가 원대하고 의식이 광범하며 정신이 크게 제고된다. 가족본위사회는 오늘날 살아남을 수 없지만, 윤리본위사회는 전도가 매우 양양하다. 이 점은 모두 제5장과 제6장에서 상세하게 논했다. 중국이 서양과 일찍이 길을 달리 했지만, 초기에는 아직 매우 분명하게 구분되지는 않았다. 주공의 교화는 봉건시대에 발생했는데, 당시는 흡사 국가를 이룬 듯했다. 전국칠웅은 한편으로 국가인 듯했지만, 다른 한편으로는 바로 국가가 사회에 융해되기 시작한 시점이다. 주공의 교화가 효과를 거둔 결과 봉건제가 이미 해소되어버렸고 계급이 직업으로 전화되었으며 국가는 영원히 사회에 융해되어 버렸다. 이 점은 제8장과 제9장을 보면 알 수 있을 것이다.

(3) 중국이 국가 같지 않은 이유를 해명할 때 동시에 중국인의 가정이 중요한 이유—일곱 번째 특징—를 설명할 수 있다. 대체로 가정에서 부모와 자식, 형제 사이의 정이 확대되어 윤리사회를 이루었기 때문에 계

급통치의 지연국가를 형성하지 않았다. 또한 집단조직에 의지하는 생활이 결핍되었기 때문에 윤리의 출발점이 되는 가족과 친척에 의지하지 않을 수 없었다. 위에서 설명한 여러 장 외에 그 앞의 제2장과 그 뒤의 제10장에서 모두 이 문제에 대한 대답을 제시했으므로 참고하면 알 수 있을 것이다.

(4) 근대 서양의 이른바 민주는 사람들이 국가에 대하여 참정권이 있고 자유권이 있어야 한다는 것으로, 이는 집단생활에서 개인의 지위가 제고된 결과이다. 그래서 중국에 민주가 결핍되었다는 것—아홉 번째 특징—은 집단이 결핍되었다는 점에서 유래하며 국가 같지 않다는 점에서 유래하는 것이다. 억압이 너무 강한 것을 민주가 없는 것으로 오해해서는 안 된다. 이 이치는 제12장에 상세하게 서술되어 있다.

(5) 집단생활과 가족생활은 한쪽이 중시되면 다른 한쪽이 경시되고 한쪽이 느슨하면 다른 한쪽은 팽팽하여 양자가 병행할 수 없다. 중국처럼 가정에서 부모 자식 간의 정의가 무거운 것은 서양인에게는 없고, 서양처럼 국민이 국가에 대해 갖고 있는 분명하고 강한 관념이 중국에는 없다. 그러나 중국과 서양이 이 점에서 서로 길을 달리하게 된 단초는 주공의 교화와 기독교가 서로 다른 데 있다. 그러므로 나는 종교 문제가 동서문화의 분수령이라고 정중하게 지적한다.—이상에 대해서는 제3, 4, 5, 6장을 보라. 일반적으로 말해서, 문화는 모두 종교를 중심으로 발전하는데, 중국은 유독 그렇지 않아서—이것이 중국문화의 여섯 번째 특징이다—종교가 비종교적인 주공교화로 대체되었다. 종교는 감정의 산물로, 이지에서는 나오지 않으며 오히려 이지와는 상당히 거리가 멀다. 주공 교화 또한 이지에서 나오지 않았고 감정을 근본으로 하지만, 이지와 거리가 멀지 않다.—이것을 이성이라고 한다. 이성은 인정에서 벗어나지 않지만, 종교감정은 오히려 결국 격렬하고 치우쳐 때로 인정에 가깝지

않게 된다. 이 때문에 주공(周孔)은 인생을 찬미하고 인륜을 돈독하게 하여, 종교가 세간에서 벗어나는 경향으로 인해 항상 가정에서 벗어나려는 것과 완전히 상반된다. 종교가 사람을 움직이는 힘은 항상 평범하지 않은 데 있지만, 주공의 교화는 평이하고 가까운 가운데 지극한 이치가 심오하여 사람들을 움직일 필요 없이 사람들이 저절로 벗어날 수 없다. 그것이 종교를 대체하여 중국문화의 중심을 차지하여 주류가 되었을 때, 우리는 도덕으로 종교를 대체했다고 말한다.—제6, 7장은 대체로 한편으로는 여섯 번째 특징인 "종교의 결핍"을 설명하고, 다른 한편으로는 열 번째 특징 "도덕적 색채가 특별히 강함"을 설명하고 있다.

(6) 서양 중세사회는 종교에 의지했고, 근대사회는 법률에 의지한다. 그러나 중국사회는 우리가 보는 것처럼 도덕으로 종교를 대체하고 예속으로 법률을 대체했다. 이는 문화비교상에서 서양은 종교 · 법률의 길로 나아가고 중국은 도덕 · 예속의 길로 나아갔다는 말이다. 종교는 본래 집단형성의 근본이고, 집단 내부조직을 규정하는 것은 법률이다. 그래서 종교와 법률은 서로 연계되어 있다. 도덕이 종교와 다른 점은 신으로부터 훈계를 받지 않고 자각과 자율을 근본으로 한다는 것이다. 예속이 법률과 다른 점은 국가에 의해 강제로 제정되지 않고 사회에서 서서히 자연스럽게 형성된다는 것이다. 그것들 사이에는 일관된 정신이 있다. 고대 중국인들이 탁월한 점은 사람 마음이 청명하고 정직함을 간파하고 자기 자신을 신뢰했다는 것이다. 이른바 일관된 정신은 다름 아니라 바로 이것을 가리킨다.—이에 대해서는 제6, 7장과 제10, 11, 12장을 보라. 오직 이성이 인류생활에서 도덕의 참된 근거이므로, 열 번째 특징에 대한 명확한 해답이 여기에 있다.

(7) 무엇을 자각, 자율이라 하는가? 좋아하고 싫어하는 것이 마음속에 분명한 것이 자각이고, 다른 것을 행하는 것이 아니라 자각에 기초하여

내가 좋아하는 것을 행하는 것이 자율이다. 가령 내가 공평을 좋아하고 불공평을 싫어하여 내가 이것에 기초하여 행하고 힘에 굴복하거나 이익에 끌려서 그렇게 하지 않으며 또한 힘에 굴복하거나 이익에 끌려서 바꾸지 않는 것이 그 예이다. 이성이란 자각과 자율의 원리가 천성적인 것을 말하며, 절대성[無對]이란 자각과 자율이 혼연히 통일된 것을 가리킨다. 도덕은 이성과 절대성에 기초하여 나오며, 인류생명의 최고 표현이다. 그런데 뜻하지 않게 고대 중국인들은 바로 사회질서를 이것에 의탁하고 정령과 형벌[1]을 숭상하지 않았다. 가령 "하지 않아야 할 것을 하지 않고, 하려고 하지 않아야 할 것을 하려고 하지 않는다."[2]라는 맹자의 말은 사람을 신뢰하여 사람을 사랑하고 사람을 사랑하여 사람을 신뢰하는 것이 참으로 세계에 유례가 없다. 이러한 싹에서 전개되어 3천 년 동안 중국문화는 마침내 다른 지역과 크게 다르게 되었다. 다른 지역의 문화발전은 결국 힘과 이익 사이에서 벗어나지 않아, 힘으로 이익을 구하여 얻고 이익은 힘을 배양하고 확대시키며, 힘은 또 이익을 구하여 얻게 하고 이익은 또 힘을 배양한다. 이처럼 순환적으로 끝없이 추진되어 이익과 힘 양자가 상통하여 하나가 된다. 대개 생물은 생존하여 발전해온 이래 원래 이것에서 벗어나지 않으며, 인류문화도 처음에는 신체에서 출발하여 또한 여기서 벗어날 수 없었다. 중국이 다른 지역과 크게 다르다는 것은 첫째로 정치에서의 소극성으로 표현되고 다음으로는 경제상에서의 소극성으로 나타난다.

소극성은 정치에서는 집단이 결핍되고 일반적인 국가와 같지 않으며 정치에서 근본적으로 소극적인 것으로 나타나, 이 방면으로는 발전하지

1) 정령과 형벌은 "政刑"의 번역어로, 『論語』에 나온다. "道之以政, 齊之以刑, 民免而無恥. 道之以德, 齊之以禮, 有恥且格."(「爲政」) —옮긴이

2) "無爲其所不爲, 無欲其所不欲."(『孟子』「盡心上」) —옮긴이

않았다. 이는 무엇 때문인가? 집단은 투쟁에서 생겨나고, 국가는 무력에서 나온다. 정치라는 일은 "역학" 상에서 이해해야 한다. 중국인도 이익과 힘의 순환권에서 벗어나지 않았고 힘을 무시할 수 없었다. 그러나 중국인은 인간의 신체 이외에 인간의 마음을 부각시키고 언제나 상대성[有對] 가운데 절대성[無對]을 드러내어 마침내 정치역학상에서 유례를 혼란케 했다. 그리하여 상고시대부터 전국시대 이전에 이르기까지 계급이 고정적이지 않고 봉건이 결핍되었으며, 전국시대 이후 청말에 이르기까지 계급이 직업으로 전화되고 상호 안정이 통치를 대체했다. 지난 2천 년 동안 일치일란이 반복되어 혁명이 없고 정치가 영원히 진보하지 않은 것은 대개 이 때문이다.—제9~13장을 참조하라.

소극성은 경제에서는 농업과 상공과 공업이 모두 학문의 영역에 들어가지 않고(사인은 이것들을 연구하지 않는다) 학술사상이 사회경제와 격리되는 추세로 나타나 양자가 서로 도와주는 이익이 드물었다. 2천 년 동안 경제가 정체되고 진보하지 않은 직접적인 원인이 여기에 있다.—제11장을 보라. 그러나 간접적인 원인이 오히려 더욱 결정적이다. 그것은 과학이 중국에서 일찍이 사멸하고 성취가 없었다는 점이다. 과학은 어떻게 성취되는가? 인류생명에서 과학의 근거는 이지이고, 인류생명에서 도덕의 근거는 이성이다. 도덕과 과학은 충돌하지 않으며 이성과 이지는 더욱이 모순되지 않지만, 이성이 조숙하여 도리어 이지를 엄폐하여 신장될 수 없었다.—제13장을 보라.

이로부터 앞에서 열거한 다섯 번째 특징 "문화가 순환하여 진보하지 않고 사회가 오래도록 변화가 드물다는 것"과 여덟 번째 특징 "과학의 결핍"은 도덕으로 종교를 대체한 일이 너무 일찍 나타난 것이 결정적인 이유임을 알 수 있다. 일반적으로 말해서, 문화는 모두 종교에서 시작되고 또한 종교가 중심이 되어 발전하며 도덕은 종교에 비해 한참 뒤에 나타나는데, 중국은 유독 그렇지 않다. 중국문화가 인류문화의 조숙이 된 것은 이 때문이다.

제1장에서 열거한 열네 가지 특징 가운데 다섯 번째부터 열두 번째까지 여덟 가지 특징에 대해 이 책의 각 장에서 논구한 것은 이처럼 하나로 꿰뚫어져 있다. 그리고 그 뒤의 열세 번째와 열네 번째 및 그 앞의 첫 번째부터 네 번째 특징은 이 책에서 논구하지 않았지만, 여기서 그것들도 하나로 꿰뚫기 어렵지 않다.

(8) 중국문화가 "효의 문화"라는 것은 틀리지 않다. 이는 중국인의 효도가 세계에서 유명하고 색채가 매우 두드러질 뿐만 아니라 아래에 열거하는 각 조목으로부터 그것이 원래 중국문화의 근본이라는 것이다.

1. 중국문화는 집단이 아니라 가족생활로부터 흘러나왔다. 부모와 자녀의 관계가 가족생활의 핵심이고, "효"가 바로 중국문화가 숭상하는 핵심 요점이다. 그것이 마침 문화상에서 비종교주의로 나타났다.—왜냐하면 종교는 결국 그러한 가족감정을 반대하기 때문이다.(제4장을 보라.) 그것은 또 마침 문화상에서 비국가주의로 나타났다.—왜냐하면 국가는 결국 그러한 가족관계를 배척하려 하기 때문이다. 상앙과 한비 같은 중국의 법가는 모두 효우가 국가이익에 위배된다고 지적했다.[3)]

2. 다른 측면에서 말하면, 중국문화는 또 서양 근대의 개인본위 · 자아중심과 상반된다. 윤리는 모든 경우에 감정을 중시하고 자신을 버리는 정신이며, 이 정신은 자연히 필연적으로 효제를 핵심으로 하여 도출된다.

3. 중국의 사회질서는 예속에 의지하여, 서양이 법률에 의지하는 것과 다르다. 법률에 의지한다는 것은 권리와 의무가 매우 분명하여 혼란되

3) 한비는 오두편에서 군주의 직신(直臣)은 아버지에게 난폭한 아들이고 아버지에게 효성스런 아들은 군주를 배신하는 신하라는 것을 논하여, 孝友가 국가이익에 상반됨을 밝혔다.

지 않는다는 것이다. 예속에 의지한다는 것은 단지 예속을 두텁게 하려고 하는 것이다. 인민의 풍속이 순후한 가운데 자연히 서로 평화롭게 지낼 수 있다는 것이다. 그런데 인정의 후박은 가족관계에서 아버지와 아들 사이에서 징험하는 것이 가장 쉽다. 이것이 국가에서 관리를 등용할 때 "효렴"을 천거하는 이유이다. 또한 도덕이 예속의 근본이며, 『효경』에서 말하는 것처럼 일체의 도덕은 모두 효가 확장되어 발휘된다.

(9) 은사(隱士)가 중국문화의 특징 가운데 하나라고 말하는 것도 틀리지 않다. (안타깝게도 은사에 대한 장싱황의 저술[4]은 은사에 관한 이해가 결핍되어 있다.) 일반적으로 고인(高人)과 은사의 공통점은 세 가지이다. 첫째, 정치 면에서 천자가 신하로 삼을 수 없고 제후가 벗으로 삼을 수 없으며 누차 예로 청해도 나오지 않는다. 묻건대 이런 사례가 어느 봉건국가·전제국가에 있는가? 자산계급 헌정국가, 무산계급 전제국가, 혹은 그 어떤 국가에서도 있을 수 없다. 유독 중국처럼 국가를 이루지 못한 느슨한 사회에서만 이런 인물이 나올 수 있다. 그런 인물이 출현했을 뿐만 아니라 역대에 매우 많아서 역사 전기에 하나의 위치를 차지하고 사회여론상에서도 높은 평가를 받았다. 둘째, 경제 면에서 담백하고 스스로 만족하여 이재를 추구하지 않아서 종교의 금욕생활과 근대 서양인의 욕망본위 사이의 중간형이다. 그들은 중국 경제가 진보하지 않은 데 영향을 미치기에는 부족했지만, 오히려 중국 경제가 진보하기 어려움의 한 상징이다. 셋째, 생활형태 면에서 자연을 애호하고 자연에 친근하다. 내가 앞에서 말한 것처럼, 자연계에 대하여 단지 감상하고 초연할 줄만 알고 고찰하고 통제하는 데는 태만했다. 서양 철학자가 칭송하는 것처럼, 자연에

---

4) 제1장에서 언급한 장싱황(蔣星煜)의 『중국 은사와 중국문화(中國隱士與中國文化)』를 가리킨다. —옮긴이

융합하는 데 뛰어나고 자연과 떨어져서 대항하지 않았다. 그 결과 예술은 오묘하고 높은 경지에 이르렀지만 과학은 성취할 수 없었다.

(10) 첫 번째에서 네 번째 특징까지는 하나의 문제로 통합하여 설명할 수 있다. 첫 번째 특징인 광대한 토지와 많은 인구로 대단위를 형성한 것은 앞의 각 장(특히 제10장)에서 논증한 바와 같이 원래 문화적 통일과 정치적 통일에 따른 것으로 천하로써 국가를 겸했다. 그 내부는 대개 윤리적 안정으로 계급통치를 대체하고 지연보다 인연을 중시하고 법률을 예속에 통섭했으며 국가를 사회에 융해시켰다. 사실대로 말하면, 이처럼 광대하게 확대된 것은 무력이 아니라 문화에 의지한 것이다. 이것은 두 번째와 세 번째 특징과 관련되어 있어서 서로 증명해준다. 두 번째 특징은 이 광대한 지역에 수많은 부락과 종족이 병존하는데 자연도태 외에 마침내 서로 다른 점을 소멸시키고 하나의 큰 민족으로 융합시킨 것은 문화적으로 특별히 강한 동화력을 구비한 것 외에는 다른 이유가 없다. 세 번째 특징인 역사가 단절되지 않고 장구하게 지속된 것은 민족생명과 문화생명이 일시적인 무력에 굴복하지 않고 매번 다시 부흥한 데 핵심이 있다. 중국이 이민족에 통치될 때에는 본래 항상 그들을 자신에게 융화시키고 융합시켰다.—비단 무력으로 이루었을 뿐 아니라 또한 문화로 이루었다. 곧 이민족에 통치될 때 이민족이 매번 중국의 문화로 통치했기 때문에 결국 그들을 자신에게 동화시키고 융합시킬 수 있었다. 처음에는 무력에 굴복했지만, 마침내 문화로 제압했다. 대체로 장구했기 때문에 방대해지기 어렵지 않았고, 또한 방대하기 때문에 장구해지기 어렵지 않았다. 이 두 가지 특징은 또한 모두 이민족에 대한 동화와 융합이라는 두 번째 특징을 근본으로 한다. 세 가지 특징에 일관하는 것은 실로 문화의 우월함이다. 이른바 하나의 문제란 중국문화의 우월성이 과연 어디에 있는가 하는 문제이다. 네 번째 특징이 지적하는 것처럼, 지식

이 뛰어난 것도 아니고 경제적으로 뛰어난 것도 아니며 정치군사적으로 뛰어난 것도 아님을 분명하게 알 수 있다. 그것이 그와 같은 성취를 이룬 데에는 반드시 위대한 역량이 존재할 것이다. 그렇다면 이 위대한 역량은 과연 어떤 역량인가?

중국문화의 위대한 점을 깊이 인식하려면 인도 및 서양과 대조해볼 필요가 있다. 인도는 중국과 더불어 유명한 고대문화의 발상지이며 마찬가지로 땅이 넓고 인구가 많다. 그러나 쌍방의 상황은 완전히 상반된다. 중국에는 이처럼 빈틈없이 융합된 하나의 큰 민족이 있다. 인도 내에는 사람들이 이루 말할 수 없이 잡다하고 서로 떨어져 있으며 다양하게 분기되어 있다. 종교적으로 서로 적대하는 것 외에 종족적인 편견이 심하여 통혼을 금지하며 오랜 기간 동안 각자의 혈통적 특성을 보존해왔다. 더욱이 사회계급(Caste[5])이 2천 년 이상 구분되어 참으로 파편적으로 나뉜 모습을 이루어왔다. 또한 언어가 달라서 200여 종에 이르며, 중요한 언어(사용자가 5백만 명이 넘는 언어)만 손꼽아도 14종에 이른다. 이것이 인도의 지식인들을 압박하여 오늘날 교육과 교제에서 정신적으로 본래 상관이 없는 영어를 차용하고 있다. 이 유감스런 상황을 생각해보면 알 수 있을 것이다. 그래서 버나드 조셉(Bernard Joseph)이 지은 『민족론』[6]에서는 이렇게 말했다. "인도를 연구하려는 사람이 가장 먼저 알아야 할 일은 인도는 실로 인도가 아니라는(하나의 인도 민족이 존재하지 않는다는) 사실이다." 또한 "유럽 전체도 이처럼 복잡하고 다양하지 않다."라고 했다. 그러나 다른 책에서 중국인(몽골과 티베트 등의 민족을 제외하고)을 논할 때에는 오히려 문화의 통일성과 민족의 융합을 크게 언급한다. 중국에 유

5) 원서에는 'Coste'로 되어 있으나, 오자이므로 'Caste'로 수정하였음.

6) 원제는 "Nationality, it's Nature and Problems."이다. 劉君本이 번역하여 1929년 上海 民智書局에서 중국어 번역본이 출간되었다.

교·불교·도교 등의 각종 종교가 있지만 서로 장애가 되지 않고 더러 서로 보완적으로 통용된다. 종족상으로는 근원을 따져보면 다른 점이 매우 많지만, 오늘날 모두 하나로 융합되어 있다. 방언도 서로 다르지만, "북방어[官話]"[7]가 대체로 통용된다. 더욱이 문자가 완전히 통일되어 있다. 모든 역사·문학·예속·신념이 이 문자와 서적에 의해 전국에 유포되며 직접 간접적으로 모든 중국인의 의식과 감정을 배양했다. 그래서 멀리 장쑤와 저장에서 깐쑤에 이르기까지 혹은 동북에서 저 멀리 윈난에 이르기까지 사람들이 그처럼 격리되지 않았다. 만약 그들이 외국에서 만나면 마치 한 가족처럼 더욱 친절하다. 이처럼 3억이 넘고 4억에 가까운 사람들이 동화되고 융합되어 하나의 대민족을 이루는 일은 인도에서는 본래 꿈에도 생각할 수 없고 서양 또한 꿈에서도 생각할 수 없다. 서양은 인도처럼 분산되어 있지는 않지만, 여전히 중국과 상반되는 형세가 있다. 중국은 결국 다른 것을 변화시켜 같게 만들고 분열에서 통합으로 나아가며 마침내 이 위대한 국면을 만들어내어, 수천 년 동안의 추세가 매우 분명하다. 서양은 완전히 그렇지는 않고, 오히려 통합에서 분열로 나아가 마치 통합에 힘쓰지 않고 분열에 힘쓰는 듯하다. 중세 서구 기독교 문화가 통일한 천하가 분열되어 근세의 각 민족국가를 이룬 것이 그 뚜렷한 예이다. 근대 국가의 형성 과정에서 뒤섞고 합치는 형상을 볼 수 있었지만, 매번 여전히 서로 평화롭게 지내기 어려웠고 동화되기는 더욱 어려웠다. 벨기에가 결국 네덜란드에서 분리되고 노르웨이가 결국 스웨덴에서 분리되고 아일랜드가 결국 영국에서 분리되고 …… 민족자결의 외침이 끊이지 않는 것을 보라. 한 차례 세계대전을 거친 후에는 곧 많은

---

7) 官話는 官話方言이라고도 하는데, 北方語 혹은 北方方言을 가리킨다. 官話는 漢語 가운데 가장 넓게 분포되고 사용자가 가장 많다. 대체로 70% 이상의 중국인이 官話를 모국어로 한다. —옮긴이

작은 국가들이 출현하고 혹은 국가를 회복했다. 결국 그들은 합쳐져 있으면 마음이 편치 않은 듯하고 반드시 분열되어야 비로소 편안하기 때문이다. 만약 자연스런 형세에 맡겨두면 인구와 면적에서 중국에 필적하는 유럽이 장차 몇 개의 민족단위로 분열될지는 실로 우리의 천박한 견해로는 계산할 수 없을 지경이다. 이와 반대로 우리는 오히려 통합되는 것이 매우 자연스럽고 분열되면 불안하다. 인구와 면적에서 유럽에 필적하는 이 하나의 대단위는 만약 몇 개로 분열된다면 어디서부터 분열될지 알 수 없을 것이다.

또한 여기서 덧붙여 말할 만한 일이 있다. 유대 민족의 개성이 가장 것은 세계에 유명하다. 그들은 망국 이후 사방으로 유랑했지만 결국 옛 풍속을 보존하여 수천 년 동안 바꾸지 않았다. 그러나 그들은 어떤 국가에 있어도 결국 다른 사람들에게 동화되지 않았지만, 유독 중국에 와서는 자각하지 못하는 사이에 크게 동화되었다. 명대와 청대에는 확실히 과거에 응시하여 관리가 된 사람도 있었다. 현재 허난성 카이펑시 내에 있는 속칭 '청회회(靑回回)', 일명 '도근교(挑筋教)'라는 자들이 바로 그들이다. "중국은 모든 원칙의 예외인 듯하다."(서양인은 항상 이렇게 말한다)라는 말은 참으로 틀리지 않다.

우리는 이에 다음과 같이 묻지 않을 수 없다. 이것은 결국 어떤 힘인가?

이 문제에 대해 예전에 량치차오가 주목했다. 현재 『음빙실합집(飮冰室合集)』에 「역사상 중국민족의 관찰[歷史上中國民族之觀察]」이라는 글이 있고 「사기흉노전융적명의고(史記匈奴傳戎狄名義考)」와 「춘추이만융적표(春秋夷蠻戎狄表)」가 부록으로 붙어 있는데, 모두 젊은 시절에 저술한 듯하다. 만년에는 또 「중국 역사상 민족의 연구(中國歷史上民族之研究)」라는 글이 있는데, 중화민족이 이민족을 동화시키는 과정에는 일곱 가지 종류가 있고 그 동화력이 특별히 발전한 이유는 여덟 가지라고 지적했다. 이제 그 여덟 가지를 아래에 소개한다.

1. 중국인이 거주하는 지역은 대평원이므로, 하나의 주류 문화계통이 형성되면 그 사이에 거주하는 사람들이 모두 영향을 받아서 다른 기풍을 이루기 어렵다.

2. 중국인이 사용하는 것은 상형문자이므로, 여러 종족의 언어가 극히 복잡하지만 형세상 이 문자로써 사상을 전달하는 공용의 도구로 삼지 않을 수 없다. 그래서 같은 문자를 사용한다는 조건 하에서 점차 분열될 수 없는 대민족을 형성했다.

3. 중국민족은 일찍이 평천하를 최고 목표로 삼아서, 비단 고대의 부락 관념을 천시할 뿐 아니라 근대의 국가 관념도 희박하다. 멀리 있는 이들을 포용하는 가르침이 강하고 외부 사람들을 배척하는 습관이 적다. 그래서 고유의 민족으로 한계를 긋지 않고 새로운 구성원의 유입을 환영한다.

4. 땅은 넓고 사람은 드물어 각 민족의 서로 이주를 용납하기 쉽고, 이주의 결과 교감과 화합 작용이 강화되었다.

5. 중국민족은 평화를 사랑하고 중용을 존중하여, 함께 거주하는 다른 민족의 습속에 대하여 항상 상당한 존중을 표한다. "이른바 교화를 행할 뿐 그들의 습속을 바꾸지 않으며, 정치를 가지런하게 할 뿐 그들의 가치 기준을 바꾸지 않는다."[8] 이 때문에 타른 지역의 반항운동을 감쇠시킬 수 있어서 세월이 지나면 동화가 저절로 효과를 거둘 수 있게 되었다.

---

8) 원문은 "因其風不易其俗, 齊其政不易其宜."인데, 『禮記』「王制」에 나오는 "修其教不易其俗, 齊其政不易其宜."의 착오로 보인다. 여기서는 『禮記』에 의거하여 번역했다. — 옮긴이

6. 같은 성씨끼리 결혼하지 않는 신조가 매우 강하여 혈족 간의 혼인이 배척된다. 그래서 다른 종족과의 잡혼이 성행하여 피아간의 동화를 촉진할 수 있었다.

7. 중국민족의 경제능력이 상당히 높은 수준으로 발달하여, 항상 밖으로 진출할 여력이 있고 새로 들어온 구성원도 경제와 조직 면에서 동화될 수 있었다.

8. 무력 면에서 누차 실패하고 위축된 결과 서북 지역의 오랑캐가 중국문화의 중심지에 침입하여 자연스럽게 중국 고유문화의 훈습을 받아 점차 그 성질이 변화되었다. 한편으로 중국문화의 중추적 인물이 수차 남쪽으로 내려가 고유문화를 가지고 동남지역을 변화시켰으므로 전 지역이 동등하게 발전할 수 있었다.

이상 말한 것은 모두 옳지만, 단지 지엽적인 것을 말했을 뿐 핵심에 깊이 들어가지는 못했다. 다시 깊은 곳에 들어가 밝혀야 비로소 명백해진다.

중국의 문자가 문화적 통일에 큰 힘이 되었다는 것은 참으로 틀리지 않다. 이는 서양 문자와 비교해서 대조해보면 사실이 저절로 드러난다. 인류생명이 피차 연계되고 상통하는 도구는 원래 언어였다. 마음속의 생각과 감정이 이로부터 서로 통하고 서로 융해되며, 경험과 지식이 이로부터 통합되고 조직된다. 그러나 언어는 소리에 의탁하므로, 소리가 흩어져버리면 다른 시간과 다른 지역에 도달할 수 없다. 서양 문자는 소리를 대표하는 데서 벗어나지 않는다, 즉 문자가 말에 부착되어 통용된다. 사람의 말은 각 종족과 각 지역에 따라 다르고, 또 시대에 따라 변화가 발생한다. 그래서 말에 부착된 문자도 자연히 그에 따라 다르고 변화가 발생하여, 문자의 사용을 매우 광범하게 한다는 것도 실로 저절로 한계가 있다. 중세에 통일된 서구문화가 근세에 분열된 원인은 공용어인 라틴어를 각 민족의 언어로 대체한 데 있다. 이 문제는 고금의 변화에서 벗어나지 않는다. 고대의 것은 현재에 통용되지 못하고, 다른 종족 사이에 피차 서로 익히지 않았다. 토속문학으로 인해 민족정서가 생겨나고, 민족의 자각으로 인해 자기 전통 언어문자를 고수하게 되었다. 그래서 통합이 아니라 분열로 나아가는 추세가 있었다. 나중에 동구 각 지역에서 민족자결을 주장한 것도 모두 언어를 기준으로 한다. 똑같이 슬라브족이면서도 서로 통하지 않고 각자의 생활을 도모했다. 만약 중국도 애초에 이런 노선을 걸어갔다면 그 결과는 아마 그다지 차이가 없을 것이다. 동서남북의 여러 종족을 혼융하여 오늘날과 같은 대민족을 이루는 일은 결코 불가능했을 것이다. 그러나 중국문자는 곧장 형상부호를 위주로 하여 문자의 파생이 형체에 달려 있다. 말과 문자가 점차 나뉘어 통용되어, 처음에는 문자가 말에 의탁하지 않고 말이 도리어 문자에 포섭되었다. 양자는 항상 서로 연계되어 있어서 그리 멀리 떨어지지 않았고, 시대적 차이도 그리 심하지 않았다. 시간과 거리가 그 때문에 미묘하게 단축되었다. 그런데 글자의 의미가 글자의 모양에 달려 있었으므로, 다른 종족과 다른 지역에서 익히는 데 장애가 되지 않았다. (멀리 조선 · 일본 · 베트남 등지에서 모두 중국 문자를 채용하고 중국 전적을 수용했다.) 그 결과 마침내 종족 간의 거리가 좁혀지고 언어로 인한 제약을 초월하게 되었다. 그것이 오래 지속되자 일체가 혼연히 동화되었다. 3, 4억의 무리가 분명 동서남북의 여러 종족이 합쳐진 것인데, 마침내 하나의 역사기록을 공유하여 모두가 스스로 황제(黃帝)의 자손으로 여기게 되었다.

말과 문자는 인류의 생명이 서로 연계되고 서로 통하는 도구이지만, 피차의 생명이 연계되고 통하는 것은 필연적이지 않다. 더욱이 문자는 문화를 담지하는 도구에 불과하며, 문화의 핵심은 본래 여기에 있지 않다. 중국에서는 참으로 문자에 의지해서 문화의 통일을 쉽게 이루었지만, 문화의 통일은 우선 인생태도와 예속신념에 달려 있고 다음으로 생활상의 지식경험과 방법기술에 달려 있지, 결코 문자에 의존하는 것이 아니다. 중국의 사방에 있는 인접국가의 이민족들은 개화가 비교적 뒤졌음은 대체로 의문의 여지가 없다. 이 때문에 그들은 생활의 지식방법 면에서 반드시 중국을 배워야 했다. 중국이 그들을 동화시킬 수 있었던 것이 이것 때문임은 실로 말할 나위도 없다. 그러나 단지 지식방법 면에서 모방하고 섭수하는 것은 정작 핵심적인 일이 아니다. 가령 풍속과 교화가 같지 않고 인생의 취지가 부합하지 않으면 문화는 통일될 수 없는 것이다. 더욱이 반드시 정감 면에서 피차 융합하고 서로 편안해진 연후에 비로소 함께 하나의 사회를 이루고 하나의 민족이 될 수 있다.—생명이 서로 연계되고 서로 통한다는 것은 이것을 가리킨다. 량치차오가 지적한 세 번째와 다섯 번째 이유는 인생태도와 피차의 정감 사이의 것을 말한 것이라고 할 수 있는데, 애석하게도 천박하다는 혐의가 있다.

한번 물어보자. 중국인에게는 평천하의 이상이 있는데, 외국인에게는 없다는 말인가? 로마 교황청의 이름이 Catholic[9]임은 매우 분명하다. 예수의 마음속에는 원래 국가가 존재하지 않는다. 그러나 결국 국가관념은 서양인이 오히려 가장 강하고 천하 관념은 부족하다. 단지 이상만으로는 소용이 없고 사람의 생명 깊은 곳에 근본적으로 다른 것이 있어야 비로소 행해질 수 있음을 알 수 있다. 여기서 내가 말하는 것은 이런 것이다. 중국인은 이성과 절대성에서 출발하고, 외국인은 결국 신체와 상대성에서 출발한다는 것이다.—제12장을 보라. 오직 근본에서 다른 점이 있기 때문에 이상이 단지 이상에 그치지 않으며, 그런 연후에 태도가 절

9) 원서에는 'Cotholic'으로 되어 있으나, 오자이므로 'Catholic'으로 수정하였음.

실하고 항구적이어서 자연히 생활에 드러나고 영향을 미친다. 그것이 사회구조에 영향을 미치면 계급이 견고하지 않고 분해되며 나아가 윤리본위 · 직업분화의 사회가 출현하게 되어, 중국에서는 마침내 사회로써 국가를 대체하게 되는 것이다. 국가에는 대항성이 있지만, 사회에는 그것이 없다. 천하관념이 이 때문에 영원한 기초를 갖게 되어, 서양에서 한때 겨우 나타나는 것과는 다르다. 대항이 없으므로 분열이 없고, 단지 오래될수록 더욱 확대될 뿐이다. 중국민족이 전 세계에 비할 바 없는 대국을 이루어 작은 국가들이 빽빽이 늘어선 서양과 비교된다는 것은 바로 문화의 뿌리가 깊고 얕은 차이 때문임을 식견이 밝은 사람은 일찍이 알았다.

그러나 이성에서 발육된 중국문화가 동화력이 특별히 강하다는 점은 두 측면에서 인식해야 한다. 위에서 말한 것처럼 관대하고 인자해서 다른 사람들과 평화롭게 지내어 쉽게 융합할 수 있다는 것은 단지 한 측면에 불과하다. 또 다른 측면은 개명되고 통달하여 어떤 미신과 고집도 없다는 것이다. 이것을 미신하는 자는 저것을 미신하는 자와 무리를 달리하고, 스스로 고집이 있는 자는 모두 다른 사람과 통합될 수 없다. 이는 필연적인 이치이다. 중국은 주공(周孔) 이래 이성과 자각에 힘써서 종교미신과는 거리가 멀었다. 후대의 보통사람들이 항상 성현과 신선과 부처를 숭배하는 것은 직접적으로는 원리를 믿는 것이고 간접적으로는 종교를 믿는 것으로(제13장을 보라) 모두 고집이 가장 적다. 이민족을 상대할 때 배척하고 충돌하지 않는 이유가 우선 여기에 있다. 동시에 적극적인 면에서 더욱이 사람이 본래 갖고 있는 이성으로 인도하므로 누가 귀의하지 않겠는가? 이상에서 말한 동화(同化)란 바로 사람들로 하여금 자기를 버리고 나를 따르게 하는 것이 아니라 자기를 갖게 하는 것에서 벗어나지 않는다. 중국의 동화력이 비할 바 없이 강한 것은 바로 이 때문이다.

우리는 인류가 고대 종교의 미신에서 벗어난 것이 최근의 일임을 알고 있다. 그런데 중국의 고대인들은 이처럼 일찍 벗어났는가? 이는 경시하여 지나칠 수 없는 점이다. 미신은 두려움과 희구에서 생겨난다. 고대에 사람들이 미신을 면할 수 없었던 이유는 바로 당시 자연재해는 많고 생활자원은 부족하여 인류가 생존할 때 위협을 느끼는데 지식과 학문은 매우 부족했기 때문이다. 중국 고대인들이 당시 재해가 얼마나 많으며 물자가 얼마나 풍족하며 지식 방면은 어떠했는지, 다른 지역과 크게 달랐는지 여부는 오늘날 모두 증명하기 어려운 듯하지만, 생각해보면 아마도 크게 다르지 않았을 것이다. 그렇다면 그들의 생각이 개명되고 미신이 적은 것은 기적이라고 하지 않을 수 없다. 그러나 내가 지적하고자 하는 점은 미신을 낳는 저 두려움과 희구는 모두 신체로부터 나온다는 것이다. 외부에 이끌리거나 두려워하지 않고 대단히 공정하며 개명되고 통달한 것은 이성의 본질이다. 일반적으로 모두 신체에서 출발하는데 중국은 유독 이성이 일찍 계발되었다고 하는 나의 주장을 여기서 또한 간접적으로 증명할 수 있다.

인후(仁厚)는 한 측면이고 개명(開明)은 또 한 측면이며, 모두가 이족을 가장 잘 동화시킬 수 있는 이유라는 것은 의심의 여지가 없다. 그러나 두 측면이 드러나는 것은 인생태도의 정당하고 적절함에 있다는 것을 알아야 한다. 무엇이 정당하고 적절한 인생인지는 실로 말하기 쉽지 않다. 단지 금욕(가령 서양 중세의 종교)과 종욕(서양 근대의 인생은 이런 경향이 있다)에 떨어지는 두 측면에서 말하면, 종욕은 신체에 함몰됨을 면치 못하고 금욕은 신체를 위반하는 듯하다. 금욕은 실로 종욕으로부터 나오며, 금욕은 또한 늘 종욕으로 전환된다. 종욕이든 금욕이든 간에 모두 인류생명에 마땅히 있어야 하는 화해를 상실하고 대자연과 대립하려 한다. 반대로 인류생명의 화해를 얻어서 대자연과 융합하는 것이 바로 정당한 인생이며, 인후하고 관용하며 개명하고 집착이 없는 것은 모두 그것이 밖으로 드러난 것에 불과하다. 고대 중국에 비종교적 문화가 출현한 것은 바로 당시에 어떤 사람이 이런 인생을 체현하고 이런 인생을 체험했기 때문이다.—그 사람은 바로 성인이다. 그가 이런 인생에 기초하여 사람들을 영도했으므로, 이른바 주공교화(周孔敎化)가 있게 되었다. 이민족의 동화는 곧 나와 똑같이 이런 인생으로 나아가는 것이고, 문화의 통일은 곧 이런 인생의 지향으로 통일되는 것이다. 정당하고 적절한 것은 말하기 쉽지 않지만, 인생을 소중하게 여겨 종욕이나 금욕에 치우치지 않아서 이 땅의 기풍을 풍성하게 이룰 수 있었다.—이 땅의 기풍이 서양과 매우 다르고 인도와도 크게 구별되는 것은 바로 이 때문이다.

이 인생태도가 지엽적이고 산만하지 않으며 감정과 이치에 가까워 그 자체가 사람들을 가장 쉽게 동화시킨다는 것은 당연히 말할 나위도 없다. 게다가 다른 시기, 다른 지역에 전달하는 데 가장 편리한 문자가 더해져 효과가 대단히 크고 신묘했다. 각종 지식방법이 당시 비교적 우월하다는 점과 결합되어 군사와 정치도 다른 사람들보다 약하지 않았고, 그래서 위대하고 특별한 국면이 부지불식중에 이루어졌다. 앞에서 물은 적이 있다. 지식과 경제와 군사 · 정치 면에서 하나하나 모두 중국이 뛰어나지 않은데, 중국은 결국 어떤 힘에 의지해서 성공을 거두었는가? 이제 답할 수 있다. 그것은 바로 이성의 힘이다.

다시 인도 및 서양과 대조하여 밝혀보자. 제12장에서 인류사회가 문화의 발달과 진보로 인해 발육하고 성장하는 것은 실로 양 측면이 있다고 말했다. 하나는 신체에 속하고, 다른 하나는 마음에 속한다. 신체는 본래 생존의 도구이다. 사람은 생존을 도모하는 가운데 또한 신체의 안과 밖에서 부단히 수많은 도구를 창조해서 사용함으로써 신체활동을 확대강화하고 영활성을 더욱 증대시킨다. 이런 도구의 발달로 인해 사회관계가 날로 복잡하고 밀접해지면 사회단위가 날로 확대된다. 이것은 사회의 발육성장이 신체에 속하는 측면이다. 서양에서는 산업혁명 이래 오늘에 이르기까지 문화의 진보가 특히 이 측면에 치우치고 사회의 발육성장 또한 이 측면에 치우쳤음은 분명하게 알 수 있다. 이 측면의 성공으로 인하여 사회생활에 드러나는 것이 인도처럼 지루하고 분산적이지 않으며, 또한 대영제국이나 소비에트연방 같은 위대한 국면이 나오게 할 수 있었다. 그러나 이것들은 국가이지 민족이 아니며, 정치상의 연합통일이지 문화상의 융합이 아니다. 이는 저 위대한 국면의 형성이 신체에서 나온 것이지 마음에서 나온 것이 아니어서 우리와 다르다는 말이다. 줄곧 산업혁명 전 단계에 머물러 있던 우리는 신체 · 도구 측면의 문화가 발달하지 않아서, 오늘날의 서양에 비하면 대단히 낙후되었다. 대부분의 향촌이 자연경제의 모습을 잃지 않고 수륙교통이 원시시대보다 크게 나아지지 않았는데, 고유의 종족이 번성하고 산천이 험하게 가로막고 있으므로 어떻게 연계되어 일체를 이룰 수 있겠는가? 그러나 결국 이러한 위대한 국면이 출현하고 또한 이러한 문화적으로 융합된 대단위의 민족을 이루어, 단지 정치적으로 연합통일된 국가가 수시로 분열될 수 있는 것과 같지 않았다. 대조해보면 우리의 위대함은 신체가 아니라 오히려 마음에서 온 것임을 알 수 있다. 이는 우리가 비록 도구의 발달에 힘입어서 사람과 사람이 경제적으로 긴밀하게 조직되고 정치적으로 멀리까지 제어하여 신체의 면에서 사회의 발육성장을 실현하지는 못했지만, 오히려 다른 측면인 문화의 진보로 해서 사람들 사이에 서로 이해가 증진되고 동화되며 피차간에 정감이 녹아들고 융합되어 마침내 마음의 면에서 사회의 발육성장을 실현할 수 있었다는 말이다.

사람들 사이의 관계는 신체의 면에서는 분리되고 격리되며 마음의 면에서는 나뉘어도 격리되지 않는다. 그러나 결국 신체 때문에 이 격리되지 않은 마음이 쉽게 격리된다. 그러므로 문화상에서는 항상 서로 연계되고 서로 통하는 길이 있은 연후에 인류가 사회를 이루어 함께 생활할 수 있다. 인류가 처음 사회를 이루었을 때 종교가 있게 된 것은 바로 이 때문이다. 종교 · 도덕 · 예속 · 법률과 같은 것들은 모두 문화 가운데 마음에 속하는 측면이다. 마음을 말하면 곧 이성을 가리킨다. (제12장을 보라.) 모든 사회의 발육성장 가운데 신체에 속하는 측면은 이지로 말미암아 사물에 대해 진보가 있는 것이고 마음에 속하는 측면은 이성으로 말미암아 인간에 대한 진보가 있는 것이다. 이지가 사물에 대해 진보가 있다는 것은 자연계의 사물이 더욱 인간에게 통제되고 이용된다는 것에서 벗어나지 않으며, 그것은 각종 도구의 발달로 나타난다. 이성이 인간에 대해 진보가 있다는 것은 저 편견과 시기, 속좁은 마음과 고루함—이것들은 대부분 후천적으로 생겨나며 무리와 무리 사이 및 종족과 종족 사이에 존재한다—을 점차 제거하여 본래의 막히지 않은 마음을 회복하는 것에서 벗어나지 않으며, 그것은 종교 · 도덕 · 예속 · 법률이 개방적이고 밝게 통하는 것으로 나타난다. 종교는 괴이한 존재이다. 그것은 한편으로 이성의 성분을 함유하고 있으며 다른 한편으로는 이성을 가로막는다. 그것은 사람들로 하여금 여기에서는 서로 연계하고 통하게 하는 동시에 저기에서는 도리어 사람들로 하여금 막히고 격리되게 한다. 앞에서 말한 편견과 시기, 속좁은 마음과 고루함은 모두가 종교미신에서 나온 것은 아니지만 적어도 종교와 관련이 있다. 서양에서 문화가 통일되지 못하고 민족이 융합하기 어려우며 지금까지 유럽이 끝내 몇 개의 단위로 분열되어 마지않는 것은 바로 그들이 애초에 종교의 길로 나아갔기 때문에 불가피했다. 그래서 인구와 면적을 논하면 우리와 유럽이 같고, 더욱이 저들은 경제가 진보했지만 우리는 그러지 못했고, 저들은 교통을 발달시켰지만 우리는 해내지 못했다. 이런 상황에서 사람들이 생활상에서 저절로 매우 소원하고 지역이 또한 분명 대단히 광활한데 도리어 저들이 이루지 못한 융합과 통일을 우리가 먼저 이루었다. 이는 중국문화가 이지로 사물을 정복하지는 못했지만 유독 이성으로 사람들 사이에 통할 수 있었다는 것이다. 그들은 신체는 가깝지만 마음은 가깝지 않고, 우리는 신체는 멀지만 마음은 멀지 않다. 더욱이 중국과 서양에 비교해서 인도를 보면, 인도는 종교가 가장 성하고 가장 많다. (인도문명의 독특한 점이 여기에 있다.) 서양은 그렇지 않고, 중국은 말할 나위도 없다. 이 때문에 인도에서는 중국식으로 사회가 성장발육할 수 없었다. 동시에 그들은 신체 면에서 외부에 대해 각종 도구를 발달시키는 측면에서 서양을 말할 것도 없고 오히려 중국만도 못한 듯하다. 이 때문에 인도에서는 서양식으로 사회가 성장발육할 수 없었다. 이 두 측면이 모두 결여되어 있으므로 자연히 사회가 지루하고 분산된 기이한 모습으로 귀착된 것이 당연하다. 종합해서 말하면 중국과 서양과 인도가 다른 것은 문제가 모두 종교에 놓여 있다.

사회의 발육성장에서 신체와 마음 양면은 원래 저절로 서로 관련되어 있고 그래서 서로 추동시키고 서로 이끌어서 함께 나아간다. 그러나 서양에서는 신체로부터 마음으로 나아갔는데 중국에서는 마음으로부터 신체로 나아갔기 때문에 중국과 서양이 마침내 각자 한 측면에 치우쳐서 신체와 마음에 마땅히 있어야 할 균형관계를 상실했다. 서양에서의 상실은 근대 자본주의사회에서 가장 쉽게 볼 수 있다. 대공장과 대기업에 수많은 사람들이 한데 모여서 함께 생활하는데 사실상 서로 의존하지만 사람들이 각자의 생을 모도하고 피차간에 인정이 결여되고 이해가 결핍되어 있다. 마치 기계의 부품과 같아서 참으로 공공의 결과를 위해 협력해서 나아가지만, 그들은 도리어 이 공공의 목적에 대해 인식이 없고 흥미가 없다. 이성적으로 협력하는 것이 아니라 단지 기계적으로 같이 있기 때문에 공공의 목적에 따라 각자가 스스로를 단속할 수 없다. 반대로 때로는 각자가 자신을 위하여 공공의 목적을 파괴하기도 한다. 전체 서양사회가 이처럼 기계적으로 생활하므로 사람들 사이의 연쇄관계가 대부분 신체의 측면에 치우치고 마음에 대해서는 적당한 안배가 결핍되어 있다. 듀이 박사가 일찍이 『민본주의와 교육』[10]이라는 책에서 오늘날 구미를 진보한 사회라고 하지 않을 수 없지만 그래도 "사회답지 않은" 곳이 있다고 주장한 것은 바로 이 때문이다. 현재 사회주의로 전환해야 한다는 압박을 받고 있는데, 여전히 기계적인 힘의 압박에 지나지 않고 아직 이성의 부족에 대한 자각이 미흡하다. 이후 어떻게 이성으로 보충할 것인가가 구미사회의 앞길에 절실히 필요하다.

중국인 사이에 나타난 것 가운데 장점은 단절되지 않은 것이고 단점은 단결하지 못한다는 것이다. 서양인은 우리와 반대로 장점은 단결을 잘 한다는 것이고 단점은 대부분 단절되어 있다는 것이다. 이 때문에 서양에서는 단절되지 않으면 반드시 매우 잘 단결하게 된다. 중국은 그렇지 않다. 버나드 조셉은 『민족론』에서 중국문화가 지극히 통일되어 있다고 매우 칭송했지만 또한 중국인은 민족의식과 민족정서가 결핍되어 진정한 민족이라 할 수 없다고 말했다. 이는 서양에서는 이해할 수 없는 일이다. 어떻게 문화가 지극히 통일되어 있는데도 거기에 민족의식과 민족정서가 없을 수 있단 말인가? 대개 민족의식과 민족정서는 단결하여 외부에 대항하는 데서 배양된다. 단결하여 외부에 대항하는 데 익숙한 서양인은 때로 문화가 일치하지 않는데도 오히려 어렵지 않게 민족을 형성했다. 단결하여 외부에 대항하는 데 익숙하지 않은 중국인은 문화가 이처

10)『民本主義與敎育』은 듀이가 1916년에 저술한 책으로, 원제는 *Democracy and Education*이다. 1928년 商務印書館에서 鄒恩潤의 번역본이 출간되었다. —옮긴이

럼 통일되어 있는데도 여전히 민족을 이루지 못했다는 비판이 있다. 항일전쟁의 경우에 비추어보면, 중국인은 민족의식이 없거나 혹은 너무 강하다. 그러나 중국인은 산만하여 조직을 이루지 못했지만, 가족의식 · 향리의식은 국가의식 · 민족의식보다 늘 강하고 심지어 출국하여 외국에 있어도 그러하여 병폐가 심각하다고 하지 않을 수 없다. 그 원인은 무엇인가? 한마디로 대답하면, 중국사회는 마음의 측면이 지나치게 발달한 반면 신체의 측면은 발육이 부족하기 때문이다. 신체는 상대성에 속한다. 사회가 신체의 상대성 측면에서 발육하고 성장하면, 우선 종교에 의지해서 단결하여 외부에 대항하고, 이어서 종교의 진보에 의지하여 단결을 확대하며, 나중에는 종교에 의지하지 않고도 계속해서 단결하여 외부에 대항한다. 서양의 길이 바로 이와 같았다. 중국은 유독 이성이 일찍이 계발되어 이 점에서 상당히 결함이 있다. 집단이 아니라 윤리에 의해 사회가 조직된 것이 그 결함을 더욱 결정적이게 했다. 사람들 사이가 단절되지 않은 것은 이성이 계발된 징표이지만, 단결하지 못하는 것은 신체 측면의 발육이 배합되지 못한 탓이다. 이는 매우 분명하다. 각종 도구가 발달하지 않아서 신체활동이 확대 강화되지 못하고 경제가 자급자족에 치우치고 정치가 소극적인 무위에 기울어 사람들이 더욱 산만하여 마치 서로 관련이 없는 듯한 것은 중국사회가 신체의 측면에서 발육이 부족한 점이 드러난 것임은 말할 나위가 없다. 그러나 중국사회가 이 측면에서는 이처럼 결함이 있지만, 다른 측면에서 융합되고 통일된 위대한 국면이 있음은 결국 부인할 수 없다. 이는 이른바 마음의 측면이 지나치게 발달했다는 것이다.

마지막으로 종합해보자. 중국의 위대성은 다름 아니라 원래 단지 인류 이성의 위대성이다. 중국의 결함은 그렇지만 이성의 결함이 아니라(이성은 결함이 없다) 이성이 조기에 계발되고 문화가 조숙한 데서 나온 결함이다. 인류생명에서 이성의 위치를 분명하게 인식하고 그것이 장차 어떻게 점차 계발될지 파악한 연후에 인류문화 발전의 전체 과정에 대해 이해할 수 있다. 또한 중국사회가 이성이 조기에 계발되고 문화가 조숙했다는 점을 분명하게 인식한 연후에 중국문화의 풀리지 않는 수수께끼에 대해 다시는 의심이 없을 수 있고 또한 장단점과 득실을 분명하게 파악할 수 있다. 중국문화의 수많은 특징(위에서 열거한 것에서부터 열거하지 않은 것까지 포함하여)은 사실 "문화 조숙"이라는 전체적인 특징에서 벗어나지 않는다. 이는 지금까지의 논증을 통해 매우 분명한 결론이다. 혹자는 이 조숙함이 어디서 나왔는지 묻는다. 조숙은 바로 조숙이지, 누가 조숙하게 하는 것이 아니다. 서양은 조숙하지 않고, 오히려 너무 늦었다는 혐의가 있다.—이성의 계발이 신체 측면의 발육과 서로 배합되지 못했다. 여기에 치우치고 저기에 치우쳐서 중국과 서양을 서로 대조해보면 왜 그렇게 치우치게 되었는지 묻지 않을 수 없다. 어찌 유독 중국과 서양만 치우쳤겠는가. 세계 각지의 문화가 서로 다른 모습을 드러내는 것은 바로 갖가지 다른 편향에서 나온 것이다. 반드시 지리 · 종족 · 역사 등의 조건이 다른 점에 대해서 말할 수 있지만, 결국 다 열거할 수는 없다. 모든 문화는 다 단지 외적인 조건에 적응한 것이 아니라 창신이요, 위대한 문화일수록 더욱 그러하다.

2. 민족성의 형성원인

재1장에서 말한 것처럼, 중국 민족성은 중국문화를 연구하는 데 지극히 좋은 참고와 증거 자료이다. 이제 문화에 대해 대체로 탐구하고 결론을 내렸으므로, 마땅히 민족성으로 서로 대조하고 인증해야 한다. 앞에서 열거한 열 가지 특징(제1장을 보라)에 대해 나누어 말하기 전에, 특별히 민족성의 형성에 대해 다음과 같이 근원으로부터 설명하고자 한다.

근자에 레이하이쭝 교수의 「본능, 이지와 민족생명」[11]이라는 글을 보았는데, 특히 중국과 영국 두 민족을 비교했다. 내용은 대체로 아래와 같았다. 현재 세계에서 생존본능이 가장 강한 것은 영국인이고, 반대로 중국인은 생존본능이 쇠약해져 거의 소멸되는 정도에 이르렀다. 이론을 위해 국가의 근본적인 이해관계를 따지지 않는 사람이 영국 외에 각국에 많든 적든 모두 있지만 가장 많은 나라는 중국이다. 모든 이념이나 제도가 서양에서는 본래 구체적인 내용이 있지만, 중국에 유입되면 변질되어 순수 이론이 된다. 과거 역사와 무관하며 또한 현재의 현실과도 관련이 없다. 많은 사람들이 결국 이것 때문에 모든 것을 희생하고 자기 자신을 희생해도 개의치 않으며 나아가 국가를 희생시키려 한다. 중국은 서양과 접촉한 이래 이런 병폐를 갖고 있으며 지금까지 고치지 않고 있다. 영국인으로서는 이것이 어떤 심정인지 아마 상상도 할 수 없을 것이다. 영국인은 본능이 강하지만 그것이 이지가 고양되는 것을 방해하지 않으며, 이지가 고양되었지만 그것이 본능이 강한 것을 억제하지 않는다. 가장 기괴한 것은 중국인이다. 그들은 이지가 발달하지 않았으면서도 본능이 오히려 이처럼 쇠약해졌다.

여기서 중국과 영국의 민족성이 다른 점을 논한 것은 투철하다고 할 수 있다. 안타깝게도 인류생명에 대한 이해가 부족하다. 가령 레이하이쭝이 이지는 본능의 도구이지 본능의 주인이 아니라고 주장한 것이 그러하다. 역사를 전복시키고 사회를 지배하고 인생을 통제하는 것은 본능이지 결코 이지가 아니다. 이상주의자가 만약 이것을 유감스럽게 생

11) 레이하이쭝(雷海宗)의 글은 원래 『獨立時論』에 실렸는데, 여기서는 『現實文摘』 제2권 제3기에 전재된 것에 의거한다.

각한다면, 그것 또한 어찌할 수 없는 일이다. 이지가 도구라는 말은 맞지만, 그는 본능 역시 마찬가지로 도구라는 것을 알지 못했다. 이지는 한결같이 고요하게 관찰하는 데 기초하여 호오와 취사가 없어 참으로 역사의 원동력이 아니다. 생물의 본능은 인류에 이르러 일찍이 쇠약해졌는데, 그것이 어떻게 역사를 추동하고 사회를 지배하고 인생을 통제할 수 있겠는가? 그러한 주장의 결함은 사실 이성을 제대로 인식하지 못한 데 원인이 있다. 27년 전에는 나도 이성을 제대로 인식하지 못해서 도덕이 본능에서 나온다는 크로포트킨의 설에 동의하고 본능 · 이지 · 영성을 삼분하는 러셀의 설[12]에 동의하지 않았다. 이성과 이지가 반드시 구분되어야 한다(제7장에 상세하다)는 점을 깨달은 연후에 홀연히 러셀의 삼분법이 불변의 진리라고 여기게 되었다.—러셀이 말하는 영성은 내가 말하는 이성에 해당한다. 영국 민족이 생존본능이 강한데도 이지가 동시에 발달했다는 레이하이쫑의 주장은 틀리지 않고, 중국민족은 생존본능이 쇠약해졌는데 동시에 이지가 발달하지 못했다는 주장도 틀리지 않다. 잘못은 그의 이분법에 있고 또한 본능과 이지가 서로 충돌한다고 본 데 있다. 레이하이쫑은 원래 하나는 주인이고 하나는 도구라고 했는데, 주인과 도구가 어떻게 충돌하겠는가? 분명히 맞지 않다. 다시 중국과 영국의 실례로부터 그 잘못을 증명할 수 있다. 나의 설명방식에 따르면, 본능과 이지는 각기 움직임과 고요함이라는 점에서 다르지만 똑같이 신체의 측면에 속하며 이지가 그 정점에 위치한다.—제13장을 보라. 영국인이 보여주는 것은 명백하게 내가 말하는 "신체에서 출발하여" 성공한 것이다. 중국인의 병폐는 레이하이쫑이 언급하지 않은 이성의 조기 계발에 있다. 설명의 편의를 위해 나는 다른 사람의 말을 인용하고자 한다.

12) 이에 대해서는 러셀의 『社會改造原理』(余家菊 譯, 中華書局)를 보라.

> 중국인은 하나의 일에 부닥치면 단지 마땅히 해야 하는지 여부를 고려하고 자신이 원하는지 여부는 고려하지 않는다.—이것은 몇몇 친구들이 농담삼아 한 말이다. 그들이 이전에 무슨 말을 했는지는 내가 흘려들었지만, 단지 이 두 구절이 내 귀에 깊이 들어왔다. 왜냐하면 그것이 바로 내가 고심하고 있는 문제의 핵심을 건드리기 때문이다. 중국인은 일을 할 때 활력이 없고 열성이 부족한데, 이는 단지 마땅히 해야 하는지 여부만 고려하고 자신이 원하는지 여부는 고려하지 않기 때문이다. 그래서 사회에 그처럼 거짓 군자가 많고 진정한 소인이 없는 것이다. …… 성인은 순전히 자신의 존재를 의식하지 말라고 가르친다.—내가 이미 존재하지 않으면, 내가 여타 사물의 존재를 감각할 수 있는지 여부를 알 수 없다. …… 나는 사람들에게 자신의 존재를 의식하고 자신을 출발점으로 삼으라고 권한다.—내가 존재하는 것은 주로 나 자신을 위해 존재한다. 나는 아버지가 되어 아들을 낳기 위해 존재하는 것이 아니다. 이 점에 대해 구미인은 동방인에 비해 고명하다. 왜냐하면 그들은 마땅히 해야 하거나 하지 말아야 한다는 도덕률이 우리들처럼 그렇게 많지 않기 때문이다. …… 사람을 반드시 먹어야 하는 동물로 보면 사실 충분하다.[13)]

이 구절은 바로 중국인은 이성이 조기에 계발되는 길로 너무 멀리 나아갔으며 현재 신체와 본능으로 되돌아가야 한다는 외침을 대변한다. 수천 년 동안 중국인의 신체와 본능은 어떤 점에서 보면 의심할 바 없이

13) 1946년 출간된 『導報』 제12기에 실린 「忠恕與民主」를 보라. 필자는 아마 戈衍棣인 듯하다.

쇠약해졌다. "윤리본위"와 "자아중심", "이성으로부터 출발하는 것"과 "신체로부터 출발하는 것"은 여기서 서로 협조할 수 없음이 얼마나 분명한가! 중국인으로 하여금 본능이 쇠약해지게 만든 것은 이성이며 더욱이 이성을 모사한 저들 습관이다.

이성과 본능은 호오와 취사선택에 차이가 있지만 똑같이 인정에 속한다. 중국인이 말하는 당위는 원래 외부(종교의 상제)에서 인간에게 가해지는 것이 아니다. 바로 본능에서 그리 멀리 떨어져 있지 않기 때문에 본능을 배척하는 것이다. 외부에서 가해진 것은 결국 반항에 직면할 수 있고, 그 결과 더러 본능을 약화시키지 않고 오히려 본능을 강화시킨다. 중세 이후의 서양인을 보라. 그렇지 않은가? 그러나 이성과 본능이 서로 충돌한다고 오해해서는 안 된다. 인류생명은 이지로 인해서 생물본능으로부터 해방될 수 있었다. 한편으로는 그 호오의 감정이 본능에 종속되지 않게 되었다.—이것이 바로 이성이다. 다른 한편으로는 그 본능이 도구로서의 임무를 다하기에 부족하기 때문에 반드시 후천적으로 보충해야 했다.—이것이 바로 인류생활에서 각종 습관이 모두 본능적인 습관과 혼합되고 순수한 본능은 거의 볼 수 없는 이유이다. 엄격하게 말하면, 오직 이성만이 주인이고 이지 · 본능 · 습관은 다 도구이다. 그러나 이성은 개체생명에서든 사회생명에서든 모두 점차 개발될 필요가 있다. 아직 개발되지 못했거나 개발이 부족할 때에는 인간의 생활이 본래 여전히 본능적인 습관에 의지해서 영위되고 이성이 계발되어도 본능적인 습관에 따르는 때가 많다. 근본적으로 호오를 논할 수 없고 단지 도구가 될 수 있을 뿐 영원히 주인이 될 수 없는 이지를 제외하면, 본능적인 습관이 대개 항상 이성의 주도적인 지위를 찬탈한다. 이성과 본능이 충돌하지 않는다는 것은 이성이 주인이 되고 본능이 도구가 될 때 이성의 표현이 모두 본능을 통해 표현되어 본래 충돌하지 않는다는 말이다. 본능이 주도적인 지위를 찬탈했을 때에는 이성이 부재하므로 또한 어찌 충돌이 있겠는가? 그러나 이성은 호오에서 드러나는 것이 본능과 똑같은 듯하지만 내부적으로는 분명하게 자각하고 외부적으로는 고요하고 평화로워 이지가 확실하게 작용하고 있으므로 본능과는 다르다. 본능은 신체에서 벗어나지 않지만, 이성은 신체로부터 멀리 떨어져 있고 항상 신체를 초월한 듯하며 심지어 신체와 대립한다. 중국인은 이성이 조기에 계발되고 그것이 오래 지속되어, 그 본능이 신체로부터 출발하는 영국인의 그것과는 당연히 비교할 수 없다. 사유의 측면에서 말하면, 이치를 따지는 데 익숙하여 당위로 본심의 바람을 대체했다. 행동의 측면에서 말하면, 예로부터 온화하고 아름다운 기풍이 형성되어 이성을 본뜬 행위습관으로 본능적 반응을 대체한 것이 많다. 그 본능이 신체와 더불어 쇠약해진 이유는 분명히 여기에 있다. 동시에 이지가 단지 이성(혹은 이성을 본뜬 습관)에 따라 작용하고 영국인처럼 신체작용에 따라 정점까지 발달하지 않고 반대로 신체작용과 함께 억제되어, 당연히 발달할 수 없었다.

예를 들면 서양인은 악수하고 입 맞추고 포옹하는 것을 예절로 삼고 또한 군중이 박수 치고 환호하며 환영하는 사람을 높이 들어 헹가래 치는 등의 표현이 있다. 중국인은 얼핏 보고 놀라서 위축되고 봐줄 수 없다고 느낀다. 이는 서양의 예가 친애를 주로 하고 그 감정이 신체에서 나오며 더욱이 신체를 빌어 표현하기 때문이다. 그런데 중국의 예는 존경과 겸양을 주로 하고 그 감정이 이성에서 나오며 그 표현이 비록 신체에 의지하지 않을 수는 없지만 온화하고 우아하며 아취를 함축하고 있어서 실로 신체에서 멀리 벗어나 있다. 서양인의 예절 중에 악수하고 박수 치는 것은 오늘날 중국인도 한두 가지 모방하기는 하여 인간의 감정이 본래 매우 다르지는 않음을 엿볼 수 있지만, 결국 포옹하고 입 맞추는 것은 봐줄 수 없다고 느낀다. 이는 수천 년 동안 신체본능이 점차 위축되어

온 분명한 증거이다.—수천 년 전에는 이에 대해 본디 취하지 않는 점이 있었지만 그래도 겁먹고 위축되거나 봐줄 수 없다는 느낌은 없었을 것이다.

그러나 신체본능이 점차 위축된 후에는 중국인의 이성 또한 좋지 않게 되었다. 왜냐하면 생명은 혼융한 전체로서 나뉠 수 없는 것이므로 신체본능이 위축되었는데도 이성이 건전할 수는 없기 때문이다. 오늘날의 중국인이 어떤 측면에서 보면 이성이 아직 서양인보다 못한 것은 바로 이것 때문이다. 앞에서 열거한 중국인의 여덟 번째 특징, 즉 사람(가령 능지처참 등의 잔혹한 형벌)과 희생물에 대한 잔인함이 그 예인데, 이는 서양인이 가장 비판하는 점이다.

대체로 민족성이 형성되는 원인에는 두 측면이 있다. 위에서 논한 것들로서 유전으로 전해지는 것이 한 측면이다. 다른 한 측면은 후천적인 습관인데, 주로 사회환경의 자극에 대한 반응으로 형성된다. 앞에서 열거한 중국 민족성 열 가지는 하나하나가 다 이 두 측면에서 이해할 수 있다.

예를 들면 네 번째 특징 "평화롭고 문약함"은 유전적인 것과 후천적으로 형성된 양 측면이 있다. 후천적으로 형성된 것은 주로 "집단 및 투쟁과 관련이 있고, 산만함 및 평화적임과 관련이 있다." 제10장에서 분석했으므로 다시 논할 필요는 없을 것이다. 그러나 다른 민족이 신체에서 출발하는 점과 대조해서 말하면, 이성이 조기에 계발된 중국인은 근본적으로 평화적이며 사회형세가 산만한 데서 시작된 것이 아니다. 이성이 조기에 계발되어 자연히 신체본능이 약화된 것이 문약해진 근본원인이지만, 사회에 이성을 본뜬 허다한 습관이 있어서 문을 숭상하고 무를 숭상하지 않은 것이 또한 그 후천적인 형성요인이다.

다섯 번째 특징 "지족자득(知足自得)"은 한편으로는 이성이 조기에 계발되어 생명이 조화롭게 된 것이 한 측면이고, 다른 측면은 중국사회의 특수한 구조에서 단련된 것이다. 이것은 제10장에서 "개인이 자신의 처지에서 만족함"을 논한 단락을 보면 분명히 알 수 있다.

두 번째 특징 "근검"은 당연히 이 직업분화 사회에서 정치적 경제적으로 각기 기회를 균등하게 갖기 어려우므로 사람들이 각자 앞길을 개척한 자연스런 결과로서(제10장을 보라), 주로 후천적으로 습득한 것이다. 그러나 중국인이 갖고 있는 정신적 실용주의·실리주의의 경향은 오히려 선천적으로 이지의 냉정함이 부족한 데서 나온 듯하다. (제13장을 보라.)

세 번째 특징 "예의를 따지기 좋아함"은 당연히 이 윤리본위의 사회에서 피차 상대방을 존중하고 서로 존경과 예양을 숭상하는 데서 파생되어 나온 것이다. 그러나 허식적인 감정과 겉치레에 떨어져 앞에서 말한 이성을 본뜬 행위습관에 속하고, 특히 후대에 신체본능이 약화되어 그에 따라 이성이 부족한 때가 가장 많다.

여섯 번째 특징 "수구(守舊)"는 모험과 진취의 정신이 적어서 움직여도 가만히 있는 것만 못하다. 이는 신체본능이 약화된 증거이다. 그러나 수구가 필요한 이유는 오히려 후천적인 요인에 의해 결정된 것이 많다. 하나, 진한 이후 중국에서는 형세상 필연적으로 일치일란의 순환을 반복하여 사회구조상 변화가 일어날 수 없었다. 사회구조는 문화의 근간이다. 근간이 변화하지 않으면 근간에 부속되어 있는 여타의 것들은 본래 그다지 변화가 없게 된다. 바로 이와 같이 2천 년 동안의 인습 국면 하에서 수구의 습관이 마침내 배양된 것이다. 둘, 고인이 지혜가 너무 높고 문화상의 성취가 많아서, 오늘날 사람들이 소유한 모든 것들이 다 고인의 유산이고 후인이 이뤄낸 것은 모두 앞사람의 잉여에서 벗어나지 않는다. 후세 사람들은 연구하면 할수록 고인의 위대함과 심오함을 더욱 느끼게 되니, 옛것을 좋아하고 지금 것을 천시하는 것이 당연하다. 셋, 학술이 예술의 길로 나아가고 과학의 길로 나아가지 않았기 때문이다. 예술은 천재를 숭상하고 개인의 능력에 의지하여, 과학이 개관적 표준에 의지하여 얕은 수준으로부터 한 차원씩 높은 차원으로 건축해 나아가 마침내 후대가 우위에 서는 것처럼 하지 못했다. 하물며 중국인은 자질이 점차 빈약해져 후대인들이 고인들처럼 천부적인 재능을 갖지 못하여 사회풍속이 저절로 옛것을 중심으로 삼게 되었으니, 서양 과학이 새로움을 추구하는 것과 다르게 된 것은 당연하다.

일곱 번째 특징 "애매모호하며 정확함을 추구하지 않고 숫자를 따지지 않음"은 과거에 리징한[14] 선생이 허베이 향촌에서 사회조사를 행하여 가장 깊이 느꼈다. 그런데 일본인 우치야마 간조는 이 점에 대해 특별히 이해한 바가 있어서 다음과 같이 지적했다. "중국인은 많지 않으면 있다고 하지 않고, 대부분이 없으면 없다고 할 수 있으며, 하나가 있으면 있다고 하지 않고 하나도 없으면 비로소 없다고 말한다. 후자는 모형적인 사유방식이고 전자는 실물적인 사유방식이다. 후자는 철저하고, 전자는 철저하기를 추구하지 않는다. 후자는 이론적이고 문장적이며, 전자는 실제 생활적이다." 이 때문에 그는 중국문화를 생활문화라고 부르며 문장문화와 대비시켰다.[15] 이 견해는 앞에서 이용한 바, 서양에는 과학이 있고 중국에는 과학이 없는 이유가 쌍방의 정신세계(Mentality)가 근본적으로 다르다는 장둥쑨의 설에 가깝다. 대개 지식을 습득하는 길은 명확하게 분별하는 데 있고 신체로써 외부를 고요히 관찰하는 데 있다. 중국인

---

14) 리징한(李景漢, 1895-1986)은 근대 중국의 저명한 사회학자이자 사회조사가이다. 중앙재경학원 · 중국인민대학 · 북경경제학원 교수를 역임하고, 중국사회학연구회 고문과 중국인민대학 사회학연구소 고문 등을 지냈다. —옮긴이

15) 內山完造, 『一個日本人的中國觀』, 開明書店.

은 이성이 조기에 계발되어 이성이 본능과 뒤섞여 연계됨으로써 생명과 대자연이 융합하여 상통하는 데 치우치고 외부에 대하여 지식을 추구하는 경향은 크게 감퇴했다. (제13장을 보라.) 그리하여 자연히 그 사이에 후천적으로 훈습되고 점차 물드는 것이 있게 되었다.

여덟 번째 특징 "잔인함"은 앞에서 이미 설명했다. 그 견인함(매우 높은 정도까지 스스로 참음)은 분명 향내적으로 힘쓰는 인생태도(제10장을 보라)에서 나왔다. 또한 견인함은 또한 잔인함을 초래할 수 있다고 말해도 무방할 것이다.

아홉 번째 특징 "적응성[韌性]과 탄력성[彈性]"은 생명에서 견인력이 배양해낸 실제 표현이라고 말할 수 있을 것 같다. 이에 대해서는 많은 사실이 서양의 의사 · 군관 · 선교사의 놀라움과 호기심을 불러일으켜 중국과 외국의 여러 서적에서 발견되므로[16], 여기서는 논하지 않겠다. 지리학자 사쉐쥔[17]의 「중화민족의 기후 적응력」이라는 글[18]은 학술적인 가치를 지니고 있는데, 여기서는 대략적인 내용만 서술하겠다. 사쉐쥔의 설에 따르면, 각 지방의 기후(춥고 따뜻하고 건조하고 습함)는 위도의 고저와 바다에서 떨어진 정도 및 지형의 고저 등의 요소로 형성되는데, 전 세계의 기후는 11개 구역으로 나눌 수 있다. 그 모든 구역을 중국의 취락에서 찾아볼 수 있는데, 이는 중국인의 기후 적응력이 가장 강하여 다른 민족과 비교할 수 없음을 증명해준다. 기후 적응력의 함의는 주로 두 가지이다. 하나, 어떠한 기후에서도 여전히 정신노동과 육체노동을 할 수 있

16) 潘光旦의 『民族特性與民族衛生』(商務印書館)을 보라.

17) 사쉐쥔(沙學浚, 1907-1998)은 중국의 지리학자로, 주로 정치지리 · 역사지리 · 지역지리를 연구하는 데 종사했다. 중국 정치지리학 이론의 선구자로 꼽힌다. —옮긴이

18) 1948년 6월 30일 『重慶大公報』, 星期論文. 원문에서는 증거를 열거했으나, 여기서는 단지 요지만 거론한다.

는 것이다. 둘, 장구하게 거주하여 고정적인 취락을 이루고 후대에 전하여 자손을 보전하는 것이다. 예를 들면, 백인종은 열대에서는 적응하기 어렵고 일본인은 비교적 추위를 두려워하지만, 중국은 결국 냉대와 열대에서 모두 살아갈 수 있다. 러시아인은 추위를 잘 참는다고 칭찬받지만, 추위에 대한 참을성으로 말하면 중국인이 러시아인보다 더 강하다. 우리는 묻는다. 중국인은 왜 이처럼 특별한가? 신체로 말하면, 중국인은 결코 그들보다 건장하지 않다. 반대로 중국인은 신체본능은 오히려 비교적 떨어진다. 하물며 체육운동과 위생영양을 강구하지도 않는다. 선천적인 자질이나 후천적인 방법에서 공히 우월하지 않다. 만약 생명을 신체에 속하는 것으로 본다면 당연히 이해하지 못한다. 그러나 만약 신체는 단지 생활의 도구에 불과하고 생명은 애초부터 신체에 국한되지 않으며 근원이 심원하다는 것을 안다면, 중국인의 장점을 인식하기 어렵지 않을 것이다. 중국인의 장점은 다름 아니라 단지 생명의 더욱 심원한 곳으로부터 활력을 얻어, 서양인이 그처럼 천박하여 쉽게 고갈되는 것과 같지 않은 것이다. 인류가 신체본능으로부터 크게 해방된 이후 인류의 생명은 주로 신체가 아니라 마음에 있게 되었다. 마음은 무엇인가? 앞에서 "생명의 충실함이 느슨해진 틈에 저절로 그 작용을 드러내는 것이 마음이다."라고 한 바 있다. (제7장을 보라.) 그러나 마음은 줄곧 외부에 대한 것이 아니라 감각기관을 통해 비로소 그 작용을 드러낸다. 중국인의 기후 적응력이 강한 것은 그 강함이 신체가 아니라 마음에 있고 오히려 신체가 충분히 건장하지 못하다. 그렇지 않았다면 더욱 훌륭하게 발휘되었을 것이다. 서양인이 중국인에게 미치지 못하는 이유는 외면적인 도구(신체 및 방법)가 불충분하기 때문이 아니라 내면의 용적이 불충분하여 변통의 여지가 없기 때문이다. 적응성과 탄력성의 함의가 매우 넓지만, 여기서는 단지 그 일단을 들어 그 이치를 논한 것이다. 그러나 대체로 말하면 그 나머지 것들도 역시 근본이 여기에 있다. 대개 서양인은 향외적으로 이해하고 도구를 발달시키는 경우가 많고, 중국인은 향내적으로 이해하여 생명을 함양하는 경우가 많다. 도구로 말하면 중국인이 서양인만 못하지만, 생명으로 말하면 서양인이 중국인만 못하다. 이것이 크게 비교되는 점이다.

열 번째 특징 "원숙하고 노회함"은 중국 민족성의 총괄적인 특징으로, 함의가 매우 풍부하여 구분해서 설명하기 어렵다. 그러나 독자는 그것이 이 책에서 논한 바 중국문화는 유치한 것이 아니라 성숙한 것이며 조야하고 천박한 것이 아니라 정밀하고 심오한 것이라는 주장과 서로 부합함을 어렵지 않게 알 수 있을 것이다. 동시에 사회발전사를 고집하고 문화단계론을 주장하여 중국이 영국 · 미국 · 러시아보다 한두 단계 낙후되었다고 인식하는 것이 분명히 옳지 않음을 알 것이다. 그러나 우리도 어떤 점에서는 영국 · 미국 · 러시아가 선진적임을 부정하지 않는다. 이 선진적인 면과 후진적인 면을 서로 대조해보고서 우리는 중국문화가 인류문화의 조숙이라고 단정하는 것이다. 이른바 "규각을 드러내지 않고 최대의 적응력과 잠재력을 갖추고 있다."는 것은 그 성숙이 외면이 아니라 내면에 있고 생활도구가 아니라 생명 자체에 있다는 증거이다. 돌이켜보면 오늘날 서양인은 바로 자기 문명의 진보가 초래한 고통에 적응하지 못하고 있어서 도시에 정신병 환자가 날로 늘어나니, 그 성취가 내면이 아니라 외면에 있고 생명 자체가 아니라 생활도구에 있음이 매우 분명하다.

마지막으로 첫 번째 특징 "이기심[自私自利]"에 대해 논하고자 한다. 판광단은 일찍이 이것을 유전적인 것이라고 보고, 인문지리학자 헌팅턴(Ellis Huntington)이 자연도태와 인구이주로 중국 민족성을 설명한 것을 칭송했다.[19] 헌팅턴의 설에 따르면, 중국은 수천 년 동안 홍수와 가뭄의 재해가 그치지 않아서 오직 이기심이 강한 자가 활동하고 번식하기 쉬웠고 그렇지 않으면 멸망하고 마침내 도태되어 이러한 결과가 도출되었다. 우리는 사실 헌팅턴의 설을 감히 깊이 신뢰하지 않는다. 매우 분명히 판광단은 자신의 우생학 연구에 기초하고 단지 유전의 측면에 착안했으며, 근본적으로 중국 사회구조의 특수성 및 그것이 어떻게 중국인의 제2의 천성—습관—을 길러냈는지 분명하게 알지 못했다.

이 책은 중국과 서양의 사회생활이 다르다는 점에 재삼 주목했는데, 독자들은 그중에 제1대조도(제5장을 보라)와 제2대조도(제9장을 보라)를 가장 기억해야 한다. 대조도가 보여주는 것처럼, 한 개인으로부터 그에게 가능한 최대한의 사회관계에 이르기까지는 대략 4단계로 구분할 수 있다. 서양인의 경우는 생활과 의식(意識)에서 가장 중요한 위치를 차지하는 것이 개인과 단체 두 단계이고, 중국인은 가정과 천하 두 계급이다. 단체와 개인은 서양에서 엄연히 두 개의 실체이고, 가정은 공허한 단위에 가깝다. 중국인은 그 사이에 가정관계를 확대 발휘하여 윤리로써 사회를 조직해서 개인과 단체 양 극단을 융해시켰다.—중국인에게는 마치 이 양 극단이 없는 것 같다. 이 차이점을 분명하게 이해한 연후에 이 문제의 상세한 내용에 대해서도 고찰하여 분명하게 이해하기를 바랄 수 있을 것이다.

(1) 중국인은 집단생활이 결핍되어 공공관념이 결여되고 기율습관이 결여되고 조직능력이 결여되고 법치정신이 결여되었다. (제4장을 보라.) 한마디로 종합하면, 단체생활을 영위하는 데 필수적인 덕목—공덕(公德)—이 결여된 것이다. 중국인이 다른 사람들에게 이기적이라고 여겨지

19) 潘光旦의 『民族特性與民族衛生』(商務印書館)을 보라.

는 이유가 대부분 여기에 있다. 서양인에게 공덕이 있는 것은 천성적인 것이 아니다. 피의 투쟁 가운데 단련되고 일상생활에서 배양된 것이다. 그 단서는 종교조직에 있고 중세 도시자치로부터 크게 성취되었다. (제3장을 보라.)

(2) 공덕을 배양하는 발단은 공적 이익과 사적 이익을 일치시키는 데 있다. 공을 위하는 것이 곧 사를 위하는 것이고, 사를 위하면 또한 형세상 반드시 공을 위해야 한다. 예를 들면 국제적인 경제경쟁 상황에서 한 국가의 국민은 결국 자기 나라의 재화를 사용해야 하는데, 이는 참으로 애국한다고 말할 수 있지만 그것은 오히려 바로 자신의 생계를 공고히 하려는 것이기도 하다. 또한 정당이 선거경쟁하는 상황에서 당원이 자신의 정당을 위해 분주하게 활동하는데, 이는 참으로 당에 충성하는 것이라고 말할 수 있지만 그것은 오히려 자신의 앞길을 개척하기 위한 것이기도 하다. 과거에 신자들은 교회에서, 수공업자들은 행회(行會)에서, 근대 산업 노동자들은 그 계급조직에서……, 그 예는 아주 많아서 다 열거할 필요는 없을 것이다. 종합해서 말하면, 공과 사가 서로 분리되지 않고 합치되어 오래되면 자연스럽게 행해진다. 반대로 공과 사가 항상 서로 다른 일이 되어 공을 위하면 반드시 사가 폐기되고 사를 위하면 공을 해치지 않을 수 없게 되면, 그러한 상황 아래에서는 결코 공덕을 양성할 수 없게 된다. 그래서 곧바로 서양인의 공덕은 바로 사로부터 양성된 것이라고 말해도 무방할 것이다.

(3) 서양인의 공덕은 다만 자연스런 인정에 따라 배양된 것이고 이른바 이기심은 없다고 말한다면, 나는 완전히 동의한다. 그러나 나는 오히려 중국인이 공덕을 배양하지 못한 것은 마찬가지로 다만 자연스런 인정일 뿐이고 이른바 이기심은 없다고 주장하고 싶다. 사람은 결국 사회를 떠나서 생활할 수 없음은 필연적이지만, 사회구조가 피차간에 반드시

같은 것은 아니다. 서양인이 예로부터 지금까지 떠날 수 없는 것은 각종 단체조직이고, 중국인이 떠날 수 없는 것은 멀고 가까운 각종 윤리관계이다. 윤리가 단체와 다른 점은 범위를 획정할 수 없고 더욱이 대항하지 않으며 가까운 데서 미루어 나아가 먼 데에 이르고 또 먼 것을 이끌어 가까운 데로 들어오게 하는 것이다. 가까운 것은 자기 자신과 가정이고 먼 것은 천하이며 궁극적인 취지는 "온 세상 사람들이 다 형제이다.", "천하 사람들이 모두 한 집안이다."라고 중국인은 말한다. 이러한 정신은 위대하지 않은가? 여기에 무슨 이기심이 있단 말인가? 그러나 안타깝게도 작다면 너무 작고 크다면 너무 크다.—한계가 없이 커서 잡으려 해도 잡을 수 없고 의지하려 해도 의지할 수 없으니, 참으로 이른바 "크지만 적합하지 않다." 서양인이 작게는 자신과 가정에 국한하지 않고 크게는 천하에 이르지 않아서 적절한 범위가 있고 공과 사가 하나로 합치되어 공덕을 잘 배양하는 것과는 다르다. 중국인이 거기에서 공덕을 배양하지 못하는 것은 결코 비판받을 점이 없는 것 같다. 단체를 떠나서는 생활할 수 없는 사람은 단체생활에 필요한 습관을 양성해야 하고 윤리를 떠나서는 생활할 수 없는 사람은 윤리생활에 필요한 습관을 양성해야 한다는 것을 알아야 한다. 동시에 각자에게 필요하지 않은 것들은 모두 습관화되지 않는다. 중국인이 애국과 사회형성에 익숙하지 않은 것은 바로 서양인이 효친과 경장(敬長)에 익숙하지 않은 것과 마찬가지다. 어찌 이상하게 여길 만한가? 그러나 효친과 경장에 익숙하지 않은 것은 비판하지 않고 애국과 사회형성에 익숙하지 않은 것을 사람들이 모두 병폐로 여기는 것은 다름 아니라 오늘날에 이르러 절실하게 필요한 국가의식 · 단체행동을 중국인들은 할 수 없고 오랜 습관에 길들여져 타성을 고치기 어렵기 때문일 따름이다. 생명은 살아 있는 것이고 시세가 다르므로 때에 따라 새롭게 적응해야 한다. 중국인이 오늘날 여전히 자신과 자기 가정만

돌보고 이기적으로 친척과 친지만을 돌본다고 비난하는 것은 참으로 지나치지 않다. 그러나 중국인이 수천 년 동안 줄곧 이기적으로 생활해왔다고 말한다면 웃기는 얘기다! 한결같이 이기적인 것은 "반사회적 행위"로서 어떤 사회생활에도 적합하지 않다. 한 민족이 참으로 이런 병폐가 있다면 일찍이 이 세상에 존재할 수 없었을 것인데, 중국 민족의 생명이 장구하게 유지되고 방대하게 확장되어 어느 민족과도 비교할 수 없다는 점을 어떻게 해명할 것인가? 이기심이 중국 민족성이라고 말하는 것은 특히 근거가 없다. 중국인은 결코 서양인보다 특별히 이기적이지 않은 듯하다.

(4) 관점을 바꾸어, 나는 오히려 서양인이 실제로 중국인보다 더 이기적이라고 말하고 싶다. 근대 서양인의 개인본위와 자기중심은 분명히 종래 중국인의 윤리본위와 상대방 존중보다 이기적이라는 것은 말할 나위도 없다. 서양인의 단체생활에 대해 말하면, 합작사와 같은 조직 이외에는 배타성이 극히 강하지 않는 것이 거의 없다. 러셀의 『애국의 공과(功過)』에서는 일찍이 영국인은 외국인을 적대시하는 수단으로 자기 국민에게 애국심을 장려하는 데 길들여져 있다고 말했다. 최초에는 스페인 사람들을 적대시하고 이어서는 프랑스 사람들을 적대시하고 그 뒤에는 독일 사람들을 적대시했다. 이후에는 누구를 적대시할지 모른다.[20] 대개 "사회와 투쟁하면서 동시에 그것을 두 가지 것으로 본다."(몽테스키외의 말) 말하자면 서양인이 자신과 자기 가정을 경시하는 것은 공(公)인 듯하지만, 각자 자기 사회를 따르는 것은 또한 큰 범위의 이기심에 불과하고 진정한 공이 아니다. 진정한 공은 오히려 중국인에게서 보아야 한다. 중국인은 천하관념을 품고서 예로부터 지금까지 줄곧 바꾸지 않았는데,

20) 이는 商務印書館에서 출간된 梁啓超의 『先秦政治思想史』 3쪽에서 재인용한 것이다.

참으로 위대한 공이요 이성의 절대성에서 나온 것이다. 민족성을 말하면 이것이 바로 중국의 민족성이다. 오늘날 세계가 공리를 논하지 않고 평화롭지 못한 것은 바로 서양인이 집단생활에 오래도록 익숙하여 고치기 어렵기 때문이다.[21] 내가 보기에 중국인이 이기적이라고 비판받는 시대는 빨리 지나가고 서양인이 이기적이라고 비판받는 시대가 오히려 빨리 다가올 것이다. 도대체 누가 이기적인지는 논쟁할 필요가 없고, 시대가 저절로 한번 검증해줄 것이다.

(5) 이상의 논의를 요약하면, 문제는 단지 사회구조와 시대의 요구에 있다. 중국인과 서양인은 근본적으로 다르지 않다. 만약 다르다면, 그것은 바로 서양인은 신체에서 출발하고 중국인은 이성이 조기에 계발되었다는 점 하나이다. 이 점에서 말하면, 비교적 이기적이지 않은 것은 당연히 중국인이다. 그러나 과거에 그렇다는 것이지 오늘날 그렇다는 말이 아니다. 오늘날 중국인은 항상 두 측면에서 치우쳐 있는 상황을 면하지 못하고 있다. 하나는 이기심에 치우친 것이고, 다른 하나는 이기적이지 않은 데 치우친 것으로, 이는 서양인이 대체로 결국 차이가 없는 것과 다르다. 서양인은 애초에 신체에서 출발하여 일반 생물에 접근할 때 비록 아무래도 이기심에서 벗어나지 못했다고 말하지만, 사람은 결국 사람이어서 사람 및 사물과 통하지만 융합되지는 않는 생명이 부지불식중에 수시로 드러나는데, 이것은 사(私)가 아니라 공(公)이다. 이성이 사회형세에 따라 점차 개발되어 "자기 자신"의 범위가 단계적으로 확대되면(제11장을 보라) 더욱 공으로 향하게 된다. 큰일에서부터 작은 일에 이르기까지 많은 예속제도가 그에 따라 형성되고 그 사이에서 생활하는 사람

21) 지고무상의 국가주권이 세계를 무정부상태에 빠트리고 평화로울 수 없는 병폐의 소재라는 것은 식견있는 사람들이 이미 말한 내용이다.

은 이기심이 대체로 큰 차이가 없게 된다. 다만 오늘날의 중국인은 그렇지 않다. 첫째, 예속제도가 파괴되고 어지러워져 대다수의 사람들은 의지처를 잃고 스스로 타락하기 쉬우며, 소수 사람들의 이성적 자각이 이때 오히려 강화된다. 둘째, 신체본능이 약화되고 생기발랄한 기운이 부족하여 또한 가장 쉽사리 탐욕과 인색함에 빠지게 된다. 옛말에서 말한 "혈기가 이미 쇠락했으므로 재물욕심을 경계해야 한다."[22]라는 것이 바로 이것이다. 그러나 이와 같은 사람이 다수를 차지한다고 해도, 불은 다 해도 땔감은 전해지므로 소수 사람들의 이성은 더욱 감출 수 없다. 그래서 오늘날 중국인은 이기심이 서양인보다 많은 것이 아마 사실이겠지만, 다른 측면에서는 이기적이지 않은 것이 서양인을 넘어선다.—다만 그 가운데 일부는 유전과 관련이 있다.

중국문화의 특수성에는 근본 원인이 있음은 우리가 이미 고찰하여 위에서 설명했고, 이제 민족성과 더불어 서로 증명했다. 이 책은 여기서 마무리하겠다.

22) 원문은 "血氣旣衰, 戒之在得"으로, 『論語』 「季氏」에 나온다. —옮긴이

해제

인류사에서 본 중국문화의 특수성과 보편성

강중기

(1) 저자 소개

량수밍(梁漱溟, 1893-1988)은 중국 현대신유학을 창시한 학자이자 향촌건설운동을 전개한 사회활동가이고 공산당과 국민당 사이에서 국공합작을 주선하는 등 제3세력으로 활동한 정치활동가이기도 하다. 그는 중국 현대철학사에서 차지하는 학문적 위상과 영향력뿐만 아니라, 독특한 개성과 거의 한 세기에 걸친 극적인 삶으로 인해 사람들의 주목을 받고 나아가 존경의 대상이 된 독특한 인물이다. 그는 중학(한국으로 치면 중고등학교가 통합된 과정) 졸업의 학력으로 베이징대학 교장 차이위앤페이[1)]의 초빙을 받아 24세에 베이징대학에서 강의하기 시작했으나, 1924년 여름 7년 만에 사직하였다. 교육은 스승과 벗을 통해 학생들로 하여금 인생길을 발전시켜 나가도록 해야 하는데, 대학교육은 단지 지식만을 전수하는 데 급급하다는 이유에서였다. 전통적인 유자(儒者)의 이상에 따라 이론의 영역에 머물며 강단에 안주하지 않고 자신의 철학을

1) 차이위앤페이(蔡元培, 1868-1940)는 근대 중국의 교육가이자 철학자이다.

실현하기 위해 현실 문제와 대면하여 해결방안을 모색한 실천적 지식인이라는 점에서 앨리토(Guy S. Alitto)는 량수밍을 '최후의 유자(the Last Confucian)'라고 불렀다.[2)]

량수밍은 본래 원나라 황실의 후예로 몽골족 핏줄을 타고났다. 그러나 명청대 500여 년이 지난 후에는 주위 사람들이 그가 몽골족임을 몰랐고 자신도 자각하지 못하였으며, 수백 년 동안 한족과 혼인을 거치면서 두 혈통이 융합되었다. 그의 원적은 광시(廣西) 귀린(桂林)이지만 증조 이래 베이징으로 이주하여 거기서 나고 자랐으며, 외가도 원적은 윈난(雲南) 따리(大理)이지만 모친은 북방에서 태어나 자랐다. 그의 집안은 누대에 걸친 관리가문이지만, 가세가 기울어 일반서민의 고충을 몸소 겪어야 했다. 그래서 량수밍은 자신이 지역적으로 남방과 북방, 혈통상으로 한족과 몽고족, 사회계층상으로 사대부와 일반서민 사이의 중간에 위치하며, 이처럼 여러 방면에서 중간적인 성격을 지닌 가정에서 태어나 정치와 문화의 중심지인 베이징에서 성장하고 격변의 시대에 처하여 보고 들은 바가 많았으므로 편벽하거나 고루하지 않고 이해의 폭이 넓을 수 있었다고 자부하였다.[3)]

량수밍은 현대 중국의 이른바 '문화보수주의(cultural conservative)'[4)]의

---

2) "최후의 유자(the Last Confucian)"는 앨리토가 저술한 량수밍 전기의 제목이다.(Guy S. Alitto, *The Last Confucian - Liang Shu-ming and the Chinese Dilemma of Modernity*, University of California press, 1986) 그것은 전기의 형식을 취하고 있기는 하지만, 량수밍의 철학사상을 시대적 사상적 그리고 개인사적 배경에 대한 고찰과 함께 통시적으로 고찰한 종합적 연구물이라 할 수 있다.

3) 梁漱溟, 『我的自學小史』, 『梁漱溟全集』 제2권(濟南: 山東人民出版社, 1990), 662-663면 참조.

4) 문화보수주의는 자유주의(서화파) 및 마르크스주의(중국공산당)와 더불어 근대 중국의 3대 유파로 꼽힌다. 여기에는 현대신유가 외에 학형파·국수파·동방문화파 등이 포함된다. 앨리토의 견해에 따르면, 문화보수주의는 서구 근대화 요람 이외의 지

대표적 인물이다. 량수밍이 사회문제에 관심을 갖고 개방적이고 진보적인 태도를 지니면서도 보수적인 사상경향을 지니게 된 데는 부친 량지(梁濟, 1859-1918)의 영향이 컸다. 앨리토가 량수밍 전기에서 지적한 것처럼, 량지 세대는 상대적으로 서구의 영향을 거의 받지 않은 전통사회에서 성장하였지만 량지는 전통문화에 대한 공격자 내지 문화적 인습타파주의자로서의 모습을 여실하게 보여준다.[5] 량지의 그러한 모습은 어린 량수밍으로 하여금 당시 일반적으로 사서(四書) 같은 유학경전을 암송하게 하던 관례와 달리 세계의 인문지리적 환경과 당시의 세계대세를 소개하는 『지구운언(地球韻言)』이라는 책을 학습하게 한 데서도 드러난다. 이는 당시 마오쩌둥(毛澤東, 1893-1976)이 호남의 농촌에서 전통적인 훈장의 감시와 항상 준비된 회초리를 맞으며 고전을 암송하고, 안휘의 상장촌에서는 후스(胡適, 1891-1962)가 전통적 가숙(家塾)에서 고전을 암송하고 있었던 것과 극명하게 대비된다. 『논어』 대신 알파벳을 배우며 영어 입문서의 신기함에 빠져들었던 량수밍이 나중에 전통문화를 옹호하는 문화보수주의자가 되고, 전통적인 방식으로 고전을 학습한 후스는 서양문화의 전반적인 수용을 주장하는 서화파(西化派)의 주역이 되어 전통문화를 비판하고, 고전을 암송하며 전통 한학을 학습한 마오쩌둥은

역에서 보편적으로 발견되는 반근대화 감정에 기초하여 중국의 '體用' 이분법이나 후래의 '정신' 대 '물질'의 구분과 유사한 도식이 전통사회에서도 나타난다. 앨리토는 근대화에 대한 이러한 세계적 차원의 보수주의적 반응의 한 사례로서 량수밍의 사상을 '문화보수주의(cultural conservative)'라고 명명하였다.

5) Guy S. Alitto, *The Last Confucian*, 20-26면 참조. 량지는 자신의 자녀들을 베이징 최초의 신식학교에 보내어 공부하게 하였을 뿐만 아니라, 량수밍의 형 환내를 일본에 유학시켜 상업을 배우게 하였다. 심지어 가까운 친척이 세 자녀를 남기고 부부가 차례로 세상을 뜨자, 그 자녀들의 양육을 도맡아 모두 현대식 교육을 받게 하고 해외로 유학을 보내기도 하였다.

마르크스주의자가 되어 중국 사회주의혁명을 주도한 것은 참으로 아이러니하다.

사상적인 면에서 아버지 량지의 영향은 우선 량수밍이 어린 시절에 소위 '편협한' 공리주의적 인생관을 갖게 되는 것으로 나타난다. 량지가 공리주의적인 인생관을 갖게 된 것은, 량수밍의 판단에 따르면, 추상적이고 이론적인 철학적 사색에 미치지 못하고 소견이 매우 단순하였기 때문이기도 하지만, 근대 서구의 부강이 실제적 효과를 중시한 데서 연유한다는 인식에 따른 것이기도 하였다. 량수밍은 공리주의적 인생관에 입각하여 시비선악을 이해득실에 종속시켜 인생은 오직 고통을 없애고 즐거움으로 나아가며 이익을 좇고 해를 피하려는[去苦就樂, 趨利避害] 것일 뿐이라 파악하고, 고락의 본질에 대한 탐구로 나아갔다. 그로부터 량수밍은 인생이 기본적으로 고(苦)라는 인식에 도달하여, 불교의 출세간적인 사고로 나아가게 된다.

량수밍이 불교에 심취하게 된 결정적인 계기는 중학 졸업 이후 사회활동을 통해 갖게 된 인간사회 내지 인생에 대한 회의였다. 그는 중학시절부터 사회적 국가적 문제에 관심을 기울여 정치개혁방안에 대해 지상논쟁을 벌이기도 하고 군사훈련을 자원하여 훈련대의 대장이 되기도 하였으며 동맹회에 가입하여 총과 폭탄을 운반하고 혁명가들의 거점이 되는 가게를 위장 운영하는 등의 비밀활동에 종사하기도 하였다. 중학 졸업 후에는 혁명활동의 연장으로 『민국보』의 기자로 활동하였다. 1년 남짓 기자생활을 하면서 량수밍은 이전에 가정과 학교에서는 경험하지 못했던, 당시 사람들의 천박한 행동과 비속한 심리, 각박하고 표독하고 흉포한 일들을 목도하고, 현실은 이상과 거리가 멀며 혁명이니 정치니 위대한 인물이니 하는 것들에 대해 실망하게 된다.[6] 이상과 거리가 먼 현실체험에서 초래된 인생에 대한 회의가 량수밍으로 하여금 불교에 침잠하도록 이끈 셈이다.[7]

이후 량수밍은 현실과 거리를 유지한 채 불교에 심취하여 불경을 연구하고 불교에 관한 자신의 견해를 글로 발표한다. 이때 발표한 「구원결의론(究元決疑論)」이라는 논문이 당시 베이징대학 교장 차이위앤페이의 주목을 받아 베이징대학 교수로 초빙되어 결국 다시 현실로 돌아오게 된다. 말하자면 불교에서 다시 유학으로 전향한 셈이다. 한편 당시 톈진(天津) 난카이중학에서 교편을 잡고 있던 슝스리[8]가 「구원결의론」 독후감을 적어 보내고 불교에 관한 토론을 제안함으로써, 「구원결의론」은 현대신유학 제1세대 대표적 인물들이 교류를 시작하는 계기가 되기도 하였다.[9]

아들 량수밍에게 미친 아버지 량지의 영향은 청이 망한 후 량지가 청

---

6) "在此期間內, 讀書少而活動多, 書本上的知識未見長進, 而與社會接觸頗繁之故, 漸曉得事實不盡如理想. 對于'革命'·'政治'·'偉大人物' ……, 皆有'不過如此'之感. 有些下流行徑, 卑俗心理, 以及尖刻狠毒凶暴之事, 以前在家庭在學校所遇不到的, 却時時看見了, 頗引起我對于人生感到厭倦和憎惡."(梁漱溟, 『我的自學小史』, 『梁漱溟全集』 제2권, 濟南: 山東人民出版社, 1990, 686-687쪽)

7) 이 과정에서 량수밍은 인생의 무상함을 절감하여 비록 미수에 그쳤지만 두 차례의 자살을 기도하였고, 육식을 금하며 결혼을 거부하였다. 어머니의 사후에 어머니가 생전에 그토록 원하던 결혼을 거부했던 일을 후회하고 마침내 결혼하였으며 나중에 첫 부인을 사별하고 재혼을 하였지만, 채식은 평생 동안 지속하였다.

8) 슝스리(熊十力, 1884-1968)는 근대 중국의 철학자로, 현대신유가 제1세대이다.

9) 나중에 량수밍은 베이징대학을 떠나면서 자신의 후임으로 슝스리를 추천하여 베이징대학 교수가 되는 데 영향을 미쳤고, 만년에는 슝스리와 교류하게 된 내력과 슝스리의 철학사상에 대한 자신의 비판적인 견해를 글로 발표하기도 하였다. 「讀熊著各書書後」(1961), 「補記熊十力先生之爲人及彼此交遊之往事」(1979), 「憶熊十力先生」(1983) 등이 그것이다.

조를 위해 '순절함[殉死]'으로써 대미를 장식한다. 연구자들은 아버지의 투신자살이 아들로 하여금 불교의 출세간적 삶을 버리고 사회현실에 참여하여 개혁을 추구하는 유교의 입세간적 생활, 즉 현실참여의 길로 전환하게 된 결정적인 계기였다고 지적한다. 아버지의 사후에 량수밍은 아버지의 사람됨과 일생 지향했던 바를 회고하면서 자신이 사상과 행동에서 역행했던 점을 깊이 후회하고 생전의 뜻을 좇아 불교를 버리고 사회문제에 관심을 기울여 '구세구국'의 원대한 목표를 위해 분투할 것을 결심하였다고 한다.[10]

량수밍은 스스로 고백하였듯 학문적으로 탁월하지는 않았지만 진지하게 고민하고 아는 만큼 실천하려고 노력한 사람이었다. 따라서 대학에서 연구와 교육, 그것도 지식의 전달에 중점이 있는 교육에만 전념할 수는 없었다. 결국 1924년 여름 7년간의 교수생활을 청산하였다. 이유는 두 가지였다. 하나는, 교육이 스승과 접하고 벗을 사귐으로써 학생의 전체적 인생태도를 발전시켜야 하는데 대학에서는 단지 지식만을 가르친다는 것이다. 또 하나는 자신이 대학에서 가르치는 동안 명예를 다투고 남을 이기려는 마음만 증대되었다는 것이다. 이후 량수밍은 산둥으로 가서 조주육중을 실험적으로 운영하면서 사회활동의 길로 들어섰다.

량수밍은 중화인민공화국 건립 이전까지 학술연구와 향촌건설운동에 종사하는 한편, 1940년대부터는 국민당과 공산당의 중간에서 조정을 꾀하는 제3세력의 지도자로서 정치활동에 참여하였다. 1949년 중화인민공화국이 건립된 이후에는 대륙에 남아 마오쩌둥의 요청으로 농촌지역을 시찰하고 소감을 발표하기도 하였는데, 1953년 한 회의에서 중국공산당의 노선에 대해 농민의 희생을 담보로 하는 것이라고 격렬하게 비판함으

10) 馬東玉, 『梁漱溟傳』, 北京: 東方出版社, 1993, 46면 참조.

로써 혹독한 비판을 받았다. 이후 수년간 그에 대한 대대적인 비판운동이 전개되었으며, 문화대혁명이 끝날 때까지 사실상의 정치적 숙청상태가 지속되었다.

문화대혁명 기간 동안 량수밍은 삼대 장서가 불태워지고 소조에서 자아비판을 요구받는 등 자심한 탄압을 받았지만, "삼군의 장수는 탈취할 수 있어도 필부의 뜻을 빼앗을 수는 없다."[11]고 하면서 굴하지 않고 자신의 뜻을 견지했다. 특히 비림비공 시기에 공자에 대한 비판이 고조되었을 때에도 「오늘날 우리는 공자를 어떻게 평가해야 하는가(今天我們應當如何評價孔子)」라는 글을 지어 공자가 중국의 사상과 문화에서 갖는 의미를 긍정적으로 평가해야 한다고 주장했다. 이는 당시 대부분의 사람들이 문화대혁명의 폭압 아래 숨죽이던 상황에서는 매우 드문 일이었다.

문화대혁명 기간에도 자신의 신념을 굽히지 않은 량수밍은 1980년대에 정치적 학문적으로 복권되고, 이후 그의 전집 8권이 4년여에 걸쳐 발간되고 기념문집과 연보 및 평전, 그리고 연구서와 연구논문 등이 잇달아 간행되는 등 중국대륙에서 량수밍 연구붐이 조성되었다고 할 정도로 그에 대한 학문적 조명이 활발하게 이뤄졌다.

량수밍은 학자로서 이론적 활동보다는 오히려 그 삶 자체가 더욱 빛을 발하는 사람이다. 근대 이래 학자 내지 지식인의 삶은 자신의 이론과 일정한 거리를 유지하며 직접적으로 결합되지 않는 방향으로 전개되어 왔다. 그러나 전통사회의 유가 지식인은 이론과 삶이 분리되지 않는 지행합일을 이상으로 삼는다. 공자가 『논어』에서 강조한 '위기지학(爲己之學)'이 바로 그러한 학문태도를 가리킨다. 유학을 단지 이론적 연구대상

11) 원문은 "三軍可奪帥, 匹夫不可奪志."인데, 『論語』「子罕」에는 "三軍可奪帥也, 匹夫不可奪志也."로 되어 있다.

으로 삼지 않고 유학의 이념의 실천에 충실하고자 하였던 량수밍에게는 현대신유학자보다는 '최후의 유자'라는 칭호가 더 잘 어울리는 듯하다.

"너무 피곤하다. 쉬고 싶다.(我太疲倦了. 我要休息.)" 량수밍이 임종을 앞두고 이 세상에서 한 마지막 말이다. 근대 서양세력의 동방진출 이래, 서양문명의 학습과 전통문화에 대한 성찰, 불학에의 침잠과 유학에 대한 현대적 해석, 사회운동의 전개와 제3세력으로서 정치활동, 항일운동과 국공내전의 경험, 중화인민공화국의 건립과 마오쩌둥과의 갈등, 문화대혁명 시기의 시련, 그리고 개혁개방에 이르기까지 전통과 현대가 격렬하게 길항하던 격동의 시대에 학문적 탐구의 끈을 놓지 않으면서, 그의 표현을 빌면 인생문제와 사회문제를 둘러싸고 학문적으로 그리고 실천적 실존적으로 고투하면서, 이론과 실천의 통일을 추구한 '마지막 유자'로서의 삶이 쉽지만은 않았음을 짐작게 한다.

(2) 책 소개

『중국문화요의(中國文化要義)』는 량수밍이 1941년에 집필을 구상하고 이듬해 2월 귀린(桂林)에서 집필에 착수하였다. 그러나 1946년 5월 중국민주정단동맹("民盟") 비서장에 임명되어 국공화담(國共和談)에 참여하고 9월에는 충칭(重慶) 베이베이(北碚)에 면인국학전과학교(勉仁國學專科學校, 1948년 면인문학원(勉仁文學院)으로 개조) 건립하는 등 정치활동과 교육사업에 분주하여 집필을 중단했다. 그러다 1948년 11월 국공화담이 결렬되어 베이베이로 돌아온 뒤 새로 집필을 시작하여 1949년 6월에 집필을 완료하고, 11월에 청두(成都) 루밍서점(路明書店)에서 출간했다. 1987년 6월에는 상하이(上海) 쉐린출판사(學林出版社)에서 저자의 교정을 거쳐 단행본으로 간행되었고, 1990년에는 루밍서점본에 근거하여 수정을 거쳐 『梁漱溟全集』(山東人民出版社) 제3권에 수록되었다.

량수밍은 자신에 대해 "사상이 있고, 또한 자신의 사상에 근거하여 행동하는 인물이다.(他是一個有思想, 又且本著他的思想而行動的人.)"라는 평가가 적합하다고 생각했다.[12] 1921년 출간된 『동서 문화와 철학』은 동서양의 문화와 철학을 비교하면서 현대신유학의 기초를 다진 저술이고, 1931년 출간된 『향촌건설이론』은 10년 가량의 향촌자치운동을 총결산한 저술이다. 전자는 사상을 모색한 책이라면 후자는 행동을 결산한 것인 셈이다. 『중국문화요의』는 향촌건설운동이라는 실천을 뒷받침하기 위해, 더 나아가 새로운 중국을 건설하기 위해 전통 중국 사회와 문화의 특성을 규명하려는 이론적 작업의 산물이다.

량수밍은 젊은 시절부터 양대 문제, 곧 인생 문제와 사회 문제(중국 문제)를 천착해왔다. 인생의 의미에 대한 고민에서 공리주의를 거쳐 불교에 심취하기도 했고, 중국의 앞날을 고심하는 과정에서 중학시절에는 혁명활동에 참여하였으며 졸업 후에는 기자생활을 하기도 했다. 양대 문제는 사실 량수밍이 생을 마감할 때까지 부여잡고 놓지 않은 과제였다. 량수밍은 『중국문화요의』에서 중국문화가 양대 문제의 근원이고 양대 문제의 해답은 중국문화의 인식이 관건이라고 선언한다. 도대체 왜 중국문화가 인생 문제와 중국 문제의 근원이자 문제 해결의 관건이라고 주장하는가? 이 물음에 대한 대답은 『중국문화요의』의 내용을 분석하면서 찾아보기로 하자.

---

12) 그리고 "사상가이자 동시에 사회개조운동가이다.(一個思想家, 同時又是一個社會改造運動者.)"라는 평가는 대단히 아첨하는 것이라고 했다.(『중국문화요의』, 「자서」 참조)

1) 내용 소개

"과거의 중국을 인식하여 새로운 중국을 건설하자[認識老中國, 建設新中國]."

량수밍이 『중국문화요의』를 저술하면서 내세운 핵심 슬로건이다. 당시 중국 문제를 해결하고 새로운 중국을 건설하기 위해서는 과거의 중국을 정확하게 인식해야 한다는 것이다. 『중국문화요의』에서 다루는 '중국문화'는 서세동점으로 근 100년 동안 영향받고 변화되기 이전의 고유한 중국문화를 가리킨다.

량수밍은 서론에서 먼저 문화 개념을 정의하면서 논의를 시작하고 있다. 한마디로 "문화는 우리의 생활이 의지하는 모든 것이다." 농업과 공업의 생산물과 생산방법, 모든 도구와 기술 및 관련된 사회제도 등이 다 문화의 중요한 부분이다. 또한 가령 국가정치 · 법률제도 · 종교신앙 · 도덕관습 · 법원 · 경찰 · 군대 등도 모두 문화의 중요한 부분이다. 그리고 문화의 전파와 부단한 진보가 의지하는 교육시설, 곧 문자 · 서적 · 학술 · 학교 등도 당연히 문화의 범위에 속한다. 문자 · 문학 · 사상 · 학술 · 교육 · 출판 등을 문화로 간주하는 것은 좁은 의미의 문화이고, 량수밍이 사용하는 문화 개념에는 우리의 생활이 의지하는 모든 것을 포함하는 넓은 의미의 문화이다. 그래서 『중국문화요의』에서 서술하고 있는 내용을 들여다보면, 『중국문화요의』는 실제로 전통 중국사회에 대한 총체적인 분석이라고 할 수 있다.

문화 개념에 대한 정의에 이어 중국문화의 강한 개성으로 일곱 가지를 들고 있다. 곧 독자성, 특수성, 시간적 유구성, 포용성(흡수력), 공간적 광대성, 정체성(停滯性), 영향력이 그것이다. 사실 이런 특성들은 논란의 여지가 있지만, 량수밍은 이것들을 뒤에서 제시하는 중국 전통사회의 특징 및 중국인의 특성과 연관지어 설명한다. 이는 문화를 하나의 전체로 보고 그것을 관통하는 근원(근본정신)을 탐구하려는 량수밍의 연구방법에 기인한다. 량수밍에 따르면, 중국문화에 대한 탐구는 두 단계로 나누어 진행된다. 1단계는 중국문화의 외면적 특징들을 하나하나 열거하는 것이고, 2단계는 그 특징들의 연원을 탐구하여 "유일한 총특징"을 밝혀내는 것이다. 이것은 문화의 총체적 근원을 규명하려는 것으로, 『동서 문화와 철학』에서도 관철되는 연구방법이다.

량수밍은 중국 전통사회의 특징으로 열네 가지를 든다. 넓은 영토와 많은 인민[廣土衆民], 여러 민족의 동화와 융합, 유구한 역사, 지식 · 경제 · 군사 · 정치 외에 위대한 역량을 갖추고 있지만 분명하게 얘기하기 어렵다는 점, 장기간 변화없는 사회와 정체된 문화, 종교가 거의 없는 인생, 가정생활이 가장 중요한 사회생활이라는 점, 학술이 과학으로 나아가지 못했다는 점, 민주 · 자유 · 평등 같은 요구가 제기되지 않고 법제가 형성되지 않았다는 점, 도덕이 특히 중시된다는 점, 천하국으로서 일반적인 국가 유형과 다르다는 점, 군대를 중시하지 않는다는 점[無兵의 문화], 孝의 문화, 隱士라는 독특한 존재 등이 그것이다. 그리고 중국인의 특성으로는 열 가지를 꼽는다. 이기심[自私自利], 근검절약, 예절의 중시, 화평문약[和平文弱], 지족자득(知足自得), 보수성[守舊], 애매모호함, 인내심과 잔인성, 끈기와 탄력성, 원숙함 등을 들고 있다.

제2장 "중국인의 가정"에서 량수밍은 먼저 중국인의 생활에서 가정을 특히 중요시한다는 점을 중국문화의 특징으로 지적한다. 이에 대해 펑유란(馮友蘭)은 중국사회가 가정을 중시하는 것은 산업혁명 이전 인류사회의 공통적인 특성이라고 본다. 펑유란에 따르면, 산업혁명을 거치지 않은 지역은 동양이든 서양이든 생산방식이 어느 단계에 속하든 모두 가정을 본위로 하며 이것이 '생산가정화'이고, 산업혁명을 거친 지역에서는

주로 기계를 사용하여 생산하며 가정을 본위로 하는 생산방식을 타파하고 사회를 본위로 생산하며 이것이 '생산사회화'이다. 가정을 중시하는 중국사회의 특성은 '생산가정화'라는 산업혁명 이전 인류사회의 보편적인 특성이라는 것이다.

이에 대해 량수밍은 중국인이 가정윤리를 중시하고 가족제도가 성한 것은 예로부터 전승된 것이지만 시기와 지역에 따라 다르다고 하면서, 전국시기 진나라에서 상앙변법을 실시하여 가족을 타파하고 국가가 직접 인민을 장악하려 했다는 점을 예로 든다. 또한 스위스가 1905년 가정제도를 중시하는 민법을 새로 반포하여 가산의 공유를 중시하고 친권 외에 가장권을 규정했다는 것, 20세기 초반 소련에서 청교도적 혼인관념이 회복되고 가정생활의 중요성이 회복되었다고 하는 보도 등을 인용하면서, 가정의 중시를 산업혁명 이전 인류사회의 일반적 특성으로 보는 관점을 비판한다. 전통시대 중국에서 가정을 부정적으로 보기도 하고 현대 서양에서 가정을 중시하는 현상이 나타나기도 하기 때문이다.

한편, 량수밍은 황원산[13]이 인용한 우징차오[14]와 보아스[15]의 주장을 원용하여 마르크스주의의 경제결정론을 비판한다. 우징차오는 같은 생산방식이 다른 시간과 공간에서 다른 제도 및 사상과 공존하며, 문화의 다른 부분에 변동이 있을 때 그에 앞서 생산방식에 어떤 변동이 있었음을 찾을 수 없고, 다른 생산방식에서 같은 제도와 사상을 찾아낼 수 있다고 주장한다. 보아스는 경제가 문화를 구성하는 일부이지만 유일한 결정요소는 아니라고 하면서 경제와 문화의 상호작용을 강조하였다는 점을 지적한다. 량수밍은 더 나아가 마르크스와 엥겔스의 역사유물주의

13) 황원산(黃文山, 1901-1988)은 근대 중국의 문화학자이다.

14) 우징차오(吳景超, 1901-1968)는 근대 중국의 사회학자이다.

15) 보아스(Franz Boas, 1858-1942)는 미국의 문화인류학자이다.

에서 경제가 토대라고 인정하기는 하지만 정치·종교 등과 같은 상부구조가 역사과정에서 마찬가지로 일정한 역할을 하며 또한 경제에 영향을 미쳐 상호작용을 한다고 보았다고 지적한다.

량수밍이 이와 같이 경제결정론을 비판하는 것은 중국사회가 가정을 중시하는 특성을 인류사회가 발전해가는 어느 단계의 산물이 아니라 중국문화의 특수성으로 보고자 하는 문제의식의 발로이다. 량수밍에 따르면, 문화의 형성은 일원적이지 않고 기계적이지 않다. 각 문화에 각기 개성이 있다. 중국인이 가정을 중시하는 것은 중국문화의 강한 개성의 표현이지, 생산가정화의 결과가 아니다. 오히려 중국의 가족윤리가 실로 중국인으로 하여금 농업 생산에 머물고 자본주의 생산으로 신속하게 진입할 수 없게 만든 유일한 관건이라고 보는 황원산의 견해를 인용하면서, 가정을 중시하는 중국문화의 특수성 때문에 중국이 산업혁명을 일으키지 못하고 생산을 사회화하지 못했다고 본다. 그래서 펑유란이 그것을 산업혁명 이전의 일반적인 사례로 본 것은 중국문화에 어둡고 외국역사를 잘못 이해했기 때문이라고 비판한다.

이어서, 량수밍은 중국이 봉건사회와 자본주의사회 사이에 있다고 보는 것은 단선적인 진화론에 의거하여 인류사회의 진화를 파악한 소치라고 비판한다. 량수밍에 따르면, 모든 인류는 종족과 지역을 막론하고 다 대동소이하다, 인류문화는 부단히 진보한다, 일정한 순서에 따라 전진한다(단계관)고 보는 것은 그릇된 견해다. 인류사회의 진화에는 생물의 진화와 마찬가지로 일정한 단계가 있는 것이 아니라 다양한 유형이 존재한다. 다만, 생물계의 종과 종 사이에는 벽이 있지만, 문화계에서 나라와 나라 사이에 교류가 있어서 각처의 문화가 더욱 근접하게 되어 최후에는 하나가 되는 것도 가능하다. 이것이 새로운 진화론[新演進論]에서 발견한 "경로는 다르지만 귀결점은 같다."는 원리라고 한다.

량수밍은 단선적 진화론에 대한 비판을 바탕으로 중국은 서양과 노선이 다르다고 주장한다. 량수밍에 따르면, 중국은 서양과 노선이 다르므로 과학과 민주 및 자본주의를 발달시킬 수 없다. 또한 중국은 혁명이 없고 일치일란의 순환만 있어 진보가 없었다. 그러나 중국문화는 서양문화에 미치지 못하는 점도 있고 뛰어난 점도 있는데, 뛰어난 점이 있기 때문에 나중에 미치지 못하는 점이 있게 되었다. 그래서 량수밍은 중국문화를 인류문화의 조숙이라고 본다.[16] 이상이 제2장에서 다룬 주요 내용이다.

제3장 "집단생활의 서양인"에서 량수밍은 고금에 걸친 서양사회의 특징을 '단체'와 '개인'이라는 두 극단 사이를 오갔다는 점에서 찾는다. 가령 '데모크라시(민주주의)'는 집단생활(단체)을 지나치게 중시하는 중세의 사회인생에 대한 반동으로, 서양 근대문화의 주조를 이루는 개인주의와 자유주의를 출현시켰다는 것이다. 량수밍에 따르면, 민주주의는 집단생활을 이루는 개인들이 피동적인 상태에서 자각적이고 능동적인 상태로 변화하면서 나타난다. 이것은 중세사회의 강한 집단성 및 개인에 대한 압제와 간섭에 대한 반동이자 집단생활에서 개인과 단체의 균형을 도모하여 구성원의 자각적이고 주동적인 참여를 이끌어낸 결과물이다.

량수밍은 종교문제가 중서문화의 분수령이라고 보았다. 량수밍에 따르면, 중국은 고대사회에서부터 비종교적인 주공교화(周孔敎化)를 중심으로 윤리본위의 가정생활 중심의 사회로 나아간 반면, 서양은 기독교를 중심으로 한 집단생활로 전환하여 가정보다 집단이 중심이 되는 사

16) 이는 1921년 출간된 『동서 문화와 철학』에서부터 량수밍이 일관되게 견지해오는 견해다.

회가 되었다. 그리스와 로마의 고대사회는 근대나 중세 서양사회와 달리 중국과 유사했다. 조상을 숭배하여 가족체계로 구성되고 사회조직의 확대는 종교관념 및 신앙대상의 전개와 서로 연관되어 있었다. 고대 로마는 이를 모두 포섭하여, 종교의 총집결지와 같이 되었다. 종교의 흡인력을 국가통치에 이용한 것이다. 구종교가 쇠락하자 로마가 흥성하고, 로마가 흥성하자 구종교는 더욱 쇠락하고, 종교가 황폐해지자 사람들이 정신적 의지처가 없어져서 로마가 쇠락했다. 동방에서 기독교가 전해와 정신적인 빈자리를 채운 뒤에야 고대문명이 중세문명으로 넘어가고 근대문명이 출현하기에 이르렀다.

량수밍은 그리스와 로마의 고대사회에서는 가정이 핵심이지만 집단생활의 형태를 띠었다고 본다. 그는 그 이유로 부속인의 수가 많고, 계층이 분화되고, 가장이 권위를 지니고, 산업을 공유하였다는 점을 들고 있다. 량수밍에 따르면, 정신수준이 낮고 의식이 협애하면 대집단을 이룰 수 없다. 대집단은 한 가족이나 한 성씨가 핵심이 되지 않고 반드시 대종교가 나타난 연후에 형성된다. 가족을 넘어선 집단이라야 비로소 집단이라고 할 수 있다. 서양에서는 기독교가 바로 가족을 넘어서는 집단조직을 창출해냈다.

기독교가 그 역할을 할 수 있었던 것은 세 가지 특징을 지니고 있기 때문이라고 한다. 하나는 절대 유일신이다. 이전에 여러 가문과 여러 나라에 여러 신들이 있던 것과 달리, 신이 세계 안에 있지 않고 세계를 초월하여 주재한다. 다른 하나는 보편적인 사랑의 신이다. 신은 인간을 차별없이 두루 사랑하며 인간은 신을 아버지고 삼아 다른 사람들을 형제처럼 친히 여긴다. 이는 과거에 종족의 범위를 기준으로 안팎을 구별하고 밖을 적대시하던 것과 다르다. 나머지 하나는 세속의 초탈이다. 영혼과 육신을 구분하고, 육신은 현세사회에 귀속시키고 영혼은 신에게 연결시켰다. "가이사의 것은 가이사에게, 하느님의 것은 하느님에게"라는 예수의 말이 상징적으로 보여주듯, 종교와 정치가 분리되었다.

새로운 신앙이 나타나면 새로운 사회조직이 생겨난다. 기독교는 각 가족, 각 국가의 신을 전복시키고 우상숭배를 타파하고 모든 이교를 적대시하였다. 또한 가족 소집단과 계급제도를 타파하고 모든 사람들을 다 초가족적인 단체, 곧 교회로 조직해내려 하였다. 교회는 강력한 내부결합과 격렬한 대외행동을 통해 고도로 발달한 단체정신을 갖게 되었다. 교회의 배타성은 외부로부터의 배척을 낳았고, 외부의 배척은 다시 교회 내부의 단결을 강화하였다.

기독교가 사회문화의 통합과 단결의 중심으로 자리 잡자, 서양 중세의 모든 조직생활을 주재하게 된다. 종교와 권력이 결합되자 사람들은 강한 통제와 집단생활에서 벗어날 수 없게 되었다. 또한 종교 간의 경계와 맞물려 권력투쟁이 집단적 대항으로 나아갔다. 무수한 전쟁이 일어나고, 전쟁이라는 격렬한 투쟁이 서양인의 집단생활을 단련시켰다. 서양은 기독교가 주도한 이래 내외의 구분이 선명해지면서 집단적 투쟁의 생활을 영위해왔다. 이것이 중국의 산만한 평화와 구별되는 점이다.

개인이 단체에 예속되고 단체가 개인을 직할하며 동시에 단체 내의 개인이 다 동등함을 공인하는 것이 교회 조직의 특질이다. 교회 조직은 서양 중세에 가장 확실하게 구성된 사회조직이었다. 누구든지 교회에 예속되고, 교회는 국가처럼 사법제도와 형벌제도를 갖추고 국가의 직무를 수행하였다. 서양인이 단체조직을 배우는 근본은 기독교에 있었다. 이상이 제3장에서 다룬 주요 내용이다.

제4장 "중국인의 집단생활 결핍"에서 량수밍은 중국인에게 집단생활이 결핍되었다는 점을 서양문화와 대비되는 중국문화의 특징으로 지적

하고 있다. 량수밍에 따르면, 단체와 개인의 관계는 전체 서양사회를 관통해온 오래된 문제이다. 서양인은 이 문제에서 많은 교훈을 얻고 스스로를 단련하여 장점을 이끌어내었다. 그중 단체의 측면에서 서양인의 장점은 법치정신, 조직능력, 기율습관, 공공관념의 네 가지로 요약할 수 있다.

먼저, 법치정신이다. 서양인은 법에 의지하고, 중국인은 정을 따른다. 법에 의지하게 되면 질서가 세워지고 차별을 막을 수 있다. 가족 간, 친족 간의 관계는 법으로 다스리기 어렵다. 친소후박의 관계가 있게 되면 저절로 차등이 있어서 완전히 법에 맡기기 어렵다. 중국인의 생활은 줄곧 가족 · 친족에 치우쳤다. 법치가 형성되지 않아서 요행을 바라고 질서가 문란하게 되었다.

다음, 조직능력, 곧 단체와 구성원을 만드는 능력이다. 중국인은 타인의 지배를 받아 순종하는 인민이 되거나 누군가를 주인으로 삼아 의존한다. 모두가 다 순종하는 인민이자 동시에 황제이다. 집안에서는 아내와 자녀에 대해 황제이며, 집 밖으로 나가면 순종하는 인민이 된다. 그러나 단체조직을 이루지는 못한다. 단체조직에서 남만 못하고 국가의 보호를 받지 못하므로, 결국 일본인에게 지고 해당 지역민에게 속임을 당했다. 조직능력의 결핍은 바로 정치능력의 결핍이다. 량치차오[17]는 중국인의 정치능력 결여에 대하여 중국에는 '유민(遊民)'이 있을 뿐 서양의 '시민'이 없으며 종족자치 혹은 향촌자치만 있고 서양의 도시자치가 없기 때문이라고 했다.

그리고, 기율습관이다. 예를 들어 정류장이나 극장의 매표소를 보면, 서양인은 스스로 줄을 서서 순서대로 들어가는데 중국인은 서로 앞을

17) 량치차오(梁啓超, 1873-1929)는 중국 청말민초의 사상가이다.

다투어 경찰이 있어도 질서를 유지하지 않는다. 순서를 지켜야 모두가 상대적으로 빨리 목적을 달성할 수 있는데, 서양인은 그 이치를 깊이 이해하고 중국인은 알지 못한다. 이것은 습관의 문제이다. 습관은 신체와 환경 사이의 산물이고, 실제 생활에서 배양된다. 중국처럼 가정생활을 중시하는 사회에서 성장하면 대학교육을 받아도 여전히 그런 병폐를 면치 못한다. 서양인의 기율습관은, 마치 오늘날 학교에서 각종 운동경기를 통해 집체행동을 훈련받는 것처럼, 단체투쟁에서 배양되었다.

마지막으로, 공공관념이다. 공공관념은 국민이 국가에 대해, 지역민이 지역에 대해, 신자가 자기 종교에 대해, 당원이 자기 당에 대해, 합작회사 사원이 자기 회사에 대해 갖는 관념이다. 중국인은 자신과 가정 이외에 관심이 없어서 평소 공공관념을 결여하고 있다. 특히 국가 관념이 박약하다. 중국인의 이러한 특성은 선천적으로 타고난 것이 아니며, 교육의 결과도 아니다. 사회구조가 다르고 생활환경이 다르므로, 정조와 습관이 저절로 다르게 형성된 것이다.

법치정신, 조직능력, 규율관습, 공공관념은 사회윤리[公德]라는 말로 총괄할 수 있다. 공덕은 단체생활을 영위하는 데 필수적인 덕목이다. 이는 중국인이 결여한 것으로, 과거에는 깨닫지 못하다가 근대에 서양인과 부딪친 이후 절감하게 되었다.

량수밍에 따르면, 세 가지 조건을 갖춰야 집단생활이라 할 수 있다. 첫째, 일종의 조직이 있어야 하고, 관계만 존재해서는 안 된다. 조직의 특징은 범위(경계)와 핵심(중추기관)에 있다. 둘째, 조직의 범위가 가족을 초월해야 하며 가족을 조직의 출발점으로 삼아서는 안 된다. 조직은 대체로 지역 · 직업 · 종교신앙 등에 의존한다. 셋째, 조직의 범위 내에서 개인은 모두 일정한 구속을 받고, 조직이 항상 자신과 절실한 이해관계가 있어야 한다. 이 조건에 비추어 보면, 중국인은 집단생활이 결핍되어 있다.

중국인의 집단생활 결핍은 종교, 정치, 경제의 측면에서 확인할 수 있다. 먼저, 종교 면에서 중국인의 90% 이상이 종교조직에 속해 있지 않은 듯하다. 물론 대다수의 중국인은 성현과 신선, 불타 등 각종 우상을 숭배한다. 하나의 신만을 숭배하는 일본과는 다르다. 그리하여 종교신앙을 구별하지 않고 어떤 조직이라도 가능하다. 다음, 정치 면에서 중국인도 국가조직을 문제삼지만, 종래 중국인은 천하관념으로 국가관념을 대체했다. 중국은 일반적인 국가유형에 속하지 않고, 국가유형을 초월한다. 중국인은 천하태평을 축원했을 뿐 국가부강은 생각하지 않았다. 이것이 유럽인과 다른 점이다. 그 이유는 지리상 대일통 국면을 조성하기 쉬웠던 데서 유래하기도 하고 역사상 단기간을 제외하고 국제간 경쟁이 없었던 때문이기도 하다.

중국 전통사회의 질서유지와 사회생활 영위는 사회 자체에 의지하고 국가에 의존하지 않는다. 중국에도 지방자치와 직업자치가 상당히 존재하지만, 서양의 집단생활과 구별된다. 량수밍에 따르면, 중국에는 향촌자치는 있고 도시자치는 없어서 서양에서 지방자치가 도시에서 시작된 것과 상반된다. 또한, 중국에는 지방자치체가 명확성과 견결성이 결여되어 때로 관치와 혼합되어 있다. 지자체가 때로는 자치에 속하고 때로는 관치에 속하여 시대에 따라 성쇠하므로 하나로 확정할 수 없다.

직업자치 면에서, 중국 농민은 직업 때문이 아니라 저절로 모여서 향리 · 향당에 의지하여 조직되고 지방단체를 자신의 단체로 삼았다. 지방단체는 통상 가정 관계 위에 건립되고, 향촌에 산재하여 농민을 중심으로 하고, 공인과 상인을 아우르는 것들도 이에 귀속되었다. 소수의 공인 · 상인이 중국의 직업단체를 형성했지만, 오늘날의 공회 · 상회와 같은 조직은 없었다. 전국적 조직이 없고, 동업적 자각에 한계가 있으며, 동업조직이 여전히 지연 · 혈연에 의지하여 형성되어 향당의식 · 종족의식이 직업의식보다 강했다. 동종 직업인들 간에 서로 질시하고 경쟁하여 서양 중세의 길드 같은 긴밀한 단체정신이 결여되었다.

사농공상 가운데 사인은 원래 일종의 직업이었다. 사인계층은 개성이 풍부하고 공동의 이해를 결여하기 때문에 단체라고 할 수 없다. 중국인이 분산적이라고 한다면 우선 사인으로부터 비롯되고 다음으로 농민에서 유래한다. 사인과 농민이 중국사회를 구성하는 가장 중요한 요소이기 때문에 중국이 분산적일 수밖에 없었다.

량수밍에 따르면, 중국에 집단생활이 없었다고 말할 수는 없고, 다만 매우 결핍되었을 따름이다. 중국과 서양의 차이는 상대적인 것이다. 서양인은 집단생활이 뛰어나고 중국인은 가족생활이 뛰어난 것은 상이한 방향에서 산생된 상이한 문화 때문이다. 집단생활과 가족생활은 공존하기 어렵다는 점에 근거하여 가정생활을 특별히 중시하는 중국문화에 집단생활이 결핍되었으리라고 추론할 수 있다. 기독교는 집단생활을 위한 길을 열고 가정생활을 억압했다. 서양인에게 집단생활의 길을 개척한 것은 기독교이며, 주공(周孔)교화가 중국인에게 가족생활의 길을 열었다. 서양의 길은 예수로부터 열리고 중국의 길은 주공으로부터 열렸다. 그래서 종교문제가 중서문화의 분수령이라고 한다. 이상이 제4장에서 다룬 주요 내용이다.

제5장 "중국의 윤리본위 사회"에서 량수밍은 가족생활을 중시하여 집단생활이 결핍한 중국문화의 특성을 '윤리본위 사회'라는 개념으로 설명한다.

량수밍에 따르면, 집단생활 결여와 가족생활의 중시라는 중국사회의 특징은 동일한 사태의 양면이다. 서양인도 가정이 있지만, 그들은 집단생활이 너무 엄중하고 긴박하여 가정관계를 덮어버렸다. 집단에서는 단체가 개인을 직접 통제 간섭하려 하고, 개인이 자각한 후에는 단체에서의 지위와 자유를 쟁취하려고 한다. 서양은 단체생활이 풍부하고, 이로부터 개인의 인격이 도출되었다. 중국에서는 단체생활이 결여되었고, 그리하여 개인의 문제가 등장할 수가 없다. 서양에서는 단체와 개인이 두 개의 실체이고, 가정은 거의 허위인 듯하다. 중국인은 중간에 가정관계가 확대 발휘되어 윤리로써 사회를 조직하고 개인과 단체를 융해시켜버렸다.

량수밍은 중국사회를 '가정본위 사회'라기보다는 '윤리본위 사회'라고 규정해야 한다고 본다. '가족본위'라는 말은 합당하지 않고 충분히 설명해주지도 못한다는 것이다. 량수밍에 따르면, 종법사회만이 가족본위라고 할 수 있다. 중국은 일찍이 종법사회를 벗어났다. 종법사회는 배타성이 강한데, 중국 전통사회에 천하일가 · 사해형제 같은 광활한 의식이 존재한 것은 가족종법을 멀리 초월하였기 때문이다.

윤리에서는 가정의 부모자녀가 천연의 기본관계이다. 그래서 윤리에서는 가정을 가장 중시한다. 그러나 윤리는 가정에서 시작하지만 가정에 그치지 않는다. 윤리본위 사회에서는 정(情)으로 인해 의(義)가 있다. 사회의 각종 관계가 가족관계로 변해서 정이 더욱 친해지고 의가 더욱 중해진다. 전체 사회구성원이 의도하지 않아도 서로 관련되어 어느새 하나의 조직을 이루게 된다. 중국인은 가정관계를 확대 발휘하며 윤리로써 사회를 조직한다. 이런 사회는 단체조직과 합치되지 않는다.

대개 사회조직은 먼저 경제상에서 드러난다. 서양 근대사회가 개인본위인 것은 재산이 사유이기 때문이다. 배우자끼리도 금전을 차용하며, 부모봉양의 의무가 없다. 늙은 부모가 자녀의 집에서 살게 되면 방세와 밥값을 내야 한다. 윤리본위 사회는 그렇지 않다. 가족들 사이에서 재산공유["通財"]의 관념이 있어서 공산주의와 유사하다. 그러나 하나의 단체로서 공산을 행하지는 않고, 윤리관계상 친소후박을 기준으로 공유한다. 재산이 개인 소유가 아니고, 가정의 소유도 아니고, 사회의 소유도 아니다. 윤리관계에 있는 사람은 다 일정한 몫을 가질 수 있다. 중국 법률에서는 물권과 채권을 홀시했는데, 인정을 중시하고 재물을 경시하며 권리관념이 아니라 의무관념에 기초하여 인간관계가 형성되었기 때문이다.

중국인은 가정의 앞날을 위해 공동으로 노력하며, 여기서 인생의 의의를 찾는 듯하다. 가화만사성이라 하여 화합해서 협력하면 마음이 유쾌하다. 곤란한 지경에 처해도 잊어버리고 모두가 고생을 함께 하며 괴로움을 이겨내는 것이다. 개인의 노력이 단지 자신의 일이 아니고 조상·가족·후손을 위한 것이다. 또한 집안이 가난하거나 곤경에 처했을 경우에는 집안을 일으키려고 더욱 노력한다. 중국인의 인생은 이로부터 삶의 목표를 찾고 정신적 의지처로 삼는다. 중국문화에서는 윤리가 종교를 대체하는 듯하다. 중국의 가정윤리가 종교의 대용품이 된 것은 그것이 피차를 융합시키고 육신을 잊게 하여 현실에서 떠나지는 않지만 한 걸음 나아가 심대한 데서 인생의 의의를 찾게 하기 때문이다. 중국문화에는 종교가 결여되어 있고, 가정윤리가 그것을 대체한 듯하다. 명칭도 없고 신도조직도 없다. 량수밍은 그것을 굳이 명명하자면 '윤리교'라 할 수 있다고 한다.

량수밍에 따르면, 정치는 단체의 공공사무인데, 중국에서는 정치가 윤리관계에 포용되었다. 정치란 어린이를 돌보듯 해야 한다고 주장하며 부모에게 효도하고 형을 공경하고 자녀를 사랑하는 것, 즉 효제자(孝弟慈)를 군주를 섬기고[事君] 연장자를 섬기고[事長] 대중을 부리는[使衆] 것에 확대 적용한다. 서양에서는 국민과 국가가 단체관계를 형성하여 계급통치를 시행하는데, 중국에서는 군주와 신하 및 관료와 인민이 윤리관계를 형성하여 계급통치를 결여하고 있다. 그래서 공법과 사법, 형법과 민법을 구분하지 않는다. 서양에서는 인민의 복리를 정치로 해결하려 하지만, 중국에서는 천하태평과 같은 정치적 이상과 그 실현방법을 윤리관계에 맡긴다. 공자의 정명론이나 맹자의 왕도정치론이 그러하다.

서양사회는 도처에서 사람들이 서로 대립하는 형세를 드러낸다. 인민과 정부가 대립할 뿐 아니라, 노동자와 사용자가 대립하고 심지어 부부도 서로 대립한다. 반면에 중국사회에서는 사람들이 곳곳에서 서로 의지하는 정서를 볼 수 있다. 량수밍에 따르면, 이는 옛 성인의 안배 덕분이다. 옛 성인은 효제 · 자애 · 우정 · 공경 등 인류의 진실하고 아름다운 감정이 가정에서 발단하고 배양된다는 점을 간파하고, 가정의 구조에서 의미를 찾아서 사회의 구조를 건립했다. 중국에서는 전체 사회가 가족화되어 서로 배려한다는 것이다. 사람은 정감 속에서는 항상 상대방을 보고 자신을 잊어버리며, 반대로 욕망 속에 있을 때에는 자신만을 위하고 상대방을 고려하지 않는다. 정으로 해서 의가 있는 것은 인류사회가 화합하는 근원이다. 옛 성인은 이것을 간파하고, 효제 등의 정감을 제창하였다.

"중국의 사회조직은 하나의 대가정이고 다층적인 무수한 소가정의 누적이다." "이런 위계조직의 사회에는 '개인' 관념이 없다. 모든 사람이 아버지가 아니면 자식이다. 군주가 아니면 신하다. 남편이 아니면 아내다. 형이 아니면 동생이다. 오륜을 떠나서 다른 사회조직이 없다."(장둥쑨[18]) 반면에 서양의 근대사조는 주로 '개인의 각성'에서 나왔다. 중세 기독교

18) 장둥쑨(張東蓀, 1886-1973)은 현대 중국의 철학자이자 정치가이다. 일본 동경제국대학을 졸업했다. 정치적으로는 研究系에 속하며, 中國國家社會黨과 中國民主社會黨의 영수 가운데 한 사람이다. 民盟 중앙상임위원과 비서장을 역임했다. 주요 저술로 『新哲學論叢』, 『認識論』, 『價值哲學』 등이 있다.

의 금욕주의와 과도한 집단생활에 대한 반동으로 욕망을 긍정하고 개인을 긍정하였으며, 이로부터 인권자유의 설이 출현했다. 이는 조직상으로는 개인본위의 사회, 법률상으로는 권리본위의 법률로 나타났다.

중국은 의무관념이 우세한 데 반해, 서양에서는 권리관념이 우세하다. 권리는 상대방에 대한 용인 혹은 제3자에 대한 일반적인 공인에서 나오지 않고 자기의 입장에서 말하는 것이다. 이를테면, 자녀가 부모의 양육을 받는 것은 누구나 마땅한 일이다. 그러나 자녀가 부모에게 "이것은 나의 권리다"라고 말하면 중국의 기풍에는 부합하지 않는다. 윤리본위의 중국사회에서는 각자가 의무의 완수를 우선시하고, 권리는 상대방이 부여하기를 기다리며 스스로 주장하지 않는다. 피차가 각기 의무를 다할 때 피차의 권리가 저절로 그 안에 있게 된다. 윤리본위는 관계본위이다. 관계를 공고히 할 뿐 아니라 경중이 균형을 얻고 한쪽에 치우치지 않는다.

단체권력과 개인자유는 예로부터 지금까지 서양에서 해결해내지 못한 어려운 문제다. 가령 투표의 경우, 권리본위의 사회에서는 국가의 권리에 근거하여 국민에게 투표를 의무로서 강제한다. 반면에, 윤리본위에 입각하면 국가는 선거를 국민의 권리로 인정하여 존중하고 공개적 선거를 국가가 반드시 이행해야 할 의무로 본다. 량수밍에 따르면, 단체권력과 개인자유 문제의 해결방법은 오직 윤리에 근거하여 단체 입장에서는 개인을 존중하고 개인 편에서는 단체를 중시하는 것이다. 이상이 제5장에서 다룬 주요 내용이다.

제6장 "도덕에 의한 종교의 대체"에서 량수밍은 중국문화에서는 주공(周孔)의 교화를 통해 도덕으로 종교를 대체했다고 주장한다. 량수밍에 따르면, 인류문화는 모두 종교로부터 시작되고 종교를 중심으로 삼았

다. 사회질서 및 정치가 종교에 뿌리를 두고, 사상 · 지식 및 각종 학술도 종교에서 연원한다. 비교적 높은 문화가 없으면 대민족을 형성할 수 없고 대민족의 통일은 하나의 대종교에 의지한다. 종교가 중요성을 점차 잃은 것은 최근의 일이다. 인류문화가 종교에서 시작되는 이유는 초기의 인간집단은 사회관계가 소원해서 서로 분리되어 흩어지기 쉽고, 그러면 사회와 문화도 없게 되기 때문이다. 여기서 종교가 통합 · 단결의 기능을 갖고 사회의 통합 · 순치의 작용을 한다는 것이다.

종교란 무엇인가? 량수밍에 따르면, 종교는 다 인류의 지식을 초월한 곳에서 입지의 근거를 마련하고, 인류 정감의 위안을 돕는다. 종교의 출현은 인류의 정서 · 의지가 불안한 데서 말미암는다. 인류의 정서 · 의지 면에서 안정 여부는 시대의 변화에 따라 다르고, 그래서 종교도 시대에 따라 성쇠가 있었다. 지식 면에서 살펴보면, 종교가 지식을 초월한 데 입각하지만 그 입각점은 시대의 지식문화에 의해 결정된다. 그래서 인류의 지식문화가 각 시대와 지역에 따라 크게 다르므로 종교도 수준이 다르게 된다. 이에 근거해서 보면, 인류문화는 초기에 당연히 종교를 필요로 한다. 당시 인류는 자연환경에 대한 지식과 제어능력이 부족하여 재해의 위협에 대해 불안해하기 때문이다. 그 후 자연에 대한 지식이 진보하여 자연재해는 감소하지만 인재가 대신 생겨나 정서 · 의지 면의 불안은 여전히 엄중한 상황에 놓이므로, 사회를 유지하고 문화를 발전시키기 위해서는 종교가 더욱 필요하게 된다. 그래서 고대 · 중세에 종교가 흥성하였다.

유럽의 근대문명이 출현하자 국면이 일변한다. 과학이 발달하여 지식이 미신 · 공상을 대신하고, 자연을 정복하는 힘이 진보하여 인류의 심리상태가 강해지며, 이지적 비판정신이 풍부해져서 신앙의 불합리한 점이 용인되기 어려워지고, 문화의 중심이 점차 도덕 · 예속 및 법률로 전이되며, 생존경쟁이 치열해지고 물질문명의 유혹이 많아져서 인생이 외적인 일로 피곤하게 되었다. 종교에 대한 수요가 이전과 다르고 인식이 예리하고 분명해져서 종교의 안정적인 건립이 이전보다 훨씬 어렵게 되었다. 오늘날에 이르러 종교의 쇠퇴는 돌이킬 수 없게 되었다.

중국문화도 종교에서 시작되었지만, 후대에 그 중심이 비종교적인 주공교화로 전이되었다. 종교를 대체한 주공교화의 핵심은 세 가지다. 하나, 인간 존재는 천지에서 벗어날 수 없다는 인식 아래 하늘을 존숭하는 것이다. 둘, 자신의 유래를 따져보면 조상에서 벗어날 수 없다는 인식 아래 조상을 공경하는 것이다. 셋, 우리가 생활에 일용하는 것이 모두 고인이 창조하여 물려준 것에서 벗어나지 않는다는 인식 아래 덕을 숭상하고 선인의 은공에 보답하는 것이다.(공자에 대한 제사도 이에 포함된다.)

제1장에서 종교의 결여를 중국문화의 특징으로 꼽았는데, 이는 주공 이래 근 3천 년 동안의 문화를 가리켜 한 말이다. 공자는 종교가 반드시 갖추어야 할 필수적인 요소를 갖추지 않았다. 공자는 어떤 일을 해야 하는지 여부가 인간의 이성에 의해 원래 자명하다고 보았다. 그래서 사람들에게 독단적인 기준을 제시하지 않고 스스로 성찰하도록 유도한다. 예(禮)를 극히 중시하지만, 자유롭게 토론함으로써 고치도록 할 뿐이다. 이는 종교에서는 결코 불가능한 일이다. 공자에게는 종교가 가질 수 없는 정신이 있었다.

공자는 종교의 유력한 적이었다. 그는 전적으로 인류의 이성을 계발하는 일에 종사했기 때문에 사람으로 하여금 스스로 성찰하여 자신의 분별력을 기르게 하고자 했다. 이것은 도덕이지 종교가 아니다. 도덕은 이성의 일이고, 개인의 자각 · 자율에 달려 있다. 종교는 신앙의 일이고, 교도가 가르침과 계율을 충실히 지키는 데 의지한다. 중국은 공자 이래 도덕으로 종교를 대신하는 길로 나아가, 사람들에게 자신을 버리고 신을 믿으며 자력을 버리고 타력에 의지하라고 가르치는 종교와는 상반된다.

주공교화에서 도덕을 배양하는 의지처는 바로 예(禮)이다. 중국에서는 윤리명분을 안배하여 사회를 조직하고 예악읍양으로 이성을 함양함으로써 도덕으로 종교를 대체하였다. 윤리명분과 예악읍양은 '예' 안에 포섭되어 있던 것이다. 공자는 이성을 매우 아끼고 깊이 신뢰했다. 그는 사람들의 이성을 계발하여 '생활이 완전히 이성화된 사회'를 실현하려고 했다. 그 방법은 예악이었다.

량수밍에 따르면, 인류의 가장 큰 걱정거리는 인류 자신에게서 나온다. 천재(天災)와 인재(人災)를 비교하면 인재가 천재보다 훨씬 흉악하다. 오늘날 세계전쟁이 현저한 예다. 인재는 이기심에서 나오고, 이기심은 그릇된 감정과 사악한 기운 사이에서 일어난다. 이 두 가지를 피할 수 있다면 화를 면할 수 있다. 즉 이기심을 떠나 청명안화(清明安和)한 이성을 따라야 한다. 그래서 유가는 옛 종교를 예(禮)로 전화시키고 종교가 미치지 못하는 바를 예악(禮樂)으로 만들어, 사람들로 하여금 자기도 모르게 청명안화한 이성을 잃지 않게 했다는 것이다. 그의 예악은 종교의 기능이 있지만 종교의 폐단은 없으며, 종교에 극히 가까우면서도 종교를 배척한다.

예악읍양에 의한 이성의 함양은 예의 일면이고, 윤리명분에 의한 사회조직은 그 다른 일면이다. 량치차오는 『중국문화사』에서 중국이 봉건적 장자 계승제에서 벗어나 유산을 여러 자식들에게 균분하는 방법을 실행한 것은 거의 2천 년이 된다고 하였다. 량수밍에 따르면, 이는 윤리로 봉건을 대체하여 봉건질서의 부자연스러움을 제거한 것이다. 종교와 봉건을 벗어나 사회에서 자연스럽게 형성된 예속은 일반적인 경우 종교에 수반되지만, 유가의 경우에는 한 학파에 의해 계발된 것이지 종교에 덧붙여진 것이 아니다. 이 예속이 바로 후반 2천 년간 중국문화의 골간이다.

그것이 중국사회의 조직구조를 규정하고, 대체로 줄곧 변화가 없었다. 이른바 오랫동안 변화 없는 사회, 장기간 정체된 문화는 이것에 다름 아니다. 이상이 제6장에서 다룬 주요 내용이다.

제7장 "이성-인류의 특징"에서 량수밍은 이성을 인류의 특징으로 꼽고, 이성의 정의 및 두 종류의 이치와 두 종류의 착오 등에 대해 논하고 있다.

량수밍은 이성이 인류를 다른 동물과 구별짓는 특징이라고 본다. 이는 본능과 이지 및 이성을 구분하는 사고에 기초한 것이다. 량수밍에 따르면, 본능을 따르는 것은 태어나면서 선천적으로 안배된 방법에 따라 생활하는 것이다. 반대로 후천적으로 학습하여 생활할 수 있는 것은 이지의 길이다. 인류의 이지는 언어 및 긴 아동기에서 입증할 수 있다. 언어는 관념을 대표하는 것으로, 지식의 산출에 도움이 된다. 긴 아동기는 한편으로 감각기관의 습관을 단련하여 본능을 대신하고 다른 한편으로 앞사람들의 경험을 섭취하여 지식을 풍부하게 한다.

인류는 이지를 향해 나아갈 때 수단방법에 한정되지 않고 작위적이지 않은[無所爲] 경지에 도달함으로써 본능을 초월할 수 있다. 어떤 사물에 대한 흥취와 행위가 반드시 생활을 위한 것은 아니다. 가령 진리를 추구하는 마음, 선(善)을 좋아하는 마음은 진실로 인류생명의 자연스런 발로이지, 생활을 영위하기 위한 수단이 아니다. 대개 이지는 반드시 '무소위'의 냉정한 경지에 이르러야 비로소 그 작용을 다할 수 있다. 여기에서 의도치 않게 나오는 사사로움이 없는 감정[19)]이 바로 이성이다.

---

19) '사사로움이 없는 감정(impersonal feeling)'은 러셀(Bertrand Russel)이 『사회개조원리』에서 제시한 것이다. 러셀의 Impersonal Feeling에 관해서는 Amir, L.B. (2004). "The Affective Aspect of Wisdom: Some conceptions of love of humanity and their

이성과 이지는 사유작용의 양면이다. 지식의 측면은 이지이고, 감정의 측면은 이성이다. 양자는 본래 긴밀하게 연관되어 있다. 가령 숫자를 계산할 때, 계산하는 마음이 이지이고 정확하기를 꾀하는 마음이 이성이다. 동물도 때로 착오를 범하지만, 자각하기 어렵고 책임지지도 않는다. 오직 인류의 생활만이 도처에서 사유작용에 의지하여 착오를 범할 수 있다. 착오를 저지르고 착오에 대해 마음이 편치 않은 것은 이성의 일이다. 그러므로 이성이 모든 것보다 고귀하다. 인류의 특징은 이성에 있다.

사유작용은 인류의 특장이고, 인류문화가 이로부터 생겨났다. 고대 중국이나 근대 서양처럼 발달한 문화는 다 이 특장을 매우 탁월한 경지까지 발휘한 것이다. 그러나 서양은 이지에서 탁월하고 이성이 부족하며, 중국은 이성이 뛰어나고 이지는 부족하다. 량수밍에 따르면, 서양 서적에서 논하는 것은 자연과학의 이치가 아니면 사회과학의 이치이거나 추상적인 수리 · 논리이다. 과학의 이치는 정적 지식이다. "이러이러하다"는 것을 아는 데 그치고, 당장 어떤 행위를 발동시키는 힘이 없다. 중국 서적에서 말하는 것은 결국 부모의 사랑, 자식의 효도, 부끄러움 알기, 타인의 사랑, 공평, 신실 같은 인간세상의 허다한 정리(情理)에 편중된다. 중국인이 말하는 이치는 사람의 행위동향을 지시하는 데 있다. 량수밍은 후자를 인정상의 이치로서 '정리(情理)'라고 부르고 전자를 사물상의 이치로서 '물리(物理)'라고 불러도 무방하다고 한다.

량수밍에 따르면, 정리는 주관의 호오를 떠나면 인식할 수 없고 물리는 주관의 호오를 떠나지 않으면 인식할 수 없다. 물리는 사물의 관측에서 얻어지고, 관측은 사람의 감각과 추리에 의지한다. 사람의 감각과

---

use in philosophical practice", *Practical Philosophy* 7:1(Autumn), pp.24-25 참조. 러셀은 철학자의 지적 탐구(philosopher's intellectual survey)에서 '사심없는 사유(impersonal thought)'와 '사심없는 감정(impersonal feeling)'의 상호작용을 강조한다.

추리는 원래 인류가 본능을 초탈하여 냉정해져서 나온 산물이고, 일체의 감정을 제거한 후에 그 작용을 다할 수 있다. 결국 정리와 물리는 다른 인식에서 나온 것이다. 감정을 배제한 연후에 인식이 예리해지는 것은 이지이며, 호오를 속이지 않고 저절로 명료하게 판별하는 것은 이성이다.

동물은 본능에 의지해서 생활하므로 착오가 거의 없고 착오를 자각하지 않는다. 착오는 사람의 일이다. 인류의 착오에는 두 종류가 있다. 시험을 예로 들면, 학생이 답을 틀린 것은 지식상의 착오이고, 시험 중에 부정행위를 한 것은 행위상의 착오이다. 전자는 학습에서 저능을 드러낸 것으로 지능 문제에 속하고, 후자는 품성 문제에 속한다. 지능 문제는 이지와 유관하고, 품성 문제는 이성과 유관하다. 사후에 자신의 착오를 자각한다면, 전자의 자각은 이지에 속하고 후자의 자각은 이성에서 나온다.

의도적 악행은 분노와 욕망이 이성을 가리고 이지를 도구로 삼는 데서 나온다. 충동, 즉 분노와 욕망이라는 격렬한 감정은 본능에 붙어서 나타나고, 본능은 감각기관과 결합하여 나타난다. 분노와 욕망이 이성을 은폐하고 이지를 도구로 삼는 것은, 치우친 이기심이 사사로움 없음을 대체하여 일어나고 격렬함으로 인해 고요함이 상실되고 감각기관이 스스로 주인이 되어 사유를 부리기 때문이다. 결국 악이 있는 것은 사유와 감각기관이 전도되어 위계질서를 잃었기 때문이다. 사람은 두 가지 착오를 저지르기 쉽고 항상 저지르지만, 지식에서 나오는 착오는 문제가 작고 행위에서 나오는 착오는 문제가 크다. 세계 도처에서 분규가 발생하여 서로 다투는 것은 대체로 후자 때문이며 착오가 초래하는 피해도 후자가 더 엄중하다. 인류가 파멸을 염려하는 것은 행위의 문제이지 지식의 문제가 아니며, 이성의 문제이지 이지의 문제가 아니다 량수밍에 따르면, 지난 수천 년 동안 중국인의 공헌이 있다면 인간에 대한 인식이다. 현대에 이르기까지 구미의 학술이 진보했지만 이 점에서는 아직 유치하다. 서양인은 줄곧 사물의 연구에 힘쓰고 인간에 대해서는 소홀했다. 유가의 영도 하에 2천여 년간 중국인이 길러온 정신은 향상심이 강하고 협동하는 정이 두텁다는 것이다. 고대 중국인은 향상심을 일러 '의(義)'라 하고 '리(理)'라고 하였다. 중세 유럽인은 말할 나위도 없고 근대 유럽인은 참으로 개인의식이 강성했지만 그것이 단지 생존과 행복을 추구하여 공리사상으로 치달았다. 현대인은 문화 각 방면에서 이전 사람들을 넘어섰지만, 의와 리의 측면에서는 조금도 나아졌음을 볼 수 없다. 고대 중국인만이 종교의 미망에서 벗어나 일찍이 인류정신을 간취하여 의와 리를 중심으로 인생태도와 가치판단을 정립하였다.

인류생명은 천지만물에 막힘없이 통할 수 있다. 사람이 욕망 중에 있을 때에는 자신만 위할 줄 알고 상대방을 고려하지 않으며, 반대로 사람이 감정 중에 있을 때는 왕왕 상대방만을 보고 자기를 잊는다. 어머니가 자식을 위해 애쓰는 것과 마찬가지로 널리 정을 펼친다. 이처럼 이르지 않는 곳이 없는 감정은 가정, 곧 골육 간의 정에서 발단한다. 윤리관계는 가정에서 시작되지만 가정에서 멈추지 않는다. 개인의 생명이 개인에서 그치지 않는 것이 윤리관계다. 윤리관계는 정의관계이자 상호 간의 의무관계다. 중국에서는 학문과 교육 및 정치가 여기에서 벗어나지 않았다. 국가를 윤리에 포함시키고 법률을 도덕에 합치시키며 교화로써 정치를 대체했다. 주공 이래 2, 3천 년간 중국문화는 이것을 중시하고 여기에 전력을 경주해왔다. 중국인의 장단득실과 화복이해는 전부 여기에서 벗어나지 않는다. 이상이 제7장에서 다룬 주요 내용이다.

제8장 "계급대립과 직업분화"에서는 계급의 대립이 서양사회의 특징이고 직업의 분화가 중국문화의 특성이라는 관점을 피력하고 있다. 서양은 계급대립의 사회로서 중세에는 귀족지주와 농노 계급이 대립했고 근대에는 자본가와 노동자 계급이 대립한다는 것이다. 반면에, 중국은 직업분화의 사회이다.

량수밍에 따르면, 인류의 역사에는 대체로 계급이 존재하였으므로 계급의 변천과정을 분명하게 이해해야 문화 문제를 논하고 인류의 전도를 전망할 수 있다. 계급의 본질은 경제와 정치의 대립적인 형세에서 찾아야 한다. 계급대립은 경제적 토대 위에 형성된다. 경제는 농공생산을 근본으로 한다. 중세 농업생산은 토지와 불가분적이고, 근대 공업생산은 공장의 기계설비와 떠날 수 없다. 토지와 기계설비 같은 생산수단을 장악한 이들이 소득을 더 많이 향유하여 착취관계를 형성한다. 여기서 계급대립이 발생한다. 계급대립은 피차 의존하며 서로 불가분의 관계에 있으면서, 동시에 서로 모순되어 이해관계가 상반되는 것을 가리킨다. 경제관계는 제도질서에 기초하여 존재한다. 통치로써 경제적 지위를 유지하고 착취로써 정치적 역량을 강화시킨다. 경제와 정치가 서로 결합되어 계급대립의 형세가 더욱 뚜렷해진다. 반면에, 자연자원을 임의로 채취하고 사회에 분업이 일어나지 않고 노동생산력이 자급자족 수준이고 잉여가 많지 않으면, 계급이 발생할 수 없다.

계급이 없으면 사회가 진보할 수 없다. 생산력의 증진과 인력부담의 경감을 통해 경제가 진보하고, 경제의 진보에 의해 여가가 증대하고 지식을 추구하고 교육을 받을 기회도 확장되며, 그에 따라 사유와 욕망도 발달한다. 이것이 문화의 진보이다. 사유와 욕망이 대두한 후에는 과거의 처우에 안주할 수 없어 사회구조가 변화와 조정을 겪어야 한다. 고대 노예제에서 중세 농노제로, 중세 농노제에서 근대 임금노동제로, 근대 임금노동제에서 계급의 철저한 소멸로의 변화가 이에 해당한다. 마지막 변화는 사회주의의 실현이다. 경제적 평등으로 인해 여타의 불평등이 완전히 소멸되고 계급의 구분이 사라진다. 이런 변화는 또한 국가형세의 변화이다. 노예국가에서 봉건국가로, 다시 입헌국가로, 그리고 최후에는 국가형식의 소멸로 변화한다. 그리고 국가형식의 변화는 또한 정치의 진보이다. 경제적 진보, 문화적 진보, 정치적 진보는 사실상 순환적으로 추진되며, 서로 인과관계에 있지 않다.

정치적 경제적 평등에 도달하려면, 각자의 지식능력이 평등해야 한다. 향유의 평등은 평등이라 할 수 없고, 능력이 평등해야 평등이라 할 수 있다. 모두가 똑같이 고등교육을 받지 않으면 계급이 소멸될 수 없다. 교육은 고등의 향수이고 여유의 표시이다. 여유는 사회의 재력을 나타낸다. 오늘날 보통 사람들이 교육을 받는 것은 실로 생산력의 상당한 진보 때문이며, 많은 사람들이 생산에 종사함으로써 우리에게 여유를 제공한다. 인류역사는 먼저 사회계급을 형성하고 그런 후에 점차 계급을 해방시킨다. 각 단계의 계급해방은 인류이성의 진일보한 발전이다. 계급 없는 평등한 사회가 출현하는 것은 이성의 요구에 완전히 부합한 후의 일이다. 그래서 계급이 이성에서 나오지는 않았지만 계급에서 이성이 나온다고 말하는 것이다.

량수밍에 따르면, 중국사회는 계급을 결여하고 있다. 중국 같은 농업사회에서 계급의 결여를 논하려면 토지 문제가 주요한 관건이다. 토지 문제에서는 토지의 자유매매로서 모두가 토지를 소유할 수 있다는 점과 토지의 집중 · 독점의 형세가 현저하지 않다는 점이 핵심이다. 특히 후자의 면에서 토지의 집중 · 독점의 상황이 존재하기는 하지만 전국적인 대세로 말하면 그다지 두드러지지 않다고 할 수 있다. 근본적으로 상업을 도시와 농촌의 물물교환에 국한시키고 공업생산을 제한하여 지적 능력을 거기에 사용하지 않았다. 그래서 생산도구와 생산기술이 진보할 수 없고 생산력에 한계가 있었다. 상업 발달을 제한하고 공업의 진보를 제한하는 한계 아래에서 중국 공상업은 쳇바퀴 돌 듯 순환하며 2천여 년 동안 진보가 없었다. 경제적인 면에서 말하면 진한 이래 중국은 농공생산에서 대립계급을 산출해낼 수 없었다.

국가는 계급통치이다. 계급이 있어야 통치라고 할 수 있다. 중국에서는 통치계급을 볼 수 없고, 단지 한 사람의 통치자만을 볼 수 있다. 개인이 국가를 통치하는 것은 통치의 상징일 뿐이고 진정한 통치가 아니다. 2천 년 동안 중국사회에는 단지 소극적인 안정의 국면만 있었을 뿐 애초에 적극적인 통치의 실질은 없었다. 정치상 통치와 피통치의 쌍방이 형성되지 않은 것과 경제적으로 착취와 피착취의 쌍방이 형성되지 않은 것이 일치한다는 사실은 중국사회에 계급이 존재하지 않았음을 증명해준다. 계급이 존재하지 않았다고 해서 착취가 없고 통치가 없었다는 것은 아니다. 계급 없는 평등한 사회는 아직 나타나지 않았다. '계급대립'과 상반되는 중국 사회구조는 '직업분화'라는 개념으로 표현할 수 있다. 이상이 제8장에서 다룬 주요 내용이다.

제9장 "중국의 국가적 특수성"에서는 계급대립을 결여하고 윤리본위 · 직업분화의 사회구조를 형성하며 국가 대신 천하라는 관념이 존재해왔다는 점에 근거하여 중국이 일반 국가와 다른 특수성을 지니고 있다는 점을 기술하고 있다.

량수밍에 따르면, 중국인의 전통 관념에서는 천하가 국가를 대신하였다. 국가 · 사회 등은 근대에 서양에서 수입된 관념이다. 정통적 중국사상은 국가중심 혹은 종족중심이 아닌 문화중심주의이다. 서양인과 같은 분명한 국가의식 · 계급의식 · 종족의식이 없었다. 국가를 사회 안에 융해하고 사회와 국가를 혼융했기 때문이다. 서양인의 의식과 생활에서는 개인과 단체가 중심 지위를 차지하지만, 중국인에게는 가정과 천하가 핵심이다.

유럽은 소국으로 분립하여 경쟁하기 때문에 국가와 백성의 관계가 친밀하며 국가가 일체를 간섭했다. 근대 서양에서는 제3계급이 '사회'를 이루어 봉건에 반대하는 '국가'를 형성하고, 제4계급은 스스로 '사회'이고 제3계급은 '국가'라고 보아 반대하였다. 두 계급은 '국가'란 자연법을 침해하며 존속하는 특권집단이고 '사회'는 자연법에 따르는 인도의 결합이라고 여겼다. 반면, 중국에서는 진한 통일 이후 대외적으로는 국제경쟁이 결여되고 대내적으로는 소극적이었다.

서양에서는 상공업 발달이 농촌에서 착취를 경감시켰다. 제3계급이 나타나 대중을 이끌어 개인자유를 쟁취했다. 경제의 진보가 문화와 정치의 변화를 추동한 것이다. 반면, 중국 사회구조는 전국시대에 획기적인 변화를 맞고 진의 천하통일에 이르러 신기원을 열었다. 토지의 분봉제가 토지의 자유매매로 변화되고 인민이 경작하는 토지의 규모에도 한계를 두지 않게 되었다. 이는 봉건의 해방이고 경제의 진보이다. 그러나 중국의 변화는 경제에 의해 추진된 것이 아니라 문화와 정치로부터 단서가 열렸다.

중국 봉건의 해체가 문화와 정치로부터 단서가 열렸다는 사실은 귀족계급의 해체와 사인(士人)의 출현으로 나타난다. 량치차오에 따르면, 중국 귀족정치는 합의기구가 없고 신분의 경계가 뚜렷하지 않고 귀족과 평민이 정치에 참여하는 데 구분이 상대적일 뿐이라는 점에서 유럽과 다르다. 중국 봉건계급의 이와 같은 유연성은 이성의 계발로 무력과 종교가 약화되어 봉건이 완화된 데서 유래하며, 주공(周孔)의 예악은 온화한 대인관계를 낳아 노예사회의 엄혹함을 피하게 하고 봉건시대의 계급문제가 저절로 융해되게 했다. 이에 중국의 사회풍조는 계급의식, 종족의식, 국가의식이 강하지 않게 되었다.

서양은 외부의 도시 신흥세력의 항쟁과 압박으로 봉건이 해체되지만, 중국은 내부의 분화와 융해에서 비롯되었다. 서양은 계급으로 계급에 대항하고 집단으로 집단에 대항했으므로 새로운 계급이 생겨났지만, 중국의 신흥 사인은 분산적이고 대적한 귀족계급도 느슨했으므로 계급이 분해된 후에 직업분화로 계급대립을 대체하였다. 서양에서는 상공업의 발달로 봉건이 타파되고 문화와 정치가 경제에 따라 변했지만, 중국에서는 강학과 사인의 양성이 봉건 타파의 원인이고 문화와 정치가 경제를 추동했다.

서양에서 봉건 해체 이후 나타난 정치의 진보는 계급의 역할에서 찾을 수 있다. 정치의 진보란 정권이 소수에서 대중에게로 개방되어 정치가 민주로 나아가 마침내 계급이 없어지는 것이다. 민주는 인권의 존중을 목표로 하는데, 이는 권력의 견제와 균형에 기인한다. 권력의 견제와 균형은 계급역량에서 나오며, 계급역량 사이의 대립과 균형에 의지하여 권력이 한 편으로 기울지 않게 한다.

정치적 민주의 본래 의미는 정권의 개방이다. 영국은 정권을 점진적으로 개방하여 민권이 정권을 장악하기에 이르렀다. 이러한 진보는 도구의 발명과 문화의 진보, 즉 지식과 기술의 발전에 따라 점진적으로 이루어진다. 혁명은 계급에 의존해야 하고, 혁명 후에도 계급통치를 필요로 하며, 사회가 진보하여 새로운 계급이 나오기를 기다려 다시 혁명을 거친다. 민주를 실행하는 데에는 계급이 간접적 작용을 하기도 한다. 자산계급의 통치에 힘입은 도구의 발명과 문화의 진보가 봉건적 전쟁을 소멸시키고 사회에 장기적인 안정을 제공하며 갖가지 봉건적 속박과 제한을 제거하여 모든 사람을 크게 해방시키는 것이다. 결국 서양은 계급사회로서 하나의 국가이며 계급에 의지하여 정치의 진보를 이룬 반면에, 중국은 계급을 결여하고 국가가 아니었기에 진보의 기제가 영원히 단절되었다. 이상이 제9장에서 다룬 주요 내용이다.

제10장 "통치의 원리와 치세"에서는 사회구조, 문명의 이채, 향내적으로 힘쓰는 인생, 사인의 작용에 기초하여 중국문명에서 통치의 원리[治道]와 치세(治世)에 대해 서술하고 있다.

량수밍에 따르면, 계급의 결여와 특수한 국가유형이 중국문화의 부정적인 측면이라면, 윤리본위와 직업분화는 긍정적 측면이다. 중국은 가족생활을 중심으로 하여 윤리본위와 직업분화의 사회를 형성하였고, 서양은 집단생활을 중심으로 하여 개인본위와 사회본위를 전전하면서 계급대립의 사회를 이루었다.

계급대립은 집단생활의 산물이다. 계급은 외부 정복이나 내부 분화를 통해 권력관계가 형성됨으로써 발생한다. 개인 간의 정의(情誼)관계에 기초한 윤리본위 사회에서는 집단이 해체되어 권력관계가 소멸된다. 윤리질서는 봉건이 해체된 이후에 부각되고 직업분화는 계급의 소멸에 수반된다. 역으로 윤리질서가 봉건의 해체를 촉진하고 계급대립을 막고 직업분화를 유발하는 작용을 하기도 한다.

계급대립 사회는 계급의 고착성에 기초하는데, 중국사회의 직업분화는 사회계층의 유동성을 강화하는 작용을 한다. 서양 중세의 봉건사회나 근대의 자본주의사회에서는 농노와 귀족, 노동자와 자본가라는 계급이 고착되어 있어서 계급의 이동이 극히 어렵다. 반면에 직업분화 사회에서는 정치적 경제적으로 각종 기회가 다 개방되어 있어서 스스로 선택할 수 있다. 한편, 계급대립 사회에서는 윤리관념의 발생이 억제되는 데 반해 직업분화 사회에서는 윤리본위가 직업분화로 인해 더 공고화된다.

가족본위의 중국사회는 윤리를 본위로 하여 직업분화를 촉진하고, 개인본위 · 집단본위의 서양사회는 법률을 본위로 하여 계급대립을 강화시킨다. 윤리본위 · 직업분화는 정치 · 경제 두 측면이 서로 영향을 미치고 협조하여 조성된 것이다. 계급이 결여되어 정치가 불가피하게 윤리화되고, 정치의 윤리화로 인해 사회가 직업화되고 직업 또한 윤리에 의해 도움을 받았다. 경제가 정치에 영향을 미치고 쌍방이 서로 원인과 결과가 되어 직업분화와 윤리본위의 사회를 형성한 것이다. 특히 지식 · 두뇌를 소유하고 있지만 권력 · 지위 · 고정재산을 결여한 사인(士人)이 봉건에서 군현으로 이행을 주도하고 권력자 · 재산가의 농단에 반대함으로서 윤리본위 · 직업분화 사회의 형성에 중요한 역할을 하였다.

량수밍은 중국인과 서양인의 인생을 '향내적 생활'과 '향외적 생활'로 특징짓는다. 중국의 윤리본위 사회는 의무관계에 기초하여 인간관계를 중시한다. 대인관계에서는 반성 · 자책 · 극기 · 양보 등 자기 자신의 향내적 노력이 중요하다. 직업분화라는 상황도 개인의 자질 외에 근검과 노력 등 향내적 노력을 중시하게 한다. 반면에 계급대립 사회에서는 마르크스의 계급투쟁설에서 말하는 것처럼 자본가와 노동자 쌍방의 향외적 저항을 피할 수 없다. 대물관계를 중시하는 서양사회는 또한 대상세계를 정복 · 이용하려는 향외적 노력을 중시하게 된다.

고대 인도문명에서는 종교의 출세사상이 발달하고, 서양문명에서는 자연을 정복 · 이용하는 과학기술이 발달하였다. 중국문명은 강제력에 의존하지 않고 사회질서의 자발적인 준수를 중시하여 윤리도덕을 발달시켰다. 인류사회는 종교, 예속, 도덕, 법률 등에 의거하여 질서를 형성하고 유지하는데, 서양 중세에는 종교로부터 벗어난 도덕이 출현할 수 없었고 근대국가에서는 법률을 떠나 사회질서를 유지하기 어려웠다. 그러나 전통 중국사회는 도덕으로 종교를 대체하고 예속으로 법률을 대체하였다. 개인 혹은 단체를 본위로 하는 서양은 권력관계를 중시하여 법률본위의 사회를 이룬 데 비해, 가족을 본위로 하는 중국은 정의관계를 중시하여 윤리본위의 사회를 이루고 예속을 형성하였다. 고대 중국의 법률은 형률에 불과하고 예속의 보조장치에 머물렀다. 서양이 법률의 강제성에 의거하여 사회질서를 유지한 데 비해, 중국은 예속에 기초한 도덕의 자율성에 의지하여 사회질서를 유지하였다. 서양에서 종교의 예(ritual)가 신앙을 보완하는 기능을 수행한 데 비해, 중국에서 윤리명분과 예악읍양에 기초한 도덕의 예는 이성을 계발하는 역할을 하였다. 량수밍은 위와 같은 것이 중국문명의 이채라고 보았다.

한편, 량수밍은 중국문명에서 사인(士人)의 역할에 주목한다. 량수밍에 따르면, 중국의 사인은 교회 · 교구 같은 조직체계를 결여하고 교당과 같은 선교기관이 없으며 통상적인 정기집회를 하지 않는다는 점에서 서양의 성직자와는 다르다. 그렇지만 중국에서 사인은 군주의 스승("王者師")이라는 위상을 차지하는데, 이는 통치자가 장악한 권력을 사인이 대표하는 이성에 따르게 하려는 것이다. 그리고 사인은 이성을 계발하고 예속을 배양하여 교화를 실시하므로 사회에서 스승으로서 지극한 존경을 받는다. 사회질서가 최후에는 여전히 왕권에 의지하지 않을 수 없으므로 불가피하게 군주가 가장 높은 위치를 차지하기는 하지만, 사인이 군주와 민중 사이에서 조절하고 완충하는 역할을 수행함으로써 윤리본위의 사회가 유지될 수 있었다.

왜 서양은 중세에 기독교가 세상을 지배한 이후 근대에 민족국가가 출현하고, 중국은 결국 2천여 년 동안 한결같이 천하와 국가 사이에 있었는가? 량수밍은 먼저 기독교의 문화통일과 중국의 대일통 사이의 유사성을 아래와 같이 해명한다. 중세 서구는 기독교와 라틴문자에 의지해서 문화가 통일된 대단위를 형성하여, 중국이 한나라 이후 공자의 윤리교화와 중국 문자에 의해 통일된 것과 상당히 유사하다. 근대 이전에 봉건적 정치단위들이 문화적으로 통일된 대단위에 갇혀 있었던 것은 중국인은 천하가 있는 것만 알고 국가가 있는 것은 모르는 듯한 것과 유사하다. 중세 기독교 교회는 위로 로마교황청에서 아래로 각 교구에 이르기까지 항상 정치단위의 일에 관여하고 큰 조직체계를 구성하여 일종의 통치조직과 같았는데, 이는 중국이 항상 문화적으로 통일된 대단위이자 정치적으로 통일된 대단위였던 것, 즉 천하가 곧 국가였던 것과 유사하다. 기독교의 문화 통일은 결국 분열되어 근대 민족국가와 국가관념이 출현했다.

그렇다면 서양에서 기독교의 문화적 통일은 분열을 면치 못했는데 왜 중국의 문화적 통일은 2천 년 동안 한결같았는가? 량수밍에 따르면, 기독교는 고대 종교의 신화·미신·독단·고집 등을 포함하고 있어서 인간의 지식이 진보하고 두뇌가 명석해지면서 저절로 동요되고 실추될 수밖에 없지만, 유가는 종교가 아니고 완전히 인류 자신을 신뢰하며 이성의 계발에 힘쓰므로 그런 문제가 없었다. 또한 중세 이전 기독교의 출세(出世) 경향은 현세의 행복을 추구하는 근대의 인생에 장애물로 변했지만, 공자는 처음부터 현세의 인생을 중시했으므로 그런 문제가 없었다. 기독교는 조직이 있으므로 분열될 수 있고 형식이 있으므로 파괴될 수 있었지만, 본래 종교가 아닌 유가는 그런 문제가 없었다. 서양에서는 교회와 교황청의 부패와 타락으로 인해 종교혁명이 일어났지만, 중국에서는 이런 문제가 발생하지 않았다. 당시 라틴문자는 완전히 기독교 교회에 의지해서 통용되고 문화적 통일에 기여했지만 단지 상층부에서만 통용되었는데 근대에 민족적 자각이 발생하고 민족감정이 농후해지자 문화적으로 통일된 대단위가 정치적으로 통일된 많은 소단위로 분열되었다. 그러나 중국은 한나라 이래로 시종 문자가 통일되고 문자의 통일이 갈수록 확대되고 심화되어 분열 문제가 발생하지 않았다. 중국이라는 문화적으로 통일된 대단위는 원래 정치적으로 통일된 소단위가 나타난 이후에 출현했고, 원래 분열에서 통합으로 나아간 것이다. 중국의 전국칠웅은 서양 근대국가의 열강에 해당한다. 중국은 분열에서 통합으로 나아갔고 서양은 통합에서 분열로 나아갔다. 중국은 정치로부터 문화로 나아갔고, 서양은 문화로부터 정치로 나아갔다. 중국은 국가로부터 천하로 나아갔고, 서양은 천하로부터 국가로 전환했다.

량수밍에 따르면, 중국문화는 주공(周孔)이 씨앗을 심고 진한에 이르러 결실을 거두어 한 번 형성된 뒤에는 거의 변함이 없다. 주공이 심은 씨앗은 봉건을 해체하는 씨앗이고, 국가를 사회 안에 융해시키는 씨앗이다. 이른바 한 번 형성된 뒤에는 변함없는 모습이란 중국이 천하(사회)이자 국가를 겸하며 유가가 통치원리[治道]의 근본이 되어 법가를 포섭한 것이다. 진한 이후의 중국이 정치상 분열을 면하지는 못했지만, 서양의 민족국가들처럼 각기 정치적 통일을 추구하는 일은 다시는 없게 되었다. 만약 근 100년 동안 국제경쟁의 소용돌이에 돌입되어 국가를 향해 나아가도록 압박을 받지 않았다면, 중국은 아마도 이전처럼 천하의식을 갖고 예전처럼 2천 년 동안의 통치방식을 따랐을 것이다. 이상이 제10장에서 다룬 주요 내용이다.

제11장 "일치일란의 순환과 혁명의 결여"에서는 중국이 일치일란의 순환을 반복하고 혁명을 결여한 이유에 대해 기술하고 있다.

량수밍에 따르면, 중국은 이성과 예속에 의거하여 사회를 다스린다. 이 특수한 구조의 사회에서 개인은 항상 일종의 자기반성의 정신을 필요로 한다. 역사상 큰 혼란이 일어나는 이유는 인심이 방자해지기 때문이다. 인심이 방자해지면 상대방을 존중하지 않고 자기를 절제하기 어려워 치도(治道)에 배치된다. 더 나아가 사회질서 유지의 핵심인 예속이 효력을 상실하게 된다. 사회제제가 효력을 잃고 나아가 사회제제가 사라졌는데도, 천하가 혼란해지지 않을 수는 없는 것이다.

인심의 방자함은 군주와 민중 및 사인의 세 측면에서 살필 수 있다. 왕조의 창업주에 비해 후대의 군주들은 자질이 평범하고 사회를 잘 몰라 어리석고 포악한 정사를 펼치기 쉽다. 태평성대가 오래되면 인구가 증가하는데 토지는 늘어나지 않고 생산기술이 진보하지 않는데 잇달아 천재를 만나면 대부분 먹고사는 문제를 해결할 수 없다. 마침 군주가 어리석고 포악하며 관료들이 인민을 핍박하면 굶주린 민중이 유구로 변하는 것은 역사의 필연적 추세다. 대체로 태평성대가 오래되면 아첨하는 측근이 날로 늘어나고 고결한 선비는 재야에 숨어서, 사인의 풍기와 습속이 점차 타락하여 외물을 탐하고 책임을 자각하지 않게 된다. 이 지경에 이르면 천하가 큰 혼란에 빠진다. 이때 다시 창업주가 나와 국면을 수습하고 은거하던 사인들이 나와 인민을 구제하고 인구가 크게 감소하여 치도를 회복할 수 있다. 태평성대가 오래되면 혼란해지고 혼란이 오래되면 다시 다스려지는 데로 나아가는 것이 중국 역사에 특유한 일치일란의 순환이다.

중국 역사는 진한 이래 일치일란의 순환에 들어가 혁명을 볼 수 없다. 단절과 지속을 반복하며 왕조체제가 면면하게 지속되었을 뿐 애초에 혁명은 없었다. 세계가 대교류하여 서양 근대사조가 수입되어 변혁을 일으키지 않았다면, 여전히 그 순환을 반복하고 있을 것이다.

원대와 청대는 계급통치를 구성하고 원말과 청말은 계급혁명에 가까운 듯하나, 그렇지 않다. 외족이 통치하면서 중국을 계급사회로 변화시키려면, 중국을 비교적 높은 수준의 공업경제로 진입시키고 자신이 그 자본을 장악하거나 무력을 통해 모든 토지를 지배하여 봉건시대로 되돌려야 한다. 원대와 청대의 외족 통치계층이 근대 서양인 같은 공업문명을 가지고 있었다면 전자의 길에서 성공을 거둘 수 있었겠지만 그렇지 않았다. 그들은 오히려 중국에 동화되었다. 원나라가 중국에 동화된 것이 비교적 적고 무력통치가 비교적 강하며 계급적 형세가 비교적 뚜렷했지만, 원대가 끝난 이후 중국사회에는 큰 변화가 없었다. 청나라는 경제와 정치에서 독점을 이루지 않아서 중국은 여전히 직업사회였고 통치계급과 피통치계급의 구분이 미미했다. 신해혁명에서 대청제국이 3, 4개월 안에 전복된 것은 계급통치를 형성하지 않아 전국에 확연히 대립하는 쌍방의 입장이 없고 사회 내부의 형세가 유동적이고 산만하며 구국의 민족입장이 모든 것을 넘어섰기 때문이다. 이족통치는 국가를 형성할 절호의 기회인데, 이족통치가 행해져도 여전히 중국은 국가가 아니라 사회였다. 계급통치를 형성하지 않았다는 점에서 중국에 혁명이 결여한 이유를 찾을 수 있다.

법률제도는 국가의 일이고, 도덕예속은 개인과 사회에 속한다. 법률제도는 강제성을 지니지만, 도덕예속은 사람들의 자각과 공감 및 신뢰에 기초한다. 법률제도는 외부에서 가해진 듯하고, 도덕예속은 사회 자체에서 형성되어 나온 듯하다. 외부에서 가해진 것은 전복시키기 쉽지만, 자체적으로 형성되어 나온 것은 어떻게 전복시키기 어렵다. 혁명은 반드시 모순으로부터 일어난다. 중국에는 내재적 모순이 결여되어 혁명이 일어나지 않았다. 모든 사회에 예속이 있지만, 중국처럼 사회구조와 사회질서를 예속에 의지하고 법률제도는 부차적인 사회는 없었다. 중국에서는 예속으로 인해 모순과 대립이 성립하지 않아서 혁명이 결여되었다. 법제에는 변화가 있었지만 사회구조가 변하지 않았으므로 혁명이 없었다.

중국에 혁명이 결여한 가장 큰 이유는 경제상 정체되어 산업혁명이 일어나지 않았다는 사실이다. 중국에 혁명이 결여된 원인은 또한 중국에 혁명이 결여된 결과이기도 하다. 경제가 진보하지 않아서 문화와 정치가 변하지 않고, 동시에 문화와 정치가 변하지 않아서 경제도 진보하지 않았다는 말이다.

왜 중국에서는 산업혁명이 일어나지 않았는가? 산업혁명이란 기계의 발명, 특히 증기기관 등 동력의 발명을 통해 생산력이 일정한 단계에 이른 것을 가리킨다. 생산은 자연계에 대한 통제와 이용을 통해 증진되고, 생산력의 발전은 전진적으로 욕구를 충족시키려는 제1의 인생태도, 곧 근대 서양의 인생태도에 영향을 받았다. 중국은 줄곧 인생의 제2태도였다. 중국인은 인생을 긍정하고 출세와 금욕 등을 추구하지 않았다. 중국인은 사유와 지력을 생산에 사용한 적이 없고 오히려 억제하였다. 수천 년 동안 지식과 학문이 모두 인간사회 방면에 치우치고 자연에 대한 연구가 결핍되었으므로, 경제가 정체되고 산업혁명이 일어나지 않은 것이다. 중국은 사람의 정감으로 인하여 서로 평화롭고 통할 수 있어서 장벽과 간극을 제거하고 널리 동화와 융합의 효과를 거두었다. 안정의 문제에서 효과를 거둘 뿐만 아니라 부양과 보위의 문제에서도 적지 않은 효과를 거두었다. 이것이 바로 중국 경제가 진보하지 않고 생산력이 발전하지 않은 이유이다.

생산력 발전에 불리한 인생태도가 서양에서는 변했는데 왜 중국에서는 변하지 않았는가? 사람의 사유와 지력은 원래 부양의 문제에 사용된다. 생물은 결국 살아가는 데 필요한 자료를 외계에서 쟁취해야 하기 때문이다. 그리고 외부인으로부터 자신과 자신이 속한 사회를 지키는 보위 문제가 대두된다. 그러나 인간관계가 날로 확대되고 밀접해지면 투쟁으로부터 도리를 따지는 데로 나아가지 않을 수 없게 된다. 이성에 의해 평화롭게 공존하는 것으로써 무력으로 보위하는 것을 대체하여, 인류의 앞날에 안정 문제만 있고 보위 문제는 사라지게 된다. 부양의 문제는 본디 안정의 문제에 앞서는데, 중국 고대인의 눈에는 안정 문제가 더 중요하였다. 중국은 2, 3천 년 전에 안정 문제를 강구해서 사인의 전업으로 삼고 상층계급의 직무로 삼았다. 고대 중국인은 인류생명의 고귀함에 대해 절실하게 인식한 바가 있어서 안정 문제를 가슴에 품게 되었다. 이성을 조기에 계발하고 문화가 조숙했다는 것은 이것을 가리킨다. 이상이 제11장에서 다룬 주요 내용이다.

제12장 "인류문화의 조숙"에서는 중국에서 민주가 결여되고 인권자유와 민치제도가 나타나지 않은 이유를 설명하고 중국문화가 왜 인류문화의 조숙인지에 대해 해명하고 있다.

량수밍은 먼저 민주의 함의를 다섯 가지로 구분한다. 하나, 내가 나를 인정하고 동시에 주위 사람을 인정한다. 둘, 타인의 인정으로부터 평등의 정신이 나온다. 셋, 평등으로부터 이치를 따지는 정신이 나온다. 넷, 평등과 이치를 따지는 정신으로부터 다수결을 인정하게 된다. 다섯, 개인의 자유를 존중한다. 이는 자신과 타인의 인정에서 나온다. 중국은 이 가운데 네 번째와 다섯 번째 점을 결여하고 있어서 민주가 없다고 한다. 전자는 정치상 민주, 특히 민치(民治, by the people)의 결핍이다. 후자는 근대 법률상 민주의 결여, 특히 개인본위 권리관념의 결핍이다. 중국에는 민주가 있지만 서양 근대국가와 같은 민주는 없었다. 중국은 가족생활이 지나치게 우세하고 윤리본위 사회로 변천해왔기 때문에 서양의 정치와 법률이 결여되었다. 중국에는 민주가 결여된 것이 아니라 집단생활이 결여되고 정치와 법률이 결핍되었다.

서양에서는 근대에 개인이 강해졌기 때문에 인권 · 자유를 인정하지 않을 수 없었다. 민주는 타인을 인정하는 데서 시작된다. 타인의 인정은 자신의 이성에서 나오고 사회형세에서 비롯한다. 중국에서는 자동적으로 타인을 인정한다. 주공(周孔)이 이것에 의지하여 교화를 펴서 윤리본위 사회가 형성되었다. 윤리사회는 피차 상대방을 중시하여 일찍이 타인의 인정을 넘어섰다. 윤리본위는 사람들을 화합케 하여 대립하지 못하고 자유가 명확해지지 않게 했다. 직업분화의 국면도 계급사회에 나타나는 대립이 출현하지 않게 했다. 중국인이 인권자유를 확립할 수 없었던 주요한 원인은 윤리본위와 직업분화라는 중국사회의 특성에 있다.

량수밍에 따르면, 이 사회형세는 이성이 조기에 계발된 데서 나왔다. 이성에 근거하여 향상심이 강하고 서로 살펴주는 정이 두텁게 되었다. 교화에 의지했으므로 마침내 평등과 자유라는 개념이 발생하지 않았다. 국가 · 정부로부터 향리의 자치에 이르기까지 자유가 대부분 흡수되어 버렸다. 개인이 발견되지 않아서 자신의 입장에서 말할 기회를 갖지 못하고 감정 · 요구가 억압되었다. 윤리이념은 후대에 형성되었으나, 이성에 근거를 두고 있어서 끝내 제거할 수 없었다. 자유라는 이념은 서양에서 신성불가침한 것으로 인정되고, 윤리라는 이념은 중국에서 자명한 것으로 여겨졌다.

민치란 다수결로 사안을 결정하는 것이다. 정치상 민유(民有, of the people)와 민향(民享, for the people)의 원리는 중국에서 일찍이 발휘되었지만, 민치(民治)의 제도는 끝내 나타나지 않았다. 그 이유는 인생이념과 사회형세라는 두 측면에서 설명할 수 있다. 서양의 민치는 집단생활에서 유래하는데, 중국인은 가족생활을 위주로 하여 민치가 나타나지 않았다. 근대 서양이 다수결의 정치로 나아간 것은 사회형세의 변천에 따른 것이지 결코 이념에 의해 계도된 것이 아니었는데, 중국은 서양과 다른 인생이념에 의거하여 다수결의 정치로 나아가지 않았다.

중국문화를 인류문화의 조숙이라 하는 이유 또한 인생이념과 사회형세라는 두 측면에서 설명할 수 있다. 중국에서 개인은 단지 의무관념만 있고 권리관념은 허용되지 않는다. 이는 상대방을 존중하는 윤리에서 기인한다. 근대 서양인은 투쟁으로부터 서로 인정하는 데 이르고 쌍방이 평등하게 되었는데, 중국인은 예양(禮讓)을 주장하여 자기 주장을 펼칠 기회를 갖지 못했다. 봉건이 의지하는 것은 무력과 종교인데, 중국에서는 이성이 조기에 계발되어 도덕의 자각 · 향상을 중시하고 종교가 약화되었으며 내면을 대하는 방식으로 외면을 대하며 평화를 숭상하고 무력을 숭상하지 않았다. 이성이 조기에 계발되어 형성된 인생이념과 사회형세가 민주(특히 민치)와 자유인권의 출현을 저애한 것이다. 서양이 신체로부터 출발하여 제1문제(인간 대 자연의 문제)에 대해 제1태도(향외적으로 힘쓰는 태도)를 취한 데 비해, 중국은 마음(이성)으로부터 출발하는 제2문제(인간 대 인간의 문제)에 대해 제2태도(향내적으로 힘쓰는 태도)를 취하였다. 인류문화의 제1기를 신체의 문화라 부를 수 있다면, 제2기 문화는 마음의 문화라 부를 수 있다. 중국문화는 분명 제2기의 문화이며, 이 점에서 인류문화의 조숙이라고 할 수 있다. 이상이 제12장에서 다룬 주요 내용이다.

제13장 "문화조숙 이후의 중국"에서는 중국에서 과학이 발달하지 않은 이유를 이성의 발달과 이지의 부족이라는 측면과 연계하여 논하면서 중국이 순환에 빠져 진보하지 못한 연유를 해명하고 있다. 그리고 문화의 조숙으로 인해 지혜가 너무 일찍 계발되어 원만하고 양호하게 발육되지 못함으로써 생겨난 다섯 가지 병폐를 지적하고 있다.

민주는 인간관계의 일에 속하고 과학은 인간과 자연의 관계에서 생겨난다. 과학지식은 이지에서 나오고, 이성에서 나온 것은 대부분 사상이다. 감각은 자연을 획득하고, 이성의 추리와 계산에서 공간이 나온다. 감각과 이지는 생명에서 가장 정적이며 객관적 정확성을 추구하여 과학을 형성한다. 지식이 정확하고 체계화되면 과학이 되는 것이다.

중국인은 인간사에 상세하고 자연계에는 소홀하다. 이유는 두 가지다. 하나, 도처에서 주관적 평가가 많고 순수한 객관적 연구는 거의 없기 때문이다. 둘, 직업분화 사회에서 각자의 영역이 구획되었기 때문이다. 윤리본위가 수기안인의 학문을 촉진하여 도덕관념, 실용적 안목에 근본하고 과학의 객관성은 다루지 않았다. 주공(周孔) 이래 이성이 조기에 계발되어 다른 인생태도를 지녔다. 인생의 제1문제가 해결되지 않은 상태에서 제2문제를 추구하여 자연에 소홀하고 과학이 성취되지 못하였다.

중국에서는 수천 년 동안 학문과 기술이 분화되지 않았다. 서양은 순전히 앎을 추구해 학문을 이루었다. 중국은 고대의 길을 답습하여 앎을 추구하지 않았다. 기술을 떠난 학문이 없었다. 이성이 충동을 대체하여 신체가 약하고, 선진시기에는 논리 · 수리가 있었으나 후에 역법과 산술을 서양에 의지하여 쇠락하였다. 한마디로 말하면 중국에서는 이성은 발달했지만 이지가 부족했다. 서양은 정반대이다. 이는 다음 다섯 가지 점에서 확인된다.

하나, 초기에는 중국이 서양에 물질발명을 전해주었지만 이후에는 역전된다. 둘, 서양에서 지식이 발달한 것은 끝없이 분석을 추구하여 지식 자체에 이르렀기 때문이다. 셋, 서양인의 생활은 예로부터 종교에 의지하여 죄와 복은 알지만 시비를 모르며 종교적인 계율은 알지만 의리를 몰랐다. 반면에 중국인은 예로부터 종교적 성향이 부족해 인간의 자각과 향상심을 계발하여 줄곧 의리를 따졌다. 넷, 중국인에게는 이치를 따지기 좋아하여 각 종교에 대해 지엽적인 것에 얽매이지 않고 원리를 이해하려 한다. 서양은 도덕으로 종교를 대체하지는 못했지만, 과학으로 미신을 대체했다. 다섯, 도리로 따지는 것과 힘으로 다투는 것은 서로 용납되지 않는다. 중국인에게는 폭력의 사용을 부끄럽게 생각하는 것이 미덕이다. 이 다섯 가지 점으로 볼 때, 중국의 조숙함과 달리 서양은 사회 형세의 전개에 따라 이성과 이지가 순차적으로 개발되어 일로부터 원리에 이르고 마음이 신체를 따르며 확실하고 믿을 만하여 결함이 없다.

서양은 사유가 이지에 치우쳤다. 자연에 주목하여 자연을 대하는 방식으로 사람을 대했다. 과학이 크게 발달하여 과학 연구와 농공상이 서로 통하고 결합했다. 학술 연구가 농공상업을 촉진하고 농공상업이 학술연구를 유인하여 학술과 경제가 서로 추동해 발달하였다. 이에 서양인은 제1문제에서 빠르게 진보하여 제1기 문화에서 커다란 성취를 거두었다. 반면에, 중국은 사유가 이성에 치우쳤다. 자연을 홀시하고 인간을 중시하여, 과학이 발달하지 못했다. 농공상업을 학술영역 밖으로 구축하고, 학술연구와 경제가 정체되었다. 이에 중국인은 제1문제에서 정체에 빠지고 제1기 문화에서 성취가 매우 적었다. 중국인은 이성의 조기계발로 인생의 제2문제와 제2태도로 들어가 제1문제에서 진보하지 못했다. 중국인은 제1노선을 마치지 않고 제2노선으로 전환하여 제2노선도 제한을 받았다. 이 상호제약을 벗어나지 못함이 중국인의 가장 큰 장애다.

중국문화에는 조숙이란 병폐가 있다. 신체발육이 다 이뤄지지 않았는데 지혜가 너무 일찍 개발되어, 지혜가 원만하고 양호하게 발육되지 못했다. 병은 하나지만 증상은 다섯이다. 첫째, 유치함이다. 중국은 자유가 확립되지 못하고 종법적 봉건적 자취가 남아 있고 확실한 지식이 산출되지 않아 많은 유치한 미신이 잔재한다. 둘째, 노쇠함이다. 생동감이 박약해져 노쇠하다고 여겨진다. 셋째, 비실제성이다. 서양문화는 신체에서 출발하여 현실에 매우 부합하는 길인데, 중국문화는 마음에서 출발하여 이상이 현실을 많이 넘어서지 못하고 명확한 객관적 표준이 결여하여 실제적이지 않다. 넷째, 소극성에서 떨어져 진보가 없는 것이다. 서양은 현실의 길을 따라서 적극적이고, 중국은 이성의 조기계발로 이익을 윤리에 종속시키고 힘을 숨겨서 경제와 정치가 발달하여 못하여 소극적이고 전망을 갖지 못하게 되었다. 다섯째, 애매하고 불명료함이다. 중국문화에는 가장 높은 수준의 것과 가장 낮은 수준의 것이 뒤섞여 공존하며, 때로 진보하고 때로 퇴보하면서 고정되지 않고 반복한다. 있는 듯 없는 듯한 이 병폐는 한번 형성된 뒤로는 변하지 않았다. 이상이 제13장에서 다룬 주요 내용이다.

제14장 "결론"에서는 먼저 중국문화의 열네 가지 특징이 서로 긴밀하게 연계되어 있다는 점을 설명하고 나서, 중국인의 열 가지 특징에 대해 사회구조와 시대적 요구의 측면에서 중국 민족성이 형성된 원인이라는 차원에서 논하고 있다.

량수밍에 따르면, 중국문화의 여러 특징은 결국 이성의 조기 계발과 문화의 조숙이라는 문제에서 벗어나지 않는다. 우선, 일반 국가와 다른 중국의 국가적 특수성이 군대 없는 문화라는 특징을 낳았다고 한다. 그리고 집단생활을 중심으로 국가를 형성한 서양에 비해, 가족생활에 뛰어난 중국은 사회를 이루고 가족본위를 윤리본위로 대체하였고, 윤리 본위 사회를 이루었기 때문에 계급통치의 국가를 형성하지 않았다. 근대 서양의 민주는 집단생활에서 개인의 지위가 제고된 결과 참정권과 자유권을 인정하는데, 중국은 집단의 결핍과 국가적 특수성 때문에 민주가 결여되었다. 중국과 서양이 길을 달리하게 된 단초는 주공교화와 기독교이다. 중국에서는 종교가 주공교화로 대체되었다. 서양 중세사회는 종교에 의지하고 근대사회는 법률에 의지하지만, 중국사회는 도덕으로 종교를 대체하고 예속으로 법률을 대체했다. 고대 중국인은 사회질서를 이성에 의탁하고 정령과 형벌을 숭상하지 않아서 정치적 경제적 소극성을 드러냈다. 이 소극성으로 인해 문화와 사회의 정체가 되었다. 너무 일찍 도덕으로 종교를 대체하여 과학이 결핍되었다. 중국문화는 가족생활을 중시하여 효의 문화를 이루었는데, 감정을 중시하고 자신을 버리는 윤리정신이 효에서 도출되어 서양 근대의 개인본위 · 자아중심과 상반된다. 사회질서가 예속에 의지하여 유지되는데, 여기서는 도덕이 근본이며 모든 도덕은 효의 확장이다. 한편, 은사(隱士)는 중국문화의 특징 가운데 하나인데, 정치적으로 스승의 위상을 점하고 경제적으로 금욕과 욕망본위의 중간에서 담백한 생활을 영위하며 자연을 애호하고 자연에 친근하지만 관찰하고 탐구하지 않고 초연하게 감상함으로써 높은 예술의 경지에 이르렀지만 과학을 성취할 수는 없었다. 중국문화의 우월성을 이루는데 문자의 통일에 의한 문화의 통일은 부차적이며 핵심은 인생태도와 예속신념 및 생활상의 지식경험과 방법기술에 달려 있다. 중국문화는 주공이래 이성과 자각에 힘써서 관대하고 인자해서 다른 사람들과 평화롭게 지내어 쉽게 융합할 수 있었고 개명되고 통달하여 미신과 고집이 없었기 때문에 동화력이 특별히 강하였다. 중국은 결국 이성의 힘에 의지해서 성공을 거두었고 중국의 위대성은 인류이성의 위대성이다. 중국의 결함은 이성의 결함이 아니라 이성이 조기에 계발되고 문화가 조숙한 데서 나온 결함이다.

중국인은 이성이 조기에 계발되고 오래 지속되어, 사유의 측면에서는 이치를 따지는 데 익숙하여 욕구를 당위로 대체하고 행동의 측면에서는 이성을 본뜬 행위습관으로 본능적 반응을 대체한 것이 많다. 그래서 본능이 신체와 더불어 쇠약해지고 이지가 발달할 수 없었다. 신체본능이 점차 위축된 후에는 이성도 좋지 않게 되었다. 오늘날 어떤 측면에서 보면 중국인의 이성이 서양인보다 못한 것은 이 때문이다.

민족성 형성의 원인에는 유전과 후천적 습관이라는 두 측면이 있다.

중국인의 특성 열 가지는 이 두 측면에서 이해할 수 있다. 화평문약(和平文弱)은 이성이 조기에 계발되어 자연히 신체본능이 약화된 것이 근본원인이지만, 사회에 이성을 본뜬 허다한 습관이 있어서 문을 숭상하고 무를 숭상하지 않은 것이 후천적인 요인이다. 지족자득(知足自得)은 한편으로 이성이 조기에 계발되어 생명이 조화롭게 된 데서 형성되고 다른 한편으로는 중국사회의 특수한 구조에서 단련된 것이다. 근검은 직업분화 사회에서 정치적 경제적으로 각기 기회를 균등하게 갖기 어려우므로 각자 앞길을 개척한 결과 출현하였다. 예절을 중시하는 특징은 윤리본위의 사회에서 피차 상대방을 존중하고 존경과 예양을 숭상하는 데서 파생되었지만, 허식적인 감정과 겉치레에 떨어져 이성을 본뜬 행위습관에 속하고 이성이 부족한 때가 많다. 수구(守舊)는 모험과 진취의 정신이 부족한 것으로 신체본능이 약화된 증거인데, 오랜 인습의 국면에서 배양되고 고인의 지혜가 너무 높고 문화적 성취가 많은 데서 연유하며 학술이 과학이 아니라 예술의 길로 나아갔기 때문에 나타난 특징이다. 모호함은 이성이 조기에 계발되어 본능과 뒤섞여 연계됨으로써 생명과 대자연이 융합하여 상통하는 데 치우치고 외부에 대해 지식을 추구하는 경향은 감퇴한 데서 유래한다. 견인(참을성)은 향내적으로 힘쓰는 인생태도에서 나왔으며, 때로 잔인함을 초래할 수도 있다. 적응성[韌性]과 탄력성[彈性]은 중국인의 기후 적응력에서 확인할 수 있는 것처럼 신체가 아니라 마음에서 나온다. 원숙함[圓熟老到]은 중국 민족성의 총괄적인 특징으로, 중국인의 성취가 외면이나 생활도구가 아니라 내면과 생명에 있음을 보여준다.

마지막으로, 이기심[自私自利]이라는 특징에 대해 논한다. 중국인은 집단생활이 결핍되어 공공 관념, 기율 습관, 조직 능력, 법치 정신이 결여되었다. 단체생활의 영위에 필수적인 덕목—공덕—이 결여된 것이다. 중국인이 이기적이라고 여겨지는 이유가 대부분 여기에 있다. 공덕을 배양하는 발단은 공적 이익과 사적 이익을 일치시키는 데 있다. 서양인의 공덕은 사로부터 양성된 것이라고 말해도 무방한데, 중국인은 각종 윤리관계에서 떠날 수 없어서 공덕을 배양하지 못했다. 중국인이 애국과 사회형성에 익숙하지 않은 것은 서양인이 효친과 경장에 익숙하지 않은 것과 마찬가지다. 오랜 습관에 길들여져 타성을 고치기 어려운 것인데, 생명이 장구하게 유지되고 방대하게 확장된 사실에 비추어 보면 이기심이 민족성이라고 말하는 것은 근거가 없다. 근대 서양의 개인본위와 자기중심은 종래 중국인의 윤리본위와 상대방 존중보다 오히려 이기적이며, 천하관념을 지녀온 중국인에게서 진정한 공을 찾을 수 있다. 문제는 사회구조와 시대의 요구에 있다. 서양인은 신체에서 출발하고 중국인은 이성이 조기에 계발되어 비교적 이기적이지 않다. 그러나 오늘날 중국인은 이기심에 치우치거나 이기적이지 않은 데 치우쳐 있다. 예속제도가 파괴되어 의지할 곳을 잃고 타락하기 쉬우며, 신체본능이 약화되고 생기발랄한 기운이 부족하여 쉽사리 탐욕과 인색함에 빠지게 되었다. 오늘날 중국인은 서양인보다 이기심이 많은 것이 사실이겠지만, 다른 측면에서는 이기적이지 않은 것이 서양인을 넘어선다. 이상이 제14장에서 다룬 주요 내용이다.

2) 의의

량수밍이 이 책을 저술한 근본적 동기는 중국문제의 해결이다. 중국문제는 량수밍의 사상역정에서 인생문제에 대비되는 사회문제에 해당한다. 량수밍은 인생문제와 사회문제를 해결하기 위해 4부작을 저술하였다. 1921년에 출간된 『동서 문화와 철학』, 1931년에 간행된 『향촌건설이론』, 1949년에 출판한 『중국문화요의』, 그리고 1975년 완성하여 1984년

에 출간된 『인심과 인생』이 그것이다.[20)]

중국문제의 해결은, 『중국문화요의』 「자서」에서 밝히고 있듯, "과거의 중국을 인식하여 새로운 중국을 건설하자[認識老中國, 建設新中國]."라는 구호로 제시된다. 량수밍은 서구 중심의 단선적 진화론과 마르크시즘의 역사유물주의에 입각한 경제결정론을 비판하고 있는데, 여기에는 서화파와 중국공산당의 노선에 대한 비판이 함축되어 있다고 볼 수 있다. 논의의 핵심은 문화의 보편성과 특수성에 관한 문제이다. 량수밍은 중국사회 내지 중국문화의 특수성에 입각하여 중국사회를 개혁할 혹은 새로운 중국사회를 건설할 방안을 제시하고 있는 것이다.

량수밍의 이러한 입장은 중국공산당 지도자 마오쩌둥과의 의견 대립을 초래하였다. 마오쩌둥은 후난(湖南)에서 올라와 나중에 장인이 되는 양창지[21)]의 집에 머물렀고, 집안의 인연으로 량수밍이 양창지의 집을 방문할 때 문을 열어주는 역할을 하면서 서로 면식이 있었지만 대화를 나눈 일은 없었다. 마오쩌둥이 옌안(延安)에 머물 때 량수밍이 두 차례에 걸쳐 방문하여 철야장담을 나누면서 얼굴을 맞대고 대화를 나누게 된다.

량수밍은 1940년 1월초 옌안을 방문하여 마오쩌둥과 8차에 걸쳐 철야장담을 나누며 항전형세 등에 대해 토론했다.[22)] 량수밍이 마오쩌둥에게

20) 『중국문화요의』 「자서」에서 밝히고 있듯, 량수밍은 『중국문화요의』에 이어 『현대 중국 정치 문제 연구』라는 책을 저술할 예정이었으나 미완에 그쳤다. 그는 지난 수십 년 동안 중국이 정치상 어지럽고 결국 궤도에 오르지 못했다는 점이 실로 중국문제에 대한 고민의 초점이며, 새로운 중국의 건설은 반드시 정치상 방법을 찾는 데로부터 시작해야 한다고 보았다.

21) 양창지(楊昌濟, 1871-1920)는 중국 청말 민초의 교육가로, 마오쩌둥의 스승이다.

22) 량수밍의 옌안 방문은 장제스(蔣介石)의 동의를 얻어 팔로군 판사처 동비우(董必武)와 시안(西安) 판사처 린보쥐(林伯渠)의 안배로 이루어졌다.

'윤리본위'와 '직업분화'의 관점을 설명하자, 마오는 "개량주의노선[改良道路]"이라고 비판하였다. 1946년 3월 11-21일 량수밍은 두 번째로 옌안을 방문하여, 마오쩌둥 등 중국공산당 지도자들과 수차에 걸쳐 중국의 출로 문제 등에 대해 토론하며 통일정부의 건립과 농공업의 균형발전을 강조하고 다당정치를 옹호하고 일당전제에 반대하는 "중간노선(中間道路)"을 주장하였다.

마오쩌둥과 의견대립은 두 차례에 걸친 옌안 방문에서도 나타났지만, 중화인민공화국 건립 이후에 본격적으로 노정된다. 량수밍은 1950년 1월 마오쩌둥과 저우언라이의 요청에 따라 베이징에 가서 정치협상회의에 참석하고, 3월 12일에는 마오쩌둥의 초청을 받아 중난하이(中南海) 이넨탕(頤年堂)에서 회담하고 정부에 참여하지 않겠다고 선언하였다. 4~9월에는 농촌의 현황을 파악해달라는 마오쩌둥의 요청에 응하여 동베이(東北), 화베이(華北), 화둥(華東) 등지를 시찰하고, 9월 23일 마오쩌둥을 만나 소감을 밝혔다. 이듬해 5월에서 8월까지는 쓰촨(四川) 허촨(合川)현에 가서 토지개혁사업에 참가하기도 했다. 대립이 표면화된 사건은 량수밍이 1953년 9월 8~18일 정치협상회의 상임위원회 확대회의와 중앙인민정부위원회 확대회의에서 "과도시기 총 노선"에 대해 토론할 때 농촌사업에 대해 의견을 발표하면서 당시 중국공산당의 노선이 농민의 희생을 담보로 하는 것으로 공인과 농민의 생활에 '하늘과 땅[九天九地]'의 차이가 있다고 비판한 것이다. 당시에 마오쩌둥의 격분을 야기하고 혹독한 비판을 받았으며, 이후 대대적인 량수밍 비판운동이 벌어진다.[23)]

---

23) 대대적인 비판운동이 전개되었지만, 량수밍은 이듬해 1월 전국 정협 在京委員分組의 헌법초안 토론회에 참석하고, 12월 정협 제2기 전국위원회에도 정협위원으로 참석했다. 1955년 『梁漱溟思想批判』 제1집이 출판되었는데 펑유란, 千家駒, 任繼愈 등의 글 14편이 실렸다. 이듬해에는 비판이 더욱 심화되어 『梁漱溟思想批判』 제2집이

량수밍이 마오쩌둥과 대립하게 된 근본적인 이유는 중국사회에 대한 인식이 다르고 그에 따라 중국사회 개혁방안 내지 신중국 건설방안이 다르기 때문이다. 량수밍과 마오쩌둥 사이에는 1953년 회의에서 노정된 것처럼 국가정책에서 농업과 공업 내지 농민과 공인의 처우에 대한 견해의 차이가 있었는데, 서양의 계급대립 사회와 달리 중국은 계급이 결여된 직업분화 사회라는 량수밍의 인식에서 갈렸다. 마오쩌둥이 정통 마르크시즘과 달리 노동자 대신 농민을 중국혁명의 주력으로 삼기는 하였지만, 마르크시즘의 역사유물주의를 근본적으로 부정하는 것처럼 보이는 량수밍의 견해를 도저히 인정할 수 없었던 듯하다.

그런데 이 책에서 량수밍이 자신의 견해를 논증하는 방식을 보면 마르크시즘을 비판하면서도 오히려 이론은 현실의 반영이라는 마르크시즘의 사유를 상당히 수용하고 있음을 발견할 수 있다. 이는 청년 시절 사회주의에 심취했던 경험[24]에서 나온 것으로 보이는데, 량수밍은 중국문화와 중국사회의 특성에 대하여 그것이 나오게 된 시대적 사회적 배경(량수밍의 표현으로는 주로 "사회형세")과 연관지어 해명하고 있다. 물론 경제결정론에 반대하는 입장에서 인생이념 내지 인생태도 등을 더 중시하고 있어서 마르크시즘의 논증방식을 수용하는 면에서 일정한 한계를 드러내고 있기는 하다. 인류 사회와 문화에서 경제가 중요하기는 하지만 결코 결정적인 요소가 아니며 인간의 정신이 더 중요한 요소라고 보는 것이 량수밍의 기본입장이다.

발간되고(潘梓年 등의 비판원고 17편이 실림), 『梁漱溟四十年』, 『批判梁漱溟的哲學思想』, 『梁漱溟政治思想批判』 등의 비판서들이 출판되었다.

24) 사실 량수밍은 청년 시절에 일본 최초의 사회주의자 고토쿠 슈스이(幸德秋水, 1871-1911)가 지은 『社會主義之神髓』(張繼 譯, 1905)이라는 책을 읽고 깊이 감동하여(특히 사유재산 반대에 대하여) 1913년 겨울 『社會主義粹言』이라는 소책자를 지어 자비로 출간하여 지인들에게 수십 권을 나누어주기도 하였다.

이와 관련하여 유의할 점은 이 책에서 중국사회와 문화에 대해 논할 때 드러나는 특징 중의 하나로서 종교를 특히 중시한다는 사실이다. 량수밍은 한마디로 "종교 문제가 동서 문화의 분수령이다."라고 선언한다. 그리하여 인류문화에서 중국의 특수성을 주공(周公과 孔子) 교화에 의해 이성이 조기에 계발되어 도덕이 종교를 대체한 것이라 설명하고, 반면에 서양사회와 문화의 특성은 주로 기독교에서 연원한다고 보았다. 량수밍이 그러한 내적인 정신적 특성이 어떻게 외적인 정치적 사회적 측면들과 긴밀하게 연계되어 있는지 주밀하게 분석하고 있기는 하지만, 객관적인 요소보다는 주관적인 요소를 중시하고 있음은 부인할 수 없는 사실이다.

이 책은 앞에서 언급했듯, 량수밍이 "과거의 중국을 인식하여 새로운 중국을 건설하자."라는 구호 아래 사회문제(중국문제)를 해결하기 위해 저술한 것으로, "사상에 근거하여 행동하는 인물"이라는 량수밍 자신에 대한 평가에 가장 적합한 저술이다. 아는 것과 행동하는 것을 분리시키지 않는 생을 지향한 량수밍의 체취가 녹아 있는 것이다. 인류 사회와 문화에서 중국 사회와 문화가 지니는 의의를 중국의 특수성에 주목하여 해명하고 있다. 이는 당시 중국사회를 개혁하고 새로운 중국을 건설하기 위한 이론 작업이다.

하지만 이 책이 순전히 중국 사회와 문화의 특수성을 설명하는 데 의의를 지니고 있는 것은 아니다. 이전의 저술 『동서 문화와 철학』(1921)에서도 그랬던 것처럼, 이 책에서도 인류 보편의 차원에서 중국을 고찰하고 있다. 당시의 표현을 빌면, 인류사회에는 3대 문제가 있는데, 인간과 자연계의 관계 문제[人對物]와 인간과 인간의 관계 문제[人對人] 그리고 자기 자신과의 관계 문제[人對自己]가 그것이다. 인류사회는 처음에는 생존의 문제를 해결하기 위해 자연을 인식하고 이용하기 위해 인간과 자연계의 관계를 중시하지만, 생존의 문제가 어느 정도 해결되어 가면서는 사회의 통합과 안정을 위해 인간과 인간의 관계 문제를 중시하게 된다. 그리고 마지막 단계에 이르면 인간이 내면의 안정과 평정을 추구하게 됨으로써 인간이 자기 자신과의 관계를 중시하게 된다는 것이다. 량수밍에 따르면, 인류사회의 3대 문제는 곧 서양문화와 중국문화 및 인도문화가 중시하는 문제이고, 또한 세 문화는 인류문화의 전개과정에서 나타나는 세 유형이자 발전단계이다. 세 문화를 세 유형으로 파악하는 관점은 중국문화의 특수성을 인정하고 더 나아가 인류문화의 전개과정이라는 측면에서 보편성을 담보하려는 것이다. 그리고 단계론으로 파악하는 관점은 동양문화 조숙론에 의거하여 서양문화를 수용할 필요성을 담보해주는 장치이자 장래 세계문화에서 동양문화의 흥성을 예기하게 하는 기제이기도 하다.

이처럼 량수밍은 단지 중국 사회와 문화의 특수성을 해명하는 데 그치는 것이 아니라, 인간과 인류사회에 대한 근본적인 통찰을 바탕으로 중국 사회와 문화가 인류사 내지 인류지성사에서 지니는 보편적인 의미를 규명하고 있다. 지나온 과정을 통해 현재를 이해하고 미래를 전망하는(혹은 방향성을 제시하는) 작업을 수행하면서, 인류사회가 보편적으로 지향해야 할 사회상 내지 문화유형을 제시하고 있는 것이다.

옮긴이의 말

동아시아 전통과 서구에서 발원한 현대가 만나 벌어지는 일들이 단순히 서세동점이라는 일방향적인 것이 아니라 각자가 타자를 통해 자신을 돌아보고 변화된 상황에 대응하여 변신을 모색하는 쌍방향적인 과정이라고 본다면, 동아시아 전통사상이 서구와 조우한 이후의 모습을 좀 더 생산적이고 건설적인 시각에서 바라볼 필요가 있습니다. 이 점에서 량수밍은 동아시아 전통을 깊이 체득하고 있으면서 적극적이고 개방적인 자세로 현대에 대응하려 했다는 점에서 주목할 가치가 있다고 봅니다. 전통과 현대가 만나서 생겨나는 문제들을 해결하려는 노력을 선명하게 보여주기 때문입니다.

1994년 중국에서 『梁漱溟全集』(전8권)을 구득하여 베이징대학 유학생 기숙사 샤오위엔에서 짬짬이 읽다가 량수밍에 빠져들어 결국 그의 현대신유학을 주제로 박사학위논문을 쓰겠다고 마음먹었습니다. 이듬해 귀국해서 본격적으로 연구를 시작하여 2000년 2월에 「梁漱溟의 現代新儒學」이라는 제목의 논문으로 박사학위를 받았습니다. 그리고 2005년 량수밍의 『동서 문화와 철학』 번역본을 출간한 뒤로 다시 10여 년이 흘렀습니다. 시간이 지날수록 량수밍에 대해 좀 더 깊고 넓고 세밀하게 공부할 필요성을 느낍니다.

우선, 『중국문화요의』를 번역하여 출간에 부치면서 앞으로 적어도 두 권의 책은 번역해야 하지 않을까 하는 생각을 합니다. 하나는 량수밍의 만년 저술 『人心與人生』(1975년 완성, 1984년 출간)이고, 다른 하나는 앨리토가 지은 량수밍 전기 *The Last Confucian - Liang Shu-ming and the Chinese Dilemma of Modernity*(1986)입니다. 전자는 철학 분야에서 『동서 문화와 철학』 및 『중국문화요의』와 더불어 량수밍의 3부작이라 할 수 있고, 후자는 량수밍의 전기를 넘어 연구서에 가깝거니와 세계사적인 차원에서 량수밍의 학문적 위상을 점검하는 데 유용하다고 여겨지기 때문입니다.

근대에 들어 동아시아는 '근대화'라는 화두에 휘둘려 미처 자신을 돌아볼 겨를도 없이 끌려가는 형국에 들어섰습니다. 더욱 절박하게는 근대 국민국가의 건설이라는 시대적 요구에 응답하려는 노력이 주류를 이루었습니다. 그러한 노력은 대체로 국가주의라는 틀에 갇혀서 서구를 답습하려는 경향을 보였습니다. 이 와중에서도 자신을 차분하게 돌아보고 근대라는 이식된 타자를 재대로 파악해보려는 시도가 있었습니다. 중국의 경우 량치차오의 '신민'에 대비되는 천두슈의 '신청년'이 그러한 시도를 선명하게 보여줍니다. 이 점에 관해서는 심혜영 선생이 『천두슈 사상선집』(산지니, 2017) 해제 「천두슈의 삶과 사유의 역정」에서 명쾌하게 밝히고 있습니다.

량수밍은 중국 전통, 특히 전통 유학을 현대라는 변화된 지형에서 성찰적으로 재조명하는 작업을 수행하는 동시에 서구 근대에 대해 나름의 시각을 가지고 비판적으로 성찰하는 작업을 진행하였습니다. 그 작업은 여전히 진행 중에 있는 동아시아 전통과 서구에서 발원한 현대(Modernity)의 길항이라는 문제의 해결노력에 결코 작지 않은 의미를 지니고 있다고 봅니다. 이 책은 그러한 노력의 일환을 보여준다는 점에서 나름의 의의를 함축하고 있습니다.

이 책을 번역하여 출판하게 된 것은 순전히 이종민 교수와 산지니출판사 강수걸 대표 덕분입니다. 2013년에 이종민 교수가 〈중국근현대사상 번역총서〉를 기획하면서 나에게 이 책의 번역을 요청했습니다. 애초에 2016년 2월 출간된 총서 제1차분에 포함될 예정이었으나, 2017년 6월 출간된 제2차분에도 들어가지 못하고, 2017년 7월에야 번역원고를 산지니에 넘겼습니다. 어언 2년이 넘게 흘러 이제 산지니로부터 교정지를 받고 보니 만감이 교차합니다. 먼저 총서를 기획한 이종민 교수에게 감사합니다. 사실 2005년 출간한 『동서 문화와 철학』도 이종민 교수의 도움을 받아 한신대학교 유세종 교수의 주선으로 솔출판사에서 출판할 수 있었습니다. 1994년 베이징에서 만나 어언 26년을 함께 한 이종민 교수의 후의를 늘 잊지 않으려 합니다. 또한 출판계 사정이 갈수록 어려워지는 상황에서도 무거운 사명감을 가지고 인문학 저술을 지속적으로 출판해내면서 이 총서를 용감하게 발간해내는 강수걸 사장에게 경의를 표하며 감사합니다. 그리고 분량이 적지 않은 번역원고를 꼼꼼하게 다듬어준 윤은미 편집자에게 깊이 감사합니다.

시간이 오래 걸렸다고 번역이 완벽하지는 않을 것입니다. 독자 여러분의 엄혹한 질정을 바랍니다.

2020년 1월 복사골에서

강중기 씀

량수밍의 주요 저술 목록

1. 『印度哲學槪論』, 上海: 商務印書館, 1919.
2. 『東西文化及其哲學』, 上海: 商務印書館, 1921.
3. 『中國民族自救運動之最後覺悟』, 北京: 村治月刊社, 1932.
4. 『鄕村建設理論』, 濟南: 鄕村書店, 1937.
5. 『朝話』, 濟南: 鄕村書店, 1937.
6. 『漱溟最近文錄』, 江西中華正氣出版社, 1944.
7. 『梁漱溟教育論文集』, 開明書店, 1945.
8. 『梁漱溟先生最近言論集』, 成都: 龍山書店, 1949.
9. 『中國文化要義』, 成都: 路明書店, 1949.
   上海: 學林出版社, 1987.
   三聯書店香港分店, 1987.
10. 『人心與人生』, 上海: 學林出版社, 1984.
    三聯書店香港分店, 1985.
11. 『東方學術槪觀』, 成都: 巴蜀書社, 1986.

찾아보기

인명

서명

주요용어

지은이 **량수밍**(梁漱溟, 1893~1988)

현대신유학의 창시자이자, 향촌건설운동을 전개한 사회활동가이고, 중국민주정단동맹 대표로서 국공합작을 주선하는 등 제3세력으로 활동한 정치활동가이다. 중학 졸업 학력으로 베이징대학에서 7년 동안 강의한 후 사직하고 사회활동에 투신했다. 이후 중화인민공화국이 건국될 때까지 학술공동체운동과 교육사업 및 향촌건설운동에 종사하는 한편, 1940년대부터는 국민당과 공산당의 중간에서 조정을 꾀하는 제3세력의 지도자로 활동하였다. 중화인민공화국 건국 이후에 마오쩌둥의 요청으로 농촌지역을 시찰하고 소감을 발표하기도 했다. 1953년 정협 상위 확대회의에서 과도시기 총노선을 논할 때 중국공산당 노선에 대해 농민의 희생을 담보로 하는 것이라고 비판함으로써 혹독한 비판을 받았다. 이후 수년 동안 량수밍에 대한 대대적인 비판운동이 전개되었으며, 문화대혁명이 끝날 때까지 사실상 정치적 숙청상태가 지속되었다. 문화대혁명 기간에도 자신의 신념을 굽히지 않은 량수밍은 1980년대에 정치적 학문적으로 복권되고, 전집 8권이 4년여에 걸쳐 발간되고 기념문집과 연보 및 평전, 연구서와 연구논문 등이 잇달아 간행되는 등 량수밍에 대한 학문적 조명이 활발하게 이루어졌다. 주요 저술로 『중국문화요의』(1949) 외에 『동서 문화와 철학』(1921), 『향촌건설이론』(1931), 『중국민족 자구운동의 마지막 깨달음』(1932), 『인심과 인생』(1984) 등이 있다.

옮긴이 **강중기**(姜重奇, Kang Jung-ki)

서울대학교 철학과를 졸업하고, 동대학원에서 동양철학 전공으로 석사학위와 박사학위를 취득하였다. 서울대학교 철학사상연구소 선임연구원, 한림대학교 한림과학원 HK연구교수, 성균관대학교 유교문화연구소 수석연구원을 지냈으며, 서울대학교를 비롯한 여러 대학에서 강의를 해왔다. 현재 인하대학교와 성균관대학교에 출강하고 있다. 주요 연구분야는 중국근현대철학 및 한국근대철학사상이다. 저서로 『동양고전 속의 삶과 죽음』(공저), 『중국문명의 다원성과 보편성』(공저), 『마음과 철학-유학편』(공저), 『양수명 〈동서 문화와 철학〉』, 『21세기의 동양철학』(공저), 『황종희 〈명이대방록〉』, 『조선 전기 경세론과 불교 비판』 등이 있고, 역서로 『음빙실자유서』(공역), 『관념사란 무엇인가(Ⅰ·Ⅱ)』(공역), 『천연론』(공역), 『동서 문화와 철학』 등이 있다. 「근대 이행기 중국의 유교 연구-장즈둥과 량수밍을 중심으로」, 「근대 중국에서 미신의 비판과 옹호-량치차오와 루쉰을 중심으로」, 「현대 중국의 유교 논쟁」, 「양수명의 유학관-양명학을 통한 선진유학의 재해석」 등의 논문을 썼다.

::산지니 아시아총서::

01 상하이 영화와 상하이인의 정체성 임춘성 · 곽수경 외 지음

02 20세기 상하이영화: 역사와 해제 임대근 · 곽수경 외 지음

03 다르마키르티의 철학과 종교 키무라 토시히코 지음 | 권서용 옮김

04 동양의 이상 오카쿠라 텐신 지음 | 정천구 옮김

05 근대동아시아의 종교 다원주의와 유토피아 장재진 지음

*2012 문화체육관광부 최우수학술도서

06 영화로 만나는 현대중국 곽수경 외 지음

07 논어: 공자와의 대화 김영호 지음

08 불교의 마음사상 요코야마 고이츠 지음 | 김용환 · 유리 옮김

09 흩어진 모래: 현대 중국인의 고뇌와 꿈 이종민 지음 *2014 대한민국학술원 우수도서

10 변방이 중심이 되는 동북아 신 네트워크 이창주 지음

11 근대 서구의 충격과 동아시아의 군주제 박원용 외 지음

12 중국 민족주의와 홍콩 본토주의: 홍콩역사박물관의 스토리텔링을 중심으로 류영하 지음 *홍콩 판권 수출

13 차이나 인사이트: 현대 중국 경제를 말하다 김동하 외 지음

14 중국 영화의 열광적 황금기 류원빙 지음 | 홍지영 옮김

15 빼앗긴 사람들: 아시아 여성과 개발

우르와시 부딸리아 편저 | 이화여대 아시아여성학센터 옮김

16 중국영화의 오늘: 영화대국에서 영화강국으로 강내영 지음

17 21세기 중국! 소통과 뉴 트렌드 공봉진 외 지음

18 방법으로서의 중국 미조구치 유조 지음 | 서광덕 · 최정섭 옮김

19 상업영화, 중국을 말하다 김명석 지음

20 차와 선 이토 고칸 지음 | 김용환 · 송상숙 옮김

21 조공과 사대: 춘추전국 시대의 국제정치 이춘식 지음

22 중국 청년감독 열전: 미지의 청년감독을 찾아서 강내영 지음

23 한 권으로 읽는 중국문화 공봉진 · 이강인 · 조윤경 지음

*2010 문화체육관광부 우수학술도서

24 동중국해 문화권의 민가 윤일이 지음

25 중국 근대불교학의 탄생 김영진 지음 *2018 대한민국학술원 우수도서

26 루쉰과 동아시아 근대 서광덕 지음

27 **중국경제법의 이해** 김종우 지음

28 **근현대 중국 이상사회론** 이연도 지음

29 **인도불교의 역사** 다케무라 마키오 지음 | 도웅 스님 · 권서용 옮김

30 **서유기 81난 연구** 서정희 지음 | 부산대학교 중국소설연구회 옮김

31 **동아시아 엑스포의 역사** 하세봉 지음 ***2019 세종도서 학술부문 선정도서**

32 **인도사에서 종교와 역사 만들기(개정판)** 이광수 지음

33 **고종, 근대 지식을 읽다** 윤지양 지음

34 **현대 타이베이의 탄생** 수숴빈 지음 | 곽규환 · 남소라 · 한철민 옮김

35 **중국 내셔널리즘** 오노데라 시로 지음 | 김하림 옮김

36 **빅브라더에 맞서는 중국여성들** 리타 홍 핀처 지음 | 윤승리 옮김

::산지니 중국근현대사상총서::

01 **인학** 담사동 지음 | 임형석 옮김

02 **구유심영록** 량치차오 지음 | 이종민 옮김

03 **과학과 인생관** 천두슈 외 19명 지음 | 한성구 옮김

04 **신중국미래기** 량치차오 지음 | 이종민 옮김

05 **권학편** 장지동 지음 | 송인재 옮김

06 **천두슈 사상선집** 천두슈 지음 | 송혜영 옮김 ***2018 세종도서 우수학술도서**

07 **류스페이 사상선집** 류스페이 지음 | 도중만 옮김

08 **중국문화요의** 량수밍 지음 | 강중기 옮김

09 **중국 윤리사상 ABC** 셰푸야 지음 | 한성구 옮김